国家社科基金一般项目（12BYY032 号）成果
辽宁特聘教授支持计划（2018）资助成果

东北官话历史演变研究

杨春宇　著

科学出版社
北　京

内 容 简 介

一些学者长期认为东北官话与北京官话不分，几成定说。本书通过对东北官话方言的田野调查及其与周边方言的历史比较，结合其内部语音、词汇、语法的演化及与外部语言接触层次的例举分析，认为：东北官话作为东北独特地域文化的载体，其实质并非晚成，演变亦非一蹴而就，而是经历了幽燕方言—汉儿言语—近代东北–北京官话—现代东北官话的历史发展嬗变。

本书通过对东北官话方言史的探究，以求教于从事方言研究的学界同行与广大业余爱好者。

图书在版编目（CIP）数据

东北官话历史演变研究 / 杨春宇著 . —北京：科学出版社，2022.3

ISBN 978-7-03-066123-4

Ⅰ . ①东… Ⅱ . ①杨… Ⅲ . ①北方方言–方言研究–东北地区 Ⅳ . ① H172.1

中国版本图书馆 CIP 数据核字（2020）第 179569 号

责任编辑：王　丹 / 责任校对：贾伟娟

责任印制：李　彤 / 封面设计：蓝正设计

科学出版社出版

北京东黄城根北街 16 号

邮政编码：100717

http://www.sciencep.com

固安县铭成印刷有限公司 印刷

科学出版社发行　各地新华书店经销

*

2022 年 3 月第　一　版　开本：720×1000　1/16

2023 年 4 月第三次印刷　印张：29 1/4

字数：550 000

定价：168.00 元

（如有印装质量问题，我社负责调换）

前　　言

截至 21 世纪初，相对于其他领域，学界对东北官话方言的研究仍略显薄弱，可谓处于方兴未艾的阶段。不要说缺乏对东北官话方言史的探索，更不要说对其方言分区地图展示的不足，实际上学界对于东北官话方言研究，连语音、词汇、语法的分项描写，都尚不够充分。大多数学者依然认为东北官话与北京官话不分，常以北京官话研究掩盖掉对东北官话方言特征的探讨。作为一个地道的东北人，自觉有义务和责任为东北方言研究发展略尽绵薄之力。于是从 2006 年归国开始，我便与研究生们一道，致力于白山黑水间的方言调查与研究，算来亦有十几个年头，每每想着向学界交流与汇报，又惮于捉襟见肘，有辱师门，于是几番搁浅。

今逢国家社科基金项目、辽宁特聘教授支持计划（2018）资助，得以有机会围绕东北官话方言的历史演变问题展开相关研究，虽未敢奢望有所建树，但权作为本人对该问题的一个阶段性思考与见证。

我们认为：东北官话是一历史概念，其实质并非晚成，演变亦非一蹴而就。在历史纵向的谱系上，其经历了幽燕方言、汉儿言语、近代的东北–北京官话、现代东北官话等阶段的发展嬗变；在历史横向坐标上，其经历了东北地区汉语与该地域的上古方国语言、匈奴语、鲜卑语、契丹语、女真语、蒙古语、满语、朝鲜语、俄语、日语等语言及邻近方言的接触与融合。本书以东北官话方言历史发展演变以及其与个别语言接触为纵横线索，尝试加以描写、分析与阐释。

本书研究内容所括：

（1）幽燕方言研究（2 篇）：通过对汉代扬雄《輶轩使者绝代语释别国方言》（以下简称《方言》）中所列的燕代方言、北燕–朝鲜方言等进行描写，并将它们与现代方言的词汇进行对比，尝试探寻历史上幽燕方言的表象；阐释以广义上位的幽燕方言为东北官话溯源，而不以狭义下位的北燕–朝鲜方言溯源的原因；以此来证明东北官话方言是有着深厚的历史底层积淀的，绝非晚成。同时试以朝峰片方言特征词“狝歹”（狼）一词为例，进行考释说明。

（2）汉儿言语研究（3 篇）：汉语的阿尔泰化离不开东北官话方言的阿尔泰化。本部分旨在论述渤海、辽、宋、金、元、明季幽燕方言在与其他少数民族语言接触过程中，衍变为汉儿言语的问题。发掘东北史、明清史文献，比较汉儿言语与东北历史上民族语言接触发展过程中二者的区别特征，对照汉语史及现代东北方言，勾勒汉儿言语在发展演变中的阶段性特点。

（3）近代东北–北京官话及其与周边官话方言的比较研究（13篇）：近代东北–北京官话是汉儿言语在与满语、俄语、日语及胶辽、冀鲁、中原、西北等官话接触融合基础上形成的。已阿尔泰化的汉儿言语在东北开禁、闯关东及东北流人移民浪潮冲击下，再度获得了来自齐鲁、中原地区的文化滋养。满语虽承袭女真语衣钵，完成由仓本子、皇本子、京本子的自身演变，但清军入关后满语亦随之踏上了不归路而消亡，或成为近代东北–北京官话的直接底层。在近代华夷变态历史背景下的东北官话，也一度出现了“洋泾浜”式的变异形式，但很快恢复发展。总体说来，这种近代东北–北京官话入关后更直接融入了中原官话，并与南来的江淮官话汇流，最终演变成新的北京官话。本部分试发掘语言、方言接触资料，结合汉语史、官话方言间的比较及现代东北方言调查，描写和阐释近代东北–北京官话方言特征。

新文化运动使白话言文一致的要求日近。当时，虽基础方言、典范的现代白话文著作语法规范等似已俱备，但偏偏人工音系的老国音生不逢时，难堪重负。于是直到国音、京音之争偃旗息鼓，北京官话千呼万唤终成为北京城内外的鲜活语言——北京音历史地登上了现代汉民族共同语标准音的宝座。《汉语拼音方案》推行后，其法定地位更是坚不可摧。在推普国策声中，东北、北京官话渐疏渐离，终被学界析为两种官话方言。但是其历史演变的复杂渊源与蜕变，学界并未剥离清楚。本部分通过对现代东北官话及现代北京、冀鲁、胶辽、江淮、中原、西北、西南等官话在声、韵、调上的共时描写与比较，进一步阐释现代北京官话与东北官话的剥离及语音特点。

（4）现代东北官话个案调查与研究（16篇）：通过东北官话方言的个案、比较研究，力求发掘东北方言的语音、词汇、语法方面的特征，进而揭示东北官话方言研究的状况和实绩。

（5）东北亚的语言生态、语言资源保护与语言和谐（3篇）：现代中有传统。如今，东北官话依然在东北亚地域文化中占有重要的位置。作为东北文化的载体，近年来以东北方言为载体的小品和电视剧，使得东北方言发生了新的扩散。我们一方面要对照汉语史的发展实际，正视东北方言语保工程的阶段性成绩与不足；另一方面要在今天文化语言学、语言生态、语言资源保护的背景下，系统规划东北语言文化发展，发掘东北方言所蕴含的地域文化及其在汉字文化圈语言内部结构中的典型意义，展望东北亚语言发展之和谐的愿景。

本书尝试思考如下问题：

（1）从社会语言学理论视角探索历史上语言和谐与社会和谐之关系。中国是一个统一的多民族国家。历史上每每群雄争霸、逐鹿中原、力量消长之后，一种反映中华思想同心圆的传统秩序总是得以凸显并传承。这种原始华夏族与周边的南蛮、北狄、西戎、东夷所构筑的五方之民和合共处的格局，俨然成了汉字文化圈社会的元秩序。这种“和而不同”的社会元秩序衍发开来，便获得了“化天下”的普遍意义。大而言之，构筑“天下大同”的世界和谐局面，是东方文明的最耀眼最理想之光环；小而言之，达成力量消长后的社会和谐局面，在政治、经济、文化等层面自会有异彩纷呈之表现。诚然，语言的层面概莫能外。东北自古就是汉族与北方少数民族杂居之地，长城内外的力量消长伴随着语言的接触与融合，这一点毋庸置疑，因此从语言接触的角度探讨该地域的语言和谐与社会和谐之关系有一定的典型意义。

（2）尝试厘清历史上东北地域语言接触与东北官话形成发展之关系。语言和谐并非一蹴而就。历时意义上，汉语虽经历了雅言、通语、正音、官话、国语、普通话的推演，无时无刻不在敦促与指引着汉民族共同语的自觉形成；但在共时层面上，不用说“南北是非，古今通塞”等实际决定着汉民族共同语的最终形成必然是一个复杂的过程，甚至就连在多语言接触的方言区域，达成内部的语言和谐也绝非易事。作为北方游牧、渔猎与农耕三种文化的交融之地，东北向来不乏多语言间的接触与融合，既有“马上得天下”的蒙古族等语言与汉语的接触，又有从事渔猎、农耕的女真族、满族等民族语言与汉语的融合，因而成就了学界的“汉语阿尔泰化”说。我们认为汉语的阿尔泰化，当然离不开东北官话方言的阿尔泰化。作为东北官话历时演变表象之一的汉儿言语，便是汉语阿尔泰化最直接、最突出的产物。一定意义上，我们可以说，汉语内部自身演变，以及东北地区阿尔泰民族语言与汉语长期接触的外力作用，方促成了东北官话一次次的历史蜕变。

（3）梳理东北官话语音演变过程，回答汉语史上有关东北、北京官话的关系问题。我们认为：历史上东北官话或经历了“幽燕方言—汉儿言语—近代东北–北京官话—现代东北官话”的演变。史上杂居于长城地带的诸民族所成就的幽燕方言或是原始华夏语渊源之一，参与了秦汉语言的构建。“永嘉之乱”以降渐成的汉儿言语更是东北地区少数民族语言与汉语接触融合的最直接产物，其发展呈现着阶段性的特点。近代蒙古语、满语、胶辽官话、中原官话、江淮官话、外来洋泾浜语等成分的融入与扬弃，直接催生了近代东北–北京官话。现代京音、国音之争后，北京官话地位上升，历史地登上了现代汉民族共同语的宝座，东北官话与北京官话渐疏渐离，最终形成了现在二者分立的局面。

（4）指导东北亚地域语言的和谐发展，规划东北亚语言生态建设。现代中有传统。探讨历史上的东北官话与鲜卑语、契丹语、女真语、蒙古语、满语、俄语、日语等语言的接触与融合，无疑对规划东北亚地域语言生态、语言和谐的发展与建设，特别是“一带一路”背景下，思考如何激活东北草原丝路、海上丝路，在东北自贸区、文化产业发展建设中发挥东北官话方言的作用具有现实的指导意义。

本书致力于体现如下理论价值和应用价值。

理论方面：

（1）通过对东北官话发展演变过程中区别特征的描写与分析，验证东北官话是一个历史概念，其并非晚成，演变亦非一蹴而就，而是有迹可循。其大致经历了幽燕方言、汉儿言语、近代东北–北京官话、现代东北官话的历时发展。

（2）试回答东北、北京官话的关系问题。东北官话的历史演变是汉语官话乃至汉语史研究的题中应有之义，学界须首先对其做出明确回答。我们指出：从历史渊源上看，东北、北京官话二者不宜分开；但考虑到官话方言研究现状，现在二者分区而治，是源于客观现实的、可行的、前后并不矛盾的。

（3）阐释处于长城地带的早期幽燕方言参与了原始华夏语及上古秦汉语言的构建。燕商共祖等历史研究成果证明东北自古就是汉人居住区域之一，属于广义上的中原地区。

（4）研究东北亚语言和谐与地域社会和谐的典型意义。证明汉语阿尔泰化离不开东北官话方言的阿尔泰化，汉儿言语是其近代典型代表。

（5）分析南音、北音合流的最终产物——现代汉民族共同语的形成是汉语史发展之必然。北京音成为标准音是历史上东北–北京官话、中原官话、江淮官话最终汇流融合的结果。

应用方面：

（1）实践上：从社会语言学语言接触的视角，描写、分析与阐释东北官话历时与共时层面的表现特征，证明东北亚内部语言结构系统的客观存在，进而促进东北方言研究乃至官话研究的发展，规划东北地域语言文化的建设。此外，阶段性地分析总结东北方言语保工程的实施与完成情况，可为下一阶段工作提供参考与借鉴。

（2）方法论上：努力使方言学与社会语言学研究紧密结合，有效参照东北史学、人类文化学、语言学等新近研究成果，广视角地溯求东北官话的发展与演变，探索东北多民族多语言地区语言接触与语言演变问题，尝试为汉语史研究提供新的个案参照。

（3）篇末所附东北方言研究文献资料库，是我们多年的积累，虽挂一漏万，亦权作参考。

本书涉及几类问题，如国际音标中送气与不送气符号写法、严式音标与宽式音标写法、有音无字标示方法、文白异读标示方法。因原文章写作时间不同，写法有所区别，本书遵循每节局部统一原则以进行规范。

诚然，我们在实际考察中，怯于资料不足，流于各地域布点结构分布的不平衡，田野调查仍不充分，尤其是吉林、黑龙江、内蒙古东部地区；虽然我们以东北官话史与语言接触为研究中心，但客观上成果亦涉猎了其他官话的研究成果；作为史的研究，语音研究占了较大篇幅，词汇语法虽有点的体现，但相对面上涉猎不足或浅尝辄止；由于本人能力和视野所限，对于个别民族语资料、幽燕方言、汉儿言语等的调查和研究未能充分展开，个别问题仍需进一步深入思考。其他未意识、未涵盖的不当之处亦存在，敬请各位读者和专家批评指正。

目　　录

绪　论

一、研究意义

学界一般认为东北官话晚成，或者与北京官话不分，以致东北官话的研究长期以来被相对搁置和忽略。但实际上，东北官话研究亦有一个多世纪的发展。本书通过研究东北官话的历史演变，来直面和尝试回答东北官话的一些本质问题。以期达到以下研究目标。

1. 从社会语言学的理论视角探索东北史上语言和谐与社会和谐的关系

中国是一个统一的多民族国家。历史上每每群雄争霸、逐鹿中原、力量消长之后，一种反映中华思想同心圆的传统秩序总是得以凸显并传承。这种原始华夏族与周边的南蛮、北狄、西戎、东夷所构筑的五方之民和合共处的格局，俨然成了汉字文化圈社会的元秩序。这种“和而不同”的社会元秩序衍发开去，便获得了“化天下”的普遍意义。大而言之，构就“天下大同”的世界和谐局面，是东方文明最耀眼最理想之光环；小而言之，达成力量消长后的社会和谐局面，在政治、经济、文化等层面自会有异彩纷呈之表现。诚然，语言的层面概莫能外。东北自古就是汉族与北方少数民族杂居之地，长城内外的力量消长伴随着语言的接触与融合，这一点毋庸置疑，因此从语言接触的角度探讨该地域的语言和谐与社会和谐之关系或有一定的典型意义。考察东北官话史，语言接触的视角不可或缺。本书努力使这一目标变得切近一点。

2. 尝试厘清历史上东北地域语言接触与东北官话形成发展之关系

语言和谐并非一蹴而就。历时意义上，汉语虽经历了雅言、通语、正音、官话、国语、普通话的推演，无时无刻不在敦促与指引着汉民族共同语的自觉形成；但在共时层面上，不用说“南北是非，古今通塞”等实际决定着汉民族共同语的最终形成必然是一个复杂的工程，甚至就连在多语言接触的方言区域，达成内部的语言和谐也绝非易事。作为北方游牧文化、渔猎文化与农耕文化的交融之地，东北向来不乏多语言间的接触与融合，既有“马上得天下”的蒙古族等语言与汉语的接触，又有主要从事渔猎的女真族、满族等民族向农耕民族发展的语言层面与汉语的融合，因而成就了“汉语阿尔泰化”。我们认为汉语的阿尔泰化，当然离不开东北官话方言的阿尔泰化。作为东北官话历时演变表象之一的汉儿言语，便是汉语阿尔泰化最直接最突出的产物。一定意义上，我们或可以说，汉语内部自身演变，以及东北地区阿尔泰民族语言与汉语长期接触的外力作用，方促成东北官话一次次的历史蜕变与发展。

3. 梳理东北官话演变过程，回答汉语史上有关东北、北京官话的关系问题

基于前面的认识，我们进一步梳理东北官话的历史演变。我们认为：历史上东北官话并非晚成，其演变亦非一蹴而就，而是经历了“幽燕方言—汉儿言语—近代东北–北京官话—现代东北官话”的历时发展。史上杂居于长城地带的诸民族成就的幽燕方言或是原始华夏语源流之一，参与了秦汉语言的构建。“永嘉之乱”以降渐成的汉儿言语更是北方少数民族语言与东北地域汉语接触融合的最直接产物，其发展呈现了阶段性的特点。近代契丹语、蒙古语、满语、胶辽官话、中原官话、江淮官话、外来洋泾浜语等成分的融入与扬弃，直接催生了近代东北–北京官话。现代京音、国音之争后，北京官话地位上升，历史地登上了现代汉民族共同语的宝座，随着推普工作的开展，东北官话与南北合流了的作为共同语标准音的北京官话开始渐疏渐离，最终形成了现在两种官话分立的局面。

4. 指导东北亚地域语言的和谐发展，规划城市语言建设

现代中有传统。探讨历史上的东北官话与匈奴语、鲜卑语、契丹语、女真语、蒙古语、满语、俄语、日语等语言及其他毗邻地区方言的接触，无疑对规划东北亚地域当下的东北官话方言与其他语言和谐发展，推动地域语言文化的生态与产业开发，具有现实的指导意义。

二、国内外研究的现状和趋势

（一）国内外研究现状

1. 史学、民族学研究的发展

语言与社会密不可分。总体上，以东北历史、民族、语言问题为对象的先行研究并不乏其例。如杨富学《中国北方民族历史文化论稿》（2001），何光岳“中华民族源流史丛书”（2001—2004），郭大顺、张星德《东北文化与幽燕文明》（2005），林干《东胡史》（2007），朱诚如等《辽宁通史》（1—5卷）（2009）、宫崎市定《アジア史論考》（1976）等从不同的研究角度，为我们探索东北各民族间的语言接触提供了理论基础和有力参照。

2. 国外

苏联汉学家龙果夫的《八思巴字与古官话》(1930)较早探讨了蒙汉接触的相关问题。日本学者太田辰夫《关于汉儿言语——试论白话发展史》(1954)提出东北少数民族语言影响汉语演变发展的问题，桥本万太郎《言语类型地理论》(1978)更明确提出汉语阿尔泰化的问题，西田龙雄《東アジア諸言語の研究Ⅰ：巨大言語群——シナ・チベット語族の展望》(2000)，村田雄二郎、C・テマール編《漢字圏の近代——ことばと国家》(2005)等从总论的角度，服部四郎等从满语、蒙古语角度出发，显示出汉语与北方阿尔泰语比较研究领域的实绩。竹越孝、远藤光晓《元明汉语文献目录》(2016)等从文献资料的角度，韩国学者从《老乞大》《朴事通》等汉语教科书研究的角度出发，切近着相关问题。这些讨论整体上较早涉及了汉语与北方阿尔泰语的关系问题，无疑为我们今天从语言接触的视角研究东北官话发展演变史提供了借鉴与启示。

3. 国内

1)官话史的研究

近年来，围绕方言语音史的研究出现了乔全生《晋方言语音史研究》(2008)、钱曾怡《汉语官话方言研究》(2010)等力作，可资参照。关于东北官话与北京官话的分合问题，有李荣《官话方言的分区》(1985)，贺巍《东北官话的分区(稿)》(1986)，林焘《北京官话溯源》(1987)，尹世超《哈尔滨方言词典》(1997)，王福堂《汉语方言语音的演变和层次》(1999)，侯精一《历史人口结构的变动与汉语方言的接触关系》(2002)，张志敏《东北官话的分区(稿)》(2005)、《北京官话》(2008)，张世方《也谈北京官话区的范围》(2008)等讨论，其结论趋于二者不作区分。然而，《中国语言地图集》(1987)，曹志耘《汉语方言地图集・语音卷》(2008)中将二者分治，究竟该如何解决该问题，学界并未做出明确而满意的解释与回答。

2)语言接触与对音研究

当下，汉语与北方少数民族诸言语的比较研究方兴未艾，并以其研究实绩昭示了学界对北方阿尔泰语系的个语与汉语比较研究热点的关注。涉及对音研究方面：关于女真语与汉语的研究有道吉尔、和希格《女真译语研究》(1983)，孙伯君《金代女真语》(2004)，关于契丹语与汉语的研究有孙伯君、聂鸿音《契丹语研究》(2008)，鲜汉对音的有金基石《朝鲜韵书与明清音系》(2003)，蒙汉对音的有照那斯图、杨耐思《蒙古字韵校本》(1987)，满汉对音的有赵杰的《现代满语研究》(1989)、《北京话的满语底层和“轻音”、“儿化”探源》（1996），江桥《康熙〈御制清文鉴〉研究》（2001）等。此外，李立成《元代汉语音系的比较研究》（2002），李恕豪《扬雄〈方言〉与方言地理学研究》（2003），薛才德《语言接触与语言比较》（2007），耿振生《近代官话语音研究》（2007），李崇兴、祖生利、丁勇《元代汉语语法研究》（2009），遇笑容、曹广顺、祖生利《汉语史中的语言接触问题研究》（2010）等研究成果，也堪称此方面的翘楚，可为我们提供部分研究材料和方法的支撑与参照。这些研究都敦促我们进一步从东北地区汉语与其他语言接触的视角，深入探讨东北官话的历时发展特征，以研究实绩回应汉语阿尔泰化的问题。

3）东北官话方言的研究

较早的以东北官话为研究对象的主要代表成果有吉林大学中文系方言调查小组《通化音系》（1959），宋学执笔的《辽宁语音说略》（1963）；20 世纪 80 年代以来对东北官话讨论逐渐加深，主要体现在：

（1）关于东北官话方言分区的讨论：李荣在《官话方言的分区》中论述北京官话时提及“东北三省有许多方言比河北省更接近北京”①。但并没明确东北方言是否属于北京官话。李荣又在《汉语方言的分区》中指出：“考虑到东北官话区古入声的清音声母字今读上声的比北京多得多；四声调值和北京相近，但阴平的调值比北京低；以及多数方言无 [ʐ] 声母（北京的 [ʐ] 声母读零声母 [ø]）等特点，现把东北官话区独立成一区。”② 贺巍《东北官话的分区（稿）》从总说、分区、特点、内部差异等几个方面对东北官话加以阐释，使东北官话研究与讨论得以展开。其文指出“东北官话是在本地话、河北话和山东话的基础上形成的”。指出东北官话的古入声清音声母字今读上声的比北京多、调值上东北官话与北京话有明显差异、[o] 与古帮组字相拼时东北官话为 [ɤ]，并分析了二者词汇上的一些差异及胶辽官话与东北官话的关系。③但遗憾的是贺文虽注意到了本地话的存在，却只在总说中提到汉族、回族和满族说汉语，对东北地区的“本地话”的源流并未展开讨论。其另文认为北京官话的朝峰小片亦深入到辽宁境内④。

林焘《北京官话溯源》从人类学、文化语言学、社会语言学的角度对北京官话进行溯源，重点分析了北京官话区的历史成因，认为东北方言与北京话关系密切，

① 李荣．官话方言的分区 [J]. 方言，1985（01）：4.

② 李荣．汉语方言的分区 [J]. 方言，1989（04）：247.

③ 贺巍．东北官话的分区（稿）[J]. 方言，1986（03）：173.

④ 贺巍，钱曾怡，陈淑静．河北省北京市天津市方言的分区（稿）[J]. 方言，1986（04）：241.

同是在幽燕方言基础上形成的，应同属一个官话区①。其另文又进一步强调不宜把东北方言从北京官话中分离出去②。

尹世超《哈尔滨话音档》总体上论述了包括辽宁方言在内的东北官话的源流问题。指出："黑龙江、吉林、辽宁三省和内蒙古跟这三省毗连的地区，是一个多民族聚居的地区。……历代在这一地区占统治地位的民族所使用的语言都属于阿尔泰语系。从辽代开始才有大批汉族人从内地移居东北。……汉族文化高，人口多，汉语在东北各族语言中自然就占了优势。这种汉语就是以燕京话为中心的幽燕方言在和东北少数民族语言密切接触过程中形成的早期的东北官话。"③但笔者认为个中所述尚有进一步丰富和深入讨论的余地。

此外，王福堂、侯精一亦都赞同北京官话与东北官话不分。

张志敏不但据《中国语言地图集》中东北官话的主要特征及分片和小片的标准，对东北官话区的范围作了适当的调整，而且还指出东北官话的古入声清音声母字今读上声的比北京话多一倍；补充说明了如同胞 [pau⁴⁴/pau⁵⁵]、活泼 [pɤ⁴⁴/p'ɤ⁵⁵] 等东北官话与北京官话送气音、不送气音的差异。其后进一步强化东北官话的一些特点，同时对北京官话范围作出调整。④

张世方《也谈北京官话区的范围》梳理了北京官话和东北官话的关系，反驳了把北京官话和东北官话分开的观点。⑤刘晓梅从综述的角度，对东北官话研究进行百年来整体的梳理评价，其文引李荣的观点认为东北官话形成较晚，与北京官话接近程度似乎大于北京官话与冀鲁官话的接近程度。⑥其文所倡导的观点笔者虽大都同意，但关于东北官话是否晚成，是否独立，笔者看法不同。

（2）关于东北官话方言词的研究：出现了十余部方言词典及专著研究成果。具体包括：刘禾《常用东北方言词浅释》（1959），许皓光、张大鸣《简明东北方言词典》（1988），马思周、姜光辉《东北方言词典》（1991），王博、王长元《关东方言词汇》（1991），刘小南、姜文振《黑龙江方言词典》（1991），李治亭《关东文化大辞典》（1993），王树声《东北方言口语词汇例释》（1996），尹世超《哈尔滨方言词

---

① 林焘．北京官话溯源 [J]. 中国语文，1987（03）：167-168.

② 林焘．北京官话区的划分 [J]. 方言，1987（03）：167.

③ 尹世超．哈尔滨话音档 [M]. 上海：上海教育出版社，1998：43.

④ 张志敏．东北官话的分区（稿）[J]. 方言，2005（02）：141-148；又参见张志敏．北京官话 [J]. 方言，2008（01）：70-75.

⑤ 张世方．也谈北京官话区的范围 [J]. 北京社会科学，2008（04）：88-92.

⑥ 刘晓梅．期待绚烂绽放：百年东北官话研究述评 [J]. 吉林大学社会科学学报，2008（01）：130-137.

典》(1997)，聂志平《黑龙江方言词汇研究》(2005)，苏怀亮《鄂尔多斯汉语方言集》(2011)，唐聿文《东北方言大词典》(2012)，董联声《中国·东北方言》(2013)，萧辉嵩《朝阳方言词典》(2013)，吴歌《东北方言注疏》(2016)，李玉中《东北方言词典》(2019)(自印本，未正式出版)等。这些词典和专著研究内容所涵盖的范围虽不仅仅局限于东北官话方言词，但是通行于东北地域的东北方言，涵盖了东北官话方言词的大部分，为东北官话方言词的进一步整理、探索与研究奠定了民间基础。

(3)关于东北官话方言个案的研究：以杨春宇及其团队为代表致力于东北官话方言的研究。主要成果体现为：《辽宁方言语音研究》(2010)、《辽宁方言知、庄、章组的语音类型及特征》(2013)、《东北方言中的泛义动词“整”和“造”》(2013)、《吉林蛟河片方言音系初探》(2013)、《从语音看东北官话与周边冀鲁、胶辽官话之关系》(2013)、《中古影、疑、喻三母在法库方言中的演变》(2013)、《东北官话与西南官话比较研究初探》(2014)、《吉林乌拉街方言满语底层词汇例释——乌拉街濒危满语文化资源保护的对策与建议》(2015)《东北官话方言特征词例释》(2016)等。关于东北官话方言语法研究，主要体现在对个别词类、句式的研究上。

可喜的是出现了以东北官话方言研究为选题的系列硕士论文。主要有侯海霞《辽宁方言词缀研究》(2011)、计超《哈尔滨方言词缀研究》(2013)、徐姝阳《吉林东丰方言语音动态研究》(2018)等。

同样，随着国家语保工程的推出，东北方言分省调查研究全面铺开，仅辽宁即设置了大连金州区杏树屯镇、大连市区、大连庄河、营口盖州、海城牛庄镇、辽阳市区、沈阳市区、开原市区、抚顺市区、锦州市区、葫芦岛市区、阜新蒙古族自治县、朝阳建平县等 13 个方言调查点。首届、第二届、第三届、第四届东北方言学术研讨会分别在大连市(2016)、牡丹江市(2017)、长春市(2018)、呼和浩特市(2019，因不可抗拒因素暂停)召开。昭示着东北官话方言研究由点及面展开的广阔的研究前景。

(二)研究趋势

时下，跨文化交际、语言类型学等发展实绩为探讨语言和谐夯实了研究基础，方言学与社会语言学研究结合日益紧密。这就要求我们不但要从语音、词汇、语法等不同层面对东北官话史的演变特点进行客观描写，且还须从语言理论层面上分析阐释其演变原因。本书仅作为东北官话方言史研究的个案，尝试从语言接触层面上探究东北官话形成及导致汉语阿尔泰化的原因。在梳理借鉴前贤研究的同时，我们倍感东北亚地域语言接触与东北官话问题之重要性、必要性与迫切性，期待学界的深入研究。

1. 理论上

（1）通过对东北官话发展演变过程中语音上区别特征的描写与分析，从语音研究的侧面验证东北官话是一个历史概念，其并非晚成，亦非一蹴而就，而是有迹可循。其或大致经历了幽燕方言、汉儿言语、近代东北–北京官话、现代东北官话的历时演变与发展。

（2）试从语音研究的层面回答东北、北京官话的关系问题。东北官话的历史演变是汉语官话乃至汉语史研究的题中应有之义，学界须首先对其做出明确回答。我们指出：从历史渊源上看，东北、北京官话二者不宜分开；但考虑到官话方言研究现状，现在二者分区而治，是现实可行且前后并不矛盾的。

（3）阐释处于长城地带的早期幽燕方言参与了原始华夏语及上古秦汉语言的构建。燕商共祖等历史研究成果证明东北自古就是汉人居住区域之一，属于广义上的中原地区。

（4）研究东北亚语言和谐与地域社会和谐具有典型意义。汉语阿尔泰化离不开东北官话方言的阿尔泰化，汉儿言语是其近代典型代表。《中原音韵》作为北曲通叶，当然包括东北语音。

（5）分析南音、北音合流的最终产物——现代汉民族共同语的形成是汉语史发展之必然。北京音成为标准音是历史上东北–北京官话、中原官话、江淮官话最终融合的结果。

2. 实践上

从社会语言学语言接触的视角，描写、分析与阐释东北官话历时与共时层面的表现特征，证明东北亚内部语言结构系统的客观存在，促进东北官话研究乃至官话研究的发展，规划东北地域语言文化的建设。

3. 方法论上

努力使方言学与社会语言学研究紧密结合，有效参照东北史学、人类文化学、社会学等新近研究成果，广视角地溯求东北官话语音的发展与演变，探索东北多民族多语言地区语言接触与语言演变问题，尝试为汉语史研究提供新的个案。

三、研究内容

本书旨在构建东北亚语言接触与东北官话语音史研究的体系。东北官话是一个历史概念，其实质并非晚成，演变亦非一蹴而就。在历史纵向的系谱上，或经历了幽燕方言，汉儿言语，近代的东北–北京官话，现代的东北官话等形式的嬗变与发展。在历史的横向坐标上，或经历了汉语与该地域的匈奴语、鲜卑语、契丹语、女真语、蒙古语、满语、韩语、俄语、日语等语言的接触与融合。本书以东北官话语音发展演变以及其与语言接触为纵横线索，并加以描写、分析与阐释。具体内容如下：

1. 幽燕方言研究（商燕—辽代前）

本部分索引和分析商朝、燕国、两汉、魏晋等时期幽燕方言历时表象及演变。梳理扬雄《方言》中北燕、朝鲜洌水等幽燕方言词汇，对照《诗经》、先秦诸子散文、《山海经》、《史记》、《汉书》、《说文解字》等相关文献资料，特别是有关北方少数民族与汉族融合的相关材料，参照王力《汉语史稿》和现代东北方言调查等进行个案求证与阐释，努力发掘有关幽燕方言的特征词表现。

2. 汉儿言语研究（辽代—明末清初）

本书认为汉语的阿尔泰化离不开东北官话的阿尔泰化。本部分论述北朝、高句丽、隋唐、渤海、辽、宋、金、元、明季的幽燕方言在与其他少数民族语言接触过程中，衍变为汉儿言语的问题。发掘《二十四史》中《魏书》《三国志》《北史》《宋史》《辽史》《金史》《元史》《明史》及《三朝北盟会编》《元朝秘史》《华夷译语》《蒙古字韵》《老乞大》等东北史、明清史文献，比较汉儿言语与契丹语、女真语、满语等语音上的个案区别特征，对照汉语史及现代东北方言调查，勾勒汉儿言语在发展演变中声韵调的阶段性特点。

3. 近代东北–北京官话及其与周边官话方言的比较研究（明末清初—1955年）

近代东北–北京官话是汉儿言语与满语、俄语、日语及胶辽、冀鲁、江淮、中原等官话接触融合基础上形成的。已阿尔泰化的汉儿言语在东北开禁、闯关东及东北流人移民浪潮冲击下，再度获得了来自齐鲁、中原地区的文化滋养。满语虽承袭女真语衣钵，完成由仓本子、皇本子、京本子的自身演变，但清军入关后满语亦随之踏上了不归路而消亡，或成为近代东北–北京官话的直接底层。在近代华夷变态历史背景下的东北官话，也一度出现了“洋泾浜”式的变异形式，但很快恢复发展。总体说来，这种近代东北–北京官话入关后更直接融入了中原官话，并与南来的江淮官话汇流，最终孕育了新的北京官话。本部分试发掘满语《清文启蒙》、《语言自迩集》、《音韵阐微》、《五方元音》、《等韵图经》、老国音等对音及韵书、韵图、戏曲韵文资料，结合汉语史及现代东北方言调查，描写和阐释近代东北–北京官话声、韵、调的特征。

新文化运动使汉语书面语与白话言文一致的要求日近。当时，虽基础方言、典范的现代白话文著作语法规范等似已俱备，但偏偏人工音系的老国音生不逢时，难堪重负。于是直到国音、京音之争偃旗息鼓，北京官话千呼万唤终成为北京城内外的鲜活语言——北京音历史地登上了现代汉民族共同语标准音的宝座。《汉语拼音方案》推行后，其法定地位更是坚不可摧。在推普国策声中，东北、北京官话渐疏渐离，终被学界析为两种官话方言。但是其历史演变的复杂渊源与蜕变，学界并未剥离清楚。本部分通过对现代东北官话及现代北京、冀鲁、胶辽、江淮、中原、西北、西南等官话在声、韵、调上的共时描写与比较，进一步阐释现代北京官话与东北官话的剥离及语音特点。通过系列个案展示研究实绩和发展态势。

4. 现代东北官话的个案调查与研究（1955 年后）

本部分通过东北官话方言的个案调查，凸显东北官话方言语音、词汇、语法的特点。调查中侧重辽宁官话方言的语音特点，如相对于北京话，东北话精知庄章组声母合流、日母疑母影母喻母混并、基本上无尖团音区别，无 [o] 元音、复元音 [ai]、[au] 动程不足，阴平调调值相对较低、去声降调不彻底、清入归上声字较多等。相对而言，吉林、黑龙江、内蒙古东部地区方言代表点选择数量较少，相对于东北官话方言语音的研究，词汇、语法研究不够深入，只提出个案，勾勒描写出个别的一般性特点。至于系统性归纳则期待见于其他专门性的著作。

5. 结语：东北亚的语言生态、语言资源保护与语言和谐

现代中有传统。如今，东北官话依然在东北亚地域文化中占有重要的位置。近年来以东北官话方言为载体的小品和电视剧，使得东北官话方言发生了新的扩散、产生了新的影响。但是我们一方面要对照汉语史的发展实际，正视东北方言语保工程取得的阶段性成绩与研究上的缺欠及不足；另一方面要在今天跨文化交际的背景下，系统规划东北都市语言文化的发展，在语言生态及语言和谐视角下发掘东北方言中所蕴含的地域文化及其在汉字文化圈语言内部结构中的典型意义，展望世界语言发展的和谐愿景，切实使东北官话的语言交际功能得到最充分的发挥，以实现其语言价值的最大化。

四、重点难点

1. 重点

（1）以对汉儿言语、近代东北–北京官话、现代东北官话在声母、韵母、声调上的语音特征的描写与阐释为重点。具体考查其语音史上的全浊声母清化，重唇轻唇音的分化，知庄章组的分混，疑影微喻母的分混，日泥来母的分混，单复元音的分混，元音央化现象与元音和谐，分音词，合音词，入声，轻声，儿化等区别特征。

（2）在社会语言学的视角下，对东北亚地域汉语与匈奴语、鲜卑语、契丹语、女真语、蒙古语、韩语、满语、俄语、日语等语言进行接触研究和梳理，力求从历时与共时的角度，从纵横两个向度上，对幽燕方言、汉儿言语、近代东北–北京官话、现代东北官话，进行语音史层面的描写、分析与阐释。

（3）从理论与实践上进一步描写和阐释东北亚地域语言接触的事实，对照汉字文化圈内部语言金字塔结构系统的动态发展，考察和梳理东北官话历史形成的过程，突破学界的“东北官话较为晚成”之定说，证明历史上长城地带的幽燕方言是原始华夏语的渊源之一，参与了秦汉汉语的构建，汉语的阿尔泰化离不开东北官话方言的阿尔泰化，汉儿言语是其具体的阶段性的典型代表。

2. 难点

（1）幽燕方言语音材料的发掘与阐释。由于历史上幽燕方言并未留存有声语言形式，其书面表现亦散佚于历史文献之中，所以在搜集整理分散材料的基础上，加以综合分析及阐释，并非易事。

（2）匈奴语、鲜卑语、契丹语、女真语与汉语的接触研究。匈奴语、鲜卑语、契丹语、女真语是已消亡的语言，亦只能从现有史料，如一些文献中的人名、地名称谓等方面来对其耙梳整理，并对照汉语史及现代东北官话方言研究成果加以综合阐释和分析。材料的间接性，一定程度上亦影响结论的必然性，从而体现出一定的研究难度。

总体上构建东北亚语言接触与东北官话语音发展演变研究体系。旨在以社会语言学的视角，探讨东北亚语言接触对东北官话语音发展形成之影响；具体以前述研究内容为结构框架，层层推进。同时以汉语史上的语音、词汇、语法研究为有益参照，证明东北官话是一历史概念，其并非晚成，演变亦非一蹴而就，或经历了幽燕方言、汉儿言语、近代东北–北京官话、现代东北官话等形式的历史嬗变与发展。从探讨东北官话阿尔泰化来着手研究汉语阿尔泰化的命题。力求将历时与共时、描写与阐释、演绎与归纳、文献索引与方言调查、语言的历史比较等方法综合起来展开论述。

五、研究方法

（1）历时共时结合：把东北官话方言中历时形态描写与该地域诸少数民族语言的对音及与其他官话的共时比较，纵横交错布局，综合论述。

（2）描写与解释相结合：对于语言间的接触问题，发掘多种材料，特别是对音资料，做表象的阶段描写，同时结合文献、方言调查的实际加以分析。

（3）演绎与归纳相结合：对东北官话分四阶段归纳描写，特别是对方言史上的诸区别特征进行演绎分析，体现了研究内在的逻辑特征。

（4）文献索引与语音历史比较相结合：围绕东北地域语言间的接触问题，立足社会语言学的视角，广泛参照文献、史学、民族学、汉语方言调查、民族语言研究等新近成果，进行方言描写和历史比较意义上的分析与阐释。

参考文献

曹志耘．汉语方言地图集・语音卷 [M]. 北京：商务印书馆，2008.
戴庆厦．二十世纪的中国少数民族语言研究 [M]. 太原：书海出版社，1998.
道吉尔，和希格．女真译语研究 [M]. 呼和浩特：内蒙古大学学报增刊，1983.
丁锋．琉汉对音与明代官话音研究 [M]. 北京：中国社会科学出版社，1995.
丁锋．日汉琉汉对音与明清官话音研究 [M]. 北京：中华书局，2008.
董联声．中国・东北方言 [Z]. 呼和浩特：内蒙古文化出版社，2013.
故宫博物院明清档案部．清代中俄关系档案史料选编 [M]. 北京：中华书局，1981.
江桥．康熙《御制清文鉴》研究 [M]. 北京：北京燕山出版社，2001.
金基石．朝鲜韵书与明清音系 [M]. 哈尔滨：黑龙江朝鲜民族出版社，2003.
李葆嘉．当代中国音韵学 [M]. 广州：广东教育出版社，1998.
李葆嘉．混成与推移——中国语言文化历史阐释 [M]. 台北：文史哲出版社，1998.
李崇兴，祖生利，丁勇．元代汉语语法研究 [M]. 上海：上海教育出版社，2009.
李立成．元代汉语音系的比较研究 [M]. 北京：外文出版社，2002.
李恕豪．扬雄《方言》与方言地理学研究 [M]. 成都：巴蜀书社，2003.
李玉中．东北方言词典（自印未刊本）[Z]. 速印网，2019.
刘浦江．二十世纪契丹语言文字研究论著目录 [J]. 汉学研究通讯，2002（02）.
陆志韦．陆志韦近代汉语音韵论集 [M]. 北京：商务印书馆，1988.

穆晔骏 . 十二字头拉林口语读法解 [J]. 满语研究，1987（01）：16-50.
钱曾怡 . 汉语官话方言研究 [M]. 济南：齐鲁书社，2010.
乔全生 . 晋方言语音史研究 [M]. 北京：中华书局，2008.
邵荣芬 . 中原雅音研究 [M]. 济南：山东人民出版社，1981.
史直存 . 汉语史纲要 [M]. 北京：中华书局，2008.
苏怀亮 . 鄂尔多斯汉语方言集 [M]. 呼和浩特：内蒙古人民出版社，2011.
孙伯君，聂鸿音 . 契丹语研究 [M]. 北京：中国社会科学出版社，2008.
孙伯君 . 金代女真语 [M]. 沈阳：辽宁民族出版社，2004.
唐聿文 . 东北方言大词典 [Z]. 长春：长春出版社，2012.
王力 . 汉语史稿 [M]. 北京：中华书局，1980.
吴歌 . 东北方言注疏 [M]. 沈阳：白山出版社，2016.
肖辉嵩 . 朝阳方言词典 [Z]. 沈阳：辽宁人民出版社，2013.
薛才德 . 语言接触与语言比较 [M]. 上海：学林出版社，2007.
杨富学 . 中国北方民族历史文化论稿 [M]. 兰州：甘肃人民出版社，2001.
杨耐思 . 中原音韵音系 [M]. 北京：中国社会科学出版社，1981.
杨亦鸣 . 李氏音鉴音系研究 [M]. 西安：陕西人民教育出版社，1992.
叶宝奎 . 明清官话音系 [M]. 厦门：厦门大学出版社，2001.
遇笑容，曹广顺，祖生利 . 汉语史中的语言接触问题研究 [M]. 北京：语文出版社，2010.
袁宾等 . 二十世纪的近代汉语研究（上）[M]. 太原：书海出版社，2001.
张昇余 . 日本唐音与明清官话研究 [M]. 西安：世界图书出版西安公司，1998.
赵杰 . 北京话的满语底层和“轻声”“儿化”探源 [M]. 北京：北京燕山出版社，1996.
赵杰 . 现代满语研究 [M]. 北京：民族出版社，1989.
照那斯图，杨耐思 . 蒙古字韵校本 [M]. 北京：民族出版社，1987.
朱诚如 . 辽宁通史（1—5 卷）[M]. 沈阳：辽宁民族出版社，2009.
朱学渊 . 中国北方诸族的源流 [M]. 北京：中华书局，2002.
池上二良 . トゥングース語 . 市河三喜・服部四郎編世界言語概説（下）[M]. 东京：东京研究社，1995.
池上二良 . 满汉字清文启蒙に於ける満洲語音韻の考察 I － III [J]. 札幌大学女子短期大学部纪要，1986，第 8、第 9、第 10 号 .
池上二良 . 满洲语研究 [M]. 东京：汲古书院，1999.
村田雄二郎、C・テマール . 漢字圏の近代—ことばと国家 [M]. 东京：东京大学出版会，2005.
服部四郎 . 服部四郎文集 [M]. 东京：三省堂，1986.
服部四郎 . 服部四郎文集 1：アルタイ諸言語の研究 I [M]. 东京：三省堂，1986.
服部四郎 . 服部四郎文集 3：アルタイ諸言語の研究III [M]. 东京：三省堂，1986.
服部四郎 . 满洲語口語の音韻の体系と構造 [M]// 服部四郎文集 3：アルタイ諸言語の研究III . 东京：三省堂，1986.

高松政雄．近世的唐音の音体系——その二、韻母の面よりの考察－[J]. 国語国文，2000（55-6）.

高松政雄．近世的唐音の音体系——江南浙北音としての－[J]. 国語国文，1999（54-7）.

高松政雄．近世的唐音——破擦音を主として－[J]. 岐阜大学教育学部研究報告・人文科学，1984，32 卷（1-14）.

高松政雄．近世唐音弁——南京音と浙江音 [J]. 岐阜大学国语国文学，1985，17 号 .

高松政雄．日本汉字音の研究 [M]. 东京：风间书房，1982.

高松政雄．日本漢字音概论 [M]. 东京：风间书房，1986.

高松政雄．日本漢字音史论考 [M]. 东京：风间书房，1993.

河野六郎．河野六郎著作集Ⅰ．东京：平凡社，1979.

濑户口律子．白姓官话全译 [M]. 日本：明治书院，1994.

尼古拉・班蒂什-卡缅斯基．俄中两国外交文献汇编（1619—1792 年）[M]. 北京：商务印书馆，1982.

桥本万太郎．汉民族と中国社会 [M]. 东京：山川出版社，1983.

桥本万太郎．桥本万太郎著作集第一卷言语类型地理论・文法 [M]. 东京：内山书店，2000.

汤沢质幸．唐音の研究 [M]. 东京：勉诚社，1987.

西田龙雄．東アジア諸言語の研究Ⅰ巨大言語群——シナ・チベット語族の展望 [M]. 京都：京都大学学术出版会，1998.

沼本克明．汉字音研究の現在・日本漢音 [R]. 日本中国语学会，早稻田大学，2003-10.

沼本克明．日本汉字音の历史 [M]. 东京：东京堂，1986.

沼本克明．日本汉字音の历史的研究 [M]. 东京：汲古书院，1997.

中嶋幹起，今井健二・高橋まり代．電脳処理「御製増訂清文鑑」[M]. 东京：东京外国语大学・国立亚非语言文化研究所，1999.

中嶋幹起等．清代中国語・満洲語辞典 [Z]. 东京：东京外国语大学・国立亚非语言文化研究所，1999.

竹越孝，远藤光晓．元明汉语文献目录 [M]. 上海：中西书局，2016.

佐藤昭．VOCABULARIUM SINICO-LAYINUM があらわす——19 世紀の中国語音 [J]. 北九州大学外国語学部紀要，1997，開学 50 周年記念号 .

佐藤昭．清末河間府，献県方言の音韻特色——L. Wieger の著書"Lexigues"を資料として [J]. 横滨国立大学人文紀要第二類語学・文学，1985，第 32 辑别册 .

佐藤昭．清末民国初期の官話方言の音韻——欧文の字典資料を対象としてⅠ [J]. 北九州大学外国語学部纪要，1988，第 64 号 .

佐藤昭．清末民国初期の官話方言の音韻——欧文の字典資料を対象としてⅡ [J]. 北九州大学外国語学部纪要，1989，第 67 号 .

佐藤昭．中国语语音史——中古音から現代音まで [M]. 东京：白帝社，2002.

第一章　幽燕方言研究

第一节　扬雄《方言》中的幽燕方言[①]

在人类文化学中，包括东北在内的幽燕地区自古不乏原始华夏族、北狄和东北夷的文化遗存，是农耕、游牧、渔猎三种文化的交融之地。诸多历史文献记载了幽燕地区汉族与山戎、东胡、肃慎、秽貊等东北少数民族的早期接触与融合，东北少数民族通过战争、移民、朝贡、互市等与中原文化发生了密切联系，其结果：一方面，汉文化的优势作用，使得东北少数民族不断被汉化，如晋末中原动乱，慕容鲜卑在东北建立前燕和后燕，"变胡风染华俗"自觉接受中原文化影响。另一方面，也间有汉族人胡化，《战国策·赵策二》记载赵武灵王与相国肥义商议"今吾将胡服骑射以教百姓"[②]便可见一斑。东北汉族亦因浸染胡虏，而渐与中原汉族有别。后石敬瑭把燕云十六州割让给契丹，使得幽燕地域的语言与中原汉语曾一度渐行渐远。幽燕地区是古长城、原始宗教祭祀、草原丝绸之路、朝贡鹰道、马市的特殊地域，以燕山、医巫闾山、燕长城、古辽河等为主的考古新发现和历史孑遗，证明该区域有着相对一致的文化表象和内部共性[③]。语言是伴随社会发展而演变的，幽燕地区作为独特的文化区域，自有语言接触的表象存在，故不乏一些基本词汇沿用至今，典型地代表着该地域语言文化的底层。基于此，本书拟通过梳理汉代《方言》所涉及的幽燕地域方言词，与现代语义作历史比较研究，以钩沉出秦汉时代幽燕方言基本词汇及表象，进而为现代东北官话方言区划问题提供一定的历史证据。

幽燕地区包括两个地理名词，一个是幽州，一个是燕国。幽州，是上古十二州之一，古史上没有明确记载，我们只能通过文献资料来推测其地望。《太平寰宇记》中《晋书地道记》载："舜以冀州南北广大，分燕地北为幽州，夏殷省幽并冀，又为冀州之域。周夏置幽州。幽州因幽都以为名"。循此线索，有《山海经·海内经》载"北海之内，有山，名曰幽都之山，黑水出焉"[④]。《史记·五帝本纪》载"申命和

---

① 本节原文由杨春宇，王媛合作发表于：辽宁师范大学学报（社会科学版），2015（06）：837-845. 有删改。

② 缪文远，缪伟，罗永莲译注．战国策（下）[M]. 北京：中华书局，2012：549.

③ 靳枫毅．夏家店上层文化及其族属问题 [J]. 考古学报，1987（02）：177-210.

④《山海经·海内经》，参见 https://www.docin.com/p-250215301.html.

叔，居北方，曰幽都”[①]。《史记·五帝本纪》记载“于是舜归而言于帝，请流共工于幽陵”[②]。《周礼·职方氏》说“东北曰幽州，其山镇曰医无闾”[③]。可见，虽然幽都在东北的确切位置尚未考定，但至少可明确古幽州包括了今辽西地区。《史记·五帝本纪》载：“北逐荤粥，合符釜山，而邑于逐鹿之阿”[④]；又《史记·周本纪》载：武王克殷之后，封“黄帝之后于祝，帝尧之后于蓟”[⑤]。逯宏据此认为涿鹿及其周边的蓟县（今天津蓟州区）属于古幽州，是古代幽都所在地区，分布于河北北部、内蒙古东南部、辽宁西部[⑥]。其又据《旧唐书·地理志》《新唐书·地理志》《辽史·地理志》确定幽州中心区域在燕山南北一带[⑦]。一说幽州，即现在的北京市。周武王克殷后，封召公于幽州。燕昭王筑黄金台广招贤士，有陈子昂的《登幽州台歌》可证。幽州也是汉代十三刺史部之一，虽其驻地和所代表的区域常常变化，但幽州一直处于抵御少数民族进攻、保卫中原的战略位置。唐建中二年（781 年）析蓟县置幽都县，隶属幽州，唐时幽州是北方军事重镇与交通中心。“幽”这个行政区划名称从上古一直沿用到唐，由此，幽州应为燕山南北地区，即包括今河北、北京、天津的部分地区和东北大部地区。

对于燕国的地望，古史有明确记载，周初燕国仅为北京西郊中心方圆五十公里的地域，后来兼并蓟国，将蓟城定为都城；战国中期，燕攻击秦并开始北击东胡，东胡退却千里，东渡到辽水攻击箕子朝鲜，使鸭绿江以西土地尽归入燕，秦始皇建置了上谷、渔阳、右北平、辽西、辽东郡。汉代燕为封国，西汉除袭秦制五郡，外加广阳郡。东汉公孙氏立国，后慕容鲜卑建国也一直以“燕”为国号。虽同为晋末，“西燕”和“南燕”的版图并不在东北地区，但其统治者却是来自北方的鲜卑族，与东北的“前燕”“后燕”一样是慕容鲜卑集团建立的国家。由此，我们可以看出华北、东北慕容鲜卑等部族对“燕”之国号的坚守与认同。因此，燕国的地望包括今天中国的京津地区、辽宁大部、内蒙古，以及朝鲜的部分地区，与考古学所提出的东北古文化区具有一致性，该地域主要受到了红山文化和夏家店下层文化的影响。

综上，在这片大地上从古至隋唐，“幽”和“燕”是使用最多的名称，并且这两

---

①（汉）司马迁．史记 [M]. 北京：中华书局，2006：2.

②（汉）司马迁．史记 [M]. 北京：中华书局，2006：3.

③ 吕友仁，李正辉，孙新梅译著．周礼 [M]. 郑州：中州古籍出版社，2018：297.

④（汉）司马迁．史记 [M]. 北京：中华书局，2006：1.

⑤（汉）司马迁．史记 [M]. 北京：中华书局，2006：20.

⑥ 逯宏．幽都考 [J]. 黄河科技大学学报，2010（06）：76.

⑦ 逯宏．幽都考 [J]. 黄河科技大学学报，2010（06）：77.

个名称所代表的地域多有重合。幽燕地区主要涉及今天的山西、北京、天津、河北、内蒙古、山东和东北地区，幽燕地区是中华文明的发祥地之一，该地区在文化类型上有夏家店下层燕北、燕南型地域文化的共性或相似性[①]，对幽燕方言的研究就是对燕山南北的古代大河北和东北地区的方言进行的历史性溯源。

在方言研究中，以林焘为代表的一些学者认为北京官话与东北官话有着共同历史渊源[②]，杨春宇也曾提到东北官话与北京官话同是在幽燕方言基础上形成和发展起来的[③]。因此，从方言地理学上，我们把幽燕方言作为有机的整体研究对象来考察，也正是基于这些史料记载和考古上的认知与发现。这种史的追溯，可为现代官话方言分区提供历史证据。

一、关于《方言》中幽燕方言的先行研究

西汉著名的哲学家、文学家和语言学家扬雄，以“考八方之风雅，通九州之异同，主海内之音韵”的目的撰写了《方言》。《方言》是我国第一部方言学著作，是中国语言史上一部悬诸日月而不刊的奇书[④]。它几乎开创了世界研究方言的先河，并且对当时全国的方言进行分区，体现了中国朴素的方言地理学的自觉，迄今仍是我们研究方言的范本，也是我们追溯汉代方言的绝好文本。

依据《方言》中的材料，从方言地理学的角度来划分汉代的方言区，主要有以下几家：

（一）林语堂的研究

林语堂将《方言》反映的汉代方言分成 14 系：①秦晋为一系，包括秦（亦称雍凉）；②西秦、晋（亦称汾唐）；③梁及楚之西部为一系，包括梁（亦称西南蜀汉益）；④赵及魏之西北为一系，包括赵魏（赵魏自河以北为一系，燕代之南并入此系）；⑤宋卫及魏之一部为一系，包括宋、衡；⑥郑韩周自为一系，包括郑韩周；⑦齐鲁为一系，包括齐鲁；⑧燕代为一系，包括燕代；⑨燕代北鄙朝鲜洌水为一系，包括北燕、朝鲜；⑩东齐海岱之间淮泗（亦名青徐，杂入夷语）为一系包括东齐、徐；⑪ 陈汝颖江淮（楚）为一系，（荆楚亦可分为一系），包括陈、汝颖、江淮、楚；

① 赵宾福．辽西山地夏至战国时期考古学文化时空框架研究的再检讨 [J]. 边疆考古研究，2006：32-69.

② 参见林焘．北京官话溯源 [J]. 中国语文，1987（03）：161-169；尹世超．哈尔滨话音档 [M]. 上海：上海教育出版社，1998；王福堂．汉语方言语音的演变和层次 [M]. 北京：语文出版社，1999 等。

③ 杨春宇．辽宁方言语音研究 [J]. 辽宁师范大学学报（社会科学版），2010（05）：93-99.

④ 周祖谟校，吴晓铃编．方言校笺及通检 [M]. 北京：科学出版社，1956.

⑫南楚自成一系（杂入蛮语），包括沅湘、湘潭、九疑、苍梧、湘源等；⑬吴扬越为一系，而扬尤接近淮楚；⑭西秦为一系（杂入羌语）；秦晋北鄙为一系（杂入狄语）[①]。其中，涉及幽燕方言的，为⑧⑨两区。

（二）罗常培、周祖谟的划分

罗常培、周祖谟据扬雄《方言》方域并举及东汉人著作进行认证，把西汉方言分为7大区：秦晋、陇冀、梁益；周郑韩、赵魏、宋卫；齐鲁、东齐、青徐；燕代、晋之北鄙、燕之北鄙；陈楚江淮之间；南楚；吴越[②]。他们将燕代、晋之北鄙、燕之北鄙划为一区。

（三）司登义的划分

美国语言学家司登义将《方言》反映的汉代方言分6大区，每个大区下分区若干，其中，燕、燕代、北燕、朝鲜洌水被归为北部及东北诸方言，含晋和赵[③]。

（四）丁启阵的划分

丁启阵认为相对独立的行政区域，语言内部一致性较高，提出通过词汇差别程度析划方言区，据此他把《方言》中的东齐、北燕、南楚处理为独立的次方言层，将《方言》反映的方言分为8大区：燕朝方言；赵魏方言；海岱方言；周洛方言；吴越方言；楚方言；秦晋方言；蜀汉方言[④]。主燕、朝方言合一。

（五）张步天的划分

张步天据汉代行政区划，参照先秦时期方言分布，提出汉代方言分10类16区，分别是：关东西（分关中秦晋、周洛2区）；河南北（分陈宋郑、魏卫2区）；齐鲁（分东齐、齐鲁、江淮海岱3区）；并朔；燕代；京雍；梁益；楚（分北楚、荆楚、南楚3区）；吴扬；闽广[⑤]。主燕、代方言合一。

（六）刘君惠等的划分

刘君惠等将《方言》析为12区：秦晋；周韩郑；赵魏；魏宋；齐鲁；东齐海岱；燕代；北燕朝鲜；楚；南楚；南越；吴越[⑥]。幽燕方言涉及两个区，从分。

---

①林语堂．前汉方音区域考[M]//语言学论丛．长春：东北师范大学出版社，1994：14-41.

②罗常培，周祖谟．汉魏晋南北朝韵部演变研究[M].北京：中华书局，2007：72.

③司登义．汉代的汉语方言[M]//刘君惠，李恕豪，杨刚，华学诚．扬雄方言研究．成都：巴蜀书社，1992：105.

④丁启阵．秦汉方言[M].北京：东方出版社，1991：1-56.

⑤张步天．洞庭地区古代方言初探[J].益阳师专学报，1992（03）：68.

⑥李恕豪．扬雄《方言》与方言地理学研究[M].成都：巴蜀书社，2003：38-39.

（七）新近代表研究

杨春宇在《辽宁方言语音研究》中提及东北官话早期发展经历了幽燕方言，汉儿言语阶段。朱丽《从〈方言〉看古代东北方言》，虽未直接将古代东北方言称为幽燕方言，却是直接涉及幽燕方言的实质性研究之一。其从《方言》所列北燕方言、朝鲜方言出发，初步探讨了古代东北方言的表现[①]。此外，相关研究还有高光新《从〈方言〉看西汉时期的河北方言》，该成果从分区、词汇角度，论述了《方言》与现代河北方言的关系[②]。宋玉坤、汤倩的《试论扬雄〈方言〉中的燕代方言》，从分区、词汇、专有名词等视角加以分析[③]。这些研究虽各有侧重，但总体上缺乏幽燕方言同该地域考古新近成果相结合的考察视角与整体观照。

综上，对于幽燕方言的区划，从分的 2 家，从合的 4 家。尽管先贤们对幽燕方言的概括、指称与本书不同，其内涵实质还是相对明确的，即幽燕方言存在于燕代方言区和北燕朝鲜方言区之间。本书梳理各家对扬雄《方言》分区之陈说，并结合对幽燕地域的历史分析，赞同从合说，将其概括为幽燕方言，并尝试深入描写，进一步解释。

二、《方言》对幽燕方言中心区域的归纳

（一）《方言》幽燕方言的地域范围

《方言》采用“中心区域归纳法”[④]概括方言区，涉及幽燕地区方言的主要有燕代、北燕、朝鲜洌水方言，单举、并举计 30 多种。我们将这 30 余个方言地理学意义上的名称均视为《方言》所反映“幽燕方言区”的关涉地域，并分析其代表的现代地域范围，具体如下：

（1）燕代之北鄙：《方言》中的燕，表示汉代广阳郡；代，除包括汉之代郡外，还包括汉代的云中郡、雁门郡及太原郡的部分地区。故燕代之北鄙在今河北、山西地区。

（2）燕代东齐：东齐在今天的胶东半岛一带，大约相当于汉代的胶东郡。故燕代东齐在今河北北部、山西东北部和胶东半岛一带。

---

① 朱丽．从《方言》看古代东北方言 [J]. 语文学刊，2010（19）：109-110.

② 高光新．从《方言》看西汉时期的河北方言 [J]. 唐山师范学院学报，2010（06）：14-17.

③ 宋玉坤，汤倩．试论扬雄《方言》中的燕代方言 [J]. 参花（下），2013（06）：31.

④ 李恕豪．论扬雄《方言》中的几个问题 [J]. 古汉语研究，1990（03）：62.

（3）燕赵之间:《方言》中的赵是指以晋阳、邯郸为中心的区域，相当于现在的河北南部、山西东北部地区。故燕赵之间在今河北的中部及山西东部地区。

（4）燕代、朝鲜洌水：洌水是今天朝鲜的大同江。故燕代朝鲜洌水在今中国河北北部、山西东北部，以及朝鲜西北部地区。

（5）燕、朝鲜洌水之间：在今中国京津地区和东北，以及朝鲜西北部地区。

（6）燕齐之间:《方言》中的齐大致相当于秦代的临淄郡和济北郡。即今天的山东北部（不包括胶东半岛）和河北东南部。故燕齐之间在今河北中部、东部及山东北部。

（7）青幽之间：青州指山东益都，今泰山以东至渤海的山东、河北、京津区域。

（8）齐燕、海岱之间：海指渤海，岱指泰山。故齐燕海岱之间在今山东北部、河北中南部的近海地区。

（9）燕：汉代广阳郡及其周围地区，也就是今天的北京、天津蓟州区及其周边地区。

（10）赵魏燕代：赵主要包括今天的河北南部和山西东部。魏是山西的西南部，黄河与汾河之间。故赵魏燕代为今天的山西和河北部分地区。

（11）晋卫燕魏：晋在山西西南部，是汉代河东郡及周边地区。卫在今天河南北部、河北南部和山东西部地区。故晋卫燕魏应该对应今天的河北、山西南部以及河南北部地区。

（12）燕之北鄙：燕之北鄙、燕之外鄙都是指今天燕山河北北部及东北地区。

（13）燕之北鄙、朝鲜洌水之间：指今天中国燕山北部、东北地区，以及朝鲜西北部地区。

（14）北燕、朝鲜洌水：指今天的中国燕山河北东部、东北地区，以及朝鲜西北部地区。

（15）北燕：指今天的燕山河北东部、东北地区。

（16）海岱东齐北燕：指今天的东北地区，渤海沿岸地区和山东北部地区（包括胶东半岛）。

（17）梁宋齐楚北燕：宋，今在河南商丘为中心的河南东部和山东西南、江苏西北、安徽北部；楚，是以郢都为中心的江汉平原及周围地区；梁，与宋在地域上基本吻合。故梁宋齐楚北燕，为今江汉平原地区，安徽北部、河南东部、山东西南部和北部及东北地区。

（18）燕之东北、朝鲜洌水：为今中国东北地区和朝鲜西北部地区。

（19）北燕之外郊：为今东北北部地区。

（20）燕之外郊、朝鲜洌水：为今中国东北地区和朝鲜西北部地区。

（21）东齐海岱、北燕之郊：为今辽宁地区和河北北部地区。

（22）燕齐：指今天的京津地区和山东北部地区（不包括胶东半岛）。

（23）燕之北鄙、东齐北郊：为今燕山河北北部、东北地区和胶东半岛北部地区。

（24）燕之北郊：为今燕山河北北部、东北地区。

（25）燕之外郊：为今内蒙古东部、华北、东北地区。

（26）北燕、朝鲜之间：朝鲜自古就与中原密切往来，无论是箕子朝鲜、卫满朝鲜时期，还是后来的高句丽、新罗、百济都曾向中原朝廷称臣。《汉书・武帝纪》记载："元封三年夏，朝鲜斩其王右渠降，以其地置乐浪、临屯、玄菟、真番郡。"[①] 说明汉朝时朝鲜大部分归中原王朝管辖。故北燕朝鲜之间为今辽宁及吉林的部分地区。

（27）燕之东北、朝鲜洌水：为今中国东北地区和朝鲜西北部地区。

（28）自河而东，北燕、朝鲜之间：河指黄河，自河而东应该指黄河东部地区，故自河而东，北燕、朝鲜之间为今华北、东北和山东北部地区。

（29）秦晋之北鄙、燕之北郊：为今东北、陕西甘肃东部和山西东北部地区。

（30）齐之北鄙、燕之北郊：为今东北、山东北部地区。

（31）东北、朝鲜洌水：为今中国东北地区和朝鲜西北部地区。

（32）朝鲜洌水：指乐浪郡一带，即今朝鲜大同江西北部地区。

以上，我们罗列出《方言》中有关幽燕方言的地域范围。从地望上看，《方言》关涉幽燕方言 32 次之多（未包括梁宋齐楚北燕之间；燕之外郊，越之垂，瓯吴之外鄙二次并举）。足见至少在汉代，扬雄等已十分关注这一地区的方言发展。从并举的诸地方言分析来看，幽燕方言作为上位方言区，广义上其至少涉及了今天的晋语、北京官话、东北官话、冀鲁官话、胶辽官话等北方官话的区域。北燕–朝鲜洌水方言虽更确切地对应今天意义上的东北官话方言，但是我们认为：由于语言内部及幽都、燕国更替等外部原因，历史上的幽燕方言处于语言接触与动态发展演变之中，地域分区时有交叉，词汇并举，说明分区不严格或语言接触尚未结束。联系今天的实际，我们更趋向于从广义的上位方言区意义上追溯东北官话早期的历史层次，将其概括为幽燕方言，而不以狭义的下位方言区"北燕–朝鲜洌水方言"进行概括。其方言代

① （汉）班固．汉书 [M]．北京：中华书局，2007：48.

表点有历史上的赤峰、龙城（今辽宁朝阳）、昌黎（今辽宁义县）、蓟县（今天津蓟州区）、广阳（今廊坊广阳区）、蔚县等。

（二）《方言》幽燕方言同言区域与现代方言区的对应关系

扬雄《方言》将汉代的幽燕方言所涉地域时而对举，时而并举。如《方言》中燕出现 19 次[①]，与代并举 6 次，与齐并举 6 次，与赵并举 5 次，与魏并举 3 次，与朝鲜洌水并举 2 次，与晋卫并举 1 次，与海岱并举 1 次；北燕方言出现 47 次，朝鲜出现 27 次，洌水出现 22 次。北燕与朝鲜洌水并举 18 次，与东齐并举 4 次，与朝鲜并举 2 次，与海岱并举 3 次，与秦晋北鄙并举 1 次，与齐并举 3 次（齐楚之郊 1 次，齐 1 次，齐之北鄙 1 次），与楚并举 2 次（与楚并举 1 次，齐楚之郊 1 次）。并举次数越多或说明两个地区的文化交流、语言接触越紧密，反之则说明两个地方文化交流、语言接触距离渐远，可见《方言》中幽燕方言处在动态演变发展过程之中，还未稳定。其关涉的 30 余个方言地域与现代方言区[②]存在着怎样的对应关系，我们参照前贤研究成果，相对以燕代方言、北燕–朝鲜洌水方言为经，出现并举、单举为纬，进行描写如下。

1. 相对的并举地域

1）河北与山西地区

三家分晋之后，燕与赵、魏、韩地域毗连，历史上的合纵连横，使得其间的语言接触不断，形成共同的方言底层。见表 1-1。

表 1-1　幽燕方言词汇并举地域古、今方言地理学对比之一（晋语区、大河北）

《方言》标目	现代地理方位	方言词	意义	现代方言区推测
燕代之北鄙	河北和山西地区	梨，冻梨（卷一）	老	晋语、冀鲁官话
燕赵之间	河北中部、山西东部地区	豐（卷二）	言“围大”	晋语、冀鲁官话
		佻（卷七）	悬物于台上	
		蠓螉（卷十一）	蜂	
		蠮螉，蚴蜕（卷十一）	小细腰蜂	

① 其中《方言》卷一有 1 次为“青幽之间”，“幽”暂计为燕代方言。

② 李荣 . 官话方言的分区 [J]. 方言，1985（01）：2-5.

续表

《方言》标目	现代地理方位	方言词	意义	现代方言区推测
燕赵之间	河北中部、山西东部地区	蚕𧓍（卷十一）	大而有蜜的蜜蜂	晋语、冀鲁官话
		笛师（卷十一）	黑蜂穿竹木作孔有蜜者	
赵魏燕代	山西和河北部分地区	姝（卷一）	好也	晋语、冀鲁官话
		悛（卷一）	怜也	
晋卫燕魏	山西南部以及河南北部地区	台（怡，卷一）	台=胎，养也	晋语、冀鲁官话
燕代之间	山西、河北北部	谩台（卷一）	蛮夷	晋语、冀鲁官话
秦晋北鄙、燕之北郊、翟县北郊	山西、河北北部	虔（卷一）	贼	晋语、冀鲁官话
自河而北、燕赵之间	山西、河北地区	窒（室，卷九）	剑鞘	晋语、冀鲁官话
赵魏之郊、燕之北鄙	山西、河北地区	丰人（卷二）	凡大人谓之丰人	晋语、冀鲁官话

2）河北和山东地区

后燕所及地区，覆盖河北、山东、东北部分等地区，语言接触频发，《方言》中的并举，反映三地共同的词汇底层，不难理解。东北地区由于地域偏远，少数民族众多，在各个朝代都引起了统治者的注意，统治者经常向这个地区移民来加强统治，移民多来自河北、山东等地，形成了大河北方言与东北方言的内部趋同性。见表1-2。

表1-2　幽燕方言词汇并举地域古、今方言地理学对比之二（大河北、山东）

《方言》标目	现代地理方位	方言词	意义	现代方言区推测
燕代东齐	河北北部和胶东半岛一带	訦（卷一）	信	冀鲁官话、北京官话、胶辽官话
青幽之间	河北东南和山东西北之间	坟（卷一）	地大，土高且大	冀鲁官话、北京官话
燕齐之间	京津地区和山东北部地区之间	抠揄（卷六）	旋也，秦晋凡物树稼早成熟	冀鲁官话、北京官话
		帐（卷五）	饮马橐	冀鲁官话、北京官话、胶辽官话
		娠（卷三）	养马者，官婢	
齐燕海岱之间	山东北部，河北中部、南部近海地区	锅（卷九）	车釭	胶辽官话、冀鲁官话、北京官话
燕齐	京津地区和山东北部地区（不包括胶东半岛）	希（卷七）	铄，摩铝	北京官话、冀鲁官话

3）东北和山东地区

这两个地域自古就往来密切，现代考古学的发现亦证明了山东胶东半岛与辽宁辽东半岛之间在上古时期就有海上交通线路。魏晋南北朝时，南燕（慕容德建，都广固，今山东青州西北）、北燕（冯跋建，都龙城，今辽宁朝阳）。《方言》中并举山东、北燕两地方言，说明两地方言存在着共同的词汇底层。见表1-3。

表1-3　幽燕方言词汇并举地域古、今方言地理学对比之三（东北、山东）

《方言》标目	现代地理方位	方言词	意义	现代方言区推测
海岱、东齐、北燕	东北地区、渤海沿岸地区和山东北部地区（包括胶东半岛）	盎（卷五）	一种饭器	胶辽官话、东北官话
燕之北鄙、东齐北郊	东北地区和胶东半岛北部地区	平均（卷七）	赋也，相赋敛	东北官话、胶辽官话
齐之北鄙、燕之北郊	东北地区和山东北部地区	臧（甬，卷三）	骂奴；凡民男而壻婢谓之臧；亡奴谓之臧	胶辽官话、东北官话
		獲（卷三）	骂婢；女而妇奴谓之獲；亡婢谓之獲	
东齐、海岱、北燕之郊	山东东北部地区、辽宁、河北北部地区	晞（卷七）	晒五谷之类	胶辽官话、东北官话
		蹑务（卷七）	跪	
		隑企（卷七）	跛脚不能自由行走	

4）其他多重并举

《方言》中，也出现了跨地域的并举现象，本书将其作为一类，认为其意义在于：或可反映幽燕方言与其他古方言一样残存着共同的古汉语底层。见表1-4。

表1-4　幽燕方言词汇多重并举地域古、今方言地理学对比之四（东北、北京、山西等）

《方言》标目	现代地理方位	方言词	意义	现代方言区推测
燕代朝鲜洌水之间	今中国山西、河北北部、辽东地区，以及朝鲜西北地区	盱，揚（卷二）	谓举眼也	晋语、冀鲁官话、北京官话、东北官话
燕之北鄙、齐楚之郊	北京、内蒙古、山东、湖北周边	京，将（卷一）	大	冀鲁官话、中原官话、江淮官话
梁宋齐楚北燕之间	关西、河南、山东、湖北、东北地区	樎（卷五）	养马器也	西北官话、中原官话、江淮官话、胶辽官话、东北官话
燕之外郊越之垂、瓯吴之外鄙	内蒙古东北部地区，粤、吴、闽等地	膂（卷七）	攍，担也，以驴马驮驼两头载物，负担	东北官话、北京官话粤语、吴语、闽语

2. 相对的单举地域

1）东北地区

幽燕地区（包括蓟、大兴）是燕国的始封地，与《方言》中的“燕”地范围相当。《方言》中“北燕”相当于今天燕山河北东部、东北地区，广义的朝鲜也包括辽东地区[①]，因此描写朝鲜地区的方言词应也有部分对应今天的东北地区。见表 1-5。

表 1-5　幽燕方言词汇单举地域古、今方言地理学对比之五（大河北、东北）

《方言》标目	现代地理方位	方言词	意义	现代方言区推测
燕之北鄙	北京、内蒙古、东北地区	由（卷六）	辅也，胥相、由正，辅持也	北京官话、东北官话
北燕	内蒙古、河北、东北地区	葰（卷三）	芡，鸡头	北京官话、冀鲁官话、东北官话
		班（卷三）	列	
		讙（卷七）	让也	
		噬（卷七）	蝎，逮也	
		蠀蠌（卷八）	蝙蝠	
		祝蜓（卷八）	守宫，蜥蜴	
		蛆蜫（卷十一）	蚰蜒	
		蛆蝶（卷十一）	马蚿；蝍蛆；蚟蚓、地蛆蝶	
北燕之外郊	内蒙古、东北北部地区	侔莫（卷七）	强也，劳而相勉若言努力者	东北官话
燕之北郊	内蒙古、东北北部地区	傑松（卷七）	骂也	东北官话、北京官话
		釗（卷七）	超，远也	东北官话、北京官话
燕	北京及其周边地区	杼首（卷二）	长首也	北京官话、冀鲁官话、东北官话
		蛾蛘（卷十一）	蚍蜉	

2）中国东北地区和朝鲜西北部地区

无论是从该地区方言词在现代东北方言的存遗上看，还是从地域分布来说，该地区典型地对应现在的东北方言区。见表 1-6。

表 1-6　幽燕方言词汇单举地域古、今方言地理学对比之六（中国东北地区、朝鲜西北地区）

《方言》标目	现代地理方位	方言词	意义	现代方言区推测
燕之北鄙、朝鲜洌水之间	中国东北地区、朝鲜西北地区	策（卷二）	梶，木细枝	东北官话

① 参见李恕豪. 扬雄《方言》与方言地理学研究 [M]. 成都：巴蜀书社，2003：161.

续表

《方言》标目	现代地理方位	方言词	意义	现代方言区推测
燕之北鄙、朝鲜洌水之间	中国东北地区、朝鲜西北地区	葉褕（卷二）	毳也，皆谓物之行蔽	东北官话
		摇扇（卷二）	速，疾也	
		蠀蛛（卷十一）	蜘蛛	
北燕朝鲜洌水	中国东北地区、朝鲜西北地区	茦（卷三）	草木刺人，茦赖也	东北官话
		斟（卷三）	汁也	
		錪，鉼（卷五）	鍑也	
		抱（菢，卷六）	伏（孵）鸡	
		豭（卷八）	豬	
燕之东北、朝鲜洌水之间	中国东北地区、朝鲜西北地区	斛（卷五）	臿，铧	东北官话
		椴（卷五）	橛，榪杙也	
		树（卷五）	牀杠	
		甀（卷五）	甀，腹大口小盛灯油瓦器	
		鴟鳺（卷八）	尸鸠	
燕之外郊、朝鲜洌水之间	中国东北地区、朝鲜西北地区	掬（卷七）	斯，离也	东北官话
		膊（膞，卷七）	暴肉发人之私，披牛羊五脏	
		树植（卷七）	立也，置立	
		魏盈（婴，卷七）	怒也，呵斥	
北燕朝鲜之间	中国东北地区、朝鲜西北地区	貊（卷八）	狸	东北官话
		痨（卷三）	饮药傅药而毒	
东北、朝鲜洌水	中国东北地区、朝鲜西北地区	靮角（卷四）	粗布鞋	东北官话
朝鲜洌水	朝鲜西北地区	徥（卷六）	用行也，徥徥行貌	东北官话
		漢漫（卷七）	澧也，烦澧	
		賑眩（卷七）	澧也，颠眴	

3. 小结

由此我们可以勾勒出古幽燕方言的燕代方言与北燕–朝鲜洌水方言的发展脉络。一般两种方言相互接触，落后地区会逐渐吸收先进地区的语言文化。汉代时北燕地区文化是落后于以广阳、蓟为中心的燕文化区的。因此，无论是从移民还是从语言及文化迁移上来说，北燕–朝鲜洌水方言都与燕代方言的扩散密不可分。《三国志》

等文献记载了从赵、燕、齐等地向北燕移民的事实[①]，据此，我们更加确定北燕–朝鲜洌水方言是当地方言与燕代方言、赵方言、齐方言发生接触与融合的结果，是在赵、燕、齐方言向北燕扩散过程中形成的一种杂糅的方言。而燕代方言由于地理上更接近中原地区，则较多地直接受到赵、齐等方言的影响。与此同时，地理位置更加偏远的北燕，则保存了不少与先燕、前燕方言早期接触的特点[②]，到了扬雄《方言》时，燕代与北燕的方言分歧已经拉大，且这种分化发展与考古发现的夏家店下层文化中心南移、东北高台山文化[③]渐入辽西地区的文化孑遗和表象是基本一致的，这种历史上的循环积淀或不是偶然的。尽管如此，语言发展具有不平衡性，在语言外部，社会变革等要素依然对语言的发展起着制约的作用。赵武灵王胡服骑射、永嘉之乱等，足见古代北方社会更替频繁，语言接触广泛。在语言发展长周期的链条下，魏晋南北朝时期的幽燕方言应是缓慢地混合、杂糅地发展着；隋唐之后，伴随石敬瑭将燕云十六州割让给契丹，幽燕方言早期受山戎、东胡等语的影响的底层可能渐渐湮没，代之后起的是鲜卑语、契丹语的融入与内部一致性的渐次增强，但仍不够稳定。基于这些考虑，我们若只从本地话狭义的角度追溯东北方言的源头——北燕–朝鲜洌水方言，不但观察过于静止，而且缺乏动态的、语言接触的整体思考，不符合语言历史发展的实际。所以我们主张还是站在上位方言区的广义角度，概观幽燕方言的整体发展。

三、《方言》中的幽燕方言描写

（一）《方言》中关于幽燕方言的释义类型

1. 基本型

《方言》中关于幽燕方言的释义术语有 4 种类型，分别为："曰"型、"谓之"型、"谓……曰……"（谓曰）型、"谓……为……"（谓为）型。这 4 种释义类型涵盖了 10 个句型。其中"曰"型 2 个，"谓之"型 6 个，"谓曰"型 1 个，"谓为"型 1 个，构成《方言》记述幽燕方言的基本术语。见表 1-7。

---

①《三国志·魏书·乌丸鲜卑东夷传三十·濊传》记载：陈胜等起天下叛秦，燕齐赵民避地朝鲜数万口。见（晋）陈寿撰，（南朝宋）裴松之注. 百衲本三国志 [M]. 北京：国家图书馆出版社，2014：412.

② 李恕豪. 扬雄《方言》与方言地理学研究 [M]. 成都：巴蜀书社，2003：165.

③ 陈平. 高台山文化研究综述 [J]. 北京文物与考古第 6 辑，2004：97-111.

表 1-7　幽燕方言的释义类型之一（基本型）

类型	释义句型	方言词举例	例句
曰型	～，～也，～地曰～	摇扇	速，疾也，燕之外鄙朝鲜洌水之间曰摇扇[①]
	～，～也，～地～意曰～	咺	咺，痛也，朝鲜洌水之间，凡哀泣而不止曰咺[②]
谓之型	～，～也，～地～意，谓之～	魏（䙬）盈	魏（䙬）盈，怒也。燕之外郊，朝鲜洌水之间，凡言呵斥者谓之魏（䙬）盈[③]
	～，～地～意，谓之～	膊（膊）	晞，燕之外郊朝鲜洌水之间，凡暴肉，发人之私，披牛羊之五藏谓之膊[④]
	～地～意，谓之～	娠	燕齐之间养马者谓之娠[⑤]
	～，～也，～地谓之～	希	希、铄、摩也，燕齐摩铝谓之希[⑥]
	～意，～地谓之～	毒	自关而西谓之毒[⑦]
	～，～地谓之～	树	其杠，北燕朝鲜之间谓之树[⑧]
谓为型	～地谓～为～	虔	秦晋之北鄙、燕之北郊翟县之郊谓贼为虔[⑨]
谓曰型	～地谓～曰～	抱	北燕朝鲜洌水之间谓伏鸡曰抱[⑩]

2. 异读型

《方言》作为范本，同时也注意到了当时的一词异读情况，即幽燕方言中也有一词两读现象。《方言》所记述的这种异读情况的释义术语有两种类型，分别为“或曰”型和“或谓之”型。见表 1-8。

表 1-8　幽燕方言的释义类型之二（异读型）

类型	释义句型	方言词举例	例句
或曰型	～，～也，～地曰～，或曰～	涅，譁	涅，化也，燕朝鲜洌水之间曰涅或曰譁[⑪]
	～，～也，～地或曰～，或曰～	京，将	京，大也，燕之北鄙、齐楚之郊或曰京，或曰将，皆古今语也[⑫]

①（汉）扬雄撰，（晋）郭璞注 . 方言 [M]. 北京：中华书局，2016：29.
②（汉）扬雄撰，（晋）郭璞注 . 方言 [M]. 北京：中华书局，2016：4.
③（汉）扬雄撰，（晋）郭璞注 . 方言 [M]. 北京：中华书局，2016：90.
④（汉）扬雄撰，（晋）郭璞注 . 方言 [M]. 北京：中华书局，2016：88.
⑤（汉）扬雄撰，（晋）郭璞注 . 方言 [M]. 北京：中华书局，2016：31.
⑥（汉）扬雄撰，（晋）郭璞注 . 方言 [M]. 北京：中华书局，2016：90.
⑦（汉）扬雄撰，（晋）郭璞注 . 方言 [M]. 北京：中华书局，2016：36.
⑧（汉）扬雄撰，（晋）郭璞注 . 方言 [M]. 北京：中华书局，2016：68.
⑨（汉）扬雄撰，（晋）郭璞注 . 方言 [M]. 北京：中华书局，2016：9.
⑩（汉）扬雄撰，（晋）郭璞注 . 方言 [M]. 北京：中华书局，2016：96.
⑪（汉）扬雄撰，（晋）郭璞注 . 方言 [M]. 北京：中华书局，2016：32-33.
⑫（汉）扬雄撰，（晋）郭璞注 . 方言 [M]. 北京：中华书局，2016：7.

续表

类型	释义句型	方言词举例	例句
或谓之型	～,～也,～地曰～，或谓之～	盱，揚	盱，揚，双也，燕代朝鲜洌水之间曰盱，或谓之揚[①]
	～,～地或谓之～，或谓之～	鉠，鉼	鍑，北燕朝鲜洌水之间或谓之鉠，或谓之鉼[②]
	～,～地谓之～，或谓之～	锅，錕	车缸，齐燕海岱谓之锅，或谓之錕[③]

（二）《方言》中记述幽燕方言的释义类型

训诂学释义方式有4种，分别是直训、描写、义界、譬况。《方言》中解释幽燕方言用了前三种方法，其中直训52次，描写3次，义界4次，先直训后义界13次，先直训后描写2次。

1. 直训

直训也叫语词式解释方法，是用一个词去直接解释另一个词。如：元，始也[④]。《方言》涉及的幽燕方言，直训是被选择的主要方式。共52处直训，其中单纯靠直训来解释词义的有40个方言词。如：班，彻，列也[⑤]。

2. 描写

描写是对被解释对象的特征、形状、位置、作用等给予解释。如：缶，瓦器，所以盛酒浆，秦人鼓之以节歌[⑥]。《方言》涉及的幽燕方言使用描写这种方法见3处，分别是丰、葰、莢。

3. 义界

义界也称为定义式解释方法。如：斗，十升也[⑦]。《方言》幽燕方言涉及义界这种方法的见4处，如娠、臧等。

4. 先直训后描写或义界

是指为了使解释更加形象，通常在直训后，又进行描写或义界的解释方法。《方言》涉及幽燕方言中先直训后描写的见2处，如：墳。先直训后义界的见13处，分

① （汉）扬雄撰，（晋）郭璞注．方言 [M]. 北京：中华书局，2016：19.
② （汉）扬雄撰，（晋）郭璞注．方言 [M]. 北京：中华书局，2016：57.
③ （汉）扬雄撰，（晋）郭璞注．方言 [M]. 北京：中华书局，2016：107.
④ （汉）许慎撰，（宋）徐铉校定，愚若注音．说文解字 [M]. 北京：中华书局，2019：1.
⑤ （汉）扬雄撰，（晋）郭璞注．方言 [M]. 北京：中华书局，2016：38.
⑥ （汉）许慎撰，（清）段玉裁注．说文解字注 [M]. 上海：上海古籍出版社，1988：895.
⑦ （汉）许慎撰，（宋）徐铉校定，愚若注音．说文解字 [M]. 北京：中华书局，2019：301.

别是：抠揄、平均、魏（嫛）盈、侔莫、希、踞务、树植、貊、蠓螉、蛾蝆、徥、咺、侎。

（三）《方言》中幽燕方言词的结构特点

上古汉语以单音节词为主，只有少数词是双音节的。《方言》成书于西汉末年，正是上古汉语发展的中期，《方言》中收录幽燕方言词计 74 个，其中，单音节词 46 个，双音节词 28 个，幽燕方言也反映了古汉语在发展时期双音节词渐次出现的重要特点。

1. 单纯词

单纯词是指由一个语素构成的词。《方言》中记述的幽燕方言的双音节词都是联绵式单纯词，即两个音节连缀成义而不能拆开的词。具体为：

1）双声联绵词

鶝鴀：鶝，并母职部；鴀，滂母之部（并母和滂母对转）。

蠮螉：蠮，影母质部；螉，影母东部。蚒蛴：蚒，娘母幽部；蛴，娘母脂部。

侔莫：侔，明母幽部；莫，明母铎部。蕖褕：蕖，喻母盍部；褕，喻母宵部。

隑企：隑，群母微部；企，溪母支部（群母和溪母对转）。

2）叠韵联绵词

蠓螉：蠓，明母东部；螉，影母东部。抠揄：抠，溪母侯部；揄，定母侯部。

蠀（螻）：蠀，章母职部；螻，明母职部。蛆蟝：蛆，精母鱼部；蟝，群母鱼部。

汉漫：汉，晓母元部；漫，明母元部。倯偢：倯，见母东部；偢，心母东部。

3）非双声非叠韵联绵词

踞务：踞，知母阳部；务，明母侯部。祝蜒：祝，章母觉部；蜒，以母寒部。

蛾蝆：蛾，疑母歌部；蝆，明母支部。蠀蜍：蠀，定母觉部；蜍，禅母鱼部。

笛师：笛，定母药部；师，山母脂部。摇扇：摇，喻母宵部；扇，书母元部。

蚴蜕：蚴，影母幽部；蜕，透母月部。壶蠭：壶，匣母鱼部；蠭，滂母东部。

眽眩：眽，明母锡部；眩，匣母元部。

2. 合成词

合成词是指由两个或两个以上语素构成的词，《方言》所记述的幽燕方言词中，不乏合成词，具体如下：

1）联合式合成词

联合式合成词是由两个或两个以上意义相同、相近、相反的词根所组成的词。在《方言》所记述的幽燕方言中，这样的词有三个：

①树植:《说文解字·木部》树，生植之总名；[①]《说文解字·木部》植，户植也。[②]《宋本玉篇》：根生之属曰植。[③]《方言》中指“直立”[④]的意思。

②平均:《说文解字·亏部》平，语平舒也；[⑤]《说文解字·土部》均，平遍也。[⑥]《方言》中为“田赋”[⑦]。

③谩台：燕代之间曰谩台。[⑧]是“蛮夷”一词的借字。

2）动宾式合成词

动宾式合成词前一词根表示动作，后一词根表示动作作用的事物。《方言》所记述的幽燕方言里出现了一个，即摇扇:《说文解字·手部》摇，动也；[⑨]《说文解字·户部》扇，扉也[⑩]。

3）偏正式合成词

成词语素之间有修饰被修饰的关系。《方言》所记述的幽燕方言里出现了一个，即马蚰：马，明母鱼部；蚰，以母幽部[⑪]。东北方言有“马蜂”“马勺”等,“马”为“大”之义。此外，“丰人”“杼首”“鞫角”等属此类型。

4）附加式合成词

成词语素与表附加意义的语素结构成词。《方言》所记述的幽燕方言里出现了一个，即婴盈，盛气叱责。[⑫]婴，见母支部；盈，以母耕部。参照今东北方言“规楞，归拢”，或婴盈=婴楞，归整之义，引申为收拾。“盈”或可断为词缀。

（四）关于《方言》幽燕方言的语义分类

《方言》根据词义的不同将词汇进行分类，不仅有解释普通名词的卷一、卷二、卷三、卷六、卷七、卷十、卷十二、卷十三；也有解释专有名词的卷四（服饰）、卷五（工具）、卷八（动物）、卷九（器物）、卷十一（昆虫）。《方言》中反映幽燕方言

---

①（汉）许慎撰,（宋）徐铉校定，愚若注音．说文解字[M].北京：中华书局，2019：113.
②（汉）许慎撰,（宋）徐铉校定，愚若注音．说文解字[M].北京：中华书局，2019：116.
③（南朝）顾野王，宋本玉篇[M].北京：中华书局，1966.
④（汉）扬雄撰,（晋）郭璞注．方言[M].北京：中华书局，2016：66.
⑤（汉）许慎撰,（宋）徐铉校定，愚若注音．说文解字[M].北京：中华书局，2019：96.
⑥（汉）许慎撰,（宋）徐铉校定，愚若注音．说文解字[M].北京：中华书局，2019：288.
⑦（汉）扬雄撰,（晋）郭璞注．方言[M].北京：中华书局，2016：91.
⑧（汉）扬雄撰,（晋）郭璞注．方言[M].北京：中华书局，2016：8.
⑨（汉）许慎撰,（宋）徐铉校定，愚若注音．说文解字[M].北京：中华书局，2019：254.
⑩（汉）许慎撰,（宋）徐铉校定，愚若注音．说文解字[M].北京：中华书局，2019：248.
⑪（汉）扬雄撰,（晋）郭璞注．方言[M].北京：中华书局，2016：133.
⑫（汉）扬雄撰,（晋）郭璞注．方言[M].北京：中华书局，2016：19.

的动词22个，形容词10个，普通名词计52个，专有名词22个。专名中，关于服装的1个，解释工具的8个，解释动物的6个，解释器物的2个，解释昆虫的5个。具体词类分析如下：

1. 方言动词

例如《方言》卷二载："燕代朝鲜洌水之间曰盱，或谓之揚"。列举《诗经》中的句子"美目扬兮"进行解释。《礼记》中亦载："扬其目而视之"①；《诗经·野有蔓草》记有"清扬婉兮"②。都可以作为该词的例证。

再者，《方言》卷三载："班、彻、列也。北燕曰班"③。《中华大字典》也收录了这一条词义，认为"班"有"序列"之意。④《孟子·万章下》："周室班爵禄也如之何？"郑玄注："班，次也"，孔颖达疏："次，谓司士朝仪之位次也"⑤。

更有甚者，《方言》卷六载："北燕朝鲜洌水之间谓伏鸡曰抱"⑥。今东北话中仍然残存。如"菢窝鸡""鸡菢窝""你昨晚去哪儿滚了一宿，头发咋弄得像菢窝鸡似的"等。

2. 方言形容词

《方言》卷一：记载"燕之北鄙、齐楚之间，谓大为京或将"⑦。"京"应该是"景"这个字在北燕地区的借字。而"将"应该是从"壮"演化过来的，因为"壮"有粗大的意思。"壮"古从母阳部韵，而"将"是古精母阳部韵，两者可互通转，形成同义⑧。

3. 方言名词

例如《方言》卷八："猪，北燕朝鲜之间谓之豭"。郭璞注云"犹云豭斗也"。⑨《说文解字》对于"豭"的解释是"公猪"。⑩段玉裁在《说文解字注》中举《左传》的

---

① 胡平生，张萌译注．礼记（上）[M]. 北京：中华书局，2017：228.
② 王秀梅译注．诗经 [M]. 北京：中华书局，2016：112.
③（汉）扬雄撰，（晋）郭璞注．方言 [M]. 北京：中华书局，2016：38.
④ 魏励．中华大字典 [M]. 北京：商务印书馆，2014：1383.
⑤ 王宝刚．《方言》简注 [M]. 北京：中央文献出版社，2007：97.
⑥（汉）扬雄撰，（晋）郭璞注．方言 [M]. 北京：中华书局，2016：96.
⑦（汉）扬雄撰，（晋）郭璞注．方言 [M]. 北京：中华书局，2016：7.
⑧ 华学诚汇证．扬雄方言校释汇证（上册）[M]. 北京：中华书局，2006：36.
⑨（汉）扬雄撰，（晋）郭璞注．方言 [M]. 北京：中华书局，2016：96.
⑩（汉）许慎撰，（宋）徐铉校定，愚若注音．说文解字 [M]. 北京：中华书局，2019：195.

例子来证明“豭”有“公猪”的意思。[①]在《方言》中“豭”泛指猪。[②]王念孙在《广雅疏证》中说“豭既有公猪的意思，又能泛指猪”。[③]

再如《方言》卷九：“剑削，自河而北，燕赵之间谓之窒”。[④]戴震《方言疏证》认为：“窒”应该写作“室”，也许是语音相转，也许是传抄之误，才写作了“窒”。[⑤]《战国策·燕策》中记载“拔剑，剑长，掺其室”，印证了戴震的这个观点。[⑥]《方言》中所描写的名词在现代的东北话中也能找到，例如到现在为止，辽西锦州人仍然把蚯蚓叫作地蛆蝶，这与《方言》卷十一的记载马蚿（蛆蝶）相一致。

4. 方言虚词

现代东北方言中，残存着如“我匹他大”这样用“匹”表示比较关系的句型。而普通话对应的是“比”。说明东北官话残存着幽燕方言上古汉语的用法。

总之，从词类上还可以从其他实词和虚词上进行幽燕方言的研究，以上略见一斑。

四、东北话沿用至今的幽燕方言词

如上所述，我们认为古幽燕方言是古东北方言的上位方言。既然如此，那么一定会有底层残存在现在的东北方言之中。现例举如下：

（1）《方言》卷六：“讙，让也。……北燕曰讙”。[⑦]《说文解字·言部》：“讙，譁也，字亦作諠，谓让为諠”。[⑧]今天东北人在礼让别人的时候也用“諠呼”[ɕyɛn^{24}xu]这个词。例如：你咋直接就拿走了，你咋没諠呼諠呼呢？（辽西兴城）

（2）《方言》卷六：“北燕朝鲜冽水之间谓伏鸡曰抱”[⑨]这在上文已经说过了。现代的东北话仍说“鸡菢窝”。（辽西锦州）

（3）《方言》卷一：“台，养也，晋卫燕魏曰台”[⑩]。我们认为台=胎，《广韵》台：

---

① （汉）许慎撰，（清）段玉裁注．说文解字注 [M]. 上海：上海古籍出版社，1988：455.

② （汉）扬雄撰，（晋）郭璞注．方言 [M]. 北京：中华书局，2016：96.

③ （清）王念孙．广雅疏证·卷十 [M]. 北京：中华书局，2004：358-392.

④ （汉）扬雄撰，（晋）郭璞注．方言 [M]. 北京：中华书局，2016：104.

⑤ （清）戴震撰．方言疏证 [M]. 上海：上海古籍出版社，2017：203.

⑥ 缪闻远，缪伟，罗永莲译注．战国策下 [M]. 北京：中华书局，2012：1017.

⑦ （汉）扬雄撰，（晋）郭璞注．方言 [M]. 北京：中华书局，2016：86.

⑧ （汉）许慎撰，（宋）徐铉校定，愚若注音．说文解字 [M]. 北京：中华书局，2019：50.

⑨ （汉）扬雄撰，（晋）郭璞注．方言 [M]. 北京：中华书局，2016：96.

⑩ （汉）扬雄撰，（晋）郭璞注．方言 [M]. 北京：中华书局，2016：22.

与之切，又，土来切[①]。现在的东北话把舒服叫作“胎”。例如：“你待得可真胎”；“面和得有点胎”。（辽西兴城）

（4）《方言》卷八：“猪，北燕朝鲜之间谓之豭”[②]。豭,《广韵》为古牙切,《集韵》居牙切，假摄开口二等麻韵；我们认为：豭 [kᴀ＞kʲᴀ＞tɕiᴀ^{33}]，今存：猪豭 [kᴀ^{33}]，小豭/哥 [kᴀ^{33}] 子，唤猪之声“豭……” [kᴀ^{33}]；同摄字还有蛤（蝦 [xᴀ^{24}]）蟆。（辽西锦州）

（5）《方言》卷十一：“鼅鼄，自关而西，秦晋之间，谓之蛛蝥；自关而东，赵魏之郊，谓之蜘蛛。……北燕朝鲜洌水之间，谓之蝳蜍。”[③] 蝳蜍 [tuk^{24}ʒu^{24}]：今蛛蛛 [tʂu^{24}tʂu]，“字写得像蛛蛛爬的”。（辽西锦州）

（6）《方言》卷十一：“马蚿，北燕谓之蛆蟝。其大者谓之马蚰”；又“蚰蜒自关而东，谓为螾，北燕谓之蚰蚭”[④]。今天东北辽西有地蛆蟝（地龙、蚰蚓），蚰蜒之分。（辽西锦州）

（7）《方言》卷七：“㑁㥄 [suŋ^{33}]，骂也。燕之北郊曰㑁㥄。”[⑤] 今东北辽西仍存“怂（熊）[suŋ^{33}＞suŋ^{24}/ɕyŋ^{24}] 样儿”，“怂（熊）色 [ʂai＞ʂɛ^{213}]”，“怂（熊）色样儿”等詈语。（辽西葫芦岛、锦州）

（8）《方言》卷七：“魏（婴）盈，怒也。燕之外郊，朝鲜洌水之间，凡言呵斥者谓之魏（婴）盈。”[⑥] 参照今东北方言“规楞，归拢”，或婴盈=婴楞，归整之义，引申为收拾。“盈”与“楞”通转，或可断为词缀。另，今有“膈应” [kɤ^{53}iŋ] 一词，“应”或为“盈”的白字，表词缀，可参证。（辽西葫芦岛、锦州）

（9）《方言》卷七：“树植，立也。燕之外郊朝鲜洌水之间，凡言置立者谓之树植。”[⑦] 今辽西话中，依然存在“竖直”一词，如“孩子漾奶了，快竖直着抱。”（辽西葫芦岛、锦州）

（10）《方言》卷七：“侔莫，強也。北燕之外郊凡劳而相勉若言努力者谓之侔莫。”[⑧] 今辽西话中依然存在“慕摸” [mu^{33}mə]、“慕量”“估摸”“酌量” [tʂau^{33}liaŋ] 等，表示“估计、勉强、努力”意思的用法。（辽西葫芦岛、锦州）

---

①（宋）陈彭年撰，宋本广韵 [M]. 南京：江苏教育出版社，2008.
②（汉）扬雄撰，（晋）郭璞注 . 方言 [M]. 北京：中华书局，2016：96.
③（汉）扬雄撰，（晋）郭璞注 . 方言 [M]. 北京：中华书局，2016：133.
④（汉）扬雄撰，（晋）郭璞注 . 方言 [M]. 北京：中华书局，2016：133.
⑤（汉）扬雄撰，（晋）郭璞注 . 方言 [M]. 北京：中华书局，2016：42.
⑥（汉）扬雄撰，（晋）郭璞注 . 方言 [M]. 北京：中华书局，2016：19.
⑦（汉）扬雄撰，（晋）郭璞注 . 方言 [M]. 北京：中华书局，2016：93.
⑧（汉）扬雄撰，（晋）郭璞注 . 方言 [M]. 北京：中华书局，2016：87.

五、结语

综上，我们主要通过扬雄《方言》，考查了幽燕方言的表象，分析阐释了我们不从狭义的北燕-朝鲜洌水方言角度溯源东北官话，而从广义的上位的幽燕方言角度进行溯源的理由。虽然幽燕方言还须从《诗经》《尔雅》等诸多其他文献中进一步析出来论证，但我们认为《方言》中涉及的中心区域，燕代方言出现 19 次，北燕-朝鲜洌水方言出现 51 次，典型地代表了先秦、两汉时雅言及通语系统对动态的幽燕方言的界定与认知，说明幽燕方言在当时是一种比较活跃与重要的方言。从幽燕地域古方言间的动态接触中可以看出，燕代方言与北燕-朝鲜洌水方言你中有我，我中有你。北京官话在此毋庸赘言，至少我们可以确认：东北官话完全是一个历史概念，其绝非“闯关东”后的晚成，也并非“闯关东”后的一蹴而就，而是历史地、循环往复与周边方言发生了接触融合，是在幽言方言的基础上形成和发展起来的，古幽燕话就是东北话的源头。从本节所列《方言》中的幽燕方言与现代方言区的对比可以窥见：幽燕方言区与今天的东北官话区、北京官话区、胶辽官话区和冀鲁官话区、晋语区在基本词汇上有一些重叠和交叉，这正可以看作是幽燕文明在大河北的燕山南北与东北黑土地、齐鲁大地、长城内外的汉语古方言及异族语言间长期接触融合演变的结果。基于此，我们对于幽燕方言的具体演变脉络，不但可以从古史、文献材料，乃至现代残存的方言古语词中探索，或还可从东北官话与北京官话、冀鲁官话、胶辽官话、晋语等其他官话方言①的比较中寻求解释，从这种意义上看，古长城地带的语言接触需要我们重新加以审视。

参考文献

郭大顺，张星德．东北文化与幽燕文明：早期中国文明 [M]. 南京：凤凰出版社，2005.

华学诚汇证．扬雄方言校释汇证（上下册）[M]. 北京：中华书局，2006.

聂云峰．《尧典》“幽州”考释——再论辽西古文化区在中国文明起源过程中的地位和作用 [J]. 大庆师范学院学报，2007（04）：138-140.

唐作藩．上古音手册 [M]. 南京：江苏人民出版社，1982.

田賀．《玉篇》方言词研究 [D]. 西南交通大学硕士论文，2011.

扬雄．《輶轩使者绝代语释别国方言》（全二册）[M]. 北京：中华书局，1985.

张博泉．东北地方史稿 [M]. 长春：吉林大学出版社，1985.

① 钱曾怡．汉语官话方言研究 [M]. 济南：齐鲁书社，2010：6.

第二节　朝峰片方言特征词“猍歹 [$l\varepsilon^{33}t\varepsilon$（狼）]”考释[①]

上古时代，北狄、南蛮、西戎、东夷、原始华夏族五族共存。春秋战国时期，长城之外广袤的东北黑土地上，共生着四个古族系：一是南部的古商燕族（汉族）系；二是西部的东胡族系；三是中部的秽貊族系；四是东部的肃慎族系。历史上东胡、秽貊、肃慎等部落族群不断南迁，与商燕族融合，经历了由“行国”到“城国”的历史发展，加之北方阿尔泰民族与汉族长期战事不断，民族杂居、混血，语言接触发生频繁。北方汉族与南匈奴、东胡等族接触，成就了大河北方言[②]。透过尘封的历史时空隧道，人们在东北发现了中华5000多年文明之曙光，越来越确信长城之外上古东北方国之发达。今东北吉林后套木嘎遗址、汉书遗址、西辽河流域夏家店下层文化等考古发掘的成果，可证东北地区，特别是赤峰、朝阳地区自古即是草原游牧文化与农耕文化的交融之地，作为红山文化的发源地，赤峰、朝阳地区恰在语言接触的最前沿，在这片神奇的土地上，既然有华夏始祖鸟的腾飞，有中华第一果的记忆，有中华第一玉龙的诞生，就同样让我们有理由对该地域语言活化石的探寻工作充满期待。

“狼图腾”是草原民族的原始图腾之一。“狼”作为北方草原文化的符号，凝结积淀了诸多游牧文化的元素，至今仍可作为探索和解决许多复杂问题、进而走近草原文明的一把钥匙。20世纪90年代，笔者在朝阳市授课时了解到北京官话朝峰片的赤峰、朝阳地区，将“狼”称为“猍歹 [$l\varepsilon^{33}t\varepsilon$]”（肖辉嵩记为“唻呔 [$lai^{55}tai$]”）[③]。对于这一饶有趣味的称谓，笔者至今记忆犹新，现试从历史比较语言学视角对其源流做一些考释和探赜工作。

一、“猍歹”用字考

“猍歹 [$l\varepsilon^{33}t\varepsilon$]”词源本字或不见于《说文解字》《方言》。据隋文昭《方言俗语考辨》,《庄子·德充符》有“卫有恶人焉，曰哀骀它”记载，并考定“哀骀”为“猍歹”一声之转。《玉篇》载：“黮黵，大黑也。”《广韵》上平声十六咍韵录：“黮，落哀切，

---

① 本节原文发表于日新论丛 [M]. 大连：辽宁师范大学出版社，2016：356-367. 有删改。拙稿曾在辽宁省语言学会第十三届学术年会会议上交流，承蒙李索教授指正，谨致谢忱。

② 据学者石旭昊考证：大河北方言，包括河北、北京、天津、山西、陕西，甚至远达现在西南的重庆东北部。

③ 肖辉嵩 . 朝阳方言词典 [Z]. 沈阳：辽宁人民出版社，2013：177.

⿰黑來⿰黑臺，大黑；⿰黑臺，徒哀、丁来切，⿰黑來⿰黑臺，大黑之貌。”①

查《康熙字典》可知：⿰黑來：《广韵》落哀切，音来，《玉篇》⿰黑來⿰黑臺，大黑，又《集韵》邻知切，音离，赤黑色，又洛代切，音赉，义同；⿰黑臺：《广韵》丁来切，《集韵》当来切，丛音懛，《玉篇》黑也，《广韵》⿰黑來⿰黑臺，大黑貌，又《广韵》徒哀切，《集韵》堂来切，丛音薹，又《集韵》丁代切，音戴，义丛同。猍：《广韵》落哀切，《集韵》郎才切，丛音来，《玉篇》狸也，《广韵》本作⿰豸來，详豸部⿰豸來字注，又《集韵》陵之切，音犛，本作貍。猌：《唐韵》《集韵》丛鱼仅切，音憖，《说文解字》犬张龂怒也，从犬，来声，又《说文解字》读若银，义同。②

除此之外，“打狗棍吧”中有⿺鬼来⿺鬼臺的写法，注为“十日九不见，入山见大虫”，音[lai⁵⁵tai⁵⁵]。我们考虑这个⿺鬼来⿺鬼臺或类似喃字、西夏字，为其他少数民族造字，容另考。

可见，“⿰黑來⿰黑臺”为较早的汉语借字；考“大黑”在现代东北话中有“作为毛色通黑猛犬称谓”之用法。“猍”本为猫科的狸，“猌”为犬张龂怒也。按约定俗成、简化及“理据重构”③的原则来综合考查，我们可以把“猍歹”“猌歹”作为词汇[lai⁵⁵tai⁵⁵]的方言借字。

二、“猍歹”语音考

关于朝峰片“狼/猍歹[lɛ³³tɛ]”的称谓，我们考察了可能发生接触的诸民族的词汇中的读法，具体描写如表1-9所示。

表1-9　关于“狼”的类型学比较

语系	语族	语言	音标	语料来源
印欧语系	斯拉夫语族	俄语 вὸʌk	[вὸʌk]	辽宁师范大学俄罗斯留学生
	伊朗语族	波斯语 gorg	[go:g]	北京大学东方语言文学系波斯语教研室编：《波斯语汉语词典》，北京：商务印书馆，1991年.
乌拉尔语系	芬兰-乌戈尔语族芬兰语支	爱沙尼亚语 hunt	[hunt]	北京第二外国语大学高晶一
		芬兰语 susi	[sɯsi]	
		北拉普兰语 gumpe	[kumpe]	
	芬兰-乌戈尔语族乌戈尔语支	匈牙利语 farkas	[fɑ:kəs]	

① 隋文昭．方言俗语考辨[J]. 天津师范大学学报（社会科学版）. 1988（06）: 90.

②（清）张玉书，陈廷敬等编纂．康熙字典[Z]. 北京：中华书局，1958.

③ 王宁．汉字构形学讲座[M]. 上海：上海教育出版社出版．2002.

续表

语系	语族	语言	音标	语料来源
阿尔泰语系	突厥语族	回鹘文 böri	[bɯri]	内蒙古大学白玉冬
		突厥语 böri	[bɯri]	冯·加班:《古代突厥语语法》，耿世民译，呼和浩特：内蒙古教育出版社，2004 年 .
		维吾尔语 böra	[bɯra]	辽宁师范大学麦麦提（新疆阿克苏市，22 岁）
	蒙古语族	契丹语 mori	[mori]	内蒙古大学白玉冬《契丹藏》：郎君 moli kin
		鲜卑语 čino 叱奴	[tʃ^{h}ʅnɔ]	《华夷译语·鸟兽门》聂鸿音:《鲜卑语言解读述论》《民族研究》，2001 年第 1 期 .
		喀尔喀语 čono 赤那	[tʃ^{h}ono]	
		布里亚特语 čono	[tʃ^{h}ono]	
		蒙古语 čon	[tʃ^{h}on]	内蒙古大学白玉冬，另见《蒙古秘史》
	满-通古斯语族	女真语	[dʒarχu]	金光平、金启孮:《女真语言文字研究》，北京：文物出版社，1980 年 . 孙伯君:《金代女真语》，沈阳：辽宁民族出版社，2004 年 .
			[nungoha] 嫩果哈	
			[nöhiliɛ] 女奚烈	
		满语	[dʒarhu]	
	秽貊-夫余-高句丽-新罗语族（笔者整理）	韩语늑대	[ili] 狼 [nĕgdĕ] 豺南 [səŋniɑŋ] 豺（北） [tʃ^{h}ak^{h}ar] 胡狼	辽宁师范大学国际交流处全淑兰、蒋开萍 辽宁师范大学文学院白光星 另据韩国的《国语大辞典》《韩中词典》《实用韩汉词典》。
	爱努-日语族（笔者整理）	日语おおかみ	[o^{l}kami]	本书观点
	匈奴语族（笔者整理）	匈奴语：猍歹	[lɛ^{33}tɛ]	本书观点
汉藏语系	藏缅语族	藏语	[spjɑŋki]	上海师范大学王双成
		藏语方言	[tʃiɑŋkɯ]	马海军（青海化隆回族自治县牙什尕镇，24 岁初中）
		彝语 lat hlip	[la^{55}ɬi^{21}]	西昌学院杰觉伊泓
	壮侗语族	壮语	[mma^{21}piɔ^{44}]	云南师范大学涂良军

续表

语系	语族		语言	音标	语料来源
汉藏语系	汉语族	文献	回语：狼	[lɑŋ53]	马海军（青海化隆回族自治县牙什尕镇，24岁初中）
			騋䑋=哀骀（形貌丑陋）	[lai55tai55]	《庄子·德充符》"卫有恶人焉，曰哀骀它"。①
			騋䑋（犬科凶猛动物）	[lai55tai55]	《玉篇》中说"騋䑋，大黑也"。②
			猌	[lai55\in35]	《说文解字》犬张齗怒也，从犬，来声，读又若银。③
			騋䑋（大黑之貌）	[lai55tai55]	《广韵》上平声十六咍韵：騋，騋䑋，大黑；䑋，騋䑋，丁来切二。④
			騋䑋（不晓事，糊里糊涂）	[lai55tai55]	清人钱大昕《恒言录》中说：騋䑋，今人以为不晓事之称。⑤
		京津一带口语	騋䑋	[lai55tai55]	隋文昭在《方言俗语考辨》里说：①叠韵联绵词，本义大黑，引申为不明，清代已引申为指人不通事理；②不好，形容人衣帽不整，邂里邂怠，为"邋遢"之音转；③指事物，否定形式为不騋䑋，是"赖"的切音；④相当于今山东、东北方言的"埋汰"。⑥

在表1-9中，我们从不同语言类型出发，对"狼/猍歹[lɛ33tɛ]"进行语音的历史比较。除彝语lat hlip[la55ɬi21]、韩语늑대[něgdě]与朝峰片的"猍歹"[lɛ33tɛ]存在语音上的对应关系外，其他民族语言，看不出"狼"与"猍歹"的渊源关系。目前，彝语同东北的语言接触，是否同古代胡羯与后赵，或西夏与北方阿尔泰民族有关，暂时存疑；据唐均说，藏缅语与阿尔泰语早有接触，如十二生肖的兔子、猴子等词汇可证；但笔者认为，秽貊–夫余–高句丽–新罗–韩语늑대[něgdě]的辐射链，与幽燕地区朝峰片的"猍歹"[lɛ33tɛ]是完全可以建立亲属语言关系的。综观东北秽貊、夫余、高句丽的建国与拓疆史来说，从语言接触的视角看，长城以北地域商燕汉族与秽貊–夫

① 隋文昭．方言俗语考辨[J]．天津师范大学学报（社会科学版），1998（06）：90．
② （梁）顾野王，吕浩校点．大广益会玉篇[M]．北京：中华书局，2019：739．
③ （汉）许慎撰，陶生魁点校．说文解字[M]．北京：中华书局，2020：319．
④ （宋）陈彭年撰．钜宋广韵[M]．上海：上海古籍出版社，2017：57．
⑤ （清）钱大昕辑，陈文和主编．恒言录[M]．南京：凤凰出版社，2016：71．
⑥ 隋文昭．方言俗语考辨[J]．天津师范大学学报（社会科学版），1988（06）：90．

余–高句丽一脉的语言接触是完全可能的。东北地域秽貊–夫余–高句丽–新罗–韩语系，发音为 [nĕgdĕ]，借用汉字“狼”表义，端组的泥母和来母可通转，塞尾 [g＞ɿ＞i]，导致 [negde＞neidai＞laidai]，这样解释“狳歹=狼”或更易于理解。

朝峰片有儿歌《狳歹是狳歹狼是狼》，语用感情色彩上，“狳歹”颇狡猾，经常侵袭家畜，故不为游牧及农耕民族所喜爱；而“狼”是作为游牧民族之图腾与象征而存在的。因此，对于草原民族而言，尽管历史上“狳歹是狳歹狼是狼”，二者不是一种动物，但对于农耕汉族或汉化的草原民族来说，已不能像原草原民族一样对二者做出清楚细致的区分，加之狼的许多亚种已灭绝，从现代意义上来说，朝峰片的人们已约定俗成地认同“狳歹=狼”。

此外，蒲立本《上古汉语的辅音系统》的附篇《匈奴语》里面提到，匈奴语的很多汉语对音都是以汉语 l-打头的，这可对译 *l-或者 *r-（* 表示早期拟音），但阿尔泰语普遍不允许 l-或者 r-在词首。蒲立本认为匈奴语可能和现在的乌拉尔语系叶尼塞语有关，有些则是东胡语、蒙古语的混合[①]。今考“狳歹”=“騋䮋”，上古为来母之部字；中古为落哀切，来母蟹摄平声开口一等咍韵字。语音上与古老的彝语、秽貊–夫余–高句丽–新罗语可以建立对应联系。从这种意义上，我们进一步认为“狳歹 [lɛ³³tɛ]”读音亦不排除是匈奴语言历史孑遗或受匈奴语言影响的可能。

综上，“狼”是草原文化的图腾之一，朝峰片方言中残存与彝语、秽貊–夫余–高句丽–新罗语、匈奴语等同时对应的称谓“狼”的古音 [lɛ³³tɛ]，亦在情理之中。

三、“狳歹”语义考

“狳歹 [lɛ³³tɛ]”狼属已确定无疑。那么它是不是“豺 [tʃʰai³⁵]”或“狈 [pəi⁵¹]”呢？

《康熙字典》“豺”:《唐韵》士皆切;《集韵》《韵会》《正韵》床皆切，并音侪;《尔雅・释兽》：豺，狗足；疏：豺，贪残之兽;《说文》：狼属;《急就篇》颜师古注：豺深毛而狗足;《正字通》：豺长尾白颊，色黄；陆佃云：俗云瘦如豺，豺，柴也，豺体细瘦，故滑之豺棘;《诗・小雅》：投畀豺虎；疏：豺虎食人;《礼记・月令》：季秋之月，豺乃祭兽;《干禄字书》：与犲通。[②]

《新华字典》对“豺”词条的解释为：一种像狼的野兽，嘴比狼的短，性贪暴，常成群侵袭家畜。豺狼喻贪心残忍的恶人[③]。《现代汉语词典》“豺”词条为：哺乳动

① 蒲立本．潘悟云，徐文堪译．上古汉语的辅音系统 [M]. 北京：中华书局，1999.

② 汉语大词典编纂处整理．康熙字典标点整理本 [M]. 上海：汉语大词典出版社，2005：1176.

③ 中国社会科学院语言研究所．新华字典（第 10 版）[Z]. 北京：商务印书馆，2004：47.

物，外形像狼而小，耳朵比狼的短而圆，毛大部棕红色。性凶猛，常成群围攻鹿、牛、羊等猎物。也叫豺狗[①]。

从语音来看，“豺”，上古见《说文解字》，崇母之部字[②]，高本汉拟音为 [dzʰæg]，王力 [dʒe]，白一平 [dzrə]；中古为士皆切，崇母蟹摄平声开口二等皆韵字，高本汉拟音为 [dẓăi]，王力 [dʒʰɐi]，李荣 [dʒɛi]，郑张尚芳 [dʒɣɛi]；

中古到近代：“豺”发生 [dʒɛi＞tʃʰai³⁵] 的语音演变。“猍歹 [lɛ³³tɛ]”与“豺 [tʃʰai³⁵]”韵母相似，声母分别是来母与崇母，可以从音转进行解释，声调从“騋/猍/棶”等借字的声旁类推亦可做出同源的合理解释。

从《明安岭》“红毛赖歹来敲门”小说故事中，亦可找到“猍歹 [lɛ³³tɛ]”与“豺 [tʃʰai³⁵]”“毛为棕红色”体征上的相似性。

狈，据《康熙字典》:《广韵》《集韵》从博盖切，音贝，《玉篇》狼狈也，《集韵》，兽名，狼属也，生子或欠一足、二足者，相附而行，离则颠，故猝遽谓之狼狈，《后汉书·儒林列传》狼狈折札之命。

汉典网解释为：传说中的一种兽，狼属，前腿特别短，走路时要爬在狼身上，没有狼，它就不能行动，所以用狼狈形容困苦或受窘的样子。狼狈为奸：互相勾结做坏事。[③]

考《汉语大词典》不见“猍歹 [lɛ³³tɛ]”，但有“狼犺 1”“狼犺 2”的词条。

“狼犺 1”义项有二：其一为笨拙，笨重。其二为踉跄貌。

“狼犺 2”：兽名。

可见“猍歹 [lɛ³³tɛ]”不会是没有独自行动能力的“狈”，与“豺 [tʃʰai³⁵]”“狼犺”或属于同种，但外形特征应比“豺”大。在许多狼属亚种绝迹的情况下，我们参照彝语、韩语对狼称谓的读音，认定朝峰片区人们称说的“猍歹 [lɛ³³tɛ]”就是狼，且“猍歹 [lɛ³³tɛ]”可作为该片区的方言特征词。

四、“猍歹”语用考

“猍歹 [lɛ³³tɛ]”指一种“狼”属的像豺狼一样的动物，作名词用，这方面不存在争议。其实“猍歹 [lɛ³³tɛ]”一词，除在北京官话中使用之外，还广泛地存在于晋语上党片、大包片中，或是其扩散至大河北方言的结果，详见表 1-10。

---

① 中国社会科学院语言研究所词典编辑室编 . 现代汉语词典（第 7 版）[Z]. 北京：商务印书馆，2016：140.

② （汉）许慎 . 说文解字 [M]. 北京：中华书局，1963：198.

③ “狈”网络解释来源于汉典网，https://www.zdic.net/hans/%E7%8B%88.

表 1-10　关于"狼/猍歹 [lɛ^{33}tɛ]"的现代用例举隅及其关联分布

方言		片区	地区	音标	举例
晋语[①]		上党片	长治	[lai^{55}tai^{51}]	山西长治的一种方言：读音（lāidài）这是我们北方人对一种类似狼的动物的称呼，在我们坝上都这么叫，但这种动物跟狼十分相似，都属于犬科动物，比狼大，不过我们年轻人没见过，在七八十年代的老人见过，而且在那时坝上是非常多的。（染风尘，山西长治方言）[②]
		大包片	包头	[lɛ^{33}tɛ]	猍歹（lāidài 狼）：红毛赖歹来敲门（恐怖灵异小说《明安岭》第十四章），"达尔罕旗"为喀尔喀蒙古土谢图汗部达尔罕茂明安联合旗。
官话方言	北京官话	朝峰片	赤峰	[lɛ^{33}tɛ^{214}]	猍歹（狼）于夜来个擦黑的时候就进了营子（村子），夜来个后晌掏了一窝小柰柰（小猪），全村的人齐打忽（一齐）打猍歹，还是让猍歹跑了，人们压根儿就没想到这样的事会发生。（赤峰孙朝芳博客东北方言释义五）
					不是狼（赤峰红山区张永渝）；儿歌——猍歹是猍歹狼是狼，猍歹走沟狼走梁，猍歹叼猪狼叼羊，猍歹腿短狼腿长。
			朝阳	[lɛ^{33}tɛ]	猍歹（lāidài 狼）（朝阳人姚振喆）
					不是狼（同赤峰）（朝阳吧）
		怀承片	承德	[lɛ^{33}tɛ]	四赖歹（狼）：《打狗棍》人物：六猴子、四赖歹、地出溜子、螃蟹
		京师片	京片子口语	[lai^{55}tai^{55}]	作"赖歹"，加注读音应为一声。"你看他那赖歹样！""这人办事太赖歹了！"但是京津口语中还有说"这张桌子赖歹吗？""这活干得不赖歹！""这小伙子不赖歹！""别觉自己不赖歹！"隋文昭把这里的"赖歹"解释成"不好"的意思。（金受申：《北京话词汇》，北京：商务印书馆，1964 年.）
	东北官话	长锦小片（辽西）		[lɛ^{33}tɛ] [mai^{35}tai^{51}]	我当你比他强，谁知更赖歹（埋汰）。
		通溪小片		[laŋ^{53}]	他是你儿子？做出这种事，简直太狼了！
		哈阜片		[laŋ^{53}]	这孩子吃东西也太狼虎（狼乎）了！
	中原官话	兖荷片	济宁市兖州区	[lai^{55}tai^{51}]	"你看这个人真laidai"，就是没精神、半死不活的样子。（山东济宁市兖州区的方言）
		信蚌片	信阳	[lai^{55}tai^{51}]	相当于愚蠢的含义（河南信阳地区方言）
	胶辽官话	青莱片	山东昌潍	[lai^{55}tai^{51}]	这孩子长得像个"赖歹臭"！
	其他		？	[lai^{55}tai^{51}]	我们这里有这说法，意思是指这人的性格比较"猍歹"。

① 钱曾怡．汉语官话方言研究 [M]. 济南：齐鲁书社，2010. 该书将晋语列为官话方言。

② 参见打狗棍吧，http://tieba.baidu.com/p/2660861183#.

另一方面，在北京官话、东北官话、晋语、中原官话、胶辽官话中，还存在“太赖歹”“很赖歹”“不赖歹”“很不赖歹”等用法。这很容易理解为是“狭歹[lɛ33tɛ]”名词性的引申用法，即由“狼”之意义，引申为具备“狭歹性”“狭歹样儿”（如凶狠、贪婪、狡猾等）特性的形容词用法。事实是否如此，语用关联如何，我们也尝试做出回答。

我们认为这里的“狭歹”[lɛ33tɛ]一词，或与“狼跋”“邋遢”同源，是其二者音转而成[①]，具体语用演变过程如下：

考《汉语大词典》中有“狼跋”词条。东北官话中有“扔巴[ləŋ33pə]”一词，表“窘迫，无用，被弃用”之意，或与“狼跋”相对应。

（1）《诗经·国风·豳风》篇名：《诗经·国风·豳风·狼跋》。

（2）比喻处于困境，进退两难。

根据段玉裁“同声必同部”之说，可知：躐=邋，踩踏；又，疐=踬，踬踣，跌倒。“躐疐”与“邋遢”“扔巴”可辗转相通，详见后文。

“邋遢”一词的词义演变过程为：

（1）行路貌。考“邋遢”一词本来是形容行走之貌。《广韵·盍韵》：邋遢，行貌。又《广韵·叶韵》：邋，迈也。

（2）鄙陋糊涂。

（3）肮脏；不整洁。“邋遢”解作不洁。

现在“邋遢”只保留不洁净的意思。“邋遢”今作“辣挞”，今东北官话锦州方言中亦作“趿拉[tʰa214la]”，有肋腻[lɤ55d/tə]/腻肋/趿拉[tʰɤ214lə]等同源词；除指身体或衣物不洁净外，也可指环境的不洁净，俗语“年廿八，洗邋遢”，“邋遢”便作后一解。河北一带方言多指人比较懒散，不讲究卫生。情况相似。例如：

①你个大邋遢鬼，屋里咋整的像猪窝似的呢？（锦州方言）

②找她作媳妇儿？她妈可就挺肋腻/趿拉（邋遢）的。（锦州方言）

③这个人邋里邋遢的。（河北方言，就是说这个人不讲卫生，衣服脏，不洗澡等。）

④他家邋里邋遢的。（河北方言，是说他家不收拾，到处脏兮兮的。）

（4）丑，难看，不好。例如：

①人家长得可不狭歹，和明星有一拼。（不砢碜，不丑，朝峰片、辽西片方言）

②他家大伟可不是啷当人儿，做事从来都是一板一眼儿的。（辽西片方言）

---

① 隋文昭先生亦认为“黰黵”为“邋遢”的一声之转。参见方言俗语考辨[J].天津师范大学学报（社会科学版），1988（06）：90-94，89.

③你看他个小扔巴样儿，谁注意他？（辽西片方言）

④我当你比他强，谁知更埋汰（=赖歹）。（辽西片方言）

⑤这孩子长得像个赖歹臭。（山东昌潍方言）

⑥他人不猍歹，就是脾气犟。（山东方言）

邋：良涉切，来母咸摄开口三等叶韵入声字，拟音 [lʰɛp^{55}]；遢：吐盍切，透母咸摄开口一等盍韵入声字，[tʰɑp^{55}]。邋遢：[lʰɛp^{55}tʰɑp^{55} > lɤ^{55}tʰɤ^{55}]；因此从音演变上看，或有：

邋遢 > 肋腻/趿拉 > 猍歹/赖歹：[la^{55}tʰa^{55} > la^{55}tʰa^{51} > la^{55}tʰa] > [lɤ^{55}də]/[tʰɤ^{214} lə] > 猍歹/赖歹 [lɛ^{33}tɛ] > 郎当/啷当 [lɑŋ^{55}tɑŋ]（阴阳对转而成）；狼跋 [lɑŋ^{35}puɑt] > [lɑŋ^{35}pɑʔ] > [lɑŋ^{55}pɑ] > 扔巴 [ləŋ^{55}pɑ] > 邋遢 [la^{55}tʰa]；狼犺 [lɑŋ^{35}kɑŋ^{51}] > 郎当/啷当 [lɑŋ^{55}tɑŋ]。

隋文昭从叠韵联绵词的角度指出“⿰黑來⿰黑臺”与“邋遢”“埋汰”“哀骀”声近义通，由于时空的不同，词义和适用范围各有侧重[①]。笔者赞同其说，并增加了“肋腻”“腻肋”“趿拉”“啷当”“扔巴”等音变形式，并试从语音上做出具体解释。

五、结语

综上，我们考察了“猍歹 [lɛ^{33}tɛ]”的用字、借字及其发展演变过程。分析了“猍歹”与“狼”“豺”“狼犺”的渊源关系。尽管朝峰片方言亦流传有儿歌，认为“狼≠猍歹”，但是我们从语音活化石与历史比较语言学的角度，分析了“狼与猍歹”可能在匈奴语、彝语、秽貊–夫余–高句丽–新罗语中的语音对应关系；及“豺、狼犺与猍歹”或存在音转上的联系。“猍歹 [lɛ^{33}tɛ]”可能是匈奴语或秽貊–夫余–高句丽–新罗语对“狼”称谓影响的相当久远层次的历史孑遗。

另一方面，历史上东北–北京官话，从幽燕方言发展到汉儿言语，有着频繁的语言接触，尽管“狼”与“猍歹”不是同一动物，但是不排除是同类动物，由于狼的一些亚种已经绝迹，缺少现实参照对象，这样对于以农耕文化为主的汉族人或汉化的游牧民族来说，或许已不再能够像草原游牧民族一样对狼的各个亚种做出清楚的区分，以至于发生以讹传讹、将错就错的现象，正如现代朝峰片的人一样，约定俗成地认为“狼=猍歹”也是可能的。

同时对应大河北方言，现代一些方言中，有“邋遢”“肋腻”“腻肋”“趿拉”“郎

① 隋文昭 . 方言俗语考辨 [J]. 天津师范大学学报（社会科学版），1998（06）：90.

当”“扔巴”与“赖歹”口语通用的现象，我们尝试从语音、词义发展演变两个方面给出了解释。

通过对朝峰片方言特征词“狼/猍歹 [$lɛ^{33}tɛ$]”的考释，我们发现在语言接触频繁的地域，因为可能存在复层的历史积淀，所以对于一些具体复杂的问题，我们还是要从语言内部及语言外部两个方面着眼，再尝试做出具体的分析和解释。

附　录

1. 下表为西昌学院杰觉伊泓教授列举的汉语“狼”等字与彝字的对音。

汉字	彝字	彝拼	国标
狼	 ꆃꆹ	lat hlip	$la^{55}ɬi^{21}$
马	ꃅ	mu	mu^{33}
鹰	ꐥ	jot	$tɕo^{55}$

2. 下图为猍歹的一种写法，存录于此以求方家教示。

[$lai^{55}tai$]

第二章　汉儿言语研究

第一节　关于渤海国的“汉儿言语”[①]

一、概述

1. 渤海国

渤海国是盛唐靺鞨族（女真族、满族先祖）粟末部为主体建立的地方民族政权。其建于公元 698 年（武则天圣历元年），初称“震国”，705 年归附于唐王朝。713 年，唐玄宗册封其首领大祚荣为左骁卫大将军（正三品）、渤海郡王，以其领土定为忽汗州，大祚荣并领忽汗州都督，改震国为渤海国。755 年，渤海国迁至渤海镇，建成首府“上京龙泉府”。渤海建“上京龙泉府”后，又仿唐制建有东京龙原府、中京显德府、南京南海府、西京鸭绿府。《新唐书 · 渤海传》叙事止于玄锡，云：“至是遂为海东盛国，地有五京、十五府、六十二州”[②]。金毓黻先生从《新唐书·渤海传》“仁秀颇能讨伐海北诸部，开大境宇，有功”[③]及《辽史·地理志》“渤海王大仁秀南定新罗，北略诸部，开置郡邑”入手[④]，把渤海五京制的起始年代推前，定在十世王仁秀世。渤海国 926 年为契丹所灭，计传国 15 世，历时 229 年[⑤]。契丹灭渤海改建为东丹，为镇压渤海人民的反抗，使其忘却故土，契丹曾把龙泉府及寺庙等古都著名建筑付之一炬。但从辽五京[⑥]、金五京等建制来看，仍是城国、行国兼备[⑦]一脉相承。历史过去了 1000 多年，关于渤海国属于哪个国家曾存不同说法。因史书说渤海靺鞨大祚荣者本高句丽别种也（乞乞仲象之子）。当年渤海国在建国前后，为广泛集结高句丽余部，及与日本、新罗开展外交时，为了抬高身价，也曾经以高句丽的继承国自称，因此，

---

① 本节原文由杨春宇发表于：辽宁师范大学学报（社会科学版），2017（02）：101-105. 该成果曾在中国民族史学会辽金暨契丹女真史分会第十三届学术年会暨中国 · 绥滨首届完颜家族起源研讨会上口头交流。

②（宋）欧阳修，宋祁撰，中华书局编辑部点校 . 新唐书 [M]. 北京：中华书局，1975：6182.

③（元）马端临撰，上海师范大学古籍研究所，华东师范大学古籍研究所点校 . 文献通考 [M]. 北京：中华书局，2011：8988.

④（元）脱脱等 . 辽史 [M]. 北京：中华书局，1974：457-458.

⑤ 金毓黻 . 渤海国志长编 [M]. 长春：《社会科学战线》杂志社，1982：142.

⑥ 五京建制虽有争议，本书支持 755 年文王大钦茂时代建五京。

⑦ 杨春宇 .“行国”“城国”兼备的契丹与“汉儿言语”[M]//韩世明，孔令海 . 辽金史论集（第十四辑）. 北京：中国社会科学出版社，2016：288-302.

朝鲜、韩国和某些日本学者认为渤海国与高句丽应该存在继承关系。朝鲜学者更认为渤海国建立后，与新罗形成了朝鲜半岛的南北国时代，而渤海国是居于先进地位的主导者。韩国官方也提出渤海国为朝鲜历史上的国家的观点，并将一艘驱逐舰以大祚荣的名字命名。中国及俄罗斯的历史学者则认为，渤海国是一个由靺鞨民族组成的国家，受到中原及东北亚深厚的影响，该国绝大部分领地都在当时及现今的中国境内，且粟末靺鞨为中国东北土著民族，是较早融入中华民族的一员。中国史学界长期以来一直坚持渤海国为粟末靺鞨人建立的政权，是臣属于唐朝的藩属政权，又同时是唐朝管辖下的一个羁縻府州即忽汗州都督府。这样一来，研究渤海国的语言即显得十分重要而迫切。

2. 渤海国语言研究综述

自 20 世纪 30 年代起，考古工作者对渤海上京遗址进行了多次考古发掘，故国遗址可见城址、上京龙泉府遗址、故井址、禁苑址、街坛址、寺庙址、古墓、古桥址和兴隆寺。主要遗物有石灯幢、大石佛、舍利函、大石龟、文字瓦等。从整个调查发掘看，渤海国都城是经过精心设计而建造起来的规模宏大的宫城，它的布局设计和建筑风格受到唐朝都城中原五京及营州的影响，体现了中国古代都城设计的历史传统。可以肯定渤海国与中原内地保持着十分密切的关系，渤海王国是唐朝统辖范围内的一个边疆政权。

金毓黻[①]、李强[②]及其他学者研究渤海文字瓦得出的基本结论为渤海通行的书面语为汉字；金在善[③]谈及吏读的问题，其结论潜在的逻辑前提或赞成新罗与渤海构成朝鲜半岛的南北国问题；刘晓东[④⑤]认为渤海国国语为靺鞨语，渤海国官方语和通用语为汉语。随着渤海的发展，汉语越来越普及，如入中央王朝要说汉语，入日本也要说汉语。从 19 世纪 60 年代起，也有诸多学者投身于渤海文字瓦的解读与研究之中。前贤的努力为我们研究渤海国语言提供了广泛的参照。

3. 小结——渤海国语言层次

从前人的研究成果看，对于渤海国的语言本质，可概括为汉语说、靺鞨语说。

① 金毓黻．渤海国志长编 [M]. 长春:《社会科学战线》杂志社，1980.

② 李强．论渤海文字 [J]. 学习与探索，1982（05）: 113-123.

③ 金在善．浅谈渤海国的语言文字 [J]. 中央民族大学学报，1996（06）: 90-94.

④ 刘晓东．“车书本一家”的考古学诠释——论渤海文化与中原唐文化的趋同性 [J]. 北方文物，2002（01）: 30-37.

⑤ 刘晓东．渤海国语言初探 [J]. 北方文物，2004（04）: 57-63.

我们从民族融合、语言接触的社会语言学视角，结合史料分析阐释，认为渤海国的书面语言是汉字，日常交际语言是“汉儿言语”。

二、渤海国书面语

1. 文字瓦资料

20世纪60年代三上次男《渤海印字瓦及其历史性质》、21世纪初田中晃一的《渤海上京龙泉府出土印字瓦的几点思考》[①]、徐文勇[②]、王银田[③]、江雪和方强[④]、梁会丽[⑤]、刘晓东[⑥]等一系列对渤海文字瓦的研究，把文字瓦分为制瓦工匠姓名用字、制瓦时间性用字、制瓦责任官署名字等加以研究，指出文字瓦其本质均为汉字无疑，该领域获得了广泛的关注和发展。这些研究对文字瓦从内容到形式作了基本的定位与阐释。从现存渤海文字的一个方面说明渤海的书面语是汉字，深受中原文化的影响。

由于渤海立国的主体粟末靺鞨曾长期生活在营州，诸多文化首先受到营州文化的影响。笔者曾考察朝阳北塔博物馆陈列的文字瓦，发现至少在北魏时，中原工匠即已有在瓦当上刻有制瓦人姓名、时间的传统，所以渤海文字瓦一脉相承，皆为汉字无可厚非。可见研究渤海国语言从文字瓦入手，成效日渐式微。

2. 文献资料

靺鞨，本为靺羯。是南北朝时“勿吉”的音转。《隋书·东夷传·靺鞨》载靺鞨七部，当与《北史》勿吉七部相对应，即粟末靺鞨、伯咄部、安车骨部、拂涅部、号室部、黑水部、白山部。高句丽强盛时，靠近高句丽的白山部、粟末靺鞨等，曾一度役属于高句丽。七部各有酋长，亦均与隋朝关系密切[⑦]。据范恩实研究，“隋唐时期先后有数批靺鞨人流入营州地区，包括隋初内迁的突地稽部粟末靺鞨人，唐初入附的粟末靺鞨乌素固部落，以及唐伐高句丽过程中内附的粟末、白山等部靺鞨人。万岁通天年间营州靺鞨人东走建立渤海国之前，营州地区当有十万以上的靺鞨人。其中除了少部分，也即两唐书《地理志》记载的三个靺鞨羁縻州之人以外，绝大部

---

① 刘晓东．中国渤海史研究的四次热潮及其代表性成果 [J]. 北方文物，2005（03）：50-55.

② 徐文勇．渤海国文字瓦研究情况述略 [J]. 书法赏评，2012（03）：23-28.

③ 王银田．北朝瓦文考略 [J]. 华夏考古，2013（01）：137-148.

④ 江雪，方强．渤海国文字瓦“以”、“其”释读及瓦文书体考察 [J]，北方文物．2013（04）：52-56.

⑤ 梁会丽．八连城出土文字瓦研究 [J]. 西部考古（第 8 辑），2015：194-204.

⑥ 刘晓东．渤海文字瓦模印文字内容、性质含义的再思考 [J]. 北方文物，2015（01）：35-45.

⑦ 李殿福，孙玉良．渤海国 [M]. 北京：文物出版社，1987：5-6.

分东归，成为渤海建国的核心力量。”[①] 乞乞仲象、乞四比羽即668年唐伐高句丽后被迁的粟末靺鞨人。

据日野开三郎研究，《太平寰宇记·河北道》引《北蕃风俗记》云：

初，开皇中，粟末靺鞨与高丽战不胜，有厥稽部渠长突地稽者，率忽使来部、窟突始部、悦稽蒙部、越羽部、步护赖部、破奚部、步步括利部，凡八部，胜兵数千人，自扶（夫）余城西北举部向关内附，处之柳城，乃燕郡之北。[②]

《北史》载：入隋的粟末靺鞨人逐渐接受中原文化，“悦中国风俗，请被冠带，帝嘉之”。[③] 说明粟末靺鞨突地稽率部内迁营州，很快汉化。后又有唐高祖武德初年（公元618年），唐高祖在营州粟末靺鞨居住地区设置燕州，任命突地稽为总管，突地稽率粟末靺鞨部众随唐太宗四处征战，被封蓍国公、右卫将军，赐李姓，其子李谨行升迁营州都督、安东镇抚大使、行右卫大将军，被封燕国公。促进了粟末靺鞨的汉化。

以上文献，均支持渤海建国者为营州东归的粟末靺鞨人。粟末靺鞨人在隋唐征高句丽前后，是东北处于上升阶段的地方土著民族，他们的语言，虽然在营州曾经历与汉语长期接触融合，但是毕竟靺鞨民族语未完全蜕去。因此，他们的语言从本质上说，应属于语言接触的“汉儿言语”的性质。

从大祚荣起，海东盛国的“王子、王侄有名字可查者就有30余人，其中有11人入侍为质，留备宿卫”[④]。不难想象渤海贵族所接受的教育是儒家教育，在其入侍前后必通汉语无疑。营州靺鞨自大祚荣受唐册封“渤海郡王”接受招安以降，靺鞨族称、震国已被削弱，专称“渤海”。而“渤海”国名固化本身，即蕴涵着营州靺鞨的民族认同、语言认同已经或正在发生转变，即粟末靺鞨在营州已经与汉族等发生了语言接触与融合，正是在其日趋汉化的过程中“靺鞨汉儿言语”逐渐形成。

3. 出土资料

魏国忠从2009年蒙古国中央省扎马尔县出土的7世纪时唐代游牧部落贵族仆固乙突墓志上的“东征靺羯，西讨吐蕃”8字出发，论证了继《鸿胪井栏石刻》之后的又一新资料。[⑤] 其再次证明渤海建国的国号和主体地方民族“靺鞨”应为“靺

① 范恩实．论隋唐营州的靺鞨人 [J]. 中国边疆史地研究，2011（1）：68-77，149.

②（宋）乐史撰，王文楚等点校．太平寰宇记 [M]. 北京：中华书局，2007：1436-1437.

③（唐）李延寿撰，中华书局编辑部点校．北史 [M]. 北京：中华书局，1974：3126.

④ 全唐文（卷六四七）. 引自李殿福，孙玉良．渤海国 [M]. 北京：文物出版社，1987：27.

⑤ 魏国忠，郝庆云，杨雨舒．渤海“靺鞨说”又添新证 [J]. 社会科学战线，2014（03）：1-8.

羯”[$mo^{51}tɕiɛ^{35}$]，使得渤海“靺鞨说”的内涵获得新的延伸。

渤海出土的大钦茂女儿贞惠公主、贞孝公主墓志碑文，均用骈文，其虽算不上上乘之作，但也反映了渤海文化与唐朝文化的同步性①。

迄今为止，渤海国的诸多史料、资料或可对渤海国语为汉语说有利，但作为无法捕捉、有声的语言，问题远没有实证表象揭示得那么简单。

三、渤海国语言的复层结构

1. 靺鞨语

靺鞨民族属于肃慎族系，其生活在松花江流域，所以其民族语应属于阿尔泰语系的满–通古斯语族。渤海建国，营州东归的靺鞨人，曾有一部被许国公乞四比羽率领分流，被武则天所命左玉钤卫大将军李楷固击斩；另一部由震国公乞乞仲象率领，乞乞仲象在唐兵追击中死去，大祚荣率领残部，并收合高句丽遗民，进行抵抗；适逢契丹依附于后突厥，切断唐兵进讨大祚荣的路线，大祚荣得以休养生息，据牡丹江山河之险，筑城以居，后领忽汗州，接受唐玄宗所派敕持节宣劳靺鞨使鸿胪卿崔忻册封，拜受左骁卫员外大将军、渤海郡王。在719年后，大武艺即位更是向外扩张，发展势力，到727年，自称“武艺忝当列国，滥（监）总诸蕃，复高句丽之旧居，有扶（夫）余之遗俗”②。说明渤海国民应该未能达到全民说汉语的地步，至少应该有本族靺鞨语的使用和流传，以至于被后来的熟女真、生女真分别能动地继承下来。

2. 通用语

作为隶属于唐的羁縻州（慎州、夷宾州、黎州）及内附营州的粟末靺鞨人，受中原文化的影响，在汉字文化圈内，在营州、日本、鸭绿道朝贡、登州渤海馆等官方场合，通用语为汉语也是没有异议的。

3. 汉儿言语

但是在“通用语”之下，实质或客观存在一种不够纯粹，或仅在北方地域内部通用的汉儿言语。所谓“汉儿言语”，是指北朝以来在北方汉人和汉化了的北方民族之间通行的共同语。

日本学者太田辰夫有较早研究。指出朝鲜古本《老乞大》中有确切的记载：

你是高丽人，却怎么汉儿言语说的好。些少汉儿言语省的。（古本《老乞大》）

---

① 全唐文（卷六四七）. 引自李殿福，孙玉良 . 渤海国 [M]. 北京：文物出版社，1987：40.

② 参见日本《续日本纪》卷十圣武天皇神龟五年（728年）春正月甲寅条。

如今朝廷一统天下，世间用着的是汉儿言语。过的义州，汉儿地面来，都是汉儿言语。（古本《老乞大》）[①]

可见汉儿言语是朝鲜人对朝鲜半岛至中国北京一带通行的北方汉语的称谓。国内江蓝生[②]、遇笑容[③]、李崇兴[④]等已有研究。据江蓝生研究，北朝“汉儿”不以血统论，泛指中国北方的汉人和汉化了的北方民族，与此相对，南方的汉人被称作“吴儿”，唐朝沿用。日本所谓“汉音、吴音”也基于自南北朝至唐五代的这种“吴、汉”的区别。“汉儿、汉人”所指相同，只有雅俗之别。北朝《折杨柳歌辞》有“我是虏家儿，不解汉儿歌”的歌辞。

《宣和乙巳奉使金国行程录》第三十三程：自黄龙府六十里至托撒孛堇寨。府为契丹东寨。当契丹强盛时，虏获异国人则迁徙杂处于此。南有渤海，北有铁离、吐浑，东南有高丽、靺鞨，东有女真、室韦，东北有乌舍，西北有契丹、回纥（回鹘）、党项，西南有奚，故此地杂诸国风俗。凡聚会处，诸国人语言不能相通晓，则各以汉语为证，方能辨之，是知中国被服先王之礼仪，而夷狄亦以华言为证也。[⑤]（黄龙府：今长春以北农安县。）

宋洪迈《夷坚志》卷十八“契丹诵诗”：契丹小儿，初读书，先以俗语颠倒其文句而习之，至有一字用两三字者。顷奉使金国时，接伴副使秘书少监王补每为予言以为笑。如“鸟宿池边树，僧敲月下门”两句，其读时则曰：“月明里和尚门子打，水底里树上老鸦坐”，大率如此。补锦州人，亦一契丹也。[⑥]

以上证明“汉儿言语”的发展历史至少可追溯到南北朝时期。北魏鲜卑统治者自动放弃鲜卑语，提倡华语华服趋向汉化，成就了语言接触最为典型的个案。三燕古都营州作为东北地域语言接触最早、最为频繁的都市之一，其语言政策与语言发展直接影响之后渤海、契丹、女真、元明清的北方语言政策的制定与语言发展，渤海国以后的文治武略即是首先受其影响的。

笔者在梳理东北官话发展史中提出，“东北官话是一历史概念，其实质并非晚成，演变亦非一蹴而就，在其历史纵向的系谱上或经历了幽燕方言—汉儿言语—东北-北

① 太田辰夫．关于汉儿言语——试论白话发展史 [J]. 神户：神户外大论丛，1954（05）；太田辰夫著，江蓝生，白维国译．汉语史通考 [M]. 重庆：重庆出版社，1991：181-211.

② 江蓝生．“汉儿言语”的特点及余绪，http://www. doc88. com/p-778826469633. html.

③ 遇笑容，曹广顺，祖生利主编．汉语史中的语言接触问题研究 [M]. 北京：语文出版社，2010.

④ 李崇兴，祖生利，丁勇．元代汉语语法研究 [M]. 上海：上海教育出版社，2009.

⑤（宋）确庵，耐庵编，崔文印笺证．靖康稗史笺证 [M]. 北京：中华书局，2010：31-32.

⑥（宋）洪迈撰，何卓点校．夷坚志 [M]. 北京：中华书局，2006：514.

京官话—现代东北官话等形式的嬗变”①。并认为汉儿言语在东北、西北的汉语与少数民族语言接触地域普遍存在。

作为日常交际用语，靺鞨民族语言和汉语之间至少从隋唐时战争起，就经历了长时间的接触融合，特别是渤海立国，两种语言长期竞争，口语中带有杂糅的洋泾浜性质，是可能的，也是客观的。其后在北方立国的契丹辽国等各少数民族政权语言无不如此。这与其官方通用汉语并不矛盾。我们不能因为肯定其官方通用汉语、书面语通行汉字，而否认口语中有处于复层的靺鞨语、汉儿言语的合理性及事实。

营州靺鞨乞乞仲象（大祚荣父亲）、乞四比羽在营州契丹起义前后，亦曾受制于契丹。期间彼此的交流，官方语言是汉语，更准确地说是汉儿言语无疑。

833 年前后，幽州都督府所派瀛州司马张建章的《渤海记》三卷已轶，《新唐书·渤海传》虽未明言，但是作为一个地方政权，让百姓也说汉语不要说在未有强制力保证的唐代，在今天推普工作取得显著成绩的北方少数民族自治区、自治州，也非易事。

唐代专为渤海官吏、商贾设立登州馆②，进行经济文化交流，是否有渤海通事待考。如设有通事，则说明渤海语与中原山东登州都督府通语有一定的差距。

温庭筠的《送渤海王子归本国》“车书本一家”③；大钦茂执政时，派人到朝廷求写《唐礼》《三国志》《晋书》《十六国春秋》等事实；及唐诗人曾有“渤海归人将集去”④，“谁把刍荛过日东”⑤诗句等，均说明渤海知识分子学习中原文化，与华夏同风的趋向，这种文化认同，会在整个社会产生一定的影响力与辐射力，然而这并不足以说明在民间口语之中，不存在靺鞨语与汉语杂糅的汉儿言语。

---

① 杨春宇．辽宁方言语音研究 [J]. 辽宁师范大学学报（社会科学版），2010（05）：93-99；杨春宇．辽宁方言知、庄、章组的语音类型及特征 [J]. 辽宁师范大学学报（社会科学版），2013（01）：107-113.

② 李殿福，孙玉良．渤海国 [M]. 北京：文物出版社，1987：26.

③（唐）温庭筠．《送渤海王子归本国》：疆理虽重海，车书本一家。盛勋归旧国，佳句在中华。定界分秋涨，开帆到曙霞。九门风月好，回首是天涯。

④（唐）刘禹锡．《酬杨司业巨源见寄》：辟雍流水近灵台，中有诗篇绝世才。渤海归人将集去，梨园弟子请词来。琼枝未识魂空断，宝匣初临手自开。莫道专城管云雨，其如心似不然灰。

⑤（唐）徐夤．《渤海宾贡高元固先辈闽中相访云本国人写得夤》：折桂何年下月中，闽山来问我雕虫。肯销金翠书屏上，谁把刍荛过日东。郯子昔时遭孔圣，繇余往代讽秦宫。嗟嗟大国金门士，几个人能振素风。[原题：渤海宾贡高元固先辈闽中相访，云本国人写得夤斩蛇剑、御沟水、人生几何赋，家（一本无家字）皆以金书，列为屏障，因而有赠。]

四、结语——渤海国“汉儿言语”在东北官话方言史中的历史地位

综上，笔者从社会语言学的视角出发，认为渤海国的书面语言是汉字，官方通用语为汉语，日常交际语言是“汉儿言语”。渤海国的汉儿言语，以靺鞨语、幽州话、营州话为底层，对成就东北及北京官话具有重要的历史意义。这或是今东北话与北京话距离最近的直接原因之一。研究语言历史问题，更须从语言内外要素入手，采取综合视角，多方参照，方能切近问题实质。粟末靺鞨是最早融入中华民族的北方民族之一，对其渤海国“汉儿言语”的本质揭示，或可为研究北方诸少数民族语言与北方汉语关系问题，解决学界悬案，提供一定的借鉴。

第二节 “行国”“城国”兼备的契丹与“汉儿言语”[①]

一、契丹语“捺钵”考辨

“捺钵”为契丹语，又被译作纳拔（宋 马扩《茅斋自叙》收入《三朝北盟会编》）、纳钵（元 周伯琦《〈扈从诗〉前序》）、纳宝（元 杨允孚《滦京杂咏》）、剌钵、剌宝（《大金国志》）等，相当于汉语中皇帝的“行在”或“行幸顿宿之所”。元人纂修的《辽史・营卫志》指出：“辽国尽有大漠，浸包长城之境，因宜为治。秋冬违寒，春夏避暑，随水草就畋渔，岁以为常。四时各有行在之所，谓之‘捺钵’。”[②]

白俊瑞、李波《析契丹语的“捺钵”》对“捺钵”一词从语言学上进行了分析。文章通过阐释契丹语的捺钵与辽代狩猎活动的关系，认为捺钵最初的含义为“打猎，围猎”，而不是行营。后随着契丹族的发展壮大，捺钵的含义不断扩大，直至指制度化了的狩猎活动和辽君主围猎时的行营及狩猎季节里举行的与狩猎无关的包括政事国事在内的一切活动[③]。白俊瑞、李波两位的分析较是，只是我们从游牧民族的整体文化来观照，认为辽代“捺钵”肇始的“打猎”之义与政事国事处理也未必是对立的，不一定处理政事国事就是“捺钵”后来发展衍化的结果。这具体可从辽契丹“因俗而治”的历史而追溯。

---

① 本节原文由杨春宇发表于：辽金史论集（第十四辑）[M]. 北京：中国社会科学出版社，2016：288-302，有删改。

②（元）脱脱等 . 百衲本辽史 [M]. 北京：国家图书馆出版社，2014：143.

③ 白俊瑞、李波 . 析契丹语的“捺钵”[J]. 内蒙古大学学报（哲学社会科学版），1998（04）：70-74.

二、辽契丹的"因俗而治"

辽代历九朝皇帝，建有东西南北"四楼"及上京临潢府、东京辽阳府、南京析津府、中京大定府、西京大同府"五京"，具备农耕文明影响下的"城国"特色。从早期耶律阿保机建立上京临潢府时起，便在京城分设皇城、汉城；城南汉城居住汉、渤海、回鹘、西夏人；城北皇城居住契丹人；用中原地区的"汉制"来管理汉族等农业、工商业人口；用北方草原的"蕃制"来管理契丹等游牧部落人口。这种蕃汉分治的二元政治，被奉为圭臬，契丹历代君主都恪守不易。中京城内也建有各国信使居留之馆驿：大同驿以待宋使，朝天馆待新罗使，来宾馆待夏使[①]。由此可见，契丹建国之初便推行了"因俗而治"的政策[②]，乃至国号忽而"大契丹国"（蕃内），忽而"大辽"（对宋）。这种"因俗而治"的政治体制，影响到了其后的元、明、清的北方游牧民族，成为他们效仿传承的既定治国方针。

契丹历代皇帝很少在五京处理朝政，而是以"捺钵"逐水草而居，四时巡狩；是以严格的"斡鲁朵"宫卫体制为支撑的流动朝廷，自古承袭"行国"的游牧传统。所到之处，特别是女真、渤海等族，要"次第歌舞"朝见北方松漠间的汗王皇帝。换言之，"捺钵"行猎及相关系列活动的本身就具有凝聚与威服北方草原各族的政治意义，即行帐驻跸于"四楼"之间，处理政事国事亦向来是"捺钵"的应有之义，是"行国"的本质与核心特征之一。从后来的满族与契丹族的对比看，也正因契丹推行和坚持了"捺钵"制度，方保持了游牧民族文化之特色，未像满族一样完全异化为"城国"，融入农耕社会。从这种意义上看，契丹"捺钵"是一种独特的政治现象、社会现象、文化现象，是北方游牧民族的共生意义的典范。

三、契丹辽国的语言政策

辽有九朝，共历 218 年。契丹 916 年建国；926 年灭渤海，建东丹国；938 年吞并燕云十六州；1005 年与宋订立"澶渊之盟"。建京肇始，契丹便与汉人分治。前贤尽管从《魏书》《辽史》等分散的文献中整理关于契丹语言文字的记载、解读契丹文字、研讨契丹国书大小字建设及相关语言政策问题，但是缺乏从内部语言发展与外部语言接触角度，客观整体地观照契丹辽国语言状况的研究。在这种意义上，中央

① 陈英华．赤峰 寻找契丹文明的遗迹 [J]. 人物，2010（08）: 93.

② 任爱君．说契丹辽朝前期四楼、捺钵与斡鲁朵的关系 [J]. 蒙古史研究（第八辑），2005：17-35.

民族大学陈文俊硕士论文《辽代契丹境内语言文字使用情况探析》[①]可谓是这方面的扛鼎之作，但也未为全面。从社会语言学的视角，我们认为“因俗而治”为契丹国语言的发展提供了广阔空间。《辽史・百官志三》中有“汉人枢密院。本兵部之职，在周为大司马，汉为太尉。……太祖初有汉儿司，韩知古总知汉儿司事”[②]的记述。契丹自北魏时即进入汉语文献记载，唐、五代时均与汉族有密切交往。“汉儿”“汉儿司”“汉儿枢密”等词汇的出现应在辽太祖、太宗建国之初（907 年—947 年），至迟在契丹占领“燕云十六州”之际已普遍使用。乌拉熙春识别出了契丹小字文献中意为“汉儿（汉人）”的词语，并推测其词源为汉语词“赵国”[③]。傅林认为“汉儿（汉人）”契丹语原字对应词是汉语借词“朝”加上契丹语词“人”构成的，其语音形式是 [tsiau+χ(q)u-ur/ui]，有汉人（儿）、汉族（所属）两种意义[④]。元代陶宗仪《南村辍耕录》载汉人分“契丹、高丽、女真、竹因歹、术里阔歹、竹温、竹亦歹、渤海”八种[⑤]，可帮助我们从另一侧面了解“汉儿”的复杂构成。联系早期契丹汉城对汉人构成的记载，我们有理由认为：契丹灭渤海、并燕云十六州、订澶渊之盟，其后赢得了与宋和平相处 120 年之久和平稳定的时代环境，其结果直接使北方汉族人口迅速增加[⑥]。这样，契丹与从事农业、手工业、商业的汉族交流，进行捺钵、朝贡、互市等政治经济活动，单一的契丹语是不能满足诸多交际需要的，于是作为优势文化载体的北方汉语，自然亦发挥了重要的交际功能。而北方汉语主体是“汉儿”，其所说的就是“汉儿言语”[⑦]。在二元政治和语言接触的外部张力作用下，北方汉语胡化（阿尔泰化）与契丹语汉化，语言间发生了碰撞与融合，于是这种辽代的洋泾浜语乃至带有一定混合性质的“汉儿言语”应运而生。其成为东北官话历史层面的最直接的表象，体现出语音、词汇、语法等诸多方面相对的系统特征。

---

① 陈文俊 . 辽代契丹境内语言文字使用情况探析 [D]. 中央民族大学硕士论文，2005.

②（元）脱脱 . 辽史（卷四十七）・百官志（三）[M]. 北京：中华书局，1974：773.

③ 爱新觉罗・乌拉熙春 . 辽金史与契丹女真文 [M]. 京都：东亚历史文化研究会，2004：94-96.

④ 傅林 . 论契丹语中“汉儿（汉人）”的对应词的来源 [M]//辽宁省辽金契丹女真史研究会编 . 辽金历史与考古 . 沈阳：辽宁教育出版社，2013：132-149.

⑤（元）陶宗仪撰 . 李梦生校点 . 南村辍耕录 [M]. 上海：上海古籍出版社，2012：11.

⑥ 蒋金玲 . 辽代渤海移民的治理和归属研究 [D]. 吉林大学硕士论文，2004：1-66.

⑦ 杨春宇 . 从“郎君-阿哥-帅哥”的演变管窥“汉儿言语”的语义的发展特征 [M]//傅勇林主编 . 华西语文学刊（第八辑）. 成都：四川文艺出版社，2013：116-125.

四、“汉儿言语”的语音表现

以下我们侧重从契丹语等北方阿尔泰语言对“汉儿言语”乃至东北-北京官话的影响的角度，分析“汉儿言语”的语音表现：

（一）[n]：[ø] 对应关系

白俊瑞、李波在《析契丹语的“捺钵”》中以实例揭示了阿尔泰语系诸语言间存在着的词首 [n]：[ø] 的对应关系，从而指出契丹语的“捺钵”nabo[napo] 与蒙古语、满-通古斯语族的 aba[øapɒ]，突厥语族的 av 具有对应关系[①]，同时指明了该对应关系为包括朝鲜语在内的阿尔泰语言的普遍特点，乃至成为影响东北官话方言一些泥母字 [n] 与喻母字 [ø] 相混的对应区别特征。我们基本赞同他们的观点。现罗列出一些阿尔泰语言“打猎”一词与东北官话关于 [n]：[ø] 的对应关系，如表 2-1 所示。

表 2-1　阿尔泰语言与东北官话有关 [n]：[ø] 的对应关系表[②]

语族						
突厥语族	维吾尔语	哈萨克语		图瓦语		西部裕固语
	owla-	awla-		aŋna-		aməhdam aht-
蒙古语族	蒙古语	达斡尔语	东乡	土族语	保安语	东部裕固语
	abala-/ablă- angna-/aŋnă-	aulaa-	dawigiə-	rdaɢla-	kədəɢɛkə-	-geresəle-
满-通古斯语族	满语	锡伯语		赫哲语	鄂温克语	鄂伦春语
	abala-	avələ-		bixan/fuli-	bəju-	baju-

官话在从中古到近代的演变过程中，影、喻、疑母混并是较为普遍的特征，但东北官话除此之外还特别地存在 [n]：[ø] 的对应，这与东北官话和阿尔泰语言长期接触与受其影响不无关系。

（二）虽有清浊对立，但清塞音、塞擦音（擦音）的送气不送气对立不明显

1. 说明

“汉儿言语”的形成与同北方阿尔泰语言的接触与融合是分不开的，表 2-2 选取了相应的北方阿尔泰语言的语音辅音系统，侧重对应汉语声母的塞音、塞擦音、擦音，加以比较，以见一斑。

---

① 白俊瑞、李波 . 析契丹语的“捺钵”[J]. 内蒙古大学学报（人文社会科学版），1998（04）：70-74.

② 孟达来 . 北方民族的历史接触与阿尔泰诸语言共同性的形成 [M]. 北京：中国社会科学出版社，2001：175.

表 2-2 “汉儿言语”与北方阿尔泰语言塞音、塞擦音、擦音声母特征的比较

类别		塞音			塞擦音			擦音	
		清		浊	清		浊	清	浊
		不送气	送气		不送气	送气			
汉儿言语		b[p]	p[p^h]	b[p/p^h]				f[f]	v[ʋ]
		d[t]	t[t^h]	d[t/t^h]	z[ts]	c[ts^h]	[ts/ts^h]	s[s]	1[l]
					zh [tʂ/tʃ]	ch [tʂ^h/tʃ^h]	[tʂ/tʃ、tʂ^h/tʃ^h]	sh [ʂ/ʃ]	r [ʒ/ʐ]
					j [tɕ]	q [tɕ^h]	[tɕ/tɕ^h]	x[ɕ]	
		g[k]	k[k^h]	g[k/k^h]				h[x]	ø[j]
满语	有圈点		p[p^h]	b[b]					w[ʋ]
			t[t^h]	d[d]	ts[ts^h]		dz[ts]	s[s]	1[l]
					c[tʂ^h]		j[tʂ]	š[ʂ]	r[r]
			k–/k^1[k^h]	g–/g[k]				h–/h^1[x]	
			k+[q^h]	g+[q]				h+[χ]	
					cy[tʂ^{h}ʅ]		jy[tʂʅ]	sy[ʂʅ]	
					tsi[ts^{h}ɿ]		dzi[tsɿ]	ši[sɿ]	ži[zɿ]
	无圈点	p[p]		b[b]					w[ʋ]
		t[t]		d[d]	ts[ts^h]		dz[ts]	s[s]	1[l]
					c[tʂ^h]		j[tʂ]	š[ʂ]	r[r]
		k–[k]		g–[g]				h–[x]	
		k+[q]		g+[g]				h+[χ]	
锡伯语		p		b				f	v
		t		d	ts		ʣ	s	l
					tʂ		ʤ	ʂ	r
					tɕ		ʥ	ɕ	ʐ
		k		g				x	
		q		ɢ				χ	j
赫哲语		p		b				f	w
		t		d	ts		ʣ	s	l
					tʂ		dʐ	ʂ	r
					tɕ		ʥ	ɕ	ʐ
		k		g				x	
		q		ɢ				χ	j

续表

类别	塞音			塞擦音			擦音	
	清		浊	清		浊	清	浊
	不送气	送气		不送气	送气			
女真语	p		b					w
	t		d				s	l
				č		j	š	r
	k		g					
	q		G				h	
契丹语	p		b					w
	t		d	t			s	l
				č		j	š	r
	k		g					
	q		G				h	
蒙古语八思巴文对音	p	p^h	b					
	pf	p^hf	bv					w
	t	t^h	d					l
				ts	ts^h	ʥ	s	
						z		
				tʂ	$tʂ^h$	dʐ	ʂ	r
	k	k^h	g					
	q		G				h	

早期的蒙古语、契丹语、女真语、无圈点满语，辅音系统相对较为简单，辅音有一对多的现象，如：p 组、t 组、k 组。

（1）“汉儿言语”唇音存在 [f]、[v] 的对立；在阿尔泰诸语言中，也是如此，联系比照其他官话方言，或可见阿尔泰语言的影响；

（2）“汉儿言语”与有圈点满语辅音系统相似，不同在于满语保留有阴阳性辅音的区别，而且有圈点满语辅音系统多出十个特殊字头，对译汉语，说明“汉儿言语”在语言接触中亦有效地影响了满语；

（3）“汉儿言语”精知庄章组声母，在北方阿尔泰语言对音中相对表现为混并现象，如：钱、薛、萧、吉等，在八思巴文对音中照二、照三混并，区分尖团，体现为或精组，或见组，或小舌音的对音关系。在契丹语“汉儿（人）”原字 [tsiau+qu] 中，反映出“赵/朝”不分。

（4）契丹语无舌面音，与汉语对音时，存在 [n]、[l]、[r] 不分的现象。如：捺钵/剌钵。

2. 分析与阐释

（1）阿尔泰语言塞音与塞擦音清浊对立不十分显著，清音浊流、声带震动不明显。如：双唇音 [b]、[p]；舌面音 [t]、[d]；舌尖前音 [s]，舌尖后音 [j]、[č]、[š]，舌根音 [k]、[g]；小舌音 [q]、[r] 等，除舌尖后音外基本无送气与否的区别，因此对应汉语时塞音、塞擦音的送不送气互通是较常见现象①，如，契丹语：撒八 saba（迅速）；女真语：札失哈 jasha（守官署之称）；满语：jasak（旗长）；蒙古语：jasaq（法度、政治）；契丹语：do（朵）；《辽史》茶札剌（茶赤剌，凉棚，帐房）čačara＞女真语：钞赤邻（帐房）＞满语 čačari（布凉棚）＞蒙古语 čačar（帐房）。

（2）阿尔泰语言中的 [ts]、[tsʰ]、[s] 的互通是比较常见的现象②。“汉儿言语”对应阿尔泰语言，表现为精知庄章组的分合、逐渐卷舌化的过程，如折 [tʂɤ²⁴/ʂɤ²⁴] 塞擦音与擦音相混异读。

（3）阿尔泰语言部分小舌音对应“汉儿言语”的见晓影组声母，如：《契丹国志》粆离（炒伍侕）čaɢüri（战斗、打）；突厥语 čarik；女真语：赤瓦 čiɢa（打杀，敲杀）；契丹语：罕 qan，“汉儿言语”xan，《辽史》戛儿罕 gürqan（普遍、统辖之汗）③；契丹语：斤 gin，“汉儿言语”kiən；契丹语：化 qa，“汉儿言语”xua；回鹘话、契丹语、蒙古语：套木噶 tomqa（马上的印记）。

（三）阿尔泰语言的元音和谐对“汉儿言语”的影响

1.“汉儿言语”的元音和谐、唇形和谐

契丹语等阿尔泰语言普遍存在着阴性、阳性、中性母音的区别。元音和谐体现在 [a]、[o]、[ɵ] 为阳性，[i]、[u] 为中性，[e] 为阴性母音。满语的消亡，就是元音和谐规律最终被打破的结果。东北官话残存一些声母易带合口介音的现象，如：绿 [liʉəi³³]、女 [n̥iʉəi²¹³]、呸 [pʰuəi⁵²]、碑 [puəi³³] 等或是阿尔泰语影响下的唇音和谐的表象。

① 沈钟伟．辽代北方汉语方言的语音特征 [J]. 中国语文，2006（06）：483-498.

② 陈乃雄．云南的契丹族后裔和契丹字遗存 [M]//陈乃雄，包联群编．契丹小字研究论文选编．呼和浩特：内蒙古人民出版社，2005：674.

③ 孙伯君，聂鸿音．契丹语研究 [M]. 北京：中国社会科学出版社，2008：192.

2.“汉儿言语”的弱化

世界语言在语流中，都会因为韵律的需要，在语音的同化或异化作用下而发生弱化。阿尔泰语言前缀、中缀 l，及末尾音节韵尾 r 等，有时会发生弱化甚至是脱落。

3.“汉儿言语”的儿化

我们认为，“汉儿言语”或因在与阿尔泰语言的接触过程中，受阿尔泰语言元音和谐规律的影响，亦发生了韵母向 [ɚ] 央化发展的趋势，这个 [ɚ] 很可能经历了 [ɯʅ＞ɤʅ＞ɚ] 的演变过程。如花 [xuᴀ^{33}＞xar^{33}＞xɒr^{33}]。今辽西建昌话、绥中话中仍存在 [ɒr] 这样过渡性的语音，还未完全儿化。

4. 契丹小字作为拼音文字的启示

在契丹小字的音节拼合中，不同原字所代表的，有的是因素，有的是音节。同一原字也可出现在不同位置上，有时代表音素，有时代表音节。因此，原字的组合表示的往往不是各个原字所表示的语音的简单的总和。实际发音较字面紧凑。这种近似于汉语拼音化的声介音合拼法，对于清代李光地等奉敕命编撰的《音韵阐微》也具有一定的借鉴意义。如：

洛：[l+au+u]＞[lau]；　右：[i+ou+u]＞[iou]；　山：[ʃ+a+an]＞[ʃan]；

兰：[l+a+an]＞[lan]；　兴：[x+i+in]＞[xin]；　越：[ue+ue]＞[ue]；①

5. 契丹小字的正字法：同一个字词有不同的拼写方式

清格尔泰先生指出“仁、监、殿、臣、检、尚、圣、院、将、大”等字，分别有不同的书写形式②，我们认为其或类似于汉语的文白异读或方言词。是否如此有待进一步研究。

五、“汉儿言语”的词汇表现

在研究东北官话的词缀问题时，我们认为阿尔泰语言的复数等一些附加成分，或为“汉儿言语”的前缀、中缀、后缀、类词缀等的形成提供了外部原因，如表 2-3 所示。

---

① 清格尔泰，刘凤翥 . 契丹小字研究 [M]. 北京：中国社会科学出版社，1985：148；综合参见即实 . 谜田耕耘：契丹小字解读续 [M]. 沈阳：辽宁民族出版社，2012：1-566.

② 清格尔泰，刘凤翥 . 契丹小字研究 [M]. 北京：中国社会科学出版社，1985：150.

表 2-3　东北官话（“汉儿言语”）及阿尔泰语言的词缀分类例举表

<table>
<tr><td>词缀类型</td><td colspan="2">东北官话（“汉儿言语”[①]）</td><td colspan="2">阿尔泰语言</td></tr>
<tr><td>人名词缀</td><td colspan="2">堇、稳、衮、坚、宛、颜、衍、支、赤</td><td>词缀</td><td>gin/ɣin，gon</td></tr>
<tr><td rowspan="2">代词词缀</td><td>每（们）</td><td>咱～、恁～、您～、兄弟～、客人～</td><td rowspan="2">附加成分</td><td rowspan="2">S</td></tr>
<tr><td>伍地</td><td>喝水～</td></tr>
<tr><td rowspan="3">前缀</td><td>老、大、恶</td><td>老舅、大姨、恶苦</td><td rowspan="3">附加成分</td><td rowspan="3">性质形容词的比较级 kan</td></tr>
<tr><td>精、稀、溜、齁</td><td>精薄、稀烂、溜酸、齁咸</td></tr>
<tr><td>确、煞、焦、瓦、漂</td><td>～白、～绿、～蓝、～轻</td></tr>
<tr><td rowspan="3">中缀</td><td>得</td><td>干～乎、乐～呵、光～溜</td><td rowspan="3">词干型
元音和谐</td><td>d·</td></tr>
<tr><td>么、巴、不、个、拉、古</td><td>悄么声、稀巴烂、冷不丁、猛古丁、齐个刷、闷不哧、清汤拉水</td><td>只剩词干 m/b/g/ l·</td></tr>
<tr><td>了巴</td><td>埋～汰、弯～曲、憋～屈、嘚～瑟</td><td>l·b·</td></tr>
<tr><td rowspan="7">后缀</td><td>拉/刺</td><td>茬～、格～、皮～、划～</td><td rowspan="2">词尾型</td><td>l·/r·</td></tr>
<tr><td>咕</td><td>捅～、扎～、叨～、觑～</td><td>g·</td></tr>
<tr><td>楞/弄</td><td>戳～、搁～、别～、摆～</td><td>后缀 bun</td><td>l/n·ŋ</td></tr>
<tr><td>不出溜、哧溜</td><td>黑～、灰～、光～</td><td rowspan="2">重叠、韵律</td><td>culo</td></tr>
<tr><td>（了）吧叽/巴拉</td><td>癞～、埋汰～、矮～、丑～、磕碜～</td><td>baci</td></tr>
<tr><td>不、本</td><td>赤瓦不剌海 čiɣaburahai（该死）</td><td rowspan="2">后缀使动附加成分</td><td>bo/bu/bun</td></tr>
<tr><td>里、离</td><td>粆离 čaɣüri（战斗）</td><td>ri/li</td></tr>
<tr><td>类词缀</td><td>哥</td><td>的～、帅～、大衣～、地铁～</td><td>循环借词</td><td>郎君–夷里瑾–帅哥</td></tr>
</table>

汉语本身是孤立语，但或因为北方汉语与阿尔泰语言的长期接触，“汉儿言语”受到阿尔泰语言附加成分或元音和谐等因素影响，以致现代的东北官话中，表现出较为丰富的词缀或类词缀[②]。而且这些词缀描写性表状态的类型居多，是介于构词词缀与构型词缀之间的一种语用词缀（音缀化）。标志着附加这种黏着的构词方式也逐渐从“汉儿言语”发展成为整个北方汉语的表征特点。当然这不是一蹴而就的。

从语用方面看，“汉儿言语”词汇语音方面拟声拟态词较为丰富，叠字衬字较多。或带喜爱积极、厌恶消极的感情色彩，形成简洁明快、实在形象、诙谐幽默、富有东北黑土地文化特色等的语用表达效果。

① 侯海霞 . 辽宁方言词缀研究 [D]. 辽宁师范大学硕士论文，2011.

② 马彪 . 哈尔滨方言状态词缀的类型学特征——兼与周边的满语等语言对比 [J]. 满语研究，2009（01）: 38-43.

六、"汉儿言语"的语法表现

众所周知，汉语与阿尔泰语最大的不同，即体现在语序方面。阿尔泰语言有诸多的附加成分，有较为丰富的形态变化。而汉语恰恰缺乏形态变化，需要借助语序、虚词来表达。"汉儿言语"则表现为一种杂糅的混合特征。

（一）契丹语对"鸟宿池边树，僧敲月下门"的对译

契丹人在教儿童习得唐代诗人贾岛诗句"鸟宿池边树，僧敲月下门"时，将此二句诗念作"月明里和尚门子打，水底里树上老鸦坐。"[①]我们排除汉人对于契丹人揶揄讽刺的因素外，实际上该文献中的事例至少可说明契丹语或是混合的"汉儿言语"的语序是谓词在后的。从今天对外汉语教学视角分析，对于汉文教习者的这种诠释亦是折中的较合理方式，不可完全抹杀。

（二）汉语的"被"字句、"把"字句

1."被"字句

罗杰瑞指出汉语表被动一般有四个介词。"让""叫""给""被"。"被"为书面语。在官话、闽语、粤语中，表示被动一般为"给予"义动词"给"，是跨方言的用法。但只有北方官话用"让"或"叫（教）"表被动。有趣的是这两个动词最初都表使役。这样，一个动词即可构成被动句，又可构成使役句。这或不是偶然的，可能与阿尔泰语言附加成分有关[②]。如：

满语：tere cooha niyalma de wa-bu-ha（"他被士兵杀了"）

他　士兵　施事　杀–被动–过去时

bi terebe gene-bu-he（"我让他去了"）

我　他　去–使役–过去时

汉语：他让张三杀了。（"让"表示被动，引出施事者）

我让张三去了。（"让"表示使役）

阿尔泰语言中，使动标志兼被当作被动标志的附加成分是呈系统的，具体如表 2-4 所示。

①（宋）洪迈．契丹诵诗 [M]//夷坚志・三国志（卷 18）．台北：台湾商务印书馆，1981.

② 罗杰瑞．汉语和阿尔泰语互相影响的四项例证 [M]//遇笑容，曹广顺，祖生利．汉语史中的语言接触问题研究．北京：语文出版社，2010：63.

表 2-4 阿尔泰语言被动、使动标志的一致性①

阿尔泰语类别	被动	使动
满语文言	-bu-/-mbu-	-bu-/-mbu-
满语富裕方言	-bu-	-bu-
锡伯语	-ve-	-ve-
鄂伦春语	-w-	-wkaan-/-whəən-/-wkoon-/-wheen-
土族语	-lGa-	-lGa-
东乡语	- ɣa-	-ɣa-
？蒙古语	-ka-/-kə-，-lka-/-lkə-，-kʊl-/-kul-	-ka-/-kə-，-lka-/-lkə-，-kʊl-/-kul-
？契丹语	-ɣa-/-kə-，-lɣa-/-lkə-	-ɣa-/-kə-，-lɣa-/-lkə-

表 2-4 中对蒙古语、契丹语的概括，是我们的一种类推。汉语官话系统口语中的表被动的“让”“叫（教）”，同时也可表使役，正体现了北方汉语这种递归性，而有别于南方的被动。即：

阿尔泰语言被动/使役附加成分→“汉儿言语”被动/使役→北方汉语被动/使役→普通话口语被动/使役

诚然，北方汉语（包括东北官话）这种被动同时表示使役的特征，虽说是较为普遍的现象，但也不排除一些用“被”“给”表示被动的过渡状态。

2.“把”字句②

据桥本万太郎及黄伯荣、柴伐洛娃、杨晓敏的研究，兰州、乌鲁木齐等方言中，动词后没有双宾句。一般是要有类似于“把”的介词，这或亦同阿尔泰语言的影响不无关系。如：

普通话：①给我书。　　　②打他一下。

兰州话：①把书给我。　　②把他打一下。

东干语：① Gi və ba dozy gigi.［给我把（宾语前置词）刀子给给。］

② Ba dozy gi və.（把刀子给我。）

③ Ba dozy gi və gigi.（把刀子给我给给。）

乌鲁木齐方言：①你给我给给一本书。（你给我一本书。）

---

① 桥本万太郎．汉语被动式的历史·区域发展 [M]//遇笑容，曹广顺，祖生利．汉语史中的语言接触问题研究．北京：语文出版社，2010：94. 表中的蒙古语、契丹语为笔者所类推。

② 桥本万太郎．北方汉语的结构发展 [M]//遇笑容，曹广顺，祖生利．汉语史中的语言接触问题研究．北京：语文出版社，2010：71.

② 你把那本书给我给给。(你把那本书给我。)

③ 我向他要书，他不给我给给。(我向他要书，他不给我。)

3.《元朝秘史》《子弟书》中的倒装句 ①

作为“汉儿言语”，语序颠倒的例子比比皆是。我们从《元朝秘史》《子弟书》中可见一斑。例如,《元朝秘史》中：

① 在前塔塔儿将我祖宗父亲废了的冤仇有。[(我)有塔塔儿从前杀我祖先和父亲的冤仇]

② 大凡女孩儿生了，老在家里的理无。(你生的女儿，没有理由始终留在家里)

③ 儿子每行疾快唤觉起来。(快把孩子们叫醒)

④ 兄跟前忘了的提说。[把(我)忘了的事向哥哥说一说]

⑤ 这儿子教与你鞴鞍子开门子。(让这孩子为你备马开门)

《子弟书》中：

①《katuri(螃蟹)jetere(吃)子弟书》：有一个 age(满语“人”)不知是 hala(满语“姓”)ai(满语“什么”)，也不知 colo(满语“名”)作 ai(满语“什么”)niylama(满语“叫”)。[(我们)既不知他姓什么，也不知名叫什么。]

②《查关子弟书》：楞(愣)头青啊拉(满语“噢”)一声说：“不好了！呼敦(满语‘快’)轧补(满语‘走’)去报姑娘。”(这个傻瓜说：“呀，不好！快去报告小姐。”)

可见，文献记录了北方“汉儿言语”SOV型语序颠倒、词汇杂糅的现象，通过发掘与研究这些资料，可总结出北方汉语与阿尔泰语言在接触过程中，相互影响的历史状况。

七、结语

契丹文作为北方少数民族最古老的文字之一，是在汉隶的基础上，经历了大字和小字的演化阶段，由表音的原字缀合而成的语言文字系统。其对北方其他少数民族文字的产生与创制具有重要的类型学参照价值与影响意义。

汉语的阿尔泰化从蒙古语、女真语、满-通古斯语言文献中可见一斑。但是汉语阿尔泰化绝非一蹴而就，如今我们已无法系统了解匈奴语言对于北方汉语的影响，且蒙古语族的鲜卑语，也很难找到系统的研究资料，而契丹语文献是目前可资利用

① 遇笑容，曹广顺，祖生利．汉语史中的语言接触问题研究 [M]. 北京：语文出版社，2010：73，75.

的最早的系统资料。契丹立国推行“因俗而治”国策以来，契丹语、北方汉语分别作为蕃汉交际语言，起着重要的作用。北方汉语与契丹语长期接触，使得北方的汉语胡化、阿尔泰化，于是形成了带有洋泾浜性质乃至混合语性质的“汉儿言语”。这种“汉儿言语”承袭了幽燕方言，不断发展着，直至成为北方松漠间的准通语，以至于在远东的俄语与朝鲜高丽语中，契丹已成为“当时中国”的代名词。朝鲜半岛流行和保存下来的著名的古本汉语教科书《老乞大》（注：老契丹）中已明确提及“汉儿言语”一词，这种契丹“汉儿言语”的底层又累积了后来女真语与汉语、蒙古语与汉语、满语与汉语接触过程中形成和发展了的“汉儿言语”，则构成了介于古代幽燕方言与近现代东北–北京官话之间的东北古官话方言的最恰切的称呼，涵盖了北方汉语近代发展的全过程。

本书不揣浅陋，从语音、词汇、语法几个方面，粗浅地分析了契丹作为北方阿尔泰民族，在“因俗而治”体制影响下，从游牧“行国”，发展到“行国”“城国”兼备的二元体制特点。那么，作为社会产物的语言，这些特点亦必有体现无疑，契丹国即是最好的一个典型。契丹因俗而治，推行“行国”“城国”兼备的政治，在语言国策上亦必然由单语制相应地调整为契丹语与汉语的双语制。不过，在当时的文化背景下，实际情况可能是更易于产生“汉儿言语”这样介于二者之间的产物——洋泾浜乃至混合语。因此，从契丹肇始，研究北方汉语与阿尔泰语言的接触，探索汉语的阿尔泰化或阿尔泰语言的汉化，描写各个阶段的“汉儿言语”表象，勾勒东北官话方言的发展史，都无疑具有重要的理论意义与实践价值。

第三节　从“郎君–阿哥–帅哥”的演变管窥“汉儿言语”的语义发展特征

伴随着中华文明史的大讨论，中华文明起源一元说，早已偃旗息鼓。1989 年，费孝通率先出版《中华民族多元一体格局》一书，标志着中华文明起源多元说终于尘埃落定。从人类学、语言学的角度看，日本学者桥本万太郎在《汉民族と中国社会》、《桥本万太郎著作集》第一卷《言语类型地理论・文法》中，提出了汉语的阿尔泰化问题。伴随着汉族与北方少数民族的长期接触，汉语与周边的阿尔泰诸语发生了接触与融合：一方面汉语作为优势语，语音上愈趋简单，词汇、语法、语用的层面，不断丰富和发展，亦当然地融入了阿尔泰语言的某些成分；另一方面，北方阿尔泰诸少数民族语言，受汉语这一优势语的影响，迅速发展变化，有的甚至消亡。

笔者认为，汉语的阿尔泰化，或首先是东北官话方言的阿尔泰化。今天，在关于东北庙后山文化、新乐文化、新开流文化、红山文化、夏家店上层文化、夏家店下层文化等的东北史研究有了长足发展的新形势下，我们尝试在语言接触的链条上，探寻自古以来汉语与东北少数民族语言接触、融合的表象与痕迹。在东北地区汉语历时发展的层面，我们认为其大致可追溯至幽燕方言、汉儿言语、东北–北京官话、东北官话的演变。东北–北京官话直接参与了现代汉民族共同语的构建，国音、京音论证之后，伴随着《汉语拼音方案》的颁布实施，东北官话与北京官话渐疏渐离，终被学界析为不同的官话方言。

拙著在梳理前人考察的突厥语“俟斤”“设”，契丹语、女真语“舍利（沙里）”，及古蒙古语的“怯薛”与汉语“郎君”的渊源等系列成果的基础上，阐释了东北地区汉语的断代形式——汉儿言语的语义特征，同时提出满语、蒙古语中的“阿哥”或与古代汉语中的“郎君”、现代汉语的“帅哥”亦可建立一定的对应关系，进而窥见“汉儿言语”词汇特征之一斑，为汉语与北方少数民族语言的接触研究提供语义对比的个案参照。

一、研究综述

（一）关于契丹语“郎君”之研究

20 世纪 60 年代，考古工作者在内蒙古赤峰市克什克腾旗发现两座古墓葬。在八二地辽墓 1 号墓出土的一件银壶底部发现了錾刻的“大郎君”三个汉字。这座墓葬的年代和族属，被确认是辽代早期的契丹人墓葬。但对于“大郎君”的含义却不甚明了。于是，学者纷纷考证。

李桂芝《契丹郎君考》对“郎君”考释最详，认为“郎君”的契丹语为“舍利”，又记作“沙里”，有时也将舍利与郎君连称为“舍利郎君”。内蒙古自治区社会科学院孟志东认为今达斡尔语仍有“舍利”一词，意为“勇士”。

李桂芝先生认为，“舍利”一称的起源还缺乏周密考证，或与突厥语的“设”、古蒙古语的“怯薛”、金朝近侍局有某种关系。在辽代，郎君既是官名，亦可能首先代表的是身份。似有文职诸执事郎君，武职“舍利军”，见于《辽史》的有北王府舍利军、奚王府舍利军、东京府舍利军等。奉行出征、出使与接待来使、传达皇帝旨意及代表皇帝抚慰臣僚或调解纠纷、诸庆典朝会祗应等使命，祗候郎君或有出身于四帐皇族者、出身于二院皇族即五院和六院部者、出身于国舅者、其他出身者。其论述中对横帐、执事、祗候、笔砚、御盏、牌印、著帐等各类郎君研究颇详。

张庆玲《辽代郎君考》指出：所谓“郎君”，原本是汉语，是我国古代对贵家子弟的通称。在契丹语中，与“郎君”相对应的词语是“沙里”，也作“舍利”[①]。《辽史·国语解》：“沙里，郎君也，管率众人之官。”[②] 早在契丹遥辇氏部落联盟时期，契丹族内部就有了“舍利”的称呼，是一种官职，在预立太子世袭制产生之前，舍利郎君有资格参加世选而袭位。《辽史·皇子表》《辽史·太祖上》均有记载，辽太祖耶律阿保机在担任“夷离堇”之前，就曾担任过此职。概而言之，在当时能够被称为郎君或舍利的主要有：“横帐”子弟，五院部、六院部子弟，国舅五房子弟，遥辇九帐子弟，奚王府后代。除奚王府外，其他或是耶律阿保机的嫡系子孙，或曾有世选可汗的资格和经历，或是当初与耶律阿保机同样具有世选资格可继承王位的亲属贵族，抑或是与耶律阿保机家族世代通婚的国舅五房。他们可在朝为官入仕，有的虽开始职位较低，如御盏郎君、牌印郎君等，但其中一些人很快成为国之栋梁，也有一些人终生未仕或早卒，但仍称为郎君，以示其高贵的血统，这多被出土的石刻资料所证实。内蒙古赤峰市克什克腾旗二八地辽墓 1 号墓出土的银壶底部的“大郎君”三字，当属此义。

（二）关于女真语“郎君”之研究

几乎与契丹语“郎君”研究之同时，李锡厚《金朝的“郎君”与“近侍”》一文认为：女真建国以后，宗室称郎君，当是沿用辽廷授予女真贵族青年男子的旧称[③]。金熙宗、海陵王以降，“深忌宗室”，特别是金朝中期宣宗南迁之后，重用近侍，进而大大加速了金的覆灭。

陈述曾说过“按女真之俗，自皇子以至族子，皆称郎君”[④]。景爱认为到了金代郎君变成了宗室贵族独享的专称，非宗室成员不能称作郎和郎君。[⑤] 崔文印在校证《大金国志》“郎君吴矢谋反，路虎连坐，被诛”[⑥] 一条时说，“其人（吴矢）非郎君”[⑦]，言外之意，吴矢是辽朝降将，不是金朝宗室，不能称为“郎君”，实际上他也认为只有金朝宗室才能称为“郎君”。而张作耀等认为“金宗室子弟称为郎君，权力很大，虽

① 张庆玲 . 辽代郎君考 [N]. 中国文物报，2006-09-29（7）.

②（元）脱脱 . 辽史 · 国语解 [M]. 北京：中华书局，1974：1534.

③ 李锡厚 . 金朝的“郎君”与“近侍”[J]. 社会科学辑刊，1995（05）：104-109.

④ 陈述 . 契丹舍利横帐考释 [M]//侯仁之，周一良主编 . 燕京学报（新八期）. 北京：北京大学出版社，2000：87.

⑤ 景爱 . 历史上的金兀术 [M]. 北京：中国社会科学出版社，2008：20.

⑥（宋）宇文懋昭撰，崔文印校证 . 大金国志校证 [M]. 北京：中华书局，1986：383.

⑦（宋）宇文懋昭撰，崔文印校证 . 大金国志校证 [M]. 北京：中华书局，1986：394.

卿相亦须向郎君跪拜，郎君不用还礼，犹如主人对待奴仆”。[①] 王曾瑜在其文中也认为“金朝称皇族为‘郎君’”。[②] 徐梦莘《三朝北盟会编》有关金朝“宗室皆谓之郎君”，尤其是“卿相尽拜于马前，郎君不为礼”等记载[③]，虽与金朝历史实际有些出入，但这种认识基本上代表了宋朝一部分人对金朝“郎君”的看法，他们多称金朝宗室为“郎君”。

李玉君和杨春宇《金代“宗室”称呼考辩》认为，金代宗室是一个比较特殊的社会阶层，是金代社会的有机组成部分。在金代，宗室还有“皇族”“内族”的称呼。他们指出学界一些学者据《三朝北盟会编》“宗室皆谓之郎君”，就认为金代的宗室亦被称为“郎君”的观点值得商榷[④]。实际上，从有关金史的著作中可看出，金人也称一些非宗室人员为“郎君”。如《大金国志》的相关记载就说“国人”（金人）称兀室（完颜希尹）为“郎君”，1979年考古工作者在完颜希尹家族墓地第三墓区（完颜守道墓区）发现一块“阿里郎君墓”碣石和一些碣石碎片，在第一墓区（完颜守贞墓区）采集到“吵看郎君之墓”石碑一块[⑤]，说明金人不仅称完颜希尹为“郎君”，也称完颜希尹的孙子完颜守道、完颜守贞为郎君，完颜希尹家族不是宗室被称为“郎君”，可见，金代“郎君”是对贵族青年男子的称呼。

商务印书馆《辞源》（1983）、汉语大词典出版社《汉语大词典》（1989）、三民书局股份有限公司《大辞典》（1985）中的“郎君”词条均释为“女真（金）宗室及贵臣的称谓”[⑥]。

（三）小结

我们认为：“郎君”是承袭汉语“郎”，合“侍郎”“议郎”之意，被借到北方民族语言中的，其本义或与突厥语的“设”“俟斤”相对。“俟斤”为突厥语irkin的音译，突厥部落首领之称。契丹语、女真语中的“舍利”“孛堇”“夷离堇”“勃极烈（官人）”等可能与“郎君”有词源上的对应与传承关系，“郎君”最早用于指称皇族宗室的职位，后在语言接触及汉化过程中又扩充了汉语“郎君”的义项，词义扩展为“勇士”

① 张作耀等主编．中国历史辞典（第2册）[Z]. 北京：国际文化出版公司，2000：864.

② 王曾瑜．宋朝的奴婢、人力、女使和金朝奴隶制[M]//中华书局编辑部编．文史（第二十九辑）．北京：中华书局，1988：23.

③（宋）徐梦莘撰．三朝北盟会编[M]. 上海：上海古籍出版社，1987：19.

④ 李玉君，杨春宇．金代“宗室”称呼考辩[R]. 辽金历史与考古国际学术研讨会，2011-09-15.

⑤ 王世华．完颜希尹家族墓地略考[M]. 中国人民政治协商会议吉林省舒兰市委员会文史资料委员会内部发行，1996：13，9.

⑥ 李玉君．金朝“郎君”非宗室子弟之专称[J]. 史学月刊，2012（02）：129.

之通称，后词义又增加了指代“文职才俊”的内涵，在“郎君”基础上外延不断扩大，甚至泛化。实际是否如此，我们须对其进一步追溯与考证。

二、汉语“郎君”考

（一）字源考

从字源上看，“郎”之初宜为“良”。据许慎《说文解字》解，“良”“郎”“娘”字可以互训①。在“良”右边加“阝”，变成“郎”；在“良”左边加“女”，衍为“娘”。

（1）古时夫妻互称为良人，后多用于妻子称丈夫。

秋风吹不尽，总是玉关情。何日平胡虏，良人罢远征？（李白《子夜吴歌·秋歌》）

（2）指美人。

今夕何夕，见此良人？（《诗经 · 国风 · 唐风 · 绸缪》）②

（3）贤者，善良的人。

①维此良人，作为式谷。(《诗经 · 大雅 · 荡之什 · 桑柔》)③

②昔者寡人梦见良人。(《庄子 · 外篇 · 田子方》)④

（4）乡官名，即乡大夫。

（5）西汉女官名，亦为妃嫔称号，秩八百石，在妃嫔十四等中位居第九。东汉废，魏、晋、南朝曾复置。

（6）平民，与“驱人、驱口”对举。

（二）“郎”字考

（1）名词。从邑，良声。从“邑”，表示与行政区域有关。本义：古邑名。在今山东金乡境内。

（2）郎，一为古“廊”字。原指宫殿庭廊，置侍卫人员所在，战国始置。后指代官名，本为君主侍从之官，即侍郎、中郎、郎中等之通称。其职责原为护卫陪从、随时建议、备顾问差遣等，类似今天的武秘和文秘。

（3）关于“郎官”。

有关“郎官”一词的发展脉络，大致可罗列如下：

---

①（汉）许慎 . 说文解字 [M]. 北京：中华书局，2012：106，131.

② 王秀梅译注 . 诗经 [M]. 北京：中华书局，2016：157.

③（清）郭庆藩译注 . 诗经 [M]. 成都：巴蜀书社，1998：711.

④（清）郭庆藩撰 . 庄子集释 [M]. 北京：中华书局，2013：636.

战国始有。本为君主侍从之官。秦汉时皇帝宫殿门户的守卫者，魏晋以后的官号。

汉初有郎中、中郎，以后有侍郎和议郎，郎或郎官是其总称。侍郎，平时持戟宿卫殿门；殿廊，大朝会时立于殿阶两旁，皇帝出行则充车骑扈从；议郎，不参与值卫，而是司谏议政事得失的一种近臣。

西汉郎本无定员数，多至千人，东汉晚期达两千余人。议郎、中郎之秩为比六百石。侍郎为比四百石，郎中为比三百石。西汉时因不同职司而有车郎、辇郎、戏车郎、期门郎、羽林郎等称号。各王也设郎中，为王家郎。

东汉时，郎中、中郎、侍郎由五官、左、右三中郎将主管，称三署郎。

两汉"郎官"负守卫宫禁之重任，故郎多从高官及富家的子弟中选拔。后选拔方式多种多样。有如张释之、司马相如因家财丰厚而为郎者；有如赵充国、傅介子因击匈奴立军功而进者；有通过察举制被举为孝廉、通过策试进入到郎官行列者；有如萧望之、翟方进受四行（敦厚、质朴、逊让、节俭）考核，而迁为令、长，而直登将相之位者；东汉甚至出现了未成年的童子郎，最终造就了普遍以郎、郎中等为官号的滥觞期。

魏晋以后，郎渐成中央官署的官号。尚书省、中书省、门下省、秘书监、太常等官署之中皆设"郎官"，如侍郎、郎中、员外郎等。郎之权力轻重、秩品高低因时而异。魏晋南朝，有秘书郎、著作郎、尚书吏部郎、中书郎、黄门侍郎等，虽官品升降不定，但始终都是士族子弟趋之若鹜的清显之官。

隋唐承魏晋制，仍分职官和散官两类，侍郎、郎中、郎均为职官，员外郎则是散官。

宋实行差遣之制，诸郎又成虚衔，"虽有正官，非别受诏亦不领本司之务，又官有其名而不除者甚众，皆无定员无月限，不计资品，任官者但常食其奉而已。时议以近职为贵，中外又以差遣别轻重焉。"①

唐代将新科进士称为"新郎君"，于是宋词有了"贺新郎（凉）"之词牌；民间至今称新婚男子为"新郎官"，之所以把新婚的男子叫作"新郎"，就是因为那时把男子娶妻看作和考中进士同等荣耀，由此可见其影响之广泛。

以后历代均沿其制，一直至清，唯具体名目不同。

（4）汉魏以后引申为少年的美称。如：

①郎婿：女婿，女儿的丈夫。

①（元）脱脱．百衲本宋史（3）[M]. 北京：国家图书馆出版社，2014：1876.

②令郎、大郎、二郎、三郎、郎子：对他人之子的敬称。

③货郎、牛郎、卖油郎：旧时对从事某种职业者的称呼（如《卖油郎独占花魁》）

（5）旧时妇女对丈夫或情人的昵称。如：

①郎伯：妇人称丈夫为郎、伯，并称郎伯。

②刘郎已恨蓬山远，更隔蓬山一万重。（李商隐《无题·其一》）

（6）旧时对一般男子的尊称，或仆人称呼主人。如：

郎主（门生家奴称其主；对外族首领的称呼）。

（三）“郎君”考

概而言之，汉语“郎君”的语用范围涉及官称、爱称、美称、尊称。词义结构上，是由主要语素“郎”承担并承袭“郎”的多种义项，“君”主要在双音节化的趋势下，起着凑足音节、强化尊称和敬称的作用。其最早见于汉代，在《后汉书》及汉乐府诗中均有所表现。

（1）承袭“郎”的官称义。如：

①叔父朱门贵，郎君玉树高。（唐 杜甫《题柏大兄弟山居屋壁二首》）

②郎君下笔惊鹦鹉，侍女吹笙弄凤凰。（唐 李商隐《留赠畏之》）

（2）承袭“郎”的爱称、美称、尊称义。如：

郎君得意及青春，蜀国将军又不贫。（唐 杨汝士《贺筵占赠营妓》）

（四）小结

综上，我们认为，突厥语中的“俟斤”“设”，契丹语、女真语中的“舍利（沙里）”“郎君”，或与汉语表官职之意的“郎–郎君”一脉相承，在长期的语言接触过程中，亦随汉语“郎君”之意的发展而发展，并沿用至清代。考证这一借词的源流，恰可证明汉语与北方少数民族语言的接触与融合自古使然，绝非一蹴而就，且这种影响是相互的。

三、蒙古语、满语中的“阿哥”及其周边

（一）贝勒、贝子、格格

或承袭东胡民族的传统，铁木真在称汗之后，推行了怯薛制度。其下令挑选各部贵族子弟及“白身人”（平民，是否有借“良人”之意，在此存疑）中“有技能、身体健全者”，组成一支一万人的怯薛。这支怯薛由铁木真直接指挥，驻扎在他的大斡耳朵（殿帐）周围，分为四班，由四个亲信的“那可儿”任怯薛长，每三日轮流

值班。这是蒙古军的精锐，也是对地方加强控制的主要武装力量，这或构成了八旗制度的雏形。

努尔哈赤利用女真原有的狩猎组织形式，创建八旗制度。女真人狩猎时各出一支箭，每十人立一个总领，总领称牛录额真（牛录，大箭的意思；额真，首领的意思），相当于狩猎小组组长的牛录额真成为一级官名，牛录成为最基层的组织。我们认为：满语“额真”（ežen）同女真语“移里堇”（irkin），突厥语“俟斤”（irkin）具有同源关系，或因语音辗转相通而成，可能最初都指代宗室。发展到八旗制度，规定每300人设一牛录额真，五个牛录设一甲喇额真，五个甲喇设一固山额真。固山是满洲户口和军事编制的最大单位，每个固山有特定颜色的旗帜，所以汉译固山即为“旗”。和硕是指城或王国（等同于汉朝的国，不是国家是王国）。多罗是指汉人的乡。依清例满洲男儿都是旗兵。

两宋时金国贵族称金兀术为金国贝勒。在满语中贝勒（满文：beile），全称“多罗贝勒”（doro beile），贵族称号，或与契丹语的“孛堇”（bolkin）对应，相当于王或诸侯，地位次于亲王、郡王，是清代贵族的世袭封爵。贝子原为满语“贝勒”的复数，有王或诸侯之意。如：“固山贝子”（gūsai beise），清政府成立后，成为宗室封爵名。或与“俟斤”“设”“怯薛”“舍利”“郎君”等相对应。可见“贝勒”“贝子”原意是对封爵男子的尊称，后来加上词缀“爷”，发展成为对贵族男子的通称。《仪礼·丧服》有“诸侯之子称公子”①的记载。可见“贝子”与汉语的“公子”本义，即古时诸侯的儿子，大体对应。而《公羊传·庄公元年》有“群公子之舍则以卑矣。”②何休注“谓女公子也。”可见秦代以前，“公子”亦可指代女性，有“女公子”的说法，实为后来“公主”的称谓。

“格格”则可能受蒙古语egeqi（额格其，姐姐）的影响，在有圈点的满语中，泛称为gege（格格）。皇帝正宫皇后所生之女，封公主，称固伦公主，品级相当于亲王；嫔妃所生之女，封公主，称和硕公主，品级相当于郡王；亲王之女封郡主，称和硕格格；郡王之女封县主，称多罗格格；贝勒之女，封郡君，亦称多罗格格；贝子之女，封县君，称固山格格；镇国公、辅国公之女，封乡君，称格格。清朝前身“后金”初年，大汗、贝勒的女儿或未嫁之妇女均称“格格”，无定制。“格格”之称一直沿用至清末民初之际，才渐终止。

---

① 杨天宇．仪礼译注[M].上海：上海古籍出版社，2004：145-146.

② 黄铭，曾亦译注．春秋公羊传[M].北京：中华书局，2016：133.

（二）阿哥

与汉语指称诸侯儿子、文雅读书人、出身豪门及年轻英俊的男子的“公子”不同，蒙古语、女真语、满语中，因为皇子虽有初封贝子、郡王、甚至亲王的，但不一定初封贝勒，即贝勒不一定是皇子，为了区分，或受蒙古语称 aha（阿哈，哥哥）的影响，清代有圈点满语后，产生了“aga（阿哥）”的称谓，其本是对于皇子的称呼。后“阿哥”衍成两个义项：一是清代满族宫廷称皇子，可按排行称阿哥，如大阿哥、二阿哥等；二是旗人的贵族称儿子。后又与“格格”称谓发展相同步，有旗人“泛化称男孩儿”的趋势。不过“阿”读四声，“哥”读轻声。从语言发展来看，“哥”并非源于汉语词汇，因为汉语一直有“兄”之称谓，所以近似于现代意义的“哥”大致自元后呈现，其来源即为北方阿尔泰语言。以下是其表现：

（1）称呼同父母或只同父、只同母的兄长。

（2）称呼同族或亲戚中的兄长。

（3）对年龄相近的男子的尊称。

（4）唐时父对子的自称。

（5）对父亲的称呼。

（6）妻对夫的称呼。

（7）父母对儿子的称呼。

（8）旧时仆人对男主人或少爷的称呼。

（9）对男孩的称呼。

（10）女子对所爱男子的称呼。

①芝麻结荚豆开花，哥哥爱我我爱他，我爱哥哥庄稼汉，哥哥爱我会当家。（《民间情歌·芝麻结荚豆开花》）

②情哥爱我情意真，托人要我织汗巾；扯把头发织进去，缠住哥哥一颗心。（《民间情歌三百首·缠住哥哥一颗心》）

③“阿哥，阿妹”情谊深。（现代汉语中一些少数民族男女之间的称谓。）

（11）语气词。相当于“啊”“呵”。

（三）帅哥

“哥”衍为现代汉语的“类词缀”。到了现代汉语阶段，承袭了女子对倾慕男子的称呼等义项，随电视剧的流行，又特指对从事某种职业之人的尊称、爱称，如“的哥”；后伴随网络的普及，北方的称谓“帅哥”终 pk 过了南方的“靓仔”，使“哥”

获得了更为广泛的认同，语用表达的功能上，词义色彩亦不再仅限于褒义，而带上了某些调侃的色彩，向着中性的方向发展演变，最终衍化为类词缀。而其间或也体现了因语言和谐的漫讽、调侃与包容对促进社会和谐的积极作用。如：帅哥、大衣哥、犀利哥、“表哥”等。

（四）小结

综上,“哥”及“哥哥”不是汉语固有词汇。因为古代一直称为“兄”或“兄弟”。如：兄弟阋于墙，外御其务。(《诗经·小雅·鹿鸣之什·常棣》[①]，意指兄弟在家里争吵，在遇到外来欺侮时就一致对外。）而“哥哥”至少是宋元以后，特别是元代文学作品中的称谓。对同族兄长、年长同辈男子的称谓“哥哥”或序齿排序的“大哥”，保持基本义至今；北方少数民族的兄弟称谓，如蒙古语的“安达”、女真语满语中的“阿哥”，他们本身具有音韵学上的通转关系（[an] 与 [a] 对转，[ta] 与 [kɤ] 旁转）；加之蜕去阶级色彩后，宋元代话本、戏曲、明清小说中，衍生为“女子对所爱男子的称呼”。在此基础上，随着影视艺术，特别是 21 世纪网络的传播，“哥”从指称从事某种职业之人到漫化为指称某类人，或渐衍化为类词缀。

四、结语：语言接触与汉儿言语词汇类型特征

本节通过探讨“郎君”“阿哥”等词汇的演变，认为：汉语与北方少数民族语言长期接触过程中，各自语言的词汇类型发生了一定的调整与变化，其结果是形成了“汉儿言语”。“汉儿言语”其出现之初是一种洋泾浜语，但当其作为一种母语被传承时，就衍化为一种“混合语”。在语言接触的链条上,“郎君”是“汉儿言语”,“阿哥”同样也是“汉儿言语。”因为他们分别代表了不同的类型。直接对应书面语文本宜为系列的《华夷译语》、史书典籍中出现的汉译人名和地名，口语为长城内外的汉族与北方少数民族间进行互市等交际时所用的生活洋泾浜或混合语。

在汉语与北方少数民族语言长期接触过程中，“汉儿言语”词义上形成了如下类型特征：

（1）词义的扩大。对优势语言的直接援用、借用。即“郎君”型。其词源是优势语言汉语的词汇，少数民族语言或原本有与其相对应的词汇，但是随着语言的接触与发展，该词的义项不断扩大，少数民族语言中的原词，已不能满足这种词义扩大发展的交际需要，只好援用、借入优势语言已充分发展了的词。

① 唐莫尧译注 . 诗经全新译注 [M]. 成都：巴蜀书社，1998：353.

（2）词义的缩小。如“良人”由男女互指，到元代“良人”（自由平民）与“驱口”（不自由的俘虏或奴隶）对举。

（3）词义的转移。如“爷”。“阿爷无大儿，木兰无长兄。”在《木兰辞》中，指代父亲。到清代，指代贵族子弟。在现代北方汉语中指代“祖父”。

（4）词义的弱化。北方蒙古语、满语等言语的渗透与融入。即“阿哥”“帅哥”型。其词源是少数民族语言，汉语中或可能有对应的词汇，但是在语言接触过程中，汉语的词义或发生扩大和转移，使“哥”应用更为广泛，体现出无限的成词能力，词义趋于虚化，直至发展为类词缀。

总之，在语言接触过程中，语言间的相互影响是绝对的，相互影响程度是相对的，语言间的相互融合也是必然的。辗转形成的具有“汉儿言语”特征的词汇，“郎君”“阿哥”“帅哥”等均体现了这一点。

参考文献

李崇兴，祖生利，丁勇．元代汉语语法研究 [M]. 上海：上海教育出版社，2009.

李桂芝．契丹郎君考 [M]//陈梧桐主编．民大史学（第 1 期），北京：中央民族大学出版社，1996.

李锡厚．金朝的“郎君”与“近侍”[J]. 社会科学辑刊，1995（05）: 104-109.

张庆玲．辽代郎君考 [N]. 中国文物报，2006-09-29（7）.

第三章　近代东北–北京官话及其与周边官话方言的比较研究

第一节　从语音看东北官话与周边冀鲁、胶辽官话之关系[①]

李荣根据古入声字声调归派方式的不同将官话区分为北京、东北、冀鲁、胶辽、中原、兰银、西南、江淮等八个官话次方言[②]。其中，东北官话主要分布于东北三省及内蒙古东部，胶辽官话主要分布于山东、辽宁二省，冀鲁官话主要分布于山东、河北二省。东北官话与北京、胶辽、冀鲁等官话地理分布相连，语音特征存在若干相似，林焘[③]、张世方[④]、耿振生[⑤]、杨春宇[⑥]等人的研究表明东北官话同北京官话历史上具有同源关系。至于历史上东北官话同山东、河北境内方言的关系，目前研究仍显不足。实际上，东北官话同冀鲁境内的胶辽、冀鲁官话有着密切的联系，东北官话的一些语音特征以及一些特殊的字音在上述两种官话方言中也存在，一般认为这主要是近代官话方言间接触的结果，是胶辽官话和冀鲁官话在东北官话中的延伸，但我们亦不排除这是历史上言语源流分化残留的底层与表象。透过其底层与表象，我们能窥见它们之间的联系，这种关系既有横向上的渗透关系，又有纵向上的源流关系。

本节的语言材料来源于笔者的调查，部分来自贺巍、张树铮、刘淑学等学者的相关成果。对比分析东北、冀鲁、胶辽官话的共同的语音特征以及特殊的语音现象，结合东北地区历史人文背景来探索东北官话同二者之关系。

一、东北官话同冀鲁官话、胶辽官话共有的一些语音特征

现代东北官话有几类成系统的语音特征与冀鲁官话、胶辽官话相同，而与北京

---

① 本节原文由为杨春宇，欧阳国亮合作发表于：渤海大学学报（哲学社会科学版），2013（04）：78-81，有删改。

② 李荣．官话方言的分区 [J]. 方言，1985（01）：2-5.

③ 林焘．北京官话区的划分 [J]. 方言，1987（03）：166-172.

④ 张世方．也谈北京官话区的范围 [J]. 北京社会科学，2008（04）：88-92.

⑤ 耿振生．北京话“儿化韵”的来历问题 [J]. 吉林大学社会科学学报，2013（02）：154-159，176.

⑥ 杨春宇．辽宁方言语音研究 [J]. 辽宁师范大学学报（社会科学版），2010（05）：93-99.

官话相区别。通过横向比较，我们认为东北官话的这些特征与冀鲁官话、胶辽官话存在渗透与源流上的关系，是语音发展史上二者对东北官话影响的结果。比如：

（一）日母字的声母今读

日母字的今读声母是东北官话与普通话的一大区别。东北官话今除个别字读成[l]声母外，其余都读零声母。这种现象与胶辽官话十分一致。见表 3-1。

表 3-1　东北官话与胶辽官话日母字声母今读比较表

例字	东北官话			胶辽官话					
	佳木斯	沈阳	长春	青岛	蓬莱[①]	烟台	日照	莱州	临沂
日	i	i	i	i	i	i	i	i	i
肉	iou	iou	iou	iou	iou	iou	iou	iəu	iəu
荣	iəŋ	iəŋ	iəŋ	ioŋ	yoŋ	yŋ	yŋ	yŋ	yŋ
让	iaŋ	iaŋ	iaŋ	iaŋ	iaŋ	iaŋ	iaŋ	iaŋ	iaŋ
热	iə	iə	iə	iɛ	iɛ	iɛ	iə	iɛ	iɛ

（二）知庄章三组的声母今读

东北官话多数地区古知庄章三组的声母读音不固定，但总体上合为一类。比如吉沈片的通溪小片普遍读同精组 [ts、tsʰ、s]；而哈阜片的长锦小片多读为 [tʂ、tʂʰ、ʂ]；更多地方则是两组声母自由变读，同一个知庄章母字既可读平舌也可以读翘舌，两组声母不存在对立关系。东北官话的这类现象同冀鲁官话、胶辽官话存在相似之处。比如胶辽官话盖桓片知庄章声母合为 [ts] 类；冀鲁官话保唐片下辖的天津小片、滦昌小片，石济片下辖的邢衡小片以及沧惠片下辖的黄乐小片也存在知庄章同精组相混的现象。值得一提的是，东北官话与冀鲁官话相邻的区域如锦州有将精组细音声母混为知系声母的现象，比如锦州方言中的“捐”“全”“宣”与“专”“传”“栓”同音，这种将 [tɕ] 类声母混为 [tʂ] 类声母的现象是冀鲁官话一些地区较为典型的特征。结合地缘关系，锦州方言的这类特征或可视为冀鲁官话向东北官话的渗透的结果。

（三）疑影母字的声母今读

疑影母开口一二等字，今东北官话不少地区都读成 [n] 声母，少数地区读成 [ŋ] 声母。这类疑影母字声母的不同也是贺巍将东北官话划分为吉沈、黑松、哈阜三片

① 2020 年撤销蓬莱市、长岛县，设立烟台市蓬莱区，以原蓬莱市、长岛县的行政区域为蓬莱区的行政区域。

的主要依据[①]。东北官话疑影母开口一二等字的声母情况与冀鲁官话、胶辽官话相同。见表 3-2。

表 3-2　关于东北官话、冀鲁官话、胶辽官话的疑影母字对比

例字	东北官话			冀鲁官话			胶辽官话		
	阜新	锦州	开原	保定	寿光	济南	诸城	青州	沂水
安	nan	nan	ŋan	nan	ŋan	ŋan	ŋan	ŋan	ŋan
熬	nau	nau	ŋau	nau	ŋau	ŋɔ	ŋɔ	ŋau	ŋau
鹅	nə	nə	ŋə	nə	ŋə	ŋə	ŋə	ŋə	ŋə
爱	nai	nai	ŋai	nai	ŋa	ŋɛ	ŋɛ	ŋai	ŋai

（四）中古清声母入声字今读若上声现象

东北官话有不少中古清声母入声字今读成上声，比普通话要多。比如“客、雀、色、迫、室、质、触、僻、发、得、执、福、国、结、节、幅、职、割、泼、撮、塌、刻、削、曲”等。这些字在东北官话中都读上声，与普通话不同。中古清声母入声字读上声在胶辽官话中表现得最为明显，胶辽官话中清入字今一律读上声，很少有例外，这也是李荣先生将胶辽官话从其他官话方言中区分出来的直接依据。

单就中古清声母入声字声调的归派特征来看，东北官话与冀鲁、胶辽官话也存在很多的相似之处：中古全浊入今归阳平、次浊入今归去声这是三者共有的特征；中古清入今归上声则是胶辽官话区别于其他官话方言的主要特点[②]，而这一特点却在东北官话的部分字中偶有体现。

综上，东北官话在日母、知庄章组声母、疑影母及清入字声调演变方面同冀鲁官话、胶辽官话存在较多的一致性，而与北京官话等其他官话方言相区别，这些系统性的表象特征表明东北官话同冀鲁官话、胶辽官话的关系十分密切。

二、东北官话见于冀鲁官话和胶辽官话的异读字音

异读字音往往是方言的一面镜子，它反映着某一方言的历史语音层次。东北官话有一些零散的不成体系的字音异读现象，其中有的属于文白异读白读层次的残留，有的则属于字音演变规律的例外。而这些字音亦大都见于周边的冀鲁官话或胶辽官话。

① 贺巍 . 东北官话的分区（稿）[J]. 方言，1986（03）：172-181.

② 张树铮 . 胶辽官话的分区（稿）[J]. 方言，2007（04）：363-371.

（一）东北官话见于冀鲁官话的异读字音

1. 觉韵字“觉”“学”“乐”“岳”与药韵字“略”“跃”等的异读音

江摄开口二等入声觉韵字“觉”“学”“乐”“岳”和宕摄开口三等入声药韵字“略”“跃”等，今在东北官话老派口中读为 [iɔ] 韵母而非普通话中的 [yɛ]，虽然读这个韵母的字并不多，但这种觉药两韵混并的语音现象与河北境内的冀鲁官话相似，见表 3-3。

表 3-3　关于东北官话与冀鲁官话中觉韵字、药韵字的异读情况比较

例字		东北官话					冀鲁官话			
		哈尔滨	牡丹江	长春	沈阳	锦州	玉田	保定	河间	衡水市冀州区
觉韵字	觉	tɕiɔ	tɕiɔ	tɕiɔ	tɕiɔ	tɕiɔ	tɕiau	tɕiau	tɕiau	tɕiau
	学	ɕiɔ	ɕiɔ	ɕiɔ	ɕiɔ	ɕiɔ	iau	iau	iau	iau
	乐	iɔ	iɔ	iɔ	iɔ	iɔ	iau	iau	iau	iau
	岳	iɔ	iɔ	iɔ	iɔ	iɔ	iau	iau	iau	iau
药韵字	略	liɔ	liɔ	liɔ	liɔ	liɔ	liau	liau	liau	liau
	跃	iɔ	iɔ	iɔ	iɔ	iɔ	iau	iau	iau	iau

2. 陌韵字“客”与职韵字“色”的异读音

梗摄三等入声字“客”与曾摄三等入声字“色”在东北官话中的读音较为特殊，分别读为 [tɕʰiɛ]、[sɛ]，从东北官话语音的演变规律来看，这两个字显然不符合这一规律，因此算得上是读音例外现象。但这两个例外的字音却见于冀鲁官话中。我们以“客”为例来看其在东北官话和冀鲁官话中的分布情况，见表 3-4。

表 3-4　关于东北官话和冀鲁官话中陌韵字“客”与职韵字“色”的异读比较

例字	东北官话				冀鲁官话				
	黑松片	哈阜片	吉沈片		保唐片		石济片		沧惠片
	伊春	哈尔滨	沈阳	本溪	保定	昌黎	石家庄	济南	盐山
客	tɕʰiɛ	tɕʰiə	tɕʰiɛ	tɕʰiɛ	tɕʰiɛ	tɕʰiə	tɕʰiɛ	tɕʰiɛ	tɕʰiɛ
色	sɛ	sɛ	sɛ	sɛ	sai	sai	sai	sai	sai

同“客”类似的还有一个“色”，“色”在东北官话中读成 [sɛ]，这与冀鲁官话趋于一致。如冀鲁官话保唐片的玉田、保定，石济片的衡水市冀州区[①]，沧惠片的河间，

① 刘淑学 . 冀鲁官话的分区（稿）[J]. 方言，2006（04）：357-363.

石济片的济南，沧惠片的寿光都读成 [sai]，韵母与东北官话相似。由此可见，东北官话中“客”“色”的读音或是冀鲁官话读音扩散的结果。

（二）东北官话见于胶辽官话的异读字音

1. 蟹摄开口二等字“解”“街”的异读音

东北官话把蟹摄开口二等字的“解”“街”白读读成 [kɛ]，声母保留了舌根音，这在除西南官话以外的官话方言中十分少见，但却见于胶辽官话青莱片，比如青岛就将不少见系二等蟹摄字读成舌根音。从东北官话“解”“街”的读音来看，二者或是胶辽官话读音扩散到东北官话中而形成的结果，见表 3-5。

表 3-5　关于东北官话、胶辽官话蟹摄开口二等字“解”“街”的异读比较

例字		东北官话				胶辽官话				
		黑松片	哈阜片	吉沈片		盖桓片		登连片		青莱片
		伊春	哈尔滨	沈阳	本溪	盖州	桓仁	烟台	大连	青岛
解	文	tɕiɛ	tɕiə	tɕiɛ	tɕiɛ	tɕiɛ	tɕiə	tɕiɛ	tɕiɛ	tɕiɛ
	白	kɛ	kɛ	kɛ	kɛ	kai	kai	kai	kai	kai
街	文	tɕiɛ	tɕiə	tɕiɛ	tɕiɛ	tɕiɛ	tɕiə	tɕiɛ	tɕiɛ	tɕiɛ
	白	kɛ	kɛ	kɛ	kɛ	kai	kai	kai	kai	kai

2. 山摄合口一等字“暖”“卵”“乱”异读音

东北官话山摄合口一等字的“暖”“卵”“乱”三个本该读成合口呼的字读成开口呼 [nan]、[lan]、[lan]，这与其他同音韵地位的字有所不同。这种字音异读现象或受到胶辽官话的影响。胶辽官话登连片古蟹止山臻四摄合口一三等韵端系字普遍没有 [u] 介音，比如烟台、大连：对 [tei]、卵 [lan]、暖 [nan]、遵 [tsən]，见表 3-6。

表 3-6　关于东北官话、胶辽官话山摄合口字一等的比较

例字	东北官话				胶辽官话				
	黑松片	哈阜片	吉沈片		盖桓片		登连片		青莱片
	伊春	哈尔滨	沈阳	本溪	盖州	桓仁	烟台	大连	青岛
暖	nuan	nɔ	nɔ	nuan	nuan	nan	nan	nan	nan
卵	luan	lan	lan	luan	luan	lan	lan	lan	lan
对	tuei	tuei	tuei	tuei	tuei	tei	tei	tei	tei
遵	tsuən	tsuən	tsuən	tsuən	tsuən	tsən	tsən	tsən	tsən

（三）同时见于冀鲁官话和胶辽官话的异读字音

如前文所述，东北官话中古日母字今一般读成零声母，这是东北官话的主要特点之一。然而，却有少数几个日母字今读成 [l] 声母，比如“乳”“儒”“锐”“扔”“蕊”五个字在东北官话口语中分别读成 [lu]、[lu]、[lui]、[ləŋ]、[lui]。这五个字中除“扔”外，其他四个都是合口字。东北官话这种特点在冀鲁官话和胶辽官话的一些方言点中表现得非常明显。如冀鲁官话沧惠片的阳寿小片日母字多读为 [l] 声母，而冀鲁官话石济片下辖的聊泰小片日母合口字则读成 [l] 声母。又如胶辽官话青莱片下辖的青临小片将日母字读成 [l] 声母（止摄开口韵字除外），如：肉 [lou]、弱 [luo]、然 [lan]、绒 [luŋ]。虽然东北官话这种日母字读 [l] 声母的现象不成系统，所辖字也仅有少数几个，但从与冀鲁官话、胶辽官话的比较可见，东北官话的这种现象应当来源于它们二者。见表 3-7。

表 3-7　关于东北官话、冀鲁官话、胶辽官话日母字的异读情况比较

例字	东北官话			胶辽官话			冀鲁官话		
	黑松片	哈阜片	吉沈片	盖桓片	登连片	青莱片	保唐片	石济片	沧惠片
	伊春	哈尔滨	沈阳	盖州	大连	青岛	昌黎	济南	盐山
乳	lu	lu	lu	lu	lu	lu	zu	lu	lu
扔	ʐəŋ	ʐəŋ	ləŋ	ləŋ	ləŋ	ləŋ	ləŋ	ləŋ	əŋ
肉	iou	ʐou	iou	iou	iou	lou	zəu	iou	ʐou
绒	yŋ	uŋ	yŋ	yŋ	yŋ	luŋ	yŋ	luəŋ	ʐuŋ

上述这些异读字音，对于东北官话而言属于个别现象。在形式上它们或属于文白异读中的白读层次，或属于语音演变规律中的例外，但对于冀鲁官话和胶辽官话而言，确实是其系统的语音特征。这些异读字音，也从一个侧面反映出东北官话同冀鲁官话、胶辽官话语音上的联系。

三、阐释与分析

综上，我们认为东北官话这些与冀鲁官话、胶辽官话一致性较强的系统性语音特征以及一些异读字音，是河北、山东境内冀鲁官话和胶辽官话语音特征的残留。近代河南、山东等地的人口迁移可以很好地佐证这种语音残留现象。根据张善余的统计，1840 年东北地区的总人口为 300 多万，1911 年，东北地区总人口激增至

1800多万①。吴焕庸详细统计了山东、河北、河南等地移民东北的人口构成情况，其中山东移民最多，占总数的71%，其次是河北移民，占总数的17%，再次是河南移民，占总数的11%，其他地区则为1%②。而山东的移民又大多来自登州府（今烟台市蓬莱区）、青州府（今青州）、莱州府（今莱州），这些地区恰恰是今天胶辽官话青莱片分布的核心区。近代的人口迁徙，一方面使胶辽官话随着海路方式扩散到辽东半岛，使今天的辽东半岛东南基本保存了胶东口音；另一方面使胶辽官话和冀鲁官话随陆路方式扩散到东北内陆，其语音特征最终逐渐消融在东北官话中，只留下部分语音特征及个别字音，而这些趋于一致的语音特征即是近代海陆两路“闯关东”移民在东北语言文化中的孑遗。

一种方言对另一种方言的影响大致有渗透关系和源流关系两种。东北官话中的一些见于冀鲁官话、胶辽官话的语音特征或被认为是二者对东北官话共时渗透的结果。我们认为不尽然。理由有二：首先，渗透影响是某种方言对另一种方言进行横向共时平面上的影响，其直接表现为方言间的共时接触。在“闯关东”集中发生的时段，这种“关里”优势语言文化的渗透影响固然不能小觑，而且在一定时空内还可能成了主流，但东北地域上的方言接触绝非一蹴而就，而是一个漫长而复杂的过程。其次，在东北官话发展的漫长周期中，我们认为史上的辽西包含了今冀鲁官话所辖部分区域，辽东也曾历史地与胶东长期连在一起，所以在东北官话的历时层面，如幽燕方言、汉儿言语阶段，曾发生了与冀鲁、胶辽官话相互包含、互为源流的融合与发展③。因此，我们考虑冀鲁、胶辽官话对东北官话的影响既有共时的渗透，更有历时的渊源，三者之间具有历史渊源关系。

比较上述两种关系，我们认为：前者的渗透关系，表现在方言接触上，或更多地借助于移民等语言外部的力量；而后者的源流关系，表现在语言的历史底层，或可判为语言内部自身发展的表象残留。内外诸多要素汇聚一起，促成了今天东北官话的江河。本节论述的一些语音现象反映了这种历史复层关系之一斑，而近代人口迁徙情况则成为分析阐释东北官话与周边官话方言间影响关系与源流关系的最直接佐证。

综上所述，我们得出如下结论：东北官话的一些特殊语音特征和字音现象属于历史言语底层，这些言语底层源自久远的冀鲁官话、胶辽官话的历史表象，后二者

① 张善余．中国人口地理[M]. 北京：科学出版社，2003：57-58.

② 吴希庸．近代东北移民史略[M]//东北集刊（第二期）．国立东北大学史地经济研究室，1941.

③ 杨春宇．辽宁方言语音研究[J]. 辽宁师范大学学报（社会科学版），2010（05）：93-99.

随着近代人口的迁移使自身的一些特征融入东北官话当中，从而促进了东北官话的最终成形，但其成形的过程绝非一朝一夕之事。因此，一方面我们可以说冀鲁官话、胶辽官话是东北官话近代的源流之一；而另一方面，也是我们毋庸置疑的：东北官话之形成绝非一蹴而就，“闯关东”不过是历史循环往复的一个阶段而已，东北官话发展至今也经历了复层的累积，有些问题与冀鲁官话、胶辽官话的历史表象纠结在一起。在国音京音之争偃旗息鼓之后，亦曾与北京官话胶着在一起成就了现代汉民族共同语的东北官话，最终与北京官话渐疏渐离，进而退踞东北，被学界析为新的官话方言。今天，在推普的国策声中，东北官话虽然随东北小品走俏一时，但在新派交际中，东北官话的一些特征已经开始逐渐消逝。因此，居安思危，为了保持世界言语图景的多样性与中国语言的丰富性，学界采用现代技术手段，建立有声资源数据库，保存东北官话资料，不但可能，而且十分必要。

第二节 《官话类编》及其所反映的19世纪末官话语音研究①

一、概述

提及罗马字的汉语对音资料研究，罗常培的《耶稣会士在音韵学上的贡献》（1930）、《耶稣会士在音韵学上的贡献补》（1951），颇具开创之功。此外，国内的一些学者作了资料的搜集与整理工作，为学界的深入研究，提供了资料方面的准备。这方面的研究包括：裴化行《天主教十六世纪在华传教志》（1936），中国社会科学院近代史研究所翻译室《近代来华外国人名辞典》（1981），费赖之《在华耶稣会士列传及书目》（1995），游汝杰《西洋传教士汉语方言学著作书目考述》（2002），张西平等《西方人早期汉语学习史调查》（2003）等。

涉及罗马字描写的明清汉语语音的个案研究，有曾晓渝《试论〈西儒耳目资〉的语音基础及明代官话的标准音》（1991），杨福绵《罗明坚、利马窦〈葡汉词典〉所记录的明代官话》（1995），张卫东《威妥玛氏〈语言自迩集〉所记的北京音系》（1998），张美兰《美国传教士狄考文对十九世纪末汉语官话研究的贡献:〈官话类编〉专题研究》（2006），张美兰《〈语言自迩集〉中的清末北京话口语词及其贡献》（2007），杨春宇《社会语言学视点下的清代汉语与其他言语的对音研究——以日本

① 本节原文为杨春宇指导的李婧超硕士论文的部分成果，有删改。杨春宇曾在中国音韵学暨黄典诚学术思想国际学术研讨会、中国音韵学研究会第十七届学术讨论会暨汉语音韵学第十二届国际学术研讨会上交流，对与会专家学者的批评指正谨致谢忱。

近世唐音资料・满语资料・罗马字资料为中心》（2007），卞浩宇等《从〈葡汉词典〉到〈西儒耳目资〉——来华耶稣会士与早期汉语拼音方案的历史演变》（2010）等。

21世纪以来，出现了一批以文化交流与宗教传播为中心的专著和论文，使得来华传教士研究领域有所扩展。其中包括：余三乐《早期西方传教士与北京》（2001），胡凯基清华大学硕士论文《狄考文在华活动研究》（2006），王智玲山东师范大学硕士论文《传教士：近代中外文化交流的使者——北美长老会传教士狄考文个案研究》（2007），孔陈焱浙江大学博士论文《卫三畏与美国早期汉学的发端》（2006），李蕊上海师范大学硕士论文《狄考文〈官话类编〉研究》（2010），李木谢子华东师范大学硕士论文《狄考文的汉语教学——〈官话类编〉研究》（2011）等。

在西方，实际上继美国卫三畏《中国总论》《汉英韵府》之后，英、法、德、俄等大学设置汉语教习，相关教科书、词典开始出版，瑞典高本汉《中国音韵学研究》（1940），即受此影响，美国华盛顿乔治城大学杨福绵的 *The Portuguese-Chinese Dictionary of Matteo Ricci: A Historical and Linguistic Introduction*（1989）则是此方面研究的桔槔之作。

日本较早涉及传教士罗马字汉语对音研究领域。其中代表研究有：村尾力《注音符号と国語ローマ字》（1946），《中国語ラテン化の基本問題》（1951），佐藤昭《清末河間府，献県方言の音韻特色——L. Wieger の著書“Lexigues”を資料として》（1985），佐藤昭《清末民国初期の官話方言の音韻——欧文の字典資料を対象としてⅠ》（1988），佐藤昭《清末民国初期の官話方言の音韻——欧文の字典資料を対象としてⅡ》（1989），佐藤昭《VOCABULARIUM SINICO-LAYINUM があらわす——19世紀の中国語音》（1997），古屋昭弘《明代官話の一資料——リッチ・ルッジェーリの“賓主問答私擬”》（1989），古屋昭弘《宣教師資料に見る明代の官話》（1989），沈国威《異文化受容における漢字の射程 —— 日本の蘭学者と来華宣教師の場合》（2010），沈国威《近代英華華英辞典解題》（2011）等。

综上，相对于西方传教士对中国语言学的贡献来说，世界范围内学者协力的整理与研究远远不够，中国国内研究资料匮乏，事实上处于较为尴尬的局面，汉语对外传播史的研究需整合世界范围内的研究资源与力量。

我们研究罗马字汉语教科书、字典、词典资料，首先对于中西文化交流，特别是对跨文化交际、汉语对外传播史等研究层面，如西方汉学、对外汉语教学论等具有重要意义。

其次，可促进对汉语史本体的研究。其中包括对于近代汉语的语音、词汇、语法方面的研究，对于《汉语拼音方案》创制的历史研究等，均具有重要的借鉴意义。

再次，《官话类编》可客观反映清末官话方言的一些特征。这些对于考察汉语方言，特别是官话方言的历史层面，如胶辽官话（登连片）的历史特征等颇具史料价值。

二、关于《官话类编》及其周边

（一）成书背景及作者

依《天津条约》规定，登州（今山东省烟台市蓬莱区）始为对外通商贸易口岸之一。1864 年，来华美国（北）长老会传教士狄考文来到登州，设立蒙养学堂，1877 年（一说 1876 年）将蒙养学堂改名为文会馆，从事教学及传教活动。1904 年，登州文会馆和青州的广德书院（英国浸礼会传教士库寿龄 1884 年在青州创建）大学班合并迁往潍县（今潍坊市），成立广文学堂。1909 年广文学堂与济南的共合医道学堂、青州的共合神道学堂联合成立山东基督教共合大学。1917 年，广文学堂和青州共合神道学堂迁往济南，正式定名为齐鲁大学。狄考文等编著《官话类编》即在此期间。其本人亦被誉为“十九世纪后期最有影响的传教士教育家”“中国近代科学教育的先驱”。

（二）成书年代及版本

《官话类编》（又称《官话课本》）是狄考文编写的一本中文教材。1892 年由上海美华书馆发行。狄考文说该书的目的还是帮助人们学习当时正在使用的官话。在其出版以后的 30 年，一直是大部分到中国北部传教的传教士们学习汉语的首选。

（1）1892 年底本。

复旦大学藏，竖居中题“官话类编”，右竖题“耶稣降世一千八百九十二年”，左竖题“岁次壬辰，美华书馆镌印”，左右开；无英文翻译、注解，只有中文全 200 课文，无前言、介绍、附录、目录。附阅读材料（《盘问西事》《备造楼房》《家务常言》《太甲悔过》《武王誓师》《孟子》）6 篇，因其他版本 13 篇，笔者疑其当为狄考文的教案模本，也是《官话课本》教科书的最初底本。即《登州文会馆志》所记之本：狄考文刚到登州时，“始至语言不通，不译，乏人，官话课本又无佳者。先生乃延齐人为傅，苦心学习，随笔记录，必详必慎，以十余年之心血辑成《官话类编》一巨帙”。“及至全书告竣，陆续印刷，一纸风行，中外咸惊”[①]。

① 郭大松，杜学霞编译．中国第一所现代大学——登州文会馆 [M]. 济南：山东人民出版社，2012：50.

（2）1892 年初版本。

在 1892 年底本的基础上，加有“岁次壬辰，夏季中澣，邹立文的序”、英文翻译、注解、中文全 200 课文，以及前言、介绍、附录、目录等。

（3）1898 年修订本。

此本有修订序言，时间记为 1898 年 4 月 20 日，于通州（Tungchow），也是 1900 年再版的源本。该版本特征为：①修改了初版的错误，特别是词汇方面的错误；②完善了北京官话的拼音系统，用 wei、wen、yiu、yien 替代了 ui、uan、yu、yen；③附录中增加对话和篇章、阅读练习。

（4）1903 年重印本。

《官话类编》（*A Course of Mandarin Lessons*，关西大学藏本，No. 820 M5 1（2）/200766902），即本书所据版本。

（5）1905 年递修本。

1906 年发行，由邦就烈负责修订。

据清华大学张美兰教授研究[①]：香港浸会大学藏有 1905 年版本（笔者未见），书号 BU：AHC 495. 1 M524c。该版本：①改正了拼音中不正确的音调和拼写；②修改了课文和注解的小错误；③增加关于课文的注解（notes）60 多条。

（6）还有据 1906 年版的 1909、1913、1922 年重印本。

（7）另据李蕊研究，上海徐家汇藏书楼，有 1893 年法文手抄本的《官话类编》。[②]

可见，从 1892 年到 1922 年，《官话类编》经历了 1898、1905 年的两次重要修订，数次重印，1903 年版本承上启下，或有一定的典型性。因此，本书拟以其为基础作系统考察。

（三）《官话类编》相关的语言问题

1.《官话类编》邹立文序

至若课中散语，非尽自编，更博览圣谕广训，好逑传、西游记、水浒、自迩致（或为集？——笔者注）等书，择其言语之佳者，按题分列。

且此书之成，并非一人之力，曾经分发北京、济南、南京、九江、汉口等处，批过数次。又曾亲往各地，协同诸位名士，详加披阅，终则合此诸批，一一审定。

---

① 张美兰 . 美国传教士狄考文对十九世纪末汉语官话研究的贡献：《官话类编》专题研究 [R]. 林思齐东西学术交流研究所报告，2007-02-26—2007-03-10.

② 以上除 1989 年修订本外的版本问题参照了李蕊 . 狄考文《官话类编》研究 [D]. 上海师范大学硕士论文，2010：64；本书所据 1903 年版本，为笔者所调查，接近初版。

其列法：北京在右，南京在左。如有三行并列，即山东居其中也。

并为南北酌定字音，使各方知其共有几音，而各音系何声气，复按字音字部，将书中所用之字与话，各作一指要录，令学者便于观查。①

序言中说明了《官话类编》的材料来源、审音方法、结构体系等方面的内容。

2.《官话类编》例言

当知此书非为人之学文而作，乃为学话而作也。所编之话语……乃摹仿口中句法，以自然为贵也……

此书所记四声，非凭五方元音而定，乃凭北京之语音而定。盖中国之四声，处处不同，论及说话，各当以本地之声气为准，不可拘于五方元音，亦不可拘于此书，只当推敲本地之语音，凭几之耳韵，听其为何声，即言其为何声也。

中国书中，虽有五声之说，然而北方只有四声，盖入声独南方有之，而北方诸省，已将此声混于余四声内，故在北方教话之先生，可将入声之说置之不论，只留心分辨四声可也。

若学者请先生诵读，自己随而学之，则先生诵读之时，务要出于自然，使其轻重快慢，各得其当，声音不可太高，亦不可故作腔调，一如诵经读文者然。②

狄考文以活的交际语言作为教学内容，探讨教学方法，特别是对19世纪汉语官话的入声问题的认识，即使在今天看来，也是禁得住历史推敲和检验的。

3. 研究对象——《官话类编》中罗列的官话

该书引言中，罗列了 peking sound table（北京音），nanking sound table（南京音），kiukiang sound table（九江音），tengchow sound table（登州音），weihien sound table（潍县音），chungking sound table（重庆音），并附有简要注释和说明。这些对描写与分析19世纪末南北官话的一些基本特征，提供了重要的历史史料，具有不可替代的研究意义。

三、《官话类编》所反映的19世纪末官话语音研究

（一）《官话类编》的声母

既然《官话类编》已经罗列了19世纪末北京、南京、登州、潍县③、重庆、九江

① 狄考文. 官话类编·邹立文序 [M].（日）关西大学图书馆藏本，1903：1.

② 狄考文. 官话类编·例言 [M].（日）关西大学图书馆藏本，1903：2.

③ 登州为今烟台市蓬莱区、潍县为今潍坊市、本节遵原韵书未改，余同。

的官话，我们不妨通过共时与历时的音系比较，对其加以考察，见表3-8、表3-9。

1.《官话类编》声母记音的共时比较

表 3-8　《官话类编》声母记音的共时比较

国际音标	北京 21+2个	登州 18+3个	潍县 23个	重庆 21+2个	九江 21+2个	南京 19+2个①
p	p	p	p	p	p	p
p^h	p‘	p‘	p‘	p‘	p‘	p‘
m	M	M	M	M	M	M
f	F	F	F	F	F	F
t	T	T	T	T	T	T
t^h	T‘	T‘	T‘	T‘	T‘	T‘
n	N	N	N	N	N	N
l	L	L	L	L	L	L
ts	Ts	Ts	Ts	Ts	Ts	Ts
ts^h	Ts‘	Ts‘	Ts‘	Ts‘	Ts‘	Ts‘
s	S	S	S	S	S	S
tʂ/tʃ	Ch	Ch/Ts	Ch/Tsr	Ch/Ts	Ch	Ch
tʂ^h/tʃ^h	Ch‘	Ch‘/Ts‘	Ch‘/Ts‘r	Ch‘/Ts‘	Ch‘	Ch‘
ʂ/ʃ	Sh	Sh/S	Sh/Sr	Sh/S	Sh	Sh
ʐ/ʒ	J		Jr	R	R	R
tɕ	Ch	Ch/K	Tsh/K	Ch	Ts/K	Ts/K
tɕ^h	Ch‘	Ch‘/K‘	Tsh‘/K‘	Ch‘	Ts‘/K‘	Ts‘/K‘
ɕ	Hs	Sh/H	Hs/H	Hs	S/Hs	S/H
k	K	K	K	K	K	K
k^h	K‘	K‘	K‘	K‘	K‘	K‘
ŋ	Ng		Ng	Ng	Ng	
x	H	H	H	H	H	H
ø	ø	ø	ø	ø	ø	ø
	W，Y	W，Y	W，Y	W，Y	W，Y	W，Y

说明：

（1）《官话类编》反映的各官话方言声母均未见微母，说明当时微母已经演变为零声母。

（2）登州话中未见日母，北京话日母被记为J[ʐ]，潍县话为Jr[ʐ]，或反映了当时潍县话比北京话卷舌化程度略高，其他官话则均记为R[ʐ]，呈现完全卷舌化的特点。

① 本行数字揭示的是各个方言点对应的声母的个数，本节余同。

（3）南京话、登州话无疑母，北京话呈现疑母与影喻母合流的过渡特征，如“阿”等极少数字标记有 A、Nga 两个音，其他三种官话方言音均存疑母。

（4）北京话、南京话、九江话反映精组、庄组不混，而登州话、重庆话则精庄组字相混，潍县的照二 Ch[tʂ] 庄组照三 Tsr[tʂʅ]，如争、蒸。

（5）北京话、重庆话不分尖团音，其他四种方言均区分尖团音。

（6）各官话反映微影喻母已合流，北京话呈现出微疑影喻母合流的过渡性特征。

2.《官话类编》的声母记音的历时比较

表 3-9 《官话类编》声母记音的历时比较

国际音标	《西儒耳目资》21 个	《五方元音》20 个	《语言自迩集》21 个	《官话类编》登州 21 个	《官话类编》潍县 23 个	现代胶辽官话蓬莱 22 个	现代胶辽官话潍坊 23 个
p	p	p	p	p	p	p	p
p^h	p‘	p‘	p‘	p‘	p‘	p‘	p‘
m	m	m	m	M	M	m	m
f	f	f	f	F	F	f	f
v	v						
t	t	t	t	T	T	t	t
t^h	t‘	t‘	t‘	T‘	T‘	t‘	t‘
n	n	n	n	N	N	n	n
l	l	l	l	L	L	l	l
ʦ	Ç	ts	ts	Ts	Ts	ʦ	ʦ
$ʦ^h$	Ç‘	ts‘	ts‘	Ts‘	Ts‘	ʦ‘	ʦ‘
s	S	s	s	S	S	s	s
tʂ/ʧ	ch	tʂ/ʧ	ch	Ch/Ts	Ch/Tsr	tʂ/ʧ	tʂ
$tʂ^h/ʧ^h$	ch‘	tʂ‘/ʧ‘	ch‘	Ch‘/Ts‘	Ch‘/Ts‘r	tʂ‘/ʧ‘	tʂ‘
ʂ/ʃ	x	ʂ/ʃ	sh	Sh/S	Sh/Sr	ʂ/ʃ	ʂ
ʐ/ʒ	j	ʐ/ʒ	j		Jr		ʐ
ʨ/c	Ç/K	ts	ch	Ch/K	Tsh/K	ʨ/c	ʨ
$ʨ^h/c^h$	Ç‘/K‘	ts‘	ch‘	Ch‘/K‘	Tsh‘/ K‘	ʨ‘/c‘	ʨ‘
ɕ/ç	s/h	s	hs	Sh/H	Hs/H	ɕ/Ç	ɕ
k	K	k	K	K	K	k	k
k^h	K‘	k‘	K‘	K‘	K‘	k‘	k‘
ŋ	g		ng		Ng		ŋ
x	h	x	h	H	H	x	x
ø	g	w	ng	ø	ø	ø	ø
	ø	j	y	W，Y	W，Y		

说明：

（1）从历时角度来说，《西儒耳目资》尚存微母，《五方元音》《语言自迩集》已不存，《官话类编》中的登州话、潍县话，现代蓬莱话、潍坊话中亦无微母。

（2）疑母在《西儒耳目资》《语言自迩集》中与影母互见，说明两书基础方言中的疑母具有与影喻母合流的过渡性质，《官话类编》中的潍县话、现代潍坊话中保留有疑母，而《五方元音》、《官话类编》中的登州话、现代蓬莱话中则无，体现了《官话类编》记音的准确性。

（3）现代蓬莱话中析出了娘母，而在如上的韵书中无反映，实际《官话类编》的基础方言及其他共时官话是否有娘母，或要结合韵母情况作具体考察。

（4）日母在《西儒耳目资》《五方元音》《语言自迩集》《官话类编》所记潍县话、现代潍坊话中均有反映，《官话类编》所记登州话、现代蓬莱话中则无。

（5）《五方元音》、《语言自迩集》、现代潍坊话反映尖团已合流，《官话类编》及其他资料则反映了尖音、团音的区别，如《官话类编》中潍县话章组有 Tsh 系和 K 系不同来源。

（6）照组二等、三等字表现不同：《官话类编》中记录反映的潍县话、登州话与现代潍坊话、现代蓬莱话这种特征完全对应，潍县话照二记 ch[tʂ]，照三记 tsr[tʂʅ]，如争、蒸。

（二）《官话类编》的韵母

虽然 19 世纪末官话还未成长为汉民族共同语，但是其反映的特征已然对应了现代汉语四呼的格局，因此我们便从这个格局出发，加以考察，见表 3-10—表 3-17。

1.《官话类编》的韵母记音的共时比较

表 3-10　开口（一）

国际音标	北京 14/52 个	登州 13/39 个	潍县 15/44 个	重庆 14/45 个	九江 22/61 个	南京 24/63 个
ʅ	ï	ï	ï	ï	ï	ï
ʅ	ï		ĭ/ ï	ï	ï/ï-h	ï-h
ɚ	êr	êr	êr	er	êr	êr
a	a	a	a	a	au/au-h	a
e/ɛ						e-h
o	ê	ê		ê		
		o		o	o/o-h	o-h

续表

国际音标	北京 14/52 个	登州 13/39 个	潍县 15/44 个	重庆 14/45 个	九江 22/61 个	南京 24/63 个
ai	ai	ai	ai	ai	ai	ai
au	ao	ao	ao	ao/au	ao	ao/au/au-h
ei	ei	ei	ei	ei	ei	ei/êei
ɛu/ou	ou		êo	eo	êo/êo-h	êo
oa/oǎ	oǎ	oǎ	oa/oǎ		oǎ	
an	an	an	an	an	an	an
ən	ên	ên	en	en/ên	ên	ên/êng
aŋ	ang	ang	ang	ang	ang	ang
əŋ	êng	êng	eng/êng	ên		êng
					ǐh	ǐh
a					âh	êh
e					êh	oh
o					oh/o-h	
ei						eih/ei-h
au					au-h	auh/au-h

表 3-11　开口（二）

国际音标	北京 11/52 个	登州 11/39 个	潍县 11/44 个	重庆 11/45 个	九江 19/60 个	南京 18/63 个
i	i	i	i	i	i/i-h	i/i-h
i	ia	ia	ia	ia		
ie	ie	ie	ie	ie		
io				io		
iai	iai	iai	iai	iai	iai	iai
iei					iei/iei-h	ei-h
iau	iao	iao	iao	iao	iao/iau-h	iao/iau/iau-h
ioǎ	ioǎ	ioǎ	ioǎ			
iou	iu	iu	iu	iu	iu/iu-h	iu/iu-h
ian/iɛn	ien	ien	ian	ien	ien	ein/iein/eing/ieing/in
iən	in	in	in	in	in	
ia	iang	iang	iang	iang	iang	iang
iə	ing	ing	ing	ing	in/ing	ing
i					iau-h	
iɛ					ieih/iei-h	ieih
io					ioh/io-h	ioh

表 3-12 合口（一）

国际 音标	北京 11/52 个	登州 9/39 个	潍县 11/44 个	重庆 14/45 个	九江 17/61 个	南京 13/63 个
u	u	u	u/wu	u/oo	u/u-h	u/u-h
u uo	wa	wa	wa	wa wê	wa	
uai uəi/ui uau uoă	wai wei woă	wai wei woă	wai wei woă	wai wei/ui	wai wei wau/wau-h woă	uai uei/uêei uau/uau-h
uan uən	wan un/wên	wan wên	wan wen	wan/woan wen/wun/un	oan/wan/woan wên/uên	uan/uein uên
ua uə u	wang wêng ung	wang ung	wang wêng ung	wang ung	wang ung	uang ong
u ua uo					wâh wo-h	 uêh

表 3-13 合口（二）

国际 音标	北京 6/52 个	登州 6/39 个	潍县 7/44 个	重庆 7/45 个	九江 3/61 个	南京 9/63 个
y	ü	ü	ü	ü	ü/ü-h	ü/ü-h
yɛ yᴖ	üe	üe	üe	üe/üê yᴖ		
yoă	üoă	üoă	üoa/üoă			
an yn	üen ün	üen üin	üan üin	üen üin		üein üin/üing
	iung	iung	iung	iung	iung	iong
yɛ						üêh üeih/üei-h

说明：

（1）从材料所反映的韵类来说，北京话、登州话、潍县话、重庆话有阴声韵、阳声韵，而九江话、南京话除阴声韵、阳声韵外，依然有入声韵，且南京话入声韵比九江话多。《官话类编》根据入声的有无，把无入声的北京话、登州话、潍县话、重庆话视为北方话，而把有入声的九江话、南京话视为南方话。

（2）从整体看，各方言入声不存在韵尾的对立，基本上以 h/-h 为标记，或可拟音为 [/]，但在《官话类编》中南方话中的 -h，除表示入声外，还表示声音的延长，如南京话的法 fauh、拉 lau-h、马 mau-h 等，且存在 iau-h 与 uau-h 开合口的对立。

（3）各官话方言已完全具备现代汉语四呼的格局特征，止摄开口三等已分化出舌尖元音 [ɿ]、日母卷舌韵母 [ʅ]。

（4）开口中的北京话、潍县话无 [o] 韵母，登州话无双元音 [ou]，该音并入单元音 [o] 韵母中，如勾 ko、口 k‘o 等。

（5）重庆话、九江话、南京话的假摄开口 [a] 韵，有 [au] 的发音，如哈 hau[xau]。

（6）在北京话、登州话、潍县话、九江话中入声记音有 oă、ioă、uoă、üoă 系列的发音，相当于 o、io、uo、yo，如说 shwoă、约 yoă 等。

（7）在重庆话、九江话、南京话中有 en/eng 的相混，如南京话“恩”，重庆话“灯 [tên]”等。

（8）北京话、登州话、潍县话、重庆话、九江话、南京话均有 [ï]、[ɚ] 韵母。

（9）山摄开口二等、三等 ian/iɛn，在北方的北京话、登州话、潍县话、重庆话中分别为 ian/ien，在南方的九江话、南京话中分别为 ien、ein/iein/eing/ieing；入声合口三等薛韵在北方话中为 üê，在南方话中为 üeih/üei-h，如“雪 süeih”；四等屑韵，在北方话中为 üê，在南方话中为 ieih，如潍县话“穴 hüe”，南京话“血 hsieih”等。

（10）曾摄合口入声德韵，如“或、国”等，在北京话、登州话、潍县话、九江话中为 woă[uoă]，在重庆话中为 wê[uə]，在南京话中为 uêh[uəʔ]。

（11）通摄合口一等东韵“翁”字，只有在北京话、潍县话中，保持 wêng[uəŋ] 的发音，南京话为 ong[uŋ]，其余均为 ung[uəŋ]。

（12）山摄合口二、三、四等，北方话为 üen/üan[yan]，南京话为 [üein]；臻摄合口二、三、四等，北京话为 ün[yən]，其余为 üin[yn]。

（13）通摄合口三等除南京话为 iong 外，其余均记为 iung[yŋ]。

（14）除南京话、九江话外，一般宕摄江摄的入声开口为 ioă，合口为 üoă，如：虐 nioă/nüoă/nüê，略 lüoă。

2.《官话类编》的韵母记音的历时比较

表 3-14　开口（一）

国际音标	《西儒耳目资》17/56 个	《五方元音》16/52 个	《语言自迩集》16/46 个	《官话类编》登州 13/39 个	《官话类编》潍县 15/44 个	现代胶辽官话蓬莱 12/37 个	现代胶辽官话潍坊 13/37 个
ɿ	ɿ	ɿ ʅ	ŭ	ï	ï	ɿ	ɿ
ʅ	ʅ		ih		ĭ/ï		
ɚ	ul	ɚ	êrh	êr	êr	ər	ər
a	a	a	a	a	a	a	a
e			eh			ə	ə
ɛ	ɛ		ê	ê		ɛ	ɛ
o			o	o			
ai	ai	ai	ai	ai	ai		
au	ao	au	ao	ao	ao		
ei			ei/êi	ei	ei	ei	ei
ou/əu	əu	əu	ou	oă	êo	ou	əɯ
					oa/oă		
an	an	an	an	an	an	an	ã
ən	ən	ən	ên	ên	en	ən	ẽ
aŋ	aŋ	aŋ	ang	ang	ang	aŋ	aŋ
əŋ	əŋ	əŋ	êng	êng	eng/êng	əŋ	əŋ
aʔ	aʔ	aʔ					
eʔ							
ɛʔ	ɛʔ	ɛʔ					
oʔ	oʔ						

表 3-15　开口（二）

国际音标	《西儒耳目资》15/56 个	《五方元音》13/52 个	《语言自迩集》13/46 个	《官话类编》登州 11/39 个	《官话类编》潍县 11/44 个	现代胶辽官话蓬莱 10/37 个	现代胶辽官话潍坊 10/37 个
i	i	i	i	i	i	i	i
ia	ia	ia	ia	ia	ia	ia	ia
			ie	ie	ie	iə	iə
iɛ	iɛ	iɛ				iɛ	iɛ
io			io	ioă	ioă		
iai	iai	iai	iai	iai	iai		
iau	iao	iau	iao	iao	iao	iɔ	iɔ
iou	iəu	iəu	iu	iu	iu	iou	iəɯ
iɛn	iɛn	iɛn	ien	ien	ian	ian	iã
iən	iən	iən	in	in	in	in	iẽ

续表

国际音标	《西儒耳目资》15/56个	《五方元音》13/52个	《语言自迩集》13/46个	《官话类编》登州 11/39个	《官话类编》潍县 11/44个	现代胶辽官话蓬莱 10/37个	现代胶辽官话潍坊 10/37个
ia	ia	ia	iang	iang	iang	ia	ia
iə	iə	iə	ing	ing	ing	i	i
iʔ		i	ih				
ia	ia	ia	ieh				
iəʔ/iɛ	iəʔ/iɛ	iɛ					
ioʔ/io	ioʔ						

表 3-16　合口（一）

国际音标	《西儒耳目资》17/56个	《五方元音》14/52个	《语言自迩集》11/46个	《官话类编》登州 9/39个	《官话类编》潍县 11/44个	现代胶辽官话蓬莱 9/37个	现代胶辽官话潍坊 9/37个
u	u	u	u	u	u/wu	u	u
u	u	u	ua	wa	wa	ua	ua
uɛ						uɛ	uɛ
uə/uo	uə	uə	uo	woǎ	woǎ	uo	uə
uai	uai	uai	uai	wai	wai		
uəi	uəi	uəi	uei/ui	wei	wei	uei	uei
uan	uan	uan	uan	wan	wan	uan	uã
uɔn	uɔn			wên	wen		
uən	uən	uən	uên/un			uən	uẽ
uaŋ	uaŋ	uaŋ	uang	wang	wang	ua	ua
uəŋ	uəŋ				wêng		
uŋ	uŋ	uŋ	ung	ung	ung	u	u
ua/uaʔ	ua/uaʔ	ua					
uəʔ	uəʔ	uo/uəu					
uʔ	uʔ						

表 3-17　合口（二）

国际音标	《西儒耳目资》7/56个	《五方元音》9/52个	《语言自迩集》6/46个	《官话类编》登州 6/39个	《官话类编》潍县 7/44个	现代胶辽官话蓬莱 6/37个	现代胶辽官话潍坊 5/37个
y	iu	y	ü	ü	ü		u
yɛ	iuɛ	yɛ		üe	üe	ə	ə
yo			üo	üoǎ	üoa/üoǎ	o	
yɛn	iuən	yɛn	üan	üen	üan	an	yã
yən	iun	yn	ün	üin	üin	yn	yẽ
yŋ	ium	yŋ	iung	iung	iung		u

续表

国际音标	《西儒耳目资》7/56 个	《五方元音》9/52 个	《语言自迩集》6/46 个	《官话类编》登州 6/39 个	《官话类编》潍县 7/44 个	现代胶辽官话蓬莱 6/37 个	现代胶辽官话潍坊 5/37 个
y	iʉ	y/iʉ					
yɛ	iʉɛ	yɛ	uêh				
yə		yo					

说明：

（1）在历时演变中，因为作者狄考文主要在登州、潍县等地进行传教活动，因此其对山东这两个点的官话应该是熟悉的，所以我们便主要描写比较了这两个点，并取与之对应的现代蓬莱话[①②]、潍坊话[③]作为参照。

（2）通过历时比较，我们发现《官话类编》所反映的北方话已经不存在入声，但是在《语言自迩集》中尚保留 h 的标记，综合参照《官话类编》共时比较（有 h、-h 的不同标记）的成果，我们认为 h 或表示喉塞音，但也不排除其作为延音记号表示声音的延长。

（3）在当时的官话体系中尚存在 [io]、[yo] 韵母，如《语言自迩集》有这样的发音，在《官话类编》中的登州话中、潍县话中也存在 ioă、yoă 的发音，现代蓬莱话、潍坊话中仍存在这两个韵母。

（4）现代蓬莱话，精组与知庄章组混并，潍坊话的阳声韵有鼻化现象，且双元音 [ai]、[au] 分别演化为 [ɛ]、[ɔ]，或反映的是《官话类编》以后变化的结果。

（5）狄考文不局限于《西儒耳目资》《五方元音》《语言自迩集》等当时有影响的韵书记音体系，尝试对当时山东的登州话、潍县话如实地作出记录，对照今人的研究成果，我们感到其记音是准确的，其官话描写能尽可能地广泛参照比较当时通行的官话，并把官话大致分成南北两个体系来进行系统研究，是具有现实性与科学性的。

（三）《官话类编》的声调

《官话类编》记录反映的声调，已然与《汉语拼音方案》有着整齐的对应关系，体现了罗马字记音的准确性与科学性，见表 3-18—表 3-20。

① 陈洪昕，陈甲善．烟台方言音系（上）——烟台方言调查研究之一 [J]. 烟台师范学院学报（哲学社会科学版），1988（01）：50-57.

② 陈洪昕，陈甲善．烟台方言音系（下）——烟台方言调查研究之一 [J]. 烟台师范学院学报（哲学社会科学版），1988（02）：52-79.

③ 潍坊市地方史志办公室，钱曾怡，罗福腾．潍坊方言志 [M]. 潍坊：潍坊市新闻出版局，1992.

表 3-18 《官话类编》的声调标记

声调	例字	声调标记
上平声	夫	Fu1
下平声	符	Fu2
上声	府	Fu3
去声	父	Fu4
入声	福	Fuh

表 3-19 《官话类编》的声调调类的共时比较

调类	北京 4 个	登州 4 个	潍县 4 个	重庆 4 个	九江 5 个	南京 5 个
上平声	√	√	√	√	√	√
下平声	√	√	√	√	√	√
上声	√	√	√	√	√	√
去声	√	√	√	√	√	√
入声					√	√

注:《官话类编》所反映的官话各个代表点的声调大致根据入声的有无可区分为南北两大体系，即北京话、登州话、潍县话、重庆话为北方话，九江话、南京话为南方话。

表 3-20 《官话类编》的声调调类的历时比较

调类	《西儒耳目资》5 个	《五方元音》5 个	《语言自迩集》4 个	《官话类编》南京 5 个	《官话类编》潍县 4 个	现代胶辽官话蓬莱 4 个	现代胶辽官话潍坊 4 个
上平声	√	√	√	√	√	√ 313	√ 214
下平声	√	√	√	√	√	√ 55	√ 53
上声	√	√	√	√	√	√ 214	√ 55
去声	√	√	√	√	√	√ 52	√ 31
入声	√	√		√			

注:《官话类编》所反映的调类及体系中所附的声调练习，代表了狄考文对当时 19 世纪末官话声调的认识，对照当下的研究成果，我们认为其根据入声的有无把官话分成南北两大体系是较为客观并经得起历史的检验的。

四、结语

1.《官话类编》所反映的19世纪末官话的音系特征

（1）微母基本已与影喻母合流，疑母处于同影喻母合流的过渡阶段。

（2）北方日母卷舌化不明显，从《官话类编》的记音来看，说明19世纪末登州话已无日母，与今人研究结论恰好对应一致。

（3）尖团音在北京和重庆已不区分，其他地区则区分得很清楚，但从记音来看，《官话类编》不能反映精组、见组腭化孰先谁后的问题。

（4）《官话类编》反映19世纪末的官话存在[io]、[yo]韵母，或说明直至老国音阶段，这两个韵母是客观存在的。

（5）《官话类编》并未反映南京话[n]、[l]不分的问题，却在前鼻、后鼻韵母相混问题上初见端倪，仅体现在[en]、[eng]上，还未及稍后何美林《南京官话》（1902）那样普遍类化。

（6）《官话类编》反映儿韵母、舌尖韵母已俱备，南北方官话的区别主要在于有无入声，说明南北官话的合流或仅有一步之遥。

（7）狄考文不局限于《西儒耳目资》《五方元音》《语言自迩集》等当时极具影响的韵书体系，而是从活的生活语言实际出发，尝试对当时山东的登州话、潍县话如实地作出记录，对照今人的研究成果，我们感到其记音是准确的，其对当时通行的官话，尽可能作广泛的参照比较，并把官话大致分成南北两个体系来进行系统研究，是颇具现实性与科学性的。可见《官话类编》在当时及其后的影响，绝不是偶然的。

2. 明清汉语罗马字资料研究课题的展望

（1）明清时代来华传教士在传教的同时首先研究中国语言，或对今天汉语的对外传播及跨文化交际有一定的借鉴意义。

（2）在文化冲突碰撞的过程中，不乏科学传承的文明之果，应该由人类所共享。来华传教士为我们留下的较为宝贵的汉语史研究资料，颇值得我们在世界范围内更深入发掘。

（3）对于狄考文《官话类编》可从历史比较语言学的角度进行语音、词汇、语法的研究。

（4）在《汉语拼音方案》制定形成的进程中，我们不能不了解罗马字对音资料和客观评价西方传教士所做出的贡献。

第三节　邯郸晋语内部语音差异研究①

一、概述

汉语方言区的划分多以语音特点为主要依据。晋语到底是否从官话方言中析出，独立成晋语区，学界尚存分歧。但因为其保留了古代的入声调，所以不乏为北方官话中较为特殊的一种。前贤研究者李荣《汉语方言的分区》(1989)，乔全生《论晋方言区的形成》(2004)，侯精一《晋语的分区（稿）》(1986)、《论晋语的归属》(2006)、《现代晋语的研究》(1999）等，以调类为划分标准，对晋语进行了八分，分别为并州方言、吕梁方言、上党方言、五台方言、大同–包头方言、张家口–呼和浩特方言、邯郸–新乡方言、志丹–延川方言。

其中的邯郸–新乡方言即邯新片，是主要的晋语方言小片之一，有入声，但是衰退较严重，平声分阴阳，上、去不分，一部分地区能区分尖团，并只保留阴入，阳入舒化，古全浊入今多归阳平，清入和次浊入多保留喉塞尾。

邯新片包括磁漳小片和获济小片，前者一般区分尖团，后者一般不区分尖团，而位于邯郸辖区内的晋语磁漳小片也有不分尖团的情况，这正是邯郸晋语内部语音复杂性的体现。邯郸晋语隶属邯新片的磁漳小片，包括的地区有邯郸市、鸡泽县、邯郸市永年区、武安市、涉县、磁县、临漳县和成安县等。邯新片的形成主因在于移民，即明清时期大量山西移民的进入，使得晋语成为当地主导语言，继而不断与当地原有方言进行交融。可见，研究邯郸晋语内部语音差别，可为晋语内部细化研究提供重要的理论依据。

晋语的划分一直存在分歧，邯新片邯郸话与片内其他地方方言有所不同，且邯新片本是河南话的晋东南分布，而邯郸晋语也确实在十年前具有较多的上党片典型的语音特征，例如调值与上党片沁州小片同，有阴平（31)、阳平（13)、上（55)、去（53)、阴入（31)、阳入（535）六个调类，但是邯郸阳入今多读阳平，也就是说邯郸晋语目前应有五个调类。

本节在田野语音调查基础上，对邯郸晋语语音进行了描写与分析。调查据中国社会科学院语言研究所 1981 年版的《方言调查字表》(修订本)，参照了曹志耘 2008 年主编的《汉语方言地图集·语音卷》，梳理了晋语邯新片磁漳小片在邯郸辖区内的

① 本节原文由杨春宇，张贝贝发表于：现代语文（语言研究版)，2013（03)：36-41，2，有删改。

语音现象，分析论述了其内部存在着的差异性特征，为邯郸晋语所处的方言过渡区语音交融发展、演变研究提供个案参照。

二、邯郸晋语内部语音差异及成因

（一）邯新片磁漳小片语音概况

根据邯郸市行政区划图可知，邯郸晋语区最西面为涉县，西与山西省黎城县、平顺县相连，南与河南省安阳市、林州市隔漳河、浊漳河相望。虽然邯郸是晋语的边缘地带，但涉县是邯郸晋语的腹地，这里的晋语特征很浓，并从西向东递减，直至东面的曲周县、邯郸市肥乡区、曲周县、广平县、魏县四个地区，而这四个地区的晋语特征虽有遗留，但已不占统治地位，而是让位给了冀鲁官话和中原官话。

邯郸晋语区北边有三个地区，武安市毗邻山西左权县，北连河北邢台沙河市；邯郸市永年区北亦与邢台市毗邻；鸡泽县北与邢台市的南和区、平乡县为邻。这里接邻的邢台沙河市以及南和区、平乡县都属于晋语区，加之武安市、邯郸市永年区、鸡泽县的晋语受邻市晋语的影响不大，总体上入声亦从西向东递减，直至消失。

邯郸晋语区南面的磁县、临漳县两县与河南省安阳市毗邻，这两县深受河南安阳话的影响，自身语音特点已有所变化，例如临漳县漳河以南的语音特征已趋同于河南安阳晋语语音特征。

（二）邯郸晋语内部语音分析

下文便着重描述、分析邯郸晋语内部语音存在的细微差异。

1. 声母分析

1）中古知庄章组的今读

中古知庄章具有复杂性和多变性的演变轨迹，在邯郸晋语区亦出现了折中的发展，而以发展结果来说，邯郸晋语知庄章今读音有三种情况，据钱曾怡《汉语官话方言研究》的分类判断，其分别属于二分型和合一型[①]。

知庄章二分主要以中古的等呼、韵摄为条件，分为甲、乙两类，邯郸晋语知庄章属于二分型的大致情况如表 3-21 所示。

① 钱曾怡．汉语官话方言研究 [M]. 济南：齐鲁书社，2010：310-369.

表 3-21 邯郸晋语中古知庄章组的今读

国际音标	方言点	例字			
		甲类		乙类	
ts/tʂ	邯郸市永年区、临漳县（北部）	争梗开庄二	ts	张宕开知三	tʂ
		抄效开初二	ts^h	除遇开澄三	$tʂ^h$
		山山开庄二	s	扇山开书三	ʂ

由表 3-21 可知，邯郸市永年区、临漳县（北部）两地开口庄组二与章组三声母相异、归类不同，是邯郸晋语知庄章二分型内部最显著的特征。

除这两地区外，邯郸晋语区的绝大多数地区属于知庄章合一型，即中古知庄章今声母完全或大部分合流为一类，读 [tʂ]（[ʧ]）组或 [ts] 组读音，具体情况见表 3-22。

表 3-22 邯郸晋语知庄章声母今读例字表

方言点	例字				备注
	支甲=知乙	助甲=猪乙	初甲=出乙	事甲=世乙	
邯郸市、鸡泽县、成安县	tʂ	tʂ	$tʂ^h$	ʂ	多数地区读 [tʂ、$tʂ^h$、ʂ] 少数地区读 [ts、ts^h、s]
磁县、成安县东南、临漳县东南	tʂ	tʂ	$tʂ^h$	ʂ	无读 [ts、ts^h、s] 地区
涉县、武安市西部、临漳县西南	ts	ts	ts^h	s	无读 [tʂ、$tʂ^h$、ʂ] 地区
磁县南部	ʧ	ʧ	$ʧ^h$	ʃ	与 [tʂ、$tʂ^h$、ʂ] 自由变读

古知庄章今读音在邯郸晋语区产生以上不同的原因有以下两点：

第一，读音来源不同。一是来自“知组开口三等、章组止摄以外的开口，以及知章两组遇摄合口”一套的读音，在邯郸晋语区今读 [tʂ、$tʂ^h$、ʂ]，跟精组洪音相混；二是来自“庄组和知组开口二等、章组开口止摄，以及除知章两组遇摄以外的合口”一套的读音，在邯郸晋语区今读 [ts、ts^h、s][①]。

第二，演变方向及发展阶段先后不同。首先，知庄章三组声母在近代汉语时期进行了二分到合一的演变，而邯郸晋语区一部分知庄章声母未进行演变，所以仍保留有二分型。其次，邯郸晋语知庄章声母的发展轨迹有异，导致知庄章三组声母的发展阶段先后不同。一是由 [ʧ] 演变至 [ts] 的轨迹，二是由 [ʧ]、[ts] 演变至 [tʂ] 的轨迹，所以在合一型内部发展出了 [tʂ]（[ʧ]）组或 [ts] 组读音形式。

① 钱曾怡，曹志赟，罗福腾．河北省东南部三十九县市方音概况 [J]. 方言，1987（03）：173-178.

2）疑母、微母的变化

中古疑母字本读 [ŋ] 声母，现今读为零声母。在其历时性演变过程中，邯郸晋语保留了一种特殊情况，即存在演变过程中的 [ɣ] 声母。由此，邯郸晋语疑母字今读音也有三种情况，即读 [ŋ] 声母、读 [ɣ] 声母和读 [ø] 声母。表 3-23 是邯郸各区（县）晋语疑母、微母读音情况表。

表 3-23　邯郸晋语疑母、微母读音情况

例字		方言点							
		邯郸市	鸡泽县	邯郸市永年区	武安市	涉县	磁县	临漳县	成安县
疑母	熬	ŋ	ŋ	ŋ	ŋ	ŋ	ɣ	ɣ	ɣ
微母	问（温$_{影母}$）	v	v	v	v	v	ø	v	ø

如表 3-23 所示，邯郸晋语区古疑母字仍读 [ŋ] 声母的地区有邯郸市、鸡泽县、邯郸市永年区、武安市、涉县，读 [ɣ] 声母的地区有磁县、临漳县、成安县，表中没有显示读 [ø] 声母的情况，是因为疑母字读 [ø] 声母普遍存在于晋语区各县晋语舒化的人群中，并且随着语言的发展演变，有逐步扩大的趋势，也就是说疑母将消失，最终发展为 [ø] 声母。

尹大仓认为："邯郸晋语片各区、县，微、疑、影、喻合并后，不但微母保持着 17 世纪以前的读音，而且疑、影、喻的读音也被同化为 [v-] 了"。① 也就是说邯郸晋语微母字今读 [v] 声母。依据实际语音调查，邯郸晋语区不但有读 [v] 声母的，也有读 [ø] 声母的。如表 3-23 所示，邯郸市、鸡泽县、邯郸市永年区、武安市、涉县、临漳县读 [v] 声母，磁县、成安县读 [ø] 声母。

3）尖团的区分

分不分"尖团"是指古声母精组（精清从心邪）和见晓组（见溪群疑晓匣）在今细音前有无分别，即读音是否相同。有分别的即为分尖团，无分别的即为不分尖团。

从表 3-24 可知，邯郸晋语区分尖团的有邯郸市、鸡泽县、邯郸市永年区、成安县，它们的团音一般读为 [tɕ、tɕʰ、ɕ]，尖音一般读为 [ts、tsʰ、s]。而不分尖团的有武安市、涉县、磁县、临漳县，无论来源尖音、团音，现代一律读为 [tɕ、tɕʰ、ɕ]。

① 尹大仓 . 邯郸方言的语音特点及其形成 [J]. 河北师范大学学报（社会科学版），1995（02）：56.

表 3-24 邯郸市各区（县）尖团读音例字表

尖团类型	方言点	例字					
		精精母	经见母	清清母	轻溪母	星心母	兴晓母
区分尖团	邯郸市、鸡泽县、邯郸市永年区、成安县	ts	tɕ	tsʰ	tɕʰ	s	ɕ
不分尖团	武安市、涉县、磁县、临漳县	tɕ	tɕ	tɕʰ	tɕʰ	ɕ	ɕ

4）日母字的变化

邯郸晋语日母字今读音显著的特征有三点：一是全读 [ʐ] 声母的；二是开口呼前读 [ʐ] 声母，合口呼前读 [l] 声母的；三是读 [ø] 声母的。如表 3-25 所示。

表 3-25 邯郸晋语日母字今读音

方言点	例字			
	开口呼		合口呼	
	人	染	软	润
成安县、临漳县、磁县	ʐən	ʐæ̃	ʐuan/ʐuã	ʐuən
邯郸市、鸡泽县、邯郸市永年区、武安市	ʐən	ʐæ̃	luan	luən
涉县	iŋ	aŋ	yæ̃	yŋ

2. 韵母分析

1）从“等呼”今读音变化

中古洪细等呼与今音的开齐合撮大致有相当整齐的对应关系，但是在邯郸晋语中存在一些复杂的情况。邯郸晋语果摄合口一等溪、匣母字，臻摄合口一等泥母字、三等来母字，通摄合口三等来母、心母字，止摄合口三等来母字，部分“等、呼”的声韵拼合结构变化要比普通话大约晚一个阶段，且今读音基本停留在《切韵》音系阶段，但邯郸晋语各区（县）在此特征上亦存在差异，如表 3-26 所示。

表 3-26 邯郸晋语各区（县）“等呼”今读音变化例字表

方言点	例字						
	颗果合一溪母	和果合一匣母	嫩臻合一泥母	轮臻合三来母	龙通开三来母	肃通开三心母	泪止合三来母
邯郸市	kʰuə	xuo	nyən	luən	lyŋ	syɛ	lyei
鸡泽县	kʰuə	xuo	nuei	luei	lyŋ	syɛ	lyei
成安县	kʰuə	xuo	nyən	luən	lyŋ	syɛ	lei
邯郸市永年区	kʰuə	xuo	nuei	luei	lyŋ	syɛ/su	lyei
磁县	kʰuə	xuo	nuəŋ	luəŋ	lyŋ	su	lyei

续表

方言点	例字						
	颗果合一溪母	和果合一匣母	嫩臻合一泥母	轮臻合三来母	龙通开三来母	肃通开三心母	泪止合三来母
武安市	$k^hə$	xə	nuəŋ	luəŋ	luəŋ	su	lyei
涉县	$k^hə$	xə	nyŋ	lyŋ	luəŋ	su	lyei
临漳县	$k^hə$	xə	nuən	luən	luəŋ	su	lei
普通话	$k^hə$	xə	nən	luən	luəŋ	su	lei

注：邯郸市永年区的通摄合口三等心母字的两读情况是文白异读导致的。

2）特殊韵字的使用

特殊韵字是指从读音来源或演变角度看，能代表性地表现出不同韵字的区别特征的字。本书选取的特殊韵字是止摄开口三等日母字，其在邯郸晋语内部有三种读音形式，如表3-27所示。

表3-27　邯郸晋语内部止摄开口三等日母字读音

类型	例字	国际音标	方言点
止摄开口三等日母字	儿、二、耳、而、尔、饵	ʅ	邯郸市、鸡泽、邯郸市永年区、武安市、涉县、临漳县
		əʅ	磁县
		ɚ	成安县

《广韵》止摄开口三等日母字儿（儿、唲、婼）、而（侕、咡、鸸）、尔（尒、迩）、耳（洱、駬）、二（貳、髶）、饵（珥、刵）等韵字，依据王力先生的拟音，读为[ȵʑǐe]，与今现代汉语中读[ɚ]迥异，而由《广韵》读音演变到今读音的轨迹是复杂的，中间经历了由《中原音韵》支思韵演变成儿化韵的过程，且此过程中的韵字依据宁继福拟音，读为[ɽʅ]。李思敬的《汉语“儿”[ɚ]音史研究》，认为日母字在浊音清化规律的影响下，逐渐演变为[ʅ]。最后由于邯郸晋语区内部人们发音习惯的不同，又分别衍出了[ɚ]和[əʅ]读音，值得注意的是邯郸晋语区大多数地区仍保留[ʅ]读音。

3）蟹摄、止摄、效摄、流摄、通摄的分析

蟹摄、止摄、效摄、流摄、通摄这几摄的韵字读音在邯郸晋语内部表达形式有略微不同，以下进行具体分析（为便于称说，表3-28邯郸市永年区代表地区包括邯郸市、鸡泽县、武安市、涉县、成安县；区别于邯郸市永年区等地韵母读音的磁县代表地区包括临漳县）。在调查的基础上参照曹志耘主编的《汉语方言地图集·语音卷》，我们的总结如表3-28所示。

表 3-28　邯郸晋语内部蟹摄、止摄、效摄、流摄、通摄字读音

		一等					二等	
		端母	透母	定母	溪母	晓母	见母	影母
蟹摄开口	例字	带	泰	袋	开	咍	皆、佳	矮
	邯郸市永年区	ɛ/æ	ɛ/æ	ɛ/æ	ɛ/æ	ɛ/æ	ɛ/æ	ɛ/æ
	磁县	ai/ɑi	ai/ɑi	ai/ɑi	ai/ɑi	ai/ɑi	ai/ɑi	ai/ɑi

		一等				三等	
		明母	来母			见母	书母
蟹摄合口	例字	妹	雷	止摄合口	例字	鬼	水
	邯郸市永年区	e/ᴇ	e/ᴇ		邯郸市永年区	ue/uᴇ	ue/uᴇ
	磁县	ei/ɪi/ᴇi	ei/ɪi/ᴇi		磁县	uei/uɪi/uᴇi	uei/uɪi/uᴇi

		一等			一等			一等
		晓母			定母			匣母
效摄开口	例字	好	流摄开口	例字	豆	通摄合口	例字	红
	邯郸市永年区	ɔ		邯郸市永年区	ou		邯郸市永年区	oŋ
	磁县	ɔu/ɔo		磁县	əu/ɤu		磁县	uəŋ

表中各韵虽然不能囊括邯郸晋语韵母存在的全部差异，但是也能从一个层面上反映其一斑，这对研究邯郸晋语韵母有重要的意义。

3. 韵尾分析

1）舒声

邯郸晋语 [n] 尾韵在咸摄山摄的舒声韵和臻摄深摄的舒声韵两方面存在内部差异，如表 3-29、表 3-30 所示。

表 3-29　邯郸晋语咸摄、山摄舒声韵内部差异

方言点	咸舒					山舒						
	开口				合口	开口				合口		
	一等	二等	三等	四等	三等	一等	二等	三等	四等	一等	二等	三等
	潭	衫	淹	添	犯	单	山	变	牵	短	拴	全
邯郸市、邯郸市永年区、成安县、临漳县、磁县	æ̃	æ̃	iæ̃	iæ̃	æ̃	æ̃	æ̃	iæ̃	iæ̃	uæ̃	uæ̃	yæ̃

续表

方言点	咸舒					山舒						
	开口				合口	开口				合口		
	一等	二等	三等	四等	三等	一等	二等	三等	四等	一等	二等	三等
	潭	衫	淹	添	犯	单	山	变	牵	短	拴	全
武安市、涉县	æ̃	æ̃	iɛ̃	iɛ̃	æ̃	æ̃	æ̃	iɛ̃	iɛ̃	uæ̃	uæ̃	yɛ̃
鸡泽县	ã	ã	iã	iã	ã	ã	ã	iã	iã	uã	uã	yã

表 3-30　邯郸晋语臻摄、深摄舒声韵内部差异

方言点	臻舒						深舒	
	开口			合口			开口	
	一等	三等		一等	三等		三等	
	吞	贫	真	本	春	军	林	深
邯郸市、临漳县、成安县	uən	in	ən	ən	uən	yn	in	ən
武安市、邯郸市永年区、鸡泽县三县的北部	uei	iei	ei	ei	uei	yei	iei	ei
涉县、武安市、磁县三县的西部	uəŋ	iŋ	əŋ	əŋ	uəŋ	yŋ	iŋ	əŋ

“咸摄、山摄的舒声韵，……魏县、广平、鸡泽、曲周读 [ã、iã、uã、yã]；永年（现邯郸市永年区）、肥乡（现邯郸市肥乡区）、成安、邯郸、临漳、磁县、峰峰矿区读 [æ̃、iæ̃、uæ̃、yæ̃]；武安、涉县读 [æ̃、iɛ̃、uæ̃、yɛ̃]。”[①] 可以看出，主要元音鼻化了。值得注意的是鼻化与否的分化条件以及主元音高低变化趋势的诱因。前者所需条件在于咸摄、山摄舒声韵的儿化现象，也就是说在邯郸部分晋语区咸摄、山摄舒声韵字可能由于发音习惯常被儿化，儿化的基本性质是在韵母发音的同时带上卷舌动作，但是又因为卷舌，致使韵尾丢失，元音鼻化。而后者变化趋势主要与官话区影响的程度有关，且成反比关系，即影响越大，元音越低。

臻摄、深摄的舒声韵，武安市、邯郸市永年区、鸡泽县三个地区的北部一带读作纯口音 [ei、uei、iei、yei]，涉县、武安市、磁县西部一带，读作舌根鼻音韵尾 [əŋ、iŋ、uəŋ、yŋ]。邯郸市、临漳县、成安县与普通话读音同，读作 [ən、in、uən、yn]。据尹大仓研究，[n] 尾韵的分化有三种情况：①读作纯口音，无鼻音韵尾；②读作舌根鼻音韵尾 [ŋ]；③保持 [n] 尾韵[②]。可以看出，[n] 尾韵是多轨迹发展的，其中，读作舌根鼻音韵尾 [ŋ] 的情况，例如：群–穷–琼在武安地区韵母皆读 [yŋ]，与毗邻邯郸的

① 尹大仓 . 邯郸方言的语音特点及其形成 [J]. 河北师范大学学报（社会科学版），1995（02）：55-60.
② 尹大仓 . 邯郸方言的语音特点及其形成 [J]. 河北师范大学学报（社会科学版），1995（02）：59.

山西晋语同，或可见其发展来源，而且这三种读音形式自西向东的变化也是北方官话影响下的结果。由此可知，外部因素对邯郸晋语内部语音差异性的演变起着十分重要的作用。

2）促声

邯郸各区（县）以有无入声字为区分标准划出的晋语区，有一套以喉塞尾 [ʔ] 为韵尾的入声韵 [əʔ、uəʔ、iəʔ、yəʔ]（[ʌʔ] 仅在涉县少数入声字中出现，不具代表性），这一套入声韵目前广泛分布于晋语区中老年人群的口语中，并且在各区（县）呈现出些微的不同，如表 3-31 所示。

表 3-31　邯郸各区（县）古入声例字读音比较表

例字	方言点							
	邯郸市	鸡泽县	成安县	邯郸市永年区	武安市	涉县	磁县/磁县南部	临漳县
纳咸开一	nəʔ	nuəʔ	nɑ	nəʔ	nəʔ	nʌʔ	nəʔ	nəʔ
业咸开三	iəʔ	iə	iə	iəʔ	iəʔ	iəʔ	iəʔ	iəʔ
十深开三	ʂəʔ	ʂʅ	səʔ	ʂəʔ	səʔ	səʔ	ʂəʔ/ʃəʔ	ʂəʔ
急深开三	tɕiəʔ	tɕiəʔ	tɕəʔ	tɕiəʔ	tɕiəʔ	tɕiəʔ	tɕiəʔ	tɕiəʔ
杀山开二	ʂəʔ	ʂɑ	ʂəʔ	səʔ	sʌʔ	sʌʔ	ʂəʔ/ʃəʔ	ʂəʔ
热山开三	ʐəʔ	ʐəʔ	ʐə	ʐə	ʐəʔ	yəʔ	ʐəʔ	ʐəʔ
一臻开三	iei	ie	iəʔ	iəʔ	iəʔ	yəʔ	iəʔ	iəʔ
七臻开三	tɕʰei	tɕʰe	tɕʰei	tɕʰiəʔ	tɕʰiəʔ	tɕʰiəʔ	tɕʰiəʔ	tɕʰiəʔ
削宕开三	ɕyəʔ	ɕye	ɕye	ɕyeʔ	ɕye	ɕyeʔ	ɕyeʔ	ɕyəʔ
学江开二	ɕyəʔ	ɕye	ɕye	ɕye	ɕye	ɕyeʔ	ɕye	ɕyəʔ
色曾开三	səʔ	səʔ	ʂəʔ	səʔ/ʂəʔ	sə	sʌʔ	ʂəʔ/ʃəʔ	səʔ
国曾合一	kuəʔ	kuəʔ	kuəʔ	kuəʔ	kuəʔ	kuʌʔ	kuəʔ	kuəʔ
尺梗开三	tʂʰəʔ	tʂʰəʔ	tʂʰəʔ	tʂʰəʔ	tsʰəʔ	tsʰəʔ	tʂʰəʔ/ ʧʰəʔ	tʂʰəʔ
历梗开四	liəʔ	li/ liəʔ	li/ liəʔ	li/ liəʔ	li/ liəʔ	liəʔ	li/ liəʔ	liəʔ
竹通合三	tʂuəʔ	tʂu	tʂuəʔ	tʂuəʔ	tsuəʔ	tsuəʔ	tʂuəʔ/ʧuəʔ	tʂuəʔ

从表 3-31 中可以看出邯郸晋语古入声字的主要元音为央元音 [ə]，并且是以喉塞尾成阻为标志的促声韵。邯郸晋语古入声字除此之外的特征还有：读入声的清声母字最多，次浊次之，全浊最少，这也是入声归派来源导致的。而以这三组入声字类型为研究对象去研究入声舒化现象也是极具有现实意义的。

入声舒化是汉语方言发展的趋势，指喉塞音韵尾脱落，变成了舒声调，这种语音发展在今天仍备受关注，原因在于它不仅仅是以音系内部语音条件为主因的自我演化，而是与外部语言环境、语言接触、语素性质（书面语、口语）关系密切的叠置式音变。据王锡丽对邯郸方言古入声字舒化现象的研究①，我们了解到邯郸方言入转舒的速率在提高，究其原因，主要是受外方言，即权威方言影响的结果。对入转舒后韵类和调类的归派进行分析，总结王锡丽研究成果有如下结论：

一是从转舒字韵类的归派来看，入声字转舒后分派到了 18 个阴声韵母，其中以派入 [i]、[u]、[ɤ]、[uo]、[iɛ] 的较多②，如表 3-32 所示。

表 3-32　邯郸晋语入声舒化后各韵分派情况举隅

韵母	ʅ	i	u	y	ɔ	iɔ	o	uo	ɤ
数目	29	74	69	23	21	10	18	44	52
例字	职	密	突	曲	达	辖	末	国	盒
韵母	iɛ	yɛ	ai	uai	ei	ao	iao	ou	iou
数目	37	28	12	2	3	3	5	3	1
例字	业	月	窄	蟀	贼	雹	药	肉	六

二是从舒化后入声字的调类归属来看，全浊入转舒多归入阳平，次浊入转舒多归入去声，清入字归四声数目大体相当，只是归入去声的略多，这种分派与北京话、河北地区冀鲁官话大体一致。且全浊入转舒速度最快，次浊入转舒次之，清声母入转舒速度最慢。如表 3-33 所示。

表 3-33　邯郸晋语入声舒化调类统计表

全浊入转舒（121）				次浊入转舒（103）				清入转舒（210）			
阴	阳	上	去	阴	阳	上	去	阴	阳	上	去
10	92	5	14	6	1	1	95	57	52	26	75

邯郸晋语入声舒化不仅有上述情况，而且入声字舒化速度在不同的年龄群中也不一致，青少年入转舒速度最快，中年次之，老年最慢。另外，老中青三代入转舒在口语语素和书面语语素中的分布也不一致，中青年都是书面语语素转舒所占比例明显高于口语语素，而老年组的转舒却相反③。

我们认为，王锡丽的研究成果虽然概括地分析了邯郸晋语入声舒化现象的各种情况，但是仍存在一定的缺陷，即欠缺全面且完整的数据支持。因为她所选取的方

① 王锡丽．邯郸方言中古入声字的舒化 [J]. 邯郸学院学报，2007（02）：43-46.

② 王锡丽．邯郸方言中古入声字的舒化 [J]. 邯郸学院学报，2007（02）：43-46.

③ 王锡丽．邯郸方言中古入声字的舒化 [J]. 邯郸学院学报，2007（02）：43-46.

言点不全面，只占据了不到一半的晋语区，并没有囊括晋语区内部的各代表点，这直接导致结论存在一定的偏差。但是，叠置式音变的引入仍很好地诠释了邯郸晋语入声舒化现象，这为后来学者更深入的研究提供了新思路，是值得借鉴的好方法。

4. 声调分析

依表 3-34 可看出，邯郸晋语有四个或五个调类。调类的不同不仅因为受到古今调类对应关系的影响，还因为同一调类的字的调值具有差异。成安县的浊平和次浊平归入上声，舒声只有平上去三类，加上入声，成为四个调类。又因为只有临漳一地清上、次浊上跟清平混合，因为清音入声自成一类，所以也是四类[①]。磁县则是只有平声、上声、去声、入声这四类。所以邯郸晋语区除了成安县、磁县和临漳县外，其他区（县）因加了入声调成了五个调类。

表 3-34　邯郸晋语各区（县）调类情况

调类	方言点							
	邯郸市	鸡泽县	邯郸市永年区	武安市	成安县	临漳县	磁县	涉县
4 调	–	–	–	–	+	+	+	–
5 调	+	+	+	+	–	–	–	+

注："+" 表示"具有"，"–" 表示"不具有"。

三、结语

方言的形成是地域、历史、人群三要素共同作用的结果，前文提及邯郸晋语的形成主因在于移民，而次要原因则是古赵国方言（基础方言为古晋语）特征的遗留，加之河北邯郸涉县与山西黎城县毗邻的过渡性地域特征，导致边缘晋语的产生。

随着时代的发展，人们的交际方式不断改变，交际范围不断扩大，语言与语言之间碰撞、交融的速度不断加快，晋语地位被权威方言撼动，内部语音发生相应变化。所以晋语发展至今，已然接受了不断"入转舒"的事实，继而邯郸晋语"入转舒"成了不可逆的发展趋势。

综上，为研究邯郸晋语内部语音差异现象，以邯郸晋语区各区（县）语音为语言事实材料，通过分析其音系内部语音特征，找出了声母、韵母、声调等方面存在的差异，并探究了其差异成因，因此我们以调值作为晋语内部方言片或小片语音的区别性特征和划分标准，在本书中界定了邯郸晋语隶属晋语邯新片的磁漳小片。这些

① 尹大仓 . 邯郸方言的语音特点及其形成 [J]. 河北师范大学学报（社会科学版），1995（02）：60.

对把握邯郸晋语整体面貌，乃至分析研究邯郸方言音系有十分重要的意义。从北方方言内部差异的角度看，这些个案研究，为东北官话与其他官话方言的比较，提供了直接材料。

参考文献

曹志耘 . 汉语方言地图集 · 语音卷 [M]. 北京：商务印书馆，2008.
侯精一 . 现代晋语的研究 [M]. 北京：商务印书馆，1999.
李荣 . 汉语方言的分区 [J]. 方言，1989（04）: 241-259.
钱曾怡，曹志赟，罗福腾 . 河北省东南部三十九县市方音概况 [J]. 方言，1987（03）: 173-178.
钱曾怡 . 汉语官话方言研究 [M]. 济南：齐鲁书社，2010.
乔全生 . 论晋方言区的形成 [J]. 山西大学学报（哲学社会科学版），2004（04）: 17-21.
王敏 . 中古知庄章三组声母在河北方言中的读音研究 [D]. 河北师范大学硕士论文，2010.
王锡丽 . 邯郸方言入声舒化的叠置式音变 [J]. 河北工程大学学报（社科版），2007（01）.
王锡丽 . 邯郸方言中古入声字的舒化 [J]. 邯郸学院学报，2007（02）: 43-46.
王锡丽，王爱平 . 邯郸方言入转舒的音变速度及其原因 [J]. 邯郸学院学报，2006（01）: 46-48.
尹大仓 . 邯郸方言的语音特点及其形成 [J]. 河北师范大学学报（社会科学版），1995（02）: 55-60.
中国社会科学院语言研究所 . 方言调查字表（修订本）[M]. 北京：商务印书馆，1981.

第四节　东北官话与江淮官话比较研究初探[①]

一、概述

官话方言是分布地域最广、使用人口最多、语音一致性最强的一种汉语方言。李荣先生根据古入声调分化的情况，将官话划分为七个区：江淮官话、北方官话、北京官话、中原官话、胶辽官话、西南官话及兰银官话，其分区中没有东北官话，原因在于：东北三省有许多方言比河北省更接近北京[②]，如是，李荣先生开始是主张东北官话与北京官话合二为一的，这可在其之后的文章中得以证实。不过，其在1989年的《汉语方言的分区》一文中根据古清入声派入上声的字，东北话多于北京话的特点，明确主张东北官话独立一足[③]。后来，不少学者也赞成东北官话独成一区，其中，贺巍先生将东北官话分布的范围界定为169个市县，主体位于黑龙江、吉林、

① 本节原文为杨春宇，欧阳国亮口头发表于辽宁师范大学小组学习讨论会的部分成果，有删改。
② 李荣 . 官话方言的分区 [J]. 方言，1985（01）: 2-5.
③ 李荣 . 汉语方言的分区 [J]. 方言，1989（04）: 241-259.

辽宁三省，并根据古影疑开口一二等字今声母的不同，将东北官话分为吉沈、哈阜、黑松三大片，其下又分若干小片，全面而系统地梳理了东北官话的分区问题[①]；张志敏在前人的基础上结合自己的调查，对东北官话的范围及内部部分方言点的系属问题做了调整，主要体现在两方面：一是对内蒙古东部地区汉语方言的重新认识，二是对东北三省内部部分方言点的归属问题的再探[②]。在东北官话与北京官话的关系的认识上，我们认为，东北官话与北京官话同源，两者当合二为一，统称“东北–北京官话”。而1955年之后，老国音在京音、国音之争之后，寿终正寝，最终成就了北京音的国音地位，北京官话与东北官话渐疏渐离，终被析为不同的官话方言。[③]

江淮官话，旧称下江官话、下江话。主要分布在江苏、安徽两省的江淮地区及沿江以南部分地区。江淮官话自东向西分为泰如片、洪巢片、黄孝片。代表话为泰州话、扬州话、合肥话和安庆话，其中以洪巢片占大多数。仅从语音上而言，江淮官话既有官话方言的特点，又有吴方言的特点，学术界往往将其看成是官话向吴方言过渡的方言区。江淮官话有其特殊性，它是整个官话区中，唯一一种既有入声又有塞韵尾的方言。也正因为如此，对于江淮官话的系属，学术界存在一定的争议。不少学者认为，江淮官话同晋语一样有入声且保留了较多的塞音尾韵母，主张将其划归其他方言。但考察其主体特征，仍有浓重的北方方言色彩，将其纳入官话范畴，仍属主流。本节所指的江淮官话，按曹志耘《汉语方言地图集·语音卷》区划所定。

二、东北官话与江淮官话源流之比较

我们在《东北官话与西南官话比较研究初探》《东北官话与西北官话比较研究初探》《辽宁方言语音研究》三篇文章中，已对东北官话的源流问题做过讨论，认为：东北官话与北京官话同出一源，都是历史上幽燕方言在北方地区的发展，二者不宜分开。并指出：任何方言的形成都是多源流的。从东北地区汉语的发展历史、东北官话与西南官话之间的关系、东北官话与北京官话语音上的相近程度以及东北官话分布的地缘关系来看，认为东北官话的渊源有三：一是东北、北京官话共同的渊源幽燕方言，扬雄《方言》中多次出现幽、燕、朝鲜洌水一带等，在地望上即为今天东北官话的腹地；二是中原官话；三是满语等北方阿尔泰语言的底层影响。关于东北官话的源流问题，此前我们已经做过较为详细的讨论，本节不再赘述。我们重点

① 贺巍．东北官话的分区（稿）[J]．方言，1986（03）：172-181.

② 张志敏．东北官话的分区（稿）[J]．方言，2005（02）：141-148.

③ 杨春宇．辽宁方言语音研究[J]．辽宁师范大学学报（社会科学版），2010（05）：93-99.

讨论一下江淮官话的源流问题。

我国自古地分南北，江淮居其中，江淮之间，气候物产、语言风土，其特点也都居南北之中。扬雄《方言》记载显示，早在汉代，本省（指江苏省）境内偏西地区，西接淮河南北是一个方言区。这个方言区居南北之中，受南北方言和其他政治经济文化方面的影响，逐步发展演变成为江淮方言区，横亘江苏、安徽中部，江苏全省遂成为三个方言区。扬雄《方言》中记载的词汇所流行区域，总是江淮并举，其中多次与楚国中心地区的郢相联系。表明楚是一个大方言区，并且随着势力向东扩张，楚语也向东发展，此后逐步扩大到长江下游以北地区。吴方言区则多吴越并举，吴扬并举。吴是包括江北的。扬州地域广大，与江淮荆楚陈青徐皆并举，可见当时在下江江东地区已形成一种趋于相近相通的华夏语方言区，即后来的吴语。

两汉至魏晋南北朝时期，江淮战争频繁，特别是永嘉之乱后，衣冠南渡，人口流动大，对方言的形成客观上起到了促进作用，此时的江淮地区，可谓处于方言混杂时期。这一时期，江淮官话在吸收了中原雅音的基础上融合江淮一带古吴语逐渐演变而逐渐成形。当然，江淮官话的最终形成，还当是在明朝以后，明朝定都南京，姑且不论当时南京的方言是否是通行全国的"官话"或"准标准语"，至少有一点可以肯定，那就是当时的南京话影响颇广，直达日本等域外汉字文化圈，可见其地位是相当重要的。因此我们认为，江淮官话的源流大致有如下几个：一是中原一带的古官话，即雅音；二是中古时期的吴语。至于谁是主要的，我们认为是前者，如果古官话不是其主要源流，那就难以解释今天的江淮官话为何跟北方官话接近，因此从源流与理论上讲，江淮官话宜为南迁的中原雅音与古吴语接触融合而成。

三、东北官话与江淮官话的主要语音差异

东北官话与江淮官话在音感上有明显的差异，我们在本节中对最主要的差异略作介绍，这些语音特征是东北官话内部或江淮官话内部比较一致的特征。

如前文所言，江淮官话区别于其他官话方言最主要的特点在于入声的保留。有无入声就成了东北官话与江淮官话最主要的区别，东北官话今已无入声，江淮官话有入声：绝大多数地区都只有喉塞音 [ʔ] 一个入声韵尾；安庆市的桐城市、枞阳县两地只有 [-l] 韵尾；唯有宝应县一地有 [ʔ]、[-l] 两个韵尾；还有极少地区入声韵尾弱化或失去入声韵尾的，如南京市、连云港市等地。

咸山摄三分：即"关"与"官"不同音、"站"与"战"不同音。此两摄东北官话都已经合流，今只有一类韵母 [an]（不计介音）。而在江淮官话中，绝大多数都有

两组或者三组读音。一般的演变规律是：一等合口呼归桓欢韵；一等开口呼、二等归寒山韵；三四等同归先天韵。在具体分合上各地又有所出入，在此不一一赘述。

东北官话阳声韵尾前后鼻区别得较清楚，而江淮官话部分地区阴阳声韵合流：即阳声韵韵尾弱化变为鼻化韵，阴声韵鼻化变成鼻化韵，这样阴阳声韵之间有了交叉关系。例如，在泰州方言字音中："梅"同"棉"、"悲"同"边"；在盐城方言中："姐"同"剪"、"哥"同"官"。近年来由于普通话的影响，部分已合流的阴阳声韵又有了分离的迹象，这种现象在青年口语中已有一定的反映。泥来二母，今东北官话不混，江淮官话多数地区相混。

东北官话平翘舌混与不混地区参半，江淮官话多数地区翘舌混为平舌。

东北官话今疑母多读为零声母，少数地区读为 [ŋ]、[n]。江淮官话多为零声母。

东北官话除阴平 44 没有北京官话 55 那么高外，调类调值与北京官话基本一致。江淮官话阴平调值多为 31 或 21 的低降调：除连云港市海州区一地的阴平调值为 214 曲折调，其他地区阴平调值多为 31 或 21。具体调值的不同，是人们感觉两地官话区别甚大的主要原因之一。

四、南北音系与近代官话基础方言

长期以来，学术界一直在探求近代官话的基础方言问题，实际是围绕北京音与南京音谁为近代官话的基础语音进行的。前文我们已经谈到，我们主张北京官话与东北官话不分，实际上也就是承认北京音与东北音语音的一体化，我们提出的"东北–北京官话"概念，正是对此前观点的具体化。

耿振生认为：历史上的官话有基础音系而无标准音。官话音系因地域的不同而有不同的"变体"，北方话是它的基础，讲了不同的北方话但能够相互交流，且避免了较"土"的词汇时就够成为官话的资格，因社会历史条件所限，未能形成通行全国的严格意义上的标准音①。

明末西方传教士来到中国，如利玛窦、金尼阁等，他们看到中国的方言分歧，同时也发现有官话的存在，学会官话对于在各地传教最为方便，据研究，他们认为当时南京话就是官话。利玛窦和金尼阁都在南京学过汉语，并分别著《西字奇迹》和《西儒耳目资》，用他们的拉丁字母拼音方案拼写汉字，采用汉语传统的阴平、阳平、上声、去声、入声五个声调，是符合当时的南京话的，直到清末鸦片战争前后，

① 耿振生．再谈近代官话的"标准音"[J]. 古汉语研究，2007（01）：16-22.

传教士还认为南京话是汉语的代表。虽然明清以来，北京是政治经济文化中心，官话的语音以北京话为标准，成为普通话的前身。但是，就汉语的传统和历史地理的地位而言，南京话始终有其重要地位。

叶宝奎先生认为："我们以为近代汉语标准音是客观存在的，它和北音、南音同时并存，同源异流，既有联系又有区别；否定近代汉语标准音的理由是不充分的，认为近代汉语存在多种标准音的观点同样是缺乏依据，不合乎历史真实的。"①

五、结语

将东北官话与江淮官话进行比较研究，讨论二者之间的关系，目的并不在于简单描述两者语音上的一致性与差异性，而在于突显两种官话在历史的发展过程中，各自经历了哪些语音上的演变，其主要源流是什么。同时，对比两种官话之间语音上的异同，来探索二者在历时上的地位这一核心问题。要解决这一问题的关键还在于将近代东北古官话、江淮官话进行细致的对比，善于从差异中寻找突破口，进而去验证得出的结论。当然，我们在研究二者关系的同时，还要注意探讨它们语音上整合与分化的关系，以便弄清方言间的演变关系，这也有助于构建语言接触的类型，对地域语言文化的接触研究有补充、促进的作用。

长期以来，由于官话分布范围广，内部一致性高，学术界少有探讨官话方言内部之间的关系问题，东北官话与江淮官话的关系问题更是鲜有提及。本节作为概述性内容，在具体问题的分析上，我们权当抛砖引玉。从今后研究的方向来看，在近代，东北及北京官话与江淮官话谁为近代官话"标准音"的问题，还有待进一步深入讨论。不过我们或可认为：二者均为近代汉语的"准标准音"，在国音京音之争偃旗息鼓后，南音北音长期分流的问题才最终解决，于是，北京音历史地发展成为现代汉语的标准音，既是人心所向，也是语音历史发展的必然。

参考文献

葛剑雄，曹树基，吴松第．简明中国移民史 [M]. 福州：福建人民出版社，1993.

耿振生．再谈近代官话的标准音 [J]. 古汉语研究，2007（01）：16-22.

贺巍．东北官话的分区（稿）[J]. 方言，1986（03）：172-181.

侯精一．现代汉语方言概论 [M]. 上海：上海教育出版社，2002.

① 叶宝奎．也谈近代官话的"标准音"[J]. 古汉语研究，2008（04）：60.

李荣．官话方言的分区 [J]. 方言，1985（01）：2-5.
李新魁．论近代汉语共同语的标准音 [J]. 语文研究，1980（01）：44-52.
王福堂．汉语方言语音的演变和层次 [M]. 北京：语文出版社，1999.
叶宝奎．明清官话音系 [M]. 福建厦门：厦门大学出版社，2001.
叶宝奎．也谈近代官话的标准音 [J]. 古汉语研究，2008（04）：54-60.
詹伯慧．汉语方言及方言调查 [M]. 武汉：湖北教育出版社，1991.
张志敏．东北官话的分区（稿）[J]. 方言，2005（02）：141-148.
中国社会科学院和澳大利亚人文科学院合编．中国语言地图集 [M]. 香港：朗文出版（远东）有限公司，1987.

第五节　周口方言中的“哩”“嘞”“唻”“咧”[①]

一、概述

周口地处河南中东部，历史悠久，古属陈楚，始祖都于宛丘（今周口市淮阳区），三皇五帝都曾在此繁衍生息，史有“华夏先驱，九州圣迹”之美誉。沙河、颍河、贾鲁河三河交汇，明清时期“通衢五省，人杂八方，商贾云集，南北之声不绝于耳”，素有中国“小武汉”之盛名。周口地区是黄河文化的重要发祥地之一，人口众多，交通便利。据目前周口市人民政府网周口市情统计公布，周口市总人口为 1126 万，是河南省人口大市，境内有回族等少数民族。

周口方言隶属中原官话区，它有着厚实的方言底蕴，是中原官话不可或缺的一部分。其方言在语音、词汇上与开封、洛阳等同区的古代大都市基本相同，但又存在细微差别；同时周口方言与近至山东、安徽、河北、江苏，远至山西、陕西、甘肃、宁夏、青海、新疆乃至东北等地有着众多类同，这一点无疑是移民及语言接触的结果。贺巍在《河南山东皖北苏北的官话（稿）》[②]一文中指出周口辖区分属两个片：蔡鲁片和郑曹片区，其中扶沟、西华、周口（今周口市川汇区）、淮阳（周口市淮阳区）、商水、项城等为蔡鲁片，鹿邑、沈丘、郸城、太康等属郑曹片。其又在《中原官话分区（稿）》[③]一文中把周口重新划分为漯项片和商阜片，所属区域未变，漯项片即蔡鲁片，商阜片即郑曹片。

“哩”“嘞”“唻”“咧”是周口方言中分布广、使用频率高的几个词。北京大学

① 本节原文为杨春宇指导研究生高向阳所撰写的硕士论文的部分研究成果，有删改。
② 贺巍．河南山东皖北苏北的官话（稿）[J]. 方言，1985（03）：163-170.
③ 贺巍．中原官话分区（稿）[J]. 方言，2005（02）：136-140.

中国语言学研究中心 CCL 古代汉语语料库有关于“哩”在明清小说中的语料。郭熙《河南境内中原官话中的“哩”》① 一文把“哩”的句法功能分为：充当结构助词、时态助词、语气词、构词成素，分析比较透彻。贵州大学赵新义硕士论文《周口方言的助词研究》② 中对“嘞”的研究较细，但却未从系统性及类型上谈及“哩”“唻”“咧”。王士雷《小议沈丘话的“哩”》③ 也从不同分布上，论述了该问题。虽然这几个词在中原官话乃至官话中有较广的分布，但总体上先贤研究者基本未从语音系统性及类型层面上加以阐释分析。经实际调查“哩”“嘞”“唻”“咧”在周口方言中都存在，但是“哩”“嘞”较为常用，为稳固的常态表象；“唻”“咧”次之，为稳固的次常态表象。多数时候它们能相互替换，主要有充当语气词、结构助词、时态助词三种功能，但又不尽然。本节试从语音、句法结构与功能层面对其进行分析比较。

二、语音层面

“哩”“嘞”“唻”“咧”都属于端系泥组的来母字，“哩”是止摄开口三等上声止韵字，“嘞”是曾摄开口一等入声德韵字，“唻”为蟹摄端系泥组来母开口一等平声咍韵字，“咧”为山摄端系泥组来母开口三等入声薛韵字。它们在周口方言乃至一些官话方言中可以通用，当在元代的《中原音韵》入派三声以后，形成了止摄开口三等上声止韵与曾摄开口一等入声德韵、山摄开口三等入声薛韵在一些方言中的合流。这样便成就了今天周口方言里它们在意义、用法上的联系。

我们从方言中找例证，一句“你想干什么呢？”在周口方言中有很多种说法：

①你想干啥哩 [l̩i]？/你想咋着哩？

②你想咋着哩 [l̩i] 邪？/你想咋着哩嗳？

③你想干啥嘞 [l̩ei＞l̩ə]？/你想咋着嘞？

④你想干啥唻 [l̩ai/l̩ε]？

⑤你想干啥咧 [l̩iε^{53}]？/你想咋着咧？

经实际语音分析，“唻”“咧”在句中充当语气词与方言中“哩”“嘞”作用无别。“唻”=来，可能早在魏晋南北朝之时即作为语气词存在了，陶渊明《归去来兮辞》的“归去来兮，请息交以绝游”④ 中的“来”就充当语气词。可见这种用法渊源已久。有

① 郭熙 . 河南境内中原官话中的“哩”[J]. 语言研究，2005（03）：44-49.

② 赵新义 . 周口方言的助词研究 [D]. 贵州大学硕士论文，2007.

③ 王士雷 . 小议沈丘话的“哩”[J]. 时代文学（下半月），2012（02）：208-209.

④（晋）陶渊明，王瑶编注 . 陶渊明集 [M]. 北京：作家出版社，1956：136.

时句末的“唻”“咧”或可理解为“哩邪”“哩暧”的合音，语调明显拉长，一般声母浊音较重，或带有某些卷舌化的倾向，表明说话人的不满或极其不耐烦等语气，充当兼类词，尤其是“唻”。“哩”“嘞”“唻”“咧”同为端系泥组来母的开口字，只是所属的韵摄、开口度及入与非入不同：“哩”为止摄端系泥组来母开口三等上声止韵字；“嘞”为曾摄端系泥组来母开口一等入声德韵字；“唻”为蟹摄端系泥组来母开口一等平声咍韵字；“咧”为山摄端系泥组来母开口三等入声薛韵字。从语音演变上来说，唻 [ai＞ε＞i]、哩 [i]、嘞 [ek＞ei＞e＞i]、咧 [iεt＞iε＞i]，可以看出它们之间韵母的流变是有着密切关系的。王力在《汉语史稿》中阐明非精知照系的支、脂、之、陌（[iε]、[ïe]、[ie]、[iek]、[ɐk]）等韵都是 [i] 的前身或演变来源。

“咧”为山摄端系泥组来母开口三等的入声薛韵字，是韵母 [iεt＞iε] 演变的结果，薛韵失落韵尾，并入车遮，这种音变大约在 14 世纪前已经完成。《中原音韵》中把“竭、傑、穴、劫、獵、協”等字一律归入车遮可以为证。非入声的 [iε] 韵来源字并不多，只有麻韵开口三等精系字和喉音字（喉音只有餘母）、戈韵三等字和佳皆喉音字（不包括影母字）。[①]

“嘞”为曾摄端系泥组来母开口一等入声德韵字，韵母或经历 [ek＞eʔ＞ei＞e＞ə] 的演变；

“唻”为舒声字，《中原音韵》的皆来韵中既有“鞋皆”，又有“来柴”，可以看出至少在《中原音韵》，甚或在《切韵》之前一段时期内，[iai]、[ai]、[ε] 与 [iεi]、[ie]、[iε] 已经混同互用[②]，是上古之脂支部演变为中古的蟹摄、齐摄、止摄的结果[③]。

在周口方言中 [ai] 等复元音发音往往不到位，读为 [ε]。入转阴的 [ai]、[ei] 分别源于“陌、麥、職”的开口二等字（读 [ai/ə]）和德韵的开口字（读 [ei/ə]）。这二者在普通话中分得较为清楚，但在周口方言中二者还是混同的，主要是曾摄德韵开口字除了“北、墨、默、黑、贼”等字读 [ei]，其他与“嘞”同为曾摄德韵入声端泥精组开口一等字，方言中都读为 [ai] 或 [ε]，如：得、德、特、忒、勒、肋、则、塞、刻。而《中原音韵》把德韵 [ai]、[ε] 归入齐微韵 [i]、[ei]、[uei]，多数入声字已经消失，那么“唻”“嘞”在方言中的混同互用也是自然而然的。

从语音发展史上讲，“唻”“哩”“嘞”“咧”的语音联系较为密切。[ai]、[ei]、[uei]、

① 王力 . 汉语史稿 [M]. 北京：中华书局，2004：178.

② 史存直 . 汉语史纲要 [M]. 北京：中华书局，2008：104.

③ 史存直 . 汉语史纲要 [M]. 北京：中华书局，2008：100-106.

[i] 主要是由上古之脂支部分化为蟹摄、齐摄、止摄而来的[①]。我们先看蟹摄灰韵合口一等帮泥组字。灰韵：杯、辈、背、悖 [pei]，胚、陪、培、赔、配、佩 [p^{h}ei]，梅、枚、煤、媒、玫、每、妹、昧 [mei]，馁、内 [nei]，雷、擂、儡、蕾 [luei]，例外：徘 [p^{h}ai]。日本学者佐藤昭把此处语音演变拟为：中古 [iʌi]—近代 [uəi]—现代 [ei]，中古到近代的主要差异是主要元音由舌面后元音演变为舌面央元音，到现在的普通话中，u 介音脱落，变成 [ei]，但周口方言中泥组来母字语音仍保留 u 介音[②]。止摄合口三等泥组字，支韵：累（积～）[lei]，脂韵：累（～赘）、垒、诔、类、泪。中古 [iue 支 iuei 脂]＞[iuəi]—近代 [uəi]—现代 [ei]，中古止摄合口韵 [iuəi] 到宋代 i 介音脱落，细音变成洪音 [uəi]，《中原音韵》中，这些字与蟹摄合口一等灰韵字同音。[③] 再看止摄端泥组开口三等，支韵：离、篱、璃、丽、荔 [li]，脂韵：地 [ti]，尼、呢 [ni]，梨、利、痢 [li]，例外：履 [ly]，之韵：你 [ni]，狸、嫠、厘、李、里、理、鲤、俚、里、吏 [li]，端泥组字的韵母，从中古到现代无大变化。[④] 由此可见现代汉语中 [i]、[ei] 及其变体有着共同的来源，即止摄的全部，蟹摄的一部分，臻侵梗曾四摄入声的一部分。这也是方言中“唻”“哩”“嘞”“咧”都能充当同一个语气词的主要原因。同时在《五方元音》的韵母系统里，只有合口的 [uei]，还没有开口的 [ei]。现代汉语韵母 [ei] 主要来自地韵重唇声母的合口字，另外，还有的来自轻唇音声母的齐齿呼字和少数入声字。这在周口方言里能找到充足的证据，如：“非”“飞”“肥”等字大多不读 [fei] 而读 [fi]；又如“泪”等蟹摄灰韵合口一等，止摄支韵、脂韵合口三等来母字，普通话读 [lei]，而周口方言读 [luei]。那么“嘞”可能就是那少数入声字之一。

周口方言中“唻”“哩”“嘞”“咧”辗转混同或正是与上述音韵演变对应的方言表象。我们虽无法得出它们出现的确切先后时间，但从语音的演变发展中可以看出它们的相互联系。这里我们把它们的发展流变大致归纳如下：

唻 [ɭai＞ɭ^{j}ai＞ɭ^{j}ɛi＞ɭ^{j}ɛ＞ɭɛ]＞哩 [ɭi]

嘞 [ɭek＞ɭeʔ＞ɭei＞ɭɛ＞ɭ^{j}ɛ]＞哩 [ɭi]

咧 [ɭiɛt＞ɭiɛʔ＞ɭiɛ＞ɭ^{j}ɛ]＞哩 [ɭi]

同时周口方言“唻”“哩”“嘞”“咧”多数相当于普通话中的：的、得、地、呢、了、啊、子等。通过比较对照，我们发现普通话中的这些字不但韵母与“唻”“哩”“嘞”

① 史存直．汉语史纲要 [M]. 北京：中华书局，2008：100.

② 佐藤昭．中国语语音史——中古音から现代音まで [M]. 东京：白帝社，2002：76.

③ 佐藤昭．中国语语音史——中古音から现代音まで [M]. 东京：白帝社，2002：83.

④ 佐藤昭．中国语语音史——中古音から现代音まで [M]. 东京：白帝社，2002：80.

“咧”混同或混并，为入转阴提供有趣的方言表象类型：它们以“哩”“嘞”单元音韵母为稳固的常态表象，以“唻”“咧”双元音韵母为稳固的次常态表象；而且也从同系声母上证明古端、知、泥组的密切联系。这些音韵学、语音平面上的演变特征或可成为阐释这些助词句法结构功能类型的依据。

三、句法结构与功能层面

句法层面，我们从“哩”“嘞”“唻”“咧”的结构与功能着眼，主要将其概括为充当结构助词、时态助词、语气词、兼类词等功能。具体为：

（一）结构助词

“哩”“嘞”在周口方言中作为结构助词使用时多位于句中，基本等同于普通话中的“的”。在相应的定中、状中、动补结构中，它们分别等同于普通话中的“的”“地”“得”。是否能充当结构助词，也是我们把周口方言中的“哩”“嘞”单元音韵母划定为稳固的常态表象，将“唻”“咧”双元音韵母作为稳固的次常态表象的重要依据。

（1）定中结构多表领属关系，说明事实情况。例如：

牛犊子找不着了。（我们家的小牛犊找不到了。）

（2）状中结构中“哩”“嘞”可用普通话的“地”来代替，用来说明事实，略带夸张。例如：

①俺哥很快嘞（哩）把《红楼梦》看完了。（我哥很快地把《红楼梦》看完了。）

②她干个啥事肉 [ʐou^{51}/ʒou^{51}] 嘞（哩）很！（她干个啥事慢得很！）

（3）动补结构中“哩”“嘞”相当于普通话的“得”，多强调事实、结果，不表可能。例如：

①他跑嘞（哩）怪快嘞（哩）！（他跑得怪快呢！）

②这一下他被打嘞（哩）可不轻。（这一下他被打得可不轻。）

同时与多数形容词以及感官、心理、嗅觉动词都能形成“X+嘞（哩）+很”格式，相当于普通话中的“X+得+很”，表示很X，有加深程度的作用。

（二）时态助词

“哩”“嘞”“唻”“咧”作为时态助词，有一个前提就是事情已经发生，在“已然”状态下表强调或者带有肯定语气，强调事实结果。

（1）用在一般叙述句末尾，表示已经发生的事情，同时有肯定的语气，强调某种事实或结果。相当于普通话中的“来的、来着”。例如：

①这决定是我做嘞（哩/唻/咧）。（这个决定是我做来的。）

②西瓜是你吃嘞（哩/唻/咧），我可没吃一口。（西瓜是你吃来着，我一口都没吃。）

（2）“哩”“嘞”“唻”“咧”用在谓语动词的后面，强调动作的施事、时间、地点或方式等，表示这一动作已经发出或完成。它们相当于普通话中的“了”。例如：

①今天是老张请嘞（哩/唻/咧）客。（今天是老张请了客。）

②谁开嘞（哩/唻/咧）车？（谁开了车？）

这两句中的“哩”“嘞”“唻”“咧”是时态助词，改变了句中短语的句法结构，用来强调已发生的事情或出现的结果，相当于普通话中的“了”。后边的宾语成分不能省略。

（三）时态助词兼语气词

（1）用于某些特指问句，句中有疑问词“谁”“咋”“啥”“哪”等。“哩”“嘞”“唻”“咧”在句末或为“哩邪”“哩嗳”的合音，充当的是时态助词兼语气词，相当于普通话的“来着”“来的”“了啊”“了呢”等。例如：

①才刚，谁开车嘞（哩/唻/咧）？（刚才，谁开车来着？）

②那天，谁请客嘞（哩/唻/咧）？（那天，谁请客来的？）

③你问谁嘞（哩/唻/咧）？［你问谁（来的、来着）呢？］

④我咋一点儿也不知道嘞（哩/唻/咧）？［我咋一点儿也不知道（来的、来着）呢？］

⑤他在说啥嘞（哩/唻/咧）？［他在说什么（来的、来着）呢？］

⑥你去哪儿嘞（哩/唻/咧）？［你去哪儿（来的、来着）呀？］

（2）用在陈述句的末尾，表示持续的状态，强调一种事实，大体上相当于普通话的“着呢”，常和“正、正在、在”或“着”等相搭配①。

①他睡觉嘞（哩/唻/咧）。（他睡觉呢呀。）

②他们都在忙嘞（哩/唻/咧）。（他们都在忙着呢呀。）

③他正在门外站（着）嘞（哩/唻/咧）。（他正在门外站着呢呀。）

④我正说你嘞（哩/唻/咧）！（我正说着你呢呀！）

① 吕叔湘．现代汉语八百词（增订本）[M]. 北京：商务印书馆，1980：523.

（四）语气词

（1）表疑问，用于是非问句以外的问句中，大体相当于普通话中的“呢”[①]。

在一定的上下文里，“哩”“嘞”“唻”“咧”前面可以只有一个名词性成分，多数意思是问“……在哪儿”。例如：

①我的帽子嘞（哩/唻/咧）？（我的帽子呢？）

②老李嘞（哩/唻/咧）？这么多人都在等他。（老李呢？这么多人都在等他。）

有的是问“……怎么样”。例：

①后来嘞（哩/唻/咧）？（后来呢？）

②我嘞（哩/唻/咧）伤好了，你嘞（哩/唻/咧）？（我的伤好了，你呢？）

用在选择问句的两个选项的后边，前后两项之间常用“还是”连接，句中“哩”“嘞”“唻”“咧”主要起中顿作用，表强调意义，可省略。例如：

①明天是你去嘞（哩/唻/咧）还是我去？（明天是你去还是我去呢？）

②这事你赞成嘞还是反对嘞（哩/唻/咧）？（这件事情你赞成呢还是反对呢？）

下面例句里选择的项是一件事情的肯定和否定两面，不用“还是”连接。例如：

①这么说对不对嘞（哩/唻/咧）？（这样说对不对呢？）

②他肯不肯来嘞（哩/唻/咧）？（他肯不肯来呢？）

③他去不去嘞（哩/唻/咧）？（他去不去呢？）

用于反问，常与“哪、咋”呼应，这里除了和普通话的“呢”相似外，还具有明显的强调意义。例如：

①没鸡哪会有蛋嘞（哩/唻/咧）？（没有鸡哪会有蛋呢？）

②我告诉你有啥用嘞（哩/唻/咧）？（我告诉你有什么用处呢？）

③我咋不记得嘞（哩/唻/咧）？（我怎么不记得呢？）

（2）构成“副＋形/动＋嘞（哩/唻/咧）”结构，指明事实并带有强调意义。相当于普通话的语气词“的”或“呢”。该结构有强调意义，或表不满或出乎意料。

①今天怪冷嘞（哩/唻/咧）！（今天怪冷呢！）

②这颜色怪好看嘞（哩/唻/咧）！（这个颜色怪好看呢！）

③他还会作诗嘞（哩/唻/咧）！（他还会作诗呢！）

④亏你还是个大学生嘞（哩/唻/咧），连这个都不懂！（亏你还是个大学生呢，连这个都不懂！）

---

① 吕叔湘.现代汉语八百词（增订本）[M].北京：商务印书馆，1980：522.

⑤我倒没啥，恁才辛苦嘞（哩/唻/咧）！（我倒没什么，你们才辛苦呢！）

（3）在周口方言中“哩”（嘞/唻/咧）后面可重复出现前面的动词或形容词，构成“～啥嘞（哩/唻/咧）～”句式。如“急啥嘞（哩/唻/咧）急”。“哭啥嘞（哩/唻/咧）哭”“慌啥嘞（哩/唻/咧）慌”“说啥嘞（哩/唻/咧）说”。该结构有强调意义，表不耐烦、不满。例如：

黑老的电影八点才开始嘞（哩/唻/咧），你急啥嘞（哩/唻/咧）急？（晚上的电影八点才开始呢，你急什么呢？）

（4）用在句中停顿处，相当于普通话的“呢”，起中顿作用。

用在主语之后，含有“至于”或“要说”的意思，多用于列举或对举。

①我们都喜欢运动：老李嘞（哩/唻/咧）喜欢篮球，小王嘞（哩/唻/咧）喜欢足球，我嘞（哩/唻/咧）喜欢打网球。（我们都喜欢运动：老李喜欢打篮球，小王喜欢踢足球，我喜欢打网球。）

②伤是治好了，身体嘞（哩/唻/咧）还是有点鳖。（伤是治好了，身体呢还是有点虚弱。）

用在假设小句的末尾，等于“呢”或“的话”。

①你要是非走不可嘞（哩/唻/咧），我也不留你了。（你要是非走不可呢我也不留你了。）

②你要是饿老嘞（哩/唻/咧），就自己弄点东西吃吧。（你要是饿了呢，就自己弄点东西吃吧。）

用在其他成分之后，也相当于普通话中的“啊”。

这次去大连，我没去老虎滩，一来嘞（哩/唻/咧），时间太紧，二来嘞（哩/唻/咧），老虎滩……（这次去大连，我没有去老虎滩，一来呢，时间太紧，二来呢（啊），老虎滩……）

（5）用在主谓谓语句中，改变句子结构，取消主谓短语独立性，使其充当句子宾语。郭熙认为此处“哩”的用法是普通话里所没有的[①]。我们认为此处的“嘞（哩/唻/咧）”可以理解为语气词，表示中顿，去掉后意义不发生变化。例如：

①我老师说嘞［哩/唻（来着）/咧］他中秋节要出差。（我老师说他中秋节要出差。）

②他信上说嘞［哩/唻（来着）/咧］他过年不回来了。（他信上说他过年不回来了。）

---

① 郭熙．河南境内中原官话中的“哩”[J]. 语言研究，2005（03）：44-49.

“哩”“嘞”“唻”“咧”作为语气词，与普通话中的“啊”“吧”“呢”“呀”等表达的意义基本相同。但有一点需要强调，当语气词前面一字韵母为阴声韵时，为了避免语音上的拗口，后面语气词一般不用“唻”“哩”，而用入声韵的“嘞”或“咧”，其他则通用。这种语音和谐或是由于语音上的异化作用而形成韵律语法的搭配关系，在周口方言中亦有所表现。

（五）其他构式

（1）与部分名词、形容词及动词构成“嘞［哩/唻（来的）/咧］”字短语，等同于普通话的“的”字短语，形成没有中心词的名词性单位，做主、宾语。“唻（来的）”，与日语的“からなる”基本用法一致，表示原材料的来源。但同时与部分动词、形容词构成“嘞（哩）”字短语，还能形成“A嘞（哩）B嘞（哩）”式的并列结构，语法功能同单个的“嘞（哩）”字短语。例如：

①这张桌子是木头嘞［哩/唻（来的）/咧］。（这张桌子是木制的/この机は木からなります。）

②学校周围到处都是卖饭嘞［哩/唻（来的）/咧］。（学校周围到处都是卖饭的。）

③衣服我喜欢红嘞［哩/唻（来的）/咧］。（衣服我喜欢红的。）

④穿嘞（哩）戴嘞（哩）都准备好。（穿的戴的都准备好。）

（2）另外与部分动词、形容词构成“A嘞（哩/唻/咧）B嘞（哩/唻/咧）”式，这种结构除“嘞（哩/唻/咧）”字短语重构的并列结构外，还能形成其他结构，作主、宾语以外的语法成分，突出语义，表强调，有一定夸张作用。其中A、B多为形容词或动词。例如：

①我们宿舍喝嘞（哩/唻/咧）闹嘞（哩/唻/咧），一直玩到天明。（我们宿舍又喝又闹，一直玩到天亮。）

②他们哭嘞（哩/唻/咧）闹嘞（哩/唻/咧），咋劝都不中。（他们又哭又闹，无论如何劝都不行。）

有的并不能用普通话的“又……又……”，表示“非要怎样不可”、“无论……都”或“无论怎样”的意思。如：

①告状哩黑嘞（哩/唻/咧）白嘞（哩/唻/咧）非要有个说法。（告状的无论怎样非要有个结果。）

②横哩（嘞/唻/咧）竖嘞（哩/唻/咧）你都说不住他。（横竖你都说不过他。）

（3）“哩”“嘞”“唻”“咧”在周口方言里分别与单双音节形容词重叠式、后带附加成分的形容词、拟声词，以及部分并列结构的词和短语构成形容词性的语法成分。其中单音节“AA 嘞（哩/唻/咧）”式表示轻微、形状小等意义，而其他则表示语义的增强或夸张。

① AA 嘞（哩/唻/咧）：红红嘞（哩/唻/咧）、酸酸嘞（哩/唻/咧）

② AABB 嘞（哩/唻/咧）：干干净净嘞（哩/唻/咧）、漂漂亮亮嘞（哩/唻/咧）

③ ABB 嘞（哩/唻/咧）：苦即即嘞（哩/唻/咧）、红通通嘞（哩/唻/咧）

④拟声词 + 嘞（哩/唻/咧）：稀里哗啦嘞（哩/唻/咧）、哗哗嘞（哩/唻/咧）

⑤其他：大惊小怪嘞（哩/唻/咧）、不慌不忙嘞（哩/唻/咧）

（4）周口方言里“哩”“嘞”“唻”“咧”还可以作为构词成素[①]存在。

与一些单音节认知心理动词直接组成词。如：认嘞（哩/唻/咧）–认识（得）、忘嘞（哩/唻/咧）–忘得、觉嘞（哩/唻/咧）–觉得（感觉）、记嘞（哩/唻/咧）–记得。这里“哩”“嘞”“唻”“咧”相当于普通话的“得”，个别也能用“了”替换，如：忘嘞（哩/唻/咧）–忘了。当“哩”“嘞”“唻”“咧”能被“了”替换时充当结构助词。此处郭熙、赵新义都认为“忘”不能与“记”一样构成动词，我们认为“忘”可以构成动词。例如：

①她忘嘞（哩/唻/咧）一干二净。（她忘得一干二净。）

②他忘嘞（哩/唻/咧）可真快嘞（哩/唻/咧）。（他忘得可真快啊。）

构成固定短语“不嘞”“要不嘞”及比况助词“样嘞（哩/唻/咧）”。例如：

①要不～还是我去嘞（哩/唻/咧）。（要不然还是我去吧。）

②放羊去！——不嘞（哩/唻/咧）！（放羊去！——不去！）

③他跟个木头块子样嘞（哩/唻/咧）站着不动。（他跟个木头块儿似的站着不动。）

同时还能构成样嘞（哩/唻/咧）、嘞（哩/唻/咧）个、嘞（哩/唻/咧）话、嘞（哩/唻/咧）慌、着嘞（哩/唻/咧），相当于普通话的“样的（子）、的、的话、得慌、着呢”等，充当结构助词、语气词。例如：

①看你那熊样嘞（哩/唻/咧）！［看你那熊样子（的）！］

②我嘞（哩/唻/咧）个老天呐！（我的老天啊！）

③吃不完嘞（哩/唻/咧）话就别吃了。（吃不完的话就别吃了。）

④一顿不吃饿嘞（哩/唻/咧）慌。（一顿不吃饿得慌。）

⑤这头猪肥着嘞（哩/唻/咧）！（这头猪肥着呢！）

多数感官、心理、嗅觉动词都能形成“X+ 嘞（哩）慌”格式，相当于普通话的

---

① 郭熙．河南境内中原官话中的“哩”[J]. 语言研究，2005（03）：47.

“得慌”，表示一种状态，多强调一种事实、结果。如：累～、急～、饿～、疼～、痒～、苦～。

方言中“哩”“嘞”“唻”“咧”能作方位词，相当于普通话“里”[①]。

①锅嘞（哩/唻/咧）有饭，吃吧。（锅里有饭，吃吧。）

②几下嘞（哩/唻/咧）都找找，看搁哪了。（几个地方/下里都找找，看放哪了。）

另外“哩”“嘞”“唻”“咧”的一种形式在方言中能被“子”替换。如：样嘞（哩/唻/咧）、一下嘞（哩/唻/咧）、两下嘞（哩/唻/咧）等。例如：

①看你那熊样嘞（哩/唻/咧）！（看你那熊样子！）

②他太菜了，我两下嘞（哩/唻/咧）就把他撂倒了。（他太笨了，我两下子就把他打倒了。）

“哩”“嘞”“唻”“咧”相当于普通话中的“子”。其成因或也受到古无舌上音的影响，这种现象在菏泽、商丘等地也有出现，只是他们方言中用“的”代替了普通话中的“子”尾，而作为助词“的”时则用“哩”，与周口方言相同。周口方言则因端知组泥组字内部上古同声通转关系，无论是助词“的”还是语缀“子”都由“哩”“嘞”“唻”“咧”充当。

四、结语

由于语言接触，中原官话呈现出更多的复层结构和杂糅的特点。本节从“哩”“嘞”“唻”“咧”几个词的联系与区别上同样可以管窥这种特点。我们认为：在中原官话乃至整个北方方言区，“哩”“嘞”“唻”“咧”是分布极广、使用频率极高的语用类型词。语音上“哩”“嘞”“唻”“咧”等的来源及流变有着密切联系，这跟周口方言以及整个汉语的历史语音演变有关，我们尝试了从语音发展上去考察它们之间的流变关系。它们反映了上古韵部中的之脂支部在中古转为蟹摄、齐摄、止摄，且入转阴后的混并特点。这些词的系统不是在一个共时层面上形成的。在句法结构上，周口方言以“哩”“嘞”单元音韵母为稳固的常态表象，以“唻”“咧”双元音韵母为稳固的次常态表象。语法功能上，帮助表达语气是“哩”“嘞”“唻”“咧”的主要功能，因此充当语气词是它们的主要语法功能；同时它们还能作时态助词，有些时候还具有充当时态助词兼语气词、构词成素等作用；区别是“哩”“嘞”可以做结构助词，而“唻”“咧”不能作结构助词，呈现出了多种多样的功用特点。在某种

① 赵新义．周口方言的助词研究 [D]. 贵州大学硕士论文，2007.

意义上，它们分别相当于普通话的“呢”“的”“地”“得”，同时还有相当于普通话中的“了”“啊”“子”等一些用法。是一个颇有趣味的语言现象。它们之间是一个逐渐发展演变的过程，而且这个过程随着社会的发展和人们的交流还在继续。诚然，这里我们还并未把类似“哩”“嘞”“唻”“咧”的语音联系及语法现象概括全面，或只看到了历时积淀和共时表象的一角，且这种表象在许多官话中都有扩散，亦有相应的表现，有待我们进一步考查研究。

参考文献

郭熙．河南境内中原官话中的“哩”[J]. 语言研究，2005（03）：44-49.
贺巍．河南山东皖北苏北的官话（稿）[J]. 方言，1985（03）：163-170.
贺巍．中原官话分区（稿）[J]. 方言，2005（02）：136-140.
吕叔湘．现代汉语八百词（增订本）[M]. 北京：商务印书馆，1980.
王士雷．小议沈丘话的“哩”[J]. 时代文学（下半月），2012（01）：208-209.
杨耐思．中原音韵音系 [M]. 北京：中国社会科学出版社，1981.
张健坤．从《五方元音》到子弟书韵母系统的演变 [J]. 广东广播电视大学学报，2002（04）：75-79.
张启焕、陈天福、程仪．河南方言研究 [M]. 郑州：河南大学出版社，1993.
赵新义．周口方言的助词研究 [D]. 贵州大学硕士论文，2007.
朱德熙．现代汉语语法研究 [M]. 北京：商务印书馆，1980.

第六节 曲沃方言的文白异读①

曲沃位于山西省临汾盆地南端，与陕西省毗邻，北依太行山余脉塔儿山、乔山、垆顶山，西傍汾河，同襄汾县交界，南隔中条山余脉紫金山，与绛县为邻，东和翼城县接壤，西同侯马市毗连。传统的曲沃方言属于秦晋方言的过渡地带，再进一步划分，曲沃方言属于中原官话汾河片绛州小片，这里的方言文白异读现象保留得相对比较完整，为我们研究中原官话提供了一些“活化石”。

文白异读是汉语方言中一种特有的现象，即在方言中一些汉字存有两种读音，文读音是尽量接近民族共同语的书面语的读书音，白话音指方言土语，也就是说话时的口语音。文读与白读之间有语音对应规律，反映出不同的语音层次。曲沃方言的文白异读现象比较突出，下面进一步进行介绍。

① 本节原文由杨淑芬，杨春宇发表于：文教资料，2011（25）：43-44. 有删改。

一、曲沃方言声母文白异读

（一）古全浊声母今读清塞音、塞擦音的字文读不送气，白读送气

薄 pɤ^{53}～荷、p^{h}ɤ^{213}～厚
坐 tsuo^{53} 静～、ts^{h}uo^{53}～下
弟 ti^{53} 兄～、t^{h}i^{53}～兄
跪 kuei^{53}～拜、k^{h}uei^{53}～下
柜 kuei^{53} 掌～、k^{h}uei^{53} 立～
叠 本音、t^{h}iɛ^{213}～被子
垫 tiæ̃^{53} 床～、t^{h}iæ̃^{53}～钱
断 tuæ̃^{53} 判～、t^{h}uæ̃^{53}～绝
夺 tuo^{213} 争～、t^{h}uo^{31}～过来
近 tɕiẽ^{53}～来、tɕ^{h}iẽ^{53} 远～
贼 本音、ts^{h}ei^{213} 抓～
动 tuŋ^{53} 活～、t^{h}uŋ^{53} 别～
毒 tu^{213}～素、t^{h}u^{213} 中～
伴 pæ̃^{53} 陪～、p^{h}æ̃^{53} 小～儿：伙伴
舅 tiou^{53}～妈、tɕ^{h}iou^{53}～～
在 tsai^{53} 现～、ts^{h}ai^{53}～乎
件 tiæ̃^{53} 课～、tɕ^{h}iæ̃^{53} 一～
拔 pa^{213} 海～、p^{h}a^{213}～草
局 tɕy^{213}～部、tɕ^{h}y^{31}～长
辫 本音、p^{h}iæ̃^{53}～子
妗 本音、tɕ^{h}iẽ^{53}～子
簟 本音、t^{h}iæ̃^{53}～：席子
楂 本音、ts^{h}a^{31} 山～果
避 pi^{53} 躲～、p^{h}i^{53}～一～
侄 本音、ts^{h}ɤ^{31}～女
着 tsuo^{213}～装、ts^{h}ɤ^{31} 睡～

（二）古全浊声母今读清塞音、塞擦音的字文读送气，白读不送气

谈 t^{h}æ̃^{213}～话、tæ̃^{31} 杨～：地名
脐 tɕ^{h}i^{31}～带、tɕi^{31} 肚不～：肚脐
咳 本音、kɤ^{31}～嗽
克 k^{h}ɤ^{31} 千～、kɤ^{44} 扑～
扑 p^{h}u^{31}～火、pu^{31}～克

（三）知庄章组合口字变为 [pf]、[pf^{h}]、[f]

注 tsou^{31} 全神贯～、pfu^{31}～意
吹 ts^{h}uei^{213}～牛、pf^{h}u^{213}～灭
摔 suai^{44}～掉、fei^{31}～倒
帚 tsou^{213} 敝～自珍、pfu^{31} 扫～
输 sou^{213}～送、fu^{213} 运～
税 本音、fei^{31}～务局
唇 ts^{h}ẽ^{213}～膏、fẽ^{31} 嘴～
肿 tsuŋ^{44}～痛、pfɑŋ^{213}～了
出 fu^{31} 入不敷～、pf^{h}ɤ^{31}～差
除 ts^{h}ou^{213}～数、pf^{h}u^{31}～过：除去
说 本音、fɤ^{31}～话
水 suei^{44}～龙头、fu^{44} 喝～

（四）精组合口一三等字文读 [ts]、[s]，白读 [tɕ]、[tɕ^{h}]、[ɕ]

岁 suei^{31} 年～、ɕy^{31}～数
醉 tsuei^{31} 陶～、tɕy^{31} 喝～
俗 sou^{213}～气、ɕy^{31} 风～
穗 本音、ɕy^{53} 一～

粽 本音、tɕyŋ^{31}～子

皴 本音、tɕʰyẽ^{213} 脸～

损 本音、ɕyẽ^{44}～失

嘴 本音、tɕy^{44} 油～滑舌

笋 本音、ɕyẽ^{44} 竹～

足 tsou^{213}～球、tɕy^{31}～～地：足够多

（五）见晓匣母字的文读 [ɕ]，白读 [x]

咸 ɕiæ̃^{213}～丰、xæ̃^{31}～菜

下 ɕia^{53}～降、xa^{53} 底～

馅 ɕiæ̃^{31}～饼、xæ̃^{31}～儿

鞋 ɕiɛ^{213}～帽、xai^{213} 布～

瞎 ɕia^{31}～闹、xa^{31}～子

杏 ɕiaŋ^{31}～花、xɤ^{31}～儿

解 ɕiɛ^{31} 姓～、xai^{31}～州：地名

吓 ɕia^{31} 惊～、xa^{31}～唬

（六）影疑泥母字文读零声母，白读 [ȵ]

业 iɛ^{31}～绩、ȵiɛ^{31} 作～

义 i^{31}～气、ȵi^{31} 修～：地名

女 ny^{44}～孩、ȵi^{213}～子

衣 i^{31} 大～、ȵi^{213}～裳

二、曲沃方言韵母的文白异读

（一）阴声韵假摄开口三等字文读 [ɤ]、[iɛ]，白读 [a]、[ia]

赊 本音、sa^{213}～账

野 iɛ^{44} 田～、ia^{44}～

撇 pʰiɛ^{44}～捺、pʰia^{213}～开

遮 tʂɤ^{213}～挡、tʂa^{213}～住

扯 tʂʰɤ^{44} 胡～、tʂa^{44}～布

惹 ʐɤ^{44}～怒、ʐa^{44}～事

爹 tiɛ^{213}～娘、ta^{213}～

也 iɛ^{44}～许、ia^{44}～是

涩 sɤ^{31} 羞～、sa^{31}～巴：柿子涩；陌生

舍 sɤ^{213} 四～五入、sa^{213}～得

借 tɕiɛ^{31}～书、tɕia^{31}～东西

斜 ɕiɛ^{213} 倾～、ɕia^{213}～眼

车 tʂʰɤ^{213}～马、tʂʰa^{31} 小～儿

蛇 sɤ^{213} 斗折～行、sa^{213}～

卸 ɕiɛ^{31}～载、ɕia^{31}～下来

爷 iɛ^{213}～孙、ia^{213}～

些 ɕiɛ^{213}～许、ɕia^{213} 一～个：部分

（二）阳声韵梗摄开口字文读 [iaŋ]、[aŋ]，白读 [iɛ]

蝇 iaŋ^{31} 苍～、iɛ^{31}～子

明 miaŋ^{213}～朝、miɛ^{31} 月～：月亮

名 miaŋ^{31}～字、miɛ^{31}～儿

清 tɕʰiaŋ^{213}～楚、tɕʰiɛ^{213} 水～

赢 iaŋ^{213}～利、iɛ^{213} 输～

听 tʰiaŋ^{213}～其自然、tʰiɛ^{213}～着

命 miaŋ^{31}～令、miɛ^{31}～不好

惊 tɕiaŋ^{213}～动、tɕiɛ^{213} 吓了一～

井 tɕiaŋ^{213}～冈山、tɕiɛ^{44}～底

净 tɕiaŋ^{31}～身出户、tɕiɛ^{31} 干～

钉 tiaŋ^{31} 图～、tiɛ^{213}～子

腥 本音、ɕiɛ^{213}～气

星 ɕiaŋ²¹³～座、ɕiɛ²¹³～宿　铃 liaŋ²¹³～声、liɛ³¹～儿

晴 tɕʰiaŋ²¹³～天、tɕʰiɛ²¹³ 天～了　青 tɕʰiaŋ²¹³～年、tɕʰiɛ²¹³ 脸～的

领 liaŋ⁴⁴～导、liɛ²¹³～子　订 tiaŋ³¹ 制～、tiɛ³¹～家：女子出嫁

硬 ȵiaŋ³¹～道理、ȵiɛ³¹～东西　躺 tʰaŋ⁴⁴ 平～、tʰiɛ⁴⁴～一下

（三）入声韵深摄、臻摄开口三等字文读 [i]，白读 [iɛ]

立 li³¹～功、liɛ³¹～起　蜜 mi³¹～糖、miɛ³¹ 蜂～

吉 tɕi²¹³～利、tɕiɛ³¹～许：地名　密 mi³¹ 秘～、miɛ³¹ 太～了

集 tɕi²¹³～合、tɕiɛ³¹ 北白～：地名　七 本音、tɕʰiɛ³¹～天

漆 本音、tɕʰiɛ³¹ 油～　惜 ɕi²¹³～别、ɕiɛ²¹³ 可～

（四）阳声韵宕江曾梗摄字文读 [aŋ]，白读 [ɤ] 或 [ẽ]

炕 kʰaŋ³¹ 热～、kʰɤ³¹～上　长 tsʰaŋ²¹³～城、tsʰɤ²¹³～短

忘 uaŋ³¹～记、vɤ³¹～了　双 faŋ²¹³ 一～、fɤ²¹³～生：双胞胎

蒸 tsaŋ²¹³～发、tsɤ²¹³～馍馍　称 tsʰaŋ²¹³～呼、tsʰɤ²¹³～一下

上 saŋ³¹～学、sɤ³¹～山　裳 本音、sɤ³¹ 衣～

睁 tsaŋ²¹³ 眼～～、tsɤ²¹³～眼睛　剩 saŋ⁵³～余、sɤ⁵³～饭

尝 tsʰaŋ²¹³ 品～、sɤ³¹～～　生 saŋ²¹³～平、sɤ²¹³～瓜

庄 pfaŋ²¹³～稼、pfɤ³¹ 靳～：地名　张 tsaŋ²¹³～扬、tsɤ²¹³～寨：地名

丈 tsaŋ⁵³～量、tsʰɤ⁵³ 老～人：岳父　窗 pfʰaŋ²¹³～花、pfʰɤ²¹³～子

层 tsʰaŋ²¹³～次、tsẽ³¹ 一～一～　澄 taŋ⁵³～水、tẽ⁵³～～

凳 本音、tẽ³¹～子　灯 本音、tẽ²¹³ 路～

等 taŋ⁴⁴～待、tẽ⁴⁴～人　疼 tʰaŋ²¹³～痛、tʰẽ²¹³～

肠 tsʰaŋ²¹³ 断～人、tsʰɤ³¹～子

（五）入声韵深摄、臻摄、梗摄开口三等字文读 [ʅ]，白读 [ɤ]

湿 sʅ³¹～润、sɤ³¹ 淋～　实 sʅ³¹～数、sɤ³¹～在

室 sʅ³¹ 卧～、sɤ³¹ 教～　失 sʅ³¹ 消～、sɤ³¹～去

日 ʐʅ³¹ 红～、ʐɤ³¹～头　释 sʅ³¹～放、sɤ³¹ 解～

适 sʅ³¹ 合～、sɤ³¹～当　拾 本音、sɤ³¹～掇

（六）阴声韵蟹摄开口一等、入声韵梗摄开口二等字文读 [ai]，白读 [ei]

来 lai²¹³～回、lei²¹³～人　开 kai²¹³～关、kei²¹³～门

摘 tsai²¹³ 采～、tsei³¹～果子　拍 pʰai³¹ 球～、pʰei³¹～手

白 pai^{213} 黑～、p^{h}ei^{31}～日：白天　　麦 mai^{31}～片、mei^{31}～地

窄 tsai^{44} 狭～、tsei^{31} 宽～　　拆 本音、ts^{h}ei^{31}～迁

（七）阳声韵宕摄开口一三等字文读 [iɑŋ]，白读 [uo]

墙 本音、tɕ^{h}yo^{213}～上　　冷 lɑŋ^{44}～面、luo^{44}～

汤 t^{h}ɑŋ^{213} 丸子～、t^{h}uo^{213} 肉～　　痒 本音、yo^{44} 手～

（八）阴声韵止摄合口三等、蟹臻摄合口一等字文读 [ei]，白读 [uei]；阳声韵臻摄文读 [ẽ]，白读 [uẽ]

泪 lei^{31}～流满面、luei^{31} 流～　　累 lei^{44} 积～、luei^{53} 连～

雷 lei^{213}～锋、luei^{213} 打～　　内 lei^{31}～科、luei^{31}～容

嫩 本音、luẽ^{31} 水～

（九）阳声韵曾梗摄入声字文读 [ɤ]，白读 [ei]

刻 k^{h}ɤ^{31} 时～、k^{h}ei^{31} 用刀～　　隔 kɤ^{213}～壁、kei^{31}～开

色 sɤ^{31}～彩、sei^{31} 颜～　　德 tɤ^{213}～行、tei^{31} 品～

册 ts^{h}ɤ^{31} 手～、ts^{h}ei^{31} 县～：地名

（十）阴声韵止摄开合口三等、遇摄合口三等字文读 [uei]、[ei]、[y]，白读 [i]

去 tɕ^{h}y^{31}～除、tɕ^{h}i^{31} 出～　　被 pei^{53}～打、p^{h}i^{53}～卧

尾 uei^{44} 马～、i^{213}～巴　　眉 mei^{213}～毛、mi^{213} 眼～

（十一）其他

弱 ʐuo^{31} 强～、ʐɑŋ^{213}～　　脚 tɕiɑu^{213}～夫、tɕyo^{31}～趾头

屋 u^{213} 房～、uɤ^{31}～里　　沃 uo^{31} 肥～、u^{31} 曲～：地名

雀 tɕ^{h}yɛ^{31} 麻～、tɕ^{h}iau^{31} 野～子　　墨 mo^{31} 油～、mei^{31}～水

阳 iɑŋ^{213}～光、yo^{31} 高～：地名　　寨 tsai^{31}～子、sai^{31} 张～：地名

甥 本音、sa^{31} 外～的　　个 kɤ^{31}～位、uai^{31} 几～

没 本音、mo^{213}～有　　恋 liæ̃^{31} 依～、luæ̃^{213}～爱

累 lei^{44} 积～、ly^{31}～的　　泪 lei^{31}～流满面、ly^{31} 眼～

黏 本音、ʐæ̃^{213}～糊糊的　　别 pæ^{31}～闹、pæ^{31}～同

核 xo^{213}～对、xɤ^{213}～桃　　渗 sẽ^{31}～透、tsæ̃^{213}～水

做 tsuo^{31}～到、tsou^{213}～饭　　唾 t^{h}uo^{31}～液、t^{h}ou^{31}～沫

屉 tʰi^{31} 笼～、xa^{31} 抽～

寻 ɕuẽ^{213}～找、ɕiẽ^{213}～

炸 tsa^{31} 爆～、sa^{213}～麻花

匀 tsẽ^{31}～称、iẽ^{31}～开

乐 lɤ^{31}～极生悲、luo^{31} 快～

入 vɤ^{31} 收～、zɤ^{31}～来：进来

淋 liẽ^{213} 血～～、luẽ^{213}～湿

骨 tɕiẽ^{44} 筋～、kuo^{44}～头

勺 sau^{213} 锅～、sɤ^{31}～子

三、曲沃方言声母、韵母文白异读的特点

（一）有一些地名，单读的时候只能白读，不能文读

如：张寨 [tsɤ^{213} sai^{31}]、曲沃 [tɕʰu^{31}]、县册 [ɕiæ̃^{31} tsʰei^{31}]。地名保留相对比较完整，是研究曲沃方言文白异读最为可靠的资料。

（二）曲沃方言的文白异读中，有时一个字有多个层次白读音

如：入 [vɤ^{31}] 收～、[zɤ^{31}]～来：进来；泪 [luei^{31}] 流～、[ly^{31}] 眼～；累 [luei^{53}] 连～、[ly^{31}]～的。它们之间的意义虽然没有什么明显的区别，但是一般情况下不能互换。

（三）文白异读表达的含义有所不同

如：汤 [tʰɑŋ^{213}] 菜～、[tʰuo^{213}] 肉～ 。读 [tʰɑŋ^{213}] 音的时候，表示素的、菜汤；读 [tʰuo^{213}] 音的时候，表示各种肉的汤。

（四）文白异读和词的历史层次有关系，白读反映较早的层次，文读反映较晚的层次，从中可以看出词语的发展变化

如：车 [tsʰɤ^{213}]～马、[tsʰa^{31}] 小～儿。读 [tsʰɤ^{213}] 时，一般表示自行车、汽车等比较大的车；读 [tsʰa^{31}] 时，一般是表示小孩坐的小车或者是手推用于耕作的小车。

（五）在曲沃方言中，许多称谓存在文白异读

如：妗子 [tɕʰiẽ^{53} tə]、爷 [ia^{213}]、外甥（子）[uei^{31} sa^{31} tə]，这也是保留相对比较完整的资料。

（六）阳声韵脱鼻化

例如汤 [tʰɑŋ^{213}] 菜～、[tʰuo^{213}] 肉～；痒 本音、[yo^{44}] 手～；嫩 本音、[luẽ^{31}] 水～等，反映出曲沃方言阳声韵发生鼻化或阴阳对转，具有向脱鼻化过渡阶段发展的特点。

四、结语

曲沃两面依山（北依太行山余脉塔儿山、乔山、垆顶山，南依中条山余脉紫金山），一面傍河（西傍汾河），由于曲沃独特的地理位置，曲沃方言才能完整地保留其特点并缓慢发展。曲沃方言的文白异读中，地名、称谓、俗称等最能代表白读层，它们能很好地反映出词语的语音变化。总之，文白异读是宝贵的资源，亟待科学开发。研究曲沃方言可窥见中原官话汾河片特点，为全面认识官话方言，或进行其间的比较提供参照。

参考文献

侯精一 . 现代汉语方言概论 [M]. 上海：上海教育出版社，2002.
唐作藩 . 音韵学教程 [M]. 北京：北京大学出版社，2004.
王临惠 . 汾河流域方言的语音特点及其流变 [M]. 北京：中国社会科学出版社，2003.
中国社会科学院语言研究所 . 方言调查字表（修订本）[M]. 北京：商务印书馆，1981.

第七节　东北官话与西南官话比较研究初探①

东北官话与西南官话是北方方言的两大次方言，前者主要分布于辽宁、吉林、黑龙江及内蒙古东部地区，使用人口约一亿。后者主要分布于云南、贵州、四川、重庆、湖北（东南角除外）、湖南西北部及南部、广西西北部，使用人口约两亿。两大方言区虽相隔数千里，但在语音上却表现出颇多的一致性，因此哈尔滨、长春、沈阳与贵阳、昆明等地的居民交流时，并无多大的语言障碍。

东北官话与西南官话既相互联系又相互区别，语音的一致性反映了两大方言共同作为官话方言的历史渊源，语音的差异性决定了它们各自的归属及经历的语音变化。两种官话语音上究竟有何差异，其历史关系如何？平行比较它们有何意义？本节将做探讨。

一、两种方言历史成因的相似性

人口迁徙与方言形成有着直接关系。官话内部次方言的形成也概莫能外。其中，东北官话的形成，一般认为与清末“闯关东”相关联，但我们认为扬雄《方言》中

① 本节原文由杨春宇，欧阳国亮发表于：大连民族学院学报，2014（06）：636-640. 有删改。

已昭示了幽燕方言与中原文化间久远的历史渊源；西南官话的形成，则多与中原移民、改土归流和军队屯边有关。我们认为从巴、蜀参与武王伐纣起，巴蜀方言便开始与中原文化接触，经长期演变呈现了今天的面貌，因此东北官话与西南官话自古以来平行发展。

东北与西南历史上都属于少数民族的聚居区。从社会语言学的视角来看，在中华思想同心圆的传统东亚秩序中，围拱在中央华夏族周边的北狄、南蛮、西戎、东夷，在语言文化上不断地与中原文化发生着历史的接触与融合。

东北历史上地广人稀，自古聚居着肃慎、东胡等部族，古长城地带的燕国、赵国、秦、汉、魏、晋等对东北的经营统治建设，成就了历史上早熟的蓟县（现天津市蓟州区）、朝阳、辽阳、集安等地区，在这些地区汉人原本较集中，地域上的沟通，民族间的融合，形成了东北方言较早依托——幽燕方言。隋唐两宋时期，北方的契丹崛起，之后石敬瑭割燕云十六州给契丹，宋辽西夏分治，致使幽燕与中原分离长达四百年，后来的蒙古、女真、满等民族登上历史舞台，建立元、明、清朝，八旗制度建制以降，特别是清军入关后，东北作为龙兴之地，戍边汉军不断扩增，亦兵亦农屯住，纷纷入旗籍，东北便形成了如黑龙江站话一样的诸多方言岛，一方面优势汉文化影响不断扩展，另一方面一些少数民族最后被动放弃母语。这种语言文化接触融合的结果，使得历史上的幽燕方言获得了近代发展的新形式——汉儿言语。19世纪，中原农民饱受天灾，破产农民开始违禁闯关东：山东人一支多从海路来，自胶东地区跨渤海，登大连港，或定居辽东，或北上定居吉林、黑龙江东部山区；河北、河南人一支多从陆路来，出山海关，沿辽西走廊，或定居辽宁、吉林西部，或北上黑龙江。闯关东使得大河北话、胶东话北移，在与幽燕方言及少数民族语言长期接触的基础上，东北-北京官话形成。移民具体轨迹可表示为：

（中原）山东、河北、河南→（东北）辽宁、吉林、黑龙江

西南地区则自古聚居着苗族、瑶族、壮族、侗族等民族，理论上亦不乏早期巴蜀方言与其语言接触的痕迹。历史比较语言学家们在构建汉藏同源的谱系树上，本有藏缅-苗瑶-侗台语族与汉语在发生学上的考量，现实的南方方言研究成果也从总体上昭示着这种关系的存在。近年来学界对西南官话与少数民族语言影响关系之探讨方兴未艾。一般认为西南官话的形成除三星堆早期文明的积淀外，与史上大规模的移民和军队屯边有关：北宋末年靖康之难，引发全国第三次移民潮，中原居民大规模向华中、华南迁移避乱。这次移民使中原官话深入南方，为西南官话的形成奠定了方言接触的基础；元明清三朝，西南设土司，大力推行军屯制度，鼓励“湖广

填四川"，同时，三朝完善了在云南、贵州的屯田制度，使得西南官话遍及云南、贵州、四川，并深入到了广西。改土归流及汉军的进驻对西南官话的深入影响不难想象，改土归流前后地域内部的交际语言，是否形成地域化的较为一致的"西南土司通语"，有待探讨。不过倒是西方传教士较早地记录和认同了西蜀方言（西南官话）。其移民具体轨迹可表示为：

（中原）华北→（华中等）湖北；江西→（西南等）四川、贵州、云南；广西

从中原移民的轨迹看，东北官话与西南官话都是历史上中原河洛语言融入各自土著语言扩散发展的结果，时至今日，两者虽相隔数千里，但相近的语音、语法和词汇系统，依然昭示着它们有着近似的亲属渊源。在各自地域范围内，历史地发生了汉语与各自（东北、西南）少数民族语言间的接触与融合，特别是明清以降的屯兵及移民，更直接拉近了两种次方言的距离。本书认为，东北官话、西南官话的形成或经历了如下的轨迹：

幽燕方言→"汉儿言语"→东北官话

巴蜀方言→"土司通语"→西南官话

二、两种方言与少数民族语言融合的差异性

李如龙先生对汉语方言比较研究时提出：在研究不同方言时要考虑一下这些方言有没有因与不同民族语言相互借用而形成的方言特征。[①]

既然东北和西南地区历史上都是少数民族聚居地，那么在历史上优势汉文化的主导作用下，中原雅言、通语势必要进入并影响当地的土著语言；另一方面，近代官话又会从当地的语言中吸收合理成分，特别是在语言接触、民族融合的背景下，多少会保留少数民族语言的底层。东北官话区与西南官话区遥相呼应，典型地昭示了官话方言与少数民族语言接触与融合的特点，但是其表现并不完全相同。东北官话方言更多地反映出与鲜卑族、契丹族、女真族、蒙古族、满族等北方阿尔泰民族语言融合的历史底层，西南官话方言则或较多地显现与藏缅–苗瑶侗台等少数民族语言双语或多语和谐共存的局面。历史上东北的契丹族、蒙古族、满族，都曾统治中国几百年，但这些"马背上的民族"历史上一次次陷入由"行国"到"城国"被汉化的悖论，甚至最终其语言亦被融合消解。不过，契丹族、蒙古族、女真族、满族等毕竟曾有过"国语国文"，对汉语也有过一定的影响，比如汉儿言语从满语当中吸

① 李如龙．汉语方言的比较研究 [M]. 北京：商务印书馆，2001：30-43.

收了不少词汇，汉语在借词时还借用了满语音，至今，如“萨其玛”“嘞嘞”“咋呼”等词汇中还保留了一定数量的满语成分。西南官话区少数民族虽多，但人口相对少且分散，“西南土司通语”应体现优势汉语的影响，在地区内部有整化趋同的要求，改土归流的实施，更固化了汉语的优势，促进了西南官话的形成，并使西南官话迅速发展成为该地区的通用语言。在这种意义上，与东北官话相比，缺乏民族语言文字传承、文献记录的苗族、瑶族、壮族、侗族等少数民族语言，对西南官话的影响底层及与西南官话接触后的新形式——“土司通语”的表象可能多被历史所湮没，亟须从语言调查实践中发掘线索，填补“空格”。鲍厚星先生等对湘南土话的深入研究，正倾力于此。

三、东北官话与西南官话之语音对比

1. 音系的比较

研究语音的一致性有利于找出不同方言间的相近程度，研究语音的差异性则有利于揭示不同方言的发展与演变。因此，我们将东北官话与西南官话的声、韵、调进行对比，以见一斑。在方言点的选取上，东北官话以沈阳、长春、哈尔滨为代表，西南官话以成都、贵阳、昆明为代表点，我们参照袁家骅《汉语方言概要》中的语音比较体例，分别列出两大方言的声、韵、调对比表，同时将北京话列出作对比参考。见表 3-35—表 3-41。

1）声母的比较

表 3-35　声母表一

方言点	例字															
	布	普	木	府	文	刀	涛	努	路	资	词	司	之	迟	师	肉
北京	p	p^h	m	f	ø	t	t^h	n	l	ts	ts^h	s	tʂ	tʂ^h	ʂ	ʐ
沈阳	p	p^h	m	f	v	t	t^h	n	l	ts/tʂ	ts/tʂ	s/ʂ	ts/tʂ	ts^h/tʂ^h	s/ʂ	ø
长春	p	p^h	m	f	v	t	t^h	n	l	ts/tʂ	ts^h/tʂ^h	s/ʂ	ts/tʂ	ts^h/tʂ^h	s/ʂ	ø
哈尔滨	p	p^h	m	f	v	t	t^h	n	l	ts/ʂ	ts^h/tʂ^h	s/ʂ	ts/tʂ	s^h/ʂ^h	s/ʂ	ø
成都	p	p^h	m	f	v/ø	t	t^h	n		ts	ts	s	ts	ts^h	s	z
昆明	p	p^h	m	f	ø	t	t^h	n		ts	ts^h	s	tʂ	tʂ^h	ʂ	ʐ
贵阳	p	p^h	m	f	ø	t	t^h	l		ts	ts^h	s	ts	ts^h	s	z

表 3-36　声母表二

方言点	例字									
	九、酒	齐、奇	西、稀	该	开	虎	海	爱	无	严
北京	tɕ	tɕʰ	ɕ	k	kʰ	x		∅		
沈阳	tɕ	tɕʰ	ɕ	k	kʰ	x		ŋ/n/∅	∅	
长春	tɕ	tɕʰ	ɕ	k	kʰ	x		ŋ/n/∅	∅	
哈尔滨	tɕ	tɕʰ	ɕ	k	kʰ	x		ŋ/n/∅	∅	
成都	tɕ	tɕʰ	ɕ	k	kʰ	f	x	ŋ	v/∅	ȵ
昆明	tɕ	tɕʰ	ɕ	k	kʰ	f	x	∅		l
贵阳	tɕ	tɕʰ	ɕ	k	kʰ	f	x	ŋ	∅	

2）韵母的比较

表 3-37　韵母表一

方言点	例字									
	把	波	个	开	费	高	斗	饭	根	更	旁
北京	a	o	ɤ	ai	ei	ɑu	ou	an	ən	əŋ	ɑŋ
沈阳	a	ɤ	ɤ	æ	ei	ɔ	ou	an	ən	əŋ	ɑŋ
长春	a	ɤ	ɤ	æ	ei	ɔ	ou	an	ən	əŋ	ɑŋ
哈尔滨	a	ɤ	ɤ	æ	ei	ɔ	ou	an	ən	əŋ	ɑŋ
成都	a	o	o	ai	ei	ɑu	əu	æ̃	ən		ɑŋ
昆明	a	ʊ	o	ɛ	i	ɑu	əu	ã	ə̃		ã
贵阳	a	o	o	ai	ei	ɑu	əu	an	ən		ɑŋ

表 3-38　韵母表二

方言点	例字												
	资	支	儿	地	家	姐	药	焦	酒	盐	金	京	娘
北京	ɿ	ʅ	ɚ	i	ia	iɛ	iau	iau	iəu	iɛn	in	iŋ	iaŋ
沈阳	ï		ɚ	i	ia	iɛ	iɔ	iɔ	iu	iɛn	in	iŋ	iaŋ
长春	ï		ɚ	i	ia	iɛ	iɔ	iɔ	iu	iɛn	in	iŋ	iaŋ
哈尔滨	ï		ɚ	i	ia	iɛ	iɔ	iɔ	iu	iɛn	in	iŋ	iaŋ
成都	ɿ		ɚ	i	ia	iɛ	yo	iau	iəu	iæ̃	in		iaŋ
昆明	ɿ	ʅ	ə	i	ia	iɛ	iɑu	io	iɛ	io	ĩ		iã
贵阳	ɿ		ɚ	i	ia	iɛ	io	iɑu	iəu	iɛn	in		iaŋ

表 3-39　韵母表三

方言点	例字									
	普	瓜	国	快	会	短	准	光	翁	东
北京	u	ua	uo	uai	uei	uan	uən	uɑŋ	uəŋ	uŋ
沈阳	u	ua	uə	uæ	ui	uan	uən	uɑŋ	uəŋ	uŋ
长春	u	ua	uə	uæ	ui	uan	uən	uɑŋ	uəŋ	uŋ
哈尔滨	u	ua	uə	uæ	ui	uan	uən	uɑŋ	uəŋ	uŋ
成都	u	ua	uɛ	uai	uei	uæ̃	uən	uɑŋ	uŋ	
昆明	u	ua	uo	uɛ	ue	uã	uə̃	uã	uŋ	
贵阳	u	ua	uɛ	uai	uei	uan	uən	uɑŋ	uŋ	

表 3-40　韵母表四

方言点	例字								
	女	鱼	月	权		均		穷	
北京	iʉɛ	y	yɛ	yɛn		yn		yŋ	
沈阳	iʉɛ	y	yɛ	iʉan	yɛn	iʉən	yn	iʉoŋ	yŋ
长春	iʉɛ	y	yɛ	iʉan	yɛn	iʉən	yn	iʉoŋ	yŋ
哈尔滨	iʉɛ	y	yɛ	iʉan	yɛn	iʉən	yn	iʉoŋ	yŋ
成都	y		yɛ	yæ̃		yn		ioŋ	
昆明	i		iɛ	iɛ		ĩ		ioŋ	
贵阳	i		iɛ	iɛn		in		ioŋ	

3）声调的比较

表 3-41　声调比较

方言点	平		上	去	入
	刚、知、专	穷、陈、床	古、展、纸	近、盖、抗	出、比、急、不
北京	阴平 55	阳平 35	上声 214	去声 51	入派三声
沈阳	阴平 33	阳平 24	上声 213	去声 52	入派三声
长春	阴平 33	阳平 24	上声 213	去声 52	入派三声
哈尔滨	阴平 44	阳平 24	上声 214	去声 52	入派三声
成都	阴平 55	阳平 21	上声 53	去声 213	阳平
昆明	阴平 44	阳平 31	上声 53	去声 213	阳平
贵阳	阴平 55	阳平 21	上声 53	去声 24	阳平

2. 东北官话与西南官话语音差异分析

根据前文所列东北官话与西南官话的声、韵、调比较表，我们可以看出，两种方言语音上存在诸多的一致性，但也有不少的差异，这些差异是划分东北官话与西南官话的主要依据，我们分别从声、韵、调三个角度进行论述：

1）声母方面

（1）在韵母 [u] 前，[f]、[x] 两声母，沈阳、长春、哈尔滨分明；成都、贵阳、昆明三地一律混为 [f]，如：扶=湖、夫=呼。东北官话有微母，实际发音近似 [ʋ]。

（2）泥来母字，东北官话各点分明；西南官话三个点有三种情况：成都一律混为 [n]，贵阳一律混为 [l]，昆明 [n]、[l] 分明。总的来说，西南官话泥来母字相混。

（3）精知庄章四组字，东北官话情况相对复杂，存在精、庄组声母如 [ts]、[tʂ] 自由变读的情况①；西南官话三个点中仅昆明庄组 [tʂ] 相应地读为 [tʂ]，其他点均读成精组的 [ts]。

（4）日母字，东北官话多读零声母，口语中少数字读 [l] 声母；西南官话一律读为 [z] 声母。

（5）中古见母、匣母的蟹摄开口二等字，解 [tɕiɛ213]、街 [tɕiɛ33]、鞋 [ɕiɛ24] 等，东北官话中绝大多数已腭化为舌面音，口语中部分保留了舌根音，如：解 [kiai213]、街 [kiai213]；今西南官话中一般保持了舌根音声母的白读音。

（6）疑母开口字，东北官话多读零声母，少数字读 [ŋ]、[n] 声母②；西南官话各点读为 [ŋ] 声母。

2）韵母方面

（1）东北官话三个方言调查点的韵母基本是发展相对缓慢的撮口呼韵母，表现在个别地域白读中泥来喻知庄章日组等声母中，撮口呼还不是 [y]、[yɛ]、[yɛn]、[yn]、[yŋ]，而仍处于 [iʉ]、[iʉɛ]、[iʉan]、[iʉən]、[iʉoŋ] 的发展阶段；西南官话三个点除成都有撮口呼韵母外，贵阳、昆明没有撮口呼韵母，这两个点的撮口呼，一般并入了齐齿呼当中，如：雨=以，渊=烟，月=叶。

（2）果摄字，东北官话一般读 [ɤ] 或 [uə] 韵母；西南官话一般读 [o] 或 [uo] 韵母。

（3）鼻音韵尾，东北官话相对完整；西南官话三个点中，除贵阳外，今成都话咸、山二摄的鼻音韵尾趋于脱落，成鼻化韵，普通话里的前鼻音韵尾字，昆明话中一律

① 东北官话的 [tʂ、tʂʰ、ʂ] 与 [ts、tsʰ、s] 属自由变读，相应地 [ʅ] 与 [ɿ] 也自由变读为 [ɿ̈]。

② 东北三省部分官话方言点疑母开口字有读 [ŋ] 声母的现象，详见表 3-36。

读鼻化韵。

（4）东北官话 [ən] 与 [əŋ]、[in] 与 [iŋ] 韵母区分明显；西南官话一般不分，混为前鼻音韵尾（昆明混为鼻化韵）。

（5）东北官话 [əŋ]、[uŋ] 区分清楚；西南官话两韵母不分，一律混为 [uŋ]。

3）声调方面

总的来说，东北官话和西南官话声调的类别相同，都有阴平、阳平、上声、去声，没有入声（西南官话个别地区例外）。不同之处主要表现在两方面：

（1）调值的差异。

阴平：阴平调值不同，东北官话的阴平调值相对较低，一般读为 33；西南官话都读平声调，如成都 55，昆明 44，贵阳 55。

阳平：阳平调值相去较大，东北官话一般读中升调，如沈阳 24；西南官话一般读降调，如成都 21，贵阳 21，昆明 31。这样一来，东北官话区的人听西南官话区的人念阳平字时，感觉是在念普通话的上声字。

上声：上声字东北官话念曲折调，调值一般为 213；西南官话念降调，调值为 53。

去声：去声字与上声字的情况恰恰相反，东北官话念高降调 52 或 51；而西南官话调值为曲折调 213（贵阳为 24）。

（2）入声的分化。

东北官话和西南官话的中古入声调已消失，分别派入了其他声调，不过具体分化有所不同：东北官话表现为入派三声[①]，清入读上声较多；而今西南官话中古入声字一般派入阳平。

中古的入声字，今普通话派入了三声，几无规律可循。东北官话多数地方存在着中古清声母入声字多读上声、阳平的现象，西南官话这一点与东北官话有相似之处，不过中古清声母入声字演变得非常整齐和单一，今一律读阳平声调。如“搭、磕、逼、息、熄、戚、踢、激、击、刷、说、穴、结、瞎、杀、八、脱、骨、出、失、匹、七、漆、一、剥、屋、叔、啄”等，它们在普通话里不读阳平，但东北官话多数读阳平，或为阴平、阳平异读或互读，西南官话一律读阳平。试分析来看，东北官话处在胶辽官话、冀鲁官话及契丹语、蒙古语、满语等占了统治地位的少数民族语言的包围之中，长城地带语言间的接触和相互影响，使得“汉儿言语”在向现代官话方言演变过程

① 入声字的分化与普通话略有不同，李荣先生在《汉语方言的分区》中认为东北官话古入声清声母字今读上声的比普通话要多，这也是 20 世纪 80 年代末划分东北官话的主要依据之一。见李荣. 汉语方言的分区 [J]. 方言，1989（04）：252-259.

中，体现了更为复杂的历史层次。这样，除少数清声母入声字归入了阴平、去声外，东北官话还表现出中古清声母入声归入上声的字、读阳平的字多于普通话的特点，与改土归流后的西南官话“古清入今一律读阳平”的整齐划一比较起来，显得没有那么彻底。

四、两种官话比较研究的意义

将东北官话与西南官话进行平行比较研究，讨论它们之间的关系，目的并不在于简单描述两者语音上的一致性与差异性，而在于突显两种官话在历史的发展过程中，各自经历了哪些语音演变，各自形成于什么年代，其主要源流是什么，以及与少数民族语言接触的情况等。通过这种对比，进而说明它们受不同方言影响的情况，以及从其他语言中借用语言成分的情况等，既结合西南官话与东北官话各自的历史背景，来探寻它们各自形成的原因及特点，又探讨官话方言系统语音上的整合与分化之关系。

今天，北方方言的各个次方言中，东北官话与北京官话的语音最为接近，这反映出北京官话与东北官话的密切关系。李如龙先生认为“东北原是满族的居住地，满人入关以后，华北各地的人“下关东”充填之，这时北京音已经地位日高，正好可作为多方言区来人的共同语”[①]。我们认为：东北的汉族和少数民族长期接触，经历了古代的幽燕方言到近代的“汉儿言语”（东北古官话）的发展，东北官话为北京官话提供了直接渊源，随着清军入关，东北官话与融合了南方一系的江淮官话，最终汇流于北京，成就了南音、北音的统一——现代汉民族共同语形成。

近年来，有鲍厚星、范俊军、袁明军、李星辉等围绕湘南土话对西南官话与少数民族个语进行研究，那么在西南官话形成之前，是否存在“西南土司通语”，或更早的内部已趋于一致的巴蜀方言，可资探讨。随着对东北官话与北方阿尔泰语言接触研究的深入，我们是否可以窥见东北近代“汉儿言语”的全貌？在社会语言学与方言学研究日益紧密结合的今天，我们从各官话方言与相关地域少数民族语言接触的角度，倾力于这种填补“空格”式的研究，既从语言内部有序地开展关于方言调查与描写的个案研究，又整合联系起来，从社会与语言发展的外部去考量、探索官话方言同区域内部少数民族语言接触的相关问题，或可为我们官话方言及生态语言学的研究打开一片新天地。

---

① 李如龙．汉语方言的比较研究 [M]. 北京：商务印书馆，2001：20.

参考文献

葛剑雄，曹树基，吴松第 . 简明中国移民史 [M]. 福州：福建人民出版社，1993.
郭正彦 . 黑龙江方言分区略说 [J]. 方言，1986（03）：182-185.
贺巍 . 东北官话的分区（稿）[J]. 方言，1986（03）：172-181.
侯精一 . 现代汉语方言概论 [M]. 上海：上海教育出版社，2002.
黄雪贞 . 西南官话的分区（稿）[J]. 方言，1986（04）：262-272.
李蓝 . 六十年来西南官话的研究与调查 [J]. 方言，1997（04）.
李如龙 . 汉语方言的比较研究 [M]. 北京：商务印书馆，2001.
卢开濂 . 昆明方言志 [J]. 玉溪师专学报，1990（02，03）.
宋学 . 辽宁语音说略 [J]. 中国语文，1963（02）：104-114.
汪平 . 贵阳方言的语音系统 [J]. 方言，1981（02）：122-130.
袁家骅 . 汉语方言概要（第二版）[M]. 北京：语文出版社，2001.
张志敏 . 东北官话的分区（稿）[J]. 方言，2005（02）：141-148.

第八节　东北官话与西北官话比较研究初探[①]

一、概述

方言间的比较，同样是历史比较语言学研究的题中应有之义。然而，长期以来，无论从成果数量还是研究队伍方面看，官话方言之研究较其他方言研究而言，略显"低调"。李荣据古入声调分化的情况，将官话划分为七个区：江淮官话、北方官话、北京官话、中原官话、胶辽官话、西南官话及兰银官话[②]，其分区中没有东北官话和西北官话。这就有必要对东北官话与西北官话的范畴作出界定与说明。学界对东北官话独立成区与否的讨论首推李荣。其 1985 年所论对东北官话未作独立分区，原因在于"东北三省有许多方言比河北省更接近北京。专就古入声的清声母字今分归阴平、阳平、上声、去声而言，东北官话区也可以画到北京官话区"[③]。林焘[④]、张世方[⑤]亦从不同的角度声援该观点。不过，李荣又指出："考虑到东北官话区古入声的清音

① 本节原文由杨春宇发表于：辽宁对外经贸学院学报（内刊），2010（02）：26-30. 有删改。

② 李荣 . 官话方言的分区 [J]. 方言，1985（01）：2-5.

③ 李荣 . 汉语方言的分区 [J]. 方言，1989（04）：247.

④ 林焘 . 北京官话溯源 [J]. 中国语文，1987（03）：161-169；林焘 . 北京官话区的划分 [J]. 方言，1987（03）：166-172.

⑤ 张世方 . 也谈北京官话区的范围 [J]. 北京社会科学，2008（04）：88-92.

声母字今读上声的比北京多得多；四声调值和北京相近，但是阴平的调值比北京低；以及多数方言无 [z] 声母（北京的 [z] 声母读零声母 [ø]）等特点，现把东北官话区独立成一区。”[①] 贺巍从总说、分区、特点、内部差异等几个方面对东北官话加以阐释，使东北官话研究与讨论得以展开。[②] 中国社会科学院和澳大利亚人文科学院合编的《中国语言地图集》（1987）及后来的学者们亦大都趋向于东北官话独立成区。关于此问题，容后论述。

东北官话是官话方言研究中的后起之秀，究明其特征及其与其他官话方言的关系，是一个涉及官话方言历时演变的大问题。东北官话与西北官话同属官话范畴，是不同历史时期官话异域分化演变的结果。它们自身的历时演变及其与其他方言、少数民族语言的共时影响，决定了今天东北官话与西北官话两种相互联系又相互区别的方言格局，建构在这种平行意义上的比较研究，便是本节探讨两种官话关系问题的立足点。

本节所指的东北官话是分布于黑龙江、吉林、辽宁及内蒙古东北部的主体官话方言，以哈尔滨、长春、沈阳方言为代表；西北官话，则是一个泛称，一般指分布于新疆、内蒙古、青海、宁夏、甘肃乃至陕西的官话方言，西北官话这一名称于现在的文献里已经很少用，一般将西北官话根据分布地域的不同分别称为兰银官话、新疆方言、内蒙古方言等，李荣先生则统之为兰银官话。这样，拙著所指的西北官话，则主要以兰银官话为考察对象。

二、东北官话与西北官话之关系

任何一种方言的形成都受制于特定的历史条件与社会环境。历史移民、战争戍边等原因扩大了汉语的分布范围，同时也为日后方言多样性的出现埋下了伏笔。从纵的角度来看，东北官话与西北官话都是历史上古官话分化演变的结果；从横的角度来看，二者都受到了少数民族语言的影响。对于这两种官话的关系，我们拟从两方面来探讨：一是从东北官话与西北官话各自的形成过程方面来讨论，二是从两种官话自身的一些特殊音韵现象方面来分析。

---

① 李荣．汉语方言的分区 [J]. 方言，1989（04）：247.

② 贺巍．东北官话的分区（稿）[J]. 方言，1986（03）：172-181；贺巍，钱曾怡，陈淑静．河北省北京市天津市方言的分区（稿）[J]. 方言，1986（04）：241-252.

（一）东北官话与西北官话历史形成过程之比较

1. 东北官话的形成

东北自古乃夷狄之地，长期生活着满族、蒙古族、朝鲜族等少数民族。在语言分布上，相对说来，少数民族语言当然地占据了一定的优势。但是，杨春宇认为：长城地带的幽燕方言是原始华夏语的渊源之一，参与了汉语的起源与构建[①]。早在远古时期，东北地区即有汉人居住，秦汉时代便形成了酉城、柳城（今朝阳市袁台子村东北）、襄平（今辽阳市）、集安市等东北重镇。早期汉语东北方言的形成与幽燕长城地带的移民及这些都市的发展不无关系。辽代以降，更有大批汉人移居东北，这些汉人主要来自幽燕地区。移居东北的汉人，无论在文化上还是生产方式上都占据着优势，这样一来，这些近代的汉族移民与当地少数民族日益混血融合，语言文化上的接触势不可逆，汉语语言文化上的优势亦日趋明显。据《辽史》记载，到12世纪中叶，金朝女真统治者迁都燕京时，已大都使用汉语了，东北地区汉语的影响力由此可见一斑。加之，元代在大都建京，明清以降，东北与燕京间频繁移民，这样，以燕京话为中心的幽燕方言与东北少数民族语言进一步接触而形成的汉语成就了东北官话的近代形态——汉儿言语。到了近现代，中原及山东沿海农民开始大规模闯关东，这更为东北官话的最终形成提供了新鲜血液。现在不少人认为东北官话的形成直接得益于闯关东，对于这点，我们不甚赞同，原因在于：

首先，在闯关东之前，早期的东北官话自有其独特的源流，如前所述，它以幽燕方言为基础，又经过了“汉儿言语”的近代发展。这也是在官话方言的内部，东北官话与北京官话最为接近的主要原因之一。

其次，闯关东确对东北官话的形成起了重要作用，但绝非决定作用。闯关东带来的中原官话，在东北方言中留下了深刻印记，如辽西、吉西一带疑影母开口字有读 [ŋ]、[n] 声母的现象等，但这只是局部的特点，由此也可见，中原官话为东北官话提供的是成分而非整体的影响。此外，海路带到东北来的胶东话也未影响东北官话的全局，只是影响了汉语东北方言的分布格局，成就了胶辽官话在辽南地区及方言岛的延伸，并保留一些鲜明的特征而不与东北官话相混。

2. 西北官话的形成

历史上的西北地区，是少数民族的主要聚居区之一，从古至今一直如此。汉语

---

① 杨春宇．东北亚语言发展与辽宁文化战略对策 [J]. 理论界，2010（02）：156-158.

方言在西北地区的发展扩散，是主动与被动因素交融的结果。随着“丝绸之路”的形成和延伸，一方面，汉民族语言文化远播到中亚、西亚各地；另一方面，沿途诸国及当地少数民族语言文化亦反过来作用于汉语。秦汉统治者通过移民戍边、军队屯戍、兴建水利、推广技术，最早开发了西北；随着西北民族融合的日益加深，出于戍边和管理的需要，历代中央王朝，对西北地区都极为重视，抽调了大批军队屯居，并鼓励移民。唐宋以降，迁客骚人对西北“边塞意象”“茶马互市”等的描绘，对该华戎所交之地多有反映。近现代中原人的“走西口”，更促进了西北文化与中原文化的交融。新中国成立后，随着支边运动的开展，大批移民移居西北，这一切对西北地区汉语方言的扩散起了重大作用，总体上影响了西北官话分布的格局，并促进了西北官话方言的发展。

3. 二者共性

通过对两种官话形成过程的概述，我们发现，东北官话与西北官话在形成的过程中呈现出如下一些共性：

首先，在形成的过程中均受到了当地少数民族语言的影响，都或多或少地保留了少数民族语言的底层，且以阿尔泰语系的影响居多。西北的“丝绸之路”“茶马互市”与东北的“草原丝绸之路”或“鹰道朝贡之路”有异曲同工之妙。

其次，中原流人到关外的“闯关东”与中原商人西向的“走西口”，从地域语言文化的交流史的层面上看，也形成了地域文化内部融合的典型映照。

最后，戍边、屯边对两种官话形成起了重大作用，戍边军民以中原人居多，戍边、屯边活动对早期中原官话扩散起了重要作用，这是东北、西北官话同属官话范畴的重要历史条件。

4. 二者差异

东北官话与西北官话形成的差异，主要体现在以下几个方面：

一是形成的时间问题。早期东北官话的形成，如前所述，是在幽燕方言的影响下形成的。贺巍先生在《东北官话的分区（稿）》一文中谈到东北官话的形成问题时说：“东北官话是在本地话、河北话和山东话的基础上形成的”[①]，他并未指明“本地话”具体是什么方言，我们认为，这种本地话就是幽燕方言的一种变体，即前文说的幽燕方言与当地少数民族语言接触而形成的汉语东北方言。这样一来，东北官话方言的形成可以上溯至秦汉时代。至于西北官话的形成，因为与丝绸之路移民、战

① 贺巍．东北官话的分区（稿）[J]. 方言，1986（03）：173.

争屯兵等因素关系密切，加之近现代出现了大规模“走西口”的移民，因此它的形成体现出更深层次的多元性。唐宋以来，汉语与“丝绸之路”上的异族语言的接触，为西北官话乃至整个汉语的形成提供了最初的原始形态，当然包括东北朝阳“三燕古都”等早期都市对西北汉语文化融入的接受；近现代的“走西口”使得西北官话最终形成。

二是影响二者形成的具体的少数民族语言问题。从历史上少数民族语的分布及今天东北官话、西北官话自身的一些特点来看，影响其二者形成的民族语是有很大差别的。东北官话可能较多受契丹语、女真语、蒙古语、朝鲜语和满语的影响，而西北官话或较多受维吾尔语、西夏语等的影响。

三是官话形成的基础方言问题。我们认为，东北官话形成的主体基础是古幽燕方言，这样一来，东北官话与北京官话是不宜分开的，我们从历史发展的角度也赞同东北官话、北京官话合一的观点，主张构建“东北–北京官话”框架①。西北官话主要是中西亚语言文字与古中原官话交流碰撞的结果。刘俐李《新疆汉语方言的形成》一文详细论述了新疆等地汉语形成的过程，刘文指出中原官话“南疆片方言”是以陕西回族话为基础形成的②。

四是演变的类型不同。西北官话属于扩散式演变，它的形成是历代中央政权戍边、移民的结果，大批军民的进驻，使得官话向西北扩散，而这些官话既有中原官话，又有冀鲁官话，此外还有西南官话、江淮官话等；而东北官话是聚集型演变，它本身是在幽燕方言的基础上形成的，同一方言区的人们逐渐聚集，语言上不混杂，受其他汉语方言的影响也相对较小。我们用图 3-1 来大体表示官话形成的类型。

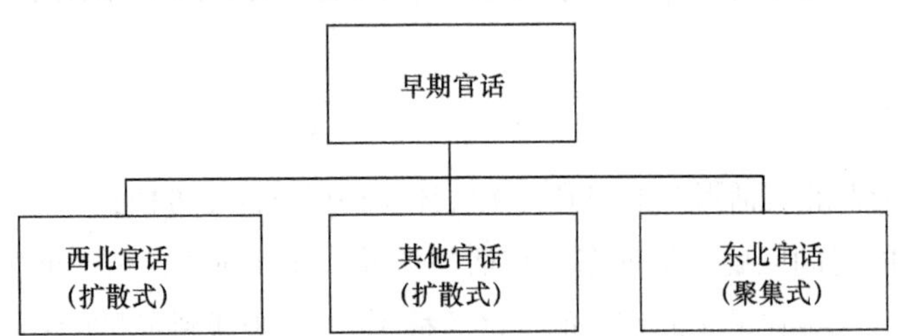

图 3-1　东北官话、西北官话与早期官话关系图

① 杨春宇 . 东北亚语言发展与辽宁文化战略对策 [J]. 理论界，2010（02）：156-158.

② 刘俐李 . 新疆汉语方言的形成 [J]. 方言，1993（04）：268.

（二）东北官话与西北官话方言语音比较

东北官话与西北官话一些特殊的语音、词汇现象，能够揭示二者之间的一些共时与历时的联系。在此，我们主要从方言语音的角度来略谈二者的关系。

1. 知庄章三组卷舌音的形成，同受阿尔泰语系的影响

知庄章三组的声母中古以前有别，中古以后的汉语方言，三组合流是大趋势，不过仍有一定的差异。今普通话知庄章三组合流为卷舌音 [tʂ、tʂ^h、ʂ]，西南官话则合流为 [ts、ts^h、s]，湖南南部地区的土话多表现为知二与庄组合流、知三与章组合流。就东北官话与西北官话来看，也存在很大差异：东北官话知庄章三组大体表现有三种形态：部分地区全部合流为 [ts、ts^h、s]；有些地区全部合流为 [tʂ、tʂ^h、ʂ]；多数地区则处于一种中介状态，即平舌与翘舌的混并，自由变读。兰银官话的兰州等地大体能区分平翘舌，银川等地的部分知庄章组字翘舌混为平舌（见表 3-42）。为什么东北官话与西北官话普遍存在翘舌音，我们通过对语音资料分析后认为这是受阿尔泰语系影响的结果，东北官话与西北官话地区均分布有阿尔泰语系少数民族语言，从民族语言接触角度来看，这些少数民族语言对汉语的影响是不可忽视的，这样一来，东北官话与西北官话在这一层面上联系颇为紧密。见表 3-42。

表 3-42　东北官话与西北官话知庄章三组字音的比较

方言点	例字							
	资	支　知	蚕	馋　缠	僧	生　声	苏	梳　书
兰州	꜀tsɿ	꜀tʂʅ	꜁ts^{h}ɛ̃	꜁tʂ^{h}ɛ̃	꜀sə̃	꜀ʂə̃	꜀su	꜀fu
银川	꜀tsɿ	꜀tʂʅ	꜁ts^{h}ɛ̃	꜁tʂ^{h}ɛ	꜀səŋ	꜀ʂəŋ	꜀su	꜀ʂu
沈阳	꜀tsɿ	꜀tʂʅ/ ꜀tsɿ	꜁ts^{h}an	꜁tʂ^{h}an/ ꜁ts^{h}an	꜀səŋ	꜀ʂəŋ/ ꜀səŋ	꜀su	꜀ʂu/ ꜀su
长春	꜀tsɿ	꜀tʂʅ/ ꜀tsɿ	꜁ts^{h}an	꜁tʂ^{h}an/ ꜁ts^{h}an	꜀səŋ	꜀ʂəŋ/ ꜀səŋ	꜀su	꜀ʂu/ ꜀su
哈尔滨	꜀tsɿ	꜀tʂʅ/ ꜀tsɿ	꜁ts^{h}an	꜁tʂ^{h}an/ ꜁ts^{h}an	꜀səŋ	꜀ʂəŋ/ ꜀səŋ	꜀su	꜀ʂu/ ꜀su

注：本表的制定参照《现代汉语方言概论》官话部分的表格，“/”表示二者自由变读。

2. 日母字今读零声母

官话方言的内部，日母字的今读声母存在很大的差异。北京官话今读 [ʐ]，西南官话一律读 [z]，冀鲁官话保唐片读 [z]、聊泰小片多读 [ʐ]、石济片多读 [l]，胶辽官话多读零声母。东北官话虽与北京官话最为接近，但日母字的今读声母却与之相去甚远，北京官话今读卷舌音，东北官话普遍读零声母，然而这却与相隔千里的西北官话一致。

3. 果摄 [ɤ] 与帮组声母的拼合关系

兰银官话北疆片 34 市县及甘肃境内少数市县的方言没有单韵母 [o]，凡普通话属果摄 [o] 的韵母，兰银官话读成 [ɤ]，这与东北官话十分一致。我们来看表 3-43。

表 3-43　西北官话、东北官话果摄单韵母与帮组声母的拼合比较

方言点	例字						
	波	播	坡	破	末	磨	佛
乌鲁木齐	꜀pɤ	꜀pɤ	꜀pʰɤ	pʰɤ꜄	mɤ꜄	꜁mɤ	꜁fɤ
石河子	꜀pɤ	꜀pɤ	꜀pʰɤ	pʰɤ꜄	mɤ꜄	꜁mɤ	꜁fɤ
沈阳	꜀pɤ	꜀pɤ	꜀pʰɤ	pʰɤ꜄	mɤ꜄	꜁mɤ	꜁fɤ
长春	꜀pɤ	꜀pɤ	꜀pʰɤ	pʰɤ꜄	mɤ꜄	꜁mɤ	꜁fɤ
哈尔滨	꜀pɤ	꜀pɤ	꜀pʰɤ	pʰɤ꜄	mɤ꜄	꜁mɤ	꜁fɤ
普通话	꜀po	꜀po	꜀pʰo	pʰo꜄	mo꜄	꜁mo	꜁fo

与唇音声母相拼，将 [o] 读为 [ɤ] 的现象在其他方言中十分罕见，而东北官话与部分西北官话却不谋而合。从现代语音学角度而言，[o] 与 [ɤ] 的差别仅在于圆唇与否，绝大多数方言有独立的 [o] 韵母，能与唇音声母相拼。今东北官话与西北官话读为 [ɤ] 的现象，是官话分化过程中产生的一种较为特殊的音韵现象。这一现象的形成是语音自身演变的结果，即一般果摄 [o] 韵发生央化而成为 [ɤ] 韵，东北官话与西北官话虽说从古官话分化的时间各异，但同样地表现为果摄主要元音发生央化，多呈现 [ɤ]＞[ə] 的现象。汉语的 [ɤ] 产生较晚，据台湾学者竺家宁的研究，直到清代赵绍箕的《拙庵韵悟》(1674) 方有 [ɤ] 韵的记载①。这样一来，东北官话与西北官话在时间的链条上，或因同受阿尔泰语系的影响，而形成了一定的共性特征。

三、结语

研究官话方言之间的关系，有助于弄清方言间的演变关系，也有助于构建语言接触的类型，对地域语言文化的接触研究有补充、促进的作用。长期以来，由于官话分布的范围广，内部一致性高，学术界少有探讨官话方言内部之间的关系问题，东北方言与其他方言的关系问题更是鲜有提及。本节从官话方言内部的比较着眼，旨在探讨东北官话与西北官话之间的异同，虽只是概述性的讨论，许多细致的问题

① 竺家宁. 音韵探索 [M]. 台北：台湾学生书局，1995.

尚待进一步研究，但对于挖掘更多的官话方言内部联系及探讨官话方言与少数民族语言接触等问题，无疑具有重要意义。

参考文献

贺巍．东北官话的分区（稿）[J]. 方言，1986（03）：172-181.

侯精一．现代汉语方言概论 [M]. 上海：上海教育出版社，2002.

李荣．官话方言的分区 [J]. 方言，1985（01）：2-5.

李荣．汉语方言的分区 [J]. 方言，1989（04）：241-259.

林焘．北京官话溯源 [J]. 中国语文，1987（03）：161-169.

刘俐李．新疆汉语方言的形成 [J]. 方言，1993（04）：265-274.

杨春宇．东北亚语言发展与辽宁文化战略对策 [J]. 理论界，2010（02）：156-158.

杨春宇．社会语言学视点下的清代汉语与其他言语的对音研究——以日本近世唐音资料・满语资料・罗马字资料为中心 [M]. 大连：辽宁师范大学出版社，2007.

詹伯慧．汉语方言及方言调查 [M]. 武汉：湖北教育出版社，2004.

张世方．也谈北京官话区的范围 [J]. 北京社会科学，2008（04）：88-92.

周磊．兰银官话的分区（稿）[J]. 方言，2005（03）：271-278.

竺家宁．近代音论集 [C]. 台北：台湾学生书局，1994.

竺家宁．音韵探索 [M]. 台北：台湾学生书局，1995.

第九节　华夷变态：东北俄式洋泾浜语的历史钩沉

——东北亚语言接触与都市语言建设研究[①]

一、历史文化背景

在汉字文化圈，中华文化以“礼”整饬着社会的秩序。这样，历史地形成了中华思想同心圆的社会结构，并成为我们研究和探索许多亚洲问题之原点。现代中有传统。我们今天研究语言问题，亦概莫能外[②]。在传统的中华秩序中，“溥天之下，莫非王土；率土之滨，莫非王臣。”[③]然而到了近代，特别是从 19 世纪末到 20 世纪初，帝国主义国家揭起了争夺殖民地和划分势力范围的狂潮，当时的中国成了各列强掠夺的主要对象之一。乾坤倒转，相对历史上天下大同的理想状况，

① 本节原文由杨春宇，邵大艳发表于：辽宁师范大学学报（社会科学版），2011（04）：100-104. 有删改。

② 杨春宇．社会语言学视点下的清代汉语与其他言语的对音研究——以日本近世唐音资料・满语资料・罗马字资料为中心 [M]. 大连辽宁师范大学出版社，2007：2-4.

③ 王秀梅译注．诗经 [M]. 中华书局，2016：299.

出现了华夷变态的现象。

沙俄妄图并吞我整个东北，并在沿海寻觅常年不冻港。《马关条约》把辽东半岛割让于日本，这同沙俄图谋独占我整个东北的侵略计划水火不相容。于是，东北地区遂成日俄利益争执的焦点。为了对日施压，沙俄政府于《马关条约》签字当天便伙同德法两国，共同干涉，最终以清政府出白银3000万两"赎回"辽东半岛为代价，上演了一场"三国干涉还辽"的闹剧。嗣后，沙俄便以"还辽有功"为借口，1896年诱逼清政府接受《中俄密约》，随即索取了修筑中东铁路及其支线等特权。1897年8月28日，中东铁路公司在小绥芬河右岸三岔口（今黑龙江东宁市境内）举行了开工典礼，大批沙俄工程技术人员进入东北。翌年6月9日，宣布中东铁路全线正式开工，以哈尔滨为中心，由东、西、南三个方向，即由旅顺口和沙俄的后贝加尔、双城子三地向哈尔滨方向，同时相向施工。1903年7月13日，西起满洲里，经哈尔滨，东到绥芬河全长974.9公里，总长2489.2公里的中东铁路宣布完工并正式运营①。同时，1897年年底，沙俄舰队擅自闯进中国旅顺口，翌年，以军事压力为后盾，强行向中国政府"租借"旅顺、大连及其附近海域，霸占整个辽东半岛，从而在远东取得了觊觎已久的不冻港。

中东铁路既成了沙俄对中国东北自然资源疯狂掠夺的大动脉，同时一定程度上也带动了铁路沿线城镇的兴起，带动了中国东北工业、商业、通信及文化事业的发展，改变了中国东北固有语言文化的面貌。俄罗斯人在中东铁路沿线拥有特权，使得俄罗斯文化在这一地区的传播处于十分有利的地位。通过传教、建东正教堂、兴建和经营工商企业、办报刊、开办学校、建立文化团体和文化设施，大量传播了俄罗斯文化。在中东铁路沿线，出现了一系列带有俄罗斯风情的新型城镇：哈尔滨、长春、大连、满洲里、牡丹江、绥芬河等。在这些新兴城镇里，众多造型各异的俄罗斯东正教堂至今仍隐约可见。俄罗斯人将其生活习惯带到中东铁路沿线各地，通过各种途径，或强制或间接地影响了中国东北人。如俄罗斯人到来后，中东铁路沿线的中国农民开始种植俄罗斯人喜欢吃的西红柿和大头菜，并很快被中国人所接受。俄式面包、香肠、啤酒、糖果、糕点之类，也受到中国人的欢迎。至今在哈尔滨、大连的秋林公司经营的俄式面包、红肠、哈尔滨啤酒仍受到东北人乃至中国其他地区的人的喜爱。在同俄罗斯人的交往中，东北方言也吸收了不少俄语外来词，有些至今还在流行。如人们喜欢把连衣裙叫作布拉吉，汽车、缝纫机叫作马神，大口水桶叫

① 郑长椿编．中东铁路历史编年[M]. 哈尔滨：黑龙江人民出版社，1987：38.

喂得罗，面包叫列巴，饮料叫克瓦斯等。总之，俄罗斯文化在中国东北的传播是多方面的，已深入到东北社会生活的各个领域。“中俄人民在杂居这过程中经过长期的交往与融合，俄国人的许多生活习惯，其中许多好的东西很快融汇于具有变异体文化特征的关东文化之中。”① 这些变异文化，当然包括语言变异。本节则旨在对东北境内及东北方言史上的半殖民化开始时期形成的一种汉俄语言接触的特殊变异现象——俄式洋泾浜语，进行历史的钩沉，以期为今天东北都市语言规划与建设发展，提供个案的借鉴。

二、洋泾浜语及其相关研究

1. 什么是洋泾浜语

洋泾浜，又名西洋泾浜。系黄浦江支流，浜身蜿蜒曲折，西入周泾（今上海西藏南路），洋泾浜因通洋泾港而得名。明永乐初，黄浦江水系形成后，浜分东西两端，境内浦东段为东洋泾浜，浦西段为西洋泾浜。清乾隆后，因沿浦筑上塘，浦东段不再通水，后逐渐淤塞。从此，浦西段便不再冠以“西”字，直呼洋泾浜，即今上海延安东路外滩至大世界路段。

洋泾浜语，19 世纪后渐流行于我国东南沿海一带，特别因上海外滩洋泾洪河流域而得名。是中国近代半殖民地时期于通商口岸常见的一种特殊的语言现象。是当地人和外来殖民者在语言交际过程中彼此妥协而形成的一种临时性交际工具。

作为语言学专门术语的“洋泾浜语”（pidgin），又称作“比京语”或“皮钦语”，是殖民地和半殖民地文化的特殊产物。笔者认为其大致可分为两种类型：其一是约定勉成型的洋泾浜语。即在一定时期内，迫于自然沟通的需要，土著单向被动地接受学习殖民者语言，而殖民者又不得不临时“屈就”回应使用的一种特殊语言形式。如，英式洋泾浜语，其形式是英语及汉语方言在语音或词汇上的复合体，其语法底层是土著汉语方言，而绝不可能以殖民者语言为底层。其二是奴化教育型的洋泾浜语。即殖民主义者通过采取军事行动、宗教渗透、奴化教育等手段故意进行语言文化侵略而形成的洋泾浜语，如日式协和语。

洋泾浜语还不是语言学上具有混合语性质的克里奥尔语。洋泾浜语是由一种上层（superstrate）语言和一种或多种下层（substrates）语言混合而成的混杂语言，它不够完善，功能有限，不是任何一个语言社区的母语。克里奥尔语是在洋泾浜

① 吴振刚．论中俄东部边疆地区的文化交融与发展 [J]. 大庆社会科学，1998（06）: 54.

语基础上发展起来的较完备的语言，它能覆盖一切生活中需要表达的现象，是洋泾浜语使用者后代的母语。

但洋泾浜语是一种交际语，存在于使用两种或两种以上不同语言的人们之间，方便使用两种或两种以上不同语言的人进行贸易或其他目的的交际活动。从某种意义上说，洋泾浜语是吸收了两种或两种以上语言的某些成分而形成的一种杂糅的交际语。在语言功能上，它为了满足某种沟通的需要，完成了传达信息的使命。

2. 洋泾浜语的研究现状

洋泾浜语说到底是语言接触的结果。概括地说，我国对洋泾浜语的研究，可从以下几方面进行梳理。

（1）基于西方混合语理论框架的研究与探索。19 世纪下半叶，“第一个对混合语进行研究的是美国学者 Van Name（1869—70）……到了十九世纪八十年代，出现了一批研究混合语的文章（如 Coelho 1880—86，Adam 1883，Harrison 1884）。德国语言学家 Hugo Shuchardt 在此基础上进行归纳总结，并且深入研究了不少与葡萄牙语有关的克里奥语，第一次从理论上探讨了混合语形成和发展的机制。Schuchardt 在 1880 到 1914 年之间一共发表了四十多篇关于混合语的文章……讨论洋泾浜语和克里奥语的生成发展和消亡。……本世纪初对混合语的研究最具影响的则非丹麦语言学家 Otto Jespersen 莫属，他在《语言论》（1922）里花了整整一章来讨论洋泾浜语及其他混合语……”[①]20 世纪 90 年代以来，国内学者石定栩《洋泾浜语及克里奥语研究的历史和现状》，对混合语历史、现状和研究理论流派进行了全面分析。高彦梅《洋泾浜语和克里尔语概说》[②]，对洋泾浜语和克里奥尔语的定义、分类及语言特征进行了论述。这些研究使我们对洋泾浜语和克里奥尔语有了较为深刻的认识。

（2）国内英语教学的关涉研究。国内语言学家研究洋泾浜语较早的主要是洋泾浜英语。赖小燕《洋泾浜英语的跨文化解读》[③]指出洋泾浜英语将成为跨文化传播的一种发展方向和态势，使我们知道通过洋泾浜英语可以窥探第三方文化雏形的形成过程。尹美《“洋泾浜”英语的成因及启示》[④]分析了洋泾浜英语的语言特征及其成因，进一步分析了洋泾浜英语对我国英语教学的启示。郑安文的《也谈语音层面的“洋

① 石定栩 . 洋泾浜语及克里奥语研究的历史和现状 [J]. 国外语言学，1995（04）：2.

② 高彦梅 . 洋泾浜语和克里尔语概说 [J]. 外语教学，1999（02）：22-26.

③ 赖小燕 . 洋泾浜英语的跨文化解读 [J]. 西南交通大学学报（社会科学版），2006（02）：46-48.

④ 尹美 . “洋泾浜”英语的成因及启示 [J]. 山东外语教学，2007（03）：38-40.

泾浜”现象》[1]一文，分别论述了英语变体及其语音问题和中国英语及其语音问题。本书认为这里的洋泾浜英语实质是泛化的中国英语的代名词，是对中国近代史上半殖民文化背景下因语言接触而产生的洋泾浜语的误用与混淆，因此与本书所指的历史词汇英式洋泾浜语、俄式洋泾浜语、日式协和语等不处于同一个概念平面，不能互相替代。

（3）中俄语言接触与跨文化交际研究日益凸显，洋泾浜俄语遂成热点。王恩圩的《源于俄语的汉语外来词》[2]全方位地研究了汉语中源自俄语的音译外来词。汪成慧的《俄汉语言文化的对比研究》[3]从语言应用角度研究俄语汉语的对比，是一种广角的语用学对比，对语言与文化、语言与国情民俗、语言与政治经济等诸多方面的联系都作了深层的阐述，但其对外来词功能的论述完全是依照史有为《汉语外来词》[4]而完成的。荣洁的《中俄跨文化交际中的边缘语》[5]分析了哈尔滨地区洋泾浜俄语词汇的适用范围、构成模式、语法特点等。赵鲁臣《哈尔滨中俄边缘语消亡探因》[6]分析了哈尔滨地区洋泾浜俄语消失的原因。这些研究虽然也从汉俄语言接触、跨文化交际的角度研究洋泾浜俄语，但与本书从东北方言史、都市语言规划与建设发展的角度要钩沉阐释的俄式洋泾浜语相比，或有着不同的侧重。

3. 俄式洋泾浜语

洋泾浜语有发展为混合语的趋势，但本质上距离可作母语的混合语尚有一步之遥。长期以来，以洋泾浜英语为研究对象者，大多指向英语教学，或有着英语教学的背景。赵鲁臣在《哈尔滨中俄边缘语消亡探因》中指出，“一百多年前哈尔滨的中俄边缘语与‘洋泾浜英语’的特点十分相似。它产生于中东铁路修建在哈通商开埠之际的哈尔滨。本文将其命名为哈尔滨的‘洋泾浜俄语’”。[7]洋泾浜俄语当然也属于洋泾浜语的一分子。

本书认为，洋泾浜语的底层是土著语，中国近代史上洋泾浜语的底层当然是汉语，本书的出发点是以东北方言研究为背景的，所以不援用洋泾浜英语、洋泾浜俄语抑或是新洋泾浜语的称谓，而冠之以“英式洋泾浜语”“俄式洋泾浜语”的术语界

---

① 郑安文．也谈语音层面的“洋泾浜”现象 [J]. 安徽工业大学学报（社会科学版），2009（01）：78-80.

② 王恩圩．源于俄语的汉语外来词 [J]. 东北师大学报，1987（05）：88-93.

③ 汪成慧．俄汉语言文化对比研究 [M]. 成都：四川人民出版，2004.

④ 史有为．汉语外来词 [M]. 北京：商务印书馆，2000.

⑤ 荣洁．中俄跨文化交际中的边缘语 [J]. 解放军外语学院学报，1998（01）：39-44.

⑥ 赵鲁臣．哈尔滨中俄边缘语消亡探因 [J]. 哈尔滨商业大学学报（社会科学版），2004（04）：123-124.

⑦ 赵鲁臣．哈尔滨中俄边缘语消亡探因 [J]. 哈尔滨商业大学学报（社会科学版），2004（04）：123.

定。俄式洋泾浜语的形成和发展反映了语言接触与语言融合的过程和特质，其是一种非典型的跨文化交际语言。

俄式洋泾浜语在当时的东三省表现一度活跃，尤其是在黑龙江和旅大地区。究其原因是黑龙江地理上与俄罗斯相邻，无论过去还是现在，黑龙江的很多城市居住着一些俄罗斯人，旅大地区则是沙俄觊觎已久的天然不冻港。俄式洋泾浜语是使用俄汉两种不同语言的人在同一区域内为了满足某种自然沟通的需要而产生的一种交际语言。一般说来，语言学上的第二语言完全习得者在语言交际的过程中，把自己的母语转换成第二语言与对方交流，完成的是一种“语言转移”①，对自己的母语基本上不产生大的影响。只有第二语言未完全习得的人在进行语言交际时，才能影响对方，使对方也使用这种第二语言未完全习得的人的语言进行交流。俄式洋泾浜语当然属于后者。在东北方言与俄语接触的过程中，历史上操东北方言的受教育程度并不高的劳动者，为了沟通而被迫习得变式的临时本土化的“特殊俄语”，并使得当时的俄罗斯人迫于某种交流的需要，也不得不使用这种尚未被完全习得的杂糅式语言，这就产生了俄式洋泾浜语。

三、俄式洋泾浜语的分类和表现

（一）俄式洋泾浜语分类

鉴于东北方言中俄式洋泾浜语构成方式的不同，本书从历史钩沉的角度，找出其中最具代表性的一些词汇，试做分类如下。

1. 音译词

与俄语原词的发音基本相同或相近。这一类词占了大部分。例如，“伏特加”（водка）是口味凶烈，劲大冲鼻的一种酒；“杜拉克”（дурак）意思是“傻瓜”；“马嘎嘎”（макака）意思是“猴子”；“马斯拉”（масла）意思是“奶油”；“黑列巴”（хлеб）意思是“面包”；“康拜因”（комбайн）意思是“联合收割机”；“巴拉莱卡”（валалайка）是俄罗斯民间的一种三弦的三角琴，这个词语是由鞑靼语进入到俄语中的，因为历史上鞑靼人曾入侵俄罗斯，实行了长达150年的统治，今天的巴拉莱卡琴有三根弦和一个三角形共鸣箱组成，这可能是制琴人用木头或有限的技术最容易制作的形状，该乐器原本只有两根弦，被装在长颈的葫芦状琴身上；“克瓦斯”（квас）是一种清凉饮料；“布拉吉”（платъе）意思是“连衣裙”；“喂得罗”（ведро）意思是

① 廖秋忠．廖秋忠文集[M]．北京：北京语言学院出版社，1992：389.

“大口水桶”；“嘎斯”（газ）意思是“煤气”；“壁里搭”（плита）意思是一种砌在墙里的火炉；“戈兰”（кран）意思是水管的开关或是吊车；“拉克”（лак）意思是“漆”；“亚格达”（ягода）意思是“浆果”；“比瓦”（пиво）意思是“啤酒”。

2. 音译兼意译词

即兼顾俄语原词语音的同时还要兼顾俄语原词的语义。例如，“马神”（машина）意思是“缝纫机”；“瓦罐”（вагон）意思是“车厢”；“习明纳尔”（семинар）意思是“课堂讨论”。

3. 仿译词

是把原词的词素对译成本族化的相应词素。例如，“戈别卡”（копейка）意思是俄罗斯的钱币“戈比”；“卢布力”（рубль）意思是俄罗斯的钱币“卢布”；“哈拉少”（хорошо）意思是“好”；“探戈”（танго）意思是“探戈舞”；“苏合力”（сухарь）意思是“面包干”，还有一个意思是“冷漠无情的人”。仿译词中，还有一类表地名街道的词汇，如 Мостовая ул、Строчтельнаяул、Железнодорожный проспект 意思分别是“石道街”“建设街”“铁路街”①，在大连现用街道名称中还有残存痕迹。

4. 音译加注词

在俄语原词整词音译的基础上加一汉语类名词。例如，“苏波汤”（суп）；“巴扬风琴”（баян）；“玛组卡饼”（мазурка）；“本子油”（бензин）意思是“汽油”；“八杂市儿”（базар）意思是“市场”；“马合烟”（махорка）是一种烟。

此外，有些俄式洋泾浜语带有明显的贬义色彩，有的甚至不堪入耳。如，“谷瘪子”（купец）意思是“商人”；“瘪拉达”（плита）意思是“炉子”；“骚达子”（солдат）意思是“士兵”。

笔者认为，俄式洋泾浜语，由其创造与使用主体的受教育程度所决定，不会有意译词的类别产生。至于“冬宫”（Зимний дворец）、“共青团”（Комсомол）、“人造卫星”（Спутник）、“少先队”（Пионерский отряд）等意译词实在是要等到“十月革命”一声炮响以降了。

（二）俄式洋泾浜语的表现

不同语言密切接触的结果一般是经济文化地位相对较高的一种语言经过多语共

① 杨春宇．大连建设东北亚重要国际城市的语言文化战略及对策研究 [M]//刘东升．大连与东北亚问题研究报告文集，大连：东北财经大学出版社，2010：197-205.

存而逐渐替代经济文化地位相对较低的语言。而中国近代史上的洋泾浜语因其“先天不足”，又带有明显的殖民文化的要素，所以其只能昙花一现地残留在历史的链条上，或渐退出历史的舞台，让人深思。作为历史上中俄语言接触的特殊产物，俄式洋泾浜语虽大多已消亡，但有的依然还残存着，甚至已融入了东北方言的基本词汇。其无论是消亡还是残存，都值得人们来总结来反思。

1. 大多俄式洋泾浜语消亡

大部分的俄式洋泾浜语渐渐消亡。其原因大致有：①由俄式洋泾浜语的临时性、区域性所决定，东北解放，沙俄殖民者及殖民文化退出历史舞台，使得俄式洋泾浜语顿然失去了赖以存活的不平等的交际环境。②俄式洋泾浜语的使用主体的范围变小。俄式洋泾浜语使用范围大多只限于日常生活和俄式饮食。会说几句俄式洋泾浜语的人大都年龄较大或者已经故去，加之所操的俄式洋泾浜语本来就是未完全习得的带有混合倾向的驳杂体，与接受现代化俄语教育的年轻人的俄语口语交流，当然不可同日而语。因此，大多的俄式洋泾浜语消亡了。

2. 少量俄式洋泾浜语残存

虽然大部分俄式洋泾浜语已经消亡，但现在也还残存着少量的俄式洋泾浜语。不过其与前文关涉的洋泾浜俄语绝对不可互相替代。究其原因有：①平等而特殊的交际语境的存在。在黑龙江的一些城市，居住着为数不少的俄罗斯人，为了平等地和这些俄罗斯人交流，当地的人们还是会激活一些俄式洋泾浜语，来完成其跨文化交际的，新的语言接触的背景下，这些被激活的俄式洋泾浜语或需要进一步规范而成为地道的俄语。②在东三省，一些俄式洋泾浜语已经进入东北老百姓的生活当中，成为东北方言中的方言词汇。如一些专门代表俄罗斯风格的特定物品。东北人一说“大列巴”都知道是指俄罗斯的面包；哈尔滨人总会对“力道斯”风味（大蒜味）红肠，配上“克瓦斯”（一种汽水饮料）的味道赞不绝口；像“喂得罗”，指的就是大口水桶，东北人都知道；“苏波汤”作为俄式西餐的代表同样流行。东北方言中外来的俄式洋泾浜语，作为地域性文化的载体或可保存。

3. 残存俄式洋泾浜语的发展趋势

残存俄式洋泾浜语堪称地域性的非物质文化遗产。不过因其可能走向消亡，故同东北方言一道，理应受到保护，或作为历史永久之见证。然而，一方面，由于汉语民族性的影响，一段时期内，已进入东北方言乃至普通话的一些俄式洋泾浜语，如布拉吉、列巴、喂得罗等，最终会被连衣裙、面包、大口水桶等更本土、更地道的汉语词汇所取代，而这些俄式洋泾浜语的使用频率越来越低，最终将退出现实的交际舞台。另一方面，随着 1991 年苏联的解体，“俄语热”骤然降温，加之英语国际化趋势的影响，一些记录科技的俄式洋泾浜语或俄语词汇亦会因不便记忆而寿终正寝，被英语外来词及字母词给“革了命”。总之，残存的俄式洋泾浜语处于动态的语言竞争之中。

四、俄式洋泾浜语的评价及意义

俄式洋泾浜语本质上是殖民文化的产物，是东北方言与俄语在历史接触过程中形成的畸形儿。其本体是杂糅了东北方言与俄语的语音、词汇的混成物，从词汇、语法上反映的是被部分异化和侵蚀了的东北方言，是一个历史概念，而不应该理解为可复制的中国式俄语。近代与当下相当的系统的汉化俄语（所谓洋泾浜俄语）完全可以到当时的“鄂罗斯馆”[①] 学习。

在都市语言学规划与建设发展的今天，我们对俄式洋泾浜语作历史的钩沉，提供历史借鉴的个案，即我们提倡都市语言文化的多元性，同时兼顾地域文化交际的历史基础。坦率地说，在英语作为国际通用语的今天，汉语普通话的影响亦在不断地扩大。而在东北地区，历史地形成并存在着俄语、日语、韩语这样的地域优势外语。那么，我们在进行都市语言规划的时候，大可以让这些地域优势外语继续保持优势，甚至可以在交通工具、站牌、地域性集会时以多语的形式有意识地打造和进一步突出地域性的优势语言，来充实和丰富市民语言的结构系统，提高他们的跨文化交际水平。这里，我们亦有理由相信，在国际“汉语热”发展的今天，我们的文化亦一定会夹在方块汉字中，成为地域文化的向心及主流，再造汉字文化圈新形势下的语言和谐。

在文化策略上，我们还是不能容忍所谓“洋泾浜俄语”“洋泾浜英语”比正常的俄语、英语易学，方便文化水平较低人接受的论调，而提倡要学习各种地道的外语，并在此基础上了解各国各民族的文化，提高跨文化交际的水平。

从观照语言的本质而言，我们认为，俄式洋泾浜语毕竟是历史的畸形产物。其作为未完全习得语言的混成变体，虽然在一定意义上履行了交际与沟通的功能，但是从语言的结构本质、社会本质来说，它是无法伸展的。

---

①《燕行录全集》所见朝鲜使臣的明清诸语言记录，因载有：金景善《燕辕直指・鄂罗斯馆记》(1832/71 册：295)，可知在清代诸夷译馆中包含有鄂罗斯馆。参见丁锋 . 如斯斋汉语史丛稿 [M]. 贵阳：贵州大学出版社，2010：328.

诚然，语言的交流，归根结底是人的交流、文化的交流。在生态语言学的原则下，我们更加提倡各民族语言的平等，在地球村跨文化交际发展的今天，我们发展都市文化，规划都市语言发展，剥去历史的封尘与锈蚀，描写东北方言与俄语接触的特殊形式，解释其产生的华夷变态的社会文化背景、发展变化之原因及趋势，钩沉出东北都市语言的历史变异形式，无疑对今天研究中俄的语言接触乃至都市语言的规划与建设发展，都具有深远的历史意义和重要的现实意义。

参考文献

戴昭铭 . 文化语言学导论 [M]. 北京：语文出版社，1996.

高彦梅 . 洋泾浜语和克里尔语概说 [J]. 外语教学，1999（02）：22-26.

赖小燕 . 洋泾浜英语的跨文化解读 [J]. 西南交通大学学报（社会科学版），2006（02）：46-48.

罗常培 . 语言与文化 [M]. 北京：北京出版社，2004.

荣洁 . 中俄跨文化交际中的边缘语 [J]. 解放军外语学院学报，1988（01）：39-44.

石定栩 . 洋泾浜语及克里奥语研究的历史和现状 [J]. 国外语言学，1995（04）：1-8.

史有为 . 汉语外来词 [M]. 北京：商务印书馆，2000.

苏春梅，胡明志 . 从哈尔滨方言中的俄语借词看俄语与汉语的相互影响 [J]. 黑龙江社会科学，2007（01）：32-35.

汪成慧 . 俄汉语言文化对比研究 [M]. 成都：四川人民出版社，2004.

王恩圩 . 源于俄语的汉语外来词 [J]. 东北师大学报，1987（05）：88-93.

徐来娣 . 汉俄语言接触研究 [M]. 哈尔滨：黑龙江人民出版社，2007.

杨春宇 . 东北亚语言发展与辽宁文化战略对策 [J]. 理论界，2010（02）：156-158.

尹美 . “洋泾浜”英语的成因及启示 [J]. 山东外语教学，2007（03）：38-40.

赵鲁臣 . 哈尔滨中俄边缘语消亡探因 [J]. 哈尔滨商业大学学报（社会科学版），2004（04）：123-124.

郑安文 . 也谈语音层面的“洋泾浜”现象 [J]. 安徽工业大学学报（社会科学版），2009（01）：78-80.

郑长椿编 . 中东铁路历史编年 [M]. 哈尔滨：黑龙江人民出版社，1987.

周振鹤，游汝杰 . 方言与中国文化 [M]. 上海：上海人民出版社，1986.

第十节　东北地域官话的近代变奏：关于日式协和语的历史反思

——东北亚语言接触与都市语言建设研究①

一、文化历史背景及研究目的

在汉字文化圈，中华文化以“礼”整饬着该地域的社会秩序。这样，历史地形成了中华思想同心圆的社会结构（见图 3-2），并成为我们研究和探索许多亚洲问题之原点。现代中有传统。在传统的中华秩序中，“溥天之下，莫非王土，率土之滨，莫非王臣。”然而，到了近代，特别是 19 世纪末到 20 世纪初，帝国主义国家掀起了争夺殖民地和划分势力范围的狂潮，当时的中国成了各列强掠夺的主要对象之一，进而形成了乾坤倒转、华夷变态之势，并表现在政治、经济、文化等诸多方面，语言上当然概莫能外。

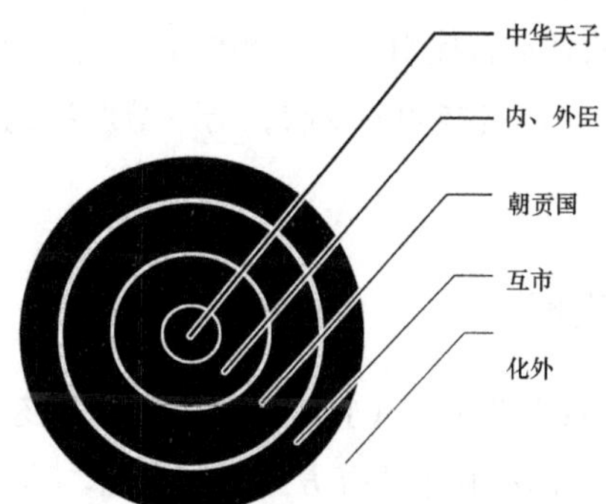

图 3-2　汉字文化圈中华思想同心圆的社会原秩序

甲午战争、日俄战争以降，中国作为泱泱大国的东方偶像地位曾一度被打破，日本在“脱亚入欧”的旗帜下，推行了“大东亚共荣共存”的政策，并开始觊觎东方盟主这一地位。这种华夷变态在语言文化上亦不乏表现。在汉字文化圈，原本作为汉语域外方言的日语，在近代的东亚社会被人为地提升，俨然成为地域的交际语言。其危害是破坏了语言间自然的接触与融合，形成了一种“协和”的洋泾浜语。今天，在中日的一些图书馆，留存有不少当时日本推行奴化教育的教科书及其相关

① 本节原文由杨春宇发表于：语言、民族与国家 [M]. 北京：商务印书馆，2013：340-345. 有删改。曾在第六届全国社会语言学学术研讨会上交流，对与会专家学者的批评指正，深表谢忱。

资料，供我们进行历史的钩沉。这些资料客观上亦提供了东北亚语言接触研究的活化石，为我们进行东北地域官话方言近代发展的变异研究提供了有效的参照。

二、洋泾浜语的形成及分类

洋泾浜语，特别因上海外滩洋泾洪河流域而得名。是中国近代半殖民地时期于通商口岸常见的一种特殊的语言现象。是当地人和外来殖民者在语言交际过程中彼此妥协而形成的一种临时性交际工具。

作为语言学专门术语的“洋泾浜语”（pidgin），又称作“比京语”或“皮钦语”。是殖民地和半殖民地文化的特殊产物。日式协和语便是奴化教育型洋泾浜语。即殖民主义者通过采取军事行动、宗教渗透、奴化教育等手段故意进行语言文化侵略而形成的洋泾浜语，其特点是语音、词汇、语法的全面混乱杂糅。

中日的语言接触，从理论上可追溯到隋唐乃至更早的秦汉时期。实际上，日本汉字音根据借音时代的不同，大致分为吴音、汉音、唐音。历史上一定意义上可谓“被近代化”的中国，也从日本直接引入了一些词汇，这些以汉字书面语为主的语音词汇上的输出输入，是语言自然接触的反映，与本节所述的日式协和语有着本质的不同，不处在同一个平面上。

三、日式协和语的表现

日式协和语是日军侵占东北期间（1905—1945 年）在东北产生的一种汉语和日语杂糅的语言，其在语音、词汇和语法等方面均有表现。具体如下。

（一）语音方面

有些日式协和语是因日语影响，而形成语音上相同、相近或同音替代汉字组合符号。如：

①欧库桑（夫人）：是日语オクサン [okɯsaŋ]（奥さん）的直接音译；

②晚霞子（衬衫）：是日语ワイシャツ [waiɕiʌtsʰɯ] 的音译，后白读而成；

③发病（音飙/彪）、血病（音飙/彪）：是日语ビョウキダ [piɑukʰitʌ]（病気だ）的变用形式；

④同音替代：如，表题=标题 [xiɑutai] 等。

（二）词汇方面

日式协和语的词汇主要体现在杂用日语词、生造词以及改变汉语词原义及词义混杂等方面。协和语作为奴化教育的产物，其中必然会产生大量的日语词和生造词。这些词中既有一般词汇，又有基本词汇，大都来源于日语汉字词。就好像学习日语的过程中，我们经常把日语中的汉字词用汉语的语音读出来一样，日式协和语中对日语汉字词的直接援用，突出地体现了其杂糅的性质。我们从下面的例子[①]或可见其一斑。

1. 源于日语书面语词汇：有些协和语直接是对日语书面语词汇的援用

①……所命表题之名称是最普通的而且是一般化的名称。“表题”是协和语，意思和“标题”一样，另外还作书名、题名等解。汉语里没有“表题”一词。

②根据情况及本志望……“志望”是日语，意思是“志愿”“愿望”，汉语没有“志望”一词，宜改用“愿望”。

③……其成绩盖如下记。“下记”是日语，汉语习惯用“下述”，或“如下所记”。

④……局所所见及各方面调查结果……日语：局所=局部，汉语则只用“局部”。

⑤……尚要数日间。“数日间”意思为“数日”或“几天”。

2. 生造词：协和语中，不乏一些粗制滥造的词

①提涨（提价）：对映画观览票值，关东州并不提涨。

②畅茂（茂盛）：全般作物生育畅茂。

③纷投（纷纷参加）：少年纷投飞行兵。

3. 改变汉语词原义，词义搭配混乱的词

①本质（性质）：关于大同媒之本质。

②扩充（光大）：像这样的亲和协助，扩充起来，能够增进彼此的幸福。

③图谋（谋求）：所以人总要正大自己的精神，专心做职业，努力图谋那改良进步，才好。

语言接触过程中，往往会出现语言借用或吸收外来词的现象。在中日语言接触之间，古代以汉语输出为主，近代许多日语汉字词汇反输入，被汉语直接拿来，以丰富自己的词汇系统。这些词汇大都在汉语中相对缺乏对应物，这是语言自然接触的结果。

日式协和语，即在日本侵略者的奴化教育政策高压下，弃汉语固有的同义词不用，而故意用日语词汇，结果使所表达的句子的语法结构、风格变得杂乱或难懂，

① 协和语所用例子，大多来自有关“协和语简介”等网上资料，谨向各位网友致谢。

造成了汉语中大量的不规范的冗赘成分的出现。可见，日式协和语的“杂用”特点，很大程度上破坏了汉语词汇系统的规范性，特别是那些生造词和改变汉语词原义的词更使汉语受到深层的破坏，产生表义上的不明确性。

（三）语法方面

众所周知，汉语作为孤立语，语序与虚词显得尤为重要。然而，日式协和语的出现，却打破了这些特点。例如：

“优秀大型货物船热田山丸大连着……”其中“着”是日语词“到达”的意思，这是个动词，却用在宾语后。类似的例子还有“日邮便业务协定修正”等。

在双语社会的语言接触过程中，语言结构相互影响最深的一层是表现在语法规则的相互渗透和影响上。在殖民语言政策高压下，日式协和语存在着大量的汉语和日语语法杂糅及汉语语法规则遭到破坏的现象。日语对汉语的渗透影响在语法上体现为以下几个方面。

1. 照搬日语语法格式：主＋宾＋谓

我们知道汉语的一般句式是SVO型，而日语是SOV型。但日式协和语中有SVO和SOV两种混合的表达形式。如：

①朝鲜输入二万石许可。

②优秀大型货物船热田大连着……

③望市民加倍蓖麻种植。

日式协和语中的SVO和SOV两种混合型的表达句式具有两个特点：其一是使用日式协和语的人既可以按SVO型造句，也可以按SOV型造句，两种类型杂错使用，像①和②；其二是同样的句式在不同的结构层次上可以使用不同类型，像①和③。

日式协和语在语法上所表现出来的这种混乱现象，除了日语格式的干扰外，还受日语动词的大量杂用的影响。像②例中“大连着”之“着”就是日语动词，在日语中它总是出现在句子末尾，使用日式协和语者也按其在日语中位置来安排，使句子成为SOV型。

2. 数＋个＋年（间）式

汉语语法中表示“几年”或“几年内，几年间”是用“数＋年（间）”的格式，不用“个”。日语表示同样意思的有两种格式：其一是“数＋个＋年（间）”，其二是“数＋年（间）”。前者表示确数，后者表示约数。协和语则明显受日语影响。如：

①诸生幸而受六个年间的学校教育……

②自去年八月起，迄本年七月止，一个年间之期货买卖额。

③拓务省之棉花自给自足以三个年五亿斤为目标。

3. 口语中“的”字结构的泛化

在口语方面，最常见的就是我们在一些关于抗日战争的老电影中听到的“大大的”“悠嘻”等说法。这些句式中最突出的特点是乱加日语的助词。日语中的助词特别丰富而且复杂，在汉语词汇后加上助词“的”，体现了中日混搭的特点。日本人只要是说话、写文章，就离不开后边的助词与前边词汇的粘连，于是日式协和语就用了一个属于万能性质的“的”字，作为其后缀，这个“的”字什么场合都可以用。例如：“你的什么的干活？”这句日式协和语，汉语中应该说：“你在做什么？”日式协和语中在实词“你”“什么”后面加了助词“的”，又将宾语提前，谓语动词放在最后，同时体现了日语的语序。比如：

①你的帮我，我的钱的大大的给。

②护士说：“一个的不行，三个的不吃两个的吃。”我被她逗笑了：“你像个日本人。”她一本正经地说：“我的，日本人。”

③她们都释然地笑着说：“关系的没有。”

（四）语用及其他方面

1. 书面语语体风格的混淆

日式协和语一方面杂用日语成分，另一方面无视汉语规范，用词造句行文构篇，根本不考虑语体要求，甚者难以卒读。例如：

①梅雨时泼渐过、酷暑天气已来使至今日、为一年中皮肤生病发时之盛之际……故药物肤法，莫逾于天恩水，因杀菌力颇强富于深奥之理想，且毫无刺力痛苦之者而皮肤病竟得豁然冰释、欲购虔访问日本东京芝区田村町丁东京药或各药房、订买定也。（关东报·1931年8月14日）

②哈哈！今天不又来到星期日了么？当此有意义很快活的星期日，我们实在无意地忽略过去的公园海滨不是游人不绝么？而体育界的占年又要借此星期之余暇大比身手矣。（关东报·1931年7月21日）

上面，第一段是药品广告，由于其中有的句子文理不通。如“因其杀菌力颇强富于深奥之理想”。有的语气不对，如“皮肤病竟得豁然冰释”，而且最后还用了文言语气词“也”，给人一种很不正式的感觉，不符合广告文体简洁明快的特点。

第二段是一则球讯，用词中夹杂语气词，如“哈哈”“矣”等，句式上还用了许多设问句，显得不伦不类，不符合通讯报道的特点。

2. 词性的乱用或错用

（1）形容词用作动词，如：

①显著：我们集着一个德行……能将那要紧的修缮，给显著出来。

②谨慎：平日总得谨慎行为、保重身体、才好。

③坚固：应该首先坚固邻保的团结，再加以推广……

（2）不及物动词用作及物动词，如：

①陶醉：……去陶醉大人先生们的靡靡之歌声。

②争风：……此剧写二不良青年争风侦探长之女公子。

（3）名词作动词用，如：

①利益：……藉此足以利益自己的生活。

②设施：国务院，是根据法律，设施种种行政的。

③经理：本会拨定资金千万块，交由对农业放款具有兴味之银行，组织团体经理此事。

（4）乱用介词，如：

①当：……当少年时代，是受教育和努力修养之最好的时期。

②因：白磷火柴（即红头的）有自燃能力，往往因天气炎热的时候，忽能自燃。

（5）日语个别形容动词、名词的影响与残留。日语中的个别形容动词、名词，如“綺麗だ”“病気だ”“姿”等，作为日式协和语，在大连话中有残存，与汉语某些意思及用法有所不同。

笔者认为：大连话表干净、利索、漂亮时说的“干净”“血干净”，便有日式协和语的痕迹；大连话中的詈语“你发病（音彪，发傻）”“你脑子有病”，或一方面是对日语形容动词“病気だ”的直接援用，而不是汉语“彪”“飙”的转用；大连话中的“姿势”“很姿势”“真姿势”“血姿势”等，即为日语名词“姿”的直接翻用。所以，在现代东北地区的官话方言中，有个别日式协和语残存。

3. 标点符号不规范

日式协和语在标点符号的使用上由于受日语的影响，常常是一顿到底或一句到底。一方面，强制性的奴化教育、野蛮的语言政策使一些人对汉语的态度变得不严肃了，他们经常不负责任地随意使用；另一方面由于日语中有助词及活用依靠有规律的词尾变化在起作用，句子的停顿、中止、结尾比较明显，因而对标点符号的依赖并不大。

综上，我们梳理了日式协和语的一些具体表现。一定意义上，日式协和语是东北特定时期语言发展的一个阶段中没有法定的统一共同语，语言处于无保护的自由竞争的情况下，在急于进行交流的人群中催生的一种带有混合倾向的语言，其本质是日本殖民侵略文化及奴化教育的产物，是当时东北地区一种变异的官话方言，一定程度上，越级为社会特殊人群的交际语。

四、历史影响及研究意义

总体说来，日式协和语在语音、词汇、语义、语法、语用等方面，对汉语造成了较为严重的破坏和冲击，形成了语言上的极度混乱。客观上对大连乃至东北地域的官话方言造成了很深的影响，个别影响延续至今。

我们从社会语言学视角把日式协和语与俄式洋泾浜语放在同一平面观照[①]，出发点在于：

其一，证明东北亚地域历史地存在着语言文化系统的内部构造，并以史为鉴。从东北亚地域语言文化发展图景的高度，勾勒了东北亚跨文化交际多重金字塔语言系统，其具体构造见图 3-3。

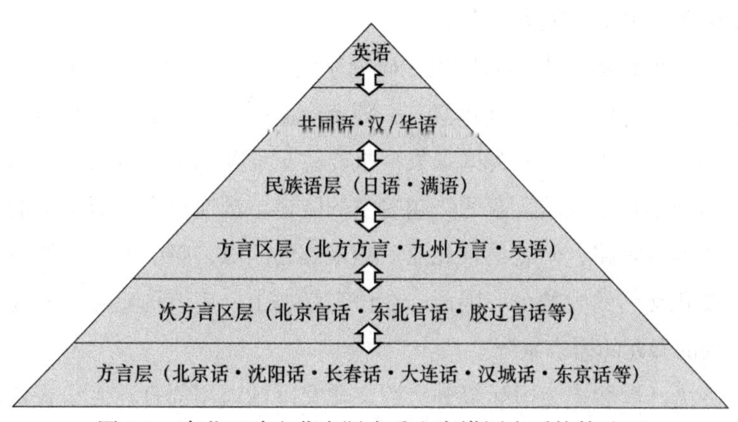

图 3-3　东北亚跨文化交际多重金字塔语言系统构造图

从东北亚跨文化交际多重金字塔语言系统构造来看，该地域存在着这样的语言秩序——英语作为国际交际的通用语，暂踞“霸主”的地位；汉语作为汉字文化圈

① 杨春宇，邵大艳．华夷变态：东北俄式洋泾浜语的历史钩沉——东北亚语言接触与都市语言建设研究 [J]. 辽宁师范大学学报（社会科学版），2011（04）：100-104.

的优势语言，在中华文化发展的层面，历史地承担着华语圈通用交际工具的功能，并随着推普工作与国际中文教育的开展，处于动态的上升时期，是现代汉民族的共同语，是中华民族语言认同的最高层面；在地域内的各民族之间，诸民族语言平等交流，形成民族语言认同层面，在该层面，一些民族语言，包括域外方言，历史地成为地域优势语，从东北亚的范围看，历史上的日语、韩语都属此范畴，但也有一些民族语言走上了语言接触的不归路，如历史上的鲜卑语、契丹语、满语之流；其下是地域方言区层，广义上的北方方言、九州方言等占据着交际的准优势层面，更多体现超语言群体性、广地域性的基础方言性质的认同，有待进一步明确与提升；其下层是次方言区层，比如北京官话、东北官话、胶辽官话等，处于社会交际的相对优势层面，是语言认同的次主流，虽距离“地方普通话”不远，但仍需要严格规范；最后是方言层，如北京话、大连话、汉城话、东京话等，处于社会交际的相对优势层面，是方言认同的主流，需要重点规范。综上，历史地形成了东北亚地域语言文化系统的动态发展格局，在特殊的条件下，相邻的层面可能互相转化。现代中有传统，其也构成了我们今天东北亚跨文化交际多重金字塔语言系统的重要参照。基于此，我们来唤醒“东北亚”主流文化，以期在理论与实际的意义上，重新审视发展地域语言文化与构建和谐社会的互为因果的辩证关系，切实为全面振兴东北老工业基地战略提供文化建设的支撑与借鉴。

其二，规划东北都市语言的发展，研究东北地区语言文化发展的战略与对策。东北地区是东北亚经济发展的重要窗口，随着全面振兴东北老工业基地、辽宁自贸区和沿海经济带发展规划上升为国家发展战略，东北亚国际物流中心、东北亚国际金融中心等纷纷落户该区域。东北跨越时空的隧道，沟通整合了历史上的草原丝绸之路、海上的朝贡之路，俨然是东北亚一颗璀璨的明珠，吸引着世界的目光，成为四海宾朋跨文化交际的大舞台。因此，在语言结构上，应该构建起东北地域适应国际化都市发展的多元的语言系统。

时下，英语已卓然成为国际事务、跨文化交际的通用语言。无法否认，从幼儿园的双语教学，到社会、高校的各种学习班，英语的优势地位日益突出。作为联合国五种工作语言之一的汉语，是中国国际化都市的一般交际语言，加之汉语的语言认同与传承文明的功用，是国际友人走近中国文化的重要工具。东北高校林立，处于对外汉语教育教学的前沿，因此，我们应该做好东北地域对外汉语的教育教学工作。同时，作为东北地域的优势语言，如日语、韩语、俄语、蒙古语等，它们在本地区政治、经济、文化生活中的不可低估的影响作用，地域性的支持发展当然是语言战略规划的应有之义。黑龙江大学、延边大学、大连外国语大学等外语培训基地作用的发挥，加之该地区民族学院对少数民族语言文化的研究，均应是规划的重点。此外，该地区地缘上的方言层、方言底层，对于保持该地区语言民俗文化多元发展的特色、对于该地区非物质文化遗产的保护等亦至关重要，不容忽视。现代中有传统，如此构筑成了东北亚地区各种语言在东北相对碰撞集中的现实图景。

因此，从社会语言学的角度，我们研究一个地域的语言文化生活，规划其语言文化的发展，具有重要的意义。根据以上的语言结构，东北亚作为重要的跨文化交际区域，对于市民的语言文化生活，从战略对策上应提倡：保护地方语言非物质文化遗产，保留地域文化底层的本地话——包容来自不同地域的新移民语言——发展具有东北官话或胶辽官话特色的区域官话——发掘、打造具有区域优势的民族语及外语（蒙古语、满语，以及韩语、日语、俄语等）——大力推广现代汉民族共同语普通话——作为地球村公民通晓国际交际语言英语。

总之，通过以上的阐释，我们在东北亚语言系统的宏观背景下，观照了日式协和语的表现与本质。其不过是日语处于殖民上升时期的一种华夷变态在语言上的反映，是中日语言接触的畸形产物。历史地反思其各个方面，为我们今天的交际提供了历史性的借鉴。因此，在语言战略对策方面，我们主张在努力构筑国际都市跨文化交际语言层面的同时，突出发展并丰富东北地方语言文化生活，最终进一步突出东北亚地域语言系统的建设工作，规划东北都市语言文化的发展。

参考文献

刘芳，王华．伪满洲国时期的辽宁报刊文献研究 [J]. 图书馆学刊，2009（02）：89-90.

王文襄，侯瑞隆．殖民语文政策的怪胎——简论伪满“协和语”[J]. 汉字文化，1990（02）：13-16.

杨春宇．社会语言学视点下的清代汉语与其他言语的对音研究——以日本近世唐音资料・满语资料・罗马字资料为中心 [M]. 大连：辽宁师范大学出版社，2007.

郑文云．论日本帝国主义对我国东北人民的奴化统治 [J]. 牡丹江师范学院学报（哲学社会科学版），2002（05）：40-42.

第十一节　吉林乌拉街方言满语底层词汇例释

——拯救乌拉街濒危满语文化资源的对策与建议[①]

一、概述

乌拉街满族镇（简称乌拉街镇）位于吉林省吉林市龙潭区，距吉林市北 30 公里，全镇西临松花江，辖区面积 188 平方公里，有汉族、满族、蒙古族、回族、朝鲜族、锡伯族、苗族、赫哲族等民族，总人口 7.1 万，其中满族人口约占 1/3。吉林乌拉街是海西女真扈伦四部之一的乌拉部建立乌拉国都城的旧址，是清朝三大贡品基地之一的打牲乌拉总管衙门所在地，清朝尊乌拉街为“本朝发祥之地”，康熙东巡的终点便是乌拉街，素享有“先有乌拉，后有吉林”的盛誉。无论是历史上乌拉国布占泰于 1593 年联合叶赫、哈达、辉发、科尔沁、锡伯、卦勒察、讷殷、朱舍里等部组成“九国联军”攻建州部，还是从拥有努尔哈赤的孝烈武皇后、雍正的孝敬宪皇后两位皇后，荣耀天下的角度来说，打牲乌拉总管衙门都在东北地域文化史上占有重要地位。然而今天的乌拉街，虽是全国首批重点镇，第四批历史文化名镇，但昔日的繁华早已不见。一些诸如萨满神歌、满族秧歌等独具满族文化特色的、反映满族风土人情的非物质文化遗产亟须科学保护。作为文化传承工具的满语，除了浩如烟海的书面满文典籍文献外，在日常交际中，满语亦已随满族文化的衰落而渐行渐远地淡出了今天人们的交际舞台，乌拉街满语亦概莫能外。然而毕竟由于满汉长期语言接触，今天东北官话乌拉街方言中留下了一些满语的底层痕迹。本节谨通过对吉林乌拉街方言中一些文化词汇的描写与例释分析，钩沉出乌拉街方言词汇满语底层之一斑。同时，针对乌拉街满语及满族文化资源濒危的现状，本节亦呼吁拯救其濒危满语文化资源，并尝试对拯救工作提出相应的对策与建议。

二、乌拉街方言满语底层词汇例释

因为满汉语言的长期接触，析出满语底层词汇并非易事。但在满族聚居区域，日常生活一些常用的或特殊领域的词汇，在乌拉街方言中会残存和保留一些满语底层。我们通过《中国语言资源有声数据库调查手册・汉语方言》，在调查吉林乌拉街方言的同时，在方言合作调查人赵成海先生的配合下，记录整理了满族文化一些特

① 本节原文由杨春宇发表于：满族研究，2015（01）：120-124. 有删改。

色词汇，现例举管窥如下。

（一）饮食类

【哈依玛】水团子。类似汤圆，是将黄米浸泡磨面，用温水和面，捏至扁圆，拨入清水锅煮熟，古曰“水团子”。在“上元节”正月十五食用，和汤圆一样有团圆之意，寄托了满族人对未来生活的美好愿望。

【打糕】糯米熟后捶打而成。食用时切成块，蘸上豆面、白糖或蜂蜜等，吃起来筋道，味香。

【苏子叶】在苏子叶上抹豆油，铺糯米面，包裹红小豆或芝麻、红糖等成饺子状，入屉蒸食。

【椁椤叶饼】用椁椤叶或柞叶铺糯米，或大小黄米、苞米面等，夹裹肉馅、菜馅蒸熟制成的饼。

【黏豆包】用大黄米、糜子、糯米面，夹裹红豆馅制成的豆包，因越冬过年食用，又称年饽饽、粘饽饽。

【锅烙】又称锅贴，用水煎制，两边不封口的发面带馅的面食。

【饭嘎嘎】用大铁锅做大小黄米、高粱米、大米等米饭时形成的锅巴。

【火勺】发面的炉火烤制的馅饼，香而脆，又叫“火烧”。

【发糕】用发酵的五谷杂粮面粉敷以红枣、葡萄干，蒸熟切制而成。

【萨其玛】是满语，汉语叫“金丝糕”，香酥可口，油而不腻，是满族人民喜爱的传统糕点。

【水豆腐】用卤水点治豆浆，进食时用笊篱澄出水，配以肉酱等佐料而食的豆制品。

【酸菜】把新鲜大白菜洗净后，用热水浸烫放入缸中，一层菜敷一层盐，灌水，压大石，待白菜发酵后，浸渍形成。酸菜一直可保存至第二年开春，是东北满族用来做汤、填火锅、做馅等必备的食材。

【血肠】用猪肠灌制猪血，在放好调料的白肉汤中蒸煮后切制而成，可炒、填火锅。

【蒸肉/扣肉】将煮熟带皮的猪五花、猪肘等片切至薄后，覆盖在切好的瘦肉上装入瓷碗中，放调料上屉蒸熟，待食时将碗倒扣在盘子中，蘸酱油、蒜汁等辅料食用。

【冻豆腐】由鲜豆腐冷冻而成，孔隙多、弹性好、营养丰富、味道鲜美，须用冷水浼好食用。

【满族火锅】铜制，中间用炭，可边加热边填备用好的酸菜、血肠、白肉、冻豆腐、粉丝、老汤、海鲜等一起涮煮，方便开锅食用的火锅。

（二）民居民俗类

【三合院】满族民居分正房、东西偏房的院落。

【四合院】满族民居分正房、东西偏房、门房的院落。

【马架子】满族祖先早期居住的窝棚。

【上马石】满族富人四合院门房两侧设置的石礅，称为上马石。

【地窨子】满族祖先早期蛰居的地面以下的、开有天窗的土房。

【口袋房】满族民居三间房多在最东面一间南侧开门或五间的在东起第二间开门。整座房屋形似口袋，因此称“口袋房”。开门的一间称“外屋”“堂屋”，西面屋又称“上屋”，如有东屋则是小字辈住房。

【万字炕】满族上屋里南、西、北三面筑有“∏”字型大土坯炕，叫作“万字炕”，又称“转圈炕”“拐子炕”“蔓子炕”“蔓枝炕”等，满语叫“土瓦”。一般南、北为对面炕，西炕为满族民居存放祖宗匣子之地，不许坐人。火炕是满族民居主要的取暖设备，一般冬天向阳的南炕住老人、长辈，北炕住晚辈，中间用幔帐或轧板隔开。

【火盆子】满族民居中，在泥制或铁制盆子中装上带着余火的热灰，放在炕上供老人取暖之用；有时亦可在热灰中埋上鸡蛋、土豆、地瓜、黏豆包等，以临时充饥，或用来哄孩子。

【打墙】满族传统民居中，用夯土的方式砌成的土墙。

【草坯房子】满族传统民居中，使用黄土泥坯垒盖起的房子。

【幔杆】东北民居中，夜晚睡觉时，用以悬挂隔开南北炕之间的布帘或用来吊挂幔子的长木杆。

【影墙】满族四合院建有东西厢房和南向而中间留有门洞的门房，院内靠门洞的地方建一矮墙，称为“影壁”或“影墙”。

【索仑/罗杆】满族院内东南侧立，上面设斗的围杆。祭天时放入粮食、肉类，供喂乌鸦之用。

【祖宗板】满族民居中，西炕与房间宽度相等，炕上西墙上安放祭祀祖先的神龛，满语为“窝撒库”，俗称“祖宗板”或“神板”。

【挂锁】满族每家在“祖宗板”（祖先的象征）旁吊有一个黄布口袋，称为“妈妈口袋”，里面放一根长十余米的丝线，称“子孙绳”“长命绳”。生男孩，在绳子上扎一块红布条和小弓箭；生女孩，扎一块蓝布条，人们称“挂锁”。

【烟囱】满语称“呼兰”，建在屋侧，高过屋檐数尺，通过孔道与炕相通。除用空心木外，烟囱多用土坯或砖砌成。

【窗户纸】是一种叫“豁山”的纸，满语称为“摊他哈花上”，汉译为麻布纸或窗户纸。是用破衣败絮经水沤成毳绒，再在致密的芦帘上过沥摊匀，经日晒而成。这种纸被糊在窗户的外边，既避窗挡积沙，又防窗纸因冷热不均而脱落。窗纸糊上后淋油，以增加室内亮度，且使窗纸经久耐用。

【悠车子】一个长的两头椭圆或半圆形的摇篮，俗名叫“悠车子”。对满族新出生的小孩，大人要看着给他“睡脑袋”，他们认为只有把脑袋睡得圆圆平平的，才聪明好看。而且为使孩子长大后，腿直，不出罗圈腿，而用兜肚、绑带卡子将小孩双腿捆绑在一起，放入摇篮中，用细绳子将摇篮悬挂在屋中的幔杆上，像荡秋千一样来回悠动叫给孩子“睡体形”。其实主要目的是让孩子在“悠车子”中酣睡，大人可以在炕上、屋内干活或到近处的田间劳动。

【靰鞡】一种用乌拉草特制的防寒棉鞋。

（三）游戏体育类

【珍珠球】是由模仿采珠人的劳动演变而来的满族传统体育项目。珍珠，满族称“尼楚赫”。

【赛威呼】是满族一种古老的民间体育活动。比赛时，五人为一队，其中前四人面朝向终点，第五人朝向起点，四人排列同握两根木杆，第五人独握一根象征舵的木棍。　起朝终点正向或反向跑，以先达终点的队为胜。

【满族秧歌】满族民间舞蹈。是在满族人民劳动、生活中产生，在吸收汉族等其他民族舞蹈基础上逐渐形成发展的，具有火爆、矫健、粗犷、热烈而豪放的表演特点。努尔哈赤创建八旗时，凯旋之后、丰收之余率队即兴表演舞蹈，这是满族秧歌的雏形。初起的满族秧歌多表现喜庆、狩猎、渔猎等内容；努尔哈赤起兵后，逐渐融入了征战内容，整个秧歌舞队摆出练兵习武、驰骋征战的阵势，是满族先人生产、生活和社会活动方式的活化石。乌拉街秧歌自成一派，被称为“萨满秧歌”，多表现萨满舞蹈的特点。

【满族布库】满族摔跤，也叫撩脚或撩跤、掼跤。

【抓嘎拉哈】是改变猪、牛、羊等后腿髌骨的四个面儿（较宽的两个面一个叫“坑儿”、一个叫“背儿”，两个侧面一个叫“砧儿”、一个叫“驴儿”）和抛掷装有粮食的小方口袋儿的一种游戏。游戏时把小口袋抛到空中，迅速把炕上的“嘎拉哈”改变方向，然后在口袋掉下时及时接在手中，如此往复，直到炕上所有的“嘎拉哈”

都改变过四个方向为止。这是满族女人和女孩几乎都会的游戏，俗称“欻嘎拉哈”“抓子儿”。

【冰尜】在冰上抽打的陀螺。

【树挂】雾凇。

（四）萨满秧歌特色词汇

【察玛】萨满教的祭司人为“察玛”，察玛经过考验、学习后才可以参加祭祖活动。满族人烧香祭祖形式隆重，察玛就是“烧香”的神匠。

【佛朵】清明插在坟茔上的柳。

【穆昆】族长。

【巴图鲁】勇士。

【跑火池】萨满在火上赤脚跳舞，而不被烧伤。

【蛮/满尼】起伏。

【振米】萨满祭祀时，把制打糕的大黄米放在木槽中浆好后供神前，萨满带领众人打神鼓、摇抓鼓，围木槽甩动腰铃，这种仪式，叫“振米”。

【神衣】萨满特制的衣服。

【神帽】萨满特制的帽子，有鹰帽、鹿帽、蛇帽之分。

【神符】萨满特制的咒符。

【神裙】萨满特制带有飘带的裙子。

【西萨】腰铃。

【伊母琴】萨满特制的一种单面神鼓。

【哈里玛刀】萨满特制的神器大刀。

【松昆罗】鹞鹰，海东青。

【托里】铜镜，萨满特制的腰间所系的九面铜镜。

【嚓/萨拉器】一种响板。

【敌敌枪】三股钢叉。

【霸王鞭】萨满特制的神器鞭子。

【轰勿】背灯祭用的一种响器。

【通肯】一种用牛筋穿制的抓鼓。

萨满秧歌具有鲜明的东北地域文化特色。据乌拉街萨满秧歌的文化传承人赵成海介绍，萨满秧歌融萨满神歌与秧歌于一体，从道具形式到舞蹈内容、情绪表达，反映了别具一格的满族原生态文化，曾在CCTV-3综艺频道上演，在东北地域秧歌大赛中连续多届蝉联桂冠。以上这些特有词汇，亦集中反映了萨满秧歌音乐、道具、舞蹈的表现内容与形式特色。这些残留在萨满秧歌领域的文化词汇，构成了乌拉街方言中独具特色的满语底层。

东北官话方言，因长期与东北少数民族语言接触，相互影响和融合形成了汉儿言语。乌拉街作为满族聚居区，满汉杂居，特别是萨满教的留存，在饮食、民居、游戏、丧葬、宗教等方面形成了颇具特色的方言词汇。一些专名词汇，甚至可以作为乌拉街方言的特征词，发掘整理这些方言特征词，对于科学保护乌拉街满族文化具有重要意义。

三、乌拉街满语及满族文化资源保护开发的意见与建议

传统的乌拉街人，牢记“打牲乌拉”昔日的荣光。萨满神歌、舞蹈等非物质文化遗产虽然进入了商业性保护的阶段，亦被吉林省遴选进省级非物质文化遗产保护的名录，但总体上，乌拉街满族风情还缺乏“走出去、请进来”的文化自信和笑迎八方来客的胸怀，民风较为古朴、保守，文化产业意识不强，整体缺乏文化财产科学保护意识和总体文化产业发展的规划。因此对乌拉街满语及满族文化资源的科学保护，须纳入政府规划和文化发展战略。基于此，我们建议：

（1）以历史上乌拉街朝贡特区为依据，设置乌拉街经济特区与雾凇岛文化旅游文化产业开发区，开设东北“贡山”人参种植区、鲟鳇鱼养殖区、东珠人工培植区，开设轨道、江浦、航空交通物流开发产业园区，雾凇岛旅游、乌拉街满族文化风情旅游特区等系列项目。

（2）在乌拉街中心小学打造龙潭区满语学校，实施满汉双语教学，有计划地设置满语满学专科学校，发掘整理乌拉街满语底层词汇，培养满语人才。

（3）对魁府、萨府、后府、点将台等文化遗产进行修缮和保护，宣传乌拉街与吉林地方文化，对游人开放。

（4）科学保护乌拉陈汉军旗单鼓舞非物质文化遗产，进一步开发韩屯、北兰等满族家祭文化观光项目，科学整理与保护萨满神歌。

（5）科学保护满族萨满秧歌，开设现场表演，培养传承人，整理与保护东北鼓吹乐。

（6）科学保护朝鲜族长鼓舞、东路二人转、胡氏面塑、王氏布贴画、杨氏膏药、陈氏刻纸等非物质文化遗产，培养文化传承人，规划可持续发展。

（7）保护与开发“凤吉园”贾家馆子等满族饮食文化，形成特色满族饮食文化产业链。

（8）开发满式婚俗旅游项目，规划与设置长影满族风情拍摄基地、环形影院等项目。

（9）开发满族民居文化观光旅游项目，整体规划乌拉街民宅、街道、卫生事业。

（10）规划与开发满族射箭、珍珠球、赛威呼、攻城、赛马等游戏比赛运动竞技项目。

（11）规划与开发满族服饰文化产业。

（12）规划与开发东珠产业、松花江船厂船运业、江城旅游业、东北特产物流等文化产业。

（13）规划与设置乌拉街、雾凇岛两个文化大舞台，拉动文化旅游产业，培养文化传承人。

（14）规划与设置乌拉街文化博物馆，涵盖古船厂、江城文化和吉林文化展。

（15）定期召开满语、满族文化与传承等各种学术研讨会，打造国际萨满文化传承与发展研究基地，规划地域政治、经济、文化的全面可持续的科学发展。

四、结语

乌拉街在后金、清朝，有着重要的地位，是康熙东巡的终点。然而，乌拉街昔日的繁华已不再。在国家政策的指导下，我们选择乌拉街这样有满语底层残存、文化特色较为突出的街镇方言作样本进行文化钩沉，进而提出满语满族文化的拯救战略与对策。这对于东北其他地区科学保护满语及其他非物质文化遗产，形成文化产业，培养满语文化人才，开展满族文化研讨，更宏观更客观地了解“满汉全席”式的东北地域满汉语言接触融合及满汉文化和谐共生的发展历史，对于科学开发与合理利用地域文化资源，全面规划地方政治、经济、文化的可持续科学发展，不断提升国家和地方政府的文化软实力，无疑都具有重要的现实意义和深远的历史意义。

附录　方言调查合作人

方言老男：赵成海，乌拉街人，62 岁，满族；

方言老女：杨瑞萍，乌拉街人，47 岁，满族；

方言青男：赵雪松，乌拉街人，44 岁，满族；

方言青女：崔铠麟，乌拉街人，33 岁，满族；

地普 1：王希丰，男，乌拉街人，33 岁，满族；

地普 2：朱传龙，男，乌拉街人，34 岁，满族；

地普 3：甄英杰，女，乌拉街人，34 岁，满族。

第十二节　从满汉对音角度看《黄钟通韵》的倭母字[①]

《黄钟通韵》，全名为《黄钟通韵二卷附琴图补遗》，作者为清代满人“长白都四德”，字乾文，号秋庄，镶红旗。该书初版于乾隆甲子年（1744 年），琴图部分为乾隆癸酉年（1753 年）补充。全书分为上、下两卷，共十篇。上卷七篇，即：律度衡量第一；五音位次第二；六律第三；七均第四；五音六律三分损益上下相生第五；律吕名义第六；律本第七。下卷三篇，即：循环为宫第八；声字第九；律数第十。其中“声字第九，论述了满文十二声字，并以十二声字谱为十二律图是最具有音韵学价值的。”[②]

都四德在自序中说，为了著成此文他“将前后三十余年日积月累或搜之于古或取之于今数百篇中删繁就简、补阙证疑，草成是稿”[③]，对于其“取之于今”之“今”，学术界一般认为是指东北方言。赵荫棠先生在《等韵源流》中对《黄钟通韵》进行了概述，认为韵书反映的日喻母相混的现象“恐与著者方音有关，现辽宁人尚多如是读”。[④] 耿振生在《明清等韵学通论》中更明确指出“都四德有可能是东北人”。[⑤] 因此，《黄钟通韵》在研究东北地区的语音发展史方面所具有韵图的文献和语音价值是不可忽视的。本节亦从满汉对音角度来探讨韵书中的倭母字，以期从满汉语言接触方面为《黄钟通韵》蕴含辽东方音提供佐证。

通过前人的研究发现，在《黄钟通韵》的声母系统中没有中古的微母，但是存在一个倭母，其下统辖的字大部分来自中古的微母字，如“武舞务、微未、晚万、文问、勿妄”等；小部分来自中古影母字，如“倭、委威、湾”等；个别字来自中古的疑母和喻母，如“外、旺”。如能弄清倭母在此分立的原因，可为确定《黄钟通韵》的语音基础是当时的辽东音添加一个有力的论据。

一、倭母并非源自微母

关于微母演变的时间，目前学术界并无定论，研究者通过朝汉对音方面的研究成果解决了一些近代语音的热点问题，其中就包括微母演变的时间问题。孙建元和

① 本节原文由杨春宇，孟祥宇发表于：现代语文（语言研究版），2012（05）：14-15. 有删改。

② 邹德文 . 清代东北方言语音研究 [D]. 吉林大学博士论文，2009：120.

③ 都四德 . 黄钟通韵 [M]. 中国国家图书馆藏，1744.

④ 赵荫棠 . 等韵源流 [M]. 北京：商务印书馆，1957：85.

⑤ 耿振生 . 明清等韵学通论 [M]. 北京：语文出版社，1992：36.

金基石先生通过对《四声通解》《翻译老乞大》《翻译朴通事》等朝汉对音文献的研究，均认为微母演变为零声母当在《四声通解》(1517)之前，这一观点的提出将微母演变的时间锁定到了16世纪初。但是汪银峰先生从地域因素的角度考虑，认为朝鲜文献所反映的汉语北方音概念“过于笼统，它可能是指当时的北京话”，以此断定“对于中古微母字演变成零声母的时间确定在十六世纪初，仅仅是指当时北方的通语或者居于强势的一种汉语，而北方各地方言的情况则不能纳入其中。”①笔者赞同这种说法，因为16世纪后的各种韵书中微母仍然存在(表3-44)。

表3-44 微母在部分近代韵书中的音值构拟

洪武正韵(1375)	v	中原音韵(1324)	v
韵略易通(1442)	v	等韵图经(1606)	–
西儒耳目资(1626)	v	切韵声原(1652)	v
韵略汇通(1642)	v	五方元音(1653)	–
音韵阐微(1726)	v	黄钟通韵(1744)	v

王力先生认为“这个v从十四世纪《中原音韵》时代起，一直保持到十七世纪，然后才变为半元音w，最后成为元音u(韵头或全韵)。它是到了这个阶段，才和喻疑合流了的。”②王力先生的观点与表格所示的时间大致是相符的，从14世纪到17世纪之间，各家韵书或保留微母，或取消微母，证明了这期间微母正处于动荡的演变过程之中，在《五方元音》之后，北方方言的微母字应当趋于统一，与影、疑、喻母合流了。但是成书于18世纪的官修韵书《音韵阐微》仍然存在微母字，是否证明当时的官话音抑或是北京音中仍然存在微母，从而影响了《黄钟通韵》的声母编排呢？叶宝奎研究了《音韵阐微》音系，并认为“编撰者存古观念浓重，刻意坚守传统的语音模式，其韵谱、韵书外表形式显得相当保守”。认为其书声母系统“完全依照三十六母”，而在韵书凡例中作者明确指出：“若疑微喻三母，南音各异，北音相同……”③这段话充分证明了《音韵阐微》保留微母是因为“不遽变古”，而非时音的真实体现。从倭母所属的字也可以发现一些线索，倭母包含了中古微母、影母、疑母的字，而中古的一些微母字却在哦母所属的字中，因此可以判定，《黄钟通韵》中的倭母并非源自中古的微母。

① 汪银峰.明末以来内丘、尧山语音的演变研究——以《元韵谱》《五方元音》为依据[D].吉林大学博士论文，2007：54.

② 王力.汉语史稿[M].北京：中华书局，1980：131.

③ 叶宝奎.《音韵阐微》音系初探[J].厦门大学学报(哲学社会科学版)，1999(04)：105-111.

二、倭母并非反映北京音

既然《黄钟通韵》时期中古微母已经与影、疑、喻母合流了，那么倭母的设立是否反映了当时北京音的一些实际情况？这个问题可以从满汉对音的角度得到一些启发。通过满语学者的研究，学术界一般认为在满语中没有 [v] 音而有 [w] 音，汉语中的零声母字就是由这个 [w] 音来对音的，例如汉语的“瓦”，在满语中读为“wase”。将《御制增订清文鉴》和《清文启蒙》进行对比，不难发现在康乾时期这个 [w] 音发生了一些变化。

在清军入关后，随着满汉民族交往日益频繁，满文受到北京音影响，到了康乾时期影响逐渐外化，包括元音“[o]、[u]、[ū]、[e]”的合流。如表 3-45 中所示，在规范语中几个元音的发音各有特色，因此所选表音汉字也是各有不同，但是到了京语时期，几种元音的读音趋于统一，所选汉字均为中古影母字，这也从侧面证明了，在清初的北京话中，中古影母字“倭、威、温、翁”声母的发音是相同的。但是在同时期成书的《黄钟通韵》中，“倭、威”两字属于倭母，“温、翁”两字却属于哦母，这种矛盾之处只能说明该韵书所表现的并非方当时的北京音。

表 3-45　对音资料《御制增订清文鉴》《清文启蒙》反映的微母音值变化情况

满语字体	《御制增订清文鉴》	《清文启蒙》
第二字头-[i]	oi 鄂衣 [oi]≠ui 乌衣 [ui] ≠ūi 谔衣 [ɷi] ≠wei 倭额衣 [wəi]	oi 威 [oi]=ui 威 [ui] =ūi 威 [ɷi] =wei 威 [wəi]
第四字头-[n]	on 鄂安 [on]≠un 乌恩 [un] ≠ūn 谔恩 [ɷn] ≠wen 倭额恩 [wən]	on 温 [on]=un 温 [un] =ūn 温 [ɷn] =wen 温 [wən]
第五字头-[ŋ]	ong 鄂昂 [oŋ]≠ung 乌鞥 [uŋ] ≠ūng 谔鞥 [ɷŋ] ≠weng 倭额鞥 [wəŋ]	ong 翁 [oŋ]=ung 翁 [uŋ] =ūng 翁 [ɷn] =weng 翁 [wən]

三、倭母反映了辽东音

《黄钟通韵》中倭母的分立既不是沿袭了中古的微母，又不是反映当时的北京音，那么以此推测，其所反映的应是今通溪小片方言的前身，即清初辽东语的实际语音。辽东地区古微母字最晚在 17 世纪随着北方方言演变发展的大趋势，也已经与影、疑、喻母合流了，但是因为“语言结构的不平衡性”等，又自发地在合口呼零声母前形成了一个倭母，在现今的通溪小片方言，甚至整个东北方言中这个 [v] 声母几乎已经完全取代了普通话零声母合口呼的地位，而《黄钟通韵》所表现的应是清初辽东方言倭母从形成到向零声母合口呼扩张的过程。

第十三节　东北官话晚成吗？
——兼论东北官话与北京官话的关系

一、研究概说

在汉语官话方言谱系的研究中，学界对于“东北官话是否晚成？是否独立成区？与北京官话关系如何？”等问题一度悬而未决，颇有争议。

主张东北官话与北京官话从分者认为：北京市区和各郊县、河北承德、内蒙古赤峰及辽宁朝阳地区为北京官话区；东北三省（不包括辽东、辽南的胶辽官话区）及内蒙古东部地区为东北官话区。代表学者有贺巍①、李荣②、张志敏③、熊正辉和张振兴④等。他们强调的是两个官话区的音感差异，如“古清声母入声字今读上声的情况”“阴平的调值”“古精知庄章组字今声母的读音”“零声母字及日母字的归并”等。《中国语言地图集》⑤、《汉语方言地图集·语音卷》⑥分别描绘了东北官话、北京官话的区别特征图，加之诸多学者的助力研究，从分的观点似被坐实。

主张从合者则认为东北官话与北京官话宜合二为一，用北京官话区加以概括。代表学者有林焘⑦、王福堂⑧、侯精一⑨、钱曾怡⑩、张世方⑪等。他们或用移民史证明北京官话和东北官话有着共同的源头，或削弱二者在“古清入今读上声字的数量”“阴平调值”“古精知庄章组字今读”“零声母字及日母字的归并”等方面的差异，主张不要囿于东北官话与北京官话比较的层次，而要将二者与同属于同一层次的中原官话、冀鲁官话、胶辽官话等进行比较，强调两官话区与其他官话区比较中所具有的

---

① 贺巍．东北官话的分区（稿）[J]. 方言，1986（03）：172-181.

② 李荣．汉语方言的分区 [J]. 方言，1989（04）：241-259.

③ 张志敏．北京官话 [J]. 方言，2008（01）：70-75.

④ 熊正辉，张振兴．汉语方言的分区 [J]. 方言，2008（02）：97-108.

⑤ 中国社会科学院和澳大利亚人文科学院合编．中国语言地图集 [M]. 香港：朗文出版（远东）有限公司，1987.

⑥ 曹志耘．汉语方言地图集·语音卷 [M]. 北京：商务印书馆，2008.

⑦ 林焘．北京官话溯源 [J]. 中国语文．1987（03）：161-169；林焘．北京官话区的划分 [J]. 方言，1987（03）：166-172.

⑧ 王福堂．汉语方言语音的演变和层次 [M]. 北京：语文出版社，1999.

⑨ 侯精一．历史人口结构的变动与汉语方言的接触关系 [R]. 第一届中国语言文字国际学术研讨会，2002-03-11—2002-03-14.

⑩ 钱曾怡．汉语官话方言研究 [M]. 济南：齐鲁书社．2010.

⑪ 张世方．也谈北京官话区的范围 [J]. 北京社会科学．2008（04）：89-92.

共性。诸多学者虽然试图从语音角度进一步证明“从合”意见的合理性，但其结论或忽略了北京官话内外城话及两种官话历史动态演变发展的客观参照与复杂实际，特别是忽略了二者在区别特征上表现的差异性，亟须澄清与剥离。

综上，关于北京官话与东北官话分合问题，目前学界尚未达成共识。李薇薇[①]认为方言分区不应该仅以移民史和语音材料为依据，而且应当有词汇、语法材料的依据。汉语方言的语音特征、词汇特征、语法特征均宜得到应有的重视，特别是当语音标准在方言区划的瓶颈问题上难以有实质性突破的时候，词汇特征、语法特征作为新的研究视角能够为方言分区提供有益的借鉴。

杨春宇[②③④]从探索东北官话史的视角出发，认为东北官话并非晚成，其演变亦非一蹴而就，而是经历了幽燕方言—汉儿言语—近代东北-北京官话—现代东北官话的历史嬗变，亦着眼于语音、词汇、语法特征的纵观研究。

我们认为不可笼统而简单地说东北官话与北京官话的关系，必须放到历史的时间轴上来考察东北官话与北京官话历史演变有分有合的复杂性。从历史渊源上看，东北官话、北京官话可共同追溯到汉儿言语乃至幽燕方言。从近现代的发展看，东北官话的满语等少数民族语底层积淀比北京官话或更厚重，且多出“闯关东”的方言接触及被近代化过程中的洋泾浜语影响的词汇发展层面，而北京官话保留了较多的京腔、京味儿，或受京剧等影响语音上文白异读会更突出一些。从北京音成为标准音之日起，在流俗与从雅的各自路径上，东北官话与北京官话已渐行渐远。

二、从幽燕方言到汉儿言语

据《尚书·舜典》可知舜在禹治水后，在九州基础上，析冀州为并州、幽州；析青州为营州，合为十二州。据此可推断古幽燕方言大体分布于古冀州、幽州、燕国之地。古冀州、幽州、并州、青州、营州因为自古的语言接触，形成了幽燕方言的基础。杨春宇和王媛[⑤]、杨春宇[⑥]梳理了“掩”“豯”“饕餮”等东北方言中残存至今

---

① 李薇薇．辽西方言特征词说略 [J]. 方言．2016（01）：109-114.

② 杨春宇．辽宁方言语音研究 [J]. 辽宁师范大学学报（社会科学版）．2010（05）：93-99.

③ 杨春宇．辽宁方言知、庄、章组的语音类型及特征 [J]. 辽宁师范大学学报（社会科学版），2013（01）：107-113.

④ 杨春宇，王媛．扬雄《方言》所见的幽燕方言 [J]. 辽宁师范大学学报（社会科学版），2015（06）：837-845.

⑤ 杨春宇，王媛．杨雄《方言》所见的幽燕方言 [J]. 辽宁师范大学学报（社会科学版），2015（06）：837-845.

⑥ 杨春宇．东北官话方言特征词例释 [J]. 沈阳师范大学学报（社会科学版），2016（02）：67-71.

的幽燕方言词，阐释了从广义的上位的幽燕方言为东北官话方言溯源，而不从狭义下位的北燕–朝鲜洌水方言为其溯源的理由，是出于上古幽燕方言是建立在广泛语言接触基础上考量的。

后晋天福三年（938 年），石敬瑭割让燕云十六州给契丹。燕云十六州覆盖今北京、天津、山西、河北北部地区，石敬瑭将其割让给契丹之后，太行山前、山后，长城内外，胡汉融合。东北官话与北京官话的共同基础——幽燕方言被契丹族、蒙古族、女真族、满族等北方少数民族语言包围，加之历史上的南匈奴融入并州，鲜卑融入营州，北魏孝文帝迁都并自愿放弃鲜卑语，海东盛国渤海自觉融入汉族的汪洋大海，这些东北民族间的接触融合，都极大地促进了北方汉语与少数民族语言的接触与融合。我们从教科书《老乞大》对东北官话及北京官话的呼称“汉儿言语”的记载中，亦可认定这种洋泾浜或混合语性质的语言接触的产物——“汉儿言语”是客观存在的。正因如此，“汉儿言语”研究方越来越为学界所关注。从共时与历时的层面，可规划北方立国诸民族语与汉语接触而形成的“汉儿言语”研究体系，亦即“汉儿言语”的部分外延。诸如鲜卑汉儿言语、渤海国（靺鞨族）汉儿言语、辽契丹汉儿言语、元蒙汉儿言语、后金女真汉儿言语、夫余–高句丽汉儿言语等，最终形成“汉儿言语联盟”。

三、近代的东北及北京官话

从汉语发展史来说，先秦雅言、汉代凡语通语、魏晋汉语传统的河洛正音，从永嘉之乱、南北朝的衣冠南渡、晋室南迁开始，出现了南音、北音，汉语长期分化，最终在南方语言接触融合过程中，形成了以南京音为代表的南音集大成者江淮官话（南京官话）；近代关中方言及元大都话在北方接触融合并进一步发生阿尔泰化，积淀发展成近代的中原官话；加之清军进军宁远入关带来的已充分阿尔泰化了的东北官话的底层，在明代迁都、徽班进京之后，终于形成南京官话、东北官话、中原官话的三方汇流，不但成为近现代北京官话最直接的源头，而且最终结束了汉语南音、北音长期分化的历史，以阿尔泰化的最简音系从语言发展内部客观地成就了现代汉民族共同语的形成。至于国音、京音之争，以投票方式决定北京音的民族共同语标准音地位，也是语言发展的偶然与必然综合作用的结果。

从历史发展的长周期来说，东北官话是北京官话重要的给养源，在“行国”“城国”兼备的北方少数民族政权体制下，长城内外的北京与赤峰、朝阳、锦州、辽阳、大安、吉林、珲春等北方都市，同样是东北地区汉语与少数民族语言接触较早和较频繁的前沿阵地，其语言之间的辐射力、影响力、张力、生命力辗转循环，最终汇聚到北方政治、经济、文化的中心——北京。从内部语感（语音、词汇、语法）及现代语用文化功能的差异上看，我们认为东北官话在“俗”“原生态”的发展道路上，依然保留着诸多复杂的自然原生态的生命力与创造力，承载着丰富的东北地域文化内涵。清代满汉合璧的《御制增订清文鉴》、教科书《清文启蒙》等，反映了这种语言“杂合面儿”的性质。而北京官话则更多在“京味儿”“国音、京音之争”中，中和了东北官话无入声和南京官话徽班进京“咬字念”等南北杂糅的历史显性特征。在时间轴的横断面上，北京官话终因缺少关外东北话被近代化的和闯关东等语言接触的成分底层，变为大都话近代化的京腔，而民族共同语功能表达的需要，促使京音最终雅化发展，上升为普通话的标准音。因此，在今天语言生态、语言历史与交际功能比较、科学保护语言资源等文化声器之中，我们主张宜直面与承认东北官话与北京官话同源异流、渐行渐远的发展事实，以更好地促进东北官话、北京官话研究的新发展。

四、现代东北官话

新中国成立后，国家大力推广普通话，工作成绩斐然。虽然普通话亦极大地影响了新派的东北官话，但从总体本质而言，东北官话是沿袭自身的历史轨迹，坚守着俗白、质朴、直率的“东北风”，而获得现代的发展，特别是曾一度随着赵本山及其小品走遍大江南北，表现出东北方言的强劲势头。在语音上，声母微母为 [v]，或表现为 [w/ʋ] 的自由变读；大部分地区精知庄章组 [ts/tʂ] 混并，由山地向沿海、由东向西呈全读如精组、自由变读、全读如庄组的渐变特点；古日母、疑母、影母、喻母字等在近音之间出现混并；韵母方面，普通话的 [o] 韵母字被 [ɤ] 所替代；[y] 撮口不到位，在泥母、来母合口洪音音节前或为 [uᴇ]；复元音 [ai]、[ɑu] 发音动程不足，一般为 [ɛ]、[ɔ]；个别地区存在 [iɔ]、[yɔ] 韵母；声调方面，部分地区阴阳平声混读，因古清入声归派上声的字多于普通话；动态语音方面，轻声、儿化少于北京官话。在词汇上，表现为古语词残存，如饕餮、嘚瑟、葹、貁子等；语言接触造成的民族语底层词汇较多，如称谓阿哥、格格、萨满，地名哈尔滨、齐齐哈尔、牡丹江、吉林乌拉街等。在语法层面，词法上“词根＋词缀”形式的构型表现较多，如“来”用如介词，同“在”，疑问句“来不？”“去不？”等或保留古代汉语语法现象。东北官话语音、词汇、语法研究，是一个富矿，目前学界研究远远不够，需要更多的学人加入发掘。

五、结语

综上，我们认为，东北官话并非晚成，其演变亦非一蹴而就，而是经历了幽燕方言—汉儿言语—近代东北-北京官话—现代东北官话的历史嬗变。东北官话与北京官话在语音、词汇、语法方面均存在不同，在今天语言生态、语言历史与交际功能比较、科学保护语言资源等文化声器中，我们主张宜直面与承认东北官话与北京官话同源异流、渐行渐远的发展事实，以更好地促进东北官话、北京官话研究的新发展。

参考文献

傅林 . 契丹语和辽代汉语及其接触研究——以双向匹配材料为基础 [D]. 北京大学博士论文，2013.

贺巍，钱曾怡，陈淑静 . 河北省北京市天津市方言的分区（稿）[J]. 方言，1986（04）：241-252.

沈钟伟 . 辽代北方汉语方言的语音特征 [J]. 中国语文，2006（06）：483-498，575.

宋学 . 辽宁语音说略 [J]. 中国语文，1963（02）：104-114.

王福堂 . 汉语方言语音的演变和层次 [M]. 北京：语文出版社，1999.

尹世超 . 哈尔滨话音档 [M]. 上海：上海教育出版社，1998.

张彧彧 . 元代“汉儿言语”的交际价值和文化价值 [J]. 江西社会科学，2015（08）：128-134.

第四章　现代东北官话的个案调查与研究

第一节　辽宁方言语音研究①

一、辽宁概况

辽宁省位于东经118°53′—125°46′，北纬38°43′—43°26′，自古就是东北亚经济区和国际交往的重要通道。辽宁省历史悠久。营口大石桥金牛山古人类遗址，距今已有28万年。朝阳市喀左鸽子洞遗址，距今至少有5万年。沈阳新乐文化遗址显示了7200年前辽宁在原始社会末期的繁荣景象。朝阳牛河梁红山文化遗址，距今5500—5000年，从出土的祭坛、积石冢、神庙和女神彩塑头像、玉雕猪龙、彩陶等重要文物得出结论——这里存在一个初具国家雏形的原始文明社会，标志着辽宁地区是中华民族文明的起源地之一。

公元前16世纪，辽宁省属商朝邦畿；春秋战国时期属燕；秦袭燕制，置辽东、辽西、右北平郡（西部）；两汉、三国属幽州；西晋为平州；东晋为前秦、三燕（前燕、后燕、北燕）；北魏、东魏、北齐为营州；隋置柳城郡、燕郡、辽东郡；唐设安东都护府；辽代为东京道、中京道；金代为东京路、北京路；元置辽阳行省；明为辽东都司；清先设辽东将军，后改奉天将军，再改盛京将军，清末改奉天省；民国初沿袭清制，1929年改称辽宁省；1931年九一八事变后，辽宁被日本侵占；中华人民共和国成立后划为辽东、辽西两省（两省包括了现吉林省通化、四平、河北省秦皇岛市山海关区等部分地区）以及沈阳、旅大（今大连）、鞍山、抚顺、本溪5个直辖市；1954年两省合并为辽宁省，5市改为省辖市，省会为沈阳市。全省面积约15万平方公里；有14个地级市，16个县级市，25个县（8个自治县），59个市辖区（其中36个农业区）；有满族、蒙古族、回族、朝鲜族、锡伯族等少数民族51个；常住人口4259.14万。

二、辽宁方言研究概述

现代意义上的辽宁方言研究起步于20世纪40年代末，伴随着辽宁推广普通话

---

① 本节原文由杨春宇发表于：辽宁师范大学学报（社会科学版），2010（05）：93-99. 有删改。

工作而展开。宋学系统勾勒了辽宁方言语音的特点并绘制了辽宁方言地图。其文根据调类的多少、古入清音声母字读为上声的多少、古精组字与知庄章组字是否混并、是否区分尖团音、[v] 声母的有无、古影疑母的今读、日母是否读为零声母、[u] 介音的有无等把辽宁方言分成四区[①]，即与我们现在一般意义上的登连片、盖桓片、长锦小片、通溪小片相对应。宋文中的个别问题尽管尚值得商榷，但作为辽宁方言研究的发轫之作，毕竟影响颇深。

20 世纪 80 年代以来随着对东北官话讨论的加深，辽宁方言研究自然被涵盖于其中。

李荣在论述北京官话时提及“东北三省有许多方言比河北省更接近北京”[②]。但并没明确东北方言是否属于北京官话。李荣后又指出：“考虑到东北官话区古入声的清音声母字今读上声的比北京多得多；四声调值和北京相近，但是阴平的调值比北京低；以及多数方言无 [ʐ] 声母（北京的 [ʐ] 声母读零声母 [ø]）等特点，现在把东北官话区独立成一区。”[③] 贺巍从总说、分区、特点、内部差异等几个方面对东北官话加以阐释，使东北官话研究与讨论得以展开。其文指出“东北官话是在本地话、河北话和山东话的基础上形成的”。指出东北官话的古入声清音声母字今读上声的比北京多、调值上东北官话与北京话有明显差异、[o] 与古帮组字相拼时东北官话为 [ɤ]，并分析了二者词汇上的一些差异及胶辽官话与东北官话的关系。[④] 但遗憾的是贺文虽注意到了本地话的存在，却只在总说中提到汉族、回族和满族说汉语，对东北地区的“本地话”的源流并未展开讨论。其另文认为北京官话的朝峰小片亦深入到辽宁境内。[⑤]

林焘从人类学、文化语言学、社会语言学的角度对北京官话进行溯源，重点分析了北京官话区的历史成因，认为东北方言与北京话关系密切，同是在幽燕方言基础上形成的，应同属一个官话区。[⑥] 其另文又进一步强调“不宜把东北方言从北京官话中分离出去”。[⑦]

尹世超总体上论述了包括辽宁方言在内的东北官话的源流问题。指出：“黑龙江、吉林、辽宁三省和内蒙古跟这三省毗连的地区，是一个多民族聚居的地区。……

---

① 宋学 . 辽宁语音说略 [J]. 中国语文，1963（02）：104-114.

② 李荣 . 汉语方言的分区 [J]. 方言，1989（04）：247.

③ 李荣 . 汉语方言的分区 [J]. 方言，1989（04）：247.

④ 贺巍 . 东北官话的分区（稿）[J]. 方言，1986（03）：173.

⑤ 贺巍，钱曾怡，陈淑静 . 河北省北京市天津市方言的分区（稿）[J]. 方言，1986（04）：241.

⑥ 林焘 . 北京官话溯源 [J]. 中国语文，1987（03）：167-168.

⑦ 林焘 . 北京官话区的划分 [J]. 方言，1987（03）：167.

历代在这一地区占统治地位的民族所使用的语言都属于阿尔泰语系。从辽代开始才有大批汉族人从内地移居东北。……汉族文化高，人口多，汉语在东北各族语言中自然就占了优势。这种汉语就是以燕京话为中心的幽燕方言在和东北少数民族语言密切接触过程中形成的早期的东北官话。”① 但笔者认为个中所述尚有进一步讨论的余地。

此外，王福堂、侯精一亦都赞同北京官话与东北官话不分。②

张志敏不但根据《中国语言地图集》中东北官话的主要特征及分片和小片的标准，对东北官话区的范围作了适当的调整，而且还指出东北官话的古入声清音声母字今读上声的比北京话多一倍；③ 补充说明了如同胞 [pau44/pau55]、活泼 [pɤ44/p‘ɤ55] 等东北官话与北京官话送气音、不送气音的差异。其后进一步强化东北官话的一些特点，同时对北京官话范围作出调整。④

张世方梳理了北京官话和东北官话的关系，反驳了把北京官话和东北官话分开的观点。⑤ 刘晓梅从综述的角度，对东北官话研究进行百年来整体的梳理评价，其文引李荣的观点认为东北官话形成较晚，与北京官话接近程度似乎大于北京官话与冀鲁官话的接近程度。⑥ 其文所倡导的观点笔者虽大都同意，但关于东北官话是否晚成，笔者看法不同。

三、辽宁方言的探源——兼论东北官话的形成及其与北京官话的关系

1. 东北官话的形成及其与北京官话的关系

前贤的研究中，大都注意到辽宁乃至东北地区历史上曾经是北方少数民族的发祥地，涉及了阿尔泰语系与北方汉语的关系问题，指出该地区汉语存在北方少数民族语言的文化底层等，但是都浅尝辄止，缺乏深入研究。另外，并未把燕山南北考古的新成果与本地区语言的探源结合起来考察。

本节认为：东北官话的形成除与闯关东有着直接的联系之外，亦不排除深远的

---

① 尹世超．哈尔滨话音档 [M]. 上海：上海教育出版社，1998：43.

② 王福堂．汉语方言语音的演变和层次 [M]. 北京：语文出版社，1999：52；侯精一．现代汉语方言概论 [M]. 上海：上海教育出版社，2002：19.

③ 张志敏．北京官话 [J]. 方言，2008（01）：70-75.

④ 张志敏．东北官话的分区（稿）[J]. 方言，2005（02）：141-148.

⑤ 张世方．也谈北京官话区的范围 [J]. 北京社会科学，2008（04）：88-92.

⑥ 刘晓梅．期待绚烂绽放：百年东北官话研究述评 [J]. 吉林大学社会科学学报，2008（01）：130-137.

历史渊源。《左传·昭公九年》载:“及武王克商……肃慎、燕、亳，吾北土也”。[①]苏秉琦以为:“这是殷人的认识，殷人的祖先可以追溯到燕山南北的古燕文化，甚至更北的白山黑水之间”[②]。从东北亚语言接触的视点出发，我们认为:东北官话、北京官话的形成，不是一蹴而就的。一方面可以考虑同东胡族、鲜卑族、契丹族、女真族、蒙古族、满族，以及韩、日、俄等的语言历时接触过程中形成了不同的语言层面;另一方面，随着燕山南北及东北考古的发展，随着查海–兴隆洼文化、上宅文化、镇江营一期文化、新乐文化、红山文化、夏家店下层文化的发掘，特别是对燕商同祖及东北古文化的渊源研究的深入，辽西及红山古代方国的存在被证实，我们亦愈发相信:“早在中华开国史之初，东北地区就是我们祖先创造文明的地方。”[③]而且据傅斯年研究“商之兴也，从东北来，商之亡也，向东北去。商为中国信史之第一章，亦即为东北史之第一叶”。[④]

既然东北是殷商之发祥地之一，那么我们就有理由认为:汉语的发展与中华文明社会的形成相始终，现代东北官话、北京官话共同的基础方言——幽燕方言，或为原始华夏语的直接渊源之一，参与了汉语的早期构成。本书直接采用“东北–北京官话”的称谓，并且认为:在草原文化、渔猎文化与农耕文化交会融合的长城地带，东北–北京官话及普通话的形成可能有更原始、更深层的历史积淀，即北方话之源可能不仅在河洛一带，而且在长城地带。

2. 辽宁方言探源的文献支撑

在浩如烟海的历史文献中，现列举一些关涉东北–北京官话地域的有关史料，以见一斑。

《山海经·大荒西经》载:黄帝之孙曰始均，始均生北狄。[⑤]《山海经·大荒北经》载:大荒之中，有山，名曰不咸，有肃慎氏之国。[⑥]《山海经·大荒东经》载:有因民国，勾姓，黍食。有人曰王亥，两手操鸟，方食其头。王亥托于有易、河伯仆牛，有易杀王亥，取仆牛。[⑦]

① 郭丹，程小青，李彬源译注.左传(下册)[M].北京:中华书局，2012:1715.
② 苏秉琦.中国文明起源新探[M].北京:生活·读书·新知三联书店，1999:153.
③ 郭大顺，张星德.东北文化与幽燕文明[M].南京:凤凰出版社，2005:213.
④ 傅斯年.东北史纲[M].上海:上海古籍出版社，2012:34.
⑤ 马昌仪.古本山海经图说[M].济南:山东画报出版社，2001:579.
⑥ 马昌仪.古本山海经图说[M].济南:山东画报出版社，2001:604.
⑦ 马昌仪.古本山海经图说[M].济南:山东画报出版社，2001:547.

《诗经·商颂·玄鸟》载：天命玄鸟，降而生商，宅殷土芒芒。①《诗经·商颂·长发》载：有娀氏将，帝立子生商。……相土烈烈，海外有截。②

《左传·昭公九年》载：及武王克商……肃慎、燕、亳，吾北土也。③

《礼记·乐记》载：武王克殷反商，未及下车而封黄帝之后于蓟。④

王国维因涞水县张家洼出土的一批鼎、卣，都铭“北伯”，王以为“北”即“邶”，邶即燕。《汉书·地理志》载：鄁，以封纣子武庚。⑤皇甫谧《帝王世纪》载：殷都以北为邶。⑥《诗谱·邶鄘卫谱》载：自纣城而北谓之邶。⑦

《史记·殷本纪》载：殷契，母曰简狄，有娀氏之女，为帝喾次妃。三人行浴，见玄鸟堕其卵，简狄取吞之，因孕生契。契长而佐禹治水有功。帝舜乃命契曰：“百姓不亲，五品不训，汝为司徒而敬敷五教，五教在宽。”封于商，赐姓子氏。契兴于唐、虞、大禹之际，功业著于百姓，百姓以平。⑧《史记·匈奴列传》载：燕有贤将秦开……归而袭破走东胡，东胡却千余里。……燕亦筑长城，自造阳至襄平。置上谷、渔阳、右北平、辽西、辽东郡以拒胡。⑨

《水经注·易水注》载：易水又东径易县故城南，昔燕文公徙易，即此城也。⑩《水经注·湿水条》载：清夷水又西径沮阳县故城北，秦上谷郡治此……⑪《怀来县志》载：妫水河即清夷水（清水河）。⑫

秦始皇22年置渔阳郡，即为元置之密云县，明清属顺天府。

《太平寰宇记》引《冀州图》载：入塞三道，……一道东北发向中山，经北平、渔阳向白檀、辽西，历平刚，出卢龙塞，直向匈奴左地……⑬

李文信研究认为：宁城黑城子秦汉城址即西汉右北平郡治所的平刚县。⑭据郭大

① （清）方玉润撰，李先耕点校．诗经原始 [M]. 北京：中华书局，1986：647.

② （清）方玉润撰，李先耕点校．诗经原始 [M]. 北京：中华书局，1986：649.

③ 郭丹，程小青，李彬源译注．左传（下册）[M]. 北京：中华书局，2012：1715.

④ 胡平生，张萌译注．礼记（下册）[M]. 京：中华书局，2017：749.

⑤ （汉）班固．汉书 [M]. 北京：中华书局，2007：308.

⑥ （晋）皇甫谧撰，（清）宋翔凤，钱宝塘辑．帝王世纪 [M]. 沈阳：辽宁教育出版社，1997：36.

⑦ 冯浩菲．郑氏诗谱订考 [M]. 上海：上海古籍出版社，2008：52.

⑧ （汉）司马迁．史记 [M]. 北京：中华书局，2006：12.

⑨ （汉）司马迁．史记 [M]. 北京：中华书局，2006：636.

⑩ （北魏）郦道元．水经注 [M]. 长沙：岳麓书社，1995：176.

⑪ （北魏）郦道元．水经注 [M]. 长沙：岳麓书社，1995：205.

⑫ 河北省怀来县地方志编纂委员会．怀来县志 [M]. 北京：中国对外翻译出版公司，2001：120.

⑬ （宋）乐史撰，王文楚等点校．太平寰宇记 [M]. 北京：中华书局，2007：1036.

⑭ 李文信．西汉右北平郡治平刚考 [J]. 社会科学战线，1983（01）：164-171；王绵厚，朴文英．中国东北与东北亚古代交通史 [M]. 沈阳：辽宁人民出版社，2016：1-542. 引证该观点。

顺和张星德研究，且虑，《汉书·地理志》颜师古注：有高庙，为辽西郡治所，今大致为女儿河部集屯。[①] 辽东襄平故城在战国晚期以后，经两汉至魏晋，一直是辽东郡治。

综上，我们从"肃慎、燕、亳，吾北土也"出发，试做地域上的探究和解释：肃慎、燕、亳比邻而居，位于长城地带。这或说明自古肃慎、燕、亳属于北方的土著。傅斯年在《东北史纲》中认为，肃慎、挹娄、珠申、女真为一音之转。[②]《满洲源流考》解释肃慎转音为朱里真（女真）时云："夫北音读肃为须，须朱同韵，里真二字合呼之音近慎，盖即肃慎之转音"。[③] 在女真语中"东方"读音作"诸勒 [tʂɯl]"，与朱里音相通，"海青"读音作"申 [ʂən]"，拼合为诸勒申（朱里真），我们认为：肃慎有东方之鹰（海东青）的族称之意；燕、亳或即燕、貊，亳=貊=北=渤，或即指燕山、渤海地域及土著民族。历史上东北地区汉语与北方少数民族语言的接触从未停止过，东北方言的近代形式是汉儿言语，这样，历史上辽宁境内的右北平郡（燕）、辽西郡（亳）、辽东郡（肃慎等）从地域上或大致同本书后文提出的朝峰片、辽西片、辽东片相当；如果再加上胶辽官话的登连、盖桓两片，就构成了本节所述的辽宁境内方言的五个片区。即：

朝峰片：按中古疑母、影母字是否与泥母相混，是否带鼻化音的标准，可把凌源市、建平县、喀左县、朝阳县、朝阳市、北票市划为朝峰片。

辽西片：按中古精组字与知庄章组字是否相混、庄组字是否多于普通话，可把建昌县、绥中县、兴城市、葫芦岛市、锦州市、凌海市、义县、北镇市、黑山县、阜新市、阜新蒙古族自治县、彰武县、康平县、昌图县、新民市、盘山县、台安县、盘锦市、盘锦市大洼区划为辽西片，即对应传统东北官话研究中隶属辽宁境内哈阜片、长锦小片的部分地区。

辽东片：按中古精组字与知庄章组字是否相混、精组字是否多于普通话，把法库县、开原市、调兵山市、铁岭县、铁岭市、西丰县、沈阳市、沈阳市辽中区、辽阳市、灯塔市、辽阳县、鞍山市、海城市、抚顺市、抚顺县、清原满族自治县、新宾满族自治县、本溪市、本溪满族自治县、凤城市划为辽东片，即对应传统东北官话研究中隶属辽宁境内吉沈片、通溪小片中除本节所述辽西片的部分地区。

盖桓片：按调类的多少与平声调值的实际读音、古清入声母的今读上声、日母的有无，把营口市、大石桥市、盖州市、岫岩满族自治县、桓仁满族自治县、丹东市、

---

① 郭大顺，张星德．东北文化与幽燕文明 [M]．南京：凤凰出版社，2005：1-737.

② 傅斯年．东北史纲 [M]．上海：上海古籍出版社，2012：18.

③（清）阿桂等撰，孙文良，陆玉华点校．满洲源流考 [M]．沈阳：辽宁民族出版社，1988：4-5.

宽甸满族自治县划为盖桓片。

登连片：按调类的多少与平声调值的实际读音、古清入声母的今读上声、日母的有无，把大连市、长海县、东港市、瓦房店市、大连市普兰店区、庄河市划为登连片。

四、辽宁方言语音研究分析

为了更好地揭示辽宁方言特征，我们把辽宁方言同周边其他官话及普通话进行对比考察，在表 4-1 中把辽宁方言分成胶辽官话、东北–北京官话，具体分成登连片、盖桓片、辽东片、辽西片、朝峰片等。

1. 声母

1）声母对照表

表 4-1 辽宁方言与周边官话声母对照表

中古音系	胶辽官话		东北–北京官话					冀鲁官话			普通话
	山东	辽宁			内蒙古	北京	河北		山东		
	登连片	盖桓片	辽东片	辽西片	朝峰片	京师片	怀承片	保唐片	石济片	沧惠片	标准音
p	p	p	p/pʻ	p/pʻ	p	p	p	p	p	p	p
pʻ	pʻ	pʻ	pʻ/p	pʻ/p	pʻ	pʻ	pʻ	pʻ	pʻ	pʻ	pʻ
b 平	pʻ	pʻ	pʻ	pʻ	pʻ	pʻ	pʻ	pʻ	pʻ	pʻ	pʻ
b 仄	p	p	p	p	p	p	p	p	p	p	p
m	m	m	m	m	m	m	m	m	m	m	m
pf	f	f	f	f	f	f	f	f	f	f	f
pʻf	f	f	f	f	f	f	f	f	f	f	f
bv	f	f	f	f	f	f	f	f	f	f	f
ɱ	v	v	v/∅	v/∅	v/∅	v/∅	v/∅	∅	∅	∅	∅
t	t	t	t/tʻ	t/tʻ	t	t	t	t	t	t	t
tʻ	tʻ	tʻ	tʻ/t	tʻ/t	tʻ	tʻ	tʻ	tʻ	tʻ	tʻ	tʻ
d 平	tʻ	tʻ	tʻ	tʻ	tʻ	tʻ	tʻ	tʻ	tʻ	tʻ	tʻ
d 仄	t	t	t	t	t	t	t	t	t	t	t
n	n/l	n/l	n	n	n	n	n	n	n	n	n
ȵ	ȵ	ȵ	ȵ	–	–	–	–	–	–	–	–
l	l/n	l/n	l	l	l	l	l	l	l	l	l
ts	tθ/tɕ	ts/tɕ	ts/tʂ/tɕ	ts/tʂ/tɕ	ts/tɕ	ts/tɕ	ts/tɕ	ts/tʂ/tɕ	ts/tɕ	ts/tɕ	ts/tɕ

续表

中古音系		胶辽官话		东北-北京官话					冀鲁官话			普通话
		山东		辽宁		内蒙古	北京	河北		山东		
		登连片	盖桓片	辽东片	辽西片	朝峰片	京师片	怀承片	保唐片	石济片	沧惠片	标准音
tsʻ		tθʻ/tɕʻ	tsʻ/tɕʻ	tsʻ/tʂʻ/tɕʻ	tsʻ/tʂʻ/tɕʻ	tsʻ/tɕʻ	tsʻ/tɕʻ	tsʻ/tɕʻ	tsʻ/tʂʻ/tɕʻ	tsʻ/tɕʻ	tsʻ/tɕʻ	tsʻ/tɕʻ
dz	平	tθ/tɕʻ	tsʻ/tɕʻ	tsʻ/tʂʻ/tɕʻ	tsʻ/tʂʻ/tɕʻ	tsʻ/tɕʻ	tsʻ/tɕʻ	tsʻ/tɕʻ	tsʻ/tʂʻ/tɕʻ	tsʻ/tɕʻ	tsʻ/tɕʻ	tsʻ/tɕʻ
	仄	tθ/tɕ	ts/tɕ	ts/tʂ/tɕ	ts/tʂ/tɕ	ts/tɕ	ts/tɕ	ts/tɕ	ts/tʂ/tɕ	ts/tɕ	ts/tɕ	ts/tɕ
s		θ/ɕ	s/ɕ	s/ʂ/ɕ	s/ʂ/ɕ	s/ɕ	s/ɕ	s/ɕ	s/ʂ/ɕ	s/ɕ	s/ɕ	s/ɕ
z	洪	s	s	s/tsʻ	s/tsʻ	s	s	s	s/tsʻ	s	s/tsʻ	s/tsʻ
	细	ɕ	ɕ	ɕ/tɕʻ	ɕ/tɕʻ	ɕ	ɕ	ɕ	ɕ/tɕʻ	ɕ	ɕ/tɕʻ	ɕ/tɕʻ
ȶ		tʃ	tʂ	ts/tʂ	ts/tʂ	tʂ	tʂ	tʂ	tʂ	ts/tʂ	tʂ	tʂ
ȶʻ		tʃʻ	tʂʻ	tsʻ/tʂʻ	tsʻ/tʂʻ	tʂʻ	tʂʻ	tʂʻ	tʂʻ	tsʻ/tʂʻ	tʂʻ	tʂʻ
ȡ	平	tʃʻ	tʂʻ	tsʻ/tʂʻ	tsʻ/tʂʻ	tʂʻ	tʂʻ	tʂʻ	tsʻ/tʂʻ	tʂʻ	tʂʻ	tʂʻ
	仄	tʃ	tʂ	ts/tʂ	ts/tʂ	tʂ	tʂ	tʂ	ts/tʂ	tʂ	tʂ	tʂ
tʂ		tʃ	tʂ	ts/tʂ	ts/tʂ	tʂ	tʂ	tʂ	tʂ	ts/tʂ	tʂ	tʂ
tʂʻ		tʃʻ	tʂʻ	tsʻ/tʂʻ	tsʻ/tʂʻ	tʂʻ	tʂʻ	tʂʻ	tʂʻ	tsʻ/tʂʻ	tʂʻ	tʂʻ
dʐ	平	tʃʻ	tʂʻ	tsʻ/tʂʻ	tsʻ/tʂʻ	tʂʻ	tʂʻ	tʂʻ	tʂʻ	tsʻ/tʂʻ	tʂʻ	tʂʻ
	仄	tʃ/ʂ	tʂ/ʂ	ts/tʂ/ʂ	ts/tʂ/ʂ	tʂ/ʂ	tʂ/ʂ	tʂ/ʂ	tʂ/ʂ	ts/tʂ/ʂ	tʂ/ʂ	tʂ/ʂ
ʂ		ʃ	ʂ	s/ʂ	s/ʂ	ʂ	ʂ	ʂ	ʂ	s/ʂ	ʂ	ʂ
tɕ		tʃ/c	tɕ	tɕ/tɕʻ	tɕ/tʂ/tɕʻ	tɕ	tɕ	tɕ	tɕ	tɕ	tɕ	tɕ
tɕʻ		tʃʻ/cʻ	tɕʻ	tɕʻ/tɕ	tɕʻ/tʂʻ/tɕ	tɕʻ	tɕʻ	tɕʻ	tɕʻ	tɕʻ	tɕʻ	tɕʻ
dʑ	平	tʃʻ/ʂ	tʂʻ/ʂ	tsʻ/tʂʻ/ʂ	tsʻ/tʂʻ/ʂ	tʂʻ/ʂ	tʂʻ/ʂ	tʂʻ/ʂ	tʂʻ/ʂ	tʂʻ/ʂ	tʂʻ/ʂ	tʂʻ/ʂ
	仄	tʃ/ʂ	tʂ/ʂ	ts/tʂ/ʂ	ts/tʂ/ʂ	tʂ/ʂ	tʂ/ʂ	tʂ/ʂ	tʂ/ʂ	tʂ/ʂ	tʂ/ʂ	tʂ/ʂ
ɕ		ʃ/ç	ɕ	ɕ	ɕ/ʂ	ɕ	ɕ	ɕ	ɕ	ɕ	ɕ	ɕ
ʑ	平	tʃʻ/ʂ	tʂʻ/ʂ	tsʻ/tʂʻ/ʂ	tsʻ/tʂʻ/ʂ	tʂʻ/ʂ	tʂʻ/ʂ	tʂʻ/ʂ	tʂʻ/ʂ	tʂʻ/ʂ	tʂʻ/ʂ	tʂʻ/ʂ
	仄	ʃ	ʂ	s/ʂ	s/ʂ	ʂ	ʂ	ʂ	ʂ	ʂ	ʂ	ʂ
ȵʑ		ø	ø	ø	ø/l/ʐ	ʐ	ʐ	ʐ	z	l/ʐ	l/ʐ	ʐ
k		k/tɕ	k/tɕ	k	k	k	k	k	k	k/tɕ	k/tɕ	k
kʻ		kʻ/tɕʻ	k/tɕʻ	kʻ	kʻ	kʻ	kʻ	kʻ	kʻ	kʻ/tɕʻ	kʻ/tɕʻ	kʻ
g	平	kʻ/tɕʻ	kʻ/tɕʻ	kʻ/tɕʻ	kʻ/tɕʻ	kʻ/tɕʻ	kʻ/tɕʻ	kʻ/tɕʻ	kʻ/tɕʻ	kʻ/tɕʻ	kʻ/tɕʻ	kʻ/tɕʻ
	仄	k/tɕ	k/tɕ	k/tɕ	k/tɕ	k/tɕ	k/tɕ	k/tɕ	k/tɕ	k/tɕ	k/tɕ	k/tɕ
ŋ		ø	ø	ø	ŋ/n	ŋ/n	ø/n	ŋ/n	ŋ/n	ŋ/ø	ŋ/ø/ɣ	ø
x		x/ɕ	x/ɕ	x	x	x	x	x	x	x/ɕ	x/ɕ	x
ɣ		x/ɕ	x/ɕ	x/ɕ	x/ɕ	x/ɕ	x/ɕ	x/ɕ	x/ɕ	x/ɕ	x/ɕ	x/ɕ

续表

中古音系	胶辽官话		东北–北京官话					冀鲁官话			普通话
	山东	辽宁			内蒙古	北京	河北		山东		
	登连片	盖桓片	辽东片	辽西片	朝峰片	京师片	怀承片	保唐片	石济片	沧惠片	标准音
ʔ	ø	ø	ø	ø/n	ŋ/n	ø/n	ŋ/n	ŋ/n	ŋ/ø	ŋ/ø/ɣ	ø
ɦ	ø	ø	ø/ʐ	ø/ʐ	ø/ʐ	ø/ʐ	ø/ʐ	ø	ø	ø	ø/ʐ
j	ø	ø	ø	ø/ʐ	ø	ø	ø	ø	ø	ø	ʐ

2）主要特点

（1）如表 4-1 所示，辽宁方言基本上无全浊声母，大体遵循平声送气、仄声不送气的变化规则，但送气、不送气声母有相混现象：有些字在辽宁乃至东北读为送气音，如：胞 [pʻɔ^{44}]、蝶 [tʻiɛ^{213}]、波 [pʻə^{44}]、歼 [tɕʻiɛn^{44}]、撞 [tʂʻuɑŋ^{52}] 等；有些字在辽宁乃至东北读为不送气音，如：券 [tɕyɛn^{52}]、糙 [tʂɔ^{44}] 等。究其原因，有些字或因为声旁类推的作用，东北官话保留此类汉字的本音，一定意义上或许反映了东北官话的存古现象。

（2）中古微母在胶辽官话中读为 [v]，在东北–北京官话中自由变读为 [v/ø]，在冀鲁官话中为 [ø]。

（3）胶辽官话中，有个别泥来母字 [n]、[l] 相混，如：嫩 [lən^{52}]，中古泥、娘母在辽东、辽西小片中相区分，一般在细音字前声母为娘母 [ȵ]，如：你 [ȵi^{213}]，洪音字前声母为泥母 [n]，如：努 [nu^{213}]，辽东、辽西片有个别字来母和日母相混，如：扔 [ləŋ^{44}]。

（4）胶辽官话登连片分尖团音，精组为齿间音或舌面中音，如：集 [tθi^{35}]（长山岛）、[tsi^{35}]（大连老派）、欺 [cʻi^{212}]。

（5）辽东、辽西片精组字与知庄组字混成自由变体，如：思=师 [sɿ^{44}]=[ʂʅ^{44}]，不过辽东片一般读精组居多，辽西片一般读庄组居多，辽西片黑山县或保留中古从母的痕迹，如：就 [dou^{52}]、即 [dziou^{52}＞dʲou^{52}＞dou^{52}]。

（6）章组字胶辽官话中可拟为舌叶音，辽西片则多读成庄组，如：军 [tʂn^{44}]、裙 [tʂʻun^{24}]、宣 [ʂuan^{44}] 等。

（7）中古日母字在东北–北京官话中一律为 [ø] 或 [ʐ] 声母，如：肉 [iəu^{52}]、如 [ʐu^{24}]；个别字与来母相混。冀鲁官话读为 [z/ø/l/ʐ]，如：热 [zə^{51}]（保唐片）、[lə^{31}]（巨鹿）、[ʐə^{31}]（济南），肉 [iəu^{31}]（巨鹿）。

（8）中古疑母、影母开口一、二等字在辽宁一般与泥母相混，如：安、饿、熬、爱，辽东、辽西片一般为 [nan^{44}]、[nə^{52}]、[nɔ^{24}]、[næ^{52}]；传统意义上的北京官话区读 [n/ŋ/ø]，朝峰片等保留疑母、影母，或与泥母相混，京师片读 [ø]，怀承片同辽宁一致；冀鲁官话读为 [n/ŋ/ø/ɣ]，如：安 [nan^{21}]（保定）、[ŋan^{21}]（昌黎）、鹅 [uə^{52}]（寿光）。

（9）中古云母、以母在辽宁方音中一般混读为 [ø/z̩]，辽西片较明显，比如：用、荣、容，既读 [ioŋ^{52}]、[ioŋ^{24}]、[ioŋ^{24}]，又读 [z̩oŋ^{52}]、[z̩oŋ^{24}]、[z̩oŋ^{24}]。

2. 韵母

1）韵母对照表

表 4-2　辽宁方言与周边官话韵母对照表

胶辽官话		东北–北京官话（辽宁）					冀鲁官话			普通话
登连片	盖桓片	辽东片	辽西片	朝峰片	怀承片	京师片	保唐片	石济片	沧惠片	
ï	ï	ï	ï	ɿ	ɿ	ɿ	ï	ï	ï	ɿ
ï	ï	ï	ï	ʅ	ʅ	ʅ	ï	ï	ï	ʅ
ɚ	ɚ	ɚ	ɚ	ɚ	ɚ	ɚ	ɚ	ɚ	ɚ	ɚ
a	a	a	a	a	a	a	a	a	a	a
ɤ	ɤ	ɤ	ɤ	o	o	o	o	ei	o	o
ɤ/ɛ/ᴀ	ɤ/ɛ/ᴀ	ɤ	ɤ	ɤ	ɤ	ɤ	ə/ei	ɤ/a/ei	ɤ/a/ei	ɤ
ɛ	ɛ	ɛ	ɛ	ɛ	ɛ	ɛ	ɛ	ɛ	ɛ	ɛ
æ	æ	æ	æ	ai	ai	ai	æ/ei	æ/ei	æ/ei	ai
ei	ei	ei	ei	ei	ei	ei	ei	ei	ei	ei
ɑu	ɑu	ɔ	ɔ	ɑ̃ũ	ɑu	ɑu	ɑu	ɑu	ɑu	ɑu
əu	əu	əu	əu	ou	ou	ou	əu	əu	əu	ou
an	an	an	an	an	an	an	ã	ã	ã	an
en	en	en	en	en	en	en	ẽ	ẽ	ẽ	en
ɑŋ	ɑŋ	ɑŋ	ɑŋ	ɑŋ	ɑŋ	ɑŋ	ɑŋ	ɑŋ	ɑŋ	ɑŋ
əŋ	əŋ	əŋ	əŋ	əŋ	əŋ	əŋ	əŋ	əŋ	əŋ	əŋ
i	i	i	i	i	i	i	i	i	i	i
ia	ia	ia	ia	ia	ia	ia	ia	ia	ia	ia
iɛ	iɛ	iɛ	iɛ	iɛ	iɛ	iɛ	iɛ	iɛ	iɛ	iɛ
iɔ/yə	iɔ	iɔ	iɔ	iɑu	iɑu	iɑu	iɔ/yə	iɔ/yə	iɑu	iɑu
iəu	iəu	iəu	iəu	iou	iou	iou	iəu	iəu	iou	iou
iɛn	iɛn	iɛn	iɛn	iɛn	iɛn	iɛn	iɛ̃	iɛ̃	iɛ̃	iɛn
in	in	in	in	in	in	in	in	in	in	in
iɑŋ	iɑŋ	iɑŋ	iɑŋ	iɑŋ	iɑŋ	iɑŋ	iɑŋ	iɑŋ	iɑŋ	iɑŋ
iŋ	iŋ	iŋ	iŋ	iŋ	iŋ	iŋ	iŋ	iŋ	iŋ	iŋ
u	u	u	u	u	u	u	u	u	u	u
ua	ua	ua	ua	ua	ua	ua	ua	ua	ua	ua
uə	uə	uə	uə	uo	uo	uo	uə	uə	uo	uo
uæ	uæ	uæ	uæ	uai	uai	uai	uæ	uæ	uai	uai
əi	əi	uəi	uəi	uəi	uəi	uəi	uəi	uəi	uəi	uəi
an	an	uan	uan	uan	uan	uan	uã	uã	uã	uan
ən	ən	uən	uən	uən	uən	uən	uə̃	uə̃	uə̃	uən

续表

胶辽官话		东北–北京官话（辽宁）					冀鲁官话			普通话
登连片	盖桓片	辽东片	辽西片	朝峰片	怀承片	京师片	保唐片	石济片	沧惠片	
uɑŋ	uɑŋ	uɑŋ	uɑŋ	uɑŋ	uɑŋ	uɑŋ	uɑŋ	uɑŋ	uɑŋ	uɑŋ
uəŋ	uəŋ	uəŋ	uəŋ	uəŋ	uəŋ	uəŋ	uəŋ	uəŋ	uəŋ	uəŋ
oŋ	oŋ	oŋ	oŋ	oŋ	oŋ	oŋ	oŋ	oŋ	oŋ	oŋ
y	y	y/uei/iəu	y/uei/iəu	y	y	y	y	y	y	y
yə	yɛ	yɛ	yɛ	yɛ	yɛ	yɛ	yə	yə	yɛ	yɛ
yɛn	yɛn	yɛn	yɛn	yɛn	yɛn	yɛn	yɛ̃	yɛ̃	yɛ̃	yɛn
yn	yn	yn	yn	yn	yn	yn	yn	yn	yn	yn
yŋ	yŋ	yŋ	yŋ	yŋ	yŋ	yŋ	yŋ	yŋ	yŋ	yŋ

2）主要特点

（1）如表 4-2 所示，辽宁境内的舌尖前、后元音韵母混并为 [ï]，胶辽官话、辽东 [ɿ/ʅ] 自由变读，但辽西读 [ʅ] 居多，传统意义上的朝峰片、怀承片、京师片中二者不混并，冀鲁官话亦为 [ï]、[ɿ]、[ʅ] 呈混读状态。

（2）辽宁方言中韵母 [o] 读为 [ə]，如：波 [pə^{44}]，在冀鲁官话中一般为 [o]（保唐片）。

（3）普通话的复元音韵母 [ai]、[ɑu]、[ou]、[iɑu]、[iou]、[uo]、[uai]，在辽宁方言中一般读为 [æ]、[ɔ]、[əu]、[iɔ/yə]（登连片）、[iəu]、[uə]、[uæ]，如：白 [pæ^{24}]、宝 [pɔ^{213}]、朝 [tʂʻɑ̃u^{35}]（朝阳）、够 [kəu^{52}]、钥匙 [iɔ^{52} ʅ/yə^{52}ʅ]、由 [iəu^{24}]、妥 [tʻuə^{213}]、歪 [uæ^{44}] 等。

（4）辽宁方言中的阳声韵，除“天津” [tɕin^{44}] 读如 [tɕiŋ^{44}]，其余一般前鼻韵尾与后鼻韵尾区分清楚，朝峰片阳声韵、冀鲁官话前鼻韵尾一般鼻化，如：团圆 [tʻuã^{35} yɛ̃^{35}]。

（5）古蟹止山臻摄合口韵母 [uəi]、[uan]，[uən] 在辽宁境内的胶辽官话中，与端系声母相拼时，丢失 [u] 介音，如：对 [təi^{53}]、暖 [nan^{213}]、孙 [sən^{52}]、专 [tʃan^{42}] 等。

（6）普通话的 [y] 韵母在辽宁方言中读作 [y]、[uəi]、[iəu]，如：女 [n̥uəi^{213}]、驴 [luəi^{24}]、绿 [luəi^{52}]、铝 [luəi^{213}]、取 [tɕʻiəu^{213}] 等。

（7）辽西片的个别止摄字在语流音变中由于同化作用形成异读音。如：厉害 [liɛ^{52} xɛ]、干啥 [kɑŋ^{52} xᴀ^{24}]、棉花 [n̥iɑŋ^{24} xuᴀ＞n̥iɔ^{24} xɔ]。

（8）胶辽官话韵母 [ɤ] 读为 [ɛ/ᴀ]，如热 [iɛ^{52}]、喝 [xᴀ^{212}]。

（9）辽宁方言的儿韵、儿化韵基本同普通话，但不及北京话多。

3. 声调

1）声调对照表

表 4-3 辽宁方言与周边官话声调对照表

调值	胶辽官话		东北–北京官话（辽宁）					冀鲁官话			普通话
	登连片	盖桓片	辽东片	辽西片	朝峰片	怀承片	京师片	保唐片	石济片	沧惠片	
阴平	52/212	212	323/44	44	44	55	55	45/21	23/213	213	55
阳平	35	45	24	24	35	35	35	22/35	53/52	53/52	35
上声	213	213	213	213	214	214	214	214/113	55	55	214
去声	52	53	52	52	51	51	51	51/53	31/21	31/21	51
轻声	3/2	3/2	3/2	3/2	3/2	3/2	3/2	3/2	3/2	3/2	3/2

2）主要特点

（1）如表 4-3 所示，中古的清音字在胶辽官话中读上声，冀鲁官话中读阴平，东北–北京官话中读阴阳上去，辽宁方言中读上声的字多于普通话。

（2）中古的全浊音字在表 4-3 中各个官话区一律读阳平，次浊音字一律读去声。

（3）辽宁境内的胶辽官话阴平读如上声，调值一般为 212，东北–北京官话阴平调值一般为 44，朝峰片一般为 44，冀鲁官话调值一般为 213。

（4）辽宁境内胶辽官话阳平调值一般为 35、东北–北京官话阳平调值一般为 24，朝峰片为一般 335，冀鲁官话调值一般为 52。

（5）辽宁境内胶辽官话、东北–北京官话上声调值一般为 213，朝峰片一般为 214，冀鲁官话调值一般为 55。

（6）辽宁境内胶辽官话、东北–北京官话去声调值一般为 52，朝峰片一般为 51，冀鲁官话调值一般为 31。

（7）辽宁方言的轻声变化同普通话。笔者认为轻声的产生补充了汉语官话入声消失后的空格，亦是汉语与阿尔泰语长期接触的结果，理由容另文具体阐述。

综上，我们从声母、韵母、声调等方面，概括了辽宁方言语音上的一些特点，同时对比分析了传统意义上的东北官话、北京官话后，认为：二者历史上不宜分开，本文称之为“东北–北京官话”。（但是考虑到北京音的现代地位与发展现实，将现代北京官话、东北官话分治是现实、可行的。）

第二节　辽宁方言知、庄、章组的语音类型及特征[①]

一、概述：知、庄、章组的问题及其周边

汉语语音发展史上，出现了知、庄、章组的混并问题。清朝一代儒宗钱大昕很早就提出古无舌上音，知彻澄三母归端透定的问题。近人黄侃在《音略》中，提出“照二归精、照三归端说”[②]。罗常培、李新魁、杨耐思认为《中原音韵》的知、庄、章组合为舌叶或卷舌音一组[③]；陆志韦、宁继福、蒋希文、王力则认为《中原音韵》的知、庄、章组两分，知三、章组为舌叶音，知二、庄组为卷舌音[④]；熊正辉把官话方言 [ts]、[tʂ] 的类型分为济南型、昌徐型、南京型三种[⑤]；冯蒸认为宋代《尔雅音图》音注中所反映的知庄章三组声母演变特点为知二、庄组（[tʂ] 类）与洪音相配，知三、章组（[ʧ] 类）与细音相配，止摄 A（支思）和通摄知庄章组是 [tʂ] 类，止摄 B（齐微）蟹摄 B（合口）知三章是 [tʂ] 类[⑥]；李行杰对知庄章流变进行考论，提出上古到中古三系分立，中古到近代三分到二分，近代以后完全合流[⑦]；王洪君在论述《中原音韵》知庄章声母的分合及其在山西方言中的演变中指出知二庄、知三章分立，止摄章与其他章区分，开合口对立[⑧]；桑宇红认为知、庄、章大致分为知二庄、知三章对立型，开合口对立型，庄组内、外转对立型，准合一型，自由变读型等五种类型[⑨]。可见知、庄、章组的分合问题，是区分官话方言的一个重要参照，我们研究辽宁方言及东北官话当然无法跨越和回避它。

关于东北官话知庄章组的问题，陈章太指出，官话方言的知庄章组与精组混并。如沈阳老派 [ts]、新派 [ts/tʂ] 等[⑩]。张世方提出东北官话知庄章的四种类型：哈尔滨型

---

① 本节原文由杨春宇发表于：辽宁师范大学学报（社会科学版），2013（01）：107-113. 曾在第六届官话方言国际学术研讨会上交流，对与会专家学者的批评指正，深表谢忱。

② 参见黄侃撰．黄侃论学杂著 [M]. 上海：上海古籍出版社，1980.

③ 罗常培．罗常培语言学论文集 [M]. 北京：商务印书馆，2004；李新魁．论近代汉语照系声母的音值 [J]. 学术研究，1976（06）：38-45；杨耐思．中原音韵音系 [M]. 北京：中国社会科学出版社，1981：25.

④ 王洪君．《中原音韵》知庄章声母的分合及其在山西方言中的演变 [J]. 语文研究，2007（01）：1-10.

⑤ 熊正辉．官话区方言分 ts、tʂ 的类型 [J]. 方言，1990（01）：1-10.

⑥ 冯蒸．《尔雅音图》音注所反映的宋代知庄章三组声母演变 [J]. 汉字文化，1994（03）：24-33.

⑦ 李行杰．知庄章流变考论 [J]. 青岛师专学报，1994（02）：19-27.

⑧ 王洪君．《中原音韵》知庄章声母的分合及其在山西方言中的演变 [J]. 语文研究，2007（01）：1-10.

⑨ 桑宇红．中古知庄章三组声母在现代北方方言中的读音类型 [J]. 燕赵学术，2008（01）：21.

⑩ 陈章太，李行健主编．普通话基础方言基本词汇集 [M]. 北京：语文出版社，1996.

[tʂ 或 ts/tʂ]、兴城型 [tʂ]、沈阳型 [ts 或 ts/tʂ]、吉林型 [ts/tʂ]①；并赞成罗福腾的分析，认为这些类型形成是闯关东两路移民的结果，即陆路河南、河北移民到辽西，形成 [tʂ] 型，山东等海路移民到辽南、辽东、吉林南部，形成了东北官话知庄章组的从规则状态 [ts、tʂ] 到无规则状态 [ts、tʂ、ts/tʂ] 的分布。②我们认为，辽宁方言乃至东北官话知庄章组分布特征之成因不仅仅是闯关东的问题，从东北的地域特征及东北官话形成历史的长周期来说，或有更深层次的原因。本节旨在尝试对此问题作出分析与阐释。

辽宁方言精、知、庄、章组字混并是其突出特点。如：四个字错仨 [ʂʅ^{52}kɤ^{0}tʂʅ^{52}tʂʻuə^{52}ʂA^{44}]。根据杨春宇的研究，辽宁方言相关分布大致为：朝峰片（凌源、建平、朝阳、喀左、北票等）为 [ts、tʂ、tɕ] 型；辽西片（绥中、兴城、葫芦岛、锦州、凌海、北镇、黑山、昌图、康平、新民、盘锦、台安、盘山、盘锦市大洼区等）为 [tʂ、tɕ] 型；辽东片（抚顺、辽阳、鞍山、铁岭、西丰、开原、法库、调兵山、沈阳市辽中区、沈阳、凤城等）为 [ts、tɕ] 型；盖桓片（营口、盖州、岫岩、桓仁、丹东等）为 [ts/tʃ, tɕ] 型；登连片（瓦房店、东港、长海、庄河、大连市普兰店区、大连）为 [ts，ȶ、tθ、tʃ，tɕ] 型③；朝峰片的相关特征与北京官话、中原官话的河洛地区基本一致。我们结合东北史的研究把这种分布相应地概括为朝阳型、锦州型、辽阳型、桓仁型、大连型。实际上这里的锦州型、辽阳型分别对应了张世方的兴城型、沈阳型④。

辽宁方言存在一些特殊现象。如精组字“就”：上古为觉部，《说文解字》疾僦切。中古从母流摄，开口，三等，去声。各家的上古拟音为：高本汉 [dzʻi̯ʊg]⑤、李方桂 [dzjəgwh]⑥、王力 [dziuk]⑦、白一平 [dzjuks]、郑张尚芳 [zugs]、潘悟云 [zugs]。唐山“就”为 [dziou^{51}]；辽西片（黑山）“就”或经历了 [dzəu＞dəu＞təu^{52}] 的演变，体现了精组细音变 [t] 系的特点。辽西片（兴城、锦州）的精见组字不分尖团，但其“卷”为 [tʂuan^{213}]，“全”为 [tʂʻuan^{213}]，“宣”为 [ʂuan^{213}]，体现了精见组合口三等与章（庄）组相混的特点。盖桓片（营口）“来” [lai^{522}] 字有介词功能，相当于“在” [tsai^{52}]，或为舌音通转所致；登连片（长海＞大连）知二“桌”“知”或分别经

① 张世方 . 东北方言知系声母的演变 [J]. 汉语学报，2009（01）：15-22，95.

② 罗福腾 . 胶辽官话研究 [D]. 山东大学博士论文，1998.

③ 杨春宇 . 辽宁方言语音研究 [J]. 辽宁师范大学学报（社会科学版），2010（05）：93-99.

④ 张世方 . 东北方言知系声母的演变 [J]. 汉语学报，2009（01）：15-22，95.

⑤ 高本汉，赵元任，罗常培，李方桂译 . 中国音韵学研究 [M]. 北京：商务印书馆，1940：1-748.

⑥ 李方桂，叶蜚声译 . 上古汉语的音系 [J]. 语言学动态，1979（05）：8-13，39.

⑦ 王力 . 汉语语音史 [M]. 北京：中国社会科学出版社，1985.

历了 [ȶuə²¹³ > tʃuə²¹³ > tsuə²¹³]、[tθi⁵²² > tʃi⁵²² > tɕi⁵²²] 的演变。辽宁方言日母影母喻母合流，“日”字存在 [ʐʅ⁵³ > ʒi⁵³ > ji⁵³] 的演变特点。这些或反映了辽宁方言乃至东北官话残存着某些较古的特征。对于辽宁方言乃至东北官话的知、庄、章问题，拙著在前贤研究的基础上，以知二、庄，知三、章，止摄 A 和通摄的知庄章三，止摄 B 和蟹摄 B 合口知三的区分为纵坐标，以辽宁境内五个类型的方言分布为横坐标，尝试分析。

二、知二、庄组

1. 辽宁方言的描写

知组二等、庄组字在辽宁方言中涉及开口二等的假 A、蟹 A、效咸山 A、江梗 A，计 7 摄所辖汉字。如表 4-4 所示，知组二等、庄组字在辽宁方言呈现 [tʂ]、[ts]、[ts/tʃ]、[ȶ、tθ → t → ts] 等四种类型。朝峰片、辽西片为 [tʂ] 类，辽东片为 [ts] 类，盖桓片为 [ts/tʃ] 类，登连片为 [ȶ、tθ → tʃ → ts] 类。知组二等、庄组字在该区域的分布表面上似乎与闯关东的路线相一致，体现由西向东、由南向北混入精组的渐变性，但未必尽然。

表 4-4　辽宁方言知二、庄组

例字	方言点				
	朝阳、义县	锦州、兴城	辽阳、沈阳	桓仁、营口	大连、庄河
渣、斋、站、眨、绽、摘	tʂ	tʂ	ts	ts/tʃ	ȶ、tθ → tʃ → ts
茶、炒、窗、柴、册	tʂʻ	tʂʻ	tsʻ	tsʻ/tʃʻ	ȶʻ、tθʻ → tʃʻ → tsʻ
筛、沙、衫、山、生	ʂ	ʂ	s	s/ʃ	θ → ʃ → s
拽、撰	tʂ	tʂ	ts	ts/tʃ	ȶ、tθ → tʃ → ts
篡、桌	tʂʻ	tʂʻ	tsʻ	tsʻ/tʃʻ	ȶʻ、tθʻ → tʃʻ → tsʻ
刷、耍、拴	ʂ	ʂ	s	s/ʃ	θ → ʃ → s

2. 共时比较：东北官话（辽宁方言）与周边其他方言比较

从共时比较来看，庄组、知组二等在辽宁方言的分布，呈由西向东的变化，即朝峰片及辽西片部分地区为 [tʂ] 类，其他向东为 [ts] 类。但也体现了其多层面性及 [s/tʃ] 自由变读等过渡性特征。从辽宁方言与周边官话方言的比较来看，辽宁反映的知组二等、庄组字的读音类型大体上与其他官话方言的变化趋势一致，如表 4-5 所示。尽管如此，笔者认为这种表现未必仅是近代闯关东时关内河北移民的孑遗。

表 4-5　东北官话（辽宁方言）知二、庄组与周边其他方言的共时比较

类型	辽宁方言			冀鲁官话	中原官话	晋语
	北京官话	东北官话	胶辽官话			
知组二等	tʂ	tʂ、ts/tʃ、ts	ȶ、tθ → tʃ → ts	ts、tʂ	tʂ	tʃ → ts
庄组	tʂ	tʂ、ts/tʃ、ts	ȶ、tθ → tʃ → ts	ts、tʂ	tʂ	tʃ → ts

3. 历时比较[①]

以下从历时角度进行考察，如表 4-6 所示。

表 4-6　东北官话（辽宁方言）知二、庄组的历时比较

类型	辽宁方言	《中原音韵》	《等韵图经》	《五方元音》	《清文启蒙》	《黄钟通韵》	《音韵逢源》
知二开口 假蟹 A 效咸 山江梗摄	tʂ、ts、 ts/tʃ、 tʃ → ts	tʂ	tʂ	tʂ	tʂ → ts/tʂ	tʂ → ts/tʂ	tʂ → ts/tʂ
庄组开口 假蟹 A 效咸 山江梗摄	tʂ、ts、 ts/tʃ、 tʃ → ts	tʂ	tʂ	tʂ	tʂ → ts/tʂ	tʂ → ts/tʂ	tʂ → ts/tʂ

今人治东北史地，一般多据《史记·匈奴列传》，认为战国中晚期燕国破东胡之后设立上谷、渔阳、右北平、辽东、辽西五郡以拒东胡，是辽西建制的开始。但从《尧典》《禹贡》《尔雅》《周礼》等先秦典籍记载来看，辽西的行政建制可能要上溯到虞夏时期[②]。辽东或与“箕子朝鲜”相对应。幽燕地区上古时代的方国、古国众多，孤竹、不屠何、令支、东胡、秽貊、山戎、肃慎等各据一方或形成相对的利益联盟。另一方面，联系燕商同祖[③]及史上有关辽东、辽西地望等描述，东北（辽宁）方言或与扬雄《方言》中的“幽、燕、朝鲜洌水一带方言”的描述相对应。加之上古商代音系有端组精组、“古无舌上音”等特征来综合考量，虽然我们从闯关东的影响中剥离出辽宁方言乃至东北官话中的较古层次并非易事，但是从历时比较来看，辽宁方言的朝峰片及辽西片部分地区，作为以龙城（营州，今辽宁朝阳）为中心的草原丝绸之路及鹰道的辐射之地，知二、庄组或体现了与北京官话、中原官话相一致的分布，辽东片的知二、庄组都为 [ts] 类，或保持了辽东土著方言的强势特征，而盖桓片、登

① 本节历时比较各韵书所用拟音皆采自杨春宇 . 社会语言学视点下的清代汉语与其他言语的对音研究——以日本近世唐音资料·满语资料·罗马字资料为中心 [M]. 大连：辽宁师范大学出版社，2007.

② 聂云峰 . 虞夏商周之际辽西区的建置及古族研究 [D]. 辽宁师范大学硕士论文，2005：2.

③ 傅斯年 . 东北史纲 [M]. 上海：上海古籍出版社，2012：34. 此说被苏秉琦、郭大顺等东北史专家接受。

连片则呈现知庄章组合流的特点，乃至知组古音在今天大连地区仍有残存，这些或昭示了辽宁语音中不乏较古层次。语言是活化石，我们研究东北官话时还是应有效参照东北史研究的新近成果而推陈出新。

三、知三、庄组、止摄章 A（支思）、遇摄、通摄

1. 辽宁方言的描写

此类包括开口三等假 B、蟹 B、止 A、流深山 B、臻宕曾 B 等 9 摄，合口遇、通摄，计 11 摄字。如表 4-7 所示，该类型在辽宁方言乃至东北官话中为 [tʂ]、[ts/tʃ]、[ts]、[tθ → tʃ/tɕ → ts] 等四种类型。朝峰、辽西片为 [tʂ] 类；辽东片为 [ts] 类；盖桓片为 [ts/tʃ] 类，混入精组；登连片为 [tθ → tʃ/tɕ → ts] 类。

表 4-7　辽宁方言知三、庄组、止摄章 A（支思）、遇摄、通摄

例字	方言点				
	朝阳、义县	锦州、兴城	辽阳、沈阳	桓仁、营口	大连、庄河
宙、丑、珍、臻、装	tʂ	tʂ	ts	ts/tʃ	tθ → tʃ/tɕ、ts
愁、沉、岑、侧	tʂ‘	tʂ‘	ts‘	ts‘/tʃ‘	tθ‘ → tʃ‘/tɕ‘、ts‘
差、师、事、森	ʂ	ʂ	s	s/ʃ	θ → ʃ/ɕ、s
助、阻、篆、追、住	tʂ	tʂ	ts	ts/tʃ	tθ → tʃ/tɕ、ts
数、帅	ʂ	ʂ	s	s/ʃ	θ → ʃ/ɕ、s
中、崇	tʂ	tʂ	ts	ts/tʃ	tθ → tʃ/tɕ、ts

2. 共时比较：东北官话与周边其他方言比较

如表 4-8 所示，从共时的比较看，辽宁方言乃至东北官话同周边其他官话方言一样，表现出庄组开口三等或因失去介音，而变得与知组三等相同。章三开口支思韵，遇摄合口均为 [tʂ]，但盖桓片、登连片表现出较古的过渡层次，而保持有 [tʃ] 或 [tɕ]。

表 4-8　东北官话知三、庄组、止摄章 A（支思）、遇摄、通摄与周边其他方言的共时比较

类型	辽宁方言			冀鲁官话	中原官话	晋语
	北京官话	东北官话	胶辽官话			
知开三假蟹 A 流深山臻宕曾	tʂ	tʂ、ts/tʃ、ts	tθ → tʃ/tɕ、ts	ts、tʂ	tʂ	tʃ → ts
庄开三假蟹 A 流深臻宕曾	tʂ	tʂ、ts/tʃ、ts	tθ → tʃ/tɕ、ts	ts、tʂ	tʂ	tʃ → ts
章组止开 A（支思）	tʂ	tʂ、ts/tʃ、ts	tθ → tʃ/tɕ、ts	ts、tʂ	tʂ	tʃ → ts
遇摄、通摄	tʂ	tʂ、ts/tʃ、ts	tθ → tʃ/tɕ、ts	ts、tʂ	tʂ	tʃ → ts

3. 历时比较

从历时比较来看，辽宁方言日母有 [ʐ]、[ʒ]、[ø] 三种表现如表 4-9 所示。从对音材料有圈点满语的新增字头有 [tsi]、[tʂi] 的区别形式来看，辽宁及东北地区至少在清初尚存在 [tsi]、[tʂi] 的区别；入关汉人学清语教科书《清文启蒙》以降，开始 [tʂ/ts] 混并①。究其实质，是因为东北地区乃草原文化与农耕文化的交融之地，构成了语言接触坐标上的复杂表象，而绝非仅是近代闯关东移民和东北官话方言接触的结果。因此，可以说，辽宁方言乃至东北官话在历时的“汉儿言语”层面，亦曾出现了汉语与该地域的三韩、鲜卑、契丹、女真、蒙古、满等语言的接触与融合。

表 4-9　东北官话知三、庄组、止摄章 A（支思）、遇摄、通摄的历时比较

类型	辽宁方言	《中原音韵》	《等韵图经》	《五方元音》	《清文启蒙》	《黄钟通韵》	《音韵逢源》
知三洪开	tʂ、ts、ts/tʃ、 tθ → tʃ/tɕ、ts	tʂ	tʂ	tʂ	tʂ → tʂ/ts	tʂ → tʂ/ts	tʂ → tʂ/ts
知三洪合	tʂ、ts、ts/tʃ、 tθ → tʃ/tɕ、ts	tʂ	tʂ	tʂ	tʂ → tʂ/ts	tʂ → tʂ/ts	tʂ → tʂ/ts
庄组开	tʂ、ts、ts/tʃ、 tθ → tʃ/tɕ、ts	tʂ	tʂ	tʂ	tʂ → tʂ/ts	tʂ → tʂ/ts	tʂ → tʂ/ts
庄组合通摄崇缩	tʂ、ts、ts/tʃ、 tθ → tʃ/tɕ、ts	tʂ	tʂ	tʂ	tʂ → tʂ/ts	tʂ → tʂ/ts	tʂ → tʂ/ts
章组止三 A（支思）	tʂ、ts、ts/tʃ、 tθ → tʃ/tɕ、ts	tʂ	tʂ	tʂ	tʂ → tʂ/ts	tʂ → tʂ/ts	tʂ → tʂ/ts
日母	ʐ/ʒ → j/ø	ʒ → j/ʐ	ʐ	ʐ	ø/ʐ	ø/ʐ	ø/ʐ

从阿尔泰语系一些民族语言的固有音系来看，如满语经历了复杂的衍变过程，不但在有圈点满文阶段（1632 年）为了区别汉语译音，而加上了十个对译汉字的特定字母 [k̇]、[ġ]、[ḣ]、[dzi]、[tṡi]、[ži]、[jy]、[ċy]、[sy]、[ši]、[k]、[k']、[x]、[tsɿ]、[ts'ɿ]、[ʐʅ]、[tʂï]、[tʂ'ï]、[sï]、[ʂʅ]，而且在无圈点满文阶段（1599 年）满语十二字头也不乏与汉语精组、庄组对应的语音要素②。这一点泛而化之，我们认为：东北亚北部土著东胡（北狄）语音体系在晚近发展阶段已不乏与汉语精组、庄组相对应的类型学意义上的区别要素。但是早期形式是否如此呢？试看朝鲜语，由于其语音系统

① 杨春宇 . 社会语言学视点下的清代汉语与其他言语的对音研究——以日本近世唐音资料 · 满语资料 · 罗马字资料为中心 [M]. 大连：辽宁师范大学出版社，2007：278，288.

② 杨春宇 . 社会语言学视点下的清代汉语与其他言语的对音研究——以日本近世唐音资料 · 满语资料 · 罗马字资料为中心 [M]. 大连：辽宁师范大学出版社，2007：262.

从李氏朝鲜以后才有民族语的标记形式，反映出其语音系统无 [tʂ] 系，但有 [tʃ] 系，如：知지 [tʃi]、池지 [tʃi]、迟지 [tʃi]，驰치 [tʃʰi]、治치 [tʃʰi]，师사 [sa]、史사 [sa]、事사 [sa]；支지 [tʃi]、之只지 [tʃi]、指지 [tʃi]、市시 [si]、视시 [si]、时시 [si]、试시 [si] 等[①]。而日语 sa，si，su，se，so 等实际或为 [s/ʂ] 系的自由变体。联系“古无舌上音”等问题，这从一定意义上反映出作为域外方言的古朝鲜语（古高句丽语？）、日语（古夫余语一系？）的东夷语音体系中或缺乏汉语精组、庄组区别的要素。结合美国印第安纳大学白桂思教授提出的“古代日本人（倭）和高句丽人的共同源地可能是在面向渤海的中国辽西地区”一说[②]，我们或可进一步认为：东北东部土著语言系统或本缺乏精组、庄组区别的原始要素。学者们一般认为：上古商代音系研究只有精组，无庄组[③]；况且现代辽宁方言及东北官话知庄章组所反映的类型分布呈由西北向东南卷舌化渐弱、精组覆盖渐强的特点。这一点恰与古辽西、辽东的地望分布相对应。这种饶有趣味的“惊人一致”，启示我们：古辽西、辽东分属东胡（北狄）、东夷不同文化类型的影响区域，反映在语言上是辽东保持东夷语音成分多些，而辽西语音反映东胡孑遗成分多些。整体上或由于辽东、辽西语言在发展过程中处于东北地区汉语与北方阿尔泰语言接触与融合的不同层面，如汉唐以降，辽西营州（今辽宁朝阳）为中原文化与鲜卑文化的交融之地，而辽东辽阳一直与高句丽、满–通古斯、山东齐鲁文化相呼应，故而呈现出各自的差异。这种因地域决定的文化格局，循环反复地在多方上演，绝非“闯关东”的一蹴而就，语言发展自然概莫能外。

---

① 以上韩语发音，据辽宁师范大学语言学及应用语言学专业研究生金银姬调查所得。

② 白桂思（1945— ），原名 Christopher I. Beckwith，美国印第安纳大学著名欧亚研究学学家。他认为现时的日语仍然可以看到昔日的夫余语的痕迹，其在《日本・高句丽语系的民族和早期中国》（“The Japanese-Koguryoic Peoples and Early China”）中阐述了有关高句丽人和日本人之关系的语言学证据。根据这些证据，他提出古代日本人（倭）和高句丽人的共同源地可能是在面向渤海的中国辽西地区；之后这个人群的一支向东越海到达日本，而过了几百年后另一支则向东北迁徙，形成了高句丽人。只有这样才可能解释高句丽语和古代日本语的联系［见《高句丽语：日语在亚洲大陆的姐妹语言》（*Koguryo, the Language of Japan's Continental Relatives*，2004）］。因此夫余语、高句丽语和日语在远古时代很可能属于同源。有不少人尝试把高句丽语、百济语及现时的日本语系诸语联系在一起，在这种假设的前提下，大和族很可能是从夫余国而来，而夫余人的语言随着地域的分隔，慢慢演变成为高句丽语、百济语及古代的日语。白桂思尝试透过约 140 个含有高句丽词语的地方来重新构建高句丽语的发音。他发现：高句丽语在文法构词方面与日语相似，例如：genitive-no 及 attributive-si。据俄罗斯籍的韩国问题专家安德烈・兰科夫（Andrei Lankov）介绍，白桂思教授的观点已经被国际上大多数的语言学家所接受。与此同时白桂思的这一不寻常的观点，遭到了很多的质疑。一些学者认为白桂思对古高句丽语言的处理和分析方法等是错误的。

③ 参见郭锡良 . 殷商时代音系初探 [J]. 北京大学学报（哲学社会科学版），1988（06）：105-120；张玉金 . 二十世纪殷代语音研究的回顾暨展望 [J]. 古汉语研究，2001（04）：8-15.

四、知三、章组、止摄B（齐微）、蟹摄B（合口）

1. 辽宁方言的描写

关于知三、章组、止摄B（齐微）、蟹摄B（合口）如表4-10所示，辽宁方言为[tʂ]、[tʃ/ts]、[ts]、[tθ → tʃ/tɕ → ts]四种类型，日母为[ʐ]、[ʒ] → [j]、[ø]三种表现。朝峰片、辽西片为[tʂ]类；辽东片为[ts]类；盖桓片为[tʃ/ts]类，混入精组；登连片[tθ → tʃ/tɕ]、[ts]类。辽宁方言及东北官话表现为从北向南，从西向东，递次与精组混并。辽西片精组的全宣、见组的圈卷等字，保留了[tʂ]类的读法，这或代表辽宁方言及东北官话知庄章演变总体上前腭化在先、卷舌化在后的特点。

表4-10　辽宁方言知三、章组、止摄B（齐微）、蟹摄B（合口）

例字	方言点				
	朝阳、义县	锦州、兴城	辽阳、沈阳	桓仁、营口	大连、庄河
知、紫、粘、占、展、者、车、迟、朝、正	tʂ	tʂ	ts	ts、ts/tʃ	tθ、tʃ、tɕ、ts
痴、耻、制、站、缠、禅	tʂʻ	tʂʻ	tsʻ	tsʻ、tsʻ/tʃʻ	tθʻ、tʃʻ、tɕʻ、tsʻ
世、逝、势、烧、石	ʂ	ʂ	s	s、s/ʃ	θ、ʃ、ɕ、s
缀、转、全	tʂ、tɕ	tʂ、tɕ	ts、tɕ	ts、tɕ、ts/tʃ	tθ、tʃ、tɕ、ts
传、船、圈	tʂ、ʻtɕʻ	tʂʻ	tsʻ、tɕʻ	tsʻ、tsʻ/tʃʻ、tɕʻ	tθʻ、tʃʻ、tɕʻ、tsʻ
税、说、宣	ʂ、ɕʻ	ʂ、ɕ	s、ɕʻ	s、s/ʃ、ɕʻ	θ、ʃ、ɕʻ、s

2. 共时比较：东北官话与周边其他方言比较

如表4-11所示，从共时比较来看，辽宁朝峰片及辽西片部分地区，或代表东北官话较古层次，不乏与北京官话相类似的特点，体现了卷舌化的优势，而胶辽官话、中原官话、晋语则多为舌叶音。

表4-11　东北官话知三、章组、止摄B（齐微）、蟹摄B（合口）与周边其他方言的共时比较

类型	辽宁方言			冀鲁官话	中原官话
	北京官话	东北官话	胶辽官话		
知三假效流咸深山B臻宕曾梗通B	tʂ	tʂ、ts/tʃ、ts	tθ → tʃ/tɕ → ts	tʂ、ts/tʂ	tʃ
章组假效流咸深山B臻宕曾梗通B	tʂ	tʂ、ts/tʃ、ts	tθ → tʃ/tɕ → ts	tʂ、ts/tʂ	tʃ
章三止摄B（齐微）	tʂ	tʂ、ts/tʃ、ts	tθ → tʃ/tɕ → ts	tʂ、ts/tʂ	tʃ
蟹摄B（合口）	tʂ	tʂ、ts/tʃ、ts	tθ → tʃ/tɕ → ts	tʂ、ts/tʂ	tʃ

3. 历时比较

如表 4-12 所示，从历时比较来看，辽宁方言朝峰片及辽西片部分地区，知三、章组保持了章组为卷舌音，而其他官话方言（除辽东片外）则多体现出章组为舌叶音，与精组混并。我们认为，这种卷舌化，或是后腭化的表现，即北方汉语在长期的语言接触过程中，受阿尔泰语言影响，形成后腭化并固化的结果。

表 4-12　辽宁方言知三、章组、止摄 B（齐微）、蟹摄 B（合口）的历时比较

类型	辽宁方言	《中原音韵》	《等韵图经》	《五方元音》	《清文启蒙》	《黄钟通韵》	《音韵逢源》
知三假效流咸深山 B 臻宕曾梗通 B	tʂ、tʃ/ts、ts、tθ→tʃ/tɕ→ts	tʃ	tʂ	tʃ	tʃ→tʂ/ts	tʃ→tʂ/ts	tʃ→tʂ/ts
章组假效流咸深山 B 臻宕曾梗通 B	tʂ、tʃ/ts、ts、tθ→tʃ/tɕ→ts	tʃ	tʂ	tʃ	tʃ→tʂ/ts	tʃ→tʂ/ts	tʃ→tʂ/ts
章三止摄 B 开（齐微）	tʂ、tʃ/ts、ts、tθ→tʃ/tɕ→ts	tʃ	tʂ	tʃ	tʃ→tʂ/ts	tʃ→tʂ/ts	tʃ→tʂ/ts
蟹摄 B（合口）	tʂ、tʃ/ts、ts、tθ→tʃ/tɕ→ts	tʃ	tʂ	tʃ	tʃ→tʂ/ts	tʃ→tʂ/ts	tʃ→tʂ/ts
日母	ʐ/ʒ→j/ø	ʒ→j/ʐ	ʐ	ʐ	ø/ʐ	ø/ʐ	ø/ʐ

后腭化是一种较为普遍的语音演变现象，孝感方言的鱼虞韵，即出现了此现象。据郭丽研究，鱼虞韵知庄章精见音类的分合类型武汉片与黄孝片的差异在于精组是否与知章组合并，武汉型是知章组合口与精见组合并，即庄组为 [ts]，知章见精组为 [tɕ]，而黄孝型是见组合口与知章组合并，即庄组为 [ts]，知章见组为 [tʂ]，精组为 [tɕ][①]。

不过黄孝片的后腭化不及东北官话的彻底。辽西地区完全保持 [tʂ]，而越趋辽东越弱，从这一点或可以说辽宁方言的辽西片部分地区颇值得关注，其或代表着东北官话早期形式中的变异层次，抑或是阿尔泰语言（鲜卑语、契丹语等）与东北地区汉语接触形成“汉儿言语”的早期的前沿地带；而辽东片或更多地保留了幽燕方言的早期形式。诚然，这些推论还有待更多研究成果的支持。

① 郭丽 . 湖北官话方言合口（知庄章与精见组）的分合与地理分布 [R]. 第六届官话方言国际学术研讨会，2011-10-15—2011-10-16.

五、几点思考

辽宁方言及东北官话精组、知庄章组的类型分布特点或与该地域的语言接触相对应。即：老派朝峰片 [ts]、[tʂ] 型，辽西片 [tʂ]（[tɕ]）型，辽东片 [ts] 型，盖桓片 [ts]、[ts/tʃ] 型，登连片 [ʈ]、[tθ → tʃ]、[tɕ]、[tʃ] 型；新派多为 [ts/tʃ] 型。朝峰片 [ts]、[tʂ] 型较早。总体上，朝峰片卷舌化的表现适中，而与民族共同语相一致，辽西片卷舌化充分而过度，辽东片（幽燕汉族土著方言特点）几乎未发生卷舌化；盖桓片、登连片处于向卷舌化过渡的阶段。这种复杂表现说明历史上东北胶东移民现象，绝非只出现在近代的闯关东，而是有着更早的层次，这已被考古学上的龙山文化、红山文化、新开流文化、夏家店上下层文化的历史分布所证实，本溪庙后山古人类遗址的发掘成果进一步说明辽宁乃至东北地区文化早熟，而语言更是发展的先锋。

东北地区是草原与农耕文化的交融之地，在语言接触上，并非只有近代移民和近代官话方言接触的表象显现，实际上辽宁方言乃至东北官话在历时的“汉儿言语”层面，亦曾出现了东北地区汉语与该地域的三韩、鲜卑、契丹、女真、蒙古、满等语言的接触，这一点是毋庸置疑的。

我们认为：辽宁方言所反映的情况，恰好证明东北官话是一历史概念。其实质并非晚成，演变亦非一蹴而就，在其历史纵向的系谱上，或经历了幽燕方言—汉儿言语—近代东北–北京官话—现代东北官话等形式的嬗变。不过，现代的北京官话与东北官话渐疏渐离，各自发展变化已然成为不争的事实，因此我们不但用“古清入声今读上声字的多少”等官话方言分区的通用标准，可以将东北官话与北京官话分开，而且从知庄章历史演变的特点出发，同样可为现代东北官话与北京官话的分治提供重要参照。

参考文献

高晓虹 . 北京话庄组字分化现象试析 [J]. 中国语文，2002（03）：234-238，287.

刘淑学，燕宪俊 . 论古知庄章三组声母在《徐州十三韵》中的读音分合 [J]. 语文研究，2007（04）：43-49.

钱曾怡 . 汉语官话方言研究 [M]. 济南：齐鲁书社，2010.

桑宇红 . 中古知庄章三组声母在现代北方方言中的读音类型 [J]. 燕赵学术，2008（01）：21-32.

第三节　辽宁方言"平分阴阳"特征之初探 ①

一、概述

（一）汉语"平分阴阳"的一般特征

汉语从中古至现代，"平分阴阳、浊上变去、入派三声"是其声调演变的一般规律。但是语音的发展同样要考虑内部与外部的原因。"平分阴阳"与"浊音清化"规律有着密切的关系，但"浊音清化"不构成"平分阴阳"的必要条件，因此在复杂的语音发展演变过程中，因时空不同，呈现的表象特征自然各异。在典型的东北官话辽西片、辽东片中，表现为：平声虽分阴阳，但是读阳平的字多于普通话，即表现出平声阴阳互读或异读的特点，如辽西片中的单字调：哥 [kɤ^{24}]、姑 [ku^{24}]、叔 [ʃu^{24}]，辽西、辽东片共存的连读调：出去 [tʃʰu^{24}]、多少 [tuə^{24}] 等。产生这种表象的原因是什么？其折射出汉语发展历时层面的哪些特征？该如何合理地解释这一现象？本节拟尝试回答。

（二）汉语史中有关"平分阴阳"的先行研究

1. 关于"平分阴阳"的时间问题

学界对汉语声调"平分阴阳"发生时间问题的讨论，一直不衰。高本汉在《中国音韵学研究》中认为，《切韵》时代四个声调已各分阴阳。② 董同龢对高的观点持肯定态度，认为"这种推测不是没有道理的"。③ 罗杰瑞认为，《切韵》时代阴调类、阳调类的区别并非音位上的不同，可视为同音异读。④ 罗常培认为，清浊各有四声，由来已久。"从《琼林雅韵》到《增订中州全韵》一系韵书，是随着北曲和南曲的消长而一步一步南化的。……所以《中州全韵》和《中州音韵辑要》分出平去两声的阴阳，《增订中州全韵》分出平上去三声的阴阳，完全是根据他们的方音，并不是向壁虚造。"⑤ 周祖谟考日本沙门安然《悉昙藏》（880）认为"平分阴阳"在唐代已见端倪，并得到何大安、王士元的认同。王力认为，"现代普通话平声分阴平和阳平两

① 本节原文由杨春宇在全国首届"音韵与方言青年学者论坛"上交流，对于与会专家学者的指正，谨致谢忱。有删改。

② 高本汉，赵元任，罗常培，李方桂合译．中国音韵学研究 [M]. 北京：清华大学出版社，2007：437-438.

③ 董同龢．汉语音韵学 [M]. 北京：中华书局，2004：180.

④ 罗杰瑞，张惠英译．汉语概说 [M]. 北京：语文出版社，1995：49.

⑤ 罗常培．罗常培语言学论文集 [M]. 北京：商务印书馆，2004：427.

种。这是由中古的平声分化出来的。这种分化在十四世纪以前就完成了”[①]，不完全赞成“三种入声”观点，认为《中原音韵》时代有7个声调，这是不可能的。《中原音韵》语音基础是大都音。[②]杨耐思认为，《中原音韵》明确有“平声阴、平声阳”的标目；有阴平、阳平、上声、去声、三种入声等7个声调，已“平分阴阳”[③]，在一定意义上也代表罗常培、赵荫棠、陆志韦等人的观点。朱声琦认为“平分阴阳”始于汉末，到南北朝时期已非个别现象[④]。宁继福认为，宋元之间《中原雅音》已有平分阴阳的迹象，没进入最后完成阶段，得到了李无未、讃井维允、董冰华、王玉英等人的声援。佐佐木猛认为，《琼林雅韵》《词林韵释》平声实际分为阴阳两类。李无未提出“12世纪末13世纪初说”，在其《南宋孙奕音注“平分阴阳”考》一文中认为，南宋孙奕《九经直音》《示儿编》音注已形成“平分阴阳”的格局[⑤]。谭伦华研究认为，汉语北方话“平分阴阳”不会是在元代才出现的新的语音现象，阴平、阳平音位上的对立不会迟于宋代[⑥]。张新认为：《元韵谱》（1608—1611，河北内丘方言）平分阴阳；兰茂《韵略易通》已意识到阴阳平的对立，处理时用圆圈隔开，但调类沿袭四声之正统[⑦]。孔永研究《中州全韵》（1631）平、去分阴阳，清声母归阴，浊声母归阳[⑧]。李峰铭指出，明万历三十四年的《合并字学集韵》（1606）亦取消入声的声调地位，改为“平、上、去、如”，其中“如声”即《中原音韵》中的“阳平声”[⑨]。龙庄伟则认为，《五方元音》（1653）的音系框架是从《元韵谱》脱胎而来[⑩]。可见，专家学者们一直较为关注近代汉语声调“平分阴阳”的历史演变问题。

2. 方言研究中关于“平分阴阳”的讨论

李荣认为，讨论“古平上去三声不能离开古入声”[⑪]；何大安认为，山西方言平不分阴阳，乃是阴阳平二分后的再合流，即“回头演变”说。谭伦华认为，七大方言

---

① 王力．汉语史稿 [M]. 北京：中华书局，2004：229.

② 王力．汉语语音史 [M]. 北京：商务印书馆，2017：349.

③ 杨耐思．中原音韵音系 [M]. 北京：中国社会科学出版社，1981：32.

④ 朱声琦．从“花”字的产生看“平分阴阳”开始的时代 [J]. 中国语文，1992（01）：69-71.

⑤ 李无未．南宋孙奕音注“平分阴阳”考 [J]. 中国语文，1995（06）：473-476.

⑥ 谭伦华．关于汉语北方话“平分阴阳”的年代 [J]. 川东学刊（社会科学版），1996（03）：89.

⑦ 张新．论《元韵谱》声调系统的两个问题——平分阴阳和保留入声 [J]. 连云港师范高等专科学校学报，2007（04）：26.

⑧ 孔永．《中州全韵》声调分析 [J]. 长春师范学院学报（人文社会科学版），2011（01）：85-89.

⑨ 李峰铭．《合并字学集韵》形声字声符偏旁阴阳异读现象析论（稿）[R]. 中国音韵学会研究会第十六届学术讨论会暨汉语音韵学第十一届国际学术研讨会，2010-08-12.

⑩ 龙庄伟．略说《五方元音》[J]. 河北师院学报（哲学社会科学版），1988（02）：116-119.

⑪ 李荣．三个单字调的方言的调类．方言，1985（04）：241-242.

区中有四大方言区同时具有“平分阴阳、浊音清化”特点[①]；丁邦新认为晋语的平声是存古现象，“因为要说一个声调分而为二，后来又原封回头合而为一，在语音学的理论上应该尽量避免”。如果没有分化的证据，宁可认为是保存了古音系统[②]。

李树俨提出：①晋语并州片“平声不分阴阳（连读中也不能区分），仍有明显稳定的入声，说明它还处在北方话的较古老的层次”。上党、吕梁、五台等片，则出现了“平分阴阳”，比并州片往前演进了一步。②官话中胶辽、冀鲁、中原、蓝银四区三个单字调大体有阴平和阳平同调、阳平和上声同调、阳平和去声同调三种类型。三个单字调方言古入声的分化在“平分阴阳”之后。③明初多方言竞争导致叠置音变影响北京官话古清入字调类的演化；清初东北官话的入侵导致方言波浪扩散，影响北京官话四声的调型和调值[③]。

王临惠则认为：平分阴阳的条件是声母的清浊，合并的条件是什么很难说得清。连调中区分阴阳平的现象在方言中大都是零散的、不系统的，这不是平声分阴阳的残留，而是声母的清浊对调值的影响。“在声母的清浊对声调的调值影响还未达到形成不同调类的程度时，这种影响就因全浊声母的清化而中断了，目前晋语里这些零散的、不系统的区分阴阳平的形式正是这种中断形式的具体体现”[④]。

乔全生认为：晋语并州片、东北部及北部张呼片、东南部的上党片、五台片，中原官话陇中片、南疆片平不分阴阳。引文献明袁子让《字学元元》卷八（1603）“秦晋读清平如浊平，吾楚人亦读清平如浊平，又读去声如清平”[⑤]说明。

张世方分析探讨了汉语方言三调现象的分布及类型；描写分析了北京话及其周边的阴平和阳平字的单字调、连读调，指出北京话阴平字多于普通话，“平分阴阳”处于动态发展阶段，并扩散到周边方言（冀鲁官话保唐片、北京官话朝峰片、东北官话辽西片），表现出阴平和阳平剩余互读现象，并例举满语借词：<u>牛</u>录、<u>梅</u>勒、<u>嫫</u>嫫、<u>格</u>格、<u>福</u>晋（阴平），<u>额</u>真、<u>额</u>娘（去声），赞同“先分后合说”[⑥]。

王莉宁论述了汉语方言中的“平分阴阳”及其地理分布问题。并提出“今平声

① 谭伦华．关于汉语北方话“平分阴阳”的年代 [J]. 川东学刊（社会科学版），1996（03）：87.

② 丁邦新．汉语声调的演变 [M]//丁邦新．丁邦新语言学论文集．北京：商务印书馆，1998：123.

③ 李树俨．论“平分阴阳，入派三声”[J]. 语文研究，2000（01）：19-20，22.

④ 王临惠．汾河流域方言的语音特点及其流变 [M]. 北京：中国社会科学出版社，2003：100.

⑤ 乔全生．晋语的平声调及其历史演变 [J]. 中国语文，2007（04）302-305.

⑥ 张世方．北京话及周边方言的阴平与阳平 [J]. 语言研究，2006（01）：73-80；张世方．汉语方言三调现象初探 [J]. 语言研究，2000（04）：48-61.

不分阴阳”的分布及其性质，且作了先分后合型、存古型的分析[①]，亦趋赞同“先分后合说”。

3. 小结

近代汉语“平分阴阳、浊上变去、入派三声”是相辅相成的汉语声调演变规律。学界对汉语史上“平分阴阳”的研究非一蹴而就，到《中原音韵》前后完全定型，基本取得共识；但对方言中的“平不分阴阳”是存古现象（丁邦新、王临惠、乔全生），还是先分后合并的现象（何大安、张世方、王莉宁），各执己见。我们比较赞同丁邦新、乔全生的分析，认为清浊声母对声调调值、调型的影响，可以有两种不同的表现形式：即在平分阴阳的方言中，“由于声母清浊之不同渐渐影响调值，越来越明显，以致变为两个调”；也可以是声母清浊的“‘细微的差别’没有继续加大，随着浊声母的消失，就可能趋于相同，仅有的‘细微差别’也消失了，从而演变为一个声调。并州片的平声调只有一个，当属此类”。[②]晋语与官话是并行但非同步发展的两支。语音的演变无例外，但是在平分阴阳的历史演变中，晋语的清浊声母对声调调值影响还未达到形成不同调类程度时，这种影响就因为全浊声母的清化而中断，形成了零散的、不系统的区分阴阳平的形式表象[③]。我们支持李树俨、丁邦新、王临惠、乔全生等先生的分析，认为无论是晋语还是官话乃至其他方言，“平不分阴阳”都应该理解为存古现象，而不是平声先分阴阳，再回头合并。

我们认为，许多官话方言中残存或隐含三调方言，亦是同理。而这些因语言内部发展中断而形成的表象，总要从语言其他内部要素或外部要素中找到解释的理由。参考张世方等先行研究成果，辽宁方言中的胶辽官话登连片与北京官话朝峰片中，都残存着三调方言。官话方言的声调差异可能更集中地表现在阴阳平上面。我们认为，官话方言的阴阳平处于动态的演变之中，东北官话的典型代表辽西片、辽东片处于胶辽官话、冀鲁官话二者的夹流地带，隐含了三调方言。辽西片中亦存在单字调的“阴平和阳平同调、阳平和上声同调、阳平和去声同调”互读三种类型。在辽西片、辽东片中连读调中，更存在阴阳平的异读现象，拂去异读的表象，我们或可以窥见东北官话历史上三调方言的表象，这种隐含三调方言的潜质，或可说明“平不分阴阳”是汉语发展过程中处于较古层次的特殊表象，“平分阴阳”陆续在《中原

① 王莉宁 . 汉语方言中的“平分阴阳”及其地理分布 [J]. 语文研究，2012（01）：46-51.

② 乔全生 . 晋语的平声调及其历史演变 [J]. 中国语文，2007（04）：304.

③ 王临惠 . 汾河流域方言的语音特点及其流变 [M]. 北京：中国社会科学出版社，2003：100.

音韵》一脉的北音、北方话中表现渐趋突出，虽然“语音变化无例外”，但是在语言接触复杂的地域，难免出现例外。东北官话在形成的历时层面，一直未停止过与齐鲁方言、大河北方言及北方阿尔泰民族语言的接触。历史上广义上的中原亦包括东北地区。辽西、辽东片平声阴阳互读、异读的过渡特征，与晋语、胶辽官话、中原官话、冀鲁官话等在“平不分阴阳”方面的深层表现趋于一致。是历史上东北官话向西、向京扩散及语言间相互接触的结果，部分地区残存或隐含三调方言，“平不分阴阳”的表象特征，或可说明东北官话并非晚成。

（三）辽宁方言内部片区划分与“平不分阴阳”隐含过渡特征之提出

1. 辽宁方言溯源

广义的东北官话作为古幽州、燕、北燕等文化的历史遗存，理应受到学界的青睐。但是由于传统的研究定说认为北京官话与东北官话不宜分治，长期以来，影响了学界对东北官话的描写与考察。加之东北官话研究人才匮乏，东北官话内部差异则更少被学界关注与发掘。

随着赵本山小品及电视剧的走俏，人们的视野开始关注到作为其载体的“土得掉渣”的东北方言。对辽宁方言专业性研究，虽历经一个世纪之久，但 21 世纪才成就其方兴未艾之势。

从东北地望来说，据《广宁县乡土志》记载，舜封十二山，以医巫闾山为幽州之镇。汉初《尔雅・释地》载有“东方之美者，有医无闾之珣玗琪焉”，郭璞对“医无闾”“珣玗琪”注释称“医无闾，山名，在今辽东。珣玗琪，玉属”①。

《史记・匈奴列传》载：燕将秦开“归而袭破走东胡，东胡却千余里”；燕亦筑长城，自造阳至襄平，置上谷、渔阳、右北平、辽西、辽东郡以拒胡。②

汉代扬雄在《方言》中，亦将北燕、朝鲜洌水一带方言，作为独立方言区来考察。可见从方言地理学的角度看，东北官话有着久远的历史渊源。我们认为：东北官话是一历史概念。其实质并非晚成，演变亦非一蹴而就，在其历史纵向的系谱上，或经历了幽燕方言—汉儿言语—近代东北–北京官话—现代东北官话等形式的嬗变。因此，辽西、辽东话是东北官话的代表，历史地考察辽宁方言特征对于官话研究或具一定的典型意义。

①（晋）郭璞注，周元富，愚若点校 . 尔雅 [M]. 北京：中华书局，2020：129.

②（汉）司马迁 . 史记 [M]. 北京：中华书局，2006：636.

2. 辽宁方言内部分片

根据杨春宇①的研究，辽宁方言内部分片大致为：

（1）朝峰片：凌源市、建平县、朝阳市、朝阳县、喀左县、北票市；

（2）辽西片：建昌县、绥中县、兴城市、葫芦岛市、锦州市、凌海市、北镇市、黑山县、义县、阜新市、阜新蒙古族自治县、彰武县、康平县、昌图县、新民市、盘锦市、台安县、盘山县、盘锦市大洼区；

（3）辽东片：法库县、开原市、调兵山市、铁岭县、铁岭市、西丰县、沈阳市、沈阳市辽中区、辽阳市、灯塔市、辽阳县、鞍山市、海城市、抚顺市、抚顺县、清原满族自治县、新宾满族自治县、本溪市、本溪满族自治县、凤城市；

（4）盖桓片：营口市、大石桥市、盖州市、岫岩满族自治县、桓仁满族自治县、丹东市、宽甸满族自治县；

（5）登连片：大连市、瓦房店市、大连市普兰店区、庄河市、长海县、东港市。

阴阳平声的分合在辽宁方言中都有反映，在胶辽官话的辽南分布区域大连等地，存在阳平与去声调类相同和相似的现象，而在北京官话的辽西分布区域建平等地，存在阴平阳平互读现象，这些三字调的分布，表现出渐北渐弱、愈东愈消的特点，通过考察其表现，抑或可窥见辽宁方言内部差异之一斑。

二、辽宁方言古平声字的描写

（一）按照辽宁方言内部的片区罗列和描写古平声字的今读情况

表 4-13　辽宁方言内部古平声字的今读

声母	例字	朝峰片		辽西片	辽东片	盖桓片	登连片
		朝阳	建平	锦州 兴城	辽阳 沈阳	盖州 桓仁	庄河 大连
p 帮	菠菜/编/蝙、帮、疤、拨、逼、包、剥	po^{44}	po^{335}	$po^{33/24}$ $pian^{33/24}$ piɛ^{24}	po^{33} $pian^{33}$	po^{312} $pian^{312}$ piɛ^{312}	po^{52} $pian^{52}$ piɛ^{52}
	褒	pau^{44}	pau^{335}	pau^{213}	pau^{33}	pau^{312}	pau^{52}
p^{h} 滂	趴、铺	p^{h}ᴀ^{44}	p^{h}ᴀ^{335}	p^{h}ᴀ$^{33/24}$	p^{h}ᴀ^{33}	p^{h}ᴀ^{312}	p^{h}ᴀ^{52}
	仆、撇	$p^{h}u^{44}$	$p^{h}u^{335}$	$p^{h}u^{213}$	$p^{h}u^{213}$	$p^{h}u^{312}$	$p^{h}u^{52}$

① 杨春宇 . 辽宁方言语音研究 [J]. 辽宁师范大学学报（社会科学版），2010（05）：93-99.

续表

声母		例字	朝峰片 朝阳	朝峰片 建平	辽西片 锦州 兴城	辽东片 辽阳 沈阳	盖桓片 盖州 桓仁	登连片 庄河 大连
b 并	平							
	仄	拔			pA^{24}			
m 明		妈	mA^{44}	mA^{335}	mA^{33}	mA^{33}	mA^{312}	mA^{52}
pf 非		分、跗	fen^{44} fu^{44}	fen^{335} fu^{335}	fen$^{33/24}$ po^{24}	fen$^{33/24}$ pu^{24}/fu^{24}	fen^{312} fu^{312}	fẽ^{52} fu^{52}
pʰf 敷		纷	fen^{44}	fen^{335}	fen$^{33/24}$	fen^{33}	fen^{312}	fẽ^{52}
bv 奉	平	帆	fan^{44}	fan^{335}	fan^{24}	fan^{33}	fan^{312}	fã^{52}
	仄	复	fu^{51}	fu$^{51/335}$	fu$^{24/53}$	fu^{24}	fu^{312}	fu^{52}
ɱ 微		文			uen^{24}			
t 端		多、都、堆、颠、当、丢、叨、兜	tuo^{44}	tuo^{335}	tuo$^{33/24}$	tuo^{24}	tuo^{312}	tuo^{52}
tʰ 透		天、推、添	tʰuei^{44}	tʰuei^{335}	tʰuei$^{33/24}$	tʰuei^{24}	tʰuei^{312}	tʰuei^{52}
d 定	平	突、特	tʰu^{44}	tʰu^{335}	tʰu$^{33/24}$	tʰu^{24}	tʰu^{312}	tʰu^{52}
	仄	跌	tiɛ^{44}	tiɛ^{335}	tiɛ$^{33/24}$	tiɛ^{24}	tiɛ^{312}	tiɛ^{52}
n/ȵ 泥/娘		妮	ni^{44}	ni^{335}	ȵi^{24}	ȵi^{24}	ȵi^{312}	ȵi^{52}
l 来		隆、沥、抡	luŋ$^{335/44}$	luŋ^{335}	luŋ^{24}	luŋ^{24}	luŋ^{312}	luŋ^{52}
ts 精		遭、遵、租、滋	tsau^{44}	tsau^{335}	tʂau$^{33/24}$	tsau^{24}	tʃau^{312}	tʃau^{52}
		憎	tsəŋ^{44}	tsəŋ^{335}	tʂəŋ$^{33/53}$	tsəŋ^{53}	tʃəŋ^{312}	tʃəŋ^{52}
	尖	将	tɕiaŋ^{44}	tɕiaŋ^{335}	tɕiaŋ$^{33/213}$	tɕiaŋ^{33}	tɕiaŋ^{312}	tɕiaŋ^{52}
tsʰ 清		搓、猜、粗、擦	tsʰuo^{44}	tsʰuo^{335}	tsʰuo$^{33/24}$	tsʰuo^{24}	tsʰuo^{312}	tsʰuo^{52}
	尖	亲	tɕʰin^{44}	tɕʰin^{335}	tɕʰin$^{33/24}$	tɕʰin^{33}	tsʰin^{312}	tsʰĩ^{52}
		侵	tɕʰin^{44}	tɕʰin^{335}	tɕʰin^{213}	tɕʰin^{33}	tsʰin^{312}	tsʰĩ^{52}
dz 从	平	新	ɕin^{44}	ɕin^{335}	ɕin$^{33/24}$	ɕin^{33}	ɕin^{312}	ɕĩ^{52}
	仄	杂				tsA^{35}		
s 心		三、先	san$^{44/335}$	san^{335}	ʂan^{33}	san^{33}	ʃan^{312}	sã^{52}
z 邪	平	夕	ɕi^{44}	ɕi^{335}	ɕi$^{33/24}$	ɕi^{33}	ɕi^{312}	ɕi^{52}
	仄	析	ɕi^{44}	ɕi^{335}	ɕi$^{33/24}$	ɕi^{33}	ɕi^{312}	ɕi^{52}
ʈ 知		知、追	tʂʅ^{44}	tʂʅ^{335}	tʂʅ$^{33/24}$	tʂi^{33}	tʃi^{312}	tʃi^{52}
ʈʰ 徹		戳	tʂʰuo^{44}	tʂʰuo^{335}	tʂʰuo^{213}	tʂʰuo^{33}	tʃʰuo^{312}	tʃʰuo^{52}
ɖ 澄	平							
	仄	质、秩			tʂʅ$^{213/53}$			

续表

声母		例字	朝峰片		辽西片	辽东片	盖桓片	登连片
			朝阳	建平	锦州 兴城	辽阳 沈阳	盖州 桓仁	庄河 大连
tʂ 庄		楂、遮、蛛、抓、庄、周	tʂA^{44}	tʂA^{335}	tʂA$^{33/24}$	tsA^{33}	tʃA^{312}	tʃA^{52}
		诸	tʂu^{44}	tʂu^{335}	tʂu$^{33/53}$	tʂu^{33}	tʂu^{312}	tʂu^{52}
tʂ^h 初		插	tʂ^{h}A^{44}	tʂ^{h}A^{335}	tʂ^{h}A^{213}	tʂ^{h}A^{213}	tʃ^{h}A^{312}	tʃ^{h}A^{52}
dʐ 崇	平							
	仄	炸			tʂA$^{24/53}$			
ʂ 生		枢、输、殊、删、伤、双、筛	ʂu^{44}	ʂu^{335}	ʂu$^{33/24}$	su^{33}	ʃu^{312}	ʃu^{52}
tʂ/tɕ 章		脂、蒸、锥	tʂʅ^{44}	tʂʅ^{335}	tʂʅ$^{213/33}$	tʂï$^{213/33}$	tʃï^{312}	tʃï$^{213/52}$
tʂ^h/tɕ^h 昌		趋	tɕ^{h}y^{44}	tɕ^{h}y^{335}	tɕ^{h}y^{33}	tɕ^{h}y^{33}	tɕ^{h}y^{312}	tɕ^{h}y^{52}
dʑ 船	平							
	仄	食			ʂʅ^{24}			
ʂ /ɕ 书		收、拴、刷、叔	ʂou^{44}	ʂou^{335}	ʂou$^{33/24}$	ʂou^{33}	ʃou^{312}	ʃou^{52}
		摄	ʂɤ^{44}	ʂɤ^{44335}	ʂɤ$^{33/52}$	ʂɤ^{52}	ʃɤ^{312}	ʃɤ^{52}
		些	ɕiɛ^{44}	ɕiɛ^{335}	ɕiɛ$^{33/24}$	ɕiɛ^{33}	ɕiɛ^{312}	ɕiɛ^{52}
ʑ 禅	平							
	仄	涉			ʂɤ$^{33/53}$			
ȡʑ 日		扔	zəŋ^{44}	zəŋ^{335}	ləŋ$^{33/24}$	ləŋ^{33}	ləŋ^{312}	ʒəŋ^{52}
k 见		姑、哥、锅、揩、规、骄、关、耕、搁/干、禁～不住更	ku^{44} kɤ^{44}	ku^{335} kɤ^{335}	ku$^{33/24}$ kɑu$^{33/24}$	ku^{33} kɑu^{33}	ku^{312} kɑu^{312}	ku^{52} kɑu^{52}
		冈、光、割、刮	kɑŋ^{44}	kɑŋ^{335}	kɑŋ$^{33/213}$	kɑŋ^{213}	kɑŋ^{312}	kɑŋ^{52}
	团	斤、京、挟、君、军、机	tɕin^{44} tɕyn^{44}	tɕin^{335} tɕyn^{335}	tɕin^{33} tʂ^{h}un$^{33/24}$	tɕin^{33} tɕyn^{33}	tɕin^{312} tɕyn^{312}	tɕĩ^{52} tɕỹ^{52}
		将	tɕiɑŋ^{44}	tɕiɑŋ^{335}	tɕiɑŋ$^{33/213}$	tɕiɑŋ^{33}	tɕiɑŋ^{312}	tɕiɑŋ^{52}
k^h 溪		可、恶、夸、抠、宽、空、窟	k^{h}u^{44}	k^{h}u^{335}	k^{h}u$^{33/24}$	k^{h}u^{33}	k^{h}u^{312}	k^{h}u^{52}
g 群	平							
	仄	及			tɕi$^{33/24}$			
ŋ 疑		愚 危～险	y^{44} wei^{44}	y^{335} wei^{335}	y^{24} wei$^{33/24}$	y$^{24/}$wei^{33}	y^{312}/wei^{312}	y^{52}/wei^{52}
		熬	ɑu^{33}5	ɑu^{335}	nɑu$^{33/24}$	nɑu^{33}	ɔ^{312}	ɔ^{52}

续表

声母		例字	朝峰片		辽西片	辽东片	盖桓片	登连片
			朝阳	建平	锦州 兴城	辽阳 沈阳	盖州 桓仁	庄河 大连
x 晓		慌、呼、哈、嬉	xuaŋ44/335	xuaŋ335	xuaŋ33/24	xuaŋ33	xuaŋ312	xuaŋ52
	团	兄、希	ɕioŋ44	ɕioŋ335	ʂoŋ33/24	ɕioŋ33	ɕioŋ312	ɕioŋ52
ɣ 匣	平							
	仄	穴			ɕyɛ24/53			
ʔ 影		迂、邀、烟、渊、挖	y44 uA44	y335 uA335	y33 uA33/24	y33 uA33	y312 uA312	y52 uA52
		豌	uan44	uan335	uan213	uan213	uan312	uã52
y 云		云/邮	yn335 iou335	yn335 iou335	zuən24 iou33/24	yn24 iou33/24	yn312 iou312	yn52 iou52
j 以		揉	zou335	zou335	iou213	iou24	iou312	iou52

（二）小结

如表 4-13 所示，古声母的清浊是决定声调演变的重要因素。辽宁方言并不完全遵循古清声母读阴平，古浊声母转读阳平的汉语声调演变的一般规则，而表现出了一些特殊性。

从表 4-14 我们可以看出，在辽宁方言中朝峰片与北京话调值最近，而被划入北京官话；但是辽西片、辽东片因为处于中原官话与东北官话的交界地带，出现了阴阳平的异读，胶辽官话的盖桓片、登连片则基本只有三个调。

表 4-14　辽宁方言声调特点比较

调类	朝峰片		辽西片	辽东片	盖桓片	登连片
	朝阳	建平	锦州 兴城	辽阳 沈阳	盖州 桓仁	庄河 大连
阴平	44	335	33/24	33	312	213/52
阳平	335	335	24	24	24	35
上声	213	213	213	213	213	213
去声	51	51	53	53	53	52

1. 异读类型

（1）阴阳平异读：辽宁方言辽西片中的古平声全清、次清母字单字调多读阴平，语流中多异读为阳平，如“多、都、推、添、兄”等。

部分古清入字，在朝峰片、辽东片中读阴平，在辽西片依然读作阳平，在盖桓片读为类似的上声，在登连片中读为去声，如“挖”等。

部分古清入、全浊入字，在辽西片读为阴平，如“摄”“涉”等；部分古次浊母字如“熬”等，在辽西片中两读，在朝峰片、辽东片读阳平，但是在盖桓片读为类似的上声，在登连片中读若去声。

（2）阴平、上声异读：辽西片部分中古全清平声、古次浊、全浊入异读为上声的，如“将、豌、揉、秩”等；多数清入转读上声，如“割、撇、节、结”等。

（3）入声转阳平异读：辽西片少数全浊入转为阳平（北京官话派入阴平），如“跌、突、忒～好”。

2. 阐释与分析

阴阳平的异读现象，在辽宁方言乃至东北官话中，可发生在平声清声母（全清、次清）与浊声母（全浊、次浊）之间，也可发生在清入声派入平声的演变上，而且不但是连读调，也有个别单字调，这种复杂的表现该不是一般的偶然的现象。

我们考虑：辽宁方言乃至东北官话中阴平读若阳平（或平不分阴阳）可能发生在先，否则后发生的入派四声，不会出现回头演变现象。如：全浊入“跌、突、忒～好”等字在北京官话中派入阴平，但在东北官话中却多派入阳平。

（1）辽宁方言的阴平字，在朝峰片、辽东片中读阴平，在辽西片有许多依然多读作阳平，在盖桓片读为类似的上声，在登连片中读为去声，如“挖、兄”等。

（2）辽宁方言的阴平字，在辽西片极个别字读为去声，如“摄”等；亦有部分字读为上声，如“豌”等。

（3）有个别字如“熬”等，在辽东片读为阴平，但是在朝峰片、辽西片中读阳平，在盖桓片读为类似的上声，在登连片中读为去声。

（4）阴阳异读现象在辽宁方言乃至东北官话中的表现，可发生在平声清声母（全清、次清）与浊声母（全浊、次浊）之间，也可发生在清入声派入平声的演变上，或不是一般偶然的现象。

（5）古全浊声母一般会派入阳平、上声、去声，因此在阴平中表现较少。不在本节讨论范围之内。

（6）辽宁方言的平分阴阳似乎还不那么彻底，表现出阴平阳平的异读现象。如辽西片的“邀”“多”等。个别异读是有语境条件要求的，但我们并不将其认定为一种语流音变，而断为一种文白异读，如“机会/机器、莫高窟/窟窿；大哥/哥、叔叔/叔”等有明显的阴平、阳平对立或混读。这些现象或为平声不分阴阳的历史表象与残留。

三、辽宁方言与其他官话方言平声字的比较分析

为了更好地描写与解释辽宁方言乃至东北官话的阴阳异读现象，我们尝试列出官话方言的比较分析表，具体如表4-15所示。

近代汉语古平声字到现代官话方言的语音演变，无论实际读音如何，一般遵循古清声（全清、次清）读阴平，古浊声（全浊、次浊）读阳平的规律。

东北官话：古清入虽分派四声，但一部分在北京官话中清入派入阴平、阳平的字在东北官话中归入上声，使得上声字多于北京官话。且次浊入归去声，全浊入归阳平，总体与《中原音韵》“入派三声”的特征表现趋于一致。

北京官话：古清入分派四声，次浊入归去声，全浊入归阳平。

胶辽官话：古清入、次浊入大多变上声，全浊入转阳平；盖桓片次浊入为去声；与《中原音韵》“入派三声”的特征完全吻合。

冀鲁官话：古清入大多变阴平，次浊入变去声，全浊入转阳平；但保唐片变化同东北官话，即清入分派四声；晋州、无极清入变阳平，利津清入保持，读若上声。

东北官话所呈现的复杂特征或是与北京、冀鲁、胶辽、中原官话方言，以及东北少数民族阿尔泰语言长期接触的结果。

中原官话古清入、次浊入大多变平声，阴阳不分；全浊入转阳平；曲沃古清入、次浊入为阴去，全浊入为平声。

兰银官话古清入、次浊入大多变去声，全浊入变阳平；银吴片同心南、哈密等个别地区古清入、次浊入转阴平，全浊入变阳平；银吴片盐池东古入声一律变阳平。

晋语有入声，短调。其中并州片、吕梁片、上党片（长治小片）分阴阳。并州片、吕梁片阴入同阳平（平声），阳入同上声；上党片（长治小片）阴入同阴平，阳入同去声；入声调只有一个的五台片、大包片、张呼片、上党片（晋城小片）古入声今读入声；志延片古清入、次浊入今归阴平（或去声），全浊入保留入声调；邯新片古清入、次浊入保留入声调，全浊入多归阳平；汾西吕梁片与中原官话、张呼片与冀鲁官话交界处，入声丢塞尾，自成调类。

江淮官话有入声，通泰片入声分阴阳，有塞音韵尾，为短入；洪巢片入声不分阴阳，有塞音韵尾；黄孝片入声不分阴阳，无塞音韵尾，为长入。

西南官话虽有古入转平调、升调、降调的内部细微差异，但是听感上呈古入声转阳平。

表 4-15 官话方言阴阳异读比较分析

中古调类					平声				入声					
					全清	次清	全浊	次浊	清				全浊	次浊
今读调类				1—5	阴平	阴平	阳平		阴平	阳平	上声	去声	阳平	去声
例字					般、他	攀、汤	爬、谈	男、来	八、割	福、国	笔、百	各、筑	杂、毒	麦、月
北京官话	京师片			北京	1	1	2	2	1	2	3	4	2	4
	怀承片			承德	1	1	2	2	1	2	3	4	2	4
	北疆片			温泉	1	1	2	2	1	2	3	4	2	4
	朝峰片			朝阳	1	1	2	2	1	2	3	4	2	4
东北官话	哈阜片	肇扶片	辽西	阜新	1/2	1/2	2	2	1	2/3	3	4	2	4
		长锦片		兴城	1/2	1/2	2	2	3/1	3	3	4	2	4
	吉沈片	通溪片	辽东	辽阳	1/2	1/2	2	2	3/1，2	3	3	4	2	4
	黑松片	嫩克片		黑河	1	1	2	2	1	3	3	4	2	4
		佳富片		佳木斯	1	1	2	2	1	3	3	4	2	4
	站话			肇源	1 522	1	2 445	2	1	3 213	3	4 53	2	4
胶辽官话	盖桓片			营口	3	3	4	4	3	3	3	3	2	4
	登连片			大连	3	3	4	4	3	3	3	3	2/4	3
	青莱片			青岛	3	3	2	2	3	3	3	3	2	4/3
冀鲁官话	保唐片			保定	1/2	1/2	2	2	1	3/2	3	4	2/3	4
	石济片			济南	1	1	4	4	1	1	1	1	2	4
				晋州	1/2	1/2	2	2	2	2	2	2	2	4
	沧惠片			昌乐	1	1	2/4	2/4	1/3	1/3	1/3	1/3	2	4
	章利片			利津	5	5	2	2	5/3	5/3	5/3	5/3	2	4

续表

中古调类			平声				入声					
			全清	次清	全浊	次浊	清				全浊	次浊
今读调类		1—5	阴平	阴平	阳平		阴平	阳平	上声	去声	阳平	去声
例字			般、他	攀、汤	爬、谈	男、来	八、割	福、国	笔、百	各、筑	杂、毒	麦、月
中原官话	关中片	西安	1	1	2	2	1/2	1	1	1	2	1
	秦陇片	敦煌	1	1	2	2	1	1	1	1	2/1	1
	陇中片	天水	1	1	2	2	1	1	1	1	1	1
	汾河片	洪洞	1	1	2	2	1	1	1	1	2	1
		曲沃	1	1	1	1	4	4	4	4	1	4
	南疆片	焉耆	1	1	1	1	1	1	1	1	1	1
	洛徐片	洛阳	1	1	1	1	1	1	1	1	2	1
	郑曹片	郑州	1	1	1	1	1	1	1	1	2	1
	蔡鲁片	单县	1	1	1	1	1	1	1	1	2	1
	信蚌片	信阳	1	1	1	1	1	1	1	1	2	1
晋语	并州片	太原	1	1	2	2	5 阴阳	5 阴阳	5 阴阳	5 阴阳	5 阴阳	5 阴阳
	吕梁片	临县	1	1	2	2	5 阴如 2/平，阳如上	5 阴如 2/平，阳如上	5 阴如 2/平，阳如上	5 阴如 2/平，阳如上	5 阴如 2/平，阳如上	5 阴如 2/平，阳如上
	上党片	长治潞城	1	1	2	2	5 阴如阴平，阳如去	5 阴如阴平，阳如去	5 阴如阴平，阳如去	5 阴如阴平，阳如去	5 阴如阴平，阳如去	5 阴如阴平，阳如去
	晋城片	晋城	1	1	2	2	5	5	5	5	5	5

续表

中古调类			平声				入声					
			全清	次清	全浊	次浊	清				全浊	次浊
今读调类		1—5	阴平	阴平	阳平		阴平	阳平	上声	去声	阳平	去声
例字			般、他	攀、汤	爬、谈	男、来	八、割	福、国	笔、百	各、筑	杂、毒	麦、月
晋语	五台片	忻州	1	1	2	2	5	5	5	5	5	5
	大包片	阳泉	1	1	2	2	5	5	5	5	5	5
	张呼片	张家口	1	1	2	2	5	5	5	5	5	5
	邯新片	新乡	1	1	2	2	5	5	5	5	2	5
	志延片	延安	1	1	2	2	1/4	1/4	1/4	1/4	5	1/4
	吕梁及张呼交界地带	灵寿	1	1	2	2	失尾	失尾	失尾	失尾	失尾	失尾
江淮官话	通泰片	南通	1	1	2	2	5 分阴阳，塞尾	5 分阴阳，塞尾	5 分阴阳，塞尾	5 分阴阳，塞尾	5 分阴阳，塞尾	5 分阴阳，塞尾
	洪巢片	扬州	1	1	2	2	5 不分阴阳，塞尾	5 不分阴阳，塞尾	5 不分阴阳，塞尾	5 不分阴阳，塞尾	5 不分阴阳，塞尾	5 不分阴阳，塞尾
		南京	1	1	2	2	5 分阴阳，塞尾	5 分阴阳，塞尾	5 不分阴阳，塞尾	5 不分阴阳，塞尾	5 不分阴阳，塞尾	5 不分阴阳，塞尾
	黄孝片	英山	1	1	2	2	5 长，无尾	5 长，无尾	5 长，无尾	5 长，无尾	5 长，无尾	5 长，无尾

续表

中古调类			平声				入声					
			全清	次清	全浊	次浊	清				全浊	次浊
今读调类		1—5	阴平	阴平	阳平		阴平	阳平	上声	去声	阳平	去声
例字			般、他	攀、汤	爬、谈	男、来	八、割	福、国	笔、百	各、筑	杂、毒	麦、月
兰银官话	银吴片	中卫	1	1	2	2	4	4	4	4	2	4
		同心南	1	1	1/2	1/2	1	1	1	1	2	1
		盐池东	1	1	1/2	1/2	2	2	2	2	2	2
	金城片	永登	1	1	2	2	4	4	4	4	2	4
	河西片	瓜州	1	1	2	2	4	4	4	4	2	4
	塔密片	乌鲁木齐	1	1	2	2	4	4	4	4	2	4
		哈密	1	1	1	1	1	1	1	1	2	1
西南官话	川黔片	通江	1	1	2	2	2	2	2	2	2	2
		贵阳	1	1	2	2	2	2	2	2	2	2
	西蜀片	遵义	1	1	2	2	5	5	5	5	5	5
	滇中片	西昌	1	1	2	2	2	2	2	2	2	2
		昆明	1	1	2	2	2	2	2	2	2	2
	滇西片	保山	1	1	2	2	2	2	2	2	2	2
		兰坪	1	1	2	2	2	2	2	2	2	2
	湖广片	慈利	1	1	4	4	2	2	2	2	4（阳）	4（阳）
	桂柳片	柳州	1	1	4	4	2	2	2	2	4（阳）	4（阳）
		阳朔	1	1	4	4	2	2	2	2	4（阳）	4（阳）

四、余论：几点思考

（1）辽宁方言的辽西片、辽东片是长城地带的古幽燕方言的历史孑遗，典型地代表了东北官话的历史发展进程。东北虽与中原有着若即若离的关系，但自古是中原的应有之义，文化类型上或属于北狄-东北夷的文化，既然历史上东北诸多文化参与了中华文明的构建，语言要素应该是必不可少的。

（2）辽宁乃至东北是语言接触频繁发生之地，东北官话与胶辽官话、北京官话、冀鲁官话、中原官话的方言接触，从幽燕方言发展至今，实质上历代从未停止过，从这种意义上看，东北官话并非晚成，也不是一蹴而就的。

（3）辽宁方言乃至东北官话平声阴阳异读，或是平不分阴阳表象特征的孑遗，与晋语、中原官话、胶辽官话、北京官话、冀鲁官话有着趋于一致的表现，客观上也从语言表象方面提供了东北古属中原的证据。

（4）古声调阴阳区分与否与古声母的清浊紧密相关。东北官话在与周边诸多阿尔泰语言接触融合的过程中，可能受到诸多古老的阿尔泰语言不分清浊的影响，而表现出平不分阴阳的特征。故我们这里并不将阴阳异读看作是“调位中和”的语流音变现象，而趋于认同辽宁方言乃至东北官话的平声阴阳异读，或是平不分阴阳是一种存古现象。

（5）辽宁方言乃至东北官话平声字的阴阳异读（平不分阴阳）的特征与中原官话等平不分阴阳特征趋于一致，加之古全浊入派为阳平，清入派为上声，次浊入派为去声的“入派三声”总体表现与《中原音韵》趋于一致，这该不是偶然的，或可证东北官话（幽燕方言）自古就是中原的一部分，其实质并非晚成。而且与晋语、胶辽官话、中原官话等在历史上或是兄弟关系。这些表现或构成幽燕方言-汉儿言语的底层。

（6）辽宁方言乃至东北官话平声字清入派四声的演变特征，特别是部分清入在北京官话中读阴平、阳平的字在东北官话读若上声，使得东北官话清入归上多于北京官话，今天我们又阐释了其阳平字多于北京官话和普通话，而这些演变特征或具一定的类型意义。诚然，我们还应参照上声、去声异读及其他特征来综合考察，正是这些区别特征，方成就了东北官话与北京官话的渐疏渐离，及东北官话与其他官话方言的接触关系与不同，最终东北官话被学界划为独立的官话方言区。

参考文献

曹志耘．汉语方言的地理分布类型 [J]. 语言教学与研究，2011（05）：11-19.

陈立中．黑龙江站话研究 [M]. 北京：中国社会科学出版社，2005.

董冰华，王玉英．《中原雅音》“平分阴阳”的问题 [J]. 佳木斯大学社会科学学报，2008（06）：77-80.

耿军．元代汉语音系研究——以《中原音韵》音系为中心 [D]. 苏州大学博士论文，2009.

河北省昌黎县县志编纂委员会，中国科学院语言研究所合编．昌黎方言志 [M]. 北京：科学出版社，1960.

侯精一．现代汉语方言概论 [M]. 上海：上海教育出版社，2002.

冀伏．《中原雅音》考辨——兼与蒋希文同志商榷 [J]. 吉林大学社会科学学报，1980（02）：89-94.

孔永．《中州全韵》声调探析 [J]. 长春师范学院学报（人文社会科学版），2011（01）：85-89.

李荣．三个单字调的方言的调类 [J]. 方言，1985（04）：241-242.

李树俨．论“平分阴阳，入派三声”[J]. 语文研究，2000（01）：19-20，22.

李无未．南宋《九经直音》俗读“入注三声”问题 [J]. 延边大学学报（哲学社会科学版），1998（02）：156-162.

李无未．南宋《示儿编》音注的浊音清化问题 [J]. 古汉语研究，1996（01）：22-25，52.

罗常培．罗常培语言学论文集 [M]. 北京：商务印书馆，2004.

钱曾怡．汉语官话方言研究 [M]. 济南：齐鲁书社，2010.

乔全生．晋语的平声调及其历史演变 [J]. 中国语文，2007（04）：302-305.

乔全生．晋语与官话非同步发展（一）[J]. 方言，2003（02）：147-160.

史存直．汉语史纲要 [M]. 北京：中华书局，2008.

谭伦华．关于汉语北方话“平分阴阳”的年代 [J]. 川东学刊（社会科学版），1996（03）：84-90.

王莉宁．汉语方言中的“平分阴阳”及其地理分布 [J]. 语文研究，2012（01）：46-51.

王临惠．汾河流域方言的语音特点及其流变 [M]. 北京：中国社会科学出版社，2003.

王晓坤，李无未．南宋《示儿编》“声讹”中的“俗读”音 [J]. 延边大学学报（哲学社会科学版），1996（02）：103-107.

杨春宇．辽宁方言语音研究 [J]. 辽宁师范大学学报（社会科学版），2010（05）：93-99.

杨春宇．社会语言学视点下的清代汉语与其他言语的对音研究——以日本近代唐音资料・满语资料・罗马字资料为中心 [M]. 大连：辽宁师范大学出版社，2007.

张世方．北京话及周边方言的阴平与阳平 [J]. 语言研究，2006（01）：73-80.

张世方．汉语方言三调现象初探 [J]. 语言研究，2000（04）：48-61.

张新．论《元韵谱》声调系统的两个问题——平分阴阳和保留入声调 [J]. 连云港师范高等专科学校学报，2007（04）：25-27.

第四节 朝阳建平方言音系①

一、地理概况、历史沿革、人口分布情况

建平县位于我国辽宁省西部，燕山山脉向辽沈平原的过渡地带。地处东经119°14′—120°03′，北纬41°19′—41°23′。建平县隶属于辽宁省朝阳市，东部与朝阳县交界，南部与喀喇沁左翼蒙古族自治县、凌源市接壤，西部和北部与内蒙古赤峰市的宁城县、赤峰市喀喇沁旗及赤峰市松山区、赤峰市元宝山区隔老哈河相望，东北与赤峰市敖汉旗毗邻。西接京津冀经济圈，北依内蒙古腹地，地理位置优越，是东北地区进关的重要通道，自古便有“金朝阳，银赤峰，拉不败的哈达，填不满的八沟”之称。朝阳建平县具有悠久的历史，大约5500年前，境内开始出现具有国定雏形的原始文明社会。1981—1985年，在建平县与凌源县（今凌源市）交界处的牛河梁发掘出的女神庙、积石冢群、方形石砌围墙遗址，距今已经5500多年。从夏商周时期至今，其文化从未有过间断，文化历史底蕴十分深厚。

建平县名始于清光绪三十年（1904年），因旧属建昌县和平泉县（今河北省平泉市）两县辖境，设该县时遂取建昌、平泉两县首字而得“建平”一名。虽然县城驻地已于1954年7月由原建平迁移到叶柏寿，但仍袭用建平县名，至今已有117年的历史。

建平县总人口为58万。有汉族、蒙古族、满族、回族、锡伯族、俄罗斯族、鄂伦春族、朝鲜族、壮族等民族。

《中国语言地图集》（第2版）（2012）指出建平话属北京官话朝峰片。

本节中发音合作人乔树甫，男性，1956年11月出生，初中文化，辽宁省朝阳市建平县叶柏寿街道居民，长期在村里做秧歌队伞头的工作。调查、核对时间分别是2016年7月15日至8月3日、2016年10月14日至11月3日。

① 本节原文由杨春宇指导硕士研究生徐姝阳发表于：现代语文，2017（02）：145-147. 为杨春宇主持国家语委中国语言资源保护工程专项：辽宁汉语方言调查・建平（YB1606A006）课题部分成果。有删改。

二、建平方言的声韵调

（一）声母

1. 声母描写

表 4-16　建平方言声母表

发音方法			发音部位					
			唇音	唇齿	舌尖中	舌尖前/后	舌面	舌根
塞音	清音	不送气	p		t			k
		送气	pʰ		tʰ			kʰ
塞擦音	清音	不送气				ts、tʂ	tɕ	
		送气				tsʰ、tʂʰ	tɕʰ	
擦音		清音	f			s、ʂ	ɕ	x
		浊音				ʐ		
鼻音		浊音	m		n		ȵ	
边音		浊音			l			
半元音				υ			ø	

2. 说明

（1）如表 4-16 所示，建平方言中一共有 24 个声母，包括零声母。

（2）建平方言可以将舌尖前音 [ts]、[tsʰ]、[s] 和舌尖后音 [tʂ]、[tʂʰ]、[ʂ] 分别领属的字准确地区分开，但是在发舌尖后音 [tʂ]、[tʂʰ]、[ʂ] 时存在发音缺陷。

（3）在建平方言中，遇到零声母字总是习惯在前面加一个声母 [n]。

（4）在普通话中，有些音节是以圆唇元音 [u] 开头的，在建平方言中，会把圆唇元音 [u] 读成展唇和唇齿之间的音，可记为 [υ]。

（5）[n] 与洪音相拼时实际音值是 [n]，与细音相拼时实际音值是 [ȵ]。

3. 声母特点

（1）知庄章组卷舌不典型，介于舌叶与卷舌之间，读作 [tʂ]、[tʂʰ]、[ʂ]。

建平方言可以将舌尖前音 z、c、s 和舌尖后音 zh、ch、sh 分别领属的字准确地区分开，但是在发舌尖后音“zh、ch、sh”时存在发音缺陷。究其原因是舌尖翘起度不够，介于舌叶音和卷舌音之间，即舌面前部抬起，对准上齿龈和硬腭的交界处成音，甚至舌尖只是对准上齿龈就成音了，从发音部位的角度来讲是发音成阻点前移。

（2）影母开口与疑母泥母有混并的现象，合口并入微母。

对于老一辈的建平人来说，中古影、疑两母的开口一二等字（包括两个合口的字“讹、恶”）大部分读成 [n] 声母，变成泥母字。也就是说在建平方言中，遇到零声母总是习惯在前面加一个声母 [n]。这样的字有：鹅 [nɤ^{35}]、哀 [nɛ^{44}]、爱 [nɛ^{53}]、熬 [nɔ^{35}]、安 [nã^{44}] 等。

（3）建平方言中的微母，发音时展唇动作不明显，唇齿动作不典型，应该是介于唇齿之间，这里记作 [ʋ]。

在普通话中，有些音节以圆唇元音 [u] 开头，建平方言中，会把圆唇元音 [u] 读成展唇和唇齿之间的音 [ʋ]。如：我 [ʋɤ^{213}]、蛙 [ʋA^{44}]、外 [ʋɛ^{53}]、弯 [ʋã^{44}]、蚊 [ʋɔ̃^{35}]、汪 [ʋɑ̃^{44}]、翁 [ʋəŋ^{44}] 等。

（4）日母摩擦性不强，实际接近顶音 [ɻ]，这里记做 [z]。个别日母字与云母、以母字混合，例如：软读成 [øyɛ̃^{213}]。

（5）泥母娘母呈互补分布，区分较明显，洪音字拼泥母，如：脑 [nɔ^{213}]，细音字拼娘母，例如：年 [n̥iɛ̃^{35}]。

（6）个别字在语流中泥、来母相混，如：糊弄 [xu^{52}luŋ^{44}]。

（7）塞音、塞擦音存在送气音和不送气音相混的情况，如蝶 [tiɛ^{35}/t^{h}iɛ^{213}]、糙 [tsɔ^{44}/ts^{h}ɔ^{53}]。

（二）韵母

1. 韵母描写

建平方言韵母情况如表 4-17 所示。

表 4-17　建平方言韵母表

结构分类	开口呼	齐齿呼	合口呼	撮口呼
单元音韵母	ɿ、ʅ、ɚ、A、ɤ、ɔ、ɛ	i	u	y
复元音韵母	ei、əu	iA、iɛ、iɔ、iəu	uA、uə、uei、uɛ	yɛ
鼻音韵母	ã、ɔ̃、ɑ̃、əŋ	ĩ、iɛ̃、iɑ̃、iŋ	uã、ũ、uɑ̃、uəŋ、uŋ	yɛ̃、ỹ、yŋ

2. 说明

（1）建平方言中一共有 37 个韵母。

（2）建平方言中没有圆唇元音韵母 [o]，只有央元音 [ə] 或者后元音 [ɤ]。

（3）建平方言有复元音单音化的特点。

（4）建平方言鼻音很明显，除梗、通摄外，鼻音韵母几乎全部鼻化了。

3. 韵母特点

（1）建平方言中没有圆唇元音韵母 [o]，对应北京话的单韵母是后 [ɤ]，复韵母是央 [ə]。比如北京语音中 [o]、ou[ou]、uo[uo]、iu[iou] 在建平方言中读成 [ɤ]、[əu]、[uə]、[iəu]。这也是东北官话的一个普遍的语音特点。如：波 [pɤ^{44}]、颇 [p^{h}uə^{44}]、骡 [luə^{35}]、周 [tʂəu^{44}]、游 [ǿiəu^{35}] 等。

建平方言中的 [e] 韵母，在自成音节时和单独与其他声母拼合时实际发音近于 [ɤ]，在复合韵母中实际音值接近 [ə]。如：俄 [ɤ^{35}]、课 [k^{h}ɤ^{53}]、座 [tsuə^{53}] 等。

（2）建平方言有复元音单音化的特点。北京话蟹摄 [ai] 韵母、效摄 [ɑu] 韵母的字，在建平音系中，表现为动程不足，分别记为 [ɛ]、[ɔ]。比如：在 [tsai^{53}] 读成 [tsɛ^{53}]，药 [ǿiau^{53}] 读成 [ǿiɔ^{53}]。

（3）个别字有丢失介音的现象，开合口混读。如：过来 [kɤ^{53}lɛ]。

（4）在声母部分已经论述过建平方言中微母的发音特点，在描写韵母时，我们仍然要提到。因有微母 [ʋ] 的存在，故微母、影母、云母和以母的韵母不记 [u] 介音，直接记为单韵母，如瓦 [ʋᴀ^{213}]、王 [ʋɑ̃^{35}]，其他合口呼韵母依然记作 [uᴀ]，如刮 [kuᴀ^{44}]。

（5）部分山摄合口一等恒、缓、换韵，泥组字介音丢失，如：鸾读成 [lan^{35}]、暖读成 [nan^{213}]、卵读成 [lan^{213}]、乱读成 [lan^{53}]。

（6）阳声韵咸深摄已经和山臻摄合流，即单字不存在 [m] 韵尾，但是阳声韵鼻化特点突出，大多可以记做鼻化韵。主要元音随鼻化而前后有着较明显的变化与分工。例如前鼻音：南 [nɑ̃^{35}]，后鼻音：糖 [tɑ̃^{35}]，但曾、梗、通三摄保持不变或者变化不明显，记作本音，例如：硬 [ǿiŋ^{53}]、东 [tuŋ^{44}]，但方言青男较老男鼻化特点有弱化的趋势。

（7）无入声韵，入声派入四声已完成，但个别字阴平、阳平存在异读，如：菊 [tɕy$^{44/35}$]、学 [ɕyɛ^{35}/ɕiɔ^{35}]。

（8）建平方言习惯在某些音节后面加上一个后鼻辅音 [ŋ]，如：他们读成 [thɑ̃^{44}mə̃^{0}]，我们读成 [ʋɑ̃^{213}mə̃^{0}]。这么读的原因可能是第一个音节受到后一个音节的开头因素 [m] 的影响，所以不自觉地在前一个音节的末尾添加了比较接近 [m] 的一个鼻辅音 [ŋ]。

（三）声调

1. 调类特点

如表4-18所示，建平方言中一共有四个调类，这与北京话中的调类系统相同，即：阴平、阳平、上声、去声。调值的起止点不同于北京音，一般调值低于北京话。

表 4-18　建平方言声调表

调类	调值	例字
阴平	44	东、通、天、风
阳平	35	门、龙、铜、皮
上声	213	懂、古、统、苦
去声	53	痛、快、麦、路

2. 调值特点

建平方言的调值普遍低于北京话，采用“五度标记法”来标记声调：阴平是平调，调值是 44 调，其特点相对低而平；阳平是低升调，调值为 35 调，阳平上扬程度不足 5 度，有时是 24，这里记做 35；上声是降升调，调值为 213，曲折调有个别字是 212 调值，但是不够稳定，这里记做 213；去声为高降，相对阳平，起点略高，降调不到底，有时是 52，这里记做 53。在建平方言音系中，整个音系的调值略低，阳平去声确定相对比较困难，存在个别字阳平阴平有异读现象，例如：菊读成44/35。没有入声字，中古清入声派入上声的多于北京话，如：国 [kuə^{213}]、革 [kɤ^{213}]。

三、结语

通过语音资料的整理与实地的方言调查研究，本节从声母、韵母、声调系统及声韵调拼合关系四个方面对建平方言音系进行了描写，重点分析声母、韵母、声调三个方面。规律性比较强，尤以韵母为主，声母次之，声调则相对要少些。建平方言音系与普通话的语音系统有较高的一致性，但也自成体系，表现出其自身鲜明的特点。

参考文献

中国语言资源有声数据库建设领导小组办公室编 . 中国语言资源有声数据库调查手册 · 汉语方言 [M]. 北京：商务印书馆，2010.

走进建平 . 建平县人民政府 . http://www. lnjp. gov. cn/jpxzf/zjjp/index.html.

第五节　绥中方言语音研究[①]

根据《绥中县志》载：绥中县位于辽宁省葫芦岛市西南部，地处辽西走廊西端。[②]以山海关为界，踞九门口水上长城，东北接兴城市，深入东北平原腹地，南部隔海与山东半岛相望，西与河北秦皇岛毗邻，北部山区与建昌县、喀左县相连。

绥中县地形主要是受到燕山山脉的影响，在西北形成若干余脉，境内有六股河（界河）、黑水河、宽邦河、王宝河、九江河等。其中黑水河起源于建昌和尚房子乡，经过五指山流经绥中县葛家满族乡，是宽邦镇和西平坡满族乡的天然界河，最终汇入六股河向西南注入渤海。由于绥中县西北多山，东部临河，南部滨海，所以绥中县地势呈西北高东南低的特点。

一、声母

绥中方言声母共计 24 个，具体如表 4-19 所示。

表 4-19　绥中方言声母表

p 八、兵、病	pʰ 派、片、爬	m 麦、明	f 飞、风、副、蜂、肥、饭	v 味、问、王
t 多、东、毒	tʰ 讨、天、甜	n 脑、南、安$_{白}$		l 老、蓝、连、路
		ȵ 年、泥		
ts 资、早、租、字、贼、坐、竹、争、装、纸	tsʰ 刺、草、寸、祠、拆、茶、抄、初、春、船、权、全		s 丝、酸	
tʂ/ʧ 张、柱、主	tʂʰ/ʧʰ 床、抽、成、车		ʂ/ʃ 三、山、双、顺、事	ʐ 云、热$_{文}$、软$_{文}$
tɕ 酒、久	tɕʰ 清、轻		ɕ 想、谢、响、县	
k 高、共	kʰ 开		x 好、灰、活	
ø 热、软、月、用、熬、药、安$_{文}$				

说明：

（1）[n] 声母在绥中前卫镇和万家镇的发音位置比较靠后，与 [ŋ] 听感略微相似；除此之外，在葛家满族乡与加碑岩乡王家店，[n] 声母在与齐齿呼与撮口呼拼合时听

① 本节原文为杨春宇参与调查，并指导硕士研究生王龙撰写硕士论文的部分成果，有删改。

② 绥中县地方志编纂委员会编．绥中县志 [M]. 沈阳：辽宁人民出版社，1988：43.

感与 [n] 声母不同，记为 [n̥] 声母。

（2）[v] 母字摩擦音较重，浊音成分比较明显，是 [w] 的自由变体。

（3）[tʰ] 声母在葛家满族乡与加碑岩乡王家店发音部位要更靠近牙齿，与 [d] 声母在听感上有相似之处，尤为体现在开口呼中，如：“讨”听感上与 [dɑu²⁴] 类似。

二、韵母

绥中方言韵母共计 36 个，具体如表 4-20 所示。

表 4-20　绥中方言韵母表

ɿ 丝	i 戏、急、七、一、锡、米	u 苦、五、猪、骨、出、谷	y 雨、橘、局
ʅ 十、直、尺、师、试			
ɚ 二			
a 茶、瓦、塔、法、辣、八	ia 牙、鸭	ua 刮	
ə/ɤ 薄、歌、盒、色、壳、果～		uə 坐、过、活、托、郭、国	
ɛ 开、排、白	iɛ 写、鞋、接、贴、热、节	uɛ 快	yɛ 靴、月、药、学文
e 赔、对、飞、北		ue 鬼	iʉe 绿
ɔ 宝、饱	iɔ 笑、学白、桥、药、壳地～		
əu 豆、走	iəu 油、六		
an 南、山、半、短	ian 盐、年	uan 官、权	
ən 深、跟、寸	iən 心、新	uən 滚、春、云	
aŋ 糖、王	iɑŋ 响、将	uɑŋ 床、双	
əŋ 灯、升、争、横	iəŋ 用、硬、病、星	uəŋ 翁	
		uŋ 东	yŋ 兄、用

说明：

（1）[ɿ]、[ʅ] 韵母为互补关系，[ɿ] 与 [ts] 组声母相拼，[ʅ] 与 [tʂ] 或 [tʃ] 组声母相拼。同时，在前卫镇和万家镇 [ɿ] 韵母出现次数较多，主要表现为与 [ʅ] 与 [ts] 组声母相拼有一定辨识度。

（2）[u]、[y] 作主要元音和介音时，唇形都较展、较松；[u] 发音舌位略低与 [ʊ] 听感差异不大。

（3）[iʉe] 韵母发音时嘴唇比较松，舌面靠前，由 [i] 到 [ʉ]、[e] 动程相对较长，听感与 [y] 区别明显。

（4）[ɚ] 韵母发音时高度略低，听感趋近于 [ɐr]。

（5）葛家满族乡与加碑岩乡王家店的韵母发音特点表现为：首先 [uən] 韵母发音时，介音 [u] 有向 [y] 转换的趋势；其次，[ɑu] 韵母在听感上与 [aɯ] 韵母相似，这种发音在加碑岩和建昌部分地区比较常见；再次，儿化韵在该地区是一个音，可用 [ɚ] 表示儿化发音。同时，[iɐr]、[uɐr] 中主要元音 [a] 的发音听感上类似 [ɐ]，舌位偏高。

三、声调

绥中方言中的声调主要有四种调值，分别为阴平、阳平、上声、去声。阴平在绥中县的调值大致是 44；阳平和上声比较统一分别是 24 和 213；去声是 52，具体如表 4-21 所示。

表 4-21　绥中方言声调表

调类	例字	绥中方言调值
阴平	东、通、搭	44
阳平	毒、盒、罚	24
上声	谷、百、节	213
去声	六、麦、夜、月	52

说明：

（1）阴平 44 起点比较高，动程比去声 52 长，西北山区加碑岩乡与葛家满族乡为 44，万家镇、绥中县内分别为 312、33。

（2）阳平 24 起点较低，动程比去声 52 要长，尾端升幅较为明显。

（3）上声 213 为曲折调，后段升幅相对比较明显，西北山区加碑岩乡与葛家满族乡趋于 23，类似阳平。

（4）去声 52 起点最高，动程比较短，加碑岩乡与葛家满族乡后段稍高，是 53。

四、结语

1. 声母

绥中方言声母共计 24 个（包括零声母），其中浊声母 5 个（[v]、[m]、[n]、[l]、[ȵ]），清声母 19 个，下面作具体分析：

（1）普通话声母共计 22 个（包括零声母），但是绥中方言却有 24 个声母。主要是由于绥中方言中多出 [v]、[ȵ]，且绥中方言知庄章组字存在大量混读现象。

（2）无全浊声母，古全浊声母清化亦遵照平送仄不送的规律。

（3）古精组声母与见晓影组声母在今细音前无差别，即绥中方言声母不分尖团。

（4）日母字与来母字、零声母混读。大多日母字都读成零声母（齐齿呼和撮口呼），也有相当一部分读 [l] 母。

（5）存在微母 [v]，但是与阳声韵相拼时听感略接近半元音 [ʋ]。

（6）葛家满族乡与加碑岩乡王家店 [n] 声母在与齐齿呼与撮口呼拼合时听感与 [n] 声母不同，记为 [ȵ] 声母。

2. 韵母

绥中方言之中韵母共有 36 个，具体分析如下：

（1）韵母有复元音单元音化的趋势，主要体现在古蟹摄开口一二等和合口一二等，止摄开口、效摄开口韵母中。其中比较明显的是止摄开口庄组在绥中县大多读为 [ɛ]。

（2）鼻音韵尾弱化现象在调查中有所发现，具体表现为南部沿海地区弱化比较严重。

（3）宕摄、江摄的入声字，很大一部分存在文白异读的现象，普通话读 [yɛ]，绥中方言就读 [iɔ]。比如：雀、约、学、削等。

（4）部分流摄上声字、宕摄入声字读 [ɔ]，比如：剖、落、绰。

（5）一些蟹摄见组开口二等字、梗摄帮组开口二等字、知组入声字、曾摄知庄组开口三等入声字中的韵母在绥中方言中读为 [æ]。比如：街、解、择、色。

（6）儿化韵大多是原韵尾加 [r] 形成的。比如：八 [ar] 、鞋 [iɛr]；部分需加 [ə]，礼/戏看 [iɚ]、雨 [yɚ] 等。

（7）元音低化、央化现象在绥中地区也有所表现，主要为 [o]＞[ə]，流摄字在绥中地区新派大多读 [ou/iou]，但是在绥中老派和西北山区靠近建昌的位置大多读为 [əu/iəu]，这种特点从南部沿海逐渐过渡到西北山区。

3. 声调

古清声母字在绥中方言之中读阴平，比如："东、通"；古浊声母字平声字在绥中方言中读阳平，比如："门、铜"；古清上声字在绥中方言中读上声，比如："懂、统"；古次浊上声字在绥中方言中读上声，如："买、五"；古全浊上声字在绥中方言中读去声，如："动、罪"；古去声字在绥中方言中仍然读去声，如："冻、痛、卖、洞"；古全清入声字在绥中方言中读上声，如："百、节"；古次浊在绥中方言中读阴平、阳平、去声的都有，如："哭、拍、切"；古次浊入声字在绥中方言中读去声，如："六、麦"；古全浊入声字在绥中方言中读阳平，如："盒、罚"。

此外，绥中方言大致分 4 个调类，但西北山区的部分调查点在阳平和上声这两种调型上趋同；县内、北部与南部地区在调值上略有差距，葛家满族乡、加碑岩乡在阴平上大致是维持了 44 的调值，而在绥中县内、万家镇等偶有 312 调值出现，因河北方言影响或有升调的趋势。

本节主要是根据田野调查所采集的方言调查人的录音撰写而成，大体上描绘了绥中地区的声母、韵母、声调的情况。结合绥中地理、历史、人文的要素来综合分析，我们认为绥中方言作为东北官话辽西片的前沿，较为典型地反映了大河北、东北官话方言的关系。基于历史的原因，绥中方言可能存古较多，反映出较为丰富的文白异读层次，这对我们研究东北官话史乃至北方官话的总体特征，都具有重要的参考意义。

参考文献

陈忠敏 . 重论文白异读与语音层次 [J]. 语言研究，2003（03）：43-59.
丁声树 . 汉语音韵讲义 [M]. 上海：上海教育出版社，1984.
高本汉，赵元任，罗常培，李方桂译 . 中国音韵学研究 [M]. 北京：商务印书馆，1994.
河北省地方志编纂委员会编 . 河北省志 [M]. 北京：民族出版社，1995.
建昌县志编纂委员会办公室编 . 建昌县志 [M]. 沈阳：辽宁大学出版社，1992.
李荣 . 音韵存稿 [M]. 北京：商务印书馆，1982.
刘勋宁 . 文白异读与语音层次 [J]. 语言教学与研究，2003（04）：1-9.
罗常培，王均 . 普通语音学纲要（修订本）[M]. 北京：商务印书馆，2002.
邵荣芬 . 切韵研究 [M]. 北京：中华书局，2008.
绥中县地方志编纂委员会编 . 绥中县志 [M]. 沈阳：辽宁人民出版社，1988.
王洪君 . 兼顾演变、推平和层次的汉语方言历史关系模型 [J]. 方言，2009（03）：204-218.
王洪君 . 文白异读、音韵层次与历史语言学 [J]. 北京大学学报（哲学社会科学版），2006（02）：22-26.
王力 . 汉语语音史 [M]. 北京：商务印书馆，2010.
兴城市地方志编纂委员会编 . 兴城县志 [M]. 沈阳：辽宁大学出版社，1990.
徐通锵 . 历史语言学 [M]. 北京：商务印书馆，1991.
杨春宇 . 辽宁方言语音研究 [J] 辽宁师范大学学报（社会科学版），2010（05）：93-99.
邹德文 . 清代东北方言语音研究 [M]. 北京：中国社会科学出版社，2016.

第六节　辽中方言语音研究[①]

一、概述

辽中县[②]位于辽宁省沈阳市西南部，距离母城沈阳52公里，南部接鞍山市台安县，东部邻辽阳市，西部毗连锦州市黑山县，北部与新民市接壤。辽中县处于辽河流域下游，地势略有起伏，西南部地势略低，海拔由22米降至6米左右，属辽河、浑河冲积平原。县境面积类似三角形。辽中县境内有汉族、蒙古族、回族、满族、锡伯族等民族。

二、音系

为了全面系统地描写辽中方言的语音特点，本节针对辽中县内五个方言点进行实地录音研究，最终得出结论：辽中方言语音与普通话存在个性差异，与沈阳方言存在共性的同时也存在细微差异。

辽中县距离沈阳市52公里，南部与鞍山市台安县接壤，东部与辽阳市毗邻，西部与锦州市黑山县交界，北部与新民市相邻。独特的地理环境促使特殊的语音体系的形成，东部与西部乡镇、南部与北部乡镇之间存在细小差异。

（一）声母特点

辽中方言有19个声母（包括零声母），包括14个清声母，5个浊声母，具体如表4-22所示。

表4-22　辽中方言声母表

发音方法		发音部位						
		双唇	唇齿	舌尖			舌面	舌根
				前	中	后		
塞音	不送气	p			t			k
	送气	p^h			t^h			k^h
塞擦音	不送气			ts			tɕ	
	送气			ts^h			$tɕ^h$	

① 本节原文为杨春宇指导的研究生王琪所撰写硕士论文部分成果，有删改。

② 辽中县在2016年1月撤县设区，更名为沈阳市辽中区，因笔者在田野调查和论文创作期间辽中县仍未更名，所以本节均称为辽中县。

续表

发音方法		发音部位						
		双唇	唇齿	舌尖			舌面	舌根
				前	中	后		
擦音	清音		f	s			ç	x
	浊音		v					
鼻音	浊音	m			n			
边音	浊音				l			
半元音	清音				ø			

说明：

（1）辽中方言声母中不存在舌尖后音 [tʂ]、[tʂʰ]、[ʂ]，舌尖后音全部被舌尖前音 [ts]、[tsʰ]、[s] 替代。例如："张""抄""山"的声母分别为舌尖前音 [ts]、[tsʰ]、[s]。

（2）没有声母 [ʐ]，在辽中方言中以舌尖后音 [ʐ] 开头的字一部分读作零声母，如：人 [øin³⁵]、肉 [øiəu⁴²]、褥 [øy⁴²]；一部分读作边音 [l]，如：扔 [ləŋ³³]、乳 [lu²¹³]。

（3）浊音声母 [v]，牙齿与下唇有轻微摩擦，实际的音值为 [v]，处于向 [v/w] 自由变体的过渡阶段。例如：文 [vən³⁵]、瓦 [va²¹³]、五 [wu²¹³]、吴 [wu³⁵]。

（4）鼻音 [n] 与边音 [l] 不存在混淆现象，但是"泥"字读作 [mi³⁵]。

（5）零声母问题：在辽中方言中"啊""衣""五""雨"等字的音节由韵母独立构成，没有辅音声母，声母称为零声母。以 [a] 开头的音节，如："熬""啊"等字在辽中方言中发音介于元音与辅音之间，有轻微摩擦；以 [ə] 开头的音节，如："鹅""讹"等字发音与普通话基本一致；以 [ɚ] 开头的音节，如："儿""耳"等字发音基本与普通话一致；以 [i]、[u]、[y] 开头的零声母发音时摩擦明显强于普通话的发音，例如："衣""五""雨"。

（二）韵母特点

辽中方言的韵母均在东北官话吉沈片通溪小片范围内，并没有游离出辽宁音系。辽中方言共有 35 个韵母，包括 9 个单元音韵母，11 个复元音韵母，15 个鼻音韵母。具体如表 4-23、表 4-24 所示。

表 4-23　辽中方言韵母表

结构分类	开口呼	齐齿呼	合口呼	撮口呼
单元音韵母	a ɤ ʅ ɔ æ ɚ	i	u	y
复元音韵母	ei əu	ia iɛ iɔ iəu	ua uə uæ uei	yɛ
鼻音韵母	an ən ɑŋ əŋ	ian in iŋ iɑŋ	uan uən uɑŋ uŋ	yan yn yŋ

表 4-24　辽中方言韵母例字表

韵母	例字	韵母	例字	韵母	例字
a	茶、瓦、塔、辣、八	ɤ	盒、壳、色	ʅ	师、丝、试
ɔ	宝、饱	æ	开、排、白	ɚ	二
i	米、戏、急、七、一、锡	u	苦、五、猪、骨、出、谷	y	雨、绿、局
ei	陪、飞、北	əu	豆、走、油	ia	牙、鸭
iɛ	写、鞋、贴、热、节	iɔ	笑、桥、药	iəu	六
ua	刮、花	uə	坐、过、活、托、郭	uæ	快
uei	对、鬼	yɛ	靴、月、学	an	南、盐、山、半
ən	深、根	ɑŋ	糖、王	əŋ	灯、升、争、横、脓、弄、翁
ian	年	in	心、新	iŋ	硬、病、星
iɑŋ	响、讲	uan	短、官	uən	滚、春
uɑŋ	床、双	uŋ	东	yan	权
yn	云	yŋ	兄		

说明：

（1）由于辽中方言声母中没有舌尖后音 [tʂ]、[tʂʰ]、[ʂ]，所以系统中没有特殊元音韵母 [ʅ]。

（2）系统中不存在单元音韵母 [ɛ]。

（3）系统中不存在单元音韵母 [o]，在辽中方言中均读作 [ɤ]，如：破 [pʰɤ^{42}]、过 [kuɤ^{42}]；[ou] 读作 [əu]，[iou] 读作 [iəu]，如：豆 [təu^{42}]、六 [liəu^{42}]。

（4）辽中方言中不存在复元音韵母 [uəŋ]，普通话“翁”在辽中方言中读作 [vəŋ^{33}]。

（5）存在复元音单元音化的特点，一般普通话中的 [ai]、[ɑu]，在辽中方言中读作 [æ]、[ɔ]，如：爱 [æ^{42}]、好 [xɔ^{213}]。

（6）韵母 [ɚ] 作为特殊元音韵母与普通话发音一致，例如：儿 [ɚ^{35}]、耳 [ɚ^{213}]；而“二”字在辽中方言和普通话中的发音接近于 [ɐr^{42}]，属于 [ɚ] 的音位变体。

（7）撮口呼 [y]，在发音时唇形撮起幅度较小。

（8）圆唇 [u] 发音时接近 [ɯ] 音。

（三）声调特点

辽中方言共有阴平、阳平、上声、去声四个调类，调值为 33、35、213、42，具体如表 4-25 所示。

表 4-25 辽中方言声调表

调类	调值	例字
阴平	33	东、该、灯、风、通、开
阳平	35	门、龙、牛、油、铜、皮
上声	213	懂、古、鬼、九、统、苦
去声	42	冻、罪、近、后、痛、快

说明：

（1）辽中方言语音的调值略低于普通话，阳平调值与普通话相同，阴平、阳平、上声、去声四个调类与普通话一致。

（2）阴平 33，起点略低于普通话。

（3）阳平 35，由 3 升至 5 度的扬升调，幅度明显。

（4）上声 213 先降后升调，发音动程较长，上升幅度不明显。

（5）去声 42 为降调，动程较短。

（6）个别字有特殊的音变现象，例如：都 [$təu^{35}$]、逼 [pi^{35}]、积 [$tɕi^{35}$]、福 [fu^{213}]、节 [$tɕiɛ^{213}$]。

（四）声、韵、调的配合关系

由于辽中方言中没有舌尖后音，也就不存在与舌尖后音的声韵调配合关系，因此表 4-26—表 4-43 中均不列舌尖后音一项。

表 4-26 辽中方言声韵调配合表一

声母		韵母及声调							
		a				ɤ			
		阴平	阳平	上声	去声	阴平	阳平	上声	去声
双唇	p	扒、芭	八、疤	把、靶	爸、霸	波、菠	博、薄	跛	簸
	pʰ	趴、啪	爬、耙		怕、帕	泼、坡	婆、鄱	叵、笸	破、魄
	m	妈、吗	抹、麻	马、玛	骂、蚂	摸、么	蘑、魔	抹	末、墨
唇齿	f	发	乏、阀	法、砝	发		佛		
	v	洼、挖	娃、娲	瓦	瓦、袜	窝、蜗		我	沃、握
舌尖前	ts	扎、渣	杂、炸	咋、眨			泽、则		这、仄
	tsʰ	擦、插	茶、查	衩	差、杈	车		扯	彻、撤
	s	仨、撒	～么	傻、洒	萨、煞	赊、佘	舌、涩	舍	色、塞

续表

声母		韵母及声调							
		a				ɤ			
		阴平	阳平	上声	去声	阴平	阳平	上声	去声
舌尖中	t	搭、耷	达、答	打、妲	大	的、嘚	德、得	得	～瑟
	tʰ	他、塌	～鸡、蛋	塔、獭	踏、榻			～勒	特、忑
	n		拿	哪	娜、那	呢	哪		讷
	l	拉、啦	剌、旯	喇	辣、腊	嘞	肋		勒、乐
舌根	k	咖、旮	钆、尜	嘎、尕	尬	歌、戈	胳、咯	革、葛	个、各
	kʰ	咖、咔		卡、咯		磕、科	壳、咳	渴、可	课、刻
	x	哈	蛤	哈	哈	喝、呵	盒、和		贺、鹤
零声母	ø	啊、阿	啊		啊	阿、婀	鹅、讹	恶	鳄、厄

注：辽中方言中韵母 [a] 和 [ɤ] 不能与舌面音声母相拼；[a] 韵下有两个有音无字的音节，[sa^{35}] 组成词语“～么”，表示用眼睛扫过，[t^ha^{35}] 表示烹饪的一种方式；[ɤ] 韵下的 [$t^hɤ^{213}$] 组成词语“～勒”，表示邋遢。

表 4-27　辽中方言声韵调配合表二

声母		韵母及声调							
		ɿ				ɔ			
		阴平	阳平	上声	去声	阴平	阳平	上声	去声
双唇	p					褒、剥	雹、剥	宝、饱	刨、抱
	pʰ					抛、泡	袍、咆	跑	泡、炮
	m					猫	毛、矛	卯、铆	茂、冒
舌尖前	ts	资、兹		紫、仔	字、自	遭、糟	凿	枣、早	造、灶
	tsʰ	呲、疵	词、瓷	此、跐	次、刺	操、糙	曹、槽	草	操
	s	丝、思		死	四、寺	烧、搔	勺、芍	扫、少	少、扫
舌尖中	t					刀、叨	捯、倒	捯、捣	捯、到
	tʰ					涛、掏	逃、淘	讨	套
	n					孬	挠	脑、恼	闹
	l					捞、唠	劳、牢	老、姥	唠、烙
舌根	k					高、膏	～那	搞、镐	告、诰
	kʰ							考、烤	靠、铐
	x					蒿、薅	豪、嚎	好、郝	号、昊
零声母	ø					凹	熬、嗷	袄、拗	懊、傲

注：辽中方言中韵母 [ɿ] 只能与舌尖前音声母相拼，辽中方言中没有舌尖后音，因此普通话中的舌尖后音在辽中方言中读作舌尖前音，韵母 [ɿ] 没有零声母音节；韵母 [ɔ] 不能与唇齿音、舌面音声母相拼，存在一个有音无字的音节 [$kɔ^{35}$]，表示放置的意思，[ɔ] 存在零声母音节。

表 4-28　辽中方言声韵调配合表三

声母		æ				ɚ			
		阴平	阳平	上声	去声	阴平	阳平	上声	去声
双唇	p	掰、伯	白	摆、百	败、拜				
	pʰ	拍	排、牌	迫	派、湃				
	m		埋、霾	买	麦、卖				
唇齿	f								
	v	歪		崴	外				
舌尖前	ts	灾、栽	在	崽、仔	再				
	tsʰ	猜、拆	财、柴	踩、彩	菜、蔡				
	s	腮、筛		色	赛、晒				
舌尖中	t	呆、待		歹	带、代				
	tʰ	胎、苔	抬		太、态				
	n			奶、乃	耐、奈				
	l		来、莱	～开	赖、癞				
舌根	k	该、街		改	盖、钙				
	kʰ	开、揩		凯、慨	忾				
	x	嗨	还、孩	海	害、骇				
零声母	ø	唉、哎	癌、唉	矮	哎、爱		而、儿	尔、耳	贰、二

注：韵母 [æ] 不能与唇齿音 [f] 相拼，不能与舌面音声母相拼，且存在一个有音无字的音节 [læ²¹³]，表示撕开的意思；韵母 [ɚ] 只存在零声母音节，不能与任何声母相拼。

表 4-29　辽中方言声韵调配合表四

声母		i				u			
		阴平	阳平	上声	去声	阴平	阳平	上声	去声
双唇	p		鼻、逼	笔、比	闭、毕	晡、逋	不	卜、捕	部、步
	pʰ	批、劈	皮、脾	匹、痞	屁、癖	扑、铺	蒲、菩	蒲、朴	铺、瀑
	m	咪、眯	迷、泥	米	秘、密		模	母、亩	暮、牧
唇齿	f					敷、肤	符、服	斧、福	父、负
	v					屋、巫	无、吴	五、舞	物、务
舌尖前	ts					租、猪	竹、烛	组、煮	柱、住
	tsʰ					粗、出	除、厨	楚、储	处、触
	s					苏、书	俗、叔	数、鼠	术、速

续表

声母		i				u			
		阴平	阳平	上声	去声	阴平	阳平	上声	去声
舌尖中	t	低、堤	狄、迪	底、抵	弟、地	都、督	读、毒	赌、堵	度、杜
	tʰ	踢、梯	提、题	体	替、剃	突、秃	图、徒	土	吐、兔
	n	妮	呢、倪	你、拟	腻、逆		奴	弩、努	怒
	l	哩	离、篱	里、理	丽、立	撸、噜	卢、炉	鲁、卤	路、璐
舌面	tɕ	鸡、机	集、急	挤、几	记、技				
	tɕʰ	欺、期	其、七	起、启	气、迄				
	ɕ	昔、西	习、席	喜、洗	戏、系				
舌根	k					姑、估	轱	骨、古	固、故
	kʰ					哭、枯		苦	酷、库
	x					忽、呼	胡、核	虎、唬	户、互
零声母	ø	衣、伊	一、姨	以、椅	亿、役	屋、巫	无、吴	五、舞	物、务

注：辽中方言中韵母[i]不能与唇齿音、舌尖前音、舌根音声母相拼；韵母[u]不能与舌面音声母相拼，韵母[i]和[u]均存在零声母音节。

表4-30　辽中方言声韵调配合表五

声母		y				ei			
		阴平	阳平	上声	去声	阴平	阳平	上声	去声
双唇	p					杯、悲		北	被、贝
	pʰ					呸	陪、赔		配、佩
	m						梅、霉	美、每	妹、没
唇齿	f					飞、非	肥	匪、翡	肺、废
	v					微、危	为、维	委、伟	未、位
舌尖前	ts						贼		这
	tsʰ								
	s						谁		
舌尖中	t					逮			
	tʰ					忒			
	n			女				馁、哪	那、内
	l		驴	吕、旅	率、虑	嘞、勒	雷、擂	磊、蕾	累、泪

续表

声母		韵母及声调							
		y				ei			
		阴平	阳平	上声	去声	阴平	阳平	上声	去声
舌面	tɕ	居、狙	局、菊	举、咀	句、聚				
	tɕʰ	区、曲	渠、瞿	娶	去、趣				
	ɕ	需、须	徐	许、栩	旭、絮				
舌根	k							给	
	kʰ					剋			
	x					黑、嘿			
零声母	ø	淤、愚	鱼、余	与、雨	育、玉		诶		

注：辽中方言中韵母 [y] 只能与舌面音和舌尖中音 [n]、[l] 相拼，有零声母音节；韵母 [ei] 不能与舌面音相拼，与舌尖前音、舌尖中音、舌根音相拼时字音较少，存在一个零声母音节 [ei35]，表示语气。

表 4-31　辽中方言声韵调配合表六

声母		韵母及声调							
		əu				ia			
		阴平	阳平	上声	去声	阴平	阳平	上声	去声
双唇	p					～叽			
	pʰ		抔	掊		～～的			打～叽
	m	哞	牟	某					
唇齿	f			否、缶					
	v								
舌尖前	ts	邹、周	轴、妯	走、肘	奏、咒				
	tsʰ	抽	愁、仇	丑、瞅	臭、凑				
	s	搜、嗖	熟、收	叟、手	瘦、嗽				
舌尖中	t	兜	都	斗、陡	豆、痘			嗲	
	tʰ	偷	头、投		透				
	n								
	l	搂	娄、楼	搂	漏、露			俩	
舌面	tɕ					家、加	夹、荚	甲、假	嫁、架
	tɕʰ					掐	拤	卡	恰、洽
	ɕ					虾、瞎	黠、匣		夏、下

续表

声母		韵母及声调							
		əu				ia			
		阴平	阳平	上声	去声	阴平	阳平	上声	去声
舌根	k	沟、勾	～偻	狗、苟	够、购				
	k^h		抠	口	寇、扣				
	x	齁	侯、猴	吼	后、厚				
零声母	ø	欧、鸥		偶、呕	怄	呀、丫	牙、芽	雅、哑	压、轧

注：辽中方言中韵母 [əu] 不能与舌面音声母相拼，存在一个有音无字的音节 [kəu³⁵]，“～偻”表示蜷缩身体；韵母 [ia] 不能与唇齿音、舌尖前音、舌根音相拼，[ia] 韵下存在三个有音无字的音节，[pia³³] 和 [pʰia³³] 都是拟声词，[pʰia⁴²] 表示一种游戏；韵母 [əu] 和 [ia] 都存在零声母音节。

表 4-32　辽中方言声韵调配合表七

声母		韵母及声调							
		iɛ				iɔ			
		阴平	阳平	上声	去声	阴平	阳平	上声	去声
双唇	p	憋、鳖	别、蹩	瘪	别	彪、飚		表、裱	
	p^h	撇、瞥		撇		飘	朴、嫖	瞟	漂、票
	m	咩			灭、蔑	喵	描、苗	秒、淼	妙、庙
舌尖中	t	爹、跌	碟、叠			叼、雕		屌	调、掉
	t^h	贴		帖	帖	挑、佻	调、条	挑、窕	跳、眺
	n	捏	苶		聂、涅			鸟、袅	尿
	l	咧	趔	咧	列、裂	撩、蹽	聊、疗	了、燎	撂、瞭
舌面	tɕ	皆、街	节、结	姐、解	借、届	交、娇	嚼、矫	侥、脚	较、教
	$tɕ^h$	切	茄	且	妾、窃	敲、悄	桥、乔	巧、袅	撬、俏
	ɕ	些、歇	邪、鞋	写、血	谢、泄	萧、削	淆	小、晓	笑、孝
零声母	ø	耶、椰	爷	也、野	业、叶	约、邀	肴、姚	咬、扰	绕、要

注：辽中方言中韵母 [iɛ] 和韵母 [iɔ] 都不能与唇齿音、舌尖前音、舌根音声母相拼，且都存在零声母音节。

表 4-33　辽中方言声韵调配合表八

声母		韵母及声调							
		iəu				ua			
		阴平	阳平	上声	去声	阴平	阳平	上声	去声
双唇	p								
	p^h								
	m				谬				

续表

声母		iəu				ua			
		阴平	阳平	上声	去声	阴平	阳平	上声	去声
舌尖前	ts					抓		爪	
	tsʰ					欻			
	s					刷、唰		耍	刷
舌尖中	t	丢							
	tʰ								
	n	妞	牛	纽、扭	拗				
	l	溜、熘	流、留	柳、绺	六				
舌面	tɕ	究、揪	就	酒、九	就、舅				
	tɕʰ	秋、邱	囚、求	糗、取					
	ɕ	休、羞		宿、朽	秀、绣				
舌根	k					瓜、刮	呱	寡、剐	卦、挂
	kʰ					夸		垮	胯、跨
	x					花、哗	华、滑		化、画
零声母	ø	幽、忧	由、油	有、友	柚、幼				

注：辽中方言中韵母 [iəu] 不能与唇齿音、舌尖前音、舌根音相拼，与双唇音拼合的音节较少，其中存在两个拟声词 [piəu⁴²] 和 [pʰiəu⁴²]；韵母 [ua] 只能与舌尖前音、舌根音相拼，没有零声母音节。

表 4-34 辽中方言声韵调配合表九

声母		uə				uæ			
		阴平	阳平	上声	去声	阴平	阳平	上声	去声
舌尖前	ts	嘬	作、昨	左、佐	做、坐	摔		跩	拽
	tsʰ	搓、撮	矬、痤	脞	错、锉	揣、搋		揣	踹、膪
	s	嗦、缩		所、锁	硕、铄			甩	帅、率
舌尖中	t	多、哆	夺、咄	朵、躲	舵、剁				
	tʰ	拖、脱	坨、驼	妥、椭	唾、拓				
	n		挪、娜		诺、糯				
	l	啰、捋	罗、螺	裸	络、摞				
舌根	k	郭、锅	国、虢	果、裹	过	乖		拐	怪、夬
	kʰ				阔、廓			扻	快、会
	x	豁、劐	活、和	火、伙	获、霍		怀、淮		坏

注：辽中方言中韵母 [uə] 不能与双唇音、唇齿音、舌面音相拼，没有零声母音节；韵母 [uæ] 只能与舌尖前音、舌根音相拼，没有零声母音节。

表 4-35　辽中方言声韵调配合表十

声母		韵母及声调							
		uei				yɛ			
		阴平	阳平	上声	去声	阴平	阳平	上声	去声
舌尖前	ts	追、锥		嘴	罪、缀				
	tsʰ	催、吹		璀	脆、催				
	s	虽、衰	随、隋	水	睡、碎				
舌尖中	t	堆		～人	对、队				
	tʰ	忒、推	颓	腿	退、褪				
	n								虐、疟
	l			蕊	瑞、锐			掠	略
舌面	tɕ					噘、撅	觉、绝	蹶	倔
	tɕʰ					缺	瘸		雀、确
	ɕ					靴、薛	学、穴	雪、削	血、谑
舌根	k	归、龟		鬼、轨	贵、桂				
	kʰ	亏、盔	葵、奎	傀、跬	愧、溃				
	x	灰、辉	回、蛔	毁、悔	会、汇				
零声母	∅					约、曰		哕	月、岳

注：辽中方言中韵母 [uei] 不能与双唇音、唇齿音、舌面音声母相拼，[uei] 韵下存在一个有音无字的音节 [tuei²¹³]，表示用手推人的一个动作；韵母 [yɛ] 只能与舌尖中音 [n]、[l] 和舌面音声母相拼，有零声母音节。

表 4-36　辽中方言声韵调配合表十一

声母		韵母及声调							
		an				ən			
		阴平	阳平	上声	去声	阴平	阳平	上声	去声
双唇	p	班、搬		版、板	办、半	奔、锛		本、畚	笨、奔
	pʰ	潘、攀	盘、磐		盼、判	喷	盆		喷
	m		瞒、蛮	满、螨	慢、漫	闷、焖	门、扪		闷
唇齿	f	帆、翻	梵、烦	反、返	饭、范	分、芬	坟、焚	粉	粪、份
	v	弯、剜	完、玩	碗、婉	万、腕	温、瘟	文、闻	吻、稳	问、璺
舌尖前	ts	簪、粘	咱	攒、展	赞、站	真、珍		怎、枕	这
	tsʰ	掺、搀	残、缠	惨、铲	璨、颤	抻、嗔	岑、沉		趁、衬
	s	三、山	三	散、伞	散、善	森、深	神、什	沈、婶	渗、肾
舌尖中	t	丹、耽		胆、掸	但、蛋				
	tʰ	贪、摊	谈、弹	坦、毯	炭、叹				
	n	喃	男、难	暖、赧	难				
	l		兰、栏	懒、揽	烂、滥				

续表

声母		韵母及声调							
		an				ən			
		阴平	阳平	上声	去声	阴平	阳平	上声	去声
舌根	k	干、甘		敢、感	干、赣	跟、根	哏	艮	亘
	k^h	看、刊		砍、侃	看			肯、恳	裉
	x	憨、鼾	含、寒	喊、罕	汉、翰		痕、含	很、狠	恨
零声母	ø	安、氨		俺	按、岸	恩、嗯	嗯		摁

注：辽中方言中韵母 [an] 不能与舌面音韵母相拼，韵母 [an] 与声母拼合的字较多，且存在零声母音节；韵母 [ən] 不能与舌尖中音、舌面音声母相拼，存在零声母音节。

表 4-37　辽中方言声韵调配合表十二

声母		韵母及声调							
		ɑŋ				əŋ			
		阴平	阳平	上声	去声	阴平	阳平	上声	去声
双唇	p	帮、邦		榜、绑	棒、傍	崩、绷	甭	绷	蹦、泵
	p^h	胖、乓	旁、庞		胖	嘭、砰	蓬、鹏	捧	碰
	m	牤	忙、芒	莽、蟒		蒙	萌、盟	蒙、猛	孟、梦
唇齿	f	方、芳	房、妨	仿、纺	放	风、丰	冯、缝	讽	风、奉
	v	汪	王、亡	网、往	忘、旺	翁、嗡		蓊	瓮
舌尖前	ʦ	脏、张			藏、帐	蒸、争		整、拯	证、挣
	$ʨ^h$	仓 昌	藏、长	场、厂	唱、畅	撑	成、澄	惩、骋	称
	s	桑、伤		嗓、赏	丧、上	僧、声	绳	省	胜、剩
舌尖中	t	当、铛		党、档	当、荡	灯、登		等	瞪、邓
	t^h	汤、蹚	糖、唐	躺、淌	烫、趟	熥	疼、腾		
	n	囊、囔	囊	馕、攮	齉		能、脓		弄、泞
	l	啷	狼、廊	朗	浪	扔	棱、塄	冷	愣
舌根	k	刚、缸	～～的	岗、港	杠	更、耕		耿、梗	更
	k^h	康、糠	扛		抗、炕	坑、吭			
	x	夯	行、杭		沆、巷	哼、亨	横、恒		哼、横
零声母	ø	肮	昂		盎				

注：辽中方言中韵母 [ɑŋ] 和韵母 [əŋ] 均不能与舌面音声母相拼，韵母 [ɑŋ] 存在零声母音节，而韵母 [əŋ] 不存在零声母音节。

表 4-38 辽中方言声韵调配合表十三

声母		韵母及声调							
		ian				in			
		阴平	阳平	上声	去声	阴平	阳平	上声	去声
双唇	p	边、编		扁、贬	便、遍	彬、斌			鬓、殡
	p^h	篇、翩	便	谝	骗、片	拼、姘	频、嫔	品	聘
	m		绵、棉	免、勉	面		民	敏、闵	
舌尖中	t	颠、掂		点、碘	店、电				
	t^h	天、添	甜、恬	舔、腆					
	n	蔫	黏、年	撵、捻	念、廿		您		
	l		连、联	脸、敛	恋、练	拎	琳、林	凛、檩	吝、蔺
舌面	tɕ	尖、监		减、捡	见、舰	今、斤		紧、仅	浸、劲
	tɕ^h	签、牵	钳、前	浅、遣	欠、茜	亲、侵	琴、勤	寝	沁
	ɕ	先、鲜	咸、嫌	显、险	县、现	新、心	寻		信、囟
零声母	ø	烟、淹	言、研	眼、演	艳、燕	音、因	银、人	饮、引	印、任

注：辽中方言中韵母 [ian] 和韵母 [in] 不能与唇齿音、舌尖前音、舌根音声母相拼，韵母 [in] 与舌尖中音相拼的音节较少，[ian] 和 [in] 都存在零声母音节。

表 4-39 辽中方言声韵调配合表十四

声母		韵母及声调							
		iŋ				iɑŋ			
		阴平	阳平	上声	去声	阴平	阳平	上声	去声
双唇	p	冰、兵		饼、炳	并、病				
	p^h	娉、乒	平、瓶						
	m		明、名	酩	命				
舌尖中	t	叮、丁		顶、鼎	定、订				
	t^h	厅、听	停、婷	挺、艇	梃				
	n		宁、狞	拧	宁、泞		娘		酿
	l		零、灵	领、岭	令、另		良、凉	两	亮、辆
舌面	tɕ	精、晶		景、颈	净、静	将、江		讲、蒋	降、酱
	tɕ^h	清、青	晴、擎	请、顷	庆、磬	枪、羌	强、墙	抢、襁	呛、炝
	ɕ	星、兴	型、行	醒、擤	杏、幸	乡、相	翔、祥	想、响	向、像
零声母	ø	应、英	萤、营	影、颖	硬、映	央、秧	阳、羊	养、氧	漾、恙

注：辽中方言中韵母 [iŋ] 不能与唇齿音、舌尖前音、舌根音相拼，存在零声母音节；韵母 [iɑŋ] 只能与舌尖中音 [n]、[l] 和舌面音相拼，存在零声母音节。

表 4-40　辽中方言声韵调配合表十五

声母		韵母及声调							
		uan				uən			
		阴平	阳平	上声	去声	阴平	阳平	上声	去声
舌尖前	ts	专、砖		转	赚、撰	尊、樽		准	
	tsʰ	穿、传	传、船	喘、舛	串、钏	村、春	存、纯	蠢、忖	寸
	s	酸、拴			涮	孙		损、笋	顺、瞬
舌尖中	t	端		短	段、断	敦、蹲		盹	顿、盾
	tʰ	湍	团、抟			吞	屯、豚	氽	～裤、子
	n								
	l		栾、鸾	卵		抡	伦、轮		论
舌根	k	关、官		管、馆	惯、灌			滚、绲	棍
	kʰ	宽、髋		款		坤、昆		捆	困
	x	欢、獾	环、桓	缓	换、幻	婚、昏	混、浑	混	混、诨

注：辽中方言中韵母 [uan] 和韵母 [uən] 不能与双唇音、唇齿音、舌面音相拼，均不存在零声母音节。

表 4-41　辽中方言声韵调配合表十六

声母		韵母及声调							
		uŋ				yan			
		阴平	阳平	上声	去声	阴平	阳平	上声	去声
舌尖前	ts	宗、综		种、肿	重、纵				
	tsʰ	葱、聪	从、崇	宠	冲				
	s	松	怂	耸、悚	宋、送				
舌尖中	t	东、冬	东	懂、董	冻、动				
	tʰ	通、嗵	同、铜	统、桶	痛、同				
	n		农、浓						
	l		龙、隆	垄、笼	弄				
舌面	tɕ					娟、捐		卷、锩	倦、卷
	tɕʰ					圈	权、全	畎、犬	劝
	ɕ					宣、轩	玄、璇	选、癣	炫、楦
舌根	k	公、工		拱、巩	共、供				
	kʰ	空、箜		孔、恐	控、空				
	x	轰、烘	红、宏	哄	哄、讧				

续表

声母		韵母及声调							
		uŋ				yan			
		阴平	阳平	上声	去声	阴平	阳平	上声	去声
零声母	∅					冤、鸳	元、圆	远、软	院、愿

注：辽中方言中韵母 [uŋ] 不能与双唇音、唇齿音、舌面音相拼，不存在零声母音节；韵母 [yan] 只能与舌面音相拼，有零声母音节。

表 4-42　辽中方言声韵调配合表十七

声母		韵母及声调							
		yn				yŋ			
		阴平	阳平	上声	去声	阴平	阳平	上声	去声
舌面	tɕ	均、君			俊、郡			囧、炯	
	$tɕ^h$		群、裙				穷、琼		
	ɕ	熏、勋	寻、询		训、讯	凶、胸	熊、雄		
零声母	∅	晕	云、匀	允、陨	韵、熨	拥、庸	荣、容	永、甬	用、佣

注：辽中方言中韵母 [yn] 和韵母 [yŋ] 只能与舌面音相拼，均存在零声母音节。

表 4-43　辽中方言声韵调配合表十八

声母		韵母及声调							
		uɑŋ				uəŋ			
		阴平	阳平	上声	去声	阴平	阳平	上声	去声
舌尖前	ts	庄、装		奘	状				
	ts^h	窗、疮	床	闯	撞、创				
	s	双、霜		爽					
舌根	k	光、咣		广、犷	逛				
	k^h	哐、筐	狂、诳		旷、矿				
	x	荒、慌	黄、煌	慌、幌	晃				

注：辽中方言中韵母 [uɑŋ] 只能与舌尖前音、舌根音声母相拼，不存在零声母音节；韵母 [uəŋ] 不能与任何声母相拼，只存在零声母音节。

由表 4-44 的声韵拼合关系，可以得出辽中方言中的声韵拼合规律：

（1）辽中方言中双唇音、舌尖中音都能与开口呼、齐齿呼、合口呼韵母相拼；特别是双唇音与 [ia] 相拼，是不同于北京话的地方。

（2）唇齿、舌尖前、舌根音只能与开口呼、合口呼相拼，其中唇齿音只能与合口呼 [u] 相拼。

（3）舌面音不能与开口呼、合口呼韵母相拼，只能与齐齿呼、撮口呼韵母相拼。

（4）在辽中方言中开口呼、齐齿呼、合口呼、撮口呼均有零声母音节，其中合口呼只有 [u] 存在零声母音节。

表 4-44　辽中方言声母韵母配合简表

声母		韵母			
		开口呼	齐齿呼	合口呼	撮口呼
双唇	p、pʰ、m	+	+	只限与 u 相拼	
唇齿	f、v	+		只限与 u 相拼	
舌尖前	ʦ、ʦʰ、s	+		+	
舌尖中	t、tʰ	+	+	+	
	n、l	+	+	+	+
舌面	ʨ、ʨʰ、ɕ		+		+
舌根	k、kʰ、x	+		+	
零声母	ø	+	+	u	+

注：“+”表示全部或部分声韵能够拼合，空白表示不能拼合。

（五）小结

1. 声母

辽中方言有 19 个声母（包括零声母），具体分析如下：

（1）古浊声母在今辽中方言中有送气和不送气音混淆现象，如：“撞”读作 [ʦʰuɑŋ42]、“浸”读作 [ʨʰin42]。

（2）在辽中方言中，止摄合口三等尾韵微母字“尾”读作 [i213]；臻摄合口三等稕韵精母字“俊”读作 [ʦuən42]；深摄开口三等沁韵精母字“浸”读作 [ʨin42]；通摄合口三等屋韵心母字“宿”读作 [ɕiəu213]。

（3）辽中方言中，知庄章组字读作精组字。如：猪 [ʦu33]、初 [ʦʰu33]。

（4）在辽中方言中，日母字通常读作零声母字，如：热 [iɛ42]、绕 [iɔ42]、柔 [iəu35]、然 [ian35]、任 [in42]、软 [iuan213]、褥 [y42]；也有一小部分日母字读作来母字，如：入 [lu42]、汝 [lu213]、扔 [ləŋ33]。

（5）泥母字有几个特殊读音。蟹摄开口四等齐韵泥母字“泥”在辽中方言中读作 [mi35]；山摄合口一等缓韵泥母字“暖”在辽中方言中读作 [nɔ213]；臻摄合口一等慁韵泥母字“嫩”在辽中方言中读作 [lən42]；通摄合口一等送韵泥母字“齉”读作 [nəŋ35]。其他泥母字没有此特殊现象。

（6）浊声母 [v] 在辽中方言中取代了声母 [w]，处于向 [v/w] 自由变体的过渡阶段。如：翁 [vəŋ³³]。

（7）辽中方言声母有尖团合流的现象，与普通话演变规律基本一致。部分见组、精组字的声母在语音的发展过程中，逐渐合流演变成了舌面音，即 [i]、[kʰ]、[x]、[ts]、[tsʰ]、[s] 逐渐舌面化，与舌面音 [tɕ]、[tɕʰ]、[ɕ] 合流。例如：辽中方言中尖音"姓"与团音"幸"都读作 [ɕiŋ⁴²]，尖音"煎"与团音"肩"都读作 [tɕian³³]。

2. 韵母

辽中方言有 35 个韵母，具体分析如下：

（1）在辽中方言中不存在韵母 [ʅ]，所以蟹摄开口三等知章组和止摄开口三等知庄章组的部分字在辽中方言中读作舌尖前音。例如：滞 [tsʅ⁴²]、世 [sʅ⁴²]、势 [sʅ⁴²]、知 [tsʅ³³]、池 [tsʰʅ³⁵]、施 [sʅ³³]。

（2）辽中方言中不存在单元音韵母 [ɛ]，不存在复元音韵母 [uəŋ]。

（3）部分韵母存在单元音韵母变读现象，韵母 [o] 在辽中方言中通常读作 [ɤ]。例如：果摄开口一等歌韵清组字，果摄合口一等戈韵、果韵、过韵等字，多 [tuɤ³³]、波 [pɤ³³]、裸 [luɤ²¹³]、坐 [tsuɤ⁴²]、果 [kuɤ²¹³]、火 [xuɤ²¹³]。

（4）部分复元音韵母读音不完全，通常读作单元音韵母，表现为复元音韵母单音化现象。在语音演变过程中，由于发音动程的简化和省略，辽中方言中部分复元音韵母逐渐演变为单元音韵母。韵母 [ai]、[au] 在辽中方言中分别读作 [æ]、[ɔ]。例如：蟹摄开口一等二等字，排 [pʰæ³⁵]、埋 [mæ³⁵]、豺 [tsʰæ³⁵]、摆 [pæ²¹³]、派 [pʰæ⁴²]、奶 [næ²¹³]、债 [tsæ⁴²]、筛 [sæ³³]；效摄开口一等二等字，褒 [pɔ³³]、袍 [pʰɔ³⁵]、毛 [mɔ³⁵]、刀 [tɔ³³]、讨 [tʰɔ²¹³]、劳 [lɔ³⁵]、遭 [tsɔ³³]、扫 [sɔ²¹³]、高 [kɔ³³]、考 [kʰɔ²¹³]、好 [xɔ²¹³]、懊 [ɔ⁴²]、饱 [pɔ²¹³]。

（5）单元音韵母 [ɚ] 在辽中方言中舌位较低，接近 [ɐr] 音。例如："二"发音接近 [ɐr⁴²]。

（6）鼻音韵母 [ian] 在辽中方言中发音时舌位较低，例如：咸摄开口二等三等字"监 [tɕian³³]""敛 [lian²¹³]"。

3. 声调

辽中方言有阴平、阳平、上声、去声四个调类。古清声母平声字在辽中方言中读阴平，例如："东""该""天""春"；古浊声母平声字在辽中方言中读阳平，例如："门""龙""铜""皮"；古清声母上声字在辽中方言中读上声，例如："懂""鬼""苦"

“草”；古次浊声母上声字在辽中方言中读上声，如：“买”“有”；古全浊声母上声字在辽中方言中读去声，如：“动”“后”；古清声母浊声母的去声字在辽中方言中都读去声，如：“四”“去”“乱”“树”；古清声母入声字在辽中方言中涵盖了阴平、阳平、上声、去声，如：“搭”“急”“节”“刻”；古次浊声母入声字在辽中中读去声，如：“叶”“月”；古全浊声母入声字在辽中方言中读阳平，如：“毒”“白”。

辽中方言的调值分别是33、35、213、42。阴平33低于普通话，发音位置较普通话偏低一些；阳平35与普通话基本一致；上声213发音时降调与普通话一致，升调较普通话变化较小；去声42发音变化幅度较普通话偏小。总体上来看，辽中方言调值比普通话偏低。在调查分析过程中，辽中县北部与南部乡镇声调存在细微差异，但基本符合这四种调值。

三、共时研究

（一）辽中方言与普通话语音的比较

本部分内容从共时研究出发，将辽中方言的声母、韵母、声调同普通话作比较，梳理辽中方言语音与普通话语音的差异，为研究辽中方言语音特点提供共时依据。

1. 声母的比较

普通话有22个声母（包括零声母），辽中方言有19个声母（包括零声母），辽中方言中不存在声母[tʂ]、[tʂʰ]、[ʂ]、[ʐ]，具体分析如表4-45所示。

表4-45　辽中方言与普通话声母比较

普通话	辽中方言	例字
p	p	八、兵、病、波、把、摆、背、遍
pʰ	pʰ	派、片、爬、坡、配、披、袍、飘
m	m	麦、明、磨、骂、迷、每、毛、某
f	f	飞、风、副、蜂、肥、饭、废、否
t	t	多、东、毒、都、低、堆、刀、兜
tʰ	tʰ	讨、天、甜、拖、徒、台、梯、偷
n	n	脑、南、年、拿、奶、腻、纽、黏
l	l	老、蓝、连、路、骡、吕、来、雷
k	k	高、共、哥、过、瓜、姑、该、乖
kʰ	kʰ	开、科、夸、苦、盔、考、扣、堪
x	x	好、灰、活、河、花、呼、海、厚

续表

普通话	辽中方言	例字
tɕ	tɕ	酒、家、居、街、鸡、交、监、今
tɕʰ	tɕʰ	清、全、轻、权、签、妾、寝、亲
ɕ	ɕ	想、谢、响、县、些、徐、洗、小
tʂ	ts	张、竹、争、装、纸
tʂʰ	tsʰ	抽、拆、茶、抄、初、车、春、猜
ʂ	s	事、山、双、十、手、书
ʐ	∅	热、软、惹、绕、扰、柔、染、冉
	l	如、乳、儒、扔、辱
ts	ts	租、做、再、载
tsʰ	tsʰ	才、参、苍、残
s	s	苏、赛、塞、色
∅	ʋ	我、瓦、五、危、伪、玩、翁、吻
	∅	褥、牙、于、爱、倚、肴、欧、有

说明：

（1）送气与不送气音混淆的现象存在于辽中方言中。例如：蝴蝶的“蝶”在辽中方言中读作 [tʰiɛ^{213}]，撞人的“撞”在辽中方言中读作 [tsʰuɑŋ^{42}]；鼻音 [m]、擦音 [f] 与普通话发音一致。

（2）鼻音 [n] 与边音 [l] 不存在混淆现象，与普通话一致，但是在辽中方言中个别字也存在特殊读音。例如：“泥”字读作 [mi^{35}]。

（3）声母系统中不存在舌尖后音 [tʂ]、[tʂʰ]、[ʂ]，读舌尖后音的字全被舌尖前音 [ts]、[tsʰ]、[s] 替代，这一特殊现象与普通话差异较大。

（4）辽中方言声母中不存在舌尖后音 [ʐ]，其被零声母和 [l] 声母替代。例如：在普通话中读热 [ʐɤ^{51}] 的音，在辽中方言中读作热 [iɛ^{42}]；在普通话中读扔 [ʐəŋ^{55}] 的音，在辽中方言中读作扔 [ləŋ^{33}]。

（5）普通话中零声母在辽中方言中一部分被 [v] 声母替代，浊音 [v] 视为 [w] 的变体。例如：“瓦”“吻”在普通话中的读音应该是以 [w] 为声母，在辽中方言中却以 [v] 为声母。

2. 韵母的比较

与普通话的39个韵母相比，辽中方言中有35个韵母，辽中方言中不存在韵母 [ɛ]、

[ʅ]、[o]、[uəŋ]，具体差异见表 4-46—表 4-49。

表 4-46 辽中方言与普通话韵母比较（开口呼）

普通话	辽中方言	例字
ʅ、ɿ	ɿ	资、丝、祠、事、纸、紫、思、字
a	a	茶、瓦、塔、辣、八、拿、炸、沙
o	ɤ	我、波、坡、婆、磨、薄、破、菠
ɤ		歌、盒、壳、色、可、个、鹅、荷
ε		
ɚ	ɚ	二、儿、而、尔、耳、贰
ai	æ	开、排、白、来、灾、乃、戴、菜
ei	ei	陪、飞、北、微、尾、唯、位、肥
ɑu	ɔ	宝、饱、袍、毛、老、造、草、考
ou	əu	豆、走、油、厚、兜、沟、欧、侯
an	an	南、盐、山、半、耽、探、惨、含
ən	ən	深、根、痕、恩、珍、忍、神、趁
ɑŋ	ɑŋ	糖、王、帮、忙、朗、仓、宕、桑
əŋ	əŋ	灯、升、争、横、崩、能、曾、僧、翁

表 4-47 辽中方言与普通话韵母比较（齐齿呼）

普通话	辽中方言	例字
i	i	米、戏、急、七、一、锡、蔽、例
ia	ia	牙、鸭、家、下、掐、假、恰、虾
iε	iε	写、鞋、贴、热、节、皆、谐、借
iɑu	iɔ	笑、桥、药、交、敲、孝、表、燎
iou	iəu	六、酒、囚、就、溜、纽、秋、修
ian	ian	年、鞭、绵、连、仙、剪、涎、骗
in	in	心、新、侵、临、今、吟、音、饮
iɑŋ	iɑŋ	响、讲、娘、良、将、相、象、两
iŋ	iŋ	硬、病、星、平、明、京、令、净

表 4-48 辽中方言与普通话韵母比较（合口呼）

普通话	辽中方言	例字
u	u	苦、五、猪、骨、出、谷、铺、奴
ua	ua	刮、花、瓜、夸、瓦、化、华、寡

续表

普通话	辽中方言	例字
uo	uə	坐、过、活、托、郭、多、舵、搓
uai	uæ	快、怪、乖、坏、歪、怀、淮、拐
uei	uei	对、鬼、催、罪、盔、灰、晦、碎
uan	uan	短、官、端、暖、卵、酸、纂、宽
uən	uən	滚、春、敦、屯、顿、尊、村、孙
uɑŋ	uɑŋ	床、双、装、创、状、光、旷、荒
uəŋ		
uŋ	uŋ	东、通、懂、同、动、公、葱、总

表 4-49　辽中方言与普通话韵母比较（撮口呼）

普通话	辽中方言	例字
y	y	雨、绿、局、须、聚、区、遇、娱
yɛ	yɛ	靴、月、学、约、岳、雪、虐、略
yan	yan	权、卷、圈、阮、劝、愿、颧、喧
yn	yn	云、匀、允、熨、君、裙、郡、熏
yŋ	yŋ	兄、穷、熊、雄、凶、胸、用、甬

说明：

（1）与普通话相比，辽中方言中撮口呼韵母与普通话并无差异，主要体现在开口呼、齐齿呼、合口呼的变化和丢失上。

（2）辽中方言中不存在舌尖后音，这一点与普通话差异较大。普通话中的舌尖后音在辽中方音中均读作舌尖前音，这是辽中方言语音中的一大特色。例如："事" [$ʂʅ^{51}$] 在辽中方言中读作 [$sɿ^{42}$]，"山" [$ʂan^{55}$] 在辽中方言中读作 [$sæn^{33}$]。

（3）普通话中 [o] 发音时，口型半闭，舌位处于半高位置，舌头后缩，唇部拢圆；辽中方言中不存在 [o] 音，均读作 [ɤ] 音。例如："破" 在普通话中读 [p^ho^{51}]，在辽中方言中读作 [$p^hɤ^{42}$]。

（4）普通话中 [ɛ] 和 [uəŋ] 韵母在辽中方言体系中不存在。

（5）在普通话中发 [ɚ] 的音在辽中方言中发音时舌位较低，趋近于 [ɐr] 音，在此表中忽略不计。

（6）辽中方言存在复元音的读音单音化的特点，一般普通话中的 [ai]、[ɑu]，在辽中县方言中读作 [æ]、[ɔ]，如：爱 [$æ^{42}$]、好 [$xɔ^{213}$]。

（7）在辽中方言中有些读音和普通话相比存在发音不到位的情况，撮口呼 [y] 发音时唇形撮起幅度较小，圆唇 [u] 发音时接近 [ɯ] 音。

3. 声调的比较

辽中方言与普通话都有四个调类，具体差异如表 4-50 所示。

表 4-50　辽中方言与普通话声调比较

调类	调值		
	普通话	辽中方言	例字
阴平	55	33	多、巴、歌、喝、说、车
阳平	35	35	门、和、鹅、牙、词、宁
上声	214	213	好、饱、老、小、许、女
去声	51	42	脆、吠、赘、贵、累、恨

说明：

（1）辽中方言和普通话都有四个调类，但辽中方言声调的调值略低于普通话。

（2）辽中方言中个别字存在与调类不相符的现象。例如：普通话阴平字“都”在辽中方言中读作阳平；普通话阳平字“福”在辽中方言中读作上声。

4. 小结

本部分将辽中方言语音与普通话标准音进行比较，试图寻求辽中方言音系与普通话之间的共性与个性特征。

（1）声母

普通话有 22 个声母，辽中方言有 19 个声母；在辽中方言声母中，舌尖后音 [tʂ]、[tʂʰ]、[ʂ]，全部被舌尖前音 [ts]、[tsʰ]、[s] 替代，如：知 [tsɿ³³]、尺 [tsʰɿ²¹³]、是 [sɿ⁴²]；不存在舌尖后音 [ʐ]，其被零声母和 [l] 声母替代；普通话中零声母在辽中方言中一部分被 [v] 声母替代，浊音 [v] 视为 [w] 的变体；声母存在送气与不送气音的混淆现象，例如：蝴蝶的“蝶”在辽中方言中读作 [tʰiɛ²¹³]，撞人的“撞”在辽中方言中读作 [tsʰuaŋ⁴²]。

（2）韵母

辽中方言中不存在半高元音 [o]，均读作 [ɤ] 音；普通话中的韵母 [ɛ] 和 [uəŋ] 在辽中方言体系中不存在；辽中方言存在复元音单音化的特点，一般在普通话中的 [ai]、[ɑu]，在辽中方言中读作 [æ]、[ɔ]；在辽中方言中有些读音和普通话相比存在发音不到位的情况，撮口呼 [y] 发音时唇形撮起幅度较小，圆唇 [u] 发音时接近 [ɯ] 音；辽

中方言中鼻韵母 [ian]，其发音时舌位处于较低位置。

（3）声调

辽中方言声调的四种调值分别为 33、35、213、42，除阳平外，其他调值普遍低于普通话。辽中方言声调基本延续东北官话吉沈片通溪小片声调低于普通话的特点，内部略有细微差异，轻声和儿化的音变现象在专题研究中探讨。

（二）辽中方言与周边方言语音特征的比较

本部分将辽中方言与周边方言语音进行对比，总结出语音上的共性与个性。为了更准确地反映出语言接触的特点，本部分选取与辽中县地理上接壤的四个县市作比较。鞍山市地处辽中县南部，地处环渤海经济区腹地，辽东半岛中部；辽阳市位于辽中县东部；锦州市黑山县位于辽中县西部，东部依绕阳河，南部与鞍山市台安县交界，西部与北镇市接壤，北部、西北部与阜新蒙古族自治县为邻；新民市位于辽中县北部，新民市东连沈阳市沈北新区、于洪区，西与黑山县接壤，北靠彰武县、法库县，西北一角与阜新蒙古族自治县毗连。本部分例字主要选自《方言调查字表》和《中国语言资源有声数据库调查手册·汉语方言》这两本书，还参照了赵彩红、陈会斌的《鞍山方言的语音特征》（2014）、韩天宇的《黑山方言音系研究》（2014）、孙博的《辽阳方言五项语音变化调查》（2010）等文章，能基本反映出共时研究的准确性。

1. 声母的比较

1）关于中古知庄章三组字

通过表 4-51 对比可知，鞍山市和辽阳市知庄章三组字基本没有混淆的现象。辽阳市南临鞍山市，同属辽东半岛地区，地理位置的先决条件使两个地区的语音相互影响。根据调查发现，两个地区的大多数居民都能准确地区分知庄章三组字，甚至将舌尖前音读作舌尖后音。

表 4-51　辽中方言与周边方言中古知庄章组字语音的比较

例字	方言点								
	鞍山市	辽阳市	黑山县	新民市	辽中县				
					杨士岗镇	牛心坨镇	县内	于家房镇	大黑岗子镇
猪、滞	ʈʂ	ʈʂ	ʈʂ/ts/ʧ	ts	ts	ts	ts	ts	ts
初、齿	ʈʂʰ	ʈʂʰ	ʈʂʰ/tsʰ/ʧʰ	tsʰ	tsʰ	tsʰ	tsʰ	tsʰ	tsʰ
书、师	ʂ	ʂ	ʂ/s/ʃ	s	s	s	s	s	s

锦州市黑山县存在 [tʂ]、[tʂʰ]、[ʂ] 与 [ts]、[tsʰ]、[s] 相混淆现象，有时读作舌叶音 [tʃ]、[tʃʰ]、[ʃ]。黑山县位于辽西，隶属锦州市，其语音特点基本与锦州市一致，呈现出 [tʂ]、[tʂʰ]、[ʂ]＞[tʃ]、[tʃʰ]、[ʃ]＞[ts]、[tsʰ]＞[s] 的趋势。

新民市与辽中县的五个方言点基本上呈现出一致的特点，都将舌尖后音 [tʂ]、[tʂʰ]、[ʂ] 读作舌尖前音 [ts]、[tsʰ]、[s]，由于新民市隶属于沈阳市并且与辽中县距离较近，所以其语音特征与辽中县相似。

2）关于中古日母字

通过表 4-52 对比可知，鞍山、辽阳、黑山、新民、辽中地区大都将中古日母字读作零声母 [ø]，个别字读作 [l] 声母。黑山县大多数居民把“日”字读作 [ʐ] 声母，这是一大特色。

表 4-52　辽中方言与周边方言中古日母字语音的比较

例字	方言点								
	鞍山市	辽阳市	黑山县	新民市	辽中县				
					杨士岗镇	牛心坨镇	县内	于家房镇	大黑岗子镇
惹、热	i	i	ʐ	i	i	i	i/ʐ	i	i
如、乳	l	l	l	l	l	l	l	l	l
日	i	i	ʐ	i/ʐ	i	i	i/ʐ	i	i
仍、扔	i/l	i/l	ʐ/l	i/l	i/l	i/l	i/l	i/l	i/l
辱、褥	l/i	l/i	l/i	l/i	l/i	l/i	l/i	l/i	l/i
人、任	i	i	i	i	i	i	i	i	i
让	i	i	i	i	i	i	i	i	i

3）关于中古微母字

通过表 4-53 对比可知，中古微母字今读作 [ø] 与 [v] 母，有些地区存在 [v] 母与 [u] 母相混淆的现象。

表 4-53　辽中方言与周边方言中古微母字语音的比较

例字	方言点								
	鞍山市	辽阳市	黑山县	新民市	辽中县				
					杨士岗镇	牛心坨镇	县内	于家房镇	大黑岗子镇
无、巫	u	u	u	u	u	u	u	u	u
微、问	v	v	v	v/u	v	v	v/u	v	v

2. 韵母的比较

1）关于部分果摄字（帮系）

通过表 4-54 比较可知，鞍山、辽阳、黑山、新民地区与辽中地区一样都存在韵母 [o]＞[ɤ] 的发展趋势，如："婆"读作 [pʰɤ³⁵]。

表 4-54　辽中方言与周边方言部分果摄字（帮系）语音的比较

例字	方言点								
	鞍山市	辽阳市	黑山县	新民市	辽中县				
					杨士岗镇	牛心坨镇	县内	于家房镇	大黑岗子镇
波、菠	ɤ	ɤ	ɤ	ɤ	ɤ	ɤ	ɤ	ɤ	ɤ
坡、破	ɤ	ɤ	ɤ	ɤ	ɤ	ɤ	ɤ	ɤ	ɤ
婆、薄	ɤ	ɤ	ɤ	ɤ	ɤ	ɤ	ɤ	ɤ	ɤ
魔、磨	ɤ	ɤ	ɤ	ɤ	ɤ	ɤ	ɤ	ɤ	ɤ

2）关于部分蟹摄字（一、二等字）

通过表 4-55 比较可知，韵母 [ai] 在辽中、鞍山、辽阳、新民地区均读作 [æ]，而黑山县读作复元音 [ae]，与周边方言存在较大差异。

表 4-55　辽中方言与周边方言部分蟹摄字（一、二等字）语音的比较

例字	方言点								
	鞍山市	辽阳市	黑山县	新民市	辽中县				
					杨士岗镇	牛心坨镇	县内	于家房镇	大黑岗子镇
来、乃	æ	æ	ae	æ	æ	æ	æ	æ	æ
戴、带	æ	æ	ae	æ	æ	æ	æ	æ	æ
猜	æ	æ	ae	æ	æ	æ	æ	æ	æ
爱	æ	æ	ae	æ	æ	æ	æ	æ	æ

3）关于部分山摄合口字（一等字）

通过表 4-56 对比可知，当部分中古泥组、见组声母与山摄合口一等字拼合时出现了介音 [u] 失落的现象。"暖""乱""莞""卵"四个字都存在这种现象，在调查中，大多数人认为"莞"字的标准读音为 [van²¹³]，并不知道 [kuan²¹³] 这个读音。在新民市及辽中县两地，"暖"字存在 [nɔ] 与 [nan] 混读的趋势，其他地区基本保持一致。

表 4-56　辽中方言与周边方言部分山摄合口字（一等字）语音的比较

例字	方言点								
	鞍山市	辽阳市	黑山县	新民市	辽中县				
					杨士岗镇	牛心坨镇	县内	于家房镇	大黑岗子镇
暖	an	an	ɔ	ɔ/an	ɔ/an	ɔ/an	ɔ/an	ɔ/an	ɔ/an
乱	an	an	an	an	an	an	an	an	an
莞	an	an	an	an	an	an	an	an	an
卵	an	an	an	an	an	an	an	an	an

4）关于部分咸摄、山摄字

通过表 4-57 共时比较可知，黑山县部分咸摄、山摄字韵母与普通话比较的变化趋势为 [ian]＞[iɛn]，鞍山、辽阳、新民地区为 [ian]＞[iæn]，辽中县方言部分咸摄、山摄字韵母发音与普通话一致。发音时 [a] 音处于低位，[ɛ] 音处于半低位置，[æ] 音处于低位与半低之间。

表 4-57　辽中方言与周边方言部分咸摄、山摄字语音的比较

例字	方言点								
	鞍山市	辽阳市	黑山县	新民市	辽中县				
					杨士岗镇	牛心坨镇	县内	于家房镇	大黑岗子镇
黏	iæn	iæn	iɛn	iæn	ian	ian	ian	ian	ian
尖、监	iæn	iæn	iɛn	iæn	ian	ian	ian	ian	ian
便	iæn	iæn	iɛn	iæn	ian	ian	ian	ian	ian
绵	iæn	iæn	iɛn	iæn	ian	ian	ian	ian	ian

5）关于部分效摄字

通过表 4-58 可知，普通话 [ɑu] 在鞍山、辽阳、黑山、新民地区有 [ɑu]＞[ɔ] 的趋势，普通话 [iɑu] 有 [iɑu]＞[iɔ] 的变化趋势。

表 4-58　辽中方言与周边方言部分效摄字语音的比较

例字	方言点								
	鞍山市	辽阳市	黑山县	新民市	辽中县				
					杨士岗镇	牛心坨镇	县内	于家房镇	大黑岗子镇
保、刀	ɔ	ɔ	ɔ	ɔ	ɔ	ɔ	ɔ	ɔ	ɔ
孝、巧	iɔ	iɔ	iɔ	iɔ	iɔ	iɔ	iɔ	iɔ	iɔ

6）关于部分宕摄入声字

通过表 4-59 共时比较可得，"掠"字在几个调查点都有 [yɛ]＞[iɛ] 的趋势，辽中方言中把"掠夺"读作 [liɛ²¹³ tuə³⁵]。"雀""嚼""削""学"字在鞍山、辽阳、黑山、新民地区均有 [yɛ]＞[iɔ] 的趋势，而在辽中方言中"学"字存在 [iɔ] 与 [yɛ] 自由混读的现象。

表 4-59　辽中方言与周边方言部分宕摄入声字语音的比较

例字	方言点								
	鞍山市	辽阳市	黑山县	新民市	辽中县				
					杨士岗镇	牛心坨镇	县内	于家房镇	大黑岗子镇
掠	iɛ	iɛ	iɛ	iɛ	iɛ	iɛ	iɛ	iɛ	iɛ
雀	iɔ	iɔ	iɔ	iɔ	iɔ	iɔ	iɔ	iɔ	iɔ
嚼	iɔ	iɔ	iɔ	iɔ	iɔ	iɔ	iɔ	iɔ	iɔ
削、学	iɔ	iɔ	iɔ	iɔ	iɔ/yɛ	iɔ/yɛ	iɔ/yɛ	iɔ/yɛ	iɔ/yɛ

7）关于部分止摄日母字

通过表 4-60 共时对比可知，止摄日母字存在 [ɚ]＞[ər]＞[ɐr] 的变化趋势。首先，辽中方言中止摄日母字普遍读作 [ɚ] 音。其次，周边地区的止摄日母字有两种读音，一类是 [ər]，另一类是 [ɐr]。[ər] 音舌位处于半高与半低之间，[ɐr] 音舌位处于低位与半低之间。

表 4-60　辽中方言与周边方言部分止摄日母字语音的比较

例字	方言点								
	鞍山市	辽阳市	黑山县	新民市	辽中县				
					杨士岗镇	牛心坨镇	县内	于家房镇	大黑岗子镇
儿、而	ər	ər	ər	ər	ɚ	ɚ	ɚ	ɚ	ɚ
尔、耳、饵	ɐr	ɐr	ɐr	ɐr	ɚ	ɚ	ɚ	ɚ	ɚ
二、贰	ɐr	ɐr	ɐr	ɐr	ɐr	ɐr	ɐr	ɐr	ɐr

3. 声调的比较

通过表 4-61 的共时比较可知，辽中方言声调与周边方言声调存在相互影响的关系，既有共性又有差异，具体分析如下：

辽中地区的五个方言点内部差异较小，阴平字的调值为 33，起点较普通话低；阳平字调值为 35，基本与普通话一致，与周边地区的几个方言点声调差异较小，呈现一致性特点，周边地区除鞍山为 23 外，其他地区声调均为 35 或 34；上声为 213，与周边方言差异较小，后端发音略低；去声的发音起点略低于普通话，发音动程较短。

表 4-61　辽中方言与周边方言声调比较

调类	例字	方言点								
		鞍山市	辽阳市	黑山县	新民市	辽中县				
						杨士岗镇	牛心坨镇	县内	于家房镇	大黑岗子镇
阴平	东、通	52	33	44	33	33	33	33	33	33
阳平	门、铜	23	35	34	35	35	35	35	35	35
上声	懂、统	212	212	212	213	213	213	213	213	213
去声	冻、痛	51	42	42	42	42	42	42	42	42

鞍山地区声调与周边地区差异较大。普通话阴平调值为 55，而鞍山地区阴平为降调 52，发音与周边方言呈现出较大差异，发音起点略低于普通话，降调迅速；辽阳、黑山、新民、辽中地区阴平调值为 33 或 44。鞍山地区阳平调值为 23，起点较低于周边方言。上声字为 212，与辽阳、黑山地区一致，与辽中县上声有一定差异。鞍山地区去声字的调值与普通话调值一致，降调幅度较大，均为 51；而辽阳、黑山、新民、辽中地区去声字降调幅度较小，发音动程较短。

4. 小结

本部分是把辽中方言与周边方言进行共时比较，描绘出辽中方言自身发展趋势和语言接触的影响趋势。

1）声母

（1）中古知庄章三组字

今鞍山市和辽阳市知庄章三组字基本没有混淆的现象。辽阳市南临鞍山市，同属辽东半岛地区，地理位置的先决条件使两个地区的语音相互影响。今锦州黑山县存在 [tʂ]、[tʂʰ]、[ʂ] 与 [ts]、[tsʰ]、[s] 相混淆的现象，有时读作舌叶音 [tʃ]、[tʃʰ]、[ʃ]。新民市与辽中县的五个方言点对比，基本上呈现出一致性的特点，都将舌尖后音 [tʂ]、[tʂʰ]、[ʂ] 读作舌尖前音 [ts]、[tsʰ]、[s]，由于新民市隶属于沈阳市并且与辽中县距离较近，所以其语音特征与辽中县相似。

（2）中古日母字

通过比较可知，鞍山、辽阳、黑山、新民、辽中地区大都将中古日母字读作零声母 [ø]，个别字读作 [l] 声母。“热”字读作零声母，“仍”字读作 [l] 声母。

（3）中古微母字

中古微母字今读作 [ø] 与 [v] 母，有些地区存在 [v] 母与 [u] 母相混淆的现象。辽中县与周边地区大部分居民将微母字“无”读作零声母 [u] 读音，将“微”读作 [v] 母字。

2）韵母

（1）关于部分果摄字（帮系）

部分果摄字如“破”“魔”等字在鞍山、辽阳、黑山、新民地区与辽中地区均存在韵母 [o]＞[ɤ] 的发展趋势。鞍山、辽阳、黑山、新民地区 [o] 普遍读作 [ɤ]；辽中县县内存在韵母 [o] 与 [ɤ] 混读的趋势；杨士岗镇、牛心坨镇、于家房镇、大黑岗子镇的韵母均存在 [o]＞[ɤ] 的变化趋势。

（2）关于部分蟹摄字（一、二等字）

在部分蟹摄字中韵母 [ai] 在辽中、鞍山、辽阳、新民地区均读作 [æ]，而黑山县与周边方言存在较大差异，读作复元音 [ae]。黑山县呈现出 [ai]＞[ae] 的趋势，辽中、鞍山、辽阳、新民地区则呈现出 [ai]＞[æ] 的趋势。黑山县属于哈阜片中的长锦小片，而辽中、辽阳、鞍山属于吉沈片中的通溪小片，所以在韵母上有一定差异。

（3）关于部分山摄合口字（一等字）

当部分中古泥组、见组声母与山摄合口一等字拼合时，出现介音 [u] 失落的现象，“暖”“乱”“莞”“卵”四个字在几个方言点均存在这种现象。在新民市及辽中县两地，“暖”字存在 [ɔ] 与 [an] 异读的趋势，其他地区基本保持一致。

（4）关于部分咸摄、山摄字

黑山县部分咸摄、山摄字的变化趋势为 [ian]＞[iɛn]，鞍山、辽阳、新民地区为 [ian]＞[iæn]，辽中县方言部分咸摄、山摄字韵母发音与普通话一致。发音时 [a] 音处于低位，[ɛ] 音处于半低位置，[æ] 音处于低位与半低之间。黑山县方言受哈阜片影响，因此与周边方言点存在差异。

（5）关于部分效摄字

部分效摄字 [ɑu] 在鞍山、辽阳、黑山、新民地区有 [ɑu]＞[ɔ] 的趋势，在辽中县内有 [ɑu][ɔ] 混读的现象；普通话的韵母 [iɑu]，有 [iɑu]＞[iɔ] 的变化趋势，而在辽中县内部则存在 [iɑu][iɔ] 混读的趋势。

（6）关于部分宕摄入声字

“掠”字在几个调查点都有 [yɛ]＞[iɛ] 的趋势，“雀”“嚼”“削”“学”字在鞍山、辽阳、黑山、新民地区均有 [yɛ]＞[iɔ] 的趋势，而在辽中方言中“学”字存在 [yɛ] 与

[iɔ] 文白异读的现象。

（7）关于止摄日母字

止摄日母字存在 [ɚ] > [ər] > [ɐr] 的变化趋势。辽中方言中止摄日母字普遍读作 [ɚ] 音，周边地区的止摄日母字有两种读音，一类是 [ər]，另一类是 [ɐr]。

3）声调

声调方面，鞍山、辽阳、新民、黑山方言的声调阴平均低于普通话标准音，去声动程较短，降调未到底；鞍山方言声调与普通话和其他方言点差异较大。辽阳、新民、黑山地区声调无明显差异，辽中县内部地区声调也呈现一致性。

参考文献

曹莉萍 . 浅析满语对东北方言与普通话的影响 [J]. 长春师范学院学报，2005（04）：85-86.

丁邦新 . 历史层次与方言研究 [M]. 上海：上海教育出版社，2007.

丁声树 . 汉语音韵讲义 [M]. 上海：上海教育出版社，1984.

高杨 . 东北方言中的满语借词 [D]. 广西师范学院硕士论文，2010.

高本汉，赵元任，罗常培，李方桂译 . 中国音韵学研究 [M]. 北京：商务印书馆，1994.

郭正彦 . 黑龙江方言分区略说 [J]. 方言，1986（03）：182-185.

贺巍 . 东北官话的分区（稿）[J]. 方言，1986（03）：172-181.

黄伯荣，廖序东 . 现代汉语 [M]. 北京：高等教育出版社，2002.

黄锡惠 . 汉语东北方言中的满语影响 [J]. 语文研究，1997（04）：6.

姜文振 . 东北方言的 AA 式叠音动词 [J]. 学术交流，2006（11）：153-157.

李清桓 .《五方元音》音系研究 [M]. 武汉：武汉大学出版社，2008.

李荣 . 汉语方言的分区（稿）[J]. 方言，1989（04）：241-259.

李荣 . 音韵存稿 [M]. 北京：商务印书馆，1982.

李树俨 . 汉语方言的轻声 [J]. 语文研究，2005（03）：48-52.

林海燕 . 谈东北方言派生词构词特点 [J]. 现代交际，2010（12）：83.

林焘，王理嘉 . 语音学教程 [M]. 北京：北京大学出版社，1992.

刘国石 . 浅谈满语与东北方言的形成 [J]. 北华大学学报（社会科学版），2011（04）：48-51.

刘勋宁 . 文白异读与语音层次 [J]. 语言教学与研究，2003（04）：1-9.

聂志平 . 黑龙江方言概说 [J]. 哈尔滨学院学报，2005（06）：109-113.

单永贤 . 谈东北话与普通话语音的对应规律 [J]. 语文学刊，1995（05）：3.

苏馨，王岩 . 辽宁方言中的单音节古语词源流札释 [J]. 语文学刊，2005（17）：19-20.

孙博 . 辽阳方言五项语音变化调查 [J]. 科技信息，2010（02）：189，192.

孙维张，路野，李丽君 . 吉林方言分区略说 [J]. 方言，1986（01）：39-45.

唐作藩 . 音韵学教程 [M]. 北京：北京大学出版社，1991.

王辅政 . 东北方言声调的方言特征 [J]. 内蒙古教育学院学报，1999（01）：2.
王洪君 . 文白异读、音韵层次与历史语言学 [J]. 北京大学学报（哲学社会科学版），2006（02）：22-26.
王力 . 汉语语音史 [M]. 北京：商务印书馆，2010.
吴红波 . 东北方言中的满语与文化 [J]. 现代语文，2006（05）：8-9.
吴长安 ."爱咋咋地"的构式特点 [J]. 汉语学习，2007（06）：31-34.
许皓光，刘延新 . 汉语中的满语借词概述 [J]. 满族研究，1996（01）：4.
许皓光，张大鸣 . 简明东北方言词典 [Z]. 沈阳：辽宁人民出版社，1988.
杨春宇 . 辽宁方言语音研究 [J]. 辽宁师范大学学报（社会科学版），2010（05）：93-99.
杨耐思 . 中原音韵音系 [M]. 北京：中国社会科学出版社，1981.
张发明 . 浅谈东北方言中的四声别义现象 [J]. 松辽学刊（社会科学版），1989（01）：83-85.
张世方 . 东北方言知系声母的演变 [J]. 汉语学报，2009（01）：15-22，95.
张志敏 . 东北官话的分区（稿）[J]. 方言，2005（02）：145-148.
中国社会科学院语言研究所 . 方言调查字表（修订本）[M]. 北京：商务印书馆，1981.
周臣，黄文娟 . 谈东北方言中的及物动词 gáo[J]. 齐齐哈尔大学学报（哲学社会科学版），2004（03）：67-71.
周祖谟 .《广韵》四声韵字今音表 [M]. 北京：中华书局，1980.
朱笑莹 . 东北方言中的 ABB 式状态形容词 [J]. 现代语文（语言研究版），2009（02）：102-103.
邹德文，冯炜 .《黄钟通韵》《音韵逢源》的东北方言语音特征 [J]. 佳木斯大学社会科学学报，2008（06）：72-74.

第七节　辽宁凤城方言语音研究[①]

凤城市，古称凤凰城，位于辽东半岛东部，地近黄海北岸，为辽宁省丹东市下辖县级市，其方言地理分区主要属于东北官话吉沈片中的通溪小片。全市总面积 5513 平方公里，户籍总人口 54.3 万人，全市有满族、汉族、蒙古族、回族、朝鲜族等多个民族。

一、凤城方言的语音系统

凤城方言语音系统虽然与北京官话语音系统较为接近，内部方言语音统一性较强，但其也存在鲜明的语音特点。本节从体例安排上看，每小节分为声母、韵母、声调三个部分，各部分包括音节以及例字，然后从与中古音对比的角度来探讨凤城

① 本节原文为杨春宇指导的研究生戴鑫所撰写的硕士论文的部分成果，有删改。

方言语音的特点，即与《广韵》系统进行对比参照，本节音系中字音一律用国际音标记录。

（一）声母系统

凤城方言声母有 22 个（包括零声母），其中包括浊声母 4 个（[m]、[n]、[l]、[v]），清声母 17 个。具体如表 4-62 所示。

1. 声母表

表 4-62　凤城方言声母表

发音方法		发音部位						
		双唇	唇齿	舌尖前	舌尖中	舌尖后	舌面	舌根
塞音	不送气	p			t			k
	送气	pʰ			tʰ			kʰ
塞擦音	不送气			ts		tʂ	tɕ	
	送气			tsʰ		tʂʰ	tɕʰ	
擦音	清音		f	s		ʂ	ɕ	x
	浊音		v					
鼻音	浊音	m			n			
边音	浊音				l			
半元音	清音						ǿ	

2. 声母例字

[p]：波、白、扁、布　　[pʰ]：趴、皮、普、漂

[m]：摸、麻、秒、密　　[f]：发、佛、否、份

[v]：歪、王、绾、璺　　[t]：答、敌、朵、肚

[tʰ]：他、题、妥、吐　　[n]：孬、泥、努、虐

[l]：扔、来、吕、泪　　[k]：瓜、搁、敢、过

[kʰ]：剋、狂、苦、跨　　[x]：花、荷、火、干

[tɕ]：家、橘、姐、犟　　[tɕʰ]：欺、瞧、娶、欠

[ɕ]：虾、学、许、袖　　[ts]：租、贼、走、最

[tsʰ]：蹿、矬、惨、蹭　　[s]：撕、俗、锁、碎

[tʂ]：咋、择、涨、这　　[tʂʰ]：叉、柴、铲、碜

[ʂ]：书、谁、色、涮　　[ǿ]：烟、爷、软、润

3. 拟音说明

凤城方言有老派、新派之分，在老派方言中存在 [tʂ]、[tʂʰ]、[ʂ] 三个舌尖后音；新派方言趋于舌尖前音与舌尖后音自由变读，但读舌尖前音的频率更高。发 [tʂ]、[tʂʰ]、[ʂ] 三个音时舌尖要“对准（抵住或接近）上齿背”[①]，但凤城方言发此音时舌尖抵在下齿背。

4. 声母的特点

（1）凤城方言无全浊声母。“拜、败”“富、父”“旦、蛋”“贵、跪”“救、舅”，每对字读音没有区别。遵循古全浊塞音塞擦音声母平声变为送气清声母的规律，如“旁、糖、狂、穷、茶、才”；仄声变为不送气的清声母，如“被、柱”“备、住”“白、直”。但送气、不送气有相混的现象。如蝶 [tʰiɛ²¹³]、撞 [tsʰuaŋ⁴²]、券 [tɕyɛn⁴²]、朵 [tʰuə²¹³] 等。

（2）非母遇摄合口三等部分字读为送气音 [pʰ]，例如：“甫、脯、醭”。

（3）凤城方言中存在微母 [v]。一般来自中古微母、影母、疑母和云以两母的部分字。微母几乎已经完全取代了普通话零声母合口呼 [u] 的地位。虽然在合口乎 [u] 前读成零声母，但这两种读音并不区分意义。例如，文读作 [vən³⁵] 而不是 [uən³⁵]，翁读作 [vəŋ³³] 而不是 [uəŋ³³]，五 [u²¹³] 读作 [vu²¹³] 而不是 [u²¹³]。

（4）凤城方言的知庄章组声母和精组声母合流但不稳定，呈现自由变读的状态，老派方言使用精组声母的频率略高。如：纸=紫 [tsɿ²¹³]、吃=呲 [tsʰʅ³³]、师=撕 [sɿ³³] 等。青年一代由于受到普通话的影响，开始注意知庄章组声母的存在，目前的状况是精组声母与知庄章组声母相混，但是仍然以精组声母居多。

（5）中古泥、娘母在凤城方言中合流。无论在细音、洪音之前，都读泥母 [n]。如，你读作 [ni²¹³]，奴读作 [nu³⁵]，女读作 [ny²¹³] 等。

（6）凤城方言不分尖团音，即古精组声母与古见晓组声母在今细音前无区别，读为 [tɕ] 组声母。如酒=九 [tɕiəu²¹³]、千=牵 [tɕʰiɛn³³]、须=虚 [ɕy³³]、箱=香 [ɕiaŋ³³]。

（7）部分见系开口二等声母未腭化，存在不同层次。如“街、解”老派一般读为 [k] 声母，新派一般读 [tɕ] 声母，“耕、更、客”老派一般读为 [tɕ]、[tɕʰ] 声母，新派一般读为 [k]、[kʰ] 声母。

（8）青年一代有把以母个别字读作日母 [ʐ] 的情况，如“允”。

（9）凤城方言日母字兼有零声母和来 [l] 母字。在凤城方言中，多数日母失去了

① 黄伯荣，廖序东 . 现代汉语（上册）[M]. 北京：高等教育出版社，2002：34.

独立的地位，读成以母、云母（今零声母的齐齿呼和撮口呼），以 [i-] 或 [y-] 开头。例如，如=于 [y35]，热=业 [iɛ42]，荣=喁 [yŋ35] 等。少数开口呼读来 [l] 母。如，瑞读作 [luei42]，扔读作 [ləŋ33]，蕊读作 [lei213] 等。

（10）凤城方言中的零声母字大多来自中古的疑母、影母、云母、以母和日母。

（二）韵母系统

凤城方言韵母主要有 36 个，其中单元音韵母有 10 个，复元音韵母有 11 个，鼻韵母 15 个，如表 4-63 所示。

1. 韵母表

表 4-63　凤城方言韵母表

结构分类	开口呼	齐齿呼	合口呼	撮口呼
单元音韵母	a、ɤ、ɔ、ɛ、ɚ、æ、ʅ	i	u	y
复元音韵母	ei、əu	ia、iɔ、iɛ、iəu	ua、uə、uæ、uei	yɛ
鼻韵母	an、ən、ɑŋ、əŋ	iɛn、in、iɑŋ、iŋ	uan、uən、uɑŋ、uŋ	yɛn、yn、yŋ

2. 韵母例字

单元音韵母：

[a]：巴、拿、茶、爬、楂

[ɤ]：坡、磨、钵、褶、佛

[ɔ]：煲、茅、好、臊、高

[ɛ]：欸

[ɚ]：儿、耳、饵、贰、二

[æ]：街、摘、崴、赖、菜

[ʅ]：籽、词、纸、痣、只

[u]：谱、部、亩、主、塑

[i]：踢、皮、几、离、米

[y]：虑、徐、娶、聚、驴

复元音韵母：

[ei]：背、肥、哪、那、这

[əu]：抽、楼、走、嗽、狗

[ua]：瓜、话、侉、抓、欻

[uə]：多、坨、倮、戳、豁

[uæ]：乖、槐、拐、拽、筷

[uei]：忒、槌、蕊、最、脆

[ia]：假、霞、加、卡、俩

[iɛ]：鞋、姐、茄、惹、热

[iɔ]：飘、嚼、鸟、炮、桥

[iəu]：熘、牛、取、舅、修

[yɛ]：瘸、略、虐、约、雪

鼻韵母：

[an]：三、蚕、胆、蘸、乱

[ən]：抻、绳、枕、嫩、焖

[ɑŋ]：帮、旁、场、仗、趟

[uan]：穿、团、卵、蒜、换

[uɑŋ]：光、床、慌、壮、霜

[in]：拎、人、寝、劲、新

[iɑŋ]：香、强、痒、犟、凉

[yn]：熏、裙、允、俊、润

[yŋ]：凶、荣、窘、用、穷

[əŋ]：灯、疼、逞、弄、扔

[uən]：抡、唇、准、褪、蹲

[uŋ]：松、从、种、洞、龙

[iɛn]：煎、闲、脸、欠、棉

[iŋ]：冰、宁、影、净、星

[yɛn]：圈、颧、软、暄、元

3. 韵母的特点

（1）凤城方言祭韵、支韵、脂韵、之韵的精组字和知庄章组字合流，这是因为本地区精组字与知庄章组字合流。一般普通话读作 [ʅ] 音的，在凤城方言中 [ʅ]、[ɿ] 自由变读，记作 [ï]，但是读 [ɿ] 较多。

（2）部分帮组山摄的入声字、遇摄的明母平声字与果摄合并，读作 [ɤ]。如：末、泼、钵、模、磨、坡等。

（3）古蟹摄开口一二等、合口二等、效摄开口韵母在今凤城方言中存在复元音单音化的特点，例如，普通话中读成 [ai]、[ɑu] 的音，凤城方言一般读成 [æ]、[ɔ]。同时，一批韵母受此影响，如 [ou]、[iɑu]、[iou]、[uo]、[uai] 读作 [əu]、[iɔ]、[iəu]、[uə]、[uæ]。

（4）宕摄药韵、江摄觉韵入声字今存在大量的文白异读现象，普通话读作 [yɛ]，凤城方言读作 [iɔ]。例如：雀、削、嚼、约、学、角、乐等。

（5）部分流摄上声字、宕摄入声字读作 [ɔ] 音。例如：流摄开口一等滂母侯韵字“剖”，流摄开口三等非母尤韵字“否”，普通话读作 [ou]，凤城方言读作 [ɔ]；宕摄开口一等来母铎韵字“落”，岩摄开口三等药韵的“着、绰”，普通话读作 [uo]，凤城方言读作 [ɔ]。

（6）遇摄合口一等模韵部分字读同果摄合口韵。例如：塑 [$suə^{42}$]。

（7）部分蟹摄开口二等见组佳韵字、梗摄开口二等帮组、知组陌韵入声字和曾摄开口三等知庄组的入声字读作韵母 [æ]，例如：街、解、柏、伯、魄、择、泽、色等。

（8）凤城方言中韵母 [in] 和 [iŋ]，[an] 和 [ɑŋ] 一般不相混，但是，有少数字例外。

第一，将 [iŋ] 读作 [in] 的字：如，梗摄开口三等清韵的“并 [pin^{42}]：合～”、庚韵的“荆 [$tɕin^{33}$]：～棘、明 [min^{35}]：～天”；将 [in] 读作 [iŋ] 的字：如，臻摄开口三等真韵的“津 [$tɕiŋ^{33}$]：天～、宾 [$piŋ^{33}$]：～馆”、震韵的“吝 [$liŋ^{42}$]：～啬”。

第二，将 [an] 读作 [ɑŋ] 的字：如，咸摄开口一等覃韵的“耽 [tɑŋ³³]：～误”；将 [ɑŋ] 读作 [an] 的字：如，宕摄开口一等唐韵的“傍 [pan⁴²]：～晚”。

（9）部分山摄、咸摄入声韵在普通话中读作 [ɤ] 音，而在凤城方言中读 [a] 音，如，山摄开口一等曷韵“割 [ka³⁵]：～手、疙 [ka³³]：～瘩”，咸摄开口一等盍韵“磕 [kʰa²¹³]：～破”。

（10）合口韵中存在大量 [u] 介音消失的现象。

第一，山摄合口一等桓韵泥组字 [u] 介音消失，例如：暖 [nan²¹³]、乱 [lan⁴²]、卵 [lan²¹³]、栾 [lan³⁵]、鸾 [lan³⁵]。

第二，通摄合口一等冬韵、三等钟韵泥母字和一等送韵来母字，普通话读为 [uŋ]，凤城方言丢失 [u] 介音，读为 [əŋ]。例如：农 [nəŋ³⁵]、脓 [nəŋ³⁵]、粽 [tsəŋ⁴²]、浓 [nəŋ³⁵]、弄 [nəŋ⁴²]。

（三）声调系统

凤城方言有四个调类，即：阴平、阳平、上声、去声，与普通话相同，但具体调值普遍低于普通话，如表 4-64 所示。

1. 声调表

表 4-64 凤城方言声调表

古调类	平声		上声	去声	入声			
今调类	阴平	阳平	上声	去声	阴平	阳平	上声	去声
今调值	33	35	213	42	33	35	213	42

2. 声调例字

阴平（33）：风、声、央、亏、发、方、非、分、天、剥

阳平（35）：逢、绳、阳、葵、烦、出、人、肥、烦、文

上声（213）：捧、省、养、傀、匪、想、古、经、鳖、革

去声（42）：缝、剩、样、愧、去、共、压、瑰、恨、爱

3. 声调的特点

（1）凤城方言有阴平、阳平、上声、去声四个调类。

古清声母平声字今读阴平，如：“边、天、飞”，古浊声母平声字今读阳平，如：“平、才、人”；古清和古次浊声母上声字今读上声，如：“比、短、草”，古全浊声母上声字今读去声，如：“倍、坐、是”；无论清浊声母，古去声字今音全读去声，如：

“对、大、帽”；古全浊声母入声字今多读阳平，如：“白、读、达”，古次浊声母入声字今读去声，如：“纳、立、药”，古清声母入声字今归阴平、阳平、上声、去声的都有，没有显著的条理，归入上声的比普通话多。

（2）凤城方言的调值明显低于普通话。凤城方言阴平调值一般为 33，阳平调值为 35，上声调值为 213，去声调值为 42。[①]

（四）声、韵、调的配合关系

这里主要通过表格进行阐释，其中韵母 ê[ɛ] 四声只有一个“欸”字，不列表。有音无字的字用“○”来表示，并在表后加以说明。具体如表 4-65—表 4-81 所示。

表 4-65　凤城方言声韵调配合表一

声母		韵母及声调							
		ɑ[a]				o/e[ɤ]			
		阴平	阳平	上声	去声	阴平	阳平	上声	去声
双唇	p	扒、疤	拔、八	把、靶	爸、鲅	波、饽	博、脖	钵、跛	簸、薄
	p^h	趴、啪	爬、耙	○～茄子	怕、帕	坡、泼	婆	叵、笸	破、迫
	m	妈、蚂	抹、麻	马、码	骂、蚂	摸、么	馍、蘑	抹	磨、沫
唇齿	f	发	伐、罚	法、砝	发		佛		
	v	挖、蛙	娃	瓦	袜、瓦	窝、蜗		我	握、卧
舌尖中	t	搭、瘩	达、妲	打	大	嘚	得、德		○～瑟
	t^h	他、她	○～饺子	塔、獭	蹋、踏			脦	特、忑
	n		拿	哪	捺、呐	呢	哪		讷
	l	拉、垃	旯、砬	喇	辣、腊	嘞	肋		乐、勒
舌根	k	咖、旮	轧、尜	嘎、生	尬	疙、歌	搁、嗝	葛、个	硌、各
	k^h	咖、揩		卡、咯		砢、瞌	咳、搿	可、渴	嗑、刻
	x	哈	虾、蛤	哈	哈	呵、喝	盒、河		贺、赫
舌尖前	ts	扎、咂	砸、杂	咋			择、责	○～扭	仄、昃
	ts^h	擦、嚓		礤					册、测
	s	仨、撒		洒、撒	萨、飒				涩、瑟
舌尖后	tʂ/ts	渣、楂	炸、闸	眨、砟	榨、蚱	遮、蜇	哲、谪	褶、者	蔗、浙
	$tʂ^h/ts^h$	插、喳	茶、茬	馇、衩	岔、杈	车		扯	澈、撤
	ʂ/s	杀、沙	啥	傻	厦、煞	赊、奢	折、舌	舍	社、射

① 王绍晶 . 辽中地区方言语音辨正 [J]. 辽宁师专学报（社会科学版），2000（05）：28.

续表

声母		韵母及声调							
		ɑ[a]				o/e[ɤ]			
		阴平	阳平	上声	去声	阴平	阳平	上声	去声
半元音	ǿ	阿、啊	啊	啊	啊	阿、婀	讹、鹅	恶	饿、噩

注：凤城方言中，对应普通话的韵母 o、e 读音相同，读作 [ɤ]，所以表中把它们归为一列。ɑ、o、e 三个是开口呼韵母，不能与舌面音相拼；o 韵只能与双唇音和唇齿音相拼。其中 ɑ 韵下有两个有音无字的音节，为 [$t^{h}a^{35}$] 和 [$p^{h}a^{213}$]，均是烹饪的方法；e 韵下有两个有音无字的音节 [tɤ] 和 [$ts\text{ɤ}^{213}$]，是形容词。

表 4-66 凤城方言声韵调配合表二

声母		韵母及声调							
		-i[ï]/er[ɚ]（零声母）				ai[æ]			
		阴平	阳平	上声	去声	阴平	阳平	上声	去声
双唇	p					掰、伯	白	百、摆	败、拜
	p^h					拍	牌、排	迫、排	派、湃
	m						埋、霾	买、荬	卖、麦
唇齿	f								
	v					歪、呙		崴	外
舌尖中	t					呆、待		歹、逮	袋、带
	t^h					胎、苔	台、抬		态、汰
	n							乃、奶	耐、奈
	l						来	○～开了（撕、开）	赖、癞
舌根	k					该、街		改	盖、钙
	k^h					开		楷、凯	
	x					嗨○（揍）	还、孩	海	害、嗐
舌尖前	ts	滋、资		籽、紫	字、牸	灾、栽	在	崽、宰	再、载
	ts^h	呲、跐	瓷、磁	此	刺、伺		财、才	踩、彩	菜、蔡
	s	丝、撕		死	寺、饲	揌、腮			赛、塞
舌尖后	tʂ/ts	蜘、芝	侄、值	纸、指	痣、痔	侧	摘、择	窄	债、寨
	$tʂ^h/ts^h$	眵、跐	匙、迟	齿、耻	翅、斥	拆、钗	柴、豺		
	ʂ/s	诗、虱	时、石	屎、史	事、市	筛		色、骰	晒
半元音	ǿ		儿、而	尔、耳	贰、二	哎	挨、癌	矮、蔼	爱、唉

注：凤城方言中韵母 [ɿ] 和 [ʅ] 混并成 [ï]，记作 -i，读 [ɿ] 的情况比较多，并且没有零声母音节，只能与舌尖前和舌尖后声母相拼；而韵母 er 不能与任何声母相拼，只有零声母音节，所以将韵母 -i 和 er 归入同一列中。ai 是开口呼韵母，不能与舌面音和唇齿音 f 相拼；另外，ai 韵下有两个有音无字的音节，[lai^{213}] 和 [xai^{33}]，两个都是动词，前者是撕开，后者是打的意思。

表 4-67 凤城方言声韵调配合表三

声母		韵母及声调							
		ao[ɔ]				ei[ei]			
		阴平	阳平	上声	去声	阴平	阳平	上声	去声
双唇	p	煲、剥	薄、雹	饱、宝	报、刨	杯、碑		北	被、贝
	p^h	抛、脬	刨、袍	跑	炮、疱	醅	胚、赔		呸、配
	m	猫	髦、毛	冇、铆	冒、帽		没、眉	美、每	妹、媚
唇齿	f					非、飞	肥	匪、翡	废、痱
	v					微、炜	围、唯	伪、伟	位、喂
舌尖中	t	刀、叨	捯	倒、捣	道、稻			得	
	t^h	掏、涛	桃、淘	讨	套	忒			
	n	孬	挠、蛲	脑、恼	闹			馁、哪	那、内
	l	捞、唠	劳、牢	老、姥	烙、唠	勒	雷、擂	磊、蕾	累、类
舌根	k	高、糕	○～那	搞、镐	告、诰			给	
	k^h	○～搭（敲）		考、烤	铐、犒	剋			
	x	蒿、薅	豪、毫	好、郝	号、浩	黑、嘿			
舌尖前	ts	遭、糟	凿	枣、澡	灶、躁		贼、鲗		
	ts^h	操、糙	嘈、槽	草	操～蛋				
	s	烧、捎	勺、芍	少	哨、潲				
舌尖后	tʂ/ts	招、钊	着	找、沼	照、笊				这
	$tʂ^h/ts^h$	超、焯	潮、嘲	吵、炒	耖				
	ʂ/s	臊、搔		嫂、扫	瘙、扫		谁		
半元音	ɸ	凹、熬	獒、嗷	袄、拗	奥、傲				

注：开口呼韵母 ao 不能与舌面音和唇齿音相拼，ao 韵下有两个有音无字的音节 [kɔ^{35}] 和 [k^{h}ɔ^{33}]，均是动词，前者实际就是“搁”，是放置的意思，后者与“搭”构成单纯词，表示敲的意思。开口呼韵母 ei 不能与舌面音相拼，没有零声母音节，除了少数音节大部分都不能与舌尖前音、舌尖后音拼合，而与其他声母相拼形成的字也相对较少。

表 4-68 凤城方言声韵调配合表四

声母		韵母及声调							
		ou[əu]				u[u]			
		阴平	阳平	上声	去声	阴平	阳平	上声	去声
双唇	p					晡	不	补、捕	布、部
	p^h	剖	抔	掊		噗、潽	醭、菩	普、朴	铺、瀑
	m	哞	谋、眸	某			模	拇、亩	木、目

续表

声母		ou[əu]				u[u]			
		阴平	阳平	上声	去声	阴平	阳平	上声	去声
唇齿	f			否、缶		孵、肤	福、幅	斧、抚	副、父
	v					屋、污	吴、梧	午、捂	焐、雾
舌尖中	t	兜、蔸		蚪、抖	逗、痘	嘟、都	毒、犊	赌、堵	妒、度
	t^h	偷	投、头		透	凸、秃	图、涂	土、吐	兔、吐
	n						奴、驽	努、弩	怒
	l	搂	楼、娄	搂、篓	漏、露	撸、噜	炉、卢	鲁、掳	绿、陆
舌根	k	沟、钩		狗、枸	够、购	姑、孤	核	古、骨	顾、故
	k^h	抠、眍		口	扣、叩	枯、窟	哭	苦	裤、库
	x	齁	猴、瘊	吼	后、候	烀、糊	壶、煳	虎、唬	户、护
舌尖前	ts	诹、邹		走	揍、奏	猪、蛛	竹、烛	煮、主	住、柱
	ts^h				凑、腠	粗	殂		醋、蹙
	s	馊、搜		擞、叟	嗽	苏、酥	俗		肃、诉
舌尖后	tʂ/ts	周、粥	轴、妯	肘、帚	皱、咒	租	族、足	组、祖	
	$tʂ^h/ts^h$	抽	愁、仇	丑、瞅	臭	出、初	除、锄	储、杵	搐、憷
	ʂ/s	收	熟	手、守	瘦、售	书、梳	赎、塾	数、属	树、漱
半元音	ǿ	欧、鸥		呕、偶	怄、沤	污、乌	吴、梧	五、午	焐、雾

注：开口呼韵母 ou 不能与舌面音、双唇音 [p]、唇齿音 [v]、舌尖中音 [n] 等声母相拼，合口呼韵母 u 不能与舌面音声母相拼，有零声母音节。

表 4-69　凤城方言声韵调配合表五

声母		ua[ua]				uo[uə]			
		阴平	阳平	上声	去声	阴平	阳平	上声	去声
唇齿	f					哆、多	夺、咄	躲、垛	剁、垛
	v					拖、脱	坨、驮	妥、椭	唾、拓
舌尖中	t						挪、娜		糯、诺
	t^h					啰、捋	螺、骡	裸、倮	摞、骆
	n								
	l								

续表

声母		韵母及声调							
		ua[ua]				uo[uə]			
		阴平	阳平	上声	去声	阴平	阳平	上声	去声
舌根	k	刮、瓜	刮～风	寡、剐	挂、褂	郭、锅	国、帼	倮、果	过
	k^h	夸		垮、侉	跨、挎				扩、阔
	x	花、哗	猾、搳		画、话	劐、豁	活、和	火、伙	获、嚯
舌尖前	ts					作、嘬	琢、昨	撮、左	做、柞
	ts^h					搓、撮	矬、痤	脞	锉、错
	s					唆、缩		锁、所	
舌尖后	tʂ/ts	抓、髽		爪		桌、捉	啄、镯		
	$tʂ^h/ts^h$	欻				戳			辍、龊
	ʂ/s	刷、唰	刷～碗	耍	刷～白	说	说～话		硕、妁

注：凤城方言中能够与合口呼韵母 ua 相拼的声母相对较少，只有舌面音和舌尖后音声母，没有零声母音节；合口呼韵母 uo 不能与双唇音、唇齿音、舌面音相拼，且没有零声母音节。

表 4-70　凤城方言声韵调配合表六

声母		韵母及声调							
		uai[uæ]				ui[uei]			
		阴平	阳平	上声	去声	阴平	阳平	上声	去声
舌尖中	t					堆		○（动词）～人	对、队
	t^h					推、忒	颓	腿	褪、煺
	n								
	l							蕊	瑞、睿
舌根	k	乖		拐	怪	归、闺		鬼、轨	贵、柜
	k^h			㧟	快、筷	亏、盔	葵、魁	傀、跬	愧、溃
	x		怀、槐		坏、划	灰、徽	回、蛔	悔、毁	烩、慧
舌尖前	ts							嘴	最、罪
	ts^h					催、摧		璀	脆、翠
	s					虽	随、髓		碎、穗
舌尖后	tʂ/ts	拽		跩	拽	追、锥			坠、赘
	$tʂ^h/ts^h$	揣、搋	膗	揣	踹、膪	吹、炊	锤、捶		
	ʂ/s	衰、摔		甩	帅、率			水	税、睡

注：凤城方言中合口呼韵母 uai 只能与舌根音和舌尖后音声母相拼；合口呼韵母 ui 不能与双唇音、唇齿音、舌尖中音 [n]、舌面音等声母相拼，没有零声母音节，且 ui 韵下有一个有音无字的音节，与“怼”同音，即 [tuei[213]]，指打人的一种方式。

表 4-71　凤城方言声韵调配合表七

声母		韵母及声调							
		i[i]				ia[ia]			
		阴平	阳平	上声	去声	阴平	阳平	上声	去声
双唇	p	逼	鼻、荸	比、笔	必、币	○～的嘴（拟声）			
	pʰ	批、砒	皮、啤	匹、痞	屁、僻	○～～的（拟声）			○打～叽（游戏）
	m	咪、眯	泥、谜	米	蜜、秘				
舌尖中	t	低、滴	敌、笛	底、抵	地、第			嗲	
	tʰ	踢、梯	提、蹄	体	剃、替				
	n	妮	泥、尼	你、拟	腻、昵				
	l	哩	离、梨	李、鲤	力、栗			俩	
舌面	tɕ	犄、鸡	级、急	几、挤	记、季	家、加	夹、颊	胛、假	嫁、架
	tɕʰ	戚、喊	脐、棋	起、乞	气、砌	掐	拤	卡	恰、洽
	ɕ	蜥、惜	习、媳	洗、喜	细、戏	瞎、虾	霞、匣		吓、夏
半元音	ǿ	衣、医	姨、遗	蚁、尾	日、易	丫、鸭	牙、崖	雅、哑	轧、压

注：凤城方言中齐齿呼韵母 i 不能与唇齿音、舌根音、舌尖前音、舌尖后音等声母相拼；与齐齿呼韵母 ia 相拼形成的音节较少，它不能与唇齿、舌尖中音 [tʰ] 和 [n]、舌根音、舌尖前音、舌尖后音等声母相拼，且 ia 下有三个有音无字的音节，[pia]、[pʰia³³]、[pʰia⁴²] 三个音节均是拟声词。

表 4-72　凤城方言声韵调配合表八

声母		韵母及声调							
		ie[iɛ]				iao[iɔ]			
		阴平	阳平	上声	去声	阴平	阳平	上声	去声
双唇	p	憋、鳖	别、蹩	瘪	别	彪、膘		表、裱	摽○（～衣服）
	pʰ	撇、瞥		苤、撇		飘、漂	瓢、嫖	漂、瞟	票、漂
	m	咩			灭、蔑	喵	苗、瞄	秒、渺	妙、庙
舌尖中	t	爹、跌	碟、蝶			叼、刁		屌	掉、钓
	tʰ	贴、帖	铁、帖		帖	挑、佻	条、笤	挑、窕	跳、眺
	n	捏	茶		孽、镊			鸟、袅	尿
	l	咧		咧、裂	烈、猎	撩、蹽	辽、聊	燎、了	尥、钌
舌面	tɕ	接、结	节、劫	姐、解	褯、借	浇、椒	娇、嚼	饺、搅	觉、酵
	tɕʰ	切	茄	且	窃、怯	敲、跷	桥、瞧	巧、雀	撬、翘
	ɕ	些、歇	鞋、斜	写、血	谢、卸	宵、削	学、淆	小、晓	笑、孝
半元音	ǿ	掖、椰	爷、揶	也、惹	热、夜	约、吆	摇、饶	扰、舀	鞠、绕

注：凤城方言中齐齿呼韵母 ie 和 iao 均不能与唇齿音、舌根音、舌尖前音、舌尖后音等声母相拼，iao 韵下有一个有音无字的音节，[piɔ⁴²] 是缝纫的一种方式，意思同“缝”。

表 4-73　凤城方言声韵调配合表九

声母		韵母及声调							
		iu[iəu]				ü[y]			
		阴平	阳平	上声	去声	阴平	阳平	上声	去声
双唇	p				○（拟声）				
	pʰ				○（拟声）				
	m				谬				
舌尖中	t	丢							
	n	妞	牛	纽、扭	拗			女	
	l	遛、熘	溜、瘤	柳、绺	镏、馏		驴、闾	铝、旅	绿、虑
舌面	tɕ	鬏、阄	揪	酒、韭	舅、救	居、驹	局、焗	举、矩	锯、苣
	tɕʰ	秋、蚯	囚、球	取、糗		蛆、蛐	渠、蠼	曲、娶	去、趣
	ɕ	修、休		朽、宿	锈、袖	吁、魆	徐	许、栩	絮、蓄
半元音	ǿ	优、忧	游、鱿	有、友	诱、幼	淤、瘀	鱼、盂	与、雨	玉、遇

注：表中所列的两个韵母收字比较少。在凤城方言中齐齿呼韵母 iu 只能与双唇音、舌尖中音、舌面音等声母拼合，有零声母音节，其中有两个有音无字的音节 [piəu[42]] 和 [pʰiəu[42]]，均是拟声词。撮口呼韵母 ü 只能与舌尖中音 [n]、[l] 及舌面音声母相拼，有零声母音节。

表 4-74　凤城方言声韵调配合表十

声母		韵母及声调							
		üe[yɛ]				an[an]			
		阴平	阳平	上声	去声	阴平	阳平	上声	去声
双唇	p					扳、瘢		板、钣	拌、绊
	pʰ					潘、攀	盘、蹒		盼、襻
	m						馒、埋	满、瞒	慢、漫
唇齿	f					帆、翻	矾、烦	反、返	饭、犯
	v					剜、弯	玩、丸	晚、绾	万、腕
舌尖中	t					丹、担		胆、掸	蛋、淡
	tʰ					摊、贪	痰、坛	毯、忐	探、叹
	n				虐、疟		喃、男	赧、暖	难
	l				略、掠		拦、篮	懒、揽	烂、乱
舌根	k					肝、杆		秆、擀	干、赣
	kʰ					看、堪		砍、坎	看
	x					憨、鼾	寒、含	罕、喊	汗、焊

续表

声母		韵母及声调							
		üe[yɛ]				an[an]			
		阴平	阳平	上声	去声	阴平	阳平	上声	去声
舌面	tɕ	撅	决、觉	蹶	倔				
	tɕ^h	缺	瘸		却、确				
	ɕ	靴、薛	穴、踅	雪、削	血、谑				
舌尖前	ts					簪	咱	攒	暂、赞
	ts^h					餐、参	蚕、残	惨	灿、璨
	s					三、叁		散、伞	散
舌尖后	tʂ/ts					粘、毡		展、盏	蘸、站
	tʂ^h/ts^h					掺、搀	馋、缠	产、铲	颤、忏
	ʂ/s					膻、衫		闪、陕	讪、善
半元音	ǿ	曰、约		哕	月、越	安、鹌		俺	岸、暗

注：在凤城方言中撮口呼韵母 üe 收字较少，只能与舌尖中音 [n] 和 [l]、舌面音等声母拼合形成少数音节，有零声母音节；开口呼鼻韵母 an 除了不能与舌面音声母相拼，与其他声母均可拼。

表 4-75　凤城方言声韵调配合表十一

声母		韵母及声调							
		en[ən]				ang[ɑŋ]			
		阴平	阳平	上声	去声	阴平	阳平	上声	去声
双唇	p	奔、锛		本、畚	笨、奔	帮、梆		膀、绑	棒、谤
	p^h	喷	盆		喷	乓、膀	旁、螃		胖
	m	闷	门、扪		焖、闷	牤	忙、芒	莽、蟒	
唇齿	f	分、吩	坟、焚	粉	粪、份	方、芳	房、防	纺、访	放
	v	温、瘟	闻、蚊	稳、紊	问、璺	汪	王、亡	网、往	忘、望
舌尖中	t					当、裆		党、挡	当、荡
	t^h					汤、趟	糖、塘	躺、淌	烫、趟
	n				嫩、恁	囊、囔	囊	馕、攮	齉
	l					啷	狼、榔	朗	浪、郎
舌根	k	跟、根	哏	艮	亘	刚、缸		岗、港	杠、钢
	k^h			啃、肯	裉、掯	康、糠	扛		抗、炕
	x		痕	狠、很	恨	夯	杭、绗		沆、巷

续表

声母		韵母及声调							
		en[ən]				ang[ɑŋ]			
		阴平	阳平	上声	去声	阴平	阳平	上声	去声
舌尖前	ts			怎		脏、赃			藏、葬
	ts^h	参	涔			仓、苍	藏		
	s	森				丧、桑		嗓、搡	丧
舌尖后	tʂ/ts	针、珍		枕、疹	震、镇	樟、蟑		涨、掌	仗、杖
	$tʂ^h/ts^h$	抻、嗔	陈、尘	碜	衬、趁	伥、猖	肠、尝	厂、敞	唱、畅
	ʂ/s	深、身	神、什	沈、婶	肾、瘆	伤、商		晌、赏	上、绱
半元音	ǿ	恩			摁	肮	昂		盎

注：在凤城方言中开口呼鼻韵母 en 不能与舌尖中音 [t]、[t^h]、[l] 及舌面音声母相拼，有零声母音节；开口呼鼻韵母 ang 不能与舌面音声母相拼，有零声母音节。

表 4-76　凤城方言声韵调配合表十二

声母		韵母及声调							
		eng[əŋ]				uan[uan]			
		阴平	阳平	上声	去声	阴平	阳平	上声	去声
双唇	p	绷、崩	甭	绷	蹦、镚				
	p^h	怦、砰	棚、朋	捧	碰				
	m	蒙	萌、盟	猛、蜢	梦、孟				
唇齿	f	风、丰	逢、缝	讽	凤、奉				
	v	翁、嗡		蓊	瓮				
舌尖中	t	灯、蹬		等	瞪、澄	端		短	断、锻
	t^h	熥	疼、腾			湍	团、抟		
	n		农、脓		弄、泞				
	l	扔、棱	棱、塄	冷	愣、睖		挛、孪	卵	
舌根	k	羹、耕		颈、梗	更	关、官		管、馆	灌、罐
	k^h	坑、吭				宽、髋		款	
	x	哼、亨	恒、衡		啈、横	欢、獾	环、镮	缓	换、患
舌尖前	ts	增、曾			锃、憎	钻、躜		纂	攥、赚
	ts^h	噌	层、曾		蹭	蹿、撺	攒		窜、篡
	s	僧、鬙				酸			算、蒜

续表

声母		韵母及声调							
		eng[əŋ]				uan[uan]			
		阴平	阳平	上声	去声	阴平	阳平	上声	去声
舌尖后	ʈʂ/ts	蒸、睁		拯、整	怔、铮	专、砖		转	赚、传
	$ʈʂ^h/ts^h$	称、撑	盛、城	逞、骋	秤、掌	川、穿	传、船	喘、舛	串、钏
	ʂ/s	甥、牲	绳	省	剩、胜	拴、闩			涮

注：在凤城方言中开口呼鼻韵母 eng 不能与舌面音声母相拼，且没有零声母音节；合口呼鼻韵母 uan 不能与双唇音、唇齿音、舌面音及舌尖中音 [n] 等声母相拼，且没有零声母音节。

表 4-77　凤城方言声韵调配合表十三

声母		韵母及声调							
		uen[uən]				uang[uɑŋ]			
		阴平	阳平	上声	去声	阴平	阳平	上声	去声
舌尖中	t	墩、蹲	蹾	盹	炖、钝				
	t^h	吞	屯、豚	氽	褪				
	n								
	l	抡	纶、轮		论				
舌根	k			绲、滚	棍	光、咣		广、犷	逛
	k^h	坤、昆		捆	困	哐、筐	狂、诳		矿、框
	x	昏、婚	混、浑		诨、混	慌、荒	黄、蝗	谎、晃	晃
舌尖前	ts	尊、遵							
	ts^h	村、皴	存、蹲	忖	寸				
	s	孙		损、笋					
舌尖后	ʈʂ/ts	谆		准		桩、装		奘	壮
	$ʈʂ^h/ts^h$	春	唇、鹑	蠢		窗、疮	床	闯	撞、怆
	ʂ/s			吮	顺、瞬	双、霜		爽	

注：在凤城方言中合口呼鼻韵母 uen 不能与双唇音、唇齿音、舌尖中音 [n]、舌面音声母相拼，没有零声母音节；合口呼鼻韵母 uang 只能与舌根音、舌尖后音声母相拼，没有零声母音节。

表 4-78　凤城方言声韵调配合表十四

声母		韵母及声调							
		ong[uŋ]				in[in]			
		阴平	阳平	上声	去声	阴平	阳平	上声	去声
双唇	p					宾、彬			鬓、殡
	p^h					拼、姘	贫、颦	品	聘
	m						民、苠	敏、抿	

续表

声母		ong[uŋ]				in[in]			
		阴平	阳平	上声	去声	阴平	阳平	上声	去声
舌尖中	t	东、冬		董、懂	冻、洞				
	tʰ	通、嗵	铜、茼	桶、捅	同、通				
	n						您		
	l		笼、聋	拢、垄	弄	拎	淋、鳞	檩、凛	蔺、吝
舌根	k	功、公		巩、拱	共、贡				
	kʰ	空		孔、恐	空、控				
	x	烘、轰	红、洪	哄	讧、哄				
舌面	tɕ					斤、今		紧、仅	劲、进
	tɕʰ					亲、侵	琴、芹	寝	沁
	ɕ					新、心	寻		信、焮
舌尖前	ts	宗、踪		总	纵				
	tsʰ	葱、囱	从、丛						
	s	松、嵩		怂、悚	送、宋				
舌尖后	tʂ/ts	盅、钟		种、肿	众、重				
	tʂʰ/tsʰ	冲、充	虫、重	宠	冲				
	ʂ/s								
半元音	∅					阴、因	人、仁	忍、蚓	认、任

注：在凤城方言中合口呼鼻韵母 ong 不能与双唇音、唇齿音、舌面音、舌尖中音 [n]、舌尖后音 [ʂ]/[s] 等声母相拼，且没有零声母音节；齐齿呼鼻韵母 in 能与双唇音、舌尖中音 [n] 和 [l]、舌面音等声母相拼，且有零声母音节。

表 4-79　凤城方言声韵调配合表十五

声母		ian[iɛn]				iang[iɑŋ]			
		阴平	阳平	上声	去声	阴平	阳平	上声	去声
双唇	p	鞭、编		贬、扁	便、辫				
	pʰ	偏、篇	便	谝	骗、片				
	m		棉、绵	免、勉	面				
舌尖中	t	掂、癫		点、踮	垫、店				
	tʰ	天、添	田、甜	舔、腆					
	n	蔫	年、黏	撵、捻	念、廿		娘		酿
	l		怜、镰	脸、敛	链、练		粮、梁	两、俩	晾、凉

续表

声母		韵母及声调							
		ian[iɛn]				iang[iɑŋ]			
		阴平	阳平	上声	去声	阴平	阳平	上声	去声
舌面	tɕ	尖、煎		茧、捡	贱、毽	豇、姜		膙、讲	犟、糨
	tɕʰ	签、牵	前、钳	浅、遣	欠、歉	枪、腔	墙、强	抢、襁	呛、炝
	ɕ	先、掀	嫌、闲	险、显	现、馅	香、乡	祥、降	想、响	像、相
半元音	ɸ́	烟、淹	盐、沿	掩、魇	厌、咽	殃、秧	洋、疡	养、痒	漾、样

注：在凤城方言中齐齿呼鼻韵母 ian 能与双唇音、舌尖中音、舌面音等声母相拼，且有零声母音节；齐齿呼鼻韵母 iang 能与舌尖中音 [n] 和 [l]、舌面音等声母相拼，且有零声母音节。

表 4-80　凤城方言声韵调配合表十六

声母		韵母及声调							
		ing[iŋ]				ün[yn]			
		阴平	阳平	上声	去声	阴平	阳平	上声	去声
双唇	p	冰、兵		饼、柄	病、并				
	pʰ	乒	瓶、苹						
	m		名、明	酩	命				
舌尖中	t	盯、钉		顶、鼎	腚、订				
	tʰ	听、厅	庭、停	挺、艇	梃				
	n		柠、凝	拧	拧、宁				
	l		铃、龄	岭、领	另、令				
舌面	tɕ	经、精		景、井	镜、净	君、军			俊、郡
	tɕʰ	清、轻	晴、擎	请、顷	庆、亲		群、裙		
	ɕ	星、腥	行、饧	醒、擤	杏、幸	熏、醺	寻、询		蕈、驯
半元音	ɸ́	樱、英	赢、迎	影、颖	硬、应	晕	云、匀	允、陨	孕、运

注：在凤城方言中齐齿呼鼻韵母 ing 能与双唇音、舌尖中音、舌面音声母相拼，且有零声母音节；撮口呼鼻韵母 ün 只能与舌面音声母相拼，且有零声母音节。

表 4-81　凤城方言声韵调配合表十七

声母		韵母及声调							
		üan[yɛn]				iong[yŋ]			
		阴平	阳平	上声	去声	阴平	阳平	上声	去声
舌面	tɕ	捐、娟		卷	绢、券			炯、窘	
	tɕʰ	圈	全、拳	犬、绻	劝		穷、琼		
	ɕ	喧、暄	悬、漩	癣、选	炫、楦	胸、凶	熊、雄		
半元音	ɸ́	冤、鸳	员、原	远、软	愿、院	拥、臃	绒、容	泳、蛹	用、佣

注：在凤城方言中撮口呼鼻韵母 üan 和 iong 收字较少，只能与舌面音声母相拼，且均有零声母音节。

通过表 4-65—表 4-81 的列举，可以清晰明了地看出凤城方言的声韵调的组合关系，并制作下面简表 4-82。

表 4-82 凤城方言声韵配合简表

声母		韵母			
		开口呼	齐齿呼	合口呼	撮口呼
双唇	p、p^h、m	+	+	只跟 u 相拼	
唇齿	f、v	+		只跟 u 相拼	
舌尖中	t、t^h	+	+	+	
	n、l				+
舌根	k、k^h、x	+		+	
舌面	tɕ、tɕ^h、ɕ		+		+
舌尖前	ts、ts^h、s	+		+	
舌尖后	tʂ/ts、tʂ^h/ts^h、ʂ/s	+		+	
零声母	ø	+	+		+

注：“+”表示全部或局部声韵能相拼，空白表示不能相拼。

从表 4-82 中，可以得出凤城方言声韵拼合的主要规律：

（1）双唇音和舌尖中音 [t]、[t^h] 能跟开口呼、齐齿呼、合口呼韵母拼合，不能跟撮口呼韵母拼合。双唇音拼合口呼限于 [u]。

（2）唇齿音、舌根音、舌尖前音、舌尖后音等组声母能跟开口呼、合口呼韵母拼合，不能与齐齿呼、撮口呼韵母拼合。唇齿音拼合口呼限于 [u]。

（3）舌面音同上述四组声母相反，只能跟齐齿呼、撮口呼韵母拼合，不能和开口呼、合口呼韵母拼合。

（4）舌尖中音 [n]、[l] 能跟四呼韵母拼合。零声母音节存在于开口、齐齿、撮口三呼中，不存在于合口呼中。

还可以从韵母出发，得出普通话声韵拼合的另一些规律：

（1）o 韵母只拼双唇音和唇齿音声母，而 uo 韵母却不能同双唇音或唇齿音声母相拼。

（2）ong 韵母没有零声母音节。

（3）-i[ʅ]、[ɿ] 韵母混并成 [ï]，读 [ɿ] 的比较多，并且都没有零声母音节。

（4）ê、er 两个韵母不与任何声母拼合，只有零声母音节。

二、结语

通过对凤城方言语音的整理可以发现，本片方言音系存在几个突出的特点：

声母方面，古全浊声母遵循平送仄不送的规律变成清声母；凤城方言中存在微母；凤城方言的知庄章组声母和精组声母合流但不稳定，呈现自由变读的状态，使用精组声母的频率略高。

韵母方面，存在复元音单音化的特点；部分帮组山摄的入声字、遇摄的明母平声字与果摄合并，读作 [ɤ]；宕摄药韵、江摄觉韵入声字存在大量的文白异读现象，在凤城方言中读作 [iɔ]；合口韵中存在大量 [u] 介音消失的现象；部分蟹摄开口二等见组佳韵字、梗摄开口二等帮组、知组陌韵入声字和曾摄开口三等知庄组的入声字读作韵母 [æ]。

声调方面，古清声母入声字今归阴平、阳平、上声、去声的都有，没有显著的条理，归入上声的比普通话多。

参考文献

爱新觉罗·瀛生 . 满语和汉语的互相影响 [J]. 满文研究，1987（01）: 67-72.
爱新觉罗·瀛生 . 满语杂识 [M]. 北京：学苑出版社，2004.
丁邦新 . 历史层次与方言研究 [M]. 上海：上海教育出版社，2007.
丁声树 . 汉语音韵讲义 [M]. 上海：上海教育出版社，1984.
耿振生 . 近代官话语音研究 [M]. 北京：语文出版社，2007.
耿振生 . 明清等韵学通论 [M]. 北京：语文出版社，1992.
郭孟秀 . 三家子满汉语言文化接触与融合浅析 [J]. 黑龙江民族丛刊，2004（03）: 78-81.
何九盈 . 中国现代语言学史 [M]. 广州：广东教育出版社，1995.
侯精一 . 现代汉语方言概论 [M]. 上海：上海教育出版社，2002.
李荣 . 官话方言的分区 [J]. 方言，1985（01）: 2-5.
李荣 . 切韵音系 [M]. 北京：科学出版社，1956.
李荣 . 音韵存稿 [M]. 北京：商务印书馆，1982.
李如龙 . 汉语方言的比较研究 [M]. 北京：商务印书馆，2001.
李如龙 . 汉语方言学 [M]. 北京：高等教育出版社，2001.
李新魁 . 汉语等韵学 [M]. 北京：中华书局，1983.
宋学 . 辽宁语音说略 [J]. 中国语文，1963（02）: 104-114.
王力 . 汉语史稿 [M]. 北京：中华书局，1980.
王绍晶 . 辽中地区方言语音辨正 [J]. 辽宁师专学报（社会科学版），2000（05）: 25-28.

杨耐思 . 中原音韵音系 [M]. 北京：中国社会科学出版社，1981.
叶宝奎 . 明清官话音系 [M]. 厦门：厦门大学出版社，2001.
袁家骅 . 汉语方言概要 [M]. 北京：语文出版社，2001.
张志敏 . 东北官话的分区（稿）[J]. 方言，2005（02）：141-148.
周祖谟 .《广韵》四声韵字今音表 [M]. 北京：中华书局，1980.
周祖庠 . 新著汉语语音史 [M]. 上海：上海辞书出版社，2006.
朱诚如，邸富生 . 辽宁通史 [M]. 大连：大连海事大学出版社，1997.
邹德文，冯炜 .《黄钟通韵》《音韵逢源》的东北方言语音特征 [J]. 佳木斯大学社会科学学报，2008（06）：72-74.
邹德文，汪银锋 . 论《黄钟通韵》的潜在音系特征 [J]. 广东技术师范学院学报，2006（02）：71-74.

第八节　辽阳方言音系研究[①]

辽阳市的地理坐标为东经 122°35′—123°40′，北纬 40°42′—41°36′，位于辽宁省中部，南界鞍山，北依沈阳，东临本溪，西与辽河油田接壤，面积为 4735.78 平方公里。辽阳市境内有太子河，由西向东经市郊注入渤海，地势上自东南部边界白云山到西北部界河浑河畔，由高到低，从中山、低山、高丘陵、低丘陵、台地到平原，层次分明，海拔由千米以上到 50 米以下，依次跌落，构成了东南高，西北低的倾斜缓降地势。

据《辽阳县志》（1994）记载，辽阳市历史悠久，有两千多年的建置记载。据考古发现，太子河流域中游，分布着许多石器时代的文化遗址，远在六七千年前，辽阳地区就有人类在此劳动、生息和繁衍。从公元前 3 世纪到 17 世纪，辽阳一直是中国东北地区的政治、经济、文化中心、交通枢纽和军事重镇。

辽阳一名，始于汉代，最早的称谓见于《史记》，名曰襄平。曾先后易名为昌平、辽东、辽州、东平、铁凤、天福、南京、东京等名称。自古以来，其隶属区域也十分复杂，分别为：营州（夏商）—燕国辽东郡（战国）—襄平县（秦汉）—平洲（三国）—辽东郡（西晋）—辽东城（东晋）—安东都护府（唐）—东京道辽阳府（辽代）—东京总管府（元代初年至元六年）—辽阳行省（元六年至元二十五年）—辽东都司（明）—东京城（后金）—奉天府（清）—奉天省（民国元年）—奉天省辽阳县（日本帝国主义侵占期间）—辽东省（1949 年）—辽阳市（1968 年）。

① 本节原文为杨春宇指导研究生范凡所撰写的硕士论文的部分成果，有删改。

截至目前，辽阳市共辖1市1县5区，分别为辽阳县、灯塔市、白塔区、文圣区、宏伟区、太子河区、弓长岭区，人口约160万。本节对调查点的语音进行了系统的整理，主要以老男的发音为主，青男、青女和老女的发音为辅。通过整理发现，辽阳方言内部存在很大的一致性，但也存在着细微差异。

白塔区、柳河子镇和唐马寨镇分别位于辽阳市中心、灯塔市和辽阳县，通过对三地的语音整理，发现此三处调查点的语音发音一致，代表了辽阳地区的语音情况；佟二堡镇经济发达，人口密集，情况相对复杂，其语音受普通话影响较多，更接近普通话；甜水满族乡是辽阳县的一个少数民族区域，尽管满语已经消失，但其语音受满语的影响，在发音上也有所差异，主要体现在词汇上。因此，本节第一部分将总结音系的一致性特征。

本节第一部分共分五点，分别为辽阳方言的声母系统、韵母系统、声调系统、声韵调配合关系以及小结，例字选自《方言调查字表》，统一采用国际音标注音。

一、辽阳方言的语音系统

（一）声母系统

1. 声母表

辽阳方言共有声母22个，具体如表4-83、表4-84所示。

表4-83 辽阳方言声母表

发音方法		发音部位						
		双唇音	唇齿音	舌尖前音	舌尖中音	舌尖后音	舌面音	舌根音
塞音	送气	pʰ			tʰ			kʰ
	不送气	p			t			k
塞擦音	送气			tsʰ		tʂʰ	tɕʰ	
	不送气			ts		tʂ	tɕ	
擦音	清音		f	s		ʂ	ɕ	x
鼻音	浊音	m			n		ȵ	
边音	浊音				l			
半元音		ø(w)					ø(j)	

表 4-84 辽阳方言声母例字表

声母	例字	声母	例字	声母	例字
p	帮、兵、病	l	老、蓝、连	ʂ	书、十、手
pʰ	派、片、爬	ȵ	年、泥、娘	tɕ	酒、九、借
m	麦、明、马	ts	早、贼、张	tɕʰ	清、全、轻
f	飞、风、副	tsʰ	草、寸、抽	ɕ	想、谢、响
t	多、东、当	s	丝、三、酸	k	高、共、歌
tʰ	讨、天、甜	tʂ	资、租、字	kʰ	开、看、狂
n	脑、南、暖	tʂʰ	刺、祠、船	x	好、灰、活
∅	热、月、味				

辽阳方言声母共有22个，其中浊音4个，清音17个，其实际发音及音值描写如下：

（1）舌尖前塞擦音 [ts] 和 [tsʰ]、擦音 [s] 发音部位偏后，实际音值介于 [ts]、[tsʰ]、[s] 和 [tɕ]、[tɕʰ]、[ɕ] 之间。

（2）舌尖后塞擦音 [tʂ] 和 [tʂʰ]、擦音 [ʂ] 发音部位偏前，实际音值介于 [tʂ]、[tʂʰ]、[ʂ] 和 [tʃ]、[tʃ]、[ʃ] 之间。

（3）声母为舌尖后音 [tʂ]、[tʂʰ]、[ʂ] 与舌尖前音 [ts]、[tsʰ]、[s] 的多数字存在混读和自由变读现象，同一字在口语中声母混读，甚至在同一句话中前后出现的同一个字的读音都会不同。

（4）有 [ȵ] 声母。因为 [ȵ] 与声母 [n] 呈互补分布，因此将 [ȵ] 声母单列。即 [n] 与开口呼、合口呼相拼，例如：脑 [nɔ²¹³]，[ȵ] 与齐齿呼、撮口呼相拼，例如：年 [ȵian³⁵]。

（5）r[ʐ] 声母缺失。在辽阳方言中，声母 r[ʐ] 的读音为零声母或浊边音 [l]，例如：热 [∅ie⁵¹]、扔 [ləŋ⁵⁵]。

（6）个别零声母偏向于唇齿浊擦音 [ʋ]，例如：晚 [∅uan²¹³]，但在发音时展唇动作不明显，唇齿动作不典型，因此在此仍记为零声母。

（7）舌尖前音 [ts]、[tsʰ]、[s] 与舌根音 [k]、[kʰ]、[x] 在齐齿呼、撮口呼前已完成腭化，读作舌面音 [tɕ]、[tɕʰ]、[ɕ]，读音与北京话基本相同。如：酒 [tɕiəu²¹³]、轻 [tɕʰiŋ⁴⁴]、想 [ɕiaŋ²¹³]。

（8）个别塞音、塞擦音有送气和不送气相混的现象，例如：蝶 [tie³⁵/tʰie²¹³]。

2. 声母的特点

（1）无全浊声母。辽阳方言古全浊声母字按照平声送气仄声不送气的规律，演变为今清声母字，但部分字在演变后出现了送气与不送气相混现象，例如：捕 [pu²¹³/pʰu²¹³]、庇 [pi⁵¹/pʰi⁵¹]、朵 [tuo²¹³/tʰuo²¹³] 等。

（2）不分尖团音。辽阳方言古精组与见组字在细音前同读为 [tɕ]、[tɕʰ]、[ɕ]，例如："秋精"与"丘见"、"就清"与"救休"声母对等。

（3）精组字与知庄章组字的今音相混。辽阳方言古精组字与知庄章组字存在相混现象，即古知庄章组分化出的舌尖后音与古精组字分化出的舌尖前音相混，使舌尖前音与舌尖后音呈现自由变读状态，例如：莱花 [tsʰai⁵¹xua⁴⁴]、白菜 [pai³⁵tʂʰai⁵¹]。

（4）泥母与娘母字区分。辽阳方言古泥母字与古娘母字在今音成互补状态，娘母只与细音相拼读为 [ȵ]，泥母只与洪音字相拼读为 [n]。

（5）部分影母字与疑母字读为 [n]。辽阳方言古影母字和疑母字与开口一、二、三等字相拼时，部分字今读为 [n]，例如：熬 [nau³⁵]、鹅 [nɤ³⁵]、摁 [nən⁵¹]。

（6）见系开口二等字存在未腭化现象。辽阳方言古见系声母与开口二等字相拼时，有的字读为舌根音 [k]，例如：街 [kai⁴⁴]、解 [kai²¹³]；还有的字读为舌面音 [tɕ]、[tɕʰ]，例如：耕 [tɕiŋ⁴⁴]、客 [tɕʰie²¹³]。

（7）零声母来源广泛。辽阳方言零声母字来源于古日母字、影母字、疑母字与以母字。

（8）日母字的今读音包括零声母和 [l]。辽阳方言不存在 [ʐ] 声母，古日母字今读音分为两种，大部分读为零声母，例如：软 [øyan²¹³]、如 [øy³⁵]；当与 [əŋ] 相拼时则读为 [l]，例如：扔 [ləŋ⁵⁵]。

（二）韵母系统

1. 韵母表

辽阳方言共有韵母 38 个，具体如表 4-85、表 4-86 所示。

表 4-85　辽阳方言韵母表

结构分类	开口呼	齐齿呼	合口呼	撮口呼
单元音韵母	ɿ、ʅ、ɚ、a、e、ɤ	i	u	y
复元音韵母	ai、ei、ɑu、əu	ia、ie、iɑu、iəu	ua、uə、uai、uei	ye
鼻音韵母	an、ən、ɑŋ、əŋ	ian、in、iɑŋ、iŋ	uan、uən、uɑŋ、uəŋ、uŋ	yan、yn、yŋ

表 4-86　辽阳方言韵母例字表

韵母	例字	韵母	例字	韵母	例字
ɿ	资、祠、四	ʅ	师、吃、只	ɚ	二、尔、儿

续表

韵母	例字	韵母	例字	韵母	例字
a	茶、他、法	e	欸	ɤ	歌、盒、壳
ai	开、拍、白	ei	赔、飞、为	ɑu	饱、讨、照
əu	豆、走、候	an	南、山、半	ən	深、根、恩
ɑŋ	糖、帮、章	əŋ	灯、升、争		
i	米、戏、急	ia	牙、鸭、呀	ie	也、聂、灭
iɑu	桥、校、药	iəu	油、六、就	ian	先、天、言
in	今、音、宾	iɑŋ	想、阳、强	iŋ	应、并、经
u	苦、五、猪	ua	瓦、刮、夸	uə	坐、过、活
uai	快、拽、怪	uei	对、鬼、北	uan	段、官、团
uən	寸、滚、春	uɑŋ	床、王、双	uəŋ	翁、嗡、瓮
uŋ	东、痛、中				
y	与、句、绿	ye	靴、月、学	yan	院、权、软
yn	云、晕、韵	yŋ	用、熊、窘		

辽阳方言韵母共 38 个，其中单元音韵母 9 个，复元音韵母 13 个，鼻韵母 16 个，其实际发音及音值描写如下：

（1）元音 a 作为单韵母时，其实际音值为 [ᴀ]；在韵尾 -n 前舌位偏前偏高，在 -i 前舌位更高，其实际音值接近 [æ]；在韵尾 -u、-ŋ 前舌位偏后，其实际音值接近 [ɑ]；在 ian、yan 中的实际音值接近 [ɛ]。

（2）相对于北京话，辽阳方言无圆唇 o 韵母，与其对应的单韵母记为 [ɤ]，例如：婆 [pʰɤ³⁵]；北京话复元音韵母 uo、iou、uo 中的元音 o，在辽阳方言中的实际音值为 [ə]，例如：坐 [tsuə⁵¹]，六 [liəu⁵¹]，国 [kuə³⁵]。

（3）元音 i 作为单韵母时，其舌位偏高；当 i 做韵尾时，舌位偏低，实际音值接近 [ɪ]，但我们习惯上仍记作 [i]。

（4）零声母合口呼音节中的 u 具有唇齿化色彩，其实际音值近似 [ʋ]。

（5）零声母开口呼音节以纯元音起头，以及零声母齐口呼、撮口呼、合口呼的音节都带有轻微的唇舌同部位摩擦。

（6）前响复合元音韵母 ɑu、ai 内部动程较短，而且韵尾元音舌位低，两个元音有合音化趋向，其实际音值分别近似 [ɔ]、[æ]。

（7）韵母 ie、ye 中 e[e] 的实际音值接近 [ɛ]。

（8）韵母 ing[iŋ] 的韵腹 i[i] 与 ng[ŋ] 韵尾间有一个较短的过渡元音 [ə]。

（9）个别字丢失 u 介音，存在开合口混读的现象，例如：乱 [lan^{51}]。

（10）鼻韵母的个别字存在前鼻音与后鼻音混读情况，例如：宾 [piŋ^{44}]、傍 [pan^{51}]。

2. 韵母的特点

（1）无入声韵。辽阳方言入派三声已经完成，但部分字存在文白异读层次，例如：学 [ɕiɑu^{35} $_{\text{白}}$/ɕye^{35} $_{\text{文}}$]、取 [tɕiou^{213} $_{\text{白}}$/tɕy^{213} $_{\text{文}}$]。

（2）由于辽阳方言古精组字与知庄章组字的今音相混，因此与之相拼的祭韵、支韵、脂韵和之韵也呈现出了自由变读的情况，例如：四 [sɿ^{51}/ʂʅ^{51}]、吃 [tsɿ^{44}/tʂʅ^{44}]。

（3）辽阳方言古山摄的入声末韵合口一等字、臻摄的入声没韵合口一等字、宕摄的入声铎韵开口一等字、江摄的觉韵开口二等字、果摄的戈韵合口一等字、梗摄的入声陌韵开口二等字和麦韵的开口二等字、曾摄的入声德韵开口一等字在和帮组字相拼时，今读音为 [ɤ]，例如：坡 [p^{h}ɤ^{44}]、磨 [mɤ^{51}]、波 [pɤ^{44}]。

（4）辽阳方言古蟹摄的咍韵开口一等字、泰韵的开口一等字、皆韵的开口二等字、佳韵的开口二等字、夬韵的开口二等字和合口二等字，以及曾摄入声职韵的开口三等字、梗摄的入声陌韵开口二等字和麦韵的开口二等字的今读音为 [ai]，该音存在复元音单元音化的特点，动程较短，读音接近 [æ]。

（5）古效摄的豪韵开口一等字和肴韵开口二等字和宵韵开口三等字、流摄的侯韵开口一等字、宕摄的入声铎韵开口一等字和入声药韵开口三等字、江摄的入声觉韵开口二等字的今读音为 [ɑu]，此音有复元音单元音化的趋势，其读音接近 [ɔ]。

（6）辽阳方言古通摄的东韵合口一、三等字、冬韵合口一等字及钟韵的合口三等字今读音为 [uŋ]，当其与泥母字相拼时，它的演化不彻底，因此只停留在了 [əŋ] 的层面，例如：弄 [nəŋ^{51}]、脓 [nəŋ^{35}]。

（7）辽阳方言古山摄的曷韵开口一等入声字与咸摄的盍韵开口一等入声同见组字相拼时，今读音为 [a]，例如：割 [ka^{44}]、磕 [k^{h}a^{213}]。

（8）辽阳方言古山摄桓韵合口一等字、山韵合口二等字、删韵合口二等字、仙韵合口三等字以及元韵合口三等字，今读音为 [uan]，当其与泥母字和来母字相拼时，介音 [u] 消失，例如：暖 [nan^{213}]、卵 [lan^{213}]。

（三）声调系统

1. 声调表

辽阳方言共有调类 4 个，具体如表 4-87、表 4-88 所示。

表 4-87　辽阳方言声调表

中古调类	平声		上声	去声	入声		
调类	阴平	阳平	上声	去声	阳平	上声	去声
调值	44	35	213	51	35	213	51

表 4-88　辽阳方言声调例字表

调类	调值	例字	调类	调值	例字
阴平	44	东、该、灯、风	上声	213	懂、古、鬼、九
阳平	35	门、龙、牛、油	去声	51	动、罪、近、后

辽阳方言调类共有四个，其实际发音及音值描写如下：

（1）阴平有时候为 33，多数时候为 44，记为 44，发音动程较长。

（2）阳平 35 起点较高，动程较长，尾端升幅明显。

（3）上声有时候为 213，有时候也为 212，记为 213。

（4）去声有时候为 52，多数时候为 51，记为 51，发音动程较短。

2. 声调的特点

（1）辽阳方言声调有阴平、阳平、上声、去声四个调类。

（2）没有入声调。辽阳方言古入声字分别归入四个调类，其规律为：古全浊声母入声字今读阳平，例如：白、达；古清音声母入声部分字今读上声，例如：尺、谷；古清音声母入声部分字今读阴平，例如：搭、苦；古次浊声母入声字今读去声，例如：月、立、古。

（3）辽阳方言古清音声母平声字今读阴平，例如：边、飞；古浊音声母平声字今读阳平，例如：平、人；古清音声母上声字与次浊声母上声字今读上声，例如：比、米；古全浊声母上声字今读去声，例如：倍、舅；古清音声母去声字与浊音声母去声字今读去声，例如：对、帽。

（四）声、韵、调配合关系

1. 声、韵、调配合音节表

辽阳方言的声、韵、调配合关系如表 4-89—表 4-98 所示，表格的纵向为声母，横向为韵母，各韵母栏按声调阴平、阳平、上声和去声的顺序排列。这些表所列关系不包括轻声和儿化韵；当所列字为文读音时，在字下方用单横线“–”表示，当所列字为白读时，在字下方用双横线“=”表示；如果是有音无字，则用代码表示，并在表后进行解释说明；没有组合关系的声韵调用空白表示。

表 4-89 辽阳方言声韵调配合音节表一

声母		韵母及声调															
		ɿ				ʅ				ɚ				a			
		阴平	阳平	上声	去声	阴平	阳平	上声	去声	阴平	阳平	上声	去声	阴平	阳平	上声	去声
双唇音	p													八	拔	靶	爸
	p^h													趴	爬	①	怕
	m													妈	麻	马	骂
唇齿音	f													发	罚	法	发
舌尖中音	t													搭	达	打	大
	t^h													他	②	塔	踏
	n														拿	哪	娜
	l													拉	剌	喇	蜡
舌根音	k													割	轧	嘎	尬
	k^h													咖		磕	
	x													哈	啥	哈	哈
舌尖前音	ts	资		紫	字									匝	砸	咋	
	ts^h	呲	词	此	次									擦			
	s	撕		死	四									仨		撒	飒
舌尖后音	tʂ					只	直	指	志					扎	闸	眨	炸
	$tʂ^h$					吃	持	尺	斥					插	茶	插	岔
	ʂ					师	十	使	事					杀	啥	傻	煞
零声母	ø										儿	耳	二	阿	啊	啊	啊

说明：

（1）[ɿ] 是齐齿呼韵母，只能与舌尖前音相拼，且与 [ts] 和 [s] 相拼时没有阳平音。

（2）[ʅ] 是齐齿呼韵母，只能与舌尖后音相拼。

（3）[ɚ] 是开口呼韵母，不能与任何声母相拼，只能自成音节，并且没有阴平音。

（4）[a] 是开口呼韵母，能与除了舌面音的其他声母相拼，也能自成音节。其中，“割” [ka^{44}] 是白读，表示切或收获的动作，例如“～稻子”；“轧” [ka^{35}] 是白读，表示结交，例如“～朋友”；“磕” [k^{h}a^{213}] 是白读，表示摔倒，例如“～倒了”；“哈”的上声调 [xa^{213}] 是白读，例如“～西站”；“啥” [xa^{35}] 是白读，例如“干～”；“插” [tʂ^{h}a^{213}] 是白读，例如“～上去”；① [p^{h}a^{213}] 是形容词，表示不坚挺的意思，例如“～鼻子”；② [t^{h}a^{35}] 是动词，表示一种烹饪的方法，例如“～饺子”。

表 4-90 辽阳方言声韵调配合音节表二

声母		ɤ				e				ai				ei			
		韵母及声调															
		阴平	阳平	上声	去声	阴平	阳平	上声	去声	阴平	阳平	上声	去声	阴平	阳平	上声	去声
双唇音	p	剥	伯	跛	簸					掰	伯	百	拜	杯		北	被
	p^h	泼	婆	叵	破					拍	排		派	胚	赔		配
	m	摸	蘑	抹	墨						埋	买	卖		煤	美	妹
唇齿音	f		佛											飞	肥	菲	费
舌尖中音	t	嘚	瘩							呆		逮	带	逮		得	
	t^h			①	特					胎	抬		太				
	n		鹅		讷							矮	奈			馁	内
	l				乐						来	②	赖	勒	雷	垒	累
舌根音	k	割	格	葛	个					街		改	盖			给	
	k^h	磕	壳	可	客					开		凯					
	x	喝	盒	黑	贺					③	孩	海	害	黑			
舌尖前音	ts		责		仄					灾		载	再		贼		
	ts^h				测						财	踩	蔡				
	s				瑟					腮		色	赛	塞			
舌尖后音	tʂ	遮	辙	者	这					摘	宅	窄	债				
	$tʂ^h$	车		扯	撤					拆	柴						
	ʂ	佘	舌	舍	摄					筛		骰			谁		
零声母	ǿ	婀	鹅	恶	饿	欸				唉	挨	矮	爱				

说明：

（1）[ɤ] 是开口呼韵母，在辽阳方言中表示 o 和 e 两个韵母。当表示 o 韵母时，[ɤ] 能与双唇音和唇齿音相拼，也能自成音节；当表示 e 韵母时，[ɤ] 能与舌尖中音、舌根音、舌尖前音和舌尖后音相拼，能自成音节。其中，"瘩" [tɤ^{35}] 是白读，在"疙～"中读轻声 [tɤ^{0}]；"鹅" [nɤ^{35}] 是白读，例如"天～"；"黑" [xɤ^{213}] 是白读，例如"天～了"；① [t^{h}ɤ^{213}] 是动词，表示脱掉的动作，例如"把衣服～下来"。

（2）[e] 是开口呼韵母，不与任何声母相拼，只能自成音节。

（3）[ai] 是开口呼韵母，能与双唇音、舌尖中音、舌根音、舌尖前音和舌尖后音相拼，也能自成音节。其中，"伯" [pai^{44}] 是白读，例如"大～"；"街" [kai^{44}] 是白读，例如“大～”；“色”[sai^{213}]是白读，例如“掉～了”；“骰”[ʂai^{213}]是白读，例如“～子”；“矮”[nai^{213}]是白读，例如“高～”；②[lai^{213}]是动词，表示撕开或者打的意思，例如“～开”；③[xai^{44}]是动词，表示打的动作，例如“～人”。

（4）[ei]是开口呼韵母，能与双唇音和唇齿音相拼，个别字能与舌尖中音[t]、[n]和[l]，舌根音[k]和[x]，舌尖前音[ts]和[s]及舌尖后音[ʂ]相拼。其中，“逮”[tei^{44}]是白读，例如“～住”；“塞”[sei^{44}]是白读，例如“～进去”；“谁”[ʂei^{35}]是白读，例如“～来了”。

表 4-91　辽阳方言声韵调配合音节表三

声母		韵母及声调															
		ɑu				əu				an				ən			
		阴平	阳平	上声	去声	阴平	阳平	上声	去声	阴平	阳平	上声	去声	阴平	阳平	上声	去声
双唇音	p	胞	薄	宝	报					班		版	傍	奔	③	本	笨
	pʰ	胞	刨	跑	炮	剖				潘	盘		盼	喷	盆		喷
	m	猫	毛	卯	帽	哞	谋	某			蛮	满	慢	闷	门		焖
唇齿音	f							否		翻	凡	犯	范	分	坟	粉	粪
舌尖中音	t	刀	捯	导	盗	都	都	斗	逗	耽		胆	旦				
	tʰ	涛	逃	讨	套	偷	骰	②	透	摊	谈	毯	叹				
	n	孬	熬	脑	闹					喃	男	暖	难				摁
	l	捞	牢	老	唠	搂	楼	篓	漏		蓝	懒	乱				嫩
舌根音	k	高	①	稿	告	沟		狗	够	杆		敢	赣	根	哏	④	亘
	kʰ			考	靠	扣		口	寇	刊		砍	看			肯	裉
	x	蒿	蚝	好	耗	齁	侯	吼	候	憨	寒	喊	汉		痕	狠	恨
舌尖前音	ts	遭	凿	早	灶	邹		走	揍	簪	咱	攒	赞			怎	谮
	tsʰ	操	曹	草	肏				凑	餐	蚕	惨	灿	参	岑		
	s	骚		扫	臊	艘		馊	嗽	三		伞	散	森			
舌尖后音	tʂ	昭	着	找	赵	周	轴	肘	宙	占		展	站	针		枕	镇
	tʂʰ	焯	潮	炒		抽	愁	瞅	臭	掺	馋	铲	颤	琛	陈	碜	趁
	ʂ	烧	勺	少	邵	收	熟	手	首	山		闪	善	深	什	沈	肾
零声母	ø	凹	熬	袄	傲	欧		偶	怄	安		俺	暗	嗯			摁

说明：

（1）[ɑu]是开口呼韵母，能与除唇齿音和舌面音外的其他声母相拼，能自成音节。

其中，“胞”[pʰɑu44]是白读，“胞”[pɑu44]是文读，例如“细～”，形成双唇塞音送气与不送气相混读现象；还有[n]声母与零声母的混读，如“熬”[nɑu35]是白读，例如“～药”,“熬”[øɑu35]是文读，例如“煎～”；①[kɑu35]表示放置的意思，例如“把东西～那”。

（2）[əu]是开口呼韵母，个别字能与双唇音[pʰ]、[m]和唇齿音[f]相拼，大部分字可以与舌尖中音、舌根音、舌尖前音和舌尖后音相拼，也能自成音节。其中，“都”[təu35]是白读，例如“～有”；②[tʰəu213]是动词，表示漂洗的意思，例如“把泡沫～干净”。

（3）[an]是开口呼鼻音韵母，能与除舌面音外的其他声母相拼，也能自成音节。其中，“傍”[pan51]是白读，例如“～晚”，“傍”[pɑŋ51]是文读，例如“～黑儿”，形成前后鼻音相混读现象；“暖”[nan213]是白读，是介音[u]脱落导致的，例如“～和”；“乱”[lan51]是白读，是介音[u]脱落导致的，例如“～套”。

（4）[ən]是开口呼鼻音韵母，个别字能与舌尖中音[n]和[l]相拼，这属于声母的文白异读现象，部分字能与舌尖前音相拼，大部分字能与双唇音、唇齿音、舌根音和舌尖后音相拼，也能自成音节。其中，“摁”[nən]是白读，例如“～住”；“嫩”[lən51]是白读，例如“～叶”；③[pən35]组成“～儿喽头”一词时，表示额头的意思；④[kən213]是形容词，形容人的行为、动作、说话或反应的速度慢，例如“这个人真～”。

表 4-92　辽阳方言声韵调配合音节表四

声母		韵母及声调															
		ɑŋ				əŋ				i				ia			
		阴平	阳平	上声	去声	阴平	阳平	上声	去声	阴平	阳平	上声	去声	阴平	阳平	上声	去声
双唇音	p	帮		膀	傍	崩	甭	捧	蹦	逼	鼻	比	庇	②			
	pʰ	乓	旁		胖	抨	鹏	捧	碰	批	皮	脾	庇	③			④
	m	牤	忙	莽		蒙	萌	猛	梦	咪	弥	米	墨				
唇齿音	f	芳	防	纺	放	风	缝	讽	缝								
舌尖中音	t	耽		党	荡	灯		等	瞪	低	迪	抵	地			嗲	
	tʰ	汤	糖	躺	烫	熥	腾			踢	题	体	替				
	n	囔	囊	馕	齉		能		弄								
	l	啷	狼	朗	浪	扔	棱	冷	愣		离	李	例			俩	

续表

声母		ɑŋ				əŋ				i				ia			
		阴平	阳平	上声	去声	阴平	阳平	上声	去声	阴平	阳平	上声	去声	阴平	阳平	上声	去声
舌根音	k	刚	杠	港	杠	耕	①	梗	更								
	k^h	康	抗		抗	坑											
	x	夯	杭		沆	亨	衡		横								
舌面音	tɕ									基	极	几	寄	家	峡	贾	嫁
	$tɕ^h$									七	奇	起	气	掐		拤	恰
	ɕ									西	习	洗	戏	瞎	峡		下
	ȵ									妮	弥	你	腻				
舌尖前音	ts	脏			葬	增			憎								
	ts^h	仓	藏			噌	层		蹭								
	s	丧		嗓	丧	僧											
舌尖后音	tʂ	章		掌	仗	争		整	证								
	$tʂ^h$	昌	常	厂	唱	撑	成	骋	秤								
	ʂ	商		赏	尚	声	绳	省	剩								
零声母	ǿ	肮	昂		盎					一	疑	尾	日	鸭	牙	轧	压

说明：

（1）[ɑŋ] 是开口呼鼻音韵母，能与除舌面音外的其他声母相拼，也能自成音节。其中，“耽”[tɑŋ⁴⁴] 是白读，例如“～误”，“耽”[tan⁴⁴] 是文读，形成前鼻音与后鼻音相混读现象。

（2）[əŋ] 是开口呼鼻音韵母，能与除舌面音外的其他声母相拼，不能自成音节。其中，“捧”[pəŋ²¹³] 是白读，“捧”[pʰəŋ²¹³] 是文读，形成双唇塞音的送气与不送气相混读现象；① [kəŋ³⁵] 组成“～唧”，形容小声地哭闹。

（3）[i] 是齐齿呼韵母，能与双唇音，舌尖中音 [t]、[tʰ]、[l] 和舌面音相拼，也能自成音节。其中，“庇”[pʰi⁵¹] 是白读，“庇”[pi⁵¹] 是文读，例如“包～”，形成双唇塞音的送气与不送气相混读现象；“墨”[mi⁵¹] 是白读，表示墨水的意思，此读音只能单用，不能组词，例如“给笔灌上～”；“弥”[ni³⁵] 是白读，例如“～补”；“尾”[ǿi²¹³] 是白读，例如“～巴”。

（4）[ia] 是齐齿呼韵母，能与舌面音 [tɕ]、[tɕʰ]、[ɕ] 相拼，只有两个字能与舌尖

中音 [t] 和 [l] 相拼，分别是“嗲”和“俩”，也能自成音节。其中，“峡”[tɕia³⁵] 是白读，例如“海～”；② [pia⁴⁴] 是拟声词，形容吃饭时嘴唇碰撞而发出的某种不好的声音，例如“～唧嘴”；③ [pʰia⁴⁴] 是拟声词，形容东西撞击的声音或者走路时发出的声音，例如“他走路～～的”；④ [pʰia⁵¹] 是拟声词，形容东西掉在地上时发出的声音，例如“书～的一声掉在了地上”。

表 4-93　辽阳方言声韵调配合音节表五

声母		韵母及声调															
		ie				iɑu				iəu				ian			
		阴平	阳平	上声	去声	阴平	阳平	上声	去声	阴平	阳平	上声	去声	阴平	阳平	上声	去声
双唇音	p	憋	蹩	瘪	别	彪		表	俵				②	边		扁	变
	p^h	瞥		撇		飘	瓢	漂	票				③	篇	骈	谝	骗
	m	咩			灭	喵	描	秒	庙				谬		棉	免	面
舌尖中音	t	爹	蝶			叼		屌	掉					颠		点	店
	t^h	贴	蝶	铁	帖	挑	条	挑	跳					天	甜	舔	掭
	n																
	l	咧		挒	劣	撩	辽	寥	料	熘	刘	柳	六	④	连	脸	恋
舌面音	tɕ	街	节	姐	借	教	矫	角	酵	纠		九	就	歼		茧	件
	$tɕ^h$	切	茄	客	怯	敲	瞧	巧	壳	丘	求	取		歼	前	浅	欠
	ɕ	歇	鞋	写	卸	消	学	小	酵	修		朽	秀	仙	弦	显	县
	ȵ	捏			涅	①		鸟	尿	妞	牛	扭	拗	蔫	年	撵	念
零声母	ǿ	噎	爷	也	热	约	姚	咬	绕	优	揉	有	肉	烟	然	染	雁

说明：

（1）[ie] 是齐齿呼韵母，能与双唇音，舌尖中音 [t]、[tʰ]、[l] 及舌面音相拼，也能自成音节。其中，“蝶”[tʰie²¹³] 是白读，“蝶”[tie²¹³] 是文读，如“蝴～”，形成舌尖中塞音的送气与不送气相混读现象；“客”[tɕʰie²¹³] 是白读，例如“来～了”。

（2）[iau] 是齐齿呼韵母，与双唇音，舌尖中音 [t]、[tʰ]、[l]，以及舌面音相拼，也能自成音节。其中，“壳”[tɕiɑu⁵¹] 是白读，例如“地～”；“酵”[ɕiɑu⁵¹] 是白读，例如“发～”；“学”[ɕiɑu³⁵] 是白读，例如“上～”；“约”[ǿiɑu⁴⁴] 是白读，例如“～秤”；① [ȵiɑu⁴⁴] 组成“～悄儿”一词，形容没有声音。

（3）[iəu] 是齐齿呼韵母，个别字能与双唇音 [m] 和舌尖中音 [l] 相拼，部分字能与舌面音相拼，也能自成音节。其中，“取”[tɕiəu²¹³] 是白读，例如“～货”；

② [piəu^{51}] 是拟声词，形容东西转瞬即逝的声音；③ [pʰiəu^{51}] 是拟声词，形容打枪的声音。

（4）[ian] 是齐齿呼鼻音韵母，能与双唇音，舌尖中音 [t]、[tʰ]、[l] 和舌面音相拼，也能自成音节。其中，“歼” [tɕʰian^{44}] 是白读，“歼” [tɕian^{44}] 是文读，例如“～灭”，形成舌面前塞擦音的送气与不送气相混读现象；④ [lian^{44}] 是动词，表示联系或纠缠不清，例如“没事别总是和他～～”。

表 4-94　辽阳方言声韵调配合音节表六

声母		韵母及声调											
		in				iaŋ				iŋ			
		阴平	阳平	上声	去声	阴平	阳平	上声	去声	阴平	阳平	上声	去声
双唇音	p	宾			殡					宾		饼	病
	pʰ	拼	贫	品	聘					乒	瓶		
	m		民	敏							名		命
舌尖中音	t									丁		顶	订
	tʰ									厅	停	挺	①
	n		您				娘		酿		宁	拧	
	l	拎	临	凛	蔺		梁	两	靓		玲	岭	另
舌面音	tɕ	津		紧	浸	江		讲	犟	耕		景	境
	tɕʰ	浸	琴	寝	沁	枪	墙	抢	呛	青	晴	请	庆
	ɕ	心	寻		信	香	祥	想	向	星	形	醒	姓
	ȵ		您				娘		酿		凝	拧	佞
零声母	∅	音	银	忍	认	央	阳	嚷	让	英	营	影	硬

说明：

（1）[in] 是齐齿呼鼻音韵母，能与双唇音、舌尖中音 [l] 和舌面音相拼，也能自成音节。其中，“浸” [tɕʰin^{44}] 是白读，“浸” [tɕin^{44}] 是文读，例如“～泡”，形成舌面前塞擦音的送气与不送气相混读现象；“寻” [ɕin^{35}] 是白读，例如“～思”，“寻” [ɕyn^{35}] 是文读，例如“～找”，形成韵母上的异读。

（2）[iaŋ] 是齐齿呼鼻音韵母，能与舌尖中音的 [l] 和舌面音相拼，也能自成音节。

（3）[iŋ] 是齐齿呼鼻音韵母，能与双唇音，舌尖中音的 [t]、[tʰ]、[l] 及舌面音相拼，也能自成音节。其中，“宾” [piŋ^{44}] 是白读，例如“～馆”，“宾” [pin^{44}] 是文读，形成前鼻音与后鼻音相混读现象；“耕” [tɕiŋ^{44}] 是白读，例如“～地”，“耕” [kəŋ^{44}] 是文读；① [$t^hiŋ^{51}$] 是动词，是打麻将的一种游戏术语。

表 4-95　辽阳方言声韵调配合音节表七

声母		u				ua				uə				uai			
		阴平	阳平	上声	去声	阴平	阳平	上声	去声	阴平	阳平	上声	去声	阴平	阳平	上声	去声
双唇音	p	哺		捕	步												
	p^h	扑	仆	捕	铺												
	m		模	母	墓												
唇齿音	f	敷	福	辅	复												
舌尖中音	t	督	毒	赌	妒					多	夺	朵	舵				
	t^h	凸	涂	土	唾					脱	驼	朵	唾				
	n		奴	努	怒						挪		诺				
	l	撸	炉	鲁	录					啰	锣	裸	洛				
舌根音	k	姑		古	顾	刮	呱	寡	挂	郭	国	果	过	乖		拐	怪
	k^h	哭		苦	酷	夸		垮	跨	①			括			③	刽
	x	呼	胡	虎	护	花	华		化	豁	活	火	或		怀		坏
舌尖前音	ts	租	族	祖						嘬	昨	左	座				
	ts^h	粗	殂		醋					搓	矬	②	错				
	s	苏	俗		塑					塑		锁					
舌尖后音	tʂ	猪	竹	主	住	抓		爪		捉	卓			拽		跩	拽
	$tʂ^h$	出	除	楚	触					戳			辍	揣		揣	踹
	ʂ	书	赎	暑	术	刷		耍	刷	说			朔	摔		甩	帅
零声母	ø					挖	娃	瓦	袜	窝		我	握	歪		崴	外

说明：

（1）[u] 是合口呼韵母，能与除舌面音外的其他声母相拼，也能自成音节。其中“捕” [p^hu^{213}] 是白读，“捕” [pu^{213}] 是文读，例如“～蜻蜓”，形成双唇塞音的送气与不送气相混读现象；“涂” [t^hu^{35}] 是文读，在“糊～”中读轻声 [tu^0]，形成舌尖中塞音的送气与不送气相混读现象；“唾” [t^hu^{51}] 是白读，例如“～沫”，“唾” [$t^huə^{51}$] 是文读。

（2）[ua] 是合口呼韵母，能与舌根音以及舌尖后音 [tʂ] 和 [ʂ] 相拼，也能自成音节。

（3）[uə] 是合口呼韵母，能与舌尖中音、舌根音、舌尖前音和舌尖后音相拼，也能自成音节。其中，“朵” [$t^huə^{213}$] 是白读，例如“花～”，“朵” [$tuə^{213}$] 是文读，形成舌尖中塞音的送气与不送气相混读现象；“塑”[suə^{51}]是白读，例如“～料”，“塑”[su^{51}]是文读；①[kʰuə^{44}]是动词，表示把封闭的东西打开的意思，例如“把蚬子给～开”；②[tsʰuə^{213}]是名词，“～子”是一种清洁工具，可以收运垃圾。

（4）[uai]是合口呼韵母，能与舌根音和舌尖后音相拼，也能自成音节。其中，“刽”[kʰuai^{51}]是白读，“刽”[kuəi^{51}]是文读，例如“～子手”，形成舌根塞音的送气与不送气相混读现象；“摔”[tʂuai^{44}]是白读，例如“～了一跤”；③[øiɑu^{213}]是文读，是动词，表示用容器盛水的意思，例如“～水”，[kʰuai^{213}]是白读。

表 4-96 辽阳方言声韵调配合音节表八

声母		韵母及声调															
		uei				uan				uən				uɑŋ			
		阴平	阳平	上声	去声	阴平	阳平	上声	去声	阴平	阳平	上声	去声	阴平	阳平	上声	去声
舌尖中音	t	堆		①	对	端		短	断	蹲		盹	沌				
	tʰ	推	颓	腿	退	湍	团			吞	屯		捂				
	n							暖									
	l				蕊	瑞	栾	卵	乱	抡	轮		论				
舌根音	k	归		鬼	贵	关		管	惯			滚	棍	光		广	逛
	kʰ	亏	葵	跬	愧	宽		款		昆		捆	困	筐	狂		矿
	x	灰	回	毁	会	欢	桓	缓	还	婚	浑		混	慌	慌	谎	晃
舌尖前音	ts			嘴	最	钻		纂	钻	尊		撙	俊				
	tsʰ	崔		璀	脆	蹿	攒		篡	村	存	忖	寸				
	s	虽	随	髓	岁	酸			算	孙		损					
舌尖后音	tʂ	追			坠	专		转	赚	谆		准		庄			撞
	tʂʰ	吹	锤			穿	船	喘	串	春	纯	蠢		窗	床	闯	撞
	ʂ			水	睡	栓			涮			吮	顺	双		爽	
零声母	ø	微	围	尾	喂	弯	完	晚	万	温	文	吻	问	汪	王	网	望

说明：

（1）[uei]是合口呼韵母，能与舌尖中音[t]、[tʰ]、[l]，舌根音，舌尖前音及舌尖后音相拼，也能自成音节。其中，①[tuei^{213}]是动词，表示打人的一种方式，例如“～他一下”。

（2）[uan]是合口呼鼻音韵母，能与舌尖中音[t]、[tʰ]、[l]，舌根音，舌尖前音，舌尖后音相拼，能够自成音节。

（3）[uən] 是合口呼鼻音韵母，能与舌尖中音 [t]、[tʰ]、[l]，舌根音，舌尖前音，舌尖后音相拼，能够自成音节。其中，“俊” [tsuən⁵¹] 是白读，例如“真～”。

（4）[uɑŋ] 是合口呼鼻音韵母，能与舌根、舌尖后音相拼，也能自成音节。其中“撞” [tʂʰuɑŋ⁵¹] 是白读，“撞” [tʂuɑŋ⁵¹] 是文读，形成舌尖后塞擦音的送气与不送气相混读现象。

表 4-97　辽阳方言声韵调配合音节表九

声母		uəŋ				uŋ				y				ye			
		阴平	阳平	上声	去声	阴平	阳平	上声	去声	阴平	阳平	上声	去声	阴平	阳平	上声	去声
舌尖中音	t					东	咚	懂	洞								
	tʰ					通	铜	桶	痛								
	n						浓		弄			女					虐
	l						龙	拢			驴	吕	绿				劣
舌根音	k					功		巩	共								
	kʰ					空		孔	控								
	x					轰	红	哄	讧								
舌面音	tɕ									居	橘	举	据	撅	绝	蹶	倔
	tɕʰ									驱	渠	取	去	缺	瘸		怯
	ɕ									需	徐	许	续	靴	学	雪	穴
	ȵ											女					虐
舌尖前音	ts					宗		总	纵								
	tsʰ					匆	从										
	s					松	怂	怂	讼								
舌尖后音	tʂ					中		肿	重								
	tʂʰ					充	崇	宠	冲								
	ʂ																
零声母	∅	翁		蓊						迂	如	雨	入	约		哕	弱

说明：

（1）[uəŋ] 是合口呼鼻音韵母，不能与任何声母相拼，只能自成音节，并且只有阴平字和上声字。

（2）[uŋ] 是合口呼鼻音韵母，能与舌尖中音 [t]、[tʰ]、[l]，舌根音，舌尖前音

及舌尖后音 [tʂ]、[tʂʰ] 相拼，不能自成音节。其中，“怂”[suŋ³⁵] 是白读，例如“他太～了”。

（3）[y] 是撮口呼韵母，能与舌尖中音 [l] 和舌面音相拼，也能自成音节。

（4）[ye] 是撮口呼韵母，能与舌尖中音 [l] 和舌面音相拼，也能自成音节。其中，“劣”[lye²¹³] 是白读，“劣”[lie²¹³] 是文读，例如“～势”；“怯”[tɕʰye⁵¹] 是白读，“怯”[tɕʰie⁵¹] 是文读，例如“胆～”。

表 4-98　辽阳方言声韵调配合音节表十

声母		韵母及声调											
		yan				yn				yŋ			
		阴平	阳平	上声	去声	阴平	阳平	上声	去声	阴平	阳平	上声	去声
舌面音	tɕ	娟		卷	券	军	俊		郡	扃		炅	
	tɕʰ	圈	全	犬	券	夋	群				穷		
	ɕ	轩	弦	选	炫	熏	寻		训	兄	熊		诇
零声母	ø	渊	源	软	院	氲	云	允	润	拥	容	冗	用

说明：

（1）[yan] 是撮口呼鼻音韵母，能与舌面音 [tɕ]、[tɕʰ]、[ɕ] 相拼，也能自成音节。其中，“券”[tɕyan⁵¹] 是白读，“券”[tɕʰyan⁵¹] 是文读，例如“入场～”，形成舌面前塞擦音的送气与不送气相混读现象；另外，韵母方面也可构成文白异读，“弦”[ɕyan³⁵] 是白读，例如“琴～”，“弦”[ɕian³⁵] 是文读。

（2）[yn] 是撮口呼鼻音韵母，能与舌面音 [tɕ]、[tɕʰ]、[ɕ] 相拼，也能自成音节。

（3）[yŋ] 是撮口呼鼻音韵母，能与舌面音的 [tɕ]、[tɕʰ]、[ɕ] 相拼，也能自成音节。

2. 声母韵母配合表

通过表 4-89—表 4-98 可知辽阳方言声韵调的配合情况，由此可列出声母韵母配合简表，声母按发音部位分为六组，韵母按发音方法分为四组，“+”表示有拼合关系，“–”表示没有拼合关系，具体如表 4-99 所示。

表 4-99　辽阳方言声母韵母配合简表

声母		韵母			
		开口呼	齐齿呼	合口呼	撮口呼
双唇音	p、pʰ、m	+	+	只限 u	–
唇齿音	f	+	–	只限 u	–

续表

声母		韵母			
		开口呼	齐齿呼	合口呼	撮口呼
舌尖中音	t、tʰ、	+	+	+	−
	n	+	−	+	−
	l	+	+	+	+
舌根音	k、kʰ、x	+	−	+	−
舌面音	tɕ、tɕʰ、ɕ、ȵ	−	+	−	+
舌尖前音	ts、tsʰ、s	+	−	+	−
舌尖后音	tʂ、tʂʰ、ʂ	+	−	+	−
零声母	ǿ	+	+	+	+

由表 4-99 可以总结辽阳方言语音声母韵母拼合关系如下：

（1）辽阳方言的双唇音和舌尖中音 [t]、[tʰ] 可以与开口呼和齐齿呼相拼，与合口呼相拼时只限 [u]，不能与撮口呼相拼。

（2）辽阳方言的唇齿音能与开口呼相拼，与合口呼相拼时只限 [u]，不能与撮口呼和齐齿呼相拼。

（3）辽阳方言的舌尖中音 [n] 能与开口呼和合口呼相拼，不能与撮口呼和齐齿呼相拼；舌尖中音 [l] 能与四呼都相拼。

（4）辽阳方言的舌根音、舌尖前音和舌尖后音能与开口呼和合口呼相拼，不能与撮口呼和齐齿呼相拼。

（5）辽阳方言的舌面音能与齐齿呼和撮口呼相拼，不能与开口呼和合口呼相拼。

（6）四呼都有零声母音节，其中不包括开口呼的 [ɿ]、[ʅ]、[ei]、[əŋ] 和合口呼的 [u]、[uŋ]，而开口呼的 [ɚ]、[e] 和合口呼的 [uəŋ] 只有零声母音节，不能与其他声母相拼。

（五）小结

本部分着重介绍了辽阳方言的音系概貌，从总体来看，该音系结构并不复杂，表现为以下几点：

（1）辽阳方言的音系系统语音数量较少，分别为声母 22 个，韵母 38 个，调类 4 个。

（2）辽阳方言无全浊声母，并且舌尖前音和舌尖后音存在混读现象；缺乏 r[z] 声母；声母 [ȵ] 与声母 [n] 呈互补分布；不分尖团音，零声母来源复杂。

（3）辽阳方言舌面后半高圆唇元音 [o] 读为舌面央半高不圆唇元音 [ə]；个别字

丢失介音 [u]；舌尖前后元音出现混读现象。

（4）辽阳方言声调调类为 4 个，无入声调。

（5）辽阳方言在声韵调配合方面表现的规律为双唇音、唇齿音和舌尖中音能与开口呼、合口呼相拼，舌根音、舌尖前音和舌根后音能与开口呼和合口呼相拼，舌面音只能与齐齿呼和撮口呼相拼，零声母四呼俱全。

二、辽阳方言与周边地区方言语音的比较

本部分将从共时的角度将辽阳方言与周边地区方言进行比较，总结共性与个性，不仅为辽阳方言的语音研究提供新的语料，还有利于辽阳方言的语言接触研究。因为辽阳位于辽宁省中部，占据重要的地理位置，因此，周边地区的方言影响不容忽视。尽管同处于一个省之内，各地之间的方言也有所差异。根据所属的方言区不同，将方言点列举如下：

·东北官话：通溪小片：沈阳市、鞍山市、本溪市；长锦小片：锦州市、绥中县。

·胶辽官话：登连片：庄河市；盖桓片：盖州市。

·北京官话：朝峰片：建平县。

在比较的过程中，以辽阳方言音系为参照点，列出周边地区方言音系的不同之处，并用“__”做出标记，便于观察。

1. 声母的比较

表 4-100　辽阳方言与周边方言声母比较表

辽阳方言	北京官话	东北官话					胶辽官话	
	朝峰片	长锦小片		通溪小片			登连片	盖桓片
辽阳	建平	锦州	绥中	沈阳	鞍山	本溪	庄河	盖州
22	24	19	23	20	22	20	19	22①
p	p	p	p	p	p	p	p	p
p^h	p^h	p^h	p^h	p^h	p^h	p^h	p^h	p^h
m	m	m	m	m	m	m	m	m
f	f	f	f	f	f	f	f	f
t	t	t	t	t	t	t	t	t
t^h	t^h	t^h	t^h	t^h	t^h	t^h	t^h	t^h

① 此行数字代表声母数。

续表

辽阳方言	北京官话	东北官话					胶辽官话	
	朝峰片	长锦小片		通溪小片			登连片	盖桓片
辽阳	建平	锦州	绥中	沈阳	鞍山	本溪	庄河	盖州
n	n	n	n	n	n	n	n	n
l	l	l	l	l	l	l	l	l
ts	ts	ts	ts	ts	ts	ts	ts	ts
tsʰ	tsʰ	tsʰ	tsʰ	tsʰ	tsʰ	tsʰ	tsʰ	tsʰ
s	s	s	s	s	s	s	s	s
tʂ	tʂ	ts	tʃ	ts	tʂ	ts	tɕ	tʂ/tɕ
tʂʰ	tʂʰ	tsʰ	tʃʰ	tsʰ	tʂʰ	tsʰ	tɕʰ	tʂʰ/tɕʰ
ʂ	ʂ	s	ʃ	s	ʂ	s	ɕ	ʂ/ɕ
tɕ	tɕ	tɕ	tɕ	tɕ	tɕ	tɕ	tɕ	tɕ
tɕʰ	tɕʰ	tɕʰ	tɕʰ	tɕʰ	tɕʰ	tɕʰ	tɕʰ	tɕʰ
ɕ	ɕ	ɕ	ɕ	ɕ	ɕ	ɕ	ɕ	ɕ
ȵ	ȵ	n	n	ȵ	ȵ	ȵ	ȵ	ȵ
k	k	k	k	k	k	k	k/tɕ	k
kʰ	kʰ	kʰ	kʰ	kʰ	kʰ	kʰ	kʰ/tɕʰ	kʰ
x	x	x	x	x	x	x	x/ɕ	x
∅/n	∅/n	∅/n	∅/n	∅/n	∅/n	∅/n	∅	∅
∅/l	ʐ	ʐ	ʐ	∅/l	∅/l	∅/l	∅	∅
∅	ʋ	∅	ʋ	ʋ	∅	ʋ	∅	∅

声母比较说明：

（1）如表 4-100 所示，通过声母的数量可以看出，辽宁省内各片方言的差异较大，其中，鞍山方言的声母与辽阳方言声母较为一致；最大的不同在于零声母以及舌尖后音的读法有差异，这些差异也是区分不同方言区的标准之一。

（2）舌尖前音的读法各方言区不同，辽阳方言、鞍山方言和建平方言的读音较为一致，锦州方言、沈阳方言和本溪方言读为舌尖前音，绥中方言读为舌叶音，庄河方言读为舌面音，盖州方言则是舌面音和舌尖后音混读。

（3）辽阳方言的 [n] 和 [ȵ] 互补分布，与大部分地区一致，但是在长锦小片中这两个音不分化，都读作 [n]。

（4）辽阳方言没有 [ʐ] 声母，读作 [∅] 和 [l]，与东北方言中的通溪小片保持一致，胶辽官话中的登连片和盖桓片都读作 [ɸ]，而东北官话的长锦小片和北京官话的朝峰片都有 [z]，由此可见，通溪小片 [z] 声母的缺失受到了胶辽官话的影响。

（5）辽阳方言的零声母没有明显的摩擦性，因此没有 [ʋ] 音，这与长锦小片的锦州方言、登连片、盖桓片和通溪小片的鞍山方言相同，但是与辽阳接壤的大部分方言区都存在 [ʋ]。

（6）辽阳方言的零声母有部分字读作 [n]，而只有胶辽官话的登连片和盖桓片与之不同，说明辽阳方言的零声母受到了东北官话和北京官话的影响，是一种存古现象。

（7）辽阳方言不分尖团音，与胶辽官话登连片的庄河方言不同。

2. 韵母的比较

表 4-101　辽阳方言与周边方言韵母比较表

辽阳方言	北京官话	东北官话					胶辽官话	
	朝峰片	长锦小片		通溪小片			登连片	盖桓片
辽阳	建平	锦州	绥中	沈阳	鞍山	本溪	庄河	盖州
38	37	37	37	37	38	37	37	38①
ʅ	ʅ	ʅ	ʅ	ʅ	ʅ	ʅ	ʅ	ʅ
ʅ	ʅ	ʅ	ʅ	ʅ	ʅ	ʅ	i	ʅ/i
ɚ	ɚ	ɚ	ɚ	ɚ	ɚ	ɚ	ɚ	ɚ
a	a	a	a	a	a	a	a	a
ɤ	ɤ	ɤ	ɤ	ɤ	ɤ	ɤ	ɤ	ɤ
ə	ə	ɛ	ɛ	ə	ə	ə	ɛ	ɛ
ai	ɛ	ai	ɛ	æ	ai	æ	ai	ai
ei	ei	ei	ei	ei	ei	ei	ei	ei
ɑu	ɔ	ɑu	ɔ	ɔ	ɑu	ɔ	ɑu	ɑu
əu	əu	əu	əu	əu	əu	əu	ou	ou
an	ã	an	an	an	an	an	an	an
ən	ə̃	ən	ən	ən	ən	ən	ən	ən
ɑŋ	ã	ɑŋ	ɑŋ	ɑŋ	ɑŋ	ɑŋ	ɑŋ	ɑŋ
əŋ	əŋ	əŋ	əŋ	əŋ	əŋ	əŋ	əŋ	əŋ
i	i	i	i	i	i	i	i	i
ia	ia	ia	ia	ia	ia	ia	ia	ia

① 此行数字代表韵母数。

续表

辽阳方言	北京官话	东北官话					胶辽官话	
	朝峰片	长锦小片		通溪小片			登连片	盖桓片
辽阳	建平	锦州	绥中	沈阳	鞍山	本溪	庄河	盖州
ie	ie	iɛ	iɛ	ie	ie	ie	iɛi	iɛi
iɑu	iɔ	iɑu	iɔ	iɔ	iɑu	iɔ	iao	iao
iəu	iəu	iəu	iəu	iəu	iəu	iəu	iou	iou
ian	iã	ian	ian	ian	ian	ian	ian	ian
in	ĩ	in	in	in	in	in	in	in
iɑŋ	iã	iɑŋ	iɑŋ	iɑŋ	iɑŋ	iɑŋ	iɑŋ	iɑŋ
iŋ	iŋ	iŋ	iŋ	iŋ	iŋ	iŋ	iŋ	iŋ
u	u	u	u	u	u	u	u	u
ua	ua/a	ua	ua	ua	ua	ua	ua	ua
uə	uə	uə	uə	uə	uə	uə	uo	uo
uai	uɛ/ɛ	uai	uɛ	uæ	uai	uæ	uai	uai
uei	uei/ei	uei	uei	uei	uei	uei	uei/ei	uei/ei
uan	uã/ã	uan	uan	uan	uan	uan	uan/an	uan/an
uən	uə̃/ã	uən	uən	uən	uən	uən	uən/ən	uən/ən
uɑŋ	uã/ã	uɑŋ	uɑŋ	uɑŋ	uɑŋ	uɑŋ	uɑŋ	uɑŋ
uəŋ	uəŋ/əŋ	uəŋ	uəŋ	uəŋ	uəŋ	uəŋ	uəŋ	uəŋ
uŋ	uŋ	uŋ	uŋ	uŋ	uŋ	uŋ	oŋ	oŋ
y	y	y	y	y	y	y	y	y
ye	ye	yɛ	yɛ	ye	ye	ye	yɛ	yɛ
yan	yã	yan	yan	yan	yan	yan	yan	yan
yn	ỹ	yn	yn	yn	yn	yn	yn	yn
yŋ	yŋ	yŋ	yŋ	yŋ	yŋ	yŋ	yŋ	yŋ

韵母比较说明：

（1）如表 4-101 所示，通过韵母的数量来看，各地区的差异不大，其中，鞍山方言与辽阳方言韵母较为一致，各方言区韵母最大的差别是舌尖元音 [ʅ] 和 [i]。此外北京话的 [ɑu]、[ai] 复元音韵母在辽宁东北官话方言中对应为 [ɔ]/[ɛ]，其构成的复元音韵母也随之变化，如 [iɔ]、[iɛ] 等；北京话中的 [o]，在辽宁东北官话方言中一般对应为 [ɤ]，其相应的复元音韵母也随之变化，如 [əu]、[iəu]、[uə] 等。

（2）由于声母的读音不同，舌尖元音的读法也随之有别，锦州方言、沈阳方言

和本溪方言缺少 [ʅ]，而庄河方言读为 [i]，盖州方言则是 [ʅ] 和 [i] 混读，其他地区方言与辽阳方言一致。

（3）辽阳方言的 [au]、[ai]、[uai] 和 [iau] 的动程较短，但是在朝峰片的锦州方言、长锦小片的绥中方言以及通溪小片的沈阳方言和本溪方言中，这些韵母已经单元音化，无动程变化，分别读作 [ɔ]、[æ]/[ɛ]、[uæ]/[uɛ] 和 [iɔ]。

（4）辽阳方言的个别字会丢失 [u] 介音，而这是胶辽官话的显著特点，因此，辽阳方言的这种特殊语音现象受到了胶辽官话的部分影响。

（5）辽阳方言所在方言区没有鼻化音，但是北京官话朝峰片建平方言的明显特点就是有鼻化音，这也反映了东北官话和胶辽官话与北京官话的区别标准之一为是否存在鼻化音。

（6）这些地区方言的共性是 [o] 在单元音韵母中都读成舌面后半高不圆唇元音 [ɤ]，但是在复元音韵母中，北京官话和东北官话的实际音值为 [ə]，而胶辽官话的读音仍为 [o]。

3. 声调的比较

表 4-102 辽阳方言与周边方言声调比较表

辽阳方言	北京官话	东北官话					胶辽官话	
	朝峰片	长锦小片		通溪小片			登连片	盖桓片
辽阳	建平	锦州	绥中	沈阳	鞍山	本溪	庄河	盖州
4	4	4	4	4	4	4	3	4[1]
阴平 44	阴平 44	阴平 44	阴平 44	阴平 33	阴平 33/323	阴平 33	平声 312	阴平 312
阳平 35	阳平 35	阳平 24	阳平 24	阳平 35	阳平 35	阳平 35		阳平 35
上声 213	上声 213	上声 213	上声 213	上声 213	上声 213	上声 213	上声 213	上声 213
去声 51	去声 53	去声 52	去声 52	去声 52	去声 52	去声 53	去声 53	去声 53

声调比较说明：

（1）如表 4-102 所示，除了胶辽官话登连片的庄河方言是 3 个声调外，其他地区都是 4 个，并且调类相同，各个地区的调值都有不同之处，最大的区别是阴平声。

（2）辽阳方言不具有曲折调，但是邻近城市鞍山的部分字存在曲折调，说明鞍山方言受到了胶辽官话的显著影响，而辽阳方言的声调受到的影响较少。

① 此行数字代表声调数。

4. 小结

本部分从共时的角度将辽阳方言与周边方言进行比较，突出了其辽阳方言身的语音特点。

声母方面，辽阳方言 [z] 声母缺失、舌尖前音和舌尖后音混读、部分零声母读作 [n] 等特点，体现了东北官话的特色，同时辽阳方言没有 [ʋ] 音，又区别于东北其他地区的方言。

韵母方面，辽阳方言个别字的 [u] 介音丢失，说明受到了胶辽官话的显著影响，相比于其他地区的方言，辽阳方言的 [ɑu]、[ai]、[uai] 和 [iɑu] 存在较短的动程。

声调方面，与东北官话和北京官话相比，辽阳方言的声调只是阴平等个别调值存在差异，调类则呈现无入声，阴、阳、上、去四调分明的特点。

自古以来，辽阳地处重要位置，在古代主要受到了北方少数民族语言的影响，形成了自身的语言特点，后来随着自身语言的发展，部分语音简化，从而参与到了普通话的构建之中，因此，尽管与其他地区相邻，语音仍有细微差异，体现了现代辽阳方言独特的语音体系。

参考文献

迟永长 . 大连方言字音 [M]. 沈阳：辽海出版社，2008.
冯铁骑 . 对辽阳地区方言考辩 [J]. 辽宁行政学院学报，2006（10）：181-182.
刘晓梅 . 期待绚烂绽放：百年东北官话研究述评 [J]. 吉林大学社会科学学报，2008（01）：130-137.
欧阳国亮 . 辽宁方言六十年研究概述 [J]. 华中师范大学研究生学报，2010（04）：50-52.
孙博 . 辽阳方言五项语音变化调查 [J]. 科技信息，2010（02）：189，192.
熊正辉，张振兴 . 汉语方言的分区 [J]. 方言，2008（02）：97-108.
张志敏 . 东北官话的分区（稿）[J]. 方言，2005（02）：141-148.

第九节　中古影、疑、喻三母在辽宁法库方言中的演变[①]

法库县，位于辽宁省北部，居辽河中游右岸，隶属于省会沈阳市。东邻昌图县、开原市、铁岭县、西丰县、调兵山市，南部和沈阳市、新民市接壤，西与彰武县毗连，北靠康平县。依据贺巍和张志敏对东北官话的分区，法库方言属于东北官话区中吉

① 本节原文由杨春宇，李楠发表于：长春师范学院学报（人文社会科学版），2013（09）：57-60.

沈片的通溪小片[①]。而杨春宇在《辽宁方言语音研究》中按中古精组字与知庄章组字是否相混、精组字是否多于普通话，将法库县划归到辽东片[②]。无论从哪种划分方法来看，法库方言都属于东北官话，这一点毋庸置疑。

法库方言自身也存在着一定的特点，其中之一就体现在影、疑、喻三母的语音演变中。由于共时现象可能是历时变化的反映，许多不同的读音所造成的既复杂又一致的现象，可能暗示我们要从共时与历时音变入手，探索其形成原因。

一、影、疑、喻三母的历史音变

王力先生把“先秦音系”中的疑母拟作 [ŋ]，影母拟作 [ǿ]，并且说“黄侃把见溪群晓匣疑认为是浅喉音，影母认为是深喉音，他是对的”[③]。《切韵》声母系统中的影、疑、喻三母是对立的，高本汉将影母拟音为喉塞音 [ʔ]，疑母拟为 [ŋ][④]。王力先生也将疑母拟音为 [ŋ]，影母拟为 [ʔ]。[⑤] 此后，魏晋南北朝、隋唐五代，直到宋代，疑母没有太大变化，影母在宋代音系中并入了喻母。

到了 14 世纪（《中原音韵》时代），疑母在当时的普通话里已经消失，和喻母（云余母）完全相混。同时影母和喻母在北方话里也只在平声一类有声调上的差别，上去两声完全相混。王力认为舌根鼻音在 [i]、[y] 的前面容易消失或发生变化，是由于 [ŋ] 的发音部位和 [i]、[y] 距离较远。例如在北京话里，除一部分齐齿字转化为 [n] 之外，其余都变成了零声母。[⑥]

杨耐思参证八思巴字对音，认为《中原音韵》中疑母字大部分已经与“影、云、以”母字混并，“影、云、以”的变音是零声母，说明当时这些字的 [ŋ] 声母已经失去。但还有小部分疑母字能独立成小韵，甚至和“影、云、以”的小韵对立，如“昂、仰、哦、鹅、蛾、俄、饿、娥、我、额、虐、业”等，并将其拟音为 [ŋ][⑦]。李新魁也认为喻母与疑母只是部分合并，他曾指出在开口呼之中仍有疑母字，但却没有将两母区分开来[⑧]。在以后的发展中，这一小部分疑母字也逐渐完成了与影母、喻母的合

① 贺巍 . 东北官话的分区（稿）[J]. 方言，1986（03）：172-181；张志敏 . 东北官话的分区（稿）[J]. 方言，2005（02）：141-148.

② 杨春宇 . 辽宁方言语音研究 [J]. 辽宁师范大学学报（社会科学版），2010（05）：93-99.

③ 王力 . 王力文集（第十卷）[M]. 济南：山东教育出版社，1987：25.

④ 高本汉，赵元任，罗常培，李方桂译 . 中国音韵学研究 [M]. 北京：商务印书馆，1940：272.

⑤ 王力 . 汉语语音史 [M]. 北京：中国社会科学出版社，1985：165.

⑥ 王力 . 汉语史稿 [M]. 北京：中华书局，1980：153-154.

⑦ 杨耐思 . 中原音韵音系 [M]. 北京：中国社会科学出版社，1981：82.

⑧ 李新魁 .《中原音韵》音系研究 [M]. 郑州：中州书画社，1983：76.

流。至于这一演变完成的具体年代，目前学术界尚无定论。

兰茂的《韵略易通》里疑母已跟影母、喻母合流，读为零声母。官话音系中的影疑母开始合流读为零声母。在反映官话方言的《重订司马温公等韵图经》里，疑母分化后并入影母（部分并入泥母），变成了零声母。[①]总之，从以上各家观点推断出，在宋代影母并入喻母，到14世纪以后疑母又和影母在官话中逐渐合流，即三者合而为一。由于法库方言在宏观上是归属于北方方言区中的东北官话方言，而且存留的相关历史文献资料非常有限，所以我们大致推论此三母在法库方言中合流的年代应与前文结论相似。但其后的发展道路和结果是否与普通话及其他方言相同，我们将通过下文的调查研究来进行论证。

二、影、疑、喻三母在法库方言中的今读

本节以中国社会科学院语言研究所出版的《方言调查字表》为依据，从中分别选取了部分影母字、疑母字、喻母字，作为调查用字。然后让不同性别和年龄的乡民朗读，并对其读音进行了统计分析。为确保所调查的法库方言的准确性，笔者对法库县的14镇5乡进行了穷尽式的调查，并将调查对象的年龄范围控制在55—75岁之内，且以男性为主，现将调查结果以表格形式展示如下（表4-103）。

表4-103 影、疑、喻三母在法库方言中的今读

声母及例字			方言点																		
			法库镇	大孤家子镇	三面船镇	秀水河子镇	叶茂台镇	登仕堡子镇	柏家沟镇	丁家房镇	孟家镇	十间房镇	冯贝堡镇	依牛堡子镇	五台子镇	包家屯镇	慈恩寺乡	和平乡	双台子乡	卧牛石乡	四家子蒙古族乡
影母[ʔ]	开一二	阿、奥、优 鸦、倚、应	ǿ	ǿ	ǿ	ǿ	ǿ	ǿ	ǿ	ǿ	ǿ	ǿ	ǿ	ǿ	ǿ	ǿ	ǿ	ǿ	ǿ	ǿ	ǿ
		挨、暗、沤	n	n	n	n	n	n	n	n	n	n	n	n	n	n	n	n	n	n	n
	开合三四	要、影、于 杳、烟、渊	ǿ	ǿ	ǿ	ǿ	ǿ	ǿ	ǿ	ǿ	ǿ	ǿ	ǿ	ǿ	ǿ	ǿ	ǿ	ǿ	ǿ	ǿ	ǿ
	合一二三	蛙、弯、枉	w	w	w	w	w	w	w	w	w	w	w	w	w	w	w	w	w	w	w

① 叶宝奎.明清官话音系[M].厦门：厦门大学出版社，2001：152.

续表

声母及例字			方言点																		
			法库镇	大孤家子镇	三面船镇	秀水河子镇	叶茂台镇	登仕堡子镇	柏家沟镇	丁家房镇	孟家镇	十间房镇	冯贝堡镇	依牛堡子镇	五台子镇	包家屯镇	慈恩寺乡	和平乡	双台子乡	卧牛石乡	四家子蒙古族乡
疑母[ŋ]	开一二	俄、昂、鄂 牙、眼、乐	ø	ø	ø	ø	ø	ø	ø	ø	ø	ø	ø	ø	ø	ø	ø	ø	ø	ø	ø
	开一三	饿、熬、牛	n	n	n	n	n	n	n	n	n	n	n	n	n	n	n	n	n	n	n
	开合三四	疑、验、鱼 尧、研、砚	ø	ø	ø	ø	ø	ø	ø	ø	ø	ø	ø	ø	ø	ø	ø	ø	ø	ø	ø
	合口一二三	外、玩、瓦	w	w	w	w	w	w	w	w	w	w	w	w	w	w	w	w	w	w	w
喻母[j]	开三	易、有、羊	ø	ø	ø	ø	ø	ø	ø	ø	ø	ø	ø	ø	ø	ø	ø	ø	ø	ø	ø
	合三	悦、云、永	ø	ø	ø	ø	ø	ø	ø	ø	ø	ø	ø	ø	ø	ø	ø	ø	ø	ø	ø
		卫、伟、王	w	w	w	w	w	w	w	w	w	w	w	w	w	w	w	w	w	w	w

调查发现，影、疑、喻三母的读音规律在法库各点方言中比较一致。其中大多数字均读为零声母，分布于开口四等及合口三、四等字中，除个别字“蔫、牛、孽、虐、疟、凝、逆”的声母是 [n]，其余都与普通话读音相同；读为 [n] 声母的均为开口一、二等字，而果摄合口一等戈韵的“讹”属特例；读为 [w] 声母的均为合口韵字，其中“我”和“握”字是例外，分别属于果摄开口一等字与江摄开口二等字。这里需要特殊说明一点，在调查中发现，[w] 声母字中的个别字，乡民在发音时上牙齿偶有轻轻碰触下嘴唇的情况，即发音方法接近于 [v] 声母，但是实际并未达到其发音状态，也可以看作是合口圆唇元音发得不够饱满，而且不具有区别意义作用，所以本节拟音值为半元音 [w]。喻母中没有读为 [n] 声母的字，因为无论是喻三还是喻四，都只能与三等韵相拼。

根据以上的发音规律，再结合之前对影、疑、喻三母演变历史的梳理，我们可以认为法库方言的此中古三母在合流后，又受到了某些因素的影响，进而在共同条件的作用下发生了相似的分化变异。

三、法库方言中影、疑、喻三母语音演变特点的成因

由于缺乏历史语料，我们很难确切复原法库方言影、疑、喻三母演变的轨迹，但可以借助相关文献的研究成果以及移民历史，从共时和历时两个角度为这种语音演变寻找线索。

首先，共时的比较研究会有助于凸显法库方言的特色，下面将法库方言影、疑、喻三母的今读与周边的沈阳市区、开原市、铁岭县、彰武县、康平县此三母的读音进行比较，如表 4-104 所示。

表 4-104　法库方言影、疑、喻三母今读与周边方言的比较

方言点	例字							
	爱	鹅	矮	藕	我	味	闻	温
法库县	n	n	n	n	w	w	w	w
沈阳市区	∅	∅	∅	∅	v/∅	v/∅	v/∅	v/∅
开原市	∅	∅	∅	∅	∅	∅	∅	∅
铁岭县	n	n	n	n	∅	∅	∅	∅
彰武县	n	n	n	n	v	v	v	v
康平县	n	n	n	n	∅	∅	∅	∅

表 4-104 中各地音值分别参考沈阳市人民政府地方志办公室《沈阳市志》（2006）、苗慧《铁岭方言语音特点之探究》（2011）、王囡《辽宁阜新方言特点概述》（2009）、张智敏《东北官话的分区（稿）》（2005）。由表 4-104 我们可以清晰地看到，法库县虽然是沈阳的市辖县，但在影、疑母字的今读上与沈阳市存在差异。而与属于哈阜片中长锦小片的彰武县、康平县的语音一致，说明地区间的相互接触是影响语音演变的因素之一。

其次，从历时角度来看，本节选取了三本记录清代北方方言的韵书作为参考，回溯三母的读音情况，详见表 4-105。

表 4-105　清代北方方言韵书拟音

韵书	声母		
	影母	疑母	喻母
《黄钟通韵》	迂、稳、挨 ∅、v、n	宜、艾、五 ∅、n、v	云、永、旺 ∅、∅、v

续表

韵书	声母		
	影母	疑母	喻母
《清文启蒙》	衣、雍、威 ǿ、j、w	义、岳、外 ǿ、j、w	易、用、维 ǿ、j、w
《御制增订清文鉴》	阿、淹、窝 ǿ、j、w	芽、鱼、玩 j、ǿ、w	夜、摇、卫 j、j、w

《黄钟通韵》已被学术界认定是以清代辽宁语音为基础而作的，因此通过分析其声母系统，我们可以发现法库方言中影、疑、喻三母的读音规律在很大程度上是继承了《黄钟通韵》的语音传统。首先我们来看一下零声母，它在《黄钟通韵》中标记为“哦”母。结合十二章韵图的喉音来看，哦母列字源自中古影母和疑母并混入的喻母字，这反映出影、疑合一并进一步与喻母混淆的语音状况。但是哦母所列例字在今天并非都读为零声母，还包括今天读为 [n] 声母和 [w] 声母的字。这说明此三种读音在当时还未明确区分，泥母 [n] 可能近似于疑母 [ŋ]。倭母是《黄钟通韵》独有的一个声母，它所列例字大多来自中古微母，偶有零声母合口呼字，如：中古影母的“委、湾”及疑母的“外”等。由此可见，中古影、疑、喻、微四母已合流。在法库方言中有些字读为 [w] 声母即是由 [v] 声母演变而来的。

《清文启蒙》和《御制增订清文鉴》均是记录满语的珍贵资料，在与清代汉语进行对音比较的基础上，得出了影、疑、喻三母在当时的音值。由表 4-105 我们可以看到，此三母已然合流读为零声母。法库方言的今读与其十分相似，只有个别混入泥母。因此综合来看，法库方言中影、疑、喻三母的今读与大多数东北方言的演变趋于一致。

试分析来看，1644 年清军入关后，就将关东划为禁区，严禁关内人涉足。清政府认为黑土地是“龙兴之地”，“龙脉”不可侵犯，一切都得原封不动地保留着，加上不断抽调八旗兵丁入关打仗，使得广袤的东北地区人口极其稀少。其后禁令时紧时松，遇有灾害年景，黄河流域诸省百姓往往蜂拥过关。据《法库县志》记载，清顺治年间实行招垦授官的移民政策，大批汉族人从山东、河北等地迁入法库境内，与满族、蒙古族人杂居。还有一些满族、锡伯族、朝鲜族等少数民族也是从外地迁入法库的①。这种移民活动就为语言特征的传播提供了条件。王力先生认为：“在现代某些方言里，影母开口呼的字转入疑母 [ŋ] 或泥母 [n]，……大约因为影母是喉塞音 [ʔ]，发音部位转移为舌根鼻音 [ŋ]，是很自然的。”而“保定等地影母开口字转入泥母 [n]，

① 法库县志编纂委员会 . 法库县志 [M]. 沈阳：沈阳出版社 . 1990：130.

大约是先过渡到疑母 [ŋ]，然后伴随着疑母开口字，一起转入泥母 [n] 的"[①]。赵学玲在《汉语方言影疑母字声母的分合类型》一文中，根据影疑母开口呼字的读音，将北方汉语方言分为北京型、济南型、天津型、洛阳型、合肥型五小类，其中天津型的特点即读为 [n] 声母，以天津、保定、承德和长春四地为代表点。还有济南型中的济南，其影疑母开口呼声母为 [ŋ][②]。这说明早期的移民可能将其地方语音带到了法库，并对当地语言产生了一定影响，经过漫长的历史变迁，逐渐形成了现代的语音面貌。

四、结语

通过以上共时和历时两方面的考证，我们大概可以梳理出法库方言影、疑、喻三母的演变轨迹。首先在宋代影母并入了喻母，14 世纪后疑母又与影母合流，也即三母实现了合并。之后由于声母易受韵母开头元音的影响，再加上外来移民的渗透，合流后的三母字语音在四呼前发生了分歧，即合口呼前读为 [w] 声母，原开口一二等字读 [n] 声母。

此种分歧正体现出了法库方言的独特之处，法库县虽然是沈阳的市辖县，但由于特殊的地理位置和历史变迁，法库方言在与周边方言的接触中，不断产生碰撞与融合，于是造就了今天的魅力。不过现在法库方言的此种特殊语音现象正在慢慢消亡。对法库方言中影、疑、喻三母语音演变的调查研究将有助于对东北官话乃至北方方言进行深入研究，更有助于对我国方言进行保护与传承。

参考文献

包旭玲．中原官话汾河片方言影疑母的演变 [J]. 安阳师范学院学报，2005（03）：106-109.

丁邦新．丁邦新语言学论文集 [M]. 北京：商务印书馆，1998.

法库县志编纂委员会．法库县志 [M]. 沈阳：沈阳出版社，1990.

高本汉，赵元任，罗常培，李方桂译．中国音韵学研究 [M]. 北京：商务印书馆，1940.

李新魁．汉语等韵学 [M]. 北京：中华书局，1983.

任翔宇，范学建．论"疑"母、"影"母的演变 [J]. 语文学刊，2009（04）：136-137，139.

孙建元．中古影、喻、疑、微诸纽在北京音系里全面合流的年代 [J]. 广西师范大学学报（哲学社会科学版），1990（03）：6-14.

王力．汉语语音史 [M]. 北京：商务印书馆，2017.

王力．王力文集（第十卷）[M]. 济南：山东教育出版社，1987.

① 王力．汉语语音史 [M]. 北京：商务印书馆，2017：680-681.

② 赵学玲．汉语方言影疑母字声母的分合类型 [J]. 语言研究，2007（04）：72-78.

杨春宇．社会语言学视点下的清代汉语与其他言语的对音研究——以日本近世唐音资料、满语资料、罗马字资料为中心 [M]. 大连：辽宁师范大学出版社，2007.
杨耐思．中原音韵音系 [M]. 北京：中国社会科学出版社，1981.
叶宝奎．明清官话音系 [M]. 厦门：厦门大学出版社，2001.
赵学玲．汉语方言影疑母字声母的分合类型 [J]. 语言研究，2007（04）：72-78.
邹德文．清代东北方言语音研究 [D]. 吉林大学博士论文，2009.

第十节　吉林蛟河片方言音系初探

一、蛟河片概况及方言溯源

孙维张等《吉林方言分区略说》中依据古影疑两母开口一二等字今声母的不同，把吉林省的方言分为东西两个区，东区再分成蛟河、通化、延吉三片，西区再分成扶余、长春两片[①]，本节从其区划。蛟河片位于吉林省中部偏东，东接延边朝鲜族自治州，西临长春市、四平市，北与黑龙江省哈尔滨市接壤，南与白山市、通化市、辽源市毗邻。其共辖六个县市：蛟河市、舒兰市、吉林市、永吉县、桦甸市、敦化市。

清统治者把吉林（今吉林市）看成清朝的发祥重地，康熙十五年（1676年），宁古塔将军巴海移驻吉林，吉林成为清政府统辖松花江、乌苏里江、黑龙江等流域的重镇。在长期的历史发展中，逐渐形成了以汉族为主体，朝鲜族、满族、回族、蒙古族等多民族聚居的区域。

五代十国时期，契丹人掳掠大量的北京人入关，这些人所说的话，近于后来的大都话，形成了北京官话的朝峰片，这奠定了东北方言的基础。一部分山东移民继续向北迁移，居住在吉林和黑龙江东部；说冀鲁官话的河北人出山海关，涌向了吉林和黑龙江西部。近代东北官话则与冀鲁官话、胶辽官话发生接触，直接决定了东北方言的现代格局。

本节拟以蛟河片为研究对象，以吉林市为方言代表点。今天的吉林市共辖4区、4市（县级）、1县。但其中磐石市方言被划到长春片，因此吉林市属蛟河片的方言点具体包括：昌邑区、船营区、丰满区、龙潭区；蛟河市、桦甸市、舒兰市；永吉县。

二、蛟河片方言音系

本节分别从声、韵、调三方面对蛟河片方言的语音进行系统的描述，本节部分

① 孙维张，路野，李丽君．吉林方言分区略说 [J]. 方言，1986（01）：39-45.

例字采自中国社会科学院语言研究所《方言调查字表》，另外一部分为我们调查自拟。

（一）声母

与普通话相同，本区共有 22 个声母（包括零声母），除 [n]、[tʂ]、[tʂʰ]、[ʂ]、[ʐ]、[ø]6 个声母外，其他 16 个声母，各地区大致相同，只是存在一些习惯读音不够标准的问题。

[p]：拔、饱、班、布、宾、帮、绷　　[pʰ]：皮、怕、盘、盆、贫、偏、普

[m]：米、庙、母、苗、民、明、木　　[f]：飞、肥、翻、粉、方、风、佛

[t]：底、肚、到、店、夺、端、东　　[th]：提、徒、太、田、糖、铜、铁

[l]：李、老、鲁、兰、连、两、陵　　[ts]：资、祖、走、嘴、在、早、增

[tsʰ]：瓷、粗、草、催、蚕、仓、存　　[s]：思、苏、腮、嫂、三、桑、速

[tɕ]：酒、接、尖、讲、紧、京、截　　[tɕʰ]：材、秋、全、敲、请、缺、枪、穷

[ɕ]：心、袖、虚、鞋、形、香、雄　　[k]：歌、古、告、狗、关、光、公

[kʰ]：苦、葵、宽、昆、狂、空　　[x]：胡、海、花、后、好、汉、红

1. 精知庄章组不分

在吉林蛟河片方言中，平舌音和翘舌音都有，只是在使用上与普通话体系不相一致。蛟河片方言中平舌音比较多。蛟河片方言把普通话的绝大部分翘舌音都发成平舌音，又把普通话的平舌音发成翘舌音。究其原因是精组字与知庄章组字相混，但是仍然以读精组字居多。如，“森林” [sən^{55} lin^{35}] 蛟河片方言中读为 [ʂən^{44} lin^{24}]，“历史” [li^{51} ʂʅ^{214}] 蛟河片方言中读为 [li^{52} sɿ^{211}]。

2. 改换日母 [ʐ] 问题

在吉林蛟河片方言中，有些地方的语音系统中几乎没有日母 [ʐ]，而普通话中的日母 [ʐ] 分别被泥母 [n]、零声母 [ø]、来母 [l] 代替。如，“让” [ʐɑŋ^{51}] 蛟河片方言中读为 [iɑŋ^{52}]，“如” [ʐu^{35}] 蛟河片方言中读为 [lu^{24}]，“扔” [ʐəŋ^{55}] 蛟河片方言中读 [nəŋ^{44}]。

3. 泥母 [n] 领属的字多于普通话

在吉林蛟河片方言区，有些地方零声母音节要少一些。普通话中的 e、ai、ao、ou、an、en、ang 等七个开口呼零声母音，常常被加上了泥母 [n]，便成了带有泥母 [n] 的音节。如把“饿” [ɤ] 读成 [nɤ]，把“矮” [ai] 读成 [nai]；“安排” [an^{55} pʰai^{35}] 读成 [nan^{44} pʰai^{24}]，“熬夜” [ɑu^{35} øiɛ^{51}] 读成 [nɑu^{24} øiɛ^{52}] 等。这类字并不多，而且年轻人中这类问题较少。

4. 有个别的泥来字母 [n]、[l] 相混

在吉林蛟河片方言中泥来字母相混，是因为分不清 [n]、[l]，或发不准 [n]、[l]。如，“男女” [nan^{35} ny^{214}] 读成了 [nan^{24} ly^{211}]，“荷兰” [xɤ^{35} lan^{35}] 读成 [xɤ^{24} nan^{24}]。

（二）韵母

普通话共有 39 个韵母，本区共有 35 个韵母儿化韵母在外，除 [ʅ]、[ʅ]、[ɤ]3 个韵母外，其他 32 个韵母，各地大致相同。与普通话相比韵母缺少了 [uəŋ]、[ε]、[ɚ]。

[i]：鸡、祭、理、急、笔、力、滴　[u]：故、锄、府、骨、出、屋、竹
[y]：鱼、女、橘、屈、育、律、句　[ᴀ]：爬、马、杂、插、辣、发、麻
[iᴀ]：牙、架、匣、下、夹、瞎　[uᴀ]：鸭、瓜、画、夸、花、瓦、刷、抓
[iε]：茄、野、别、碟、歇、夜、业　[uo]：多、骡、过、活、说、郭、国
[yε]：靴、绝、月、缺、确、阅、穴　[ai]：埋、排、开、太、栽、百、海
[uai]：乖、快、怪、坏、帅、歪、淮　[ei]：杯、内、肺、类、飞、贼、北
[uei]：嘴、随、鬼、葵、回、位、灰　[ɑu]：刀、桃、老、枣、招、羔、薄
[iɑu]：表、庙、条、交、巧、药、学　[ou]：斗、藕、篓、走、丑、周、收
[iou]：油、九、休、旧、有、六、肉　[an]：兰、男、衫、盘、山、扇、反
[iεn]：盐、年、脸、减、变、天、染　[uan]：弯、专、关、官、船、换、碗
[yεn]：院、全、倦、劝、宣、玄、元　[ən]：本、分、针、门、根、很、恩
[in]：银、品、民、金、林、亲、新　[uən]：温、坤、滚、魂、春、准、村
[yn]：云、军、勋、群、裙、均、晕　[ɑŋ]：方、胖、当、郎、缸、昌、糠
[iɑŋ]：洋、良、江、墙、想、凉、养　[uɑŋ]：汪、光、黄、广、狂、霜、床
[əɑ]：风、崩、等、增、庚、绳、坑　[iŋ]：影、形、京、青、醒、敬、应
[uŋ]：翁、公、中、宗、同、虫、松　[yŋ]：雍、熊、雄、穷、永、用、凶

概括起来讲，吉林蛟河片方言的韵母，主要存在合并、增加、丢失、鼻化、改变这样几个问题。

1. 以 [ɤ] 代古果山臻摄合口韵母和古江曾梗摄开口韵母中的 [o] 问题

吉林蛟河片方言没有 bo、po、mo、fo 音节，当需要发 bo[po]、po[p^{h}o]、mo[mo]、fo[fo] 圆唇音时，都发成了 be[pɤ]、pe[p^{h}ɤ]、me[mɤ]、fe[fɤ] 扁唇音。但普通话中帮组 [b]、[p]、[m]、[f] 是不与扁唇的单韵母 [e] 相拼而只与 [o] 相拼。这需要指出的是普通话双唇音声母 [m]，有一种特殊拼法，就是在“什么”的“么”音节中

可以与 e 相拼，构成轻声 me[mə]。如，“拨”[po55] 蛟河片方言中读为 [pɤ44]，“末”[mo51] 蛟河片方言中读为 [mɤ52]。

2. 以古效宕摄开口韵母 [iɑu] 代 [yɛ] 问题

在吉林蛟河片方言中，有些人经常是用 [iɑu] 韵母音节代替 [yɛ] 韵母音节，如，“约”[yɛ55] 读为 [iɑu44]，“学”[ɕyɛ25] 读为 [ɕiɑu24]。吉林蛟河片的部分地区，当地人是因为不会发 [yɛ] 韵母而用 [iɑu] 来代替，需要明确的是，这里韵母 üe 中的 [e] 实际是 [ê]，它在普通话中的用途是与 [i]、[y] 组成复韵母。

3. 古蟹梗摄开口韵母 [ai] 韵母单元音化问题

在吉林蛟河片方言区敦化地区的语音系统中，存在前复韵母 ai 单元音化的问题，也就是把古蟹梗摄开口韵母 ai[ai] 读成单元音 [æ]。复韵母 ai 在发音时舌位不动或动程很短都有可能把双元音韵母 ai[ai] 音发成单元音韵母 [æ] 音，如“来”[lai35] 读作 [læ24]。

4. 个别字韵母发生变换问题

在吉林蛟河片方言中，和声母一样，有些音节的韵母也与普通话中音节的韵母不一致。

以古效流摄开口韵母 [ɑu] 代古效摄开口韵母 [ou]。在吉林蛟河片方言中，以 [o] 做韵腹的复韵母 [ou] 与双唇音声母相拼是少见的，就变成了 [ɑu] 韵母与双唇音声母和唇齿音声母构成的音节。如，“某”[mou214] 读为 [mɑu213]。

（三）声调

吉林蛟河片方言在声调上总体来说是调值低于普通话，具体来说，阴平、阳平、去声调值低于普通话，上声调值有时略高于普通话。

1. 调值不到位问题

吉林蛟河片方言声调调值与普通话声调调值基本趋同，但每类声调的起止点却不同。普通话的阴平“55”、阳平“35”、上声“214”、去声“51”，在吉林蛟河片方言中分别读为阴平“44”、阳平“24”、上声“213”或“211”、去声“52”。如“乌”[ɓu55] 读为 [ɓu44]，“恒”[xəŋ35] 读为 [xəŋ24]，“美”[mei214] 读为 [mei213]，“化”[xuᴀ51] 读为 [xuᴀ52]。

2. 字调不一致问题

吉林蛟河片方言声调与普通话声调除调值的细微差异外，在一部分字调上也存在着个体差异：有些字普通话读阴平，吉林蛟河片方言分别读做阳平、上声、去声，如“埃”（尘埃）[øai55] 读为 [øai24]；有些字普通话读阳平，吉林蛟河片方言分别读作阴平、上声、去声，如“挨”（挨饿）[øai35] 读为 [øai44]；有些字普通话读上声，吉林蛟河片方言分别读作阴平、阳平、去声，如“匕”（匕首）[pi214] 读作 [pi52]；有些字普通话读去声，吉林蛟河片方言分别读作阴平、阳平、上声，如“卫”（卫生）[uei51] 读作 [uei213]。

三、结语

蛟河片方言作为吉林省的主要方言之一，有着与吉林方言同样重要的文化价值和使用价值，随着普通话的日益推广流行，各地区方言渐趋同化。本节从声母、韵母、声调等方面，概括了吉林蛟河片方言语音上的一些特点，希望能使更多的人了解蛟河片方言。

参考文献

吉林省地方志编纂委会编纂 . 吉林省志 [M]. 长春：吉林人民出版社，1996.
孙维张，路野，李丽君 . 吉林方言分区略说 [J]. 方言，1986（01）: 39-45.
杨春宇 . 辽宁方言语音研究 [J]. 辽宁师范大学学报（科会社学版），2010（05）: 93-99.
张玉梅 ."吉林方言舌尖音转化”现象分析及其测试 [J]. 吉林师范大学学报（人文社会科学版），2006（02）: 86-89.
中国科学院语言研究所编 . 方言调查字表 [M]. 北京：科学出版社，1995.

第十一节　辉南方言研究综述①

一、概述

吉林省辉南县地处吉林省东南部，隶属吉林省通化市。通化方言是东北官话方言代表之一，辉南作为通化地区重要组成部分，对其方言研究有助于推动通化地区的方言研究和文化建设发展。辉南地理位置优越，地处沈阳、长春、抚顺、四平、吉林、通化、白山等大中城市的中心。背靠长白山区丰富的资源，面对松辽平原的富饶粮仓，是集山区特点和平原优势于一身的特殊区位。

① 本节原文为杨春宇指导研究生顾静瑶所撰写的硕士论文的部分成果，有删改。

辉南因位于辉发河以南，因而得名“辉南”。辉发在《辽史》里写作“回跋”[①]，明、清著作中写作“回跋”，在其他史籍中又有作“回怕”“灰扒”。据《辽史》记载，“辉发”最早源于女真部落[②]，“辉发”因女真回跋部和辉发河而得名。

二、历史沿革

辉南历史悠久，舜时分青之东北为营州，当时的肃慎便驻于此地。汉武帝时，在挹娄的东北拓置三郡。据《文献通考》:“挹娄，云即古肃慎之国也。”[③]《通典》中有:“其国在不咸山北在夫余东北千余里。”[④]（不咸山即长白山）因此，汉朝时辉南应该属于挹娄。南北朝时为勿吉国所属。勿吉又叫靺鞨。隋唐时，黑水靺鞨和粟末靺鞨逐渐强大，而辉南为靺鞨氏地，属粟末部。唐朝时，靺鞨大祚荣之子于松花江以南、今辉发河下游建显德府，故唐时属渤海，辖治于中京显德府。宋朝时归属女真。9世纪辽政权在此建镇设府，明末辉发部落在此筑城建都，一展峥嵘。清太祖努尔哈赤在此横刀跃马，鏖战称雄。康熙和乾隆在此行围打猎，射虎毙熊。乾隆帝更是有感而抒，在此写下著名的《辉发故城怀古》。为保护发祥地，清朝初入版图，置辉南直隶厅。

自光绪初年（1875年）到宣统二年（1910年），辉南建置30多年来，渐有民众在此生活。明朝前夕，挹娄、靺鞨有居于此，但人口尚不固定，属暂住居民。直至明朝，建辉发部落，先后隶属靺鞨、渤海、女真部。

三、研究综述

辉南地处吉林省东南部，现隶属通化市。近年来对东北方言的研究日渐兴起，但总体来讲，无论是研究的深度还是广度都还不够，有针对性地进行方言点个案调查的研究更是少之又少，已有研究不够深入、分析不够透彻。辉南方言研究作为东北方言研究的个案，一直缺乏深入的研究，但其研究意义重大。先贤对于辉南方言的研究起步相对较晚，基本上是从属于东北方言及通化方言研究的。

---

①（元）脱脱等．辽史·卷三十三[M].北京：中华书局，2016：445.

②（元）脱脱等．辽史·卷十六[M].北京：中华书局，2016：207.

③（宋）马端临．文献通考（第十四册）[M].北京：中华书局，2011：8982.

④（唐）杜佑．影印摛藻堂四庫全书薈要·通典二百卷[M].台北：世界书局，1985：16.

（一）方言分区研究

伴随历史变迁、移民、地理行政区划变动等因素，有关通化方言分区的研究讨论虽然在大的方向上是基本一致的，但具体区划还存在差别。目前，还缺乏针对辉南方言进行专题研究的成果，而将通化方言分区作为专题研究的成果也屈指可数，更多成果是通过研究东北方言分区简单介绍通化方言的分区状况。相关成果主要有孙维张等《吉林方言分区略说》[①]、贺巍《东北官话的分区（稿）》[②]、张志敏《东北官话的分区（稿）》[③]等。

孙维张等《吉林方言分区略说》和贺巍《东北官话的分区（稿）》，都认为辉南县属东北官话哈阜片长锦小片，除辉南县外其他市县划分为东北官话吉沈片通溪小片。孙维张等《吉林方言分区略说》依据古影母开口一、二等字今声母的不同，将辉南划分到西区的长春片。侯精一《现代汉语方言概论》[④]中相关方言分区，也基本依照《中国语言地图集》的说法，其中涉及东北官话吉沈片通溪小片，均以通化方言作为参照。

赵君秋《通化方言特点及区划》与以上划分有所不同，将辉南划分为东北官话吉沈片梅溪小片[⑤]。其在《东北官话分区补正——与张志敏先生等商榷》中，又作了部分修改，根据东北官话与胶辽官话特征上的异同，认为辉南、柳河等地区兼具东北官话和胶辽官话的特征。因此将东北官话吉沈片通溪小片的通化、白山等五个方言点划入胶辽官话盖桓片；由于通化方言划归胶辽官话，故将原通溪小片更名为梅溪小片，将梅河口、辉南等县市划入东北官话梅溪小片。[⑥]

（二）语音研究

1959年，吉林大学中文系师生最早对通化方言进行相对系统全面的描写和研究，推出研究成果《通化音系》，该文侧重对方言的语音进行调查、描写和说明阐释，方言调查点较为全面，基本覆盖了通化的整个区域，对通化地区的音、韵、调也都做出相对细致的描写和说明。这以后对于通化方言语音研究的成果大致分为以下两种：一是整体描写。这一类又可分为两小类，首先是对通化音系做整体描写和分析，对

① 孙维张，路野，李丽君．吉林方言分区略说[J]．方言，1986（01）：39-45.
② 贺巍．东北官话的分区（稿）[J]．方言，1986（03）：172-181.
③ 张志敏．东北官话的分区（稿）[J]．方言，2005（02）：141-148.
④ 侯精一．现代汉语方言概论[M]．上海：上海教育出版社，2002.
⑤ 赵君秋．通化方言特点及区划[J]．新闻爱好者，2010（10）：148-149.
⑥ 赵君秋．东北官话分区补正——与张志敏先生等商榷[J]．社会科学战线，2010（07）：149-152.

其声、韵、调特征都做出了相对细致的描写和阐述，并参照普通话进行对比分析。这类成果除吉林大学中文系方言调查小组《通化音系》①，还有吉林省推广普通话工作委员会《吉林人学习普通话手册》②、陈章太等《普通话基础方言基本词汇集·语音卷》③等。其次是简单概括的整体描写。即对通化方言的语音特点进行简单阐述，并不做深入分析，也没有通过大量调查例句资料对通化方言的语音进行对比分析。这类成果有顾小玲《通化方言语音概貌分析》④、赵君秋《通化方言特点及区划》等。

二是传统的单点描述。这类成果是针对通化方言语音某一方面的特点进行阐述说明。此类成果有王洪杰和陈本庆《通化方言声调的发展变化》⑤、王洪杰《日母字在通化话中的读音演变探析》⑥、张玉梅《吉林方言中介语及语言测试》⑦等。

（三）词汇研究

最早的东北方言词典是刘禾的《常用东北方言词浅释》⑧，该词典主要以吉林方言为主。20 世纪 80 年代末 90 年代初，相关东北方言词汇研究成果显著，并在这一时期出版了一些方言词典。其中许皓光等人《简明东北方言词典》⑨以辽宁方言词为主，同时加入部分吉林方言。马思周和姜光辉《东北方言词典》⑩收集流行于东三省的方言词语，以黑龙江、吉林为主（其中不少通化地区方言词汇），辽宁次之。王博和王长元《关东方言词汇》⑪则侧重于吉林方言的收集。几部方言词典在内容上虽存在需要商榷的地方，但整体还是能够反映出东北方言词的概貌、构词特点、民俗风物、历史层次等诸多信息的，为词汇的多角度后续研究提供了翔实可参的资料。

从历史和地理环境的角度来看，辉南方言的形成和演变受到了多方面的影响，其中人口迁移是最为重要的影响因素。同样，关于辉南方言词汇方面的研究依然是依附于吉林通化地区的方言研究。相对于语音上的研究成果，辉南方言词汇方面的研究相对薄弱很多，并且基本都是近几年才开始注意的。这类文章中，绝大多数是

---

① 吉林大学中文系方言调查小组 . 通化音系 [J]. 吉林大学人文科学学报，1959（04）: 35-62.

② 吉林省推广普通话工作委员会 . 吉林人学习普通话手册 [M]. 长春：吉林人民出版社，1959.

③ 陈章太，李行健 . 普通话基础方言基本词汇集 · 语音卷 [M]. 北京：语文出版社，1996.

④ 顾小玲 . 通化方言语音概貌分析 [J]. 大观周刊，2012（19）: 31.

⑤ 王洪杰，陈本庆 . 通化方言声调的发展变化 [J]. 通化师范学院学报，2007（06）: 83-86.

⑥ 王洪杰 . 日母字在通化话中的读音演变探析 [J]. 通化师范学院学报，2004（03）: 60-63.

⑦ 张玉梅 . 吉林方言中介语及语言测试 [J]. 吉林师范大学学报（人文社会科学版），2009（06）: 34-36.

⑧ 刘禾 . 常用东北方言词浅释 [Z]. 长春：吉林人民出版社，1959.

⑨ 许皓光，张大鸣 . 简明东北方言词典 [Z]. 沈阳：辽宁人民出版社，1988.

⑩ 马思周，姜光辉 . 东北方言词典 [Z]. 长春：吉林文史出版社，2005.

⑪ 王博，王长元 . 关东方言词汇 [Z]. 长春：吉林教育出版社，1991.

概括性描写吉林方言词汇，对通化方言进行具体描写阐述的并不多，相关文章有赵君秋《通化方言特点及区划》、李铭娜《关内人口迁移对东北方言的影响分析——以吉林方言语音、特征词为例》①、顾小玲《浅析通化方言动物词汇与普通话动物词汇的区别》② 等。

（四）语法研究

对于汉语语法的研究，直至 20 世纪 90 年代才逐渐引起人们的重视，相关汉语语法方面的研究最初是结合英语的语法规则来进行的，后来，随着越来越多的专家学者和语言爱好者的不断论证、探讨，更多的研究方法被引入，如实验语音法、定量研究法等。尽管如此，汉语语法研究还有很长的路要走。关于辉南方言语法方面的研究，还缺乏相关专门论著，但围绕通化地区的汉语方言的研究，还是或多或少会涉及辉南方言语法的。另外，词汇研究本身离不开语法，尽管相关研究材料不多，但还是会为辉南方言研究提供宝贵的资源。这方面的文章有王立和《吉林方言词汇中加词嵌“得”的三音节形容词和动词》③、栗河《吉林方言附加式四音形容词的结构类型及主要特点》④、王洪杰等《东北方言之多字俗语说略》⑤、冯常荣《吉林方言词的结构特点》⑥ 等。

四、研究意义与前景

虽然相关方言的研究和投入日渐引起人们的重视，但很多问题有待进一步深入探讨。特别是受推普国策的影响，老派、新派的差异，文白异读的不同，方言语音、词汇、语法的扩展，与东北官话内部不同方言点间的共时比较，合理科学地验证分区，建构胶辽官话与东北官话的同言线等，都有待新突破。对于辉南方言，诚然，多方面、全方位地关注十分必要，但同时也要寻找全新的切入点，扎扎实实地推行单点深入研究。语音上，今后应该多从纵向历时角度进行研究探索，同样可以引入先进

① 李铭娜 . 关内人口迁移对东北方言的影响分析——以吉林方言语音、特征词为例 [J]. 河北大学学报（哲学社会科学版），2012（03）：76-80.

② 顾小玲 . 浅析通化方言动物词汇与普通话动物词汇的区别 [J]. 网络导报 · 在线教育，2012（09）：226.

③ 王立和 . 吉林方言词汇中加词嵌“得”的三音节形容词和动词 [J]. 吉林师范学院学报（哲学社会科学版），1984（03）：54-60.

④ 栗河 . 吉林方言附加式四音形容词的结构类型及主要特点 [J]. 吉林师范学院学报（哲学社会科学版），1986（04）：28，60-64.

⑤ 王洪杰，原永海，王晓霞 . 东北方言之多字俗语说略 [J]. 通化师范学院学报，2008（11）：69-71.

⑥ 冯常荣 . 吉林方言词的结构特点 [J]. 白城师范学院学报，2009（04）：28-31.

的语音研究手段，如运用实验语音学的手段对辉南方言语音的变异进行客观真实的描写等。词汇上，应该注意方言资料的收集，真实记录方言口语，整理归类。语法上，注重日常用语的收集和整理。方法上要更加灵活和全面，努力还原方言真实一面，注意类型学上的比较，争取建构具有辉南方言特色的辉南方言语法体系。通化方言是东北官话方言的典型代表之一，辉南方言更是通化方言不可或缺的组成部分，是吉林方言中富有特色的方言，它虽和吉林方言、东北官话十分接近，但是依然保留了自己的特点，因此，对辉南方言进行多方面、多角度深入的研究，无论是从方言研究意义的角度，还是推广普通话意义的角度来讲，都有着重要的价值，辉南方言是颇具研究前景的方言，值得广大语言爱好者研究探索。

参考文献

吉林大学中文系方言调查小组 . 通化音系 [J]. 吉林大学人文科学学报，1959（04）: 35-62.
王洪杰，陈本庆 . 通化方言声调的发展变化 [J]. 通化师范学院学报，2007（06）: 83-86.
杨春宇 . 辽宁方言语音研究 [J]. 辽宁师范大学学报（社会科学版），2010（05）: 93-99.
杨春宇 . 辽宁方言知、庄、章组的语音类型及特征 [J]. 辽宁师范大学学报（社会科学版），2013（01）: 107-113.

第十二节　吉林东丰方言动态演变专题研究①

一、东丰概况

东丰县位于吉林省中南部，地处长白山分支哈达岭余脉，位于辉发河上游，位于北纬 42°18′—43°14′，东经 125°3′—125°50′。东丰县东南与梅河口市毗邻，西南与辽宁省清原满族自治县相接，西与东辽县、辽宁省西丰县以山为界，北与伊通满族自治县、磐石市隔河相望。东丰县属于四季分明，春季风大干燥，夏季多雨湿热，秋季温和凉爽，冬季漫长寒冷。东丰县属于辉发河和饮马河水系。

东丰县历史可追溯到距今四五千年的新石器时代。大致相当于中原地区夏、商时期。商朝时期，肃慎、秽貊、东胡等少数民族和原始部落居住在东北广大地区，东丰县是秽貊族系的生活区域。汉朝时设玄菟郡，东丰属玄菟郡。后秽貊族分化为夫余和高句丽，东胡族系的鲜卑也逐渐强大起来，他们之间相互讨伐。可见东丰自古以来是多民族的聚居区。东汉至两晋时初，东丰属夫余国，后属北沃沮。南北朝

① 本节原文为杨春宇指导研究生徐姝阳所撰写的硕士论文的部分成果，有删改。

时属勿吉。隋唐时初属靺鞨，后属渤海国。辽朝建立以后，吉林大部地区成为契丹和东丹国的辖区，五代时东丰属辽国之咸平府。元朝时属韩州府。明清时为辉发部落，清初属建州。清军入关后被辟为盛京围场，史称“皇家鹿苑”。素有“中国梅花鹿之乡”的美誉。

根据孙维张等《吉林方言分区略说》①，赵君秋《东北官话分区补正——与张志敏先生等商榷》②，东丰方言属于东北官话区哈阜片的长锦小片，在吉林方言区中属于西区的长春片。

二、调查对象

为了确保调查的全面性、准确性，调查点选择为东丰县五个乡镇：那丹伯镇、三合满族朝鲜族乡、东丰镇、杨木林镇、横道河镇。

方言调查合作人如表 4-106 所示。

表 4-106 东丰县方言调查合作人一览表

类别	姓名	性别	年龄	民族	地址	职业
老男	高贺礼	男	67	汉族	那丹伯镇	农民
	王金山	男	68	汉族	三合满族朝鲜族乡	退休小学教师
	单吉顺	男	70	汉族	东丰镇	退休小学教师
	万振国	男	63	汉族	杨木林镇	退休地税局科员
	李德印	男	60	汉族	横道河镇	工人
老女	焦红艳	女	72	汉族	那丹伯镇	个体
	刘方	女	77	汉族	三合满族朝鲜族乡	农民
	周志英	女	76	汉族	东丰镇	退休营业员
	孙连芳	女	73	汉族	杨木林镇	个体
	张玉春	女	71	汉族	横道河镇	农民
青男	徐立胜	男	43	汉族	那丹伯镇	教师
	孙金国	男	39	汉族	三合满族朝鲜族乡	工人
	王国旭	男	41	汉族	东丰镇	个体
	白胜君	男	40	汉族	杨木林镇	工人
	宋良波	男	40	汉族	横道河镇	个体

① 孙维张，路野，李丽君 . 吉林方言分区略说 [J]. 方言，1986（01）：39-45.

② 赵君秋 . 东北官话分区补正——与张志敏先生等商榷 [J]. 社会科学战线，2010（07）：149-152.

续表

类别	姓名	性别	年龄	民族	地址	职业
青女	马兆昀	女	44	汉族	那丹伯镇	教师
	万霞	女	40	汉族	三合满族朝鲜族乡	农业局职工
	单雪洁	女	39	汉族	东丰镇	教师
	徐凤丽	女	43	汉族	杨木林镇	工人
	徐晶	女	42	汉族	横道河镇	个体

三、东丰方言音系

（一）声母系统

1. 声母

表 4-107　东丰方言声母表

发音方法			发音部位						
			双唇	唇齿	舌尖中	舌尖前/后	舌面	舌根	喉
塞音	清音	不送气	b[p]		d[t]			g[k]	
		送气	p[pʰ]		t[tʰ]			k[kʰ]	
塞擦音	清音	不送气				z[ts]/zh[tʂ]	j[tɕ]		
		送气				c[tsʰ]/ch[tʂʰ]	q[tɕʰ]		
擦音		清音		f[f]		s[s]/sh[ʂ]	x[ɕ]		h[x]
		浊音				r[z]			
鼻音		浊音	m[m]		n[n]		n[ȵ]		
边音		浊音			l[l]				
半元音		浊音		v[ʋ]					y[j]

2. 说明

（1）如表 4-107 所示，在东丰方言的声母系统中，声母共有 24 个，其中浊音 7 个，清音 17 个。

（2）东丰方言中的舌尖前音 [ts]、[tsʰ]、[s] 和舌尖后音 [tʂ]、[tʂʰ]、[ʂ] 呈现自由混读的现象。

（3）东丰方言中的微母，发音时展唇动作不明显，唇齿动作不典型，应该是介于唇齿之间，这里记作 [ʋ]。

（4）东丰方言中某些齐齿呼的零声母字，会读成以 y[j] 作为声母的字。

（5）舌面音 [n] 与洪音相拼时实际音值是 [n]，与细音相拼时实际音值是 [ȵ]。

（6）操东丰方言的人在实际读音时，习惯在部分零声母前面加 [n] 或 [ȵ]。

3. 声母特点

（1）知庄章组字。东丰地区各调查点的知庄章三组大致呈现自由混读的现象，即将舌尖前音 [ts]、[tsʰ]、[s] 和舌尖后音 [tʂ]、[tʂʰ]、[ʂ] 相混。但是通过调查发现，不同地区读舌尖前音 [ts]、[tsʰ]、[s] 和舌尖后音 [tʂ]、[tʂʰ]、[ʂ] 的比重有一定的区别。从总体上来看，舌尖后音 [tʂ]、[tʂʰ]、[ʂ] 在日常交际中出现的次数越来越少。

（2）日母字。在老一派的东丰方言中，日母字 [ʐ] 有两种读法，一种读零声母 [ǿ]，韵母多为撮口呼。还有一种读 [l]，韵母多为合口呼和开口呼。现举例说明：

"乳"在普通话中读 [ʐu²¹⁴]，在东丰方言中读 [lu²¹³]。

"扔"在普通话中读 [ʐəŋ⁵⁵]，在东丰方言中读 [ləŋ³³]。

"绕"在普通话中读 [ʐɑu⁵¹]，在东丰方言中读 [ǿiɔ⁵³]。

"褥"在普通话中读 [ʐu⁵¹]，在东丰方言中读 [ǿy⁵³]。

现在，大部分的日母字呈现出 [ʐ]、[ǿ]、[l] 的自由混读。

（3）微母字。在普通话中某些读零声母以圆唇元音 [u] 开头的字，在东丰方言中并不读零声母，而是读成 [ʋ] 声母。东丰方言中的微母，发音时展唇动作不明显，唇齿动作不典型，应该是介于唇齿之间，这里记作 [ʋ]。如：我 [ʋɤ²¹³]、蛙 [ʋa³³]、外 [ʋɛ⁵³]、弯 [ʋan³³]、蚊 [ʋən³⁵]、汪 [ʋɑŋ³³]、翁 [ʋəŋ³³] 等。

（4）东丰方言中泥母、娘母互补分布，区分较明显，洪音字拼泥母，即在合口呼和开口呼前面读成 [n]，如：脑 [nɔ²¹³]，细音字拼娘母，即在齐齿呼和撮口呼前面读 [ȵ]，例如：年 [ȵiɛn³⁵]。

（5）东丰方言中泥母、来母中个别字存在相混的现象。如"嫩"在普通话中读 [nən⁵¹]，在东丰方言中读 [lən⁵³]；"糊弄"在普通话中读 [xu⁵³nuŋ⁰]，在东丰方言中读成 [xu⁵³luŋ⁰]。

（6）古精组字的声母与见晓影组字的声母在今细音前并无差别，即在东丰方言中声母不分尖团。比如："千 [tɕʰiɛn³³]"和"牵 [tɕʰiɛn³³]"读音一致，"香 [ɕiɑŋ³³]"和"箱 [ɕiɑŋ³³]"读音一致。

（7）中古影疑母开口一二等字大多数今读零声母，只有少数疑影母开口一等字在东丰方言中会被加上声母 [n]，变成泥母字，少数的蟹摄开口二等影母字也存在这样的情况。如果摄开口一等哥韵疑母：鹅、饿，分别读成 [nɤ³⁵]、[nɤ⁵³]；蟹摄开口一等哈韵影母：爱读 [nɛ⁵³]。

（8）东丰方言中部分塞音、塞擦音在实际读音中存在送气音和不送气音相混的情况，多数是将普通话中的不送气音读成送气音。如：蝶 [tiε^{35} $_{文}$/t^{h}iε^{213} $_{白}$]、胞 [pɔ^{33} $_{文}$/p^{h}ɔ^{33} $_{白}$]、糙 [tsɔ^{33} $_{文}$/ts^{h}ɔ^{53} $_{白}$]。还有少数的古知组字存在这种情况，如：撞 [tʂuaŋ^{53} $_{文}$/tʂ^{h}uaŋ^{53} $_{白}$]。

（二）韵母系统

1. 韵母

表 4-108　东丰方言韵母表

结构分类	开口呼	齐齿呼	合口呼	撮口呼
单元音韵母	-i[ɿ]、-i[ʅ] er[ɚ] ɑ[a]、o[ə] e[ɤ]、e/ê[ε] ɑi[æ]、ao[ɔ]	i[i]	u[u]	ü[y]
复元音韵母	ei[ei]、ou[əu]	iɑ[ia]、ie[iε] iɑo[iɔ]、iou[iəu]	uɑ[ua]、uo[uə] uei[uei]、uai[uε]	üe[yε]
鼻韵母	ɑn[an]、en[ən] ɑng[aŋ]、eng[əŋ]	in[in]、iɑn[iεn] iɑng[iaŋ]、ing[iŋ]	uɑn[uan]、uen[uən] uɑng[uaŋ]、ueng[uəŋ] ong[uŋ]	üɑn[yan]、ün[yn] iong[yŋ]

2. 说明

（1）如表 4-108 所示，东丰方言中一共有 39 个韵母，其中单元音韵母 12 个，复元音韵母 11 个，鼻韵母 16 个。

（2）-i[ɿ] 和-i[ʅ] 两个韵母呈现互补关系。-i[ɿ] 和舌尖前音相拼，-i[ʅ] 和舌尖后音相拼。同时在东丰镇和三合满族朝鲜族乡中，实际发音中几乎全部是-i[ɿ] 和舌尖前音相拼。

（3）在东丰方言中，没有圆唇元音 [o]，只有央元音 [ə] 和后元音 [ɤ]。

（4）在东丰方言中存在复元音单音化的现象。主要体现在普通话中的 ai[ai]、ao[ɑu]、iao[iɑu] 三个韵母上，在东丰方言中 ai[ai] 读成 [æ]，ao[ɑu] 读成 [ɔ]，iao[iɑu] 读成 [iɔ]。

（5）舌面央低不圆唇元音 [ᴀ] 发音时开口度不变，但是舌位靠前变成舌面前元音 [a]。

3. 韵母特点

（1）东丰方言有元音低化、央化的现象。即在东丰方言中没有圆唇元音韵母

[o]，只有单韵母后元音 [ɤ]，在复韵母中读成央元音 [ə]。如：o[ɤ]、ou[əu]、uo[uə]、iu[iəu]。这也是东北方言的一个显著普遍性特点。如：波 [pɤ^{33}]、某 [məu^{213}]、火 [xuə^{213}]、流 [liəu^{35}]。普通话中 [o] 在东丰方言中自成音节时或者单独与其他声母拼合时，其实际音值更接近 [ɤ]，而在复合韵母中的实际发音更接近 [ə]。

（2）东丰方言存在复元音单音化的现象。主要体现在普通话中的韵母 [ai]、[ɑu]、[iɑu] 中，在东丰方言中，发音动程不足，分别读成 [æ]、[ɔ]、[iɔ]，也存在内部具体差异。

（3）在声母部分已经提到东丰方言中微母的发音特点，在描写韵母时，我们仍然要论述。因有微母 [ʋ] 的存在，故微母、影母、云母和以母的韵母不记 [u] 介音，直接记为 [ʋ] 声母，如瓦 [ʋᴀ^{213}]、网 [ʋɑŋ^{213}]。和其他韵母相拼时的合口呼韵母依然记作 [uᴀ] 如刮 [kuᴀ^{33}]。

（4）东丰方言中一部分山摄合口一等恒、缓、换韵的音节，存在泥组字介音丢失的现象，如：峦 [luan^{35}] 读成 [lan^{35}]、暖 [nuan^{214}] 读成 [nan^{213}]、卵 [luan^{214}] 读成 [lan^{213}]、乱 [luan^{51}] 读成 [lan^{53}]。

（5）东丰方言中没有入声韵，入声派入四声已基本完成，但是个别字阴平、阳平存在异读，大部分用 [iɔ] 来代替 [yɛ]，如：学 [ɕyɛ^{35}/ɕiɔ^{35}]、觉 [tɕyɛ^{35}/ɕiɔ^{213}]、约 [tɕyɛ^{44}/ǿiɔ^{44}]、雀 [tɕ^{h}yɛ^{53}/tɕiɔ^{213}]。

（三）声调

1. 声调描写

表 4-109　东丰方言声调表

调类	调值	例字
阴平	33	东、通、天、风
阳平	35	门、龙、铜、皮
上声	213	懂、古、统、苦
去声	42	痛、快、麦、路

2. 声调特点

（1）如表 4-109 所示，调类特点。在东丰方言中，大部分的乡镇都有四个调类，这与普通话中的调类系统相同，即：阴平、阳平、上声、去声。调值的起止点不同于普通话，调值明显低于普通话。通过实地调查发现，东丰方言中北部地区和南部地区在调值上存在些许差异，处于南部地区的横道河镇调值稍高于北部地区。

（2）调值特点。总体上，东丰方言的调值普遍低于普通话，在音高变化上，普通话中最高是 5 度，但是在东丰方言中实际发音大多达不到 5 度，考虑到其他声类描写上的区别变化和为了照顾方言中声调音值的相对音高的描写要求，拟定东丰方言的音高变化最高点为 5 度。

采用“五度标记法”来标记声调，阴平调值是 33 调，其特点是相对低而平，处于东丰县南部的横道河镇阴平调稍高于北部地区，大致为 44，这里将东丰方言阴平调值整体定为 33；阳平调值为 35 调，阳平上扬程度不足 5 度，三合满族朝鲜族乡的阳平是 24，这里将东丰方言的阳平调值记做 35；上声是降升调，调值为 213，调查中发现曲折调有个别字读 212 调值，但是不够稳定，不能形成规律，这里记做 213；去声为高降，相对阳平，起点略高，降调不到底，部分北部乡镇是 42，这里记做 42。

（四）声韵配合规律

1. 东丰方言声韵配合关系描写

东丰方言共有 24 个声母、39 个韵母。声母按发音部位分为双唇音、唇齿音、舌尖前音、舌尖中音、舌尖后音、舌面音、舌根音、半元音八个部分，韵母按开头的元音口形分为开口呼、齐齿呼、合口呼、撮口呼四列，将两者相拼，不计声调，其拼合情况如表 4-110 所示。表中“+”表示有拼合关系，“–”表示没有拼合关系。

表 4-110　东丰方言声韵配合简表

<table>
<tr><th colspan="2" rowspan="2">声母</th><th colspan="4">韵母</th></tr>
<tr><th>开口呼</th><th>齐齿呼</th><th>合口呼</th><th>撮口呼</th></tr>
<tr><td>双唇音</td><td>b[p]、p[pʰ]、m[m]</td><td>+</td><td>+</td><td>只跟 u 相拼</td><td>–</td></tr>
<tr><td>唇齿音</td><td>f[f]</td><td>+</td><td>–</td><td>只跟 u 相拼</td><td>–</td></tr>
<tr><td rowspan="2">舌尖中音</td><td>d[t]、t[tʰ]</td><td rowspan="2">+</td><td rowspan="2">+</td><td rowspan="2">+</td><td>–</td></tr>
<tr><td>n[n]、l[l]</td><td>+</td></tr>
<tr><td>舌面音</td><td>j[tɕ]、q[tɕʰ]、x[ɕ]、n[ȵ]</td><td>–</td><td>+</td><td>–</td><td>–</td></tr>
<tr><td>舌根音</td><td>g[k]、k[kʰ]、h[x]</td><td>+</td><td>–</td><td>+</td><td>–</td></tr>
<tr><td>舌尖后音</td><td>zh[tʂ]、ch[tʂʰ]、sh[ʂ]、r[ʐ]</td><td>+</td><td>–</td><td>+</td><td>–</td></tr>
<tr><td>舌尖前音</td><td>z[ts]、c[tsʰ]、s[s]</td><td>+</td><td>–</td><td>+</td><td>–</td></tr>
<tr><td rowspan="2">半元音</td><td>y[j]</td><td>+</td><td>+</td><td>+</td><td>+</td></tr>
<tr><td>v[ʋ]</td><td>+</td><td>–</td><td>–</td><td>–</td></tr>
</table>

2. 东丰方言声韵配合特点

东丰方言的声韵配合关系基本遵循普通话的声韵配合规律。

（1）双唇音 p[p]、p[pʰ]、m[m] 能够和开口呼、齐齿呼相拼，和合口呼相拼仅限于 [u]。

（2）唇齿音 f[f] 能够和开口呼相拼，不能和齐齿、撮口呼相拼，和合口呼相拼仅限 [u]。

（3）舌尖中音 d[t]、t[tʰ] 能够和开口呼、齐齿呼、合口呼相拼，不能和撮口呼相拼。舌尖中音 n[n]、l[l] 能够和四呼相拼。

（4）舌面音 j[tɕ]、q[tɕʰ]、x[ɕ]、n[ȵ] 能够和齐齿呼和撮口呼相拼，不能和开口呼和合口呼相拼。

（5）舌尖前音 z[ts]、c[tsʰ]、s[s]、舌尖后音 zh[tʂ]、ch[tʂʰ]、sh[ʂ]、r[ʐ] 和舌根音 g[k]、k[kʰ]、h[x] 能够和开口呼、合口呼相拼，不能和齐齿呼、撮口呼相拼。

（6）零声母在四呼中都存在。微母 [ʋ] 只和开口呼相拼。在普通话中某些读零声母以圆唇元音 [u] 开头的字，在东丰方言中并不读零声母，而是读成 [ʋ] 声母。所以半元音 [ʋ] 只和开口呼相拼。

（7）uo[uə] 韵母不能和双唇音和唇齿音相拼。

（8）ong[uŋ] 韵母没有零声母音节，不和双唇音、唇齿音相拼。ueng[ʋəŋ] 韵母只有零声母音节。

（9）-i[ɿ] 韵母只和舌尖前音 z[ts]、c[tsʰ]、s[s] 相拼，-i[ʅ] 只和舌尖后音 zh[tʂ]、ch[tʂʰ]、sh[ʂ]、r[ʐ] 相拼，都没有零声母音节。

（10）er[ɚ] 不和辅音声母相拼，只有零声母音节。

四、东丰方言的文白异读

（一）概述

文白异读是汉语方言中一种常见的语音异变现象，普遍存在于各种汉语方言中[①]。表现为在一种方言中一个字有两种或者多种读音，即文读和白读。文读指读书识字时所使用的语音，又叫读书音、文言音、字音；白读指的是平时说话时所使用的语音，又叫作说话音、白话音或话音。

① 李蓝．文白异读的形成模式与北京话的文白异读 [J]. 中国社会科学，2013（09）：163-179，208.

王福堂在《文白异读和层次区分》一文中认为："一般来说，方言中文白异读的形成与异方言的影响有关。人们为交际的方便，有时感到需要从民族共同语所在的官话方言或某个地区性的权威方言借入词语的读音，使自己的说话比较接近这个异方言。这样，方言中就有了异方言的读音。"① 由此可见，文白异读主要产生于一地区人们的日常交际生活中，以口耳相传的形式固定并流传下来。文读和白读并存，并相互交叠。在人们的日常交际中会形成使用范围和使用频率的竞争，在经过一段时间的竞争之后，文读和白读可能会发生使用场合的变化，最终界限也会变得模糊，这就是文白异读的来源。

（二）东丰方言中的文白异读现象

1. 声母的文白异读

1）声母清浊构成的文白异读

东丰地区各调查点方言不仅呈现出知庄章三组自由混读的现象，即将舌尖前音 [ts]、[tsʰ]、[s] 和舌尖后音 [tʂ]、[tʂʰ]、[ʂ] 相混。而且，在实际读音中存在部分塞音、擦音、塞擦音中的送气音和不送气音相混的情况，多数是将普通话中的不送气音读成送气音，如：蝶 [tiɛ^{35}$_{文}$/tʰiɛ^{213}$_{白}$]、胞 [pɑu^{55}$_{文}$/pʰɔ^{33}$_{白}$]、糙 [tsʰɑu^{55}$_{文}$/tsɔ^{42}$_{白}$]。还有少数的古知组字存在这种情况，如：撞 [tʂuɑŋ^{51}$_{文}$/tʂʰuɑŋ^{42}$_{白}$]，如表 4-111 所示。

表 4-111 东丰方言塞音、塞擦音、擦音字送气不送气构成的文白异读

例字	文读	白读
撞$_{车}$	tʂuɑŋ^{51}	tʂ/tʂʰuɑŋ^{42}
哺$_{育}$	pu^{214}	pʰu^{213}
浸$_{染}$	tɕin^{51}	tɕʰin^{42}
傍$_{晚}$	pɑŋ^{51}	pʰɑŋ^{42}
玷$_{污}$	tiɛn^{51}	ts/tʂan^{33}
赡$_{养}$	ʂan^{51}	tʂ/tʂʰan^{35}
$_{消}$灭	miɛ^{51}	ȵiɛ^{42}
弥$_{漫}$	mi^{35}	ȵi^{35}
泥$_{土}$	ni^{35}	mi^{35}
座$_{位}$	tsuo^{51}	tsʰ/tsuə^{42}
$_{打}$更	tɕiŋ^{55}	kəŋ^{33}
摔$_{倒}$	ʂuai^{55}	ts/tsʰuɛ^{33}

① 王福堂 . 文白异读和层次区分 [J]. 语言研究，2009（01）：1.

续表

例字	文读	白读
谬误	miou^{51}	ȵiəu^{42}
扒手	p^{h}ᴀ^{35}	pa^{35}
细胞	pɑu^{55}	p^{h}ɔ^{33}
贮藏	tʂu^{51}	tʂ/tʂ^{h}u^{213}
客人	k^{h}ɤ^{51}	tɕ^{h}iɛ^{213}
上街	tɕiɛ^{55}	kɛ^{33}
解开	tɕiɛ^{214}	kɛ^{213}
脸颊	tɕiᴀ^{35}	ɕiᴀ^{35}
琵琶	p^{h}i^{35}	pi^{35}
蝙蝠	piɛn^{55}	p^{h}iɛn^{33}
发酵	tɕiɑu^{51}	ɕiɔ^{42}
住宿	su^{51}	ɕy^{213}
毗邻	p^{h}i^{214}	pi^{213}
跛脚	po^{214}	p^{h}ɤ^{213}
刹那	tʂ^{h}ᴀ^{51}	ʂ/sa^{42}
碾碎	niɛn^{214}	mian^{213}
湖泊	p^{h}o^{55}	pɤ^{33}
一提	t^{h}i^{35}	ti^{33}
澄清	tʂ^{h}əŋ^{35}	təŋ^{35}
谄媚	tʂ^{h}an^{214}	ɕiɛn^{42}
刮风	kuᴀ^{55}	k^{h}ua^{213}
挟持	ɕiɛ^{35}	tɕia^{35}
果脯	fu^{214}	p^{h}u^{213}
入场券	tɕ^{h}yan^{51}	tɕyan^{42}
刽子手	kuei^{51}	k^{h}uei^{42}
机械	ɕiɛ^{51}	tɕiɛ^{42}
沮丧	tɕy^{214}	ts/tʂy^{213}
粗糙	ts^{h}ɑu^{55}	ts/tʂɔ^{42}
毽子	tɕiɛn^{51}	tɕ^{h}iɛn^{42}
不朽	ɕiou^{214}	tɕ^{h}iəu^{213}
秸秆	tɕiɛ^{35}	kɛ^{33}
蝴蝶	tiɛ^{35}	t^{h}iɛ^{213}

2）日母字与零声母构成的文白异读

如表 4-112、表 4-113 所示，在老一派的东丰方言中，日母字 [ʐ] 有两种读法，一种读零声母 [∅]，还有一种读 [l]。读成零声母时，发生如下变化，当 [ʐ] 与开口呼相拼时，韵母变成以齐齿呼开头，如：绕 [ʐɑu^{51} $_{\text{文}}$/∅iɔ^{42} $_{\text{白}}$]。当 [ʐ] 与合口呼相拼时，韵母变成以撮口呼开头，如：褥 [ʐu^{51} $_{\text{文}}$/∅y^{42} $_{\text{白}}$]。

表 4-112　东丰方言日母字与零声母构成的文白异读

例字	文读	白读
弱	ʐuo^{51}	∅yɛ^{42}、∅iɔ^{42}
若	ʐuo^{51}	∅yɛ^{42}、∅iɔ^{42}
绕	ʐɑu^{51}	∅iɔ^{42}
扰	ʐɑu^{214}	∅iɔ^{213}
肉	ʐou^{51}	∅iəu^{42}
揉	ʐou^{35}	∅iəu^{35}
惹	ʐɤ^{214}	∅iɛ^{213}
热	ʐɤ^{51}	∅iɛ^{42}
人	ʐən^{35}	∅in^{35}
忍	ʐən^{214}	∅in^{213}
让	ʐɑŋ^{51}	∅iɑŋ^{42}
日	ʐʅ^{51}	∅i^{42}
褥	ʐu^{51}	∅y^{42}

3）日母、来母字构成的文白异读

表 4-113　东丰方言日母、来母字构成的文白异读

例字	文读	白读
如	ʐu^{35}	lu^{35}
入	ʐu^{51}	lu^{42}
乳	ʐu^{214}	lu^{213}
辱	ʐu^{214}	lu^{213}
扔	ʐəŋ^{55}	ləŋ^{33}
冗	ʐuŋ^{214}	luŋ^{213}

4）影母、泥母字构成的文白异读

如表 4-114 所示，东丰方言中的影母字主要表现为和泥母字的混读，中古影疑母开口一二等字大多数今读零声母，只有少数疑影母开口一等字在东丰方言中会被加上声母 [n]，变成泥母字，少数的蟹摄开口二等影母字也存在这样的情况。主要规律为韵母为 [ɑu]、[ai]、[an]、[ɤ] 的字一般在前面加上声母 [n]。如：果摄开口一等哥韵疑母：鹅、饿，分别读成 [nɤ^{35}]、[nɤ^{42}]；蟹摄开口一等咍韵影母：爱读 [nɛ^{42}]。

表 4-114　东丰方言影母、泥母字构成的文白异读

例字	文读	白读
爱	ǿai^{51}	nɛ^{42}
鹅	ǿɤ^{35}	nɤ^{35}
蛾	ǿɤ^{35}	nɤ^{35}
讹	ǿɤ^{35}	nɤ^{35}
熬	ǿɑu^{35}	nɔ^{35}
安	ǿan^{55}	nan^{33}
挨	ǿai^{55}	nɛ^{33}
矮	ǿai^{214}	nɛ^{213}
按	ǿan^{51}	nan^{42}
案	ǿan^{51}	nan^{42}

2. 韵母的文白异读

通过表 4-115 观察发现，东丰方言中韵母的文白异读主要发生在宕江曾梗通五摄中，其他韵摄中也存在一些文白异读的现象。东丰方言韵母的文白异读和声母的文白异读比较起来，文读和白读的差异更为常见和明显，在日常交流中，字音的文读也会和白读一起使用，不存在明显界限。并且在东丰方言中也存在很多声母、韵母、声调均发生变化的字，和普通话相比存在很大差异，如：乐 [ǿyɛ^{51}$_{文}$/ǿiɔ^{42}$_{白}$]、弱 [ʐuə^{51}$_{文}$/ǿiɔ^{42}$_{白}$] 等。

表 4-115　东丰方言韵母文白异读表

例字	文读	白读
这	tʂɤ^{51}	tsei^{42}
那	nᴀ^{51}	nei^{42}
割	kɤ^{55}	ka^{213}
搁	kɤ^{55}	kɔ^{35}

续表

例字	文读	白读
卜	po^{55}	pɤ^{33}
曝	pʰu^{51}	pɔ^{42}
宿	su^{51}	ɕy^{213}
熟	ʂu^{35}	ʂəu^{35}
塞	sai^{55}	sei^{33}
侧	tsʰɤ^{51}	tsɛ^{33}
色	sɤ^{51}	sɛ^{213}
约	∅yɛ^{55}	∅iɔ^{33}
觉	tɕyɛ^{35}	tɕiɔ^{213}
角	tɕiɑu^{214}	tɕyɛ^{35}
学	ɕyɛ^{35}	ɕiɔ^{35}
墨	mo^{51}	mi^{42}
忒	tʰei^{55}	tʰuei^{33}
落	luo^{51}	lɔ^{42}
薄	pɤ^{35}	pɑu^{35}
雀	tɕʰyɛ^{51}	tɕʰiɔ^{213}
嚼	tɕyɛ^{35}	tɕiɑu^{35}
削	ɕyɛ^{55}	ɕiɔ^{33}
绰	tʂʰuo^{51}	tsʰɔ^{33}
唾	tʰuo^{51}	tʰu^{42}
做	tsuo^{51}	tsəu^{42}
塑	su^{51}	suə^{42}
赂	lu^{51}	lɔ^{42}
露	lu^{51}	ləu^{42}
取	tɕʰy^{214}	tɕʰiəu^{213}
去	tɕʰy^{51}	tɕʰi^{213}
逮	tai^{51}	tei^{213}
怯	tɕʰiɛ^{51}	tɕʰyɛ^{42}
喝	xɤ^{55}	xa^{42}
寻	ɕyn^{35}	ɕin^{35}
割	kɤ^{55}	ka^{213}
捺	nʌ^{51}	nɛ^{42}

续表

例字	文读	白读
按	$\emptyset an^{51}$	$nən^{42}$
厉	li^{51}	$liɛ^{42}$
披	p^hi^{55}	p^hei^{33}
悼	$tɑu^{51}$	$tiɔ^{42}$
爪	$tsɑu^{213}$	$tʂuA^{213}$
剖	p^hou^{55}	$p^hɔ^{33}$
谋	mou^{35}	mu^{35}
某	mou^{214}	mu^{213}
耽	tan^{55}	$taŋ^{33}$
弦	$ɕiɛn^{35}$	$ɕyan^{35}$
屑	$ɕiɛ^{51}$	$ɕyɛ^{42}$
豁	xuo^{51}	$xɤ^{33}$
津	$tɕin^{55}$	$tɕyn^{33}$
并	$piŋ^{51}$	pin^{42}
泞	$niŋ^{51}$	$nəŋ^{42}$
粽	$tsuŋ^{51}$	$tsəŋ^{42}$
弄	$nuŋ^{51}$	$nəŋ^{42}$
农	$nuŋ^{35}$	$nəŋ^{35}$
取	$tɕ^hy^{214}$	$tɕ^hiəu^{213}$
皴	$tɕ^hy^{55}$	$tɕ^hyɛ^{33}$
更	$tɕiŋ^{55}$	$tɕəŋ^{33}$
乐	$\emptyset yɛ^{51}$	$\emptyset iɔ^{42}$
虐	$nyɛ^{51}$	$\emptyset iɔ^{42}$
弱	$ʐuə^{51}$	$\emptyset iɔ^{42}$
略	$lyɛ^{51}$	$liɔ^{42}$

3. 声调的文白异读

如表 4-116 所示，古平声字分派成现代汉语中的阴平和阳平，在东丰方言文白异读中，阴平声字主要白读为阳平，存在个别字白读为上声，如：都 [$tou^{55}{}_{文}/təu^{213}{}_{白}$]、鸭 [$\emptyset iA^{55}{}_{文}/\emptyset iA^{213}{}_{白}$]。阳平声字主要白读为上声，存在个别字白读为阴平，如：伯 [$po^{35}{}_{文}/pɛ^{33}{}_{白}$]。上声字主要白读为阳平，去声字的白读主要为上声，也有一部分白读依然为阴平，如：逮 [$tai^{51}{}_{文}/tei^{213}{}_{白}$]、绰 [$tʂ^huo^{51}{}_{文}/ts^hɔ^{33}{}_{白}$]。

表 4-116 东丰方言声调文白异读表

例字	文读		白读	
都	阴平	tou^{55}	上声	$təu^{213}$
鸭	阴平	$øiᴀ^{55}$	上声	$øi^{213}$
姑	阴平	ku^{55}	阳平	ku^{35}
哥	阴平	$kɤ^{55}$	阳平	$kɤ^{35}$
多	阴平	tuo^{55}	阳平	$tuə^{35}$
妈	阴平	$mᴀ^{55}$	阳平	ma^{35}
叔	阴平	$ʂu^{55}$	阳平	su^{35}
摘	阴平	$tʂai^{55}$	阳平	$tʂɛ^{35}$
吃	阴平	$tʂ^hʅ^{55}$	上声	$tʂ^hʅ^{213}$
愚	阴平	$øy^{55}$	阳平	$øy^{35}$
蝶	阳平	$tiɛ^{35}$	上声	$t^hiɛ^{213}$
伯	阳平	po^{35}	阴平	$pɛ^{33}$
福	阳平	fu^{35}	上声	fu^{213}
节	阳平	$tɕiɛ^{35}$	上声	$tɕiɛ^{213}$
幅	阳平	fu^{35}	上声	fu^{213}
结	阳平	$tɕiɛ^{35}$	上声	$tɕiɛ^{213}$
觉	阳平	$tɕyɛ^{35}$	上声	$tɕiɔ^{213}$
国	阳平	kuo^{35}	上声	$kuə^{213}$
我	上声	$øuo^{214}$	阳平	$ʋɤ^{35}$
抹	上声	mo^{214}	阳平	ma^{33}
个	去声	$kɤ^{51}$	阳平	$kɤ^{35}$
逮	去声	tai^{51}	阴平	tei^{213}
阜	去声	fu^{51}	上声	fu^{213}
覆	去声	fu^{51}	上声	fu^{213}
绰	去声	$tʂ^huo^{51}$	阴平	$ts^hɔ^{33}$
雀	去声	$tɕ^hyɛ^{51}$	上声	$tɕiɔ^{213}$
色	去声	$sɤ^{51}$	上声	$sɛ^{213}$
客	去声	$k^hɤ^{51}$	上声	$tɕ^hiɛ^{213}$

五、东丰方言的二字连读变调

连读变调[①]能够很好地展示东丰方言语音动态发展演变的特点。在此，特列举出东丰方言语音中二字连读的情况，主要表现为其调值调类的变化情况，如表 4-117—表 4-120 所示。

1. 首字为阴平

表 4-117　首字为阴平的调值调类变化情况

调类	调值变化情况	用例
阴平 + 阴平	33+33 → 33+33	今天、西方、东方、叉烧
阴平 + 阳平	33+35 → 33+35	冰雹、菠萝、玻璃、机床
阴平 + 上声	33+213 → 33+213	机场、敲打、奢侈、申请
阴平 + 去声	33+53 → 33+42	纲要、机会、赊欠、申论
阴平 + 轻声	33+ 轻声→ 33+ 轻声	跟头、钳子、蹲下、金的

2. 首字为阳平

表 4-118　首字为阳平的调值调类变化情况

调类	调值变化情况	用例
阳平 + 阴平	35+33 → 35+33	投机、违章、乔装、乔迁
阳平 + 阳平	35+35 → 35+35	神权、为难、前人、前提
阳平 + 上声	35+213 → 35+213	神采、违法、翘楚、盲点
阳平 + 去声	35+53 → 33+42	投案、违背、蠕动、前进
阳平 + 轻声	35+ 轻声→ 35+ 轻声	时候、石头、桃子、银的

3. 首字为上声

表 4-119　首字为上声的调值调类变化情况

调类	调值变化情况	用例
上声 + 阴平	213+33 → 21+33	首都、北京、统一、女兵
上声 + 阳平	213+35 → 21+35	祖国、海洋、语言、改良
上声 + 上声	213+213 → 35+213	水果、了解、领导、鲁莽
上声 + 去声	213+53 → 21+42	解放、土地、巩固、鼓励

① 李小凡 . 汉语方言连读变调的层级和类型 [J]. 方言，2004（01）：16-33.

续表

调类	调值变化情况	用例
上声 + 轻声	213+ 轻声→ 21+ 轻声	姐姐、嫂子、毯子、奶奶
上声 + 轻声	213+ 轻声→ 35+ 轻声	捧起、等等、讲讲、想起

4. 首字为去声

表 4-120　首字为去声的调值调类变化情况

调类	调值变化情况	用例
去声 + 阴平	53+33 → 42+33	汉奸、事端、乐观、唠嗑
去声 + 阳平	53+35 → 42+35	灭亡、空余、告急、告白
去声 + 上声	53+213 → 42+213	过场、嫁娶、灭火、烙饼
去声 + 去声	53+53 → 42+42	事例、校对、控告、空地
去声 + 轻声	53+ 轻声→ 42+ 轻声	事情、木头、柿子、坐下

5. 说明

（1）在东丰方言中上声的变调有一定的特殊规律，上声音节单独念时调值是 213，在语流音变的末尾时调值保持不变，当两个上声相连时，会发生逆行异化的情况，前一个调值由 213 变成 35。在原来读成上声的轻声调前面，上声有两种不同的变调。一种是调值变成 35，另一种是调值变成 21。

（2）在东丰方言中除了阴平、阳平、上声、去声四个调类以外，还有一个轻声调，当轻声调出现在不同调类后面时，其会发生一定的变化，其音高也会不同。

六、东丰方言的儿化韵变化情况

儿化是在元音节上加上卷舌音缀 [r] 或 [ɚ]，与前一个音节的韵母组合成一个新的音节，并使该音节蕴含卷舌音的语音变化现象。东丰方言中的儿化韵[①] 比较丰富，它的表现形式和普通话几乎一致，但是数量却远远超过普通话，在东丰方言中，几乎所有音节都可以变成儿化韵，举例如下：

① 石锋 . 北京话儿化韵的声学表现 [J]. 南开语言学刊，2003（00）：11-19，184.

1. 东丰方言的儿化韵变化

表 4-121　东丰方言的儿化韵变化

韵母	儿化韵变化规律	举例
a	直接加卷舌音缀 r	哪儿 nar^{213} 渣儿 $tʂar^{33}$ 把儿 par^{42}
ɤ	直接加卷舌音缀 r	婆儿 $p^hɤr^{35}$ 土坡儿 $p^hɤr^{33}$ 脖儿 $pɤr^{35}$
u	直接加卷舌音缀 r	眼珠儿 $tʂur^{33}$ 面糊儿 xur^{35} 核儿 xur^{35}
ɛ	直接加卷舌音缀 r	井盖儿 $kɛr^{42}$ 小菜儿 $ts^hɛr^{42}$ 小孩儿 $xɛr^{35}$
ɔ	直接加卷舌音缀 r	桃儿 $t^hɔr^{35}$ 水泡儿 $p^hɔr^{42}$ 灯泡儿 $p^hɔr^{42}$
əu	直接加卷舌音缀 r	零头儿 $t^həur^{35}$ 纽扣儿 $k^həur^{42}$ 土豆儿 $təur^{42}$
ia	直接加卷舌音缀 r	脚丫儿 $øiar^{33}$ 发芽儿 $øiar^{35}$ 一下儿 $ɕiar^{42}$
iɛ	直接加卷舌音缀 r	台阶儿 $tɕiɛr^{33}$ 一节儿 $tɕiɛr^{35}$ 菜叶儿 $øiɛr^{42}$
iɔ	直接加卷舌音缀 r	面条儿 $t^hiɔr^{35}$ 好苗儿 $miɔr^{35}$ 小鸟儿 $n̡iɔr^{213}$
ua	直接加卷舌音缀 r	爪儿 $tʂuar^{213}$ 麻花儿 $xuar^{33}$ 牙刷儿 $ʂuar^{33}$
uə	直接加卷舌音缀 r	发火儿 $xuər^{213}$ 酒窝儿 $ʋər^{33}$ 大伙儿 $xuər^{213}$
uɛ	直接加卷舌音缀 r	乖乖儿 $kuɛr^{33}$ 一块儿 $k^huɛr^{53}$ 吸管儿 $kuɛr^{213}$

续表

韵母	儿化韵变化规律	举例
ɿ	韵母变成 ər	瓜子儿 $tsər^{213}$ 念词儿 $ts^hər^{35}$ 铁丝儿 $sər^{33}$
ʅ	韵母变成 ər	树枝儿 $tʂər^{33}$ 白纸儿 $tʂər^{213}$ 没事儿 $ʂər^{42}$
i	在韵尾加 ər	一粒儿 $liər^{42}$ 玩意儿 $øiər^{42}$ 小鸡儿 $øiər^{33}$
y	在韵尾加 ər	有趣儿 $tɕ^hyər^{42}$ 小鱼儿 $øyər^{35}$ 蛐蛐儿 $øyər^{33}$
ei	去掉韵尾将主要元音卷舌	刀背儿 $pər^{42}$ 小辈儿 $pər^{42}$ 宝贝儿 $pər^{42}$
an	去掉韵尾将主要元音卷舌	饭碗儿 $vɐr^{213}$ 电线杆儿 $kɐr^{33}$ 摆摊儿 $t^hɐr^{33}$
ən	去掉韵尾将主要元音卷舌	一本儿 $pər^{213}$ 西门儿 $mər^{213}$ 纳闷儿 $mər^{42}$
iɛn	去掉韵尾将主要元音卷舌	竹签儿 $tɕ^hiɐr^{33}$ 一点儿 $tiɐr^{213}$ 聊天儿 $t^hiɐr^{33}$
uan	去掉韵尾将主要元音卷舌	拐弯儿 $vɐr^{33}$ 好玩儿 $vɐr^{35}$ 小船儿 $tʂ^huɐr^{35}$
uei	去掉韵尾将主要元音卷舌	铁锤儿 $tʂ^huər^{35}$ 一会儿 $xuər^{42}$ 跑腿儿 $t^huər^{213}$
uən	去掉韵尾将主要元音卷舌	木棍儿 $kuər^{42}$ 没准儿 $tʂuər^{213}$ 打盹儿 $t^huər^{213}$
yan	去掉韵尾将主要元音卷舌	转圈儿 $tɕ^hyɐr^{33}$ 收卷儿 $tɕyɐr^{213}$ 大老远儿 $øyɐr^{213}$
in	去掉韵尾，加 ər	背心儿 $ɕiər^{33}$ 水印儿 $øiər^{42}$ 一个劲儿 $tɕiər^{42}$

续表

韵母	儿化韵变化规律	举例
yn	去掉韵尾，加 ər	合群儿 tɕʰyər35 小裙儿 tɕʰyər35
ɑŋ	去掉韵尾，韵腹带鼻音并卷舌	男方儿 fãr33 药房儿 fãr35 下晌儿 ʂãr213
əŋ	去掉韵尾，韵腹带鼻音并卷舌	绳儿 ʂə̃r35 门缝儿 fə̃r42 板凳儿 tə̃r42
iɑŋ	去掉韵尾，韵腹带鼻音并卷舌	瓜秧儿 ∅iãr33 唱腔儿 tɕʰiãr33 小样儿 ∅iãr42
uɑŋ	去掉韵尾，韵腹带鼻音并卷舌	铁框儿 kʰuãr53 蛋黄儿 xuãr35 天窗儿 tʂʰuãr33
uəŋ	去掉韵尾，韵腹带鼻音并卷舌	不倒翁儿 ʋə̃r33
uŋ	去掉韵尾，韵腹带鼻音并卷舌	胡同儿 tʰũr42 没空儿 kʰũr42 虫儿 tʂʰũr35
iŋ	去掉韵尾，加上鼻化的 ə̃r	水平儿 pʰiə̃r35 花瓶儿 pʰiə̃r35 电影儿 ∅iə̃r213
yŋ	去掉韵尾，加上鼻化的 ə̃r	小熊儿 ɕyə̃r35 雪绒儿 ∅yə̃r35 毛茸茸儿 ∅yə̃r35

2. 说明

如表 4-121 所示，东丰方言中儿化韵的变化规律主要体现在以下几个方面：

（1）当韵母以 [a]、[ɤ]、[ə]、[ɛ]、[u]、[ɔ] 结尾，转变为儿化韵时直接在韵母后面加 [r]。

（2）当韵母以 [i]、[y] 结尾时，要直接加 [ər]。

（3）当韵母以 [in]、[yn] 结尾，要去掉韵尾，加 [ər]。

（4）当韵母以 [i]、[n] 结尾（[in]、[yn] 除外），转变为儿化韵时，要去掉韵尾将主要元音卷舌。

（5）当韵母以 [ʅ]、[ʅ] 结尾时，转变成儿化韵时要将韵母变成 [ər]。

（6）当韵母以 [ŋ] 结尾时（[iŋ]、[yŋ] 除外），转变成儿化韵时要去掉韵尾，韵腹带鼻音并卷舌。

（7）当韵母以 [iŋ]、[yŋ] 结尾时，转变成儿化韵时要去掉韵尾，加上鼻化的 [ə̃r]。

（8）东丰方言中没有圆唇元音 [o]，只有央元音 [ə] 和后元音 [ɤ]。因此在转变为儿化韵时只需要在后面直接加 [r] 就可以了。

（9）东丰方言中存在复元音单音化的现象。主要体现在 ai[ai]、ao[ɑu]、iao[iɑu] 三个韵母上，ai[ai] 读成 [æ]，ao[ɑu] 读成 [ɔ]，iao[iɑu] 读成 [iɔ]。因此在转变成儿化韵时只需要在后面直接加 [r] 就可以了。

七、结语

东丰方言正是存在以上这些动态的语言演变特点，方在吉林方言乃至东北官话之中占有一席之地。其虽紧邻通化方言，却隶属东北官话哈阜片的长锦小片。在吉林方言区中呈现西区长春片的特征。在语言接触的视角上，东丰方言作为过渡地带，亦应有许多底层值得发掘。

参考文献

侯精一 . 现代汉语方言概论 [M]. 上海：上海教育出版社，2002.
吉林大学中文系方言调查小组 . 通化音系 [J]. 吉林大学人文科学学报，1959（04）: 35-62.
金峻铁 . 吉林片白山方言语音特点拾零 [J]. 中小企业管理与科技（下旬刊），2010（05）: 92-93.
雷励 .《广韵》、《集韵》反切上字的开合分布 [J]. 语言科学，2012（04）: 425-431.
李蓝 . 文白异读的形成模式与北京话的文白异读 [J]. 中国社会科学，2013（09）: 163-179，208.
李铭娜 . 关内人口迁移对东北方言的影响分析——以吉林方言语音、特征词为例 [J]. 河北大学学报（哲学社会科学版），2012（03）: 76-80.
李炜 . 吉林方言语音分析 [J]. 才智，2012（18）: 166-167.
李小凡 . 汉语方言连读变调的层级和类型 [J]. 方言，2004（01）: 16-33.
刘淑婧 . 吉林蛟河片方言语音研究 [D]. 辽宁师范大学硕士论文，2014.
桑宇红 .《中原音韵》知庄章声母研究中的几个问题 [J]. 语言研究，2009（03）: 58-61.
王福堂 . 文白异读和层次区分 [J]. 语言研究，2009（01）: 1-5.
王洪杰 . 日母字在通化话中的读音演变探析 [J]. 通化师范学院学报，2004（03）: 60-63.
王洪杰，陈本庆 . 通化方言声调的发展变化 [J]. 通化师范学院学报，2007（06）: 83-86.
王慧 . 吉林方言区声母 zh、ch、sh 的辨正 [J]. 东疆学刊，1996（03）: 66.
王进安 . 从《广韵》《集韵》的影响看汉语多音字的审音 [J]. 古汉语研究，2008（04）: 61-70.
许华，姜满 . 吉林方言语词的语音和词汇特点浅论 [J]. 才智，2015（20）: 278-279.
杨亦鸣，王为民 .《圆音正考》与《音韵逢源》所记尖团音分合之比较研究 [J]. 中国语文，2003

（02）：31-36，191-192.
张晓敏 . 现代汉语中东北方言的语音变体初探 [J]. 松辽学刊（人文社会科学版），2001（03）：62-64.
张玉来 .《中原音韵》时代汉语声调的调类与调值 [J]. 古汉语研究，2010（02）：11-25，95.
张玉梅 ."吉林方言舌尖音转化" 现象分析及其测试 [J]. 吉林师范大学学报（人文社会科版），2006（02）：86-89.
赵君秋 . 东北官话分区补正——与张志敏先生等商榷 [J]. 社会科学战线，2010（07）：149-152.
赵月 . 吉林磐石方言语音研究 [D]. 上海师范大学硕士论文，2014.
朱剑，景体渭 . 长春地区方言语音探析 [J]. 吉林华桥外国语学院学报，2011（02）：128-131.
朱莹 . 吉林省集安市榆林镇方言语音特点 [J]. 现代语文（语言研究版），2011（08）：87-90.
邹德文，冯炜 .《黄钟通韵》《音韵逢源》的东北方言语音特征 [J]. 佳木斯大学社会科学学报，2008（06）：72-74.
邹德文，汪银峰 . 论《黄钟通韵》的潜在音系特征 [J]. 广东技术师范学院学报，2006（02）：71-74.
邹德文 . 朝鲜汉语文献四种所见韵母的清代东北方音特征 [J]. 长春师范学院学报，2012（10）：49-52.
邹德文 . 近百年来汉语东北方言语音研究述论 [J]. 哈尔滨师范大学社会科学学报，2012（04）：42-45.

第十三节　黑龙江海伦方言声母文白异读①

一、概述

海伦市位于黑龙江省中部，隶属于绥化市，属于人口流动较大的县级城市。海伦素来被称为"粮仓"和"剪纸之乡"。据记载"海伦"为"开凌"之音转，在满语中为"水獭"之意。海伦河曾盛产水獭，海伦因此而得名。在地理位置上，海伦东面是绥棱县，西与明水县、拜泉县隔江相望，南面连接望奎县，北面与北安市相邻。全市占地总面积约为 4667 平方公里。据《中国语言地图集》记载，海伦方言隶属于东北官话黑松片的嫩克小片。

文白异读现象被认为是由语言接触和演变所造成的，是书面语与口语的区别，一旦进入汉语方言中，文读音则被认为是通用语读音，白读音为各地区方言读音。赵元任、罗常培两位先生较早关注到"文白异读"现象。李如龙在《汉语方言学》中提到："从纵向看，文白异读是方言的不同历史层次的语音成分的叠置；从横向看，

① 本节原文由梁婷，杨春宇发表于：齐齐哈尔大学学报（哲学社会科学版），2019（01）：7-10. 有删改。

是共同语与方言语音相互影响的结果，都是方言共时系统整合方式的重要表现。”①

海伦方言的文白异读主要分为三大类型：声母文白异读、韵母文白异读、声调文白异读，本节主要对海伦方言声母文白异读现象进行探究。

二、海伦方言不同的声母文白异读

声母文白异读是指意义相同，韵母和声调相同，因声母不同，而造成的异读现象。文白异读现象与地理环境、发展历史、人口、移民等诸多因素有关。同时还与发音人的年龄、文化程度等诸多社会因素有关。

（一）关于日母字的文白异读

《广韵》日母隶属于日组为知系，“日”母在方言里变化往往特殊，所以自成一个“日”组，为半齿音，拟音为 [ȵʑ]（[ʐ]）。根据《方言调查字表》日组字全部为三等字，如：“日”为臻摄开口三等字。从音理上看，日母字今读 [ʐ] 很有可能是从零声母演变过来的。今普通话中，介音 [i] 脱落，完全没有了三等字的痕迹，只有在方言中还保留些痕迹。根据在普通话中的读音，一般可将日母字分为儿化组 [ø] 和非儿化组 [ʐ]，儿化组声母全部读作 [ø]，如：“而”“二”“饵”等，非儿化声母组全部读作 [ʐ]，如：“热”“如”“染”等。罗依薇总结日母字在今官话方言中有六种读音类型，山东方言存在日母读如：[ø]、[l]、开口读 [ʐ]，合口 [l]、开口读 [ʐ]，合口读 [v]、舌尖前浊擦音 [z]、舌尖后浊擦音 [ʐ] 的复杂情况②。基于移民等历史因素影响，孙红艳提出东北方言中的日母字和山东东部方言的日母字有渊源关系。③

海伦方言日母字儿化组完全与普通话读音一致，非儿化组日母字可能受普通话的影响，不如山东方言变化那么多，但保留了三种读法：一种读 [ʐ]，一种读 [ø]，另一种读 [l]。日母字的文白异读是海伦方言中比较常见的现象，特别是日母字与零声母构成的文白异读，在海伦方言中出现的频率特别高，如表 4-122 所示。

表 4-122　日母字与零声母构成文白异读

例字	白读	文读	组词
热	øiɛ⁵³	ʐɤ⁵³	热闹
人	iən³⁴	ʐən³⁴	人们

① 李如龙．汉语方言学（第二版）[M]. 北京：高等教育出版社，2007：10.

② 罗依薇．日母字在官话方言的读音类型 [J]. 文教资料，2014（04）：23.

③ 孙红艳．《广韵》日母字在东北方言中的语音演变及成因探析——山东移民“闯关东”对东北方言的影响 [J]. 湖南医科大学学报（社会科学版），2008（01）：129.

续表

例字	白读	文读	组词
肉	Øiou^{53}	ʐou^{53}	猪肉
闰	Øiun^{53}	ʐun^{53}	闰月
绕	Øiao^{53}	ʐao^{53}	绕路
纫	Øiɛn^{53}	ʐən^{35}	缝纫机
让	Øiaŋ^{53}	ʐaŋ^{53}	让开
日	Øi^{53}	ʐʅ^{53}	日头
揉、柔	Øiou^{34}	ʐou^{34}	揉捏、温柔
褥	Øy^{53}	ʐu^{35}	被褥
认、任	Øiən^{53}	ʐən^{53}	认识、上任
惹	Øiɤ^{213}	ʐɤ^{53}	惹祸
忍	Øiən^{213}	ʐən^{213}	忍让
染、冉	Øiɛn^{213}	ʐan^{213}	染缸、冉冉升起
软	Øyan^{213}	ʐuan^{213}	柔软
容、荣	Øyŋ^{34}	ʐuŋ^{34}	容易、繁荣

今普通话中读 [ʐ] 声母的字，开口呼来自古三等开口，如“染”“热”，但是“肉”除外；合口呼来自三等合口，如“软”“容”，但“入”“若”“弱”除外。普通话中韵头有 [i]、[u]、[y] 三种，今普通话中 [y] 韵母是由中古的 [i] 和 [u] 合音而成，带 [i] 介音的韵类，都是三等韵。王力先生拟测在中古时期日母字演变成为零声母字。亓文婧认为日母字中 [ʐ] 声母读为零声母是原声母弱化脱落的结果。[①]

海伦方言日母字与来母字构成文白异读，虽然例字较少，但使用频率较高，读音有 [ʐ]、[l] 两读，在海伦方言中比较常见。见表 4-123。

表 4-123　日母字与来母字构成的文白异读

例字	白读	文读	组词
扔	ləŋ^{33}	ʐəŋ^{33}	扔掉
乳	lu^{213}	ʐu^{213}	豆腐乳

张树铮先生指出，山东方言日母字包括儿系字，今读 [l] 和 [ʐ] 的音都是由 [ʐ] 演化而来，[ʐ] 为舌尖后的卷舌辅音，舌尖位置本来就较高，倘若再升高，就变成了边音。[②]

① 亓文婧 . 冀鲁官话日母字研究 [D]. 山东大学硕士论文，2014：38.

② 张树铮 . 清代山东方言语音研究 [M]. 济南：山东大学出版社，2005：152.

（二）关于零声母的文白异读

北京话中的零声母都是从古代“疑”“影”“日”“微”“云”“以”六个声母演变而来。今零声母的开口呼大致是古代“影”“疑”的一二等开口字。比如“安”“岸”是一等开口，“矮”是二等开口。

1. 疑母字的文白异读

佐藤昭指出疑母字发展有两条规律：中古 [ŋ]＞近代 [ø]/[ŋ]＞[ø] 现代；中古 [ŋ]＞近代 [n]＞现代 [n]。[①] 海伦方言中疑母字一等开合口文白异读类型为 [ø]＞[n]，如“鹅”为果开一歌韵，“讹”为果合一戈韵。海伦方言中疑母字的文白异读与东北官话中黑松片疑母字文白异读基本一致，如表 4-124 所示。

表 4-124　疑母字的文白异读

例字	白读	文读	组词
饿	nɤ⁵³	øɤ⁵³	饿死
讹、鹅、娥	nɤ³⁴	øɤ³⁴	讹人、大鹅、嫦娥
熬	nɔ³⁴	øɔ³⁴	熬药

从上述疑母字的两条发展规律，我们不难看出，海伦方言中疑母字的文白异读可能反映了从后鼻音声母到零声母转变的中间状态。

2. 影母字文白异读

《方言调查字表》中影母字今普通话中除“秽”“蔫”外，全部读为零声母字。佐藤昭指出影母字发展规律为：中古 [ʔ]＞近代 [ø]＞现代 [ø]。[②] 古影母字读为一等开口或二等开口在海伦方言中读作 [n] 声母，如：“袄”为效开一等豪韵，“矮”为蟹开二等佳韵。海伦方言中影母字与泥母字的混读表现为 [ø]＞[n]，如表 4-125 所示。

表 4-125　影母字的文白异读

例字	白读	文读	组词
挨	nai³³	øai³³	挨打
安	nan³³	øan³³	安家
爱	nai⁵³	øai⁵³	可爱
案、岸	nan⁵³	øan⁵³	案件、岸边

① 佐藤昭．中国语语音史——中古音から現代音まで [M]. 东京：白帝社，2002：52.

② 佐藤昭．中国语语音史——中古音から現代音まで [M]. 东京：白帝社，2002：43.

续表

例字	白读	文读	组词
矮	nai²¹³	ǿai²¹³	个子矮
袄	nao²¹³	ǿao²¹³	棉袄

海伦方言中影母字读为 [n] 声母的现象比较普遍，无论在年长者或青年人中都是常见的现象，是哈阜片的主要语音特征。“爱”读 [n] 声母在海伦方言中存在，但是使用频率不高，大部分人读为零声母。

关于影母、疑母读 [n] 声母的缘由问题，赵学玲认为北方方言影疑母字在开口呼字前读音完全相同，在明清时期合并为零声母，现在影母、疑母的字读零声母以外的声母都是二者合流后又产生出来的①。所以海伦方言中影疑二母的文白异读很可能也是“回头演变”的结果，而且这种演变很有可能与北京官话有关。

3. 云母字、以母字的文白异读

《广韵》中云母、以母是从旧来的喻母分化而来，依据陈澧的考证，学界一般把喻母三等字改称为云母 [ɦ]，把喻母四等字改称为以母 [j]。今音零声母除了影疑微外，主要来自云母和以母。云母和以母在普通话中基本上全部为零声母，但部分以母的三等字除外，如：开口三等字山摄的“拽”，合口三等字山摄“铅”“捐”、蟹摄“锐”、通摄“融”“容”“蓉”“镕”。在普通话中读 [ʐ] 声母的，在海伦方言中仍读为零声母，如：以母通摄合口三等平声“融”“容”“蓉”“镕”。佐藤昭指出云母字发展规律为：中古 [ɦ]＞近代 [ø]＞现代 [ø]；以母字演变规律为：中古 [j]＞近代 [ø]＞现代 [ø]。② 海伦方言中云母字、以母字的混读为日母字，表现为 [ø]＞[ʐ]，如表 4-126 所示。

表 4-126　云母字、以母字的文白异读

例字	白读	文读	组词
荣	ǿyŋ³⁵	ʐuŋ³⁵	荣誉
融	ǿyŋ³⁵	ʐuŋ³⁵	金融
容	ǿyŋ³⁵	ʐuŋ³⁵	容易

根据中古拟音，从声理上看，云母、以母都具备转变为零声母的可能。零声母的齐齿呼和撮口呼很容易产生舌尖摩擦音 [z] 进而演变成 [ʐ]，比如日母字。朱晓农

① 赵学玲 . 汉语方言影疑母字声母的分合类型 [J]. 语言研究，2007（04）：74.

② 佐藤昭 . 中国语语音史——中古音から現代音まで [M]. 东京：白帝社，2002：43.

认为日母字在大多数验证过的北方官话和西南官话中，实际不是浊擦音 [z/ʐ]，而是近音 [ɻ/ɹ]，只有在自成音节并重读的时候才有摩擦。[①] 近音不稳定容易读成零声母，海伦方言中读 [ʐ] 的云母字、以母字很有可能因此而读为零声母。

（三）关于二等见系洪细音文白异读

海伦方言中有一类比较特殊的文白异读，是由见系洪音或细音不同导致的文白异读。在普通话中二等韵母除了见系开口外全是洪音，例如“柴”“牌”“筛”“宅”等；二等见系开口字大多数读细音，如“佳”“懈”“鸡”“奚”等。但在许多方言中二等见系开口字往往被读成洪音，如，“解”见系蟹开二佳韵。海伦方言中把“解开”的“解”[tɕiɛ²¹³] 读成 [kai²¹³]。北京话中有些二等见系开口字是洪音，在海伦方言读细音，如：“客人”的“客”[kʰɤ⁵³] 读成 [tɕʰiɛ²¹³]。还有一些字洪细两读，如“更”既读 [tɕiŋ³³] 又读 [kəŋ³³]。“更”用作动词时读为 [kəŋ³³]，如“更改”；“更”表时间时读为 [tɕiŋ³³]，如“三更半夜”。如表 4-127 所示。

表 4-127　二等见系洪细音文白异读

例字	白读	文读	组词
街	kai³³	tɕiɛ³³	大街
客	tɕʰiɛ²¹³	kʰɤ⁵³	来客（了）
解	kai²¹³	tɕiɛ²¹³	解开
更	tɕiŋ³³	kʰən³³	三更半夜

对于上述现象，曾有学者提出语音的改变是腭化所导致的。如有些方言区把家 [tɕia³³] 读成 [kᴀ³³]，“家”的语音演变为 [kᴀ]＞[kiᴀ]＞[tɕiᴀ]，由 [kᴀ] 到 [tɕiᴀ] 是细音 [i] 介音前，舌根发生腭化的结果，所以“家”读 [kᴀ] 音是存古现象。海伦方言见系二等字洪细音的文白异读现象同样是由见系细音字发生腭化所致。

（四）知系与端系混读所构成的文白异读

郭正彦《黑龙江方言分区略说》指出黑龙江方言内部差异一致性比较强，主要存在七个相对明显的差异。根据方言语音的差异把黑龙江方言分为东区和西区，东西两区的主要差别是北京读 [tʂ]、[tʂʰ]、[ʂ] 声母的字，两区的读音有差别。比如：“知、猪、砖”“船、床、出”“少、拴、数”这三组例子的声母，东区和西区的读音不同。在东区一般读 [ts]、[tsʰ]、[s]，这与古精组字的读音相同；在西区则读作 [tʂ]、[tʂʰ]、

① 朱晓农．近音——附论普通话日母 [J]. 方言，2007（01）: 7.

[ʂ]，与古精组字的读音不同[①]。海伦方言虽被划分为西区，但平舌音与卷舌音常常混读，如表 4-128 所示。

表 4-128　庄组字平舌音与卷舌音所构成的文白异读

例字	白读	文读	组词
债	$tsuo^{33}$	$tʂuo^{33}$	还债
柴	$ts^{h}ai^{34}$	$tʂ^{h}ai^{34}$	柴火
晒	sai^{53}	$ʂai^{53}$	晒干
镯	$tsuo^{34}$	$tʂuo^{34}$	镯子
筛	$tsuei^{33}$	$tʂuei^{33}$	筛子
豺	$tsai^{34}$	$tʂai^{34}$	豺狼
衰	$suai^{33}$	$ʂuai^{33}$	衰败
帅	$suai^{53}$	$ʂuai^{53}$	帅气
寨	$tsai^{53}$	$tʂai^{53}$	寨主

海伦方言中知系与端系混读的现象有很多，就是我们所熟知的平翘舌不分。学者黄侃提出照二归精说，学界普遍认为东北方言中平翘舌不分的问题缘于照二归精。照二即庄组字，是指照二、穿二、床二、番二，也就是庄 [tʂ]、初 [$tʂ^{h}$]、崇 [dʐ]、生 [ʂ] 四个声母。照二归精的意思就是庄组字在上古应该读作精组字，即精 [ts]、清 [ts^{h}]、从 [dz]、心 [s]。例如"债"属于庄母字，根据照二归精说，庄、崇古读为"精"母，为平舌音声母。如"晒"中古为生母字，蟹开二等佳韵，根据照二归精说，生母古读为心母，可推出"晒"古读平舌音声母。"柴""寨"中古为崇母，蟹开二等佳韵，根据照二归精说，初、崇母古读清母，可推出"柴"古读平舌音。由此可以看出海伦方言中平舌音与卷舌音异读现象是保留古音所致，我们依然用"照二归精"进行解释。

除了照组二等（庄组）字平舌音与卷舌音构成的文白异读外，照三章组字和知组字在海伦方言中也存在平舌音与卷舌音混读现象，如表 4-129、表 4-130 所示。

表 4-129　章组字平舌音与卷舌音所构成的文白异读

例字	白读	文读	组词
准	$tsun^{33}$	$tʂun^{33}$	准则
众	$tsuŋ^{53}$	$tʂuŋ^{53}$	大众
春	$ts^{h}un^{33}$	$tʂ^{h}un^{33}$	春风

① 郭正彦 . 黑龙江方言分区略说 [J]. 方言，1986（03）：184.

续表

例字	白读	文读	组词
吹	ts^huei^{33}	$tʂ^huei^{33}$	吹风
充	$ts^huŋ^{33}$	$tʂ^huŋ^{33}$	充满
唇	ts^hun^{34}	$tʂ^hun^{34}$	嘴唇
水	$suei^{213}$	$ʂuei^{213}$	水果
税	$suei^{53}$	$ʂuei^{53}$	税务
纯	ts^hun^{34}	$tʂ^hun^{34}$	纯度
垂	ts^huei^{34}	$tʂ^huei^{34}$	垂柳
睡	$suei^{53}$	$ʂuei^{53}$	睡觉
谁	$suei^{34}$	$ʂuei^{34}$	谁的

表 4-130 知组平舌音与卷舌音所构成的文白异读

例字	白读	文读	组词
摘	$tsai^{33}$	$tʂai^{33}$	摘果
追	$tsuei^{33}$	$tʂuei^{33}$	追赶
拆	ts^hai^{33}	$tʂ^hai^{33}$	拆开
撑	$ts^həŋ^{33}$	$tʂ^həŋ^{33}$	掌握
坠	$tsuei^{53}$	$tʂuei^{53}$	坠毁
锤	ts^huei^{34}	$tʂ^huei^{34}$	锤子
虫	$ts^huŋ^{34}$	$tʂ^huŋ^{34}$	虫子

以上都是普通话中卷舌音在海伦方言中读为平舌音的现象。不存在普通话中读作平舌音而在海伦方言中读为卷舌音的现象，可能与近代章组声母卷舌化作用有关，部分卷舌音读为平舌音的现象值得进一步考证。

（五）次清声母与全清声母混读的文白异读

海伦方言声母的文白异读存在次清声母与全清声母的文白异读现象，具体可以分为两种：第一种是普通话中读全清声母，海伦方言读为次清声母，如："蝴蝶"的"蝶"字，在普通话中读 [t] 声母，而在海伦方言中读 [t^h] 声母；第二种是普通话读次清声母，海伦方言读为全清声母，如："湖泊"的"泊"，普通话中读 [p] 声母，在海伦方言中读 [p^h] 声母。普通话读全清声母，海伦方言读次清声母，如表 4-131 所示。

表 4-131 次清声母与全清声母构成的文白异读一

例字	白读	文读	组词
撞	$tʂ^huɑŋ^{53}$	$tʂuɑŋ^{53}$	撞车
脯	p^hu^{213}	fu^{213}	果脯

续表

例字	白读	文读	组词
胞	$p^{h}au^{33}$	pau^{33}	同胞
蝶	$t^{h}iɛ^{213}$	$tiɛ^{213}$	蝴蝶

普通话读次清声母，海伦方言读全清声母，如表 4-132 所示。

表 4-132　次清声母与全清声母构成的文白异读二

例字	白读	文读	组词
泊	$pɤ^{33}$	$p^{h}ɤ^{33}$	湖泊
琶	pA^{53}	$p^{h}A^{53}$	琵琶
浸	$tɕin^{53}$	$tɕ^{h}in^{53}$	浸湿

“浸”精母字，普通话读次清声母 $[tɕ^{h}]$，而在海伦方言中读全清声母 [tɕ]。“泊”为并母仄声，根据佐藤昭《中国语语音史——中古音から現代音まで》并母仄声发展过程为：中古 [b]＞$[p^{h}]$—近代 [p]—现代 [p]，海伦方言读成 [p] 声母符合佐藤昭拟测的关于并母的语音演变规律。①

三、结语

以上主要根据方言调查人的语音所撰写，大体描述了海伦方言声母文白异读的情况。

学界对文白异读现象主要有三种认识：一是认为文白异读是由字与具体词结合时表现音的不同造成的；二是语言接触导致文白异读，文读音是外来音，白读音是本地音；三是文白异读与古音有关。通过以上对海伦方言声母的文白异读类型的描述，我们可以发现，文白异读的现象大致是由古音的保留、受到其他方言影响、语音自身的演变特点及发音习惯所致。海伦方言声母的文白异读与黑松片其他方言片区非常相似，本节从日母字的文白异读、零声母的文白异读、次清声母与全清声母混读的文白异读、二等见系洪细音文白异读、知系与端系混读的文白异读五方面进行共时研究与历时研究，分析了文白异读现象产生的内在原因，但仍须综合东北官话方言整体特点进一步考察。

① 佐藤昭 . 中国语语音史——中古音から現代音まで [M]. 东京：白帝社，2002：20.

参考文献

曹志耘.汉语方言地图集·语音卷[M].北京：商务印书馆，2008.
丁声树.汉语音韵讲义[M].上海：上海教育出版社，1984.
孙红艳.《广韵》日母字在东北方言中的语音演变及成因探析——山东移民“闯关东”对东北方言的影响[J].湖南医科大学学报（社会科学版），2008（01）：128-129.
唐作藩.音韵学教程（第三版）[M].北京：北京大学出版社，2002.
王力.汉语语音史[M].北京：商务印书馆，2010.
中国社会科学院语言研究所.方言调查字表（修订本）[M].北京：商务印书馆，1981.

第十四节　扎赉特旗蒙汉语言接触与语言使用状况调查[①]

一、兴安盟扎赉特旗概况

扎赉特旗是隶属内蒙古自治区兴安盟的一个旗，位于兴安盟东北部，大兴安岭向松嫩平原的过渡地带，嫩江右岸，位于黑龙江、吉林、内蒙古三省区交界处。东北接黑龙江省龙江县，南与黑龙江省泰来县、吉林省镇赉县交界，西连科尔沁右翼前旗，北与呼伦贝尔市扎兰屯市毗邻。地处北纬46°04′—47°21′，东经121°17′—123°38′。总面积11 155平方公里。

扎赉特故地，春秋战国时期为东胡人游牧地，汉魏晋时鲜卑人频繁出没于此，南北朝时期室韦部落在此活动，唐代为室韦都督府所辖。到了女真族建立的金代，此处为临潢泰州辖境。元代初为辽阳泰州辖区境，后改隶中书省。

明代为兀良哈三卫朵颜卫境，木塔里山卫（隶属奴儿干都司，今科尔沁右翼前旗北公主陵附近）。明万历年间，成吉思汗弟哈布图·哈萨尔第十五世孙博第达喇将科尔沁部以河为界，划给自己的儿子们做牧地，其九子阿敏分得嫩江以西的绰尔河流域，始号扎赉特部。清顺治五年（1648年）设置扎赉特旗，隶属哲里木盟（今通辽市）。民国时期，仍属哲里木盟。1931年九一八事变后扎赉特旗沦陷，1932年改属伪兴安南分省，改札萨克衙门为伪巴林左翼旗公署。1945年8月15日，日本侵略军投降。1947年5月1日，内蒙古自治政府成立，同年10月建立扎赉特旗人民政府，旗政府设在音德尔镇，隶属兴安盟。1953年兴安盟撤销后，隶属于内蒙古自治区东部区行政公署。1954年东部行政公署撤销，划归呼伦贝尔盟。1969年8月，随呼伦

① 本节原文为杨春宇指导的硕士生那仁满达所撰写的研究报告的部分成果，有删改。

贝尔盟划入黑龙江省。1979 年又随呼伦贝尔盟划回内蒙古自治区。1980 年 7 月恢复兴安盟建制至今。

扎赉特旗主要居住着蒙古族、汉族、回族、满族、朝鲜族、达斡尔族、鄂温克族、鄂伦春族等民族，是典型的蒙古族聚居区和蒙汉杂居区。多年来，这里的各族人民情同手足，和睦相处，凝心聚力书写着各民族团结进步、共同繁荣发展的新篇章。

扎赉特旗的蒙古族群众主要分布在阿拉坦花嘎查、阿拉达尔吐苏木、宝力根花苏木、巴彦乌兰苏木、巴达尔胡镇、阿尔本格勒镇、胡尔勒镇、绰勒镇等地；汉族群众主要分布在小城子村、二龙山村、巴彦高勒镇、新林镇、罕达罕村、巴彦扎拉嘎乡、五家户村、巴岱村、好力保镇、努文木仁乡等地。

内蒙古兴安盟地区是典型的蒙古族聚居和蒙汉杂居区，扎赉特旗位于兴安盟东北部。长期以来，这里的蒙古族与汉族群众有着密切的经济、社会和文化交往，蒙汉语言接触体现在社会生活的方方面面。尽管如此，这里仍然是汉族群众居多，在语言相互影响中，有着悠久历史、先进文化和众多人口的汉民族的语言，始终占据着主导地位。我国当代蒙古族著名学者曹道巴特尔在其著作《蒙汉历史接触与蒙古语言文化变迁》中指出，在内蒙古东部通辽、兴安盟等蒙古语科尔沁土语区，汉语对蒙古语的影响早在清朝康熙、雍正、乾隆年间就已经开始了。在蒙汉语言接触中，蒙古语对汉语的影响是存在的，而汉语对蒙古语的影响才是主要和深远的。特别是汉语借词，在通辽和兴安盟各旗、县、市的蒙古语中，十分普遍。①

作为土生土长的兴安盟扎赉特旗人，笔者从小在蒙汉双语的环境中长大，并且在当地学校教育中系统地学习过蒙汉双语，对蒙汉两种语言文字都有一定的了解和掌握。综合这种有利条件和导师的选题指导意见，最终确定了“扎赉特旗蒙汉语言接触与语言使用状况调查”这样的论题，以便于开展调查、分析和研究。

如上所述，在蒙汉语言接触中，双方的相互影响不是对等的。在我国，汉族人口众多、分布广泛、历史悠久、经济发达、文化先进，是主体民族，汉民族的语言理所当然成为通用语言。面对这种占据各方优势的强势语言的影响和渗透，蒙古语也和其他少数民族语言一样处于明显的弱势，同样存在着被替换和趋于消亡的危险。如何在边疆少数民族地区有效推广普通话的同时，又能妥善保护和发展少数民族语言，从而维护语言和文化的多样性，已经成为有关方面不得不重视的一个课题。

① 曹道巴特尔 . 蒙汉历史接触与蒙古语言文化变迁 [M]. 沈阳：辽宁民族出版社，2010.

二、扎赉特旗的由来及研究目的和意义

（一）历史上科尔沁部落与扎赉特部落的关系

“科尔沁”在成吉思汗时期，是蒙古汗国护卫军中弓箭手们的名称。这些弓箭手，个个身怀绝技，百发百中，成为当时保卫成吉思汗的重要力量，并且其成员都是大汗的亲信和心腹之人，由成吉思汗任命其弟哈布图·哈萨尔来统一指挥这支队伍。随着13世纪初蒙古汗国对外征服战争的不断进行和接连胜利，成吉思汗也将扩充的领地和俘获的臣民先后分封给自己的亲信和战将，这其中当然也包括对哈布图·哈萨尔的封赏。在蒙古汗国蒸蒸日上的年代，哈布图·哈萨尔一直以其无人能比的神箭手——“科尔沁”的身份和地位自居。后来，“科尔沁”就成为哈布图·哈萨尔子孙后代们的世袭领地和部落的名称①。

关于“扎赉特”名称的由来，在各种相关历史文献中有不同的说明。主要有两说：一种认为“扎赉特”来源于元代的“札剌亦儿”部落的名称，并且认为“札剌亦儿”部落最晚在元代就已经在大兴安岭南麓、嫩江流域有所活动，后来被外来的蒙古族科尔沁部所掌控。另一种则认为，16世纪30年代，哈布图·哈萨尔之后裔奎蒙克塔斯哈喇率领部分科尔沁部众从斡难河、额尔古纳河一带世袭领地迁徙至嫩江流域，将嫩江地区纳入其统治之下。数十年后，奎蒙克塔斯哈喇的长子，即哈布图·哈萨尔的第十五世孙博第达喇将科尔沁部以河为界，划给自己的儿子们做牧地，其九子阿敏分得嫩江以西的绰尔河流域，始号扎赉特部。但也有人认为，当年奎蒙克塔斯哈喇率领科尔沁一部东迁至嫩江流域时，扎赉特部、杜尔伯特部和郭尔罗斯部就已经在那里繁衍生息有数百年了。奎蒙克塔斯哈喇只是征服了这些部落，后来其长子博第达喇再将领地分给儿子们的时候，博第达喇的九子阿敏又分得了扎赉特部的领地罢了②。

自从奎蒙克塔斯哈喇东征并占据嫩江流域以后，包括扎赉特、杜尔伯特和郭尔罗斯在内的人口众多、幅员辽阔的蒙古族嫩科尔沁部逐步形成。明末清初，蒙古族嫩科尔沁部归顺清政府，清政府在此地区将其各个分支分左右两翼设置成嫩江十旗，又在这十旗之上成立哲里木盟（今通辽市）统一管辖。清初设立的这嫩江十旗包括：

① 图力古尔，博·索德等.科尔沁土语演变与发展趋势研究[M].呼和浩特：内蒙古人民出版社，2008：15-17.

② 图力古尔，博·索德等.科尔沁土语演变与发展趋势研究[M].呼和浩特：内蒙古人民出版社，2008：321-323.

左翼五旗：科尔沁左翼前旗（俗称宾图旗）、科尔沁左翼中旗（俗称达尔罕旗）、科尔沁左翼后旗（俗称博王旗）、郭尔罗斯前旗、郭尔罗斯后旗；

右翼五旗：科尔沁右翼前旗（俗称扎萨克图旗）、科尔沁右翼中旗（俗称图什业图旗）、科尔沁右翼后旗（俗称公爷旗）、扎赉特旗、杜尔伯特旗；

其中，扎赉特旗就是由隶属于蒙古族嫩科尔沁部的扎赉特部演变而来。

就这样，清朝初年设置的蒙古族哲里木盟嫩江十旗地理布局最终形成，这也在很大程度上影响了民国时期和中华人民共和国成立后内蒙古及东北地区的行政区划及命名。后来的人们也习惯上将这一地区称为“科尔沁”。数百年来，这里的人们勤劳质朴、粗犷豪放，勠力同心建设着共同的家园，形成了共同的历史背景和语言环境，也创造了光辉灿烂的“科尔沁”文化。

（二）扎赉特旗蒙古语形成与发展的社会文化环境

方言土语是语言的地方分支，也承载着社会文化。它的形成与发展，要受到自然地理条件、生产生活方式和社会历史背景等因素的制约和影响。

现今扎赉特旗来源于元、明时代的蒙古族扎赉特部，并且很多相关史料表明，蒙古族历史上扎赉特、杜尔伯特和郭尔罗斯等部在奎蒙克塔斯哈喇率领科尔沁一部东迁之前就已经在嫩江流域繁衍生息有数百年之久。由于扎赉特、杜尔伯特和郭尔罗斯等部地界相邻、长期共处，就逐渐形成了区别于其他蒙古族方言的蒙古语，即使后来这些部落被嫩科尔沁部所征服和融合，他们也仍然保留着一些语言方面的独特之处。举个简单的例子，现今扎赉特、杜尔伯特和前郭尔罗斯蒙古语在某些场合将蒙古语书面语的辅音 [s] 发为 [tʰ] 的特点，在科尔沁其他地区的蒙古语中并不存在。例如：

蒙古语书面语	[tʰɔs]（油）	[suː]（牛奶）	[ʊtʰɤs]（线）
科尔沁其他地区蒙古语	[tʰɔs]	[suː]	[ʊtʰɤs]
扎赉特蒙古语	[tʰɔtʰ]	[tʰuː]	[ʊtʰɤtʰ]

另外，在扎赉特、杜尔伯特和前郭尔罗斯蒙古语中，有一些特殊词语在科尔沁其他地区不使用。例如：

[ʃirɤŋ] 枕头　　[iltəː] 地板　　[tʰiːl] 筛子　　[irɤpʃ] 炕沿儿

就这样，在漫长的历史发展过程中，扎赉特旗的自然地理环境为扎赉特蒙古语的初步形成创造了初始条件。

方言土语的形成与发展，受诸多方面因素的影响。其中，生产生活方式的改变也会引起方言土语的变化和发展。清朝初年，扎赉特旗的原住民都是蒙古族人，只经营游牧经济。但是，到了乾隆年间以及后来，随着对蒙古各族土地的大量开垦，很多汉民涌入扎赉特旗。于是农耕生产、农业经济逐渐推广开来，挤占了原来游牧经济的活动空间，很多蒙古族人也都仿效来此定居的汉人而耕地，种上了庄稼，变成了农民。游牧经济遭到破坏，农耕生产生活方式逐渐占据了主导地位，这在扎赉特蒙古语中催生了许多有关农业文明的词汇。

另外，异族语言和文化的影响，也对扎赉特蒙古语的形成与发展起了很大的作用。在历史上，扎赉特蒙古族人与汉人和满人都有过密切的交往，这必然引起语言接触和文化交流，其结果是，在扎赉特蒙古语中产生了很多借词，其中由于汉族文化影响更加广泛和深刻，故汉语借词偏多。例如：

汉语借词：

[mɛ:mɛ:] 买卖　　[tɤŋlu:] 灯笼　　[ʃɔŋ x] 窗户　　[p^{h}ɔ:tʃɤŋ] 炮仗

[kɛ:] 街　　[xʊŋxʊs] 红胡子　　[p^{h}ɔ:] 枪炮　　[jaŋt^{h}ɛ:] 洋铁

[tʃ^{h}y:tɤŋ] 火柴　　[xʊl] 葫芦水瓢　　[kaŋ] 水缸　　[xʊ:tɛ:] 口袋

[tʃuŋs] 酒盅子　　[p^{h}ɤŋs] 盆子　　[naŋxʊ] 暖壶　　[tʃɔ:x] 灶

[tʃʊaŋtʃɛ:xun] 庄稼人　　[po:lmi] 苞米（玉米）　　[xʊaŋtu:] 黄豆（大豆）

满语借词：

[sarɤk] 碗架子　　[ua:tɤŋ] 包袱　　[tɔx] 石灰　　[lax] 土炕

再者，明清时期，藏传佛教的传入和蒙古族信众的笃信，也为扎赉特蒙古族人的文化生活增添了浓厚的宗教色彩，当地蒙古语也因受到藏传佛教的影响而形成了很多藏语借词。只是中华人民共和国成立后，随着新社会的建立和新思想的普及，人们的宗教意识逐渐减弱，蒙古语中的很多藏语借词，只保留了其转义。例如：

[tɔjiŋ] 纸钱　　[kurt^{h}ɑm] 诡计　　[lɛnʃik] 麻烦　　[p^{h}ɔlɤk] 伤食

此外，历朝历代的行政区划也程度不同地影响着方言土语的形成和发展。在清朝，为了分化、削弱蒙古族各部的力量，清朝统治者在蒙古族各地推行盟旗制度的同时，还颁布法令禁止蒙古族各盟、各旗之间来往，禁止其通婚、通商。这在一定程度上削弱了蒙古族各地之间的交往和相互了解，也在客观上为扎赉特蒙古语的形成与发展创造了历史条件。

（三）现今扎赉特蒙古语与蒙古语科尔沁土语的关系

如上所述，扎赉特蒙古语的形成与发展，与自然地理环境、生产生活方式和社会历史背景等因素密不可分。在过去的数百年间，扎赉特蒙古族人与科尔沁其他地区的蒙古族人有着共同的历史背景和共同的社会生活。这就为这一地区逐步形成蒙古语的区域共同语，奠定了基础和创造了条件。

自从16世纪30年代，奎蒙克塔斯哈喇率领部分科尔沁部众从斡难河、额尔古纳河一带迁徙至嫩江流域，并将游牧于当地的扎赉特部、郭尔罗斯部和杜尔伯特部纳入其统治之后，扎赉特部就成为蒙古族嫩科尔沁部的一个分支，也正是从那时起扎赉特与科尔沁的联系和交往越发紧密，到了清代，扎赉特部已发展成为科尔沁嫩江十旗之一。在此后的数百年间，科尔沁各旗先后迁入许多汉人，这些汉人带来了农耕生产方式和定居生活的习俗，使科尔沁蒙古族人明白了不用游走各地放牧，不用东跑西颠，也可以很好地生活。对农业文明的接纳和与汉族人的密切来往，是科尔沁各地蒙古族人共有的特点。这种农业化和汉化，长期以来深刻影响着科尔沁蒙古族人的言语生活，并且促进了蒙古语科尔沁土语的形成。扎赉特蒙古语即是在这种环境条件下，逐步融入科尔沁土语的。现今扎赉特蒙古语是蒙古语科尔沁土语的重要组成部分，二者是部分与整体的关系。

（四）扎赉特旗蒙汉语言接触研究的目的和意义

语言是民族的重要特征，也是民族的文化载体。语言的使用、发展和变化与一个民族的历史、习俗、宗教、社会生活等息息相关，它时时刻刻影响着我们每一个人。因此，任何一个民族都会十分关心自己语言的状况和发展前途。

蒙古族有着悠久的历史和灿烂的文化，也有着优美的语言和古老的文字。蒙古族分布在内蒙古、辽宁、吉林、黑龙江、青海、甘肃、新疆、河北、北京等地。

兴安盟扎赉特旗和科尔沁其他地区一样，是内蒙古东部典型的蒙古族聚居区和蒙汉杂居区。多年来，在这里生活的蒙汉人民有着密切的社会交往和文化交流，这促成了蒙汉两种语言的广泛接触和相互影响。不过，汉民族人口众多、文化先进、经济发达、分布广泛，使得汉语在语言相互影响中始终处于主导地位和占据绝对优势。我们研究蒙汉语言接触，就是要研究和分析这种语言接触对两种语言的影响，从而为本地区蒙汉语言的规范化和健康有序发展做出努力。我们认为，做好蒙汉语言接触的研究工作，将有助于增进民族间的相互了解，有利于推广普通话和保护、发展少数民族语言文化资源，这也必定有利于加强民族团结、振兴民族经济和推动社会进步。

三、语言接触与相关问题

语言是人类最重要的交际工具。长期在一个地区共同生活的两个民族，有着共同的生存环境和密切的社会交往，这必然引起两种语言的广泛接触和相互影响。这种语言接触和相互影响，是不同民族间交往的必然要求，它体现在当地人生活的方方面面。语言的发展演变，不仅仅遵循它的内在发展规律，还会受到其他民族语言的影响而发生重大改变。

近些年来，语言学家们在研究一些语言现象时，开始把关注的目光投向语言接触，企图通过研究和分析不同民族间语言的接触来解释一些语言现象和语言发展规律。

据以往一些学者的研究，语言接触主要有如下五种类型。

1. 不成系统的词汇借用

如果不同的社会或民族在地域上不相邻，接触上也只有一般的贸易往来或文化交流，则语言的变动就只限于吸收对方语言中有而自己语言里没有的事物或观念的名称，也就是只有文化层面的、为数有限的借词。

2. 语言联盟与系统感染

在地域上比邻而居、深度接触（指有大量同地混居的人口，有通婚关系）的若干民族，许多人口会成为双语或多语者。如果接触是相对平衡的，即各个民族都至少有部分人口相对聚居，且各民族在人数上、文化上差距不是很大（比如人口上相差不到 100 倍），则他们的语言会长期地“和平互协”：不仅各个民族的词汇会互相大量借用，音系和语法上也会相互感染而趋同。其结果是一片区域内的若干语言在语音、语法结构类型上都十分相似（即“系统感染”），但各种语言仍保持着相当数量的自己语言的核心词根，这被称为“语言联盟”。

3. 语言替换与底层残留

如果若干民族在地域上比邻而居，接触极为密切但不平衡（不平衡指若干民族中的一个在经济文化上、人口上长期占有特别的优势并一直有聚居的人口，而其他民族经济文化上相对落后，并且聚居人口逐渐减少以至消失），则经过长期的双语或多语并存阶段之后，各语言相对平衡的状态会被打破，经济文化和人口上占优势的那个民族的语言会替换其他民族的语言而成为唯一的胜利者。被替换的语言不再使用，只在优势语言中留下自己的一些特征，这就是所谓的“底层”。

4. 通用书面语、民族共同语进入方言或民族语的层次

通用书面语（或称“官方语言”“通语”）和文字学习、政令制定与发布、外交等政治文化活动相联系，具有高于地方土语的地位，它联系着不完全分化的社会。

随着社会的发展，特别是广播电视等大众媒体充分发展之后，通用的书面语可发展成为更高形式的民族共同语或国家共同语。语言的这些高层形式通过读书识字等特别途径传播，所及之地不一定彼此相邻。因社会分化程度不同，通用书面语或民族共同语与地方方言或民族语言的差异程度会有所不同，对地方方言或民族语言的影响也会不同。取代方言或替换民族语言是一种常见的可能，在方言或民族语言中形成外来的文读层次是另一种常见的可能。

5. 洋泾浜和混合语

两种或几种语言混合而成的临时交际语叫作“洋泾浜语”。如果“洋泾浜语”作为母语传递给后代，如非洲新几内亚的“克里奥尔语”，就称作“混合语”。混合语不常见，大多只限于特别的社会环境，属于语言接触的特殊类型[①]。扎赉特旗是典型的蒙古族聚居区和蒙汉杂居区，这里和科尔沁其他地区一样，蒙汉语言有着深度接触。但总体上看，这种接触又是不平衡的。自清朝中后期开始，大量汉族人从关内各地迁徙至内蒙古东部科尔沁地区扎根落户、谋求生计，科尔沁蒙古族人的生活就有了巨大的变化。内地的汉族人带来了农业文明，带来了定居生活方式，也带来了城镇化。汉族人这种先进的经济文化迅速地渗透到科尔沁蒙古族人日常生活的每一个角落。很多蒙古族人因此学会了汉语，科尔沁蒙古族人的言语当中有了很多汉语的成分。与之相对，当地汉族人受蒙古语的影响却十分有限，因为科尔沁地区的很多蒙古族人都已汉化，有的甚至只会说汉语。因此，汉族人可以直接用汉语跟当地的蒙古族人交往。这种语言接触的不平衡，似乎可以用“语言替换和底层残留”的理论来解释。不过，科尔沁地区仍有很多蒙古族聚居区保留着本民族的特色，保持着当地的蒙古语生活圈。他们的存在，为保护和发展科尔沁蒙古族人的语言和文化创造了良好的氛围。在扎赉特旗，上述局面同样存在。旗政府所在地音德尔镇，蒙汉杂居比较突出，蒙古族居民汉化程度也相对高一些。只有在蒙古族聚居的北部几个苏木、镇，蒙汉语言接触的影响要相对微弱，不过这些地区的蒙古族群众所说的蒙古语，仍然夹杂着很多汉语成分。蒙古族群众当中，也不乏双语兼用者。

总之，在扎赉特旗这片土地上，语言混用的现象在蒙汉杂居的区域比较普遍，而且说蒙汉混合语的人以蒙古族人居多。

---

① 叶蜚声，徐通锵. 语言学纲要（修订版）[M]. 北京：北京大学出版社，2010：207-208.

四、调查的范围与对象

1. 调查范围

扎赉特旗具有蒙汉大杂居、蒙古族小聚居的特点。因此，拟在蒙古族聚居区选取有代表性的两处调查点，具体为：巴达尔胡镇和国营种畜场；在汉族聚居区同样选取有代表性的两处调查点，具体为：好力保镇和巴彦高勒镇；在蒙汉过渡带上，选取最有代表性的一处调查点，旗政府所在地——音德尔镇。选点尽可能覆盖广、分布均，能够体现蒙汉人口实际分布特点及蒙汉语言接触的实际情况。选取能够体现扎赉特旗蒙汉语言特点的字词、语句以及土话集群，对语言使用状况进行抽样问卷调查。

2. 发音合作人确定的原则

五个调查点，每一处都物色老年男子、老年女子、青年男子、青年女子等四类发音合作人。其中，蒙汉过渡带上的发音人必须是蒙汉双语人。

（1）发音合作人必须是本地人，即在此地出生、长大。

（2）长期外出的时间不超过两年。

（3）通识常用蒙古文或汉字，文化程度不宜太高。

（4）没有发音生理缺陷。

3. 发音合作人确定的方法

（1）蒙古族聚居区的发音人，要选取以蒙汉混合语为交际语言的蒙古族人。

（2）汉族聚居区的发音人，是汉族、会说当地汉话即可。

（3）蒙汉过渡带上的发音人，要选取蒙汉语兼通的双语人。

（4）方言老男和老女，要在65岁左右；方言青男和青女，要在35岁上下。

五、语言接触视角下的扎赉特旗蒙古语使用状况调查

（一）扎赉特旗蒙古语使用区域分布及调查点选择

1. 扎赉特旗蒙古语使用区域分布

蒙古语使用区域主要分布在蒙古族聚居地区，如巴达尔胡镇、巴彦乌兰苏木、阿拉达尔吐苏木、胡尔勒镇、国营种畜场、阿尔本格勒镇、宝力根花苏木等地。另外，旗政府所在地——音德尔镇也有一定数量的蒙古族居民与汉族群众杂居，是蒙汉语言接触的典型地区。

2. 调查点选择

巴达尔胡镇和国营种畜场，都是扎赉特旗北半部的蒙古族聚居区。以绰尔河为参照，前者在东，后者在西，一东一西选取两个语言调查点，避免偏颇，比较合理。

（二）语音调查

1. 元音音位特点

扎赉特蒙古语的元音音位包括短元音、长元音和复合元音三类。

1）短元音

扎赉特蒙古语中有 [ɑ]、[ɤ]、[i]、[ɪ]、[ɔ]、[ʊ]、[o]、[u]、[ɛ]、[œ]、[y] 等 11 个短元音音位。这些短元音往往作为独立的音位出现在词首，在非词首音节里多数场合会遇到 [ɤ] 元音，有时也会出现 [i]、[y]。

作为短元音，扎赉特蒙古语的 [ɑ]、[ɤ]、[i]、[ɔ]、[ʊ]、[u]、[ɛ]、[œ] 等 8 个音位与科尔沁其他地区蒙古语的用法相同。例如：

科尔沁其他地区蒙古语	扎赉特蒙古语	汉语意义
[ɑmtʰ]	[ɑmtʰ]	味道
[ɑspɤr]	[ɑspɤr]	直率
[ɤŋɤr]	[ɤŋɤr]	衣襟
[tʰɤr]	[tʰɤr]	那个
[irmɤk]	[irmɤk]	边沿
[piʃɤk]	[piʃɤk]	书本、文化
[ɔŋtʃʰ]	[ɔŋtʃʰ]	船
[kɔl]	[kɔl]	河
[ʊlɑn]	[ʊlɑn]	红色
[ʊtʰɑː]	[ʊtʰɑː]	烟（火）
[uk]	[uk]	话
[xurəː]	[xurəː]	院子
[ɛrpɤn]	[ɛrpɤn]	多
[mœr]	[mœr]	马

但是，扎赉特蒙古语中，[y]、[ɪ]、[o] 等短元音在词的第一个音节作为独立的音位来使用及元音 [ʊ] 出现频率高等特点，则与科尔沁其他地区迥异。此外，科尔沁其他地区蒙古语中，非词首音节当中的短元音有 [ɤ]、[i]、[ʅ] 等三个条件变体，但扎

赉特蒙古语中除了 [ɣ]、[i]、[y] 等三个变体之外，[tʃ]、[ʃ]、[j] 之后也经常出现 [ɣ]。这一特点又与科尔沁其他地区不同。下面就来逐条分析这些不同的特点。

（1）短元音 [y]

舌面、前、高、圆唇元音。多数情况下出现在词首，在非词首音节里有时也会出现，如：

[ys] 九（个） [ylɛs] 杨树 [ynʃyn] 孤独 [ytyr] 白天

扎赉特蒙古语中的短元音 [y] 在多数场合与出现在蒙古语书面语词首的 [o]、[u] 相对应。此外，词首音节里的 [i] 元音之后若出现 [u] 元音，那么 [i] 的发音将转变为 [y]。例如：

[tyʃ] 四十 [tyly:] 耳聋 [ytʰɣrɣm] 打谷场 [ʃytʰkɣr] 魔鬼

[nyd] 眼睛 [tʃys] 相貌 [ʃyls] 唾液 [tʰyry:] 靴鞡

（2）短元音 [ɪ]

舌面、前、半高、不圆唇、阳性元音。主要出现在词首音节，而且只应用在几个词语当中。例如：

[xɪr] 山脊 [pɪr] 力气

（3）短元音 [o]

舌面、后、半高、圆唇、阴性元音。此元音只出现在扎赉特蒙古语中的词首音节里，且只应用在个别几个词语当中。这一情况与蒙古语书面语中词首音节里的 [o] 和科尔沁其他地区蒙古语中的 [ɣ] 或 [u] 相对应。例如：

科尔沁其他地区蒙古语	扎赉特蒙古语	汉语意义
[tʃəptʃə:lɣn]	[tʃoptʃo:lɣxən]	软软的
[tʰuxə:]	[tʰoxo:]	出息

蒙古语标准语中的 [o] 元音，在扎赉特蒙古语中多以 [u] 或 [y] 的形式出现，故此在扎赉特蒙古语中 [o] 元音少之又少。

（4）短元音 [ɛ]

舌面、前、半低、不圆唇、阳性元音。在扎赉特蒙古语中，短元音 [ɛ] 只出现在词首音节里。例如：

[xɛnɛ:x] 咳嗽 [ʃɛrɛ:] 脸 [tʰɛʃyr] 鞭子

（5）短元音 [ʊ]

舌面、后、半高、圆唇、阳性元音。这一短元音只出现在词首音节里。蒙古语书面语中的短元音 [ʊ]，在扎赉特蒙古语中很少以 [ɔ] 的形式出现。扎赉特蒙古语中，

短元音 [ʊ] 的出现频率要比科尔沁其他地区蒙古语高一些。例如：

科尔沁其他地区蒙古语	扎赉特蒙古语	汉语意义
[ʊjuːn]	[ʊjʊːn]	智慧
[ʊjuː]	[ʊjʊː]	绿松石
[xʊʃuː]	[xʊʃʊː]	旗县之旗
[xʊrʊː]	[xʊrʊː]	手指
[tʰʊla]	[tʰʊla]	战争

（6）短元音 [ɤ]

舌面、后、半高、不圆唇、阴性元音。扎赉特蒙古语中的短元音 [ɤ] 与科尔沁其他地区的情况一样，在词首音节里出现时，与蒙古语书面语的 [ə] 相对应。不过，在扎赉特蒙古语中，短元音 [ɤ] 若出现在非词首音节里，就会有 [ɤ]、[i]、[y] 这三个变体。此外，在扎赉特蒙古语中，[tʃ]、[ʃ]、[j] 之后多数情况下出现 [ɤ]。例如：

科尔沁其他地区蒙古语	扎赉特蒙古语	汉语意义
[sɤrkiː]	[sɤrkiː]	清醒
[xɤptʰɤx]	[xɤptʰɤx]	躺（着）
[tɤpsɤr]	[tɤpsɤr]	褥子
[katʃir]	[katʃir] 或 [kɛtʃɤr]	地（面）
[ujir]	[ujir]	洪水
[utɤr]	[ytyr] 或 [ytɤr]	白天
[ɤpʃɤn]	[ɤpʃɤn]	疾病
[jɤxɤ]	[jɤxɤ]	大

2）长元音

在扎赉特蒙古语中，有 10 个长元音音位。它们分别是 [ɑː]、[əː]、[iː]、[ɔː]、[ʊː]、[oː]、[uː]、[ɛː]、[œː]、[yː]。其中，[ɑː]、[əː]、[iː]、[ɔː]、[ʊː]、[uː]、[ɛː]、[œː]、[yː] 等多数长元音仍然保持着科尔沁地区蒙古语的共同特点，只有 [oː] 的用法有别于科尔沁其他地区。另外，[ʊː]、[yː] 两个长元音可出现在词尾这一特点，又与科尔沁其他地区蒙古语有所不同。例如：

科尔沁其他地区蒙古语	扎赉特蒙古语	汉语意义
[ɑːtɤl]	[ɑːtɤl]	家业
[əːrɤx]	[əːrɤx]	寻找
[xiː]	[xiː]	气（体）
[tʃɔːx]	[tʃɔːx]	灶

[ʊːtʃʊː]	[ʊːtʃʊː]	宽敞
[uːl]	[uːl]	云彩
[tʃʰɛː]	[tʃʰɛː]	茶
[xœːtʰœː]	[xœːtʰœː]	后边
[xyːtʰɤn]	[xyːtʰɤn]	寒冷
[kɑlʊː]	[kɑlʊː]	雁
[ʃʊpuː]	[ʃʊpʊː]	鸟类
[tuliː]	[tylyː]	耳聋

3）复合元音

据调查结果，扎赉特蒙古语中有 [ʊɛː]、[uɛː]、[ʊɑː] 等复合元音。例如：

[jɔlɔxʊɛː] 做不到　[xuləːxuɛː] 不答应　[ʃʊɑːltʃapɤx] 撕下（纸张）

2. 元音和谐律

蒙古语元音和谐律的基本规则是阴性元音与阳性元音不能在一个词内并存；圆唇元音与不圆唇元音不能在一个词内并存。

1）元音阴阳和谐的特点

（1）词首音节若有 [ɑ]、[ɔ]、[ʊ]、[ɛ]、[œ] 等阳性短元音，其后一音节就应出现阳性元音；词首音节若出现 [ɤ]、[i]、[o]、[u]、[y] 等阴性元音，则后一音节元音应为阴性。例如：

[xɑŋxʊː] 粗心大意	[pɑkɑ] 少、小	[tʰɔkɔː] 锅	[ɔltʃɔː] 获益
[ʊlɑːn] 红色	[tʰʊlɑ] 战争	[ɛtʃʰɑː] 货载	[ɛlɑː] 苍蝇
[œrpœː] 苋菜	[sœlœtʰɛ] 疯癫	[pɤlɤn] 现成的	[xɤtiː] 多少
[irkɤn] 汉人	[piʃɤk] 书本、文化	[untɤr] 高	[tʃulkɤx] 擦拭
[ytʰɤrɤm] 打谷场	[ʃytʰkɤr] 魔鬼		

（2）词首音节若出现 [ɑː]、[ɔː]、[ʊː]、[ɛː]、[œː] 等阳性的长元音及 [ʊɑː]、[ʊɛː] 等阳性的复合长元音，则其后一音节的元音应为阳性；词首音节里若有 [əː]、[iː]、[oː]、[uː]、[yː]、[uɛː] 等阴性元音，其后一音节里出现的元音则为阴性。例如：

[nɑːltʊlɑ]（命令）把它粘上	[nɔːtʃɛː] 很合算	[sʊːlkɑx] 腹泻
[xɛːlʊlɑ]（命令）解冻	[xœːtʰœː] 后边	[ʃʊɑːlɑtɑp]（命令）撕下
[ʊntʰʊɛːkɑr] 不睡就	[əːrɤx] 寻找	[tʃiːlkəx] 伸直（腿）
[noːlkəx] 搬走	[uːltʰɤx] 阴云密布	[xyːtʰɤn] 寒冷
[kyːlɤs] 杏	[kyːʃɤn] 客人	[utʃxuɛːkər] 不看就

（3）非词首音节里若出现 [aː]、[ɔː]、[ʊː]、[œː]、[ʊaː]、[ʊɛː] 等阳性长元音，则其前一音节的元音应为阳性；[əː]、[uː]、[yː]、[uɛː] 等阴性长元音若出现在非词首音节里，则其前一音节的元音应为阴性。另外，长元音 [iː] 在非词首音节里出现与否，不受前一音节阴、阳元音的限制；还有，长元音 [ɛː] 在非词首音节里出现与否，同样不受前一音节阴、阳元音的限制，而且非词首音节里的阳性长元音 [ɛː] 之后，多数情况下会出现不圆唇、阳性元音，个别情况下也会出现阴性元音。例如：

[kʊʃaːt] 三十多　[ɔpɔː] 土堆、石堆　[xʊrʊː] 手指　[xœːtʰœː] 后边
[liaŋxʊaː] 莲花　[jɔlɔxʊɛː] 做不到　[xupəː] 边儿　[xultuː] 冻结的
[tylyː] 耳聋　[xuləːxuɛː] 不答应　[ʃiʃiː] 高粱　[xɤtiː] 多少
[ultʃiː] 吉祥　[kʊjiːr] 面粉　[ʊrtʃiːn] 前年　[pʰaːrʃʅkɛː] 蚂蚱
[ɤrɤpxɛː] 蝴蝶　[xɛːpɛːtʃɛnɑ] 倾斜　[ɛlɛːrɤx] 玩耍、淘气

2）唇形圆展方面的和谐规律

在扎赉特蒙古语中，涉及唇形圆展和谐规律的元音有 [ɔ]、[ɔː]、[œ]、[œː]、[o]、[oː] 等。具体规则是：词首音节若有 [ɔ]、[ɔː] 等圆唇元音，其后一音节里出现的元音应为 [ɔ]、[ʊː]、[ʊɛː] 等；词首音节若出现圆唇元音 [œ]、[œː]，则后一音节可以出现 [ɔː]、[œː] 等圆唇元音与之和谐；词首音节的圆唇元音 [o]、[oː] 之后，将会出现 [oː]、[uː] 等圆唇元音与之相和谐。例如：

[pɔlkɔ]（命令）煮饭　[ʃɔːlɔt] 钻孔　[ɔːtʃʊː] 心宽　[jɔlɔxʊɛː] 做不到
[sɔːxʊɛː] 不坐　[nœrkɔːx] 弄湿　[œrpœː] 苋菜　[tʃœːlɔːr] 用笊篱
[xœːtʰœː] 后边　[tʰoxoːukuɛ] 不懂事　[xoːruːləːt] 煮（奶）

3. 辅音音位特点

扎赉特蒙古语中，有 [n]、[p]、[pʰ]、[x]、[k]、[m]、[l]、[t]、[tʰ]、[s]、[tʃ]、[tʃʰ]、[ʃ]、[j]、[r]、[ŋ]、[w] 等辅音音位。例如：

[nar] 太阳　[namɤr] 秋天　[nɤr] 名字　[parɤn] 西（边）
[pɤlɤn] 现成的　[piʃɤk] 书本、文化　[pʰaːrʃʅkɛː] 蚂蚱
[xapɤr] 春天　[xɔlɔ] 远　[kapija] 功劳　[kaʃʊːn] 苦的
[kɤr] 房子　[malɤk] 帽子　[mɔt] 树　[laptʊːn] 稳当的
[lɔŋx] 瓶子　[təːl] 衣服　[taːrɤx] 感到冷　[tʰʊːlɛː] 兔子
[tʰasʅrɤx] 断开　[tʰɔs] 油　[ʊtʰs] 线　[œnsɤk] 谜语
[sapɤx] 筷子　[tʃam] 道路　[tʃapsɤr] 缝隙　[ʃas] 雪
[ʃakaːn] 白（色）　[ʃix] 耳朵　[xʊːʃɤn] 旧的　[ʃaːtʃɤk] 喜鹊

[kʊjiːr] 面粉　[japtɤl] 事情　[jaːrʊː] 忙碌　[jɔːlɤx] 呻吟

[arʃaːn] 温泉　[mɤrkɤn] 聪明的、英明的　[mʊŋʊl] 蒙古

[xɔŋx] 铃　[waːrɤnkɤr] 瓦房　[waːtɤŋ] 包袱

扎赉特蒙古语辅音音位特点，主要表现在语音变化上。其中，包括语音同化、增音、减音、语音替换和语音倒置等方面。

1）语音同化

（1）前一语音同化后一语音或后一语音同化前一语音。例如：

[kaʃʃaːn] 向外　[tɔʃʃɔːn] 向内　[mɤssɤn] 知道了　[ʃɛssɤn] 会了

[karssɤn] 出去　[ɔrssɤn] 进来　[xurɤnnax] 姐夫　[jaxxuɛ] 不走

（2）扎赉特蒙古语中的辅音 [n] 在某些场合受或前或后紧挨着的辅音 [l] 的影响，被同化为 [l]。例如：

[ʃillɘː] 过年　[ɔʃʊːllɔː] 让去　[xutɤllɘː] 动弹　[xœpɤllɔː] 变化

[xɤluːllɘː] 让说　[ʊʃirʊːllaː] 让见面　[jɛrʊːllaː] 让讲　[xɤptʰuːllɘː] 让躺下

[sɛːtʃirʊːllaː] 改善

[pajitʃʊːllaː] 使富有

2）增音

（1）扎赉特蒙古语中，很多指示代词前面都要出现 [m]、[mɤ] 或 [mi] 等增音现象，这是蒙古语科尔沁土语共有的特点。例如：

[mɤtiː] 这些　[miːm] 这样的　[mɤnt] 这里　[mitʰiːm] 那样的

[mɤtʰɤr] 那个　[mɤŋɤx] 这样做

（2）扎赉特蒙古语中，有些词干与附加成分之间会多出辅音 [n]。例如：

[nɔxɔːnt] 给狗　[kaxaːnt] 给猪　[malɤnt] 给牛　[karɤnt] 给手

3）减音（即语音脱落）

（1）蒙古语书面语个别词中间音节里的辅音 [t]，在扎赉特蒙古语中会脱落。例如：

[pɛːn] 我们　[tʰɛːn] 你们　[xʊltɤx] 卖

（2）个别词中的辅音 [n]，在扎赉特蒙古语具体语境中会脱落。例如：

[nɛtɤːn] 去年　[ʊrtʃiːn] 前年

（3）个别词中的辅音 [r]，在扎赉特蒙古语具体语境中会脱落。例如：

[pajilɤx] 高兴　[pɛxɛːrɤx] 喊　[katlɤx] 吊面儿　[tɔtʰlɤx] 吊里子

（4）个别词中的辅音 [l]，在扎赉特蒙古语具体语境中要脱落。例如：

[tʰɛpɤx] 搁、放　[xɤltʃʰəː] 说道、谈论

（5）辅音 [s] 的脱落。例如：[xœpʃɤlɔː]（快）穿

（6）辅音 [x] 的脱落。例如：[xɔŋʃɔxɔːx]（打铃）

4）语音替换

在扎赉特蒙古语的具体语境中，蒙古语书面语个别词语的一些语音会被替换。

（1）辅音 [p] 被替换为辅音 [m]。例如：

[xɑrmɤx] 射击　[nœlmɤx] 吐（痰）

（2）辅音 [r] 被替换为辅音 [l]。例如：[tʰulxɤx] 涂抹

（3）辅音 [ʃ] 被替换为辅音 [x]。例如：[xɛtʰɤx] 烧（不及物）[xɛtʰɑːx] 烧（及物）

（4）辅音 [tʃʰ] 被替换为辅音 [ʃ]。例如：

[ʃɑs] 雪　[ʃɑːs] 纸　[ʃɑkɑːn] 白（色）　[ʃix] 耳朵

[piʃɤk] 书本、文化　[pœʃlɤm] 滚烫（的）　[kʊʃɑːt] 三十多

[kyːʃɤn] 客人　[ʃɔːlɤx] 打（孔）

（5）辅音 [n] 被替换为辅音 [ŋ]。例如：[xuntɤlɤŋ] 横着的

（6）辅音 [n] 被替换为辅音 [l]。例如：

[mɔtɤnlɛpʃ] 树叶　[lɔktʰ] 笼头　[lɔpʃ] 垃圾　[lɤptʰ] 穿透（副词）

[mɑŋlɛː] 额头　[sɑmlɤx] 梳头　[tʃiŋlɤx] 称重　[tɑmlɤx] 挑（水）

（7）辅音 [tʃ] 被替换为辅音 [j]。例如：[ʃɔxɔtʃjɔtɤx] 打、揍　[jɛnʃɤx] 殴打

（8）辅音 [s] 被替换为辅音 [tʃ]。例如：[tʃœlɤx] 更换、交换

（9）辅音 [s] 被替换为辅音 [tʰ]。例如：

[tʰɔtʰ] 油　[ʊtʰɤtʰ] 线　[ɛntʃitʰ] 犁　[kɔrɤltʰ] 郭尔罗斯　[œntʰɤk] 谜语

（10）辅音 [s] 被替换为辅音 [tʃʰ]。例如：

[tʃʰœtʃʰɤx] 受惊　[tʃʰɛtʃʰɤx] 撒（种）　[tʃʰɛtʃʰuː] 相等的、一样的

5）语音倒置

蒙古语书面语个别词语中两个辅音的位置在扎赉特蒙古语中会出现倒置现象。例如：

[miŋɤn] 薄的　[ʃɔmxɤn] 究竟、到底　[xɔːskɤn] 空的

[tʰɤslɤx] 撕开、冲溃

上述语音特点，尤其是“语音替换”中的第（4）项和第（9）项，过去在扎赉特蒙古语中很突出，但是随着人们受教育程度的普遍提高，年轻一代的口语语音在逐渐书面化和标准化，带有家乡特色的语音特点，正在弱化和消亡。

（三）词汇调查

扎赉特蒙古语是蒙古语科尔沁土语的重要组成部分，在词汇方面有很多科尔沁土语共有的特点，也形成了自身独有的一些词汇。它们反映着扎赉特蒙古族群众的社会历史、生产生活、民间习俗和与周边地区的文化交往，其中，长期的蒙汉语言接触所形成的汉语借词体现在当地蒙古族社会生活的方方面面。

1. 科尔沁土语区共有的特殊词

在扎赉特蒙古语的词汇系统中，有很多科尔沁土语共有的特殊词。例如：

1）[xɛntʃ]、[lɑk] 炕

其中，[xɛntʃ] 这一叫法更为普遍，[lɑk] 则出现在扎赉特、前郭尔罗斯、杜尔伯特蒙古族居民的口语中。

2）[ɑtʃɑː]、[ɛtʃɛː] 爸爸

这两个称呼语，在科尔沁不同地区所指不同。[ɑtʃɑː] 在科尔沁其他多数地区指哥哥，有些地方 [ɛtʃɛː] 指爸爸。而在扎赉特旗很多地方 [ɑtʃɑː] 或 [ɛtʃɛː] 则用于称呼爸爸。其中，胡尔勒镇当地人称爸爸为 [ɛtʃɛː]；巴彦乌兰苏木、巴达尔胡镇、阿拉达尔吐苏木、阿拉坦花嘎查、绰勒镇等地称爸爸为 [ɑtʃɑː]。

另外，赤峰市翁牛特旗蒙古族群众将父亲或叔叔称为 [ɛtʃɛː]，这一情况值得注意。

3）[ɤnɤx]、[ɤlɤx] 门槛

科尔沁其他地区蒙古语只用 [ɤlɤx] 来指称门槛。而在扎赉特旗，巴彦乌兰苏木、阿拉达尔吐苏木、胡尔勒镇等地对门槛有 [ɤnɤx]、[ɤlɤx] 两种叫法；巴达尔胡镇、阿拉坦花嘎查、绰勒镇等地则将门槛只叫作 [ɤlɤx]。

4）[ʃirɤŋ] 枕头

扎赉特、杜尔伯特、前郭尔罗斯蒙古语中，称枕头为 [ʃirɤŋ]。扎赉特旗的巴彦乌兰苏木、阿拉达尔吐苏木、胡尔勒镇等地蒙古族群众有时也将枕头称为 [ʃirɤŋk] 或 [ʃirɤŋkʰ]。而科尔沁其他地区则主要使用汉语借音，叫作 [tʃintʰuː]。

5）[tʃipɤx]、[tʃɤpɤx]、[tʃupɤx] 簸箕

在扎赉特旗巴彦乌兰苏木、巴达尔胡镇、阿拉达尔吐苏木、阿拉坦花嘎查、绰勒镇等地蒙古族群众中，簸箕被叫作 [tʃipɤx]；在胡尔勒镇则有两种叫法，[tʃɤpɤx] 或者 [tʃupɤx]。

6）[pʰɑm] 棉长袍

扎赉特、杜尔伯特、前郭尔罗斯蒙古语中，称棉长袍为 [pʰɑm]。另外，赤峰市翁牛特旗、通辽市奈曼旗蒙古族群众将棉长袍称为 [pʰɑŋxuː]。

7）[pʰɑlɤŋ] 地板

据调查，扎赉特旗蒙古族中的原住民一般将地板称作 [iltəː]，有时也叫作 [pʰɑlɤŋ]。不过，打谷场上的地面，则普遍叫作 [ytʰɤrɤmiːn pʰɑlɤŋ]。

8）[pɛlʃɤx]（衣服等被）弄脏

这一说法与蒙古语书面语的 [pɛltɤx] 一词用法相同。科尔沁其他地区也说 [pɛlʃɤx] 或 [pɛtɤx]。

9）[nixɑːn]、[nɛxɤn] 汉族人

在扎赉特、杜尔伯特、前郭尔罗斯蒙古语中，称汉族人为 [nixɑːn]、[nɛxɤn]。此外，科尔沁各地区都将汉族人叫作 [irkɤn]，一些地区也有叫作 [mɔʃkɑː] 的。

10）[lɑtʰ] 筛子

扎赉特旗的巴彦乌兰苏木、巴达尔胡镇等地的蒙古族原住民将筛子叫作 [lɑtʰ]。科尔沁其他地区则称之为 [lɑs]、[seːlʊːr]、[sɛːtʃ]。扎赉特旗的蒙古族原住民在言语中往往将蒙古语书面语的辅音 [s] 发为辅音 [tʰ]。故此，扎赉特蒙古语中的 [lɑtʰ] 与科尔沁其他地区蒙古语的 [lɑs] 在语音方面是对应的，语义上也吻合。

11）[tʰiːl] 筛子

扎赉特旗绰勒镇的蒙古族群众将筛子称作 [tʰiːl]；巴彦乌兰苏木、巴达尔胡镇、阿拉坦花嘎查等地称之为 [lɑtʰ]；胡尔勒镇、阿拉达尔吐苏木等地对筛子则有 [lɑtʰ] 和 [tʰiːl] 两种叫法。另外，[tʰiːl] 这一叫法在前郭尔罗斯也被使用。

12）[miːn] 白白的

这一说法在科尔沁其他地区也普遍使用。它可能来源于汉语“免费”的“免”。

13）[kirɤp] 腼腆的

这一形容词，在科尔沁各地蒙古语中通用。在科尔沁其他地区也叫作 [kɛrɤp]。

14）[kurpiːtʰɤx] 指血管或筋肿大、凸出，或者创伤瘀血处肿大

15）[tʰɑːr] 烟袋

在蒙古语书面语中，[tʰɑːr] 是指用兽皮或布等做成的大袋子。在扎赉特蒙古语里，[tʰɑːr] 不仅指烟袋，它还可以指具有多种用途的袋子。

16）[tʰəːʃɤŋ] 黄昏

17）[lɑtɤrɤx] 指表皮蹭破、擦破、磨破、抓破、挠破、划破等

科尔沁多地蒙古族居民将物体表面磕破、碰破引起表皮脱落叫作 [latɤrɤx]。在扎赉特旗，外来蒙古族居民（喀喇沁、土默特、蒙古贞）对 [latɤrɤx] 一词的理解和使用，与上述解释相同。而扎赉特旗蒙古族中的原住民及前郭尔罗斯蒙古族居民在口语中使用 [latɤrɤx] 一词，其含义在轻重程度上与 [ʃɛlpɤrɤx] 相同。

18）[ɤtʰɤl] 垃圾

科尔沁其他地区蒙古语将积压过久腐烂的垃圾称为 [ɤtʰɤl]。在扎赉特蒙古语中，[ɤtʰɤl] 不仅指房屋外边堆积很久的垃圾，它也指房间内部地面上的果皮、纸屑、尘土等零碎垃圾。例如，巴彦乌兰苏木、巴达尔胡镇、阿拉坦花嘎查、绰勒镇等地的 [ɤtʰɤl] 一词就内外不分；但是阿拉达尔吐苏木、胡尔勒镇等地的人们，只把房屋外边堆积很久的垃圾叫作 [ɤtʰɤl]，而把房间内部地面上的果皮、纸屑、尘土等零碎垃圾叫作 [xœk]。例如，[ɤtʰlɤnɔpɔː] 或者 [ɤtʰlɤnœrœː] 就指房屋外边堆积很久的煤灰堆或者粪堆。

19）[jiltəː]、[iltəː] 房间内部的地面

这一词语的含义，相当于蒙古语书面语里的 [ʃal]。扎赉特、杜尔伯特、前郭尔罗斯蒙古语中，使用 [iltəː] 这一词语表示房间内部的地面。在扎赉特旗的巴彦乌兰苏木、胡尔勒镇等地，有时也把房间内部的地面叫作 [pʰalɤŋ]。但是 [pʰalɤŋ] 这一叫法在扎赉特蒙古语中不常用。

20）[iʃ]、[ɛʃ] 得心应手

这一词语不能独立使用，只能在 [karɤniʃərtʰɑːrtʃɛː] 这样的惯用形式中使用，表示做某件事很顺心。

21）[kɛlɑːn] 白色的忌讳之词

科尔沁其他地区叫作 [kɛlɑːn] 或者 [kɛlkɤn]。这一避讳之说，与巴林土语的用法相同。不过，在青海蒙古语方言中，[kɛlɑːn] 不仅指白色，它还指一种奶制品。

22）[tʃiliːtʰaspɔlɤx] 杳无音信

这一惯用说法，在包括扎赉特旗在内的科尔沁土语区蒙古语中普遍使用。另外，蒙古语卫拉特方言中，将消失、丢掉称作 [tʃiliːx]。

23）[tʰuŋ] 茂密的树林

在扎赉特蒙古语中，往往以 [mɔtɤntʰuŋ] 这样的组合惯用形式出现，表示茂密的森林。在《蒙古秘史》中，[tʰun] 表示树林。而蒙古语方言中，辅音 [n] 与 [ŋ] 混淆不分的情况很常见。由是观之，当今蒙古语科尔沁土语里的 [tʰuŋ] 应为古语词 [tʰun] 演变而来。

24）[unɤk] 山羊

在科尔沁土语里，一岁的山羊叫 [unɤk]，两岁的山羊叫 [kɤntʃ]。值得注意的是，在蒙古语鄂尔多斯方言里，一岁的山羊也叫 [unɤk]，两岁的山羊则叫 [iʃɤk]。

25）[pœːtœː] 指富人、官僚手下管事的人

这一词语在科尔沁其他地区叫作 [pœːtɑː]，语音上略有差别，但含义完全相同。在阿鲁科尔沁地区蒙古语中，[pœːtœː] 则指管家。

26）[təlpəː] 畜力车上驾驭役畜的比较长的绳索

《蒙古秘史》中将此词语解释为“索”。由此看来，[təlpəː] 一词应为古语词。

27）[xarʃpatɑː] 没有荤油、没有配菜的饮食

科尔沁土语里，往往使用 [xarʃpatɑː] 这样的惯用组合形式来表示招待客人不能怠慢，不能没有荤油。

28）[kuːrɤx] 懂、明白

这一词语和 [tʰoxəːrɤx] 一词，在扎赉特蒙古语中均表示“懂、明白”。而科尔沁其他地区（不包括杜尔伯特、前郭尔罗斯）蒙古语中，则更多地使用 [tʰoxəːrɤx] 一词来表示“懂、明白”的意思。

29）[tʃɔntʃɔːrɛː] 油嘴滑舌、嘴快话多

多指女性油嘴滑舌。这一说法，在扎赉特、杜尔伯特、前郭尔罗斯蒙古语中均有使用。科尔沁其他地区蒙古语中，也说 [tœtkɤnɤx]。也有说 [pɛtkɤnɤx] 的。

30）以下是科尔沁土语区蒙古族居民差不多人人知道的汉语借词

[mɛːmɛː] 买卖　[tɤŋluː] 灯笼　[ʃɔŋ x] 窗户　[pʰɔːtʃɤŋ] 炮仗

[iːs] 肥皂　[kɛː] 街　[kɔː] 沟　[xʊŋxʊs] 红胡子

[pʰɔː] 枪炮　[jaŋtʰɛː] 洋铁　[tʃʰyːtɤŋ] 火柴　[xʊl] 葫芦水瓢

[kaŋ] 水缸　[xʊːtɛː] 口袋　[tʃuŋs] 酒盅子　[pʰɤŋs] 盆子

[naŋxʊ] 暖壶　[tʃɔːx] 灶　[tʃœːr] 地窖　[tʃʊaŋtʃɛːxun] 庄稼人

[poːlmiː] 苞米（玉米）　[xʊaŋtuː] 黄豆（大豆）

[tʰʊːtʊl] 土豆　[ʃɔːtuː] 小豆　[lɑː] 蜡　[mɑːpu] 抹布

[tɑːʃaŋ] 大氅　[jɛntʰuŋ] 烟囱　[poːp] 饽饽　[xuɑːtus] 褂兜

[kuaŋɤn] 光棍　[jaŋs] 样子　[xʊːtʊː] 糊涂　[piʃɛː] 不是

[xaʃ] 还是　[tɔːti] 到底、究竟　[pʰantʃʰɛn] 盘缠　[noːx] 挪、搬（家）

[tʃəːlɤx] 借

2. 扎赉特旗仅有的特殊词

在扎赉特蒙古语中，也有很多科尔沁其他地区不怎么使用的特殊词汇。例如：

1）[ɑkɑː] 哥哥

这一称呼，在科尔沁其他地区几乎不用。

2）[ɛpɛː] 姐姐

这一词语，曾是古代卫拉特蒙古语中尊称贵妇人的称呼，有时也将母亲和姐姐尊称为 [ɛpɛː]。古代英雄史诗《格萨尔》中，有 [əpəi] 和 [əpi] 两种记载，或指官宦及富人家庭的妇女，或是对已婚妇女的尊称。由此看来，扎赉特蒙古语中指姐姐的这一词语 [ɛpɛː] 应为古语词。

3）[ɛlkɑː] 花朵

这一说法，往往用于避讳以花朵为名的祖先及长辈的名字。在满语中，"花"叫作 ilha[ilxɑ]。满语的 [i] 与科尔沁土语的 [ɛ] 相对应，h[x] 与 [k] 相对应。另外，内蒙古锡林郭勒盟、乌兰察布市、额济纳旗、克什克腾旗、翁牛特旗、奈曼旗等地蒙古语中，有辅音 [x] 被替换为辅音 [k] 的现象。因此，我们可以发现，扎赉特蒙古语中的 [ɛlkɑː] 一词应为满语借词。

4）[nitɤm]、[nɛtɤm] 脸

这一说法，只在扎赉特旗个别地方使用。据阿拉达尔吐苏木、绰勒镇等地上了年岁的人讲，[nitɤm]、[nɛtɤm] 是指神佛或尊贵人士的颜面。如果用于普通人，则有讥讽或诙谐之意。另外，在巴达尔胡镇、胡尔勒镇、阿拉坦花嘎查等地，[nitɤm]、[nɛtɤm] 并不单独使用，而是和其他词语组合成 [nuːrnɛtɤmukuɛː] 这样的惯用形式，表示"恬不知耻"的意思。

5）[jəːkəːrəː]、[jəːkrəː] 用泥巴做的碗

满语中有 yehere 一词，表示"瓷、瓷器"的意思。满语中的辅音 h[x] 与蒙古语中的辅音 [k] 相对应。但是蒙古语书面语中并没有与 [jəːkəːrəː] 或 [jəːkrəː] 在音、义上相对应的词语。所以，[jəːkəːrəː] 或 [jəːkrəː] 可能是满语借词，只是在借用过程中，语音和语义方面都发生了变化。

6）[mɑrɑːl] 把很多细柳条的两端扎入地面，做成弓形支架，在它的上面覆盖兽皮或毡子做成的简便房屋

这样简陋的房屋，体现了古代蒙古族游牧生活的特点。由此看来，[mɑrɑːl] 一词可能是古语词。不仅如此，在扎赉特旗巴彦乌兰苏木，与 [mɑrɑːl] 一词相关的地名

有很多，如“玛拉吐”“东玛拉吐”等。地名是不同历史时期的产物，而且它与社会文化的发展变化有着密切的关系。我们可以从地名上了解当地不同历史时期人们的生产生活、风俗习惯、宗教信仰及文化心理等等。

7）[tʃəːtʃiː] 婶娘

扎赉特旗蒙古族原住民将自己的婶娘叫作 [tʃəːtʃiː]。在喀尔喀蒙古语中除了指姐姐，还可以用来称呼婶娘。由是观之，扎赉特蒙古语中，指婶娘的 [tʃəːtʃiː] 一词很可能是由汉语的“姐姐”演变而来。

8）[mɛtʃɑːn] 用泥巴做的小瓶子

据调查，在扎赉特旗，只有巴彦乌兰苏木、绰勒镇等地一些上了年纪的人有此说法。更多的人还是习惯用 [pɔtʰɤŋ] 这一叫法来指称泥巴做的小瓶子。

9）[kɔʃɤk] 无裆套裤

这一词语表示的穿着，反映了蒙古族在寒冷地区骑马放牧的生产生活方式。这一词语，现今只保留在扎赉特旗蒙古族原住民的言语中。满语中，有 gocikū（护膝、套腿裤、袋子）一词与之对应。

10）[uxiː] 嫂子

在扎赉特旗，只有蒙古族原住民将嫂子称为 [uxiː]。《蒙古秘史》中有“[uxiː]”一词，且旁译为女子。在《蒙汉词典》中，有“[okoi]”一词，解释为大姐（对同辈女性的尊称）。古代英雄史诗《格萨尔》中也有该词，是指姐姐的。蒙古语巴尔虎土语，将舅妈称为 [uxiː]。由上述相关文献资料和方言土语情况来看，[uxiː] 一词虽所指含义略有不同，但均指女性。这是一个古语词。

11）[ʃɔmxɤl]、[ʃɔmxɤtɤl] 草木等干枯得根

这两个词语也指干枯的柴火。据调查，干枯的柴火在胡尔勒镇叫作 [ʃɔmxɤl]；在阿拉达尔吐苏木叫作 [ʃɔmxɤtɤl]；在绰勒镇叫作 [ʃuptɤl]。

12）[irɤpʃ] 炕沿儿

这一词语，只有扎赉特旗蒙古族原住民使用。在蒙古语卫拉特方言中，[irkiptʃʰ] 是指毡包的墙根围子。蒙古包的对译词汇也是指为了遮挡寒风而围在蒙古包毡墙下摆处的细长的毡子。由此看来，扎赉特蒙古语中的 [irɤpʃ] 一词来源于以往蒙古族的游牧生活。

13）[tʃamiːn kɤr] 厨房

扎赉特旗蒙古族原住民指称厨房时，均使用此词。[tʃamɑ] 本是藏语，意为“锅”。这一叫法，在卫拉特蒙古语中，也在使用，他们所谓的 [tʃamtʃʰ] 就是“厨

师”的意思。

14）[tʰɤlmɤr pataː] 将糜子米泡煮胀大，再晾干后，舂好的米

15）[xɔŋxɔː] 耳聋

这一说法，只有扎赉特旗蒙古族原住民使用。蒙古语巴尔虎土语中，将耳聋叫作 [xɔŋkɔː]。

16）[xapɤŋ] 官老爷

请当地长者讲解历史人物时，涉及这一说法，当今几乎不用。满语把“官”叫作 hafan。

17）[naŋtʂʰʅːpɔː] 饭桶（指饭量大）

这一词语，在扎赉特旗蒙古族原住民和从外迁入的蒙古族居民中，均有使用。[nantʃʰ] 一词，本是藏语，在青海地区指早餐。故此，扎赉特蒙古语中的 [naŋtʂʰʅːpɔː] 一词，很可能是藏语的 [nantʃʰ] 之后加上汉语的“饱” 演变而来。

18）[mɤŋ tʃuː xɤl xɤlɤx] 说胡话

在这一惯用词组中，[mɤŋ tʃuː] 一词有“愚蠢”的意思。这一惯用说法，只有扎赉特旗蒙古族原住民使用。

3. 小结

从上述词语的逐条分析来看，扎赉特蒙古语的词汇系统有着如下几个方面的特点。

（1）保留着很多古语词。其中，有很多是亲戚的称呼语。例如：[ɛpɛː]（姐姐）、[uxiː]（嫂子）、[ɑkɑː]（哥哥）等。

（2）满语借词要比科尔沁其他地区多一些。例如：涉及祖先和长辈们名字里的“花朵”，要避讳时使用的 [ɛlkɑː] 一词；泥巴做的碗的指称 [jəːkəːrəː]；表示“官老爷”意思的 [xapɤŋ] 等满语借词，在科尔沁其他地区不使用。

（3）偶有藏语借词在使用。但这些藏语借词不见于科尔沁其他地区蒙古语中，却在卫拉特蒙古语和青海蒙古语中被使用。例如：[tʃɑmiːn kɤr]（厨房）、[naŋtʂʰʅːpɔː] 饭桶等。

（4）有着大量的汉语借词，从衣食住行到各行各业。此处不一一列举。

（5）在扎赉特蒙古语中，有很多与杜尔伯特、前郭尔罗斯蒙古语相同或相似的词汇。例如：[ʃirɤŋ]（枕头）、[iltəː]（房间内部的地面）、[tʰiːl]（筛子）、[nɛxɤn]（汉族人）等。这一特点，与扎赉特、杜尔伯特、郭尔罗斯等古代蒙古族部落在嫩江流域长期共同生存发展的社会历史与地理布局有着密切的关系。

参考文献

曹道巴特尔．蒙汉历史接触与蒙古语言文化变迁 [M]. 沈阳：辽宁民族出版社，2010.

内蒙古大学蒙古学研究院蒙古语文研究所．蒙汉词典：蒙汉对照 [Z]. 呼和浩特：内蒙古大学出版社，1999.

史习成，巴特尔．蒙古语基础教程 [M]. 北京：北京大学出版社，1992.

特・官布扎布，阿斯钢译．蒙古秘史：现代汉语版 [M]. 北京：新华出版社，2006.

图力古尔，博・索德等．科尔沁土语演变与发展趋势研究 [M]. 呼和浩特：内蒙古人民出版社，2008.

第十五节　东北官话方言特征词例释[①]

一、概述

（一）东北官话研究

东北官话覆盖东北三省和内蒙古东部地域，对其研究已逾百年，从李荣[②]、林焘[③]等对东北官话、北京官话是否单独分区的讨论，到《东北方言词典》等系列词典[④]的出版，到21世纪以来，以东北官话方言为研究对象，从语音、词汇、语法、语用、地域文化等不同角度进行微观研究的论文，以及系列硕博学位论文的推出，昭示了东北官话方言研究方兴未艾的发展势头和广阔的研究前景。但是目前，总体上该领域还缺乏对东北官话方言史的整体观照。杨春宇[⑤⑥]提出东北官话并非晚成，其演变亦非一蹴而就，历史上大致经历了幽燕方言—汉儿言语—近代东北–北京官话—现代

① 本节原文由杨春宇发表于：沈阳师范大学学报（社会科学版），2016（02）：67-71. 曾在词汇学国际学术会议暨第十届全国汉语词汇学学术研讨会上交流发表，对与会专家学者的批评指正谨致谢忱。

② 李荣．汉语方言的分区 [J]. 方言，1989（04）：241-259.

③ 林焘．北京官话溯源 [J]. 中国语文，1987（03）：161-169.

④ 这些词典包括：刘禾．常用东北方言词浅释 [Z]. 长春：吉林人民出版社，1959；许皓光，张大鸣．简明东北方言词典 [Z]. 沈阳：辽宁人民出版社，1988；马思周，姜光辉．东北方言词典 [Z]. 长春：吉林文史出版社，2005；王博，王长元．关东方言词汇 [Z]. 长春：吉林教育出版社，1991；刘小南，姜文振．黑龙江方言词典 [Z]. 哈尔滨：黑龙江教育出版社，1991；李治亭．关东文化大辞典 [Z]. 沈阳：辽宁教育出版社，1993；王树声．东北方言口语词汇例释 [Z]. 哈尔滨：黑龙江人民出版社，1996；尹世超．哈尔滨方言词典 [Z]. 南京：江苏教育出版社，1997；董联声．中国・东北方言 [Z]. 呼和浩特：内蒙古文化出版社，2013；肖辉嵩．朝阳方言词典 [Z]. 沈阳：辽宁人民出版社，2013.

⑤ 杨春宇．东北亚语言发展与辽宁文化战略对策 [J]. 理论界，2010（02）：156-158.

⑥ 杨春宇．辽宁方言知、庄、章组的语音类型及特征 [J]. 辽宁师范大学学报（社会科学版），2013（01）：107-113.

东北官话的嬗变。这一宏观的方言史命题，自然需要东北官话方言多视角的研究实绩来支撑。本节对东北官话方言词汇特征词问题的探讨，即为东北官话方言研究的必要性问题和题中应有之义。

（二）关于方言特征词

李如龙推出《汉语方言特征词研究》方言教材，指出特征词是指具有特征意义的方言词，在方言区内普遍应用、大体一致，在区外方言中比较少见，且具有一定的数量。凡是本方言区内一致，区外方言无见的为一级特征词；区内不十分一致，区外有交叉的为二级特征词[①]。其包括了官话方言特征词研究、官话方言后起的特征词、山东方言特征词初探、晋语特征词说略、北部吴语的特征词、客家方言的特征词等内容，为我们研究汉语方言词提供了理论支撑。《汉语方言地图集·语音卷》[②]从方言地理学的角度梳理并勾勒了汉语方言区域分布图，涉及了一些以方言区别特征词为同言线的方言分布描写。遗憾的是，对于东北官话方言同言线的绘制及方言特征词尚缺乏系统研究。刘俐李、王洪钟、柏莹《现代汉语方言核心词·特征词集》[③]，罗列了东北哈尔滨方言的特征词，但其亦不足以代表整个东北官话的方言特征词。可见东北官话方言特征词是一个有待进一步发掘的领域，为我们今天的研究留下了广阔的探索空间。

（三）东北官话方言词汇研究概述

东北官话方言词汇研究起步较早，20 世纪二三十年代就出现零星的几篇文章，如《奉省方言“不善”二字解》（吴景勋）、《关外俗语续录》（孟伯荪）、《东省俗话见闻录》（郭冠英）、《沈阳土话汇集注释》（杜书田）[④]。

东北官话方言词汇研究最突出的成果体现在十部方言词典的编纂上。包括：刘禾《常用东北方言词浅释》（1959）；许皓光、张大鸣《简明东北方言词典》（1988）；马思周、姜光辉《东北方言词典》（1991）；王博、王长元《关东方言词汇》（1991）；刘小南、姜文振《黑龙江方言词典》（1991）；李治亭《关东文化大辞典》（1993）；王树声《东北方言口语词汇例释》（1996）；尹世超《哈尔滨方言词典》（1997）；董联声《中国·东北方言》（2013）；肖辉嵩《朝阳方言词典》（2013）等。这十部词典很大程度上反映东北官话方言词汇的词源、理据、造词特征、结构特征、民俗风物、

① 李如龙 . 汉语方言特征词研究 [M]. 厦门：厦门大学出版社，2002：3.

② 曹志耘 . 汉语方言地图集 · 语音卷 [M]. 北京：商务印书馆，2008.

③ 刘俐李，王洪钟，柏莹 . 现代汉语方言核心词 · 特征词集 . [M]. 南京：凤凰出版社，2007.

④ 刘晓梅 . 期待绚烂绽放：百年东北官话研究述评 [J]. 吉林大学社会科学学报，2008（01）：131-132.

历史层次、本字考等多方面信息，不但为东北官话方言词汇的后续研究打下了很好的基础，而且为东北官话方言的整体研究，如分区、分片、方言地图同言线的词汇标准研究等提供了重要的依据。

东北官话方言以幽燕方言为基础，有大量语言接触的词汇底层，因此东北官话方言词汇具有多源性质。一方面与北方阿尔泰民族语言接触，形成汉儿言语。另一方面与周边的北京官话、冀鲁官话、胶辽官话等毗邻方言有着密切关系，相似程度较高。部分学者运用比较的研究方法，探求这种影响渊源关系。学者林焘、王福堂、侯精一、张世方等人研究认为东北官话与北京官话不分。此外，从文学文本出发研究东北方言影响的也不乏其人。如：聂志平发掘出《金瓶梅词话》中的188个东北官话方言词和34个近似东北官话方言的词语，证明《金瓶梅词话》含有东北官话方言的词语[①]；图穆热寻找到《红楼梦》中多条活跃在东北官话方言中的方言词，认为东北官话方言是清初的北京话[②]。与当前一些学者的研究结论相呼应。

关于东北官话方言的词法研究，早在20世纪30年代杜书田《沈阳土话汇集注释》就已列出名、动、形、副、介、叹六类有特色词语[③]。尹世超同北京官话比较，描写东北官话中的介词；系统研究东北官话中的否定词[④]。吕叔湘在《现代汉语八百词》中提到现代汉语“很多形容词能够重叠，或者加重叠式后缀，或者用其他方式生动化”[⑤]。东北官话方言形容词丰富多样，颇具形象性、生动性，有很强的表现力，构成方式也是复杂多样的。这些特征或成为普通话的最直接的渊源。在这方面用力较早的研究者是乔魁生。其论述了东北官话方言形容词构成的五种方式：一是形容词重叠，分为单音节形容词重叠和双音节形容词重叠，讨论了AA式、AA儿（的）式、A头A脑式、A又A式、AABB式、A里AB式等结构的形容词；二是在形容词后加上连绵词，探索A不溜丢式、A拉八几式、A古牙式或A古唧式、A不伦墩式、A不几（唆、登）式形容词，这里的“连绵词”本质上就是“后缀”；三是在形容词前后加上重叠词，主要有ABB式、BBA式和AxBB式；四是在形容词前或中间加上数词；不好归类的列入其他形式[⑥]。乔魁生较为系统地研究了东北官话形容词的特点，颇具启发性。刘倩把东北官话的形容词生动式与北京官话进行类型上的比较研

---

① 聂志平．黑龙江方言词汇研究[M]. 长春：吉林人民出版社，2005：47.

② 图穆热．《红楼梦》与东北方言[J]. 社会科学战线，2000（01）：185-193.

③ 张志敏．东北官话的分区（稿）[J]. 方言，2005（02）：141-148.

④ 尹世超．东北官话的介词[J]. 方言，2004（02）：117-124.

⑤ 吕叔湘．现代汉语八百词[M]. 北京：商务印书馆，1996：12.

⑥ 乔魁生．辽宁方言形容词的多样性和生动性[J]. 辽宁大学学报（哲学社会科学版），1978（04）：82-85.

究，亦是显示该方面研究实绩的成果[①]。刘晓梅指出，东北官话动词方面，比较有特色的一类是：单音动作性强的双向、自主动词加上后缀“巴”一般都表示不很费力的、不是特别在意的动作，或“以显示说话人无所谓的态度”[②]。这类动词尽管可能不是东北官话方言所独有的，但在东北官话方言中运用相当广泛。常纯民则较早研究副词特征词，如“精、稀、老、溜、恶、确、杠、贼、忒、可、死”等，是北方其他方言所没有或不普遍使用的[③]。张丽娟将锦州方言与北京方言从语音、词汇、语法三个平面进行比较，发现二者之间存在着极高的相似性和一定的差异[④]，其研究思路与方法在东北官话研究中还是不多见的。

可见，东北官话方言词汇研究从特征词的角度亟须推出研究成果，以支撑东北官话方言独特的历史发展与存在。本节从方言古语词、殊语词、特殊词缀构成汉儿言语词汇等几个方面加以描写、分析与阐释。

二、古语词例释

今天的东北官话可追溯到先秦两汉时期的幽燕方言，扬雄《方言》中将其归并为北燕–朝鲜洌水方言[⑤]。现从东北官话方言中举例来做解释说明。

（一）炊事类

【馏 $liəu^{53}$】食部字。把凉了的熟食品再蒸热。如：把凉饭馏一馏，馏馒头，馏饺子。

【熥 $t^{h}əŋ^{33}$】火部字。《集韵》他东切，音通。以火煖物也。把凉了的熟食物再蒸热或烤热。如：熥馒头。

【泖 $mɔ^{53}$】水部字。音 [$mɑu^{214}$]。即把经过初步加工的原料或半成品，放在开汤里或开水里浴一下，这个浴的过程叫泖。例：今天吃泖饭。

【爨 $tsuan^{53}$】动词。例如东北话：给饭爨爨气儿，饭叫她烧爨烟了。

【烀 xu^{33}】动词。一种烹调方法。半蒸半煮，把食物弄熟。如东北话：烀土豆、烀地瓜、烀肉、烀茄子、烀苞米、烀饼。

---

① 刘倩．东北官话形容词生动式研究 [D]. 暨南大学硕士论文，2005.

② 刘晓梅．期待绚烂绽放：百年东北官话研究述评 [J]. 吉林大学社会科学学报，2008（01）: 132.

③ 常纯民．试论东北方言程度副词 [J]. 齐齐哈尔师范学院学报（哲学社会科学版），1983（03）: 115-121.

④ 张丽娟．锦州方言与北京方言的比较研究 [D]. 贵州大学硕士论文，2007.

⑤ 杨春宇，王媛．扬雄《方言》所见的幽燕方言 [J]. 辽宁师范大学学报（社会科学版），2015（06）: 837-845.

【蹀躞 $t\text{ɤ}^{53}s\text{ɤ}^{53}$】动词兼形容词。嘚瑟。见江蓝生《说“蹀躞”与“嘚瑟”》[①]。

【饕餮 $t^{h}\text{ɑu}^{55}t^{h}\text{iɛ}^{51}{}_{文}$/$t^{h}\text{ɚ}^{33}$ləu＞lɔ＞lɚ＞lə$_{白}$】东北官话近代萧豪韵与车遮韵混并，如：搁 [$k\text{ɤ}^{33}$=$k\text{ɑu}^{33}$]，所以 [$t^{h}\text{ɤ}^{33}$=$t^{h}\text{ɑu}^{33}$]；受阿尔泰语言影响，口语发生元音和谐，发生儿化后，后字异化为轻声，形成文白异读，即 [$t^{h}\text{ɚ}^{33}$lə]。

《左传·文公十八年》云：缙云氏有不才子，贪于饮食，冒于货贿，侵欲崇侈，不可盈厌，聚敛积实，不知纪极，不分孤寡，不恤穷匮。天下之民以比三凶，谓之饕餮。[②]

《神异经·西荒经》中有云：饕餮，兽名，身如牛，人面，目在腋下，食人。[③]

饕餮纹样象征古代传说中一种贪食的凶兽的面形，商至西周时常作为器物上的主题纹饰，多衬以云雷纹，图案多变化。在良渚文化、二里头文化的青铜器上常见。

东北官话现在一般用如名词、动词，重叠成 ABAB 式时，用于形容词。如：

①小饕餮，真乖。（名词，小狗的昵称）

②小狗一边饕餮饭，一边饕餮菜。（动词，贪婪地吃）

③他平时总是饕餮我。（动词，指凶恶状，像要吃掉一样地恐吓或训斥）

④看他饕餮饕餮的，吃得可真香（形容词，贪吃状）

（二）动物类

【菢鸡】扬雄《方言》：北燕朝鲜冽水之间谓伏鸡曰抱[④]。如东北话：看你头发，弄得像菢窝鸡似的。

【牛鱼】鲟鳇鱼。

【海天青】东北渔猎文化的重要标志。一种善于捕获小动物的猎鹰。东北俗称“老鹞”。

【马蚰】马蚿。现在的蚰蜒，又称“马陆”“百足”，俗称“钱串子”。

【蝼蛄】东北话现俗称“蝲蝲蛄（鼓）”[$l\text{ᴀ}^{241}\text{ᴀ}ku^{213}$]。

【蚂蛉/楞/蜓】指水蛭；指蜻蜓。

【蟏蛸】现称“蛛蛛”[tʂu^{24}tʂu]。

① 江蓝生 . 说“蹀躞”与“嘚瑟”[J]. 方言，2011（01）：1-8.

②（清）阮元校刻 . 十三经注疏 [M]. 北京：中华书局，2009：4044.

③ 余嘉锡 . 四库提要辨正 [M]. 北京：中华书局，2007：1124.

④（汉）扬雄撰，（晋）郭璞注 . 方言 [M]. 北京：中华书局，2016：96.

（三）其他类

【邋遢】肋腻、勒的 [lɤ³³də]、腻肋、遢邋 [tʰɤ³³lə]，不干净利索。

【耄】《韵会》丛：莫报切，音帽[①]；《说文解字》作薹，年九十曰薹[②]；《尚书·虞书·大禹谟》耄期倦于勤（耄，年老惛忘也）[③]；《礼记·曲礼》八十、九十曰耄[④]。

（1）耄（形声。从老，毛声。本义：年老）。

（2）同本义。古称八九十岁的年纪，泛指老年：老～｜～薹之年。

（3）引申为耄昏（年老昏愦）、耄聩（年老糊涂）。东北话有：老耄，傻老耄，土老耄。

【幔子】名词。张在屋内的帐幕：幔帐，有布幔、窗幔、帷幔。东北话多指吊幔子，是指在房檩或仓廪上、接近天棚处吊放的用来搁放东西的篱笆或荆幔子。

【搁/抬】动词。音 [kɑu³³/tʰɛ²⁴]。反映了东北官话近代车遮韵与萧豪韵相混的特点。东北官话指：抬藏东西。如：

①人家都看到了，你还抬起来干啥？

②这孩子嘴太馋，咱快搁起来点吧，要不，他转一圈就又来要了。

【来】介词、动词。相当于普通话的“在”。如：你来哪呢？来界壁子唠嗑儿呢。找啥找啊？

【搁/给】介词。音 [kɤ³³/²¹³]。从，在。如：你～哪儿呢？你～哪儿来呀？我～家来。

【匹】表比较的介词。相当于普通话的“比”。如：

①人家匹你可强多了。

②冬天㤆（姆们）那嘎达可匹这嘎溜儿暖和。

（四）小结

东北官话中残存着这些古语词，有的从幽燕方言发展演变至今亦无大变化，如“拖”；大多发生了历时的音变或音转，如“饔飧”。但是透过这些历史音变分析，运用历史比较语言学方法，我们依然可鉴这些残留在方言中的古语词。而这一系列古语方言特征词，正构成了东北官话方言并非晚成的最直接证据。

---

①（元）黄公绍，熊忠. 古今韵会举要 [M]. 北京：中华书局，2000：374.

②（汉）许慎撰，陶生魁点校. 说文解字 [M]. 北京：中华书局，2020：269.

③（清）阮元校刻. 十三经注疏 [M]. 北京：中华书局，2009：284.

④ 杨天宇. 礼记译注（上）[M]. 上海：上海古籍出版社，2016：4.

三、殊语词例释

东北地域由于受自然环境与地理环境的影响，形成了特殊的地域文化，一些特殊的方言词汇，蕴含着东北黑土地文化。这些代表东北地域文化特色的词汇，笔者将其概括为“殊语词”，现例举如下。

（一）名词

（1）植物类：苣荬菜（曲麻菜、侵麻菜）、婆婆丁、毛嗑儿、苞米秆、甜秆儿、土豆儿、黑天头。

（2）饮食类：穄子、饽饽、馇子、茄糕、烀饼、大果子、酸菜、油梭子、冻豆腐、水豆腐、干豆腐、白/大豆腐、小豆腐、豆皮儿、卤子、青酱、酱块子。

（3）称呼类：个个儿（自己）、小小子（男孩）、小丫头儿（女孩）、公母俩（夫妻）。

（4）时间类：三黑儿个、今儿个、明儿个、后儿个、大后儿个、昨儿个、前儿个、大前儿个、夜儿个。

（5）身体部位类：胳肢窝（腋窝）、波棱盖儿（膝盖）、脑瓜盖儿（头）、手指盖儿（指甲）、妈妈儿/咂儿（乳房）。

（6）其他特殊类：哈喇子（口水）、嘎子儿/嘎戈什哈（牛羊骨关节）、哈喇味（肉、荤油等变质的味道）、尜儿（冰尜/冰猴，陀螺）、悠车儿（摇篮）、弹弓（子）。

（二）代词

（1）人称代词：您、您们、咱（包括式）、人家。

（2）指示代词：这嘎达、那嘎达、哪嘎达；这噶（溜儿）、那噶（溜儿）、哪噶（溜儿）；这边刺、那边刺、哪边刺；半拉（半个）。

（3）疑问代词：啥（什么）、干啥、咋的（怎么）、哪嘎达。

（三）动词

整、嘞嘞（说话）、嘚啵嘚（絮叨）、捅娄子、藏猫儿、搁（音高）、抬、嘎子儿、包圆儿/包了儿、咋呼、扎古。

（四）形容词

砢碜、埋汰、故动、勒的、邋遢、喇忽、麻利、磨叽、消停、格涩、带材、嘚瑟、忽悠。

（五）数词

（1）基数词：俩、仨。

（2）序数词：打头、老头（第一），最末、老么（老嘎达）、末/后允儿。

（3）概数词：来个、上下、星崩个儿、一丁点儿、不丁点儿、囫囵个儿。

（六）副词

（1）时间副词：才刚、多暂、一会子。

（2）样态副词（丰富）：嘎巴楞登脆、老么咔哧眼、尥蹶子逃。

（3）程度副词：诚、忒、老鼻子。

（4）否定副词：甭、别、不（句末）。

（5）其他副词：大约莫、统共、顶们儿（总是）。

（七）介词

（1）表方位：来（在）、打（从）、给（搁）。

（2）表比较：匹、跟……较/较量。

（八）连词

跟。

（九）语气词

合音词较多。如：嗲、嗫、咭、嗛、嘞。

（十）小结

东北官话因自然环境的影响，形成了说话干脆、节奏明快、语音和谐、古朴简约、诙谐幽默、形象逼真、通俗易懂、富于表现力的特点，历史上一直作为鲜活的语言，给养着民族共同语，在今天依然是一枝方言奇葩。特别是随着东北二人转曲艺、赵本山小品等通俗文化形式走向大江南北，有些方言词走进《现代汉语词典》（第六版）（第七版），走向海外，成为强势方言。

四、特殊词缀例释

东北官话在长期的发展演变过程中，超越了上古汉语孤立语的特点，发生了阿尔泰化，即黏着、附加的构词方式渐趋类化，成为较普遍的形式，现简要描写如下。

（一）前缀型

（1）单音前缀：精，精细；稀，稀软；溜，溜干净；齁，齁咸；焦，焦嫩；黢，黢黑；胡，胡诌；瞎，瞎掰。

（2）多音前缀：滴溜圆、嘎巴脆、嘎嘎新、稀巴烂、稀了（里）糊涂、稀了（里）马虎、急了拐弯、急了骨碌、离了（瞪）歪斜、叽角旮旯、提了秃噜、滴了啷当、滴了嘟噜、滴了搭拉、叽里咕噜、稀里哗啦、霹雳啪啦、噼了（里）啪啦、噼里扑登、黑灯瞎火。

（二）中缀型

1. 单音中缀

（1）～得～：干得乎、胖得乎、臭得哄、牛得哄、酸得溜、细得溜、光得溜、乐得呵。

（2）～巴～：笨嘴巴舌、猴头巴脑、虚头巴脑、贼头巴脑、稀巴烂。

（3）～拉～：笨手拉脚、尖声拉气、淡清拉水、那拉溜儿、那拉块儿、趿拉板。

（4）～么～：悄么声。

（5）～不～：冷不丁、闷不哧、稀不愣、光不溜、美不滋儿。

（6）～古/个～：猛古丁、齐个刷。

2. 复音中缀

～了巴/拉巴～：砢了巴碜、硌楞巴碜、埋了巴汰、埋汰巴瞎、憋了巴屈、鼓了巴虬、糊了巴涂、弯了巴曲。

3. 复音中后缀

（1）～了咣叽：肉了咣叽、水了咣叽、亮了咣叽。

（2）～巴浪/巴啦/巴溜叽：嘴巴浪叽、酸巴啦/溜叽。

（3）～嘎达：这嘎达、那嘎达、哪嘎达、老嘎达、宝贝嘎达、笤（帚）嘎达。

（三）后缀型

1. 二字格

可形成 AABB 式、ABAB 式、A 里 AB 式的变式。

（1)～巴：磕巴、眨巴、捋巴。

（2)～咕：捅咕、叨咕、嘀咕。

（3）～叽：哝叽、咯叽。

（4）～登/腾：闹登、折腾、倒登、翻腾。

（5）～挺：烦挺、闷挺、乏挺、热挺。

2. 三字格

在二字格的基础上，形成ABB形式，如：磕巴巴、捅咕咕、哝叽叽、贱呲呲、贼溜溜、傻乎乎、黑黢黢、闹哄哄等。

3. 四字格

有ABxy、Axyz等形式，可形成中补式合成词。

（1）～～巴叽/巴碜/巴汰/巴瞎/巴屈/巴虬：精泞巴叽、砢了巴碜、硌楞巴碜、埋了巴汰、埋汰巴瞎、憋了巴屈、鼓了巴虬。

（2）～了咣叽/了巴叽：肉了咣叽、水了咣叽、亮了咣叽、傻了巴叽、水了巴叽。

（3）～～呼哧/咔哧/呼鲜：蔫了呼哧、闷了呼哧、老么咔哧、脓了呼鲜。

（4）～～浪叽：嘴巴浪叽、酸巴啦/溜叽。

（四）小结

以上我们从词缀构词法的角度，分析了东北官话这些特殊的方言特征词。这些词缀大多没有实在意义，有些用字不固定，如了/里，只是表音[*/*]，起到凑足音节的作用，但却具有了描写、形象、色彩意义的语用表达功能。这应该是东北地区汉语与北方阿尔泰民族语言长期接触形成汉儿言语的结果。也可以说是阿尔泰语言元音和谐、语法形式（如[-gu，-ci]等）与东北地区汉语混合影响的表象与投影。

五、结语

综上，本节从东北官话方言中的古语词、殊语词、特殊词缀等三个方面，勾勒了东北方言特征词的大致状况，我们认为这些都可以构成东北官话方言的一级、二级方言特征词：古语词可证明东北官话并非晚成；特殊词缀反映了东北官话经历了汉儿言语的阶段性发展的特征，其残留活跃在东北官话方言中沿用至今；殊语词是典型代表东北地域文化的词汇。正是这些方言特征词，连同东北官话语音、语法、语用的特点，构成了今天独具魅力的鲜活清爽的东北风，使得东北官话方言研究成为一块亟须开垦的沃土，其成果对于官话方言史乃至汉语史的研究都具有不可替代的重要作用。

参考文献

贡贵训 . 从方言判定古代小说地域特征的原则 [J]. 小说评论，2010（S1）：132-134.
侯海霞 . 辽宁方言词缀研究 [D]. 辽宁师范大学硕士论文，2011.
江蓝生 . 说“蹀躞”与“嘚瑟”[J]. 方言，2011（01）：1-8.
李如龙 . 汉语方言特征词研究 [M]. 厦门：厦门大学出版社，2002.
刘俐李，王洪钟，柏莹 . 现代汉语方言核心词 · 特征词集 [M]. 南京：凤凰出版社，2007.
杨春宇 . 辽宁方言语音研究 [J]. 辽宁师范大学学报（社会科学版），2010（05）：93-99.

第十六节　东北方言万能动词“整”和“造”①

一、概述

东北方言，因其内涵丰富，为我们昭示了广阔的研究前景。东北方言研究方兴未艾，语法研究概莫能外。关于东北方言的动词，前人亦有诸多先行研究，现对东北方言语法研究方面进行简单的综述。

关于语法方面，有侯海霞《辽宁方言词缀研究》，其所阐释的辽宁方言词缀亦可作为东北方言词缀来借鉴②；付楠楠《东北方言词语使用和语言态度的代际及地区差异研究》，从东北方言词汇、语言态度与地区差异方面进行了阐释③；满蕾《东北方言数字词研究》的重点在于对东北方言中数字词的梳理与总结④；高杨《东北方言中的满语借词》，重在介绍在地域与历史背景下，满语对于东北方言的影响⑤；潘登《东北官话体词性词语的构成特点研究》，从体词性词语入手分析东北官话⑥；王晓领《辽西方言中的程度副词研究》，重在对辽西方言程度副词的研究，其也可作为东北方言程度副词研究来借鉴⑦；刘倩《东北官话形容词生动式研究》⑧、赵丽娟《黑龙江方言附加式形容词研究》，重在对东北官话形容词进行研究⑨，这些论文，正说明这个领域研究

① 本节原文由杨春宇，佟昕发表于：大连大学学报，2013（02）：46-52. 有删改。
② 侯海霞 . 辽宁方言词缀研究 [D]. 辽宁师范大学硕士论文，2011.
③ 付楠楠 . 东北方言词语使用和语言态度的代际及地区差异研究——以吉林省松原市为例 [D]. 中央民族大学硕士论文，2010.
④ 满蕾 . 东北方言数字词研究 [D]. 广西师范学院硕士论文，2010.
⑤ 高杨 . 东北方言中的满语借词 [D]. 广西师范学院硕士论文，2010.
⑥ 潘登 . 东北官话体词性词语的构成特点研究 [D]. 黑龙江大学硕士论文，2010.
⑦ 王晓领 . 辽西方言中的程度副词研究 [D]. 吉林大学硕士论文，2009.
⑧ 刘倩 . 东北官话形容词生动式研究 [D]. 暨南大学硕士论文，2005.
⑨ 赵丽娟 . 黑龙江方言附加式形容词研究 [D]. 辽宁师范大学硕士论文，2004.

的方兴未艾。

在独具魅力的东北方言中，当然不乏具有地域文化特色的动词。“整”和“造”是两个使用频率相当高的动词，除去罗竹风《汉语大词典》[①]中收录的义项外，在东北方言中，这两个动词又有着各自意义与功能方面的方言特点。针对东北方言中的动词“整”和“造”的研究，张明辉《辽宁铁岭方言语法二题》论文提到了“整”与“造”在东北的泛义[②]；于欢《对东北方言“整”的语义、语法、语用分析》论文，从“整”的语义、语法、语用角度进行了分析[③]；关立新《说东北方言动词“造”》论文，则主要把“造”进行了词义分类，并阐释了它的语法功能[④]。我们综观前贤的研究，或都侧重于某一方面的描写，未从史的角度对东北方言中的“整”与“造”的发展作出系统分析与阐释。

本节在前贤研究的基础上，系统地梳理了东北方言“整”与“造”的义项，逐个进行分析[⑤]，并从汉语史的角度分析了两个动词在东北方言中的发展，从语法及语境语用角度尝试分析了两个动词的语法功能，对这两个东北方言中的泛义动词进行了多方面描绘与比较[⑥]，以期进一步的类型意义上的比较与研究。

二、动词“整”

（一）关于东北方言“整”的意义及用法描写

“整”在东北方言中有几种意义，我们试描写如下。

（1）整个楞儿[⑦]：全部。

①这片山～都种的果树。

②他演讲结束后，～会场都响起了热烈的掌声。

（2）整庄：整齐。

① 罗竹风．汉语大词典[Z]．上海：汉语大词典出版社，1991.

② 张明辉，王虎．辽宁铁岭方言语法二题[J]．广州广播电视大学学报，2009（04）：56-61，109-110.

③ 于欢．对东北方言“整”的语义、语法、语用分析[J]．辽宁教育行政学院学报，2011（01）：71-72.

④ 关立新．说东北方言动词“造”[J]．景德镇高专学报，2003（03）：63-64.

⑤“整”与“造”的东北方言义项，是在前人研究基础上整理所得与笔者的调查所得。

⑥ 本文除出自文献例句外，无特殊说明，其他例句为笔者的调查所得。方言调查合作人为：甲：佟晓明 辽宁抚顺人，50岁，文化程度：初中；乙：董丽丽 辽宁沈阳人，36岁，文化程度：大学本科；丙：戴春华 吉林长春人，48岁，文化程度：高中；丁：赵南昌 黑龙江哈尔滨人，52岁，文化程度：高中。在此，对方言调查合作人表示感谢。

⑦ 这个词在《简明东北方言词典》中记录为“整个浪儿”；经笔者考查，“整个浪儿”“整个楞儿”在东北方言中都存在，意义、用法无差别，是语音通转所致。笔者调查的方言合作人读为“整个楞儿”。

①屋子让你收拾得挺～的。

②理完发，人显得挺～的。

（3）正好，与散、乱相对。

①钱花得挺～，100 块钱，不多不少。

②还差 5 块钱，你帮凑个～。

（4）做、办。

①这么～是违法的。（做）

②这件事情咋～？（办）

（5）使……得到，置办、筹措（用一些方法得到一些东西，如通过拿、制作、赚取等方法得到），作及物动词，后接表数量的短语。

①太饿了，～俩馒头吃。（通过“拿”的方法得到的。）

②来客人了，去～两个菜。（通过“制作（炒菜）”的方法得到的。）

③找了份兼职，～点零花钱。（通过“赚取”的方法得到的。）

④给孩子～杯水。（通过“倒”的方法得到的。）

⑤来，～两口菜。（吃）

⑥来，小王，～一杯酒。（喝）

（6）使……变得，说出去，传扬；打击、惊吓。不及物动词，一般带表状态或结果的补语。

①这事情我一定得～出去。

②咱不想把事儿～大。

③你把电脑～坏了。（弄）

④这事太突然了，当时就给我～一愣。

⑤他的一番话，马上就给我～没电了。（不说话了，没有底气了，服输了。）

（7）捉弄、折磨、陷害，作及物动词。

①你这是往死里～他啊！

②他是新来的，不懂规矩，大家都～他。

（8）构成“～景儿”[①]、“～事儿”[②]、“～没用的”、“～用不着的”等结构。表示捏造事实、故作姿态、提出不同意见、唱反调、绕圈子、吹嘘、捣乱、挑拨等含义，常表消极义或贬义。

① 该词在《简明东北方言词典》和《东北方言词语拾零》中均未收录，意为装模作样。

② 该词在《简明东北方言词典》和《东北方言词语拾零》中均未收录，意为做作或无事生非。

①就你，能挣那么多钱，你可别～(事儿)了。(吹嘘)

②这事就怨你，给～黄的。(捣乱)

③大家都同意了，就他要～用不着的。(提出不同意见)

(二)关于“整”的意义功能的解释与分析

(1)在古代汉语中“整”的本义是整齐。

(2)近代汉语中，“整”增加了表使动的意思。东北方言文学中的许多例子是语言发展的结果。如：使……变得整齐=整理=制作好。

①～房间、～队形等。

②……一面说，一面让雨村同席坐了，另整上酒肴来，二人闲谈慢饮，叙些别后之事。——《红楼梦》第二回[①]

③……雨村先整了衣冠，带着童仆，拿着“宗侄”的名帖，至荣府门上投了。——《红楼梦》第三回[②]

(3)在现代汉语中，“整”的动词本义依然存在，当然在东北方言中也不例外。

例子如前，容略。

(4)东北方言里，“整”的特点为：

第一，宾语可以及物，可以是人，就变成去“整理”人了，也就引申出了“捉弄、折磨、陷害；打击、惊吓”的义项来了。有些“整”的用法还需要在语境中分析。“捉弄、折磨、陷害”义项中的意义程度就与语境有关。如：

①兄弟二人打闹，母亲对哥哥说：“弟弟还小，你别～他。”(捉弄)

②两人竞争一个岗位，一人不能去～另一个人。(陷害)

③面对审讯，敌人再怎么～他，他就是不屈。(折磨)

第二，“整”字的义项也与动词的主语或者宾语有关。如：

①对一起吃饭的客人说，来～一杯酒。(喝)

②他冲厨房做饭的妻子喊道：“再～一杯酒。”(倒)

第三，整=作、办，形成万能动词后，本义虚化，构成“～景儿”“～事儿”“～没用的”“～用不着的”等结构时，贬义色彩衍生。如：

①你兜里没钱，付不起，就别～了。

②这是一件造福大家的好事，你可千万别～。

---

①(清)曹雪芹.红楼梦[M].北京：人民文学出版社，2018：11.

②(清)曹雪芹.红楼梦[M].北京：人民文学出版社，2018：15.

三、动词“造”

（一）关于东北方言“造”的意义与用法描写

“造”在东北方言中有几种意义，我们试揭示如下。

（1）打击、惊吓。

①这事太突然了，当时就给我～一愣。

②他的一番话，马上就给我～没电了。（不说话了，没有底气了，服输了。）

（2）吃、喝。

①炖了一锅菜，大伙使劲～！

②没吃饭，喝了一壶水，～了个水饱。

（3）贬义动词：消费、糟蹋、被……（实际上遭=造，是语音上的内部曲折形成的），或与“给”连用，构成“给～”句式，表遭受义。

①一个月工资让他一天就给～了！

②这小伙太能～钱了。

（4）（物品）被使用，（人）被磨炼。

①这件大衣真禁～，穿了三年还没坏。

②孩子去了趟外地实习，给～完了，人瘦了好几圈。

（5）表示“消失”“跑”“到”“前往”的动作行为存现意义，同时有彻底、完全的或出乎常理、意料之外的附加义。

①这小子一转眼就～没影了。

②他一早就～城里去了。

（二）关于“造”的意义功能的阐释与分析

（1）古汉语的本义是：制造，制作。

（2）在方言中，“造”字的义项众多，除语音的内部曲折外，或还与音韵通转有关。音韵学上，造 [tsɑuʔ^{51}]=骤 [tsouʔ^{51}]=猝 [$\text{ts}^{\text{h}}\text{uʔ}^{51}$]=作 [$\text{tsouʔ}^{51}$]=[$\text{tsuoʔ}^{51}$]，而成为万能动词。如：“造”的“打击、惊吓”这个义项，源于古义的发展的含义。例如：

①造受命于君前，则书于笏。——《礼记》[①]（通“猝”，忽然、仓促）

②手中的事儿还没完，又来～活计了。（通“做”，手工做）

（3）造=遭。因语言的内部曲折而成。出现（物品）被使用，（人）被磨炼义项，

① 杨天宇．十三经译注：礼记译注 [M]. 上海：上海古籍出版社，2004：507.

有时还包含对（物品）过度使用，糟蹋、破坏（物品）的不满的感情色彩。造（巴）：有瞎弄、糟蹋作搓、使贱的意思。如：

①这房间让你～的，都住不了人了。

②有你这么～的吗？多少备用的也不够啊。

③挺好的家让你～成这样。

④新买的一件衣服几天就让你～成这样。

⑤孩子不听话，就知道～东西。

（4）关于“造”的吃、喝这个义项，包含能吃、能喝的意思，有一定的夸大程度意义，在不同的语境中能体现出一定的感情色彩。如：

①哥几个真能～，一桌子饭菜都吃了。（表惊讶，出乎意料）

②孩子～得多，身体长得壮。（表对孩子能吃的喜悦）

③这小子一天什么活儿也没干，饭到挺能～的。（表对他不干活，多吃饭的不满）

（5）造=诌：造磨，编造、撒谎。

①别听他～，他根本就不知道怎么办。

②别瞎～，说实话！

四、关于“整”与“造”的句法结构与功能分析

（一）从语法上观察动词“整”，它具有如下特征

（1）前面可以用副词来修饰，如：

①狠整。（程度很深地去做某件事）

②使劲整。（程度很深地去做某件事）

（2）可以有动词重叠式，如：

①你去把作业整整。（写作业，修改作业）

②我们把这台旧机器整整，也许还能用。（修理）

（3）可以有动词后缀“了”“着”“过”，表示动作的完成、进行、曾经发生过，如：

①他把饭整了。（做完饭了）

②他整着饭呢。（正在做饭）

③他以前整过这台机器。（修理过）

（4）作谓语时，可接表状态、表结果的补语，如：

①把土地整平了。（修整、填埋。表状态）

②喝酒把客人整趴下了。（让他喝醉了，喝倒了。表结果）

（5）除单独运用之外，还可以作为构词语素，但构词能力一般。在东北方言中，仅有“整事儿”“整景儿”“整个楞儿”几个词汇。

（二）从语法上观察动词“造”，它具有如下特征

（1）前面可以用副词来修饰，如：

①猛造。（程度很深地去做某件事，多是贬义）

②狠造。（程度很深地去做某件事，多是贬义）

（2）可以有动词后缀“了”“着”“过”，表示动作的完成、进行、曾经发生过，如：

①他把钱造了。（花光钱了）

②屋子正被他造着呢。（正占用着呢）

③这台机器这么破，一看就被他狠劲造过。（过度地使用过）

（3）作谓语时，可接表结果、表状态的补语，如：

①两碗饭就造饱了。（吃饱了。表结果）

②这缸这么小，两三桶水就造满了。（倒满了。表状态）

（4）动词“造”在东北方言中只单独运用，通常不作构词语素。

（三）及物非及物的初步探讨

东北方言的动词“整”与“造”，两者兼属不及物动词与及物动词。两个动词带直接宾语和不带直接宾语的时候意义上会有区别，如：

①他整了——他整你。

②他造了一阵——他爱造钱。

两者做及物动词的时候，有时候可以省略宾语。如：

①你整不整饭？——整。

②你还这么造钱不？——不造了。

两者都有贬义动词的含义，不过用法不同。“整”的宾语倾向于人，“造”的宾语倾向于物。

①他就爱整新来的，单位人都不喜欢他。

②你们不能这么造机器，至少得让它休息两个小时。

“整”字源于“使……变得”的用法，可表使动；“造”字则源于“给+遭”句式，具有表被动的功能。

（四）关于“整”与“造”的泛义

在东北方言中，“整”和“造”都可提炼出相当于汉语“作”“办”“干”的意思，

确实算作名副其实的“万能动词”。除去之前罗列的各义项之外，“整”和“造”还可以根据语境不同代替众多实意动词在句子中表达出相应的含义，进而彰显了各自的“万能性”，并且在大多数语境中，两个词可以互换。如：

①他唱歌好听，让他整两句。（整：唱）

②他太困了，一回来就整/造了一觉。（整/造：睡）

③骑车不小心，差点整/造沟里去。（整/造：掉）

④他不会跳舞，就跟着瞎整/造。（整/造：跳）

⑤夏天太热了，整/造得我满身都是痱子。（整/造：热）

⑥他下象棋是高手，谁也整/造不过他。（整/造：下）

从上面这些例句可以看出，动词“整”与“造”在东北方言中构成的词汇意义复杂而丰富，并且带有地方性的口语色彩，有时也能体现出说话人的夸张意味与感情色彩。一般动词的词义具有精确性，词义单一。而东北方言的万能动词“整”与“造”则体现出了词义的概括性与丰富性，在用法上也显得灵活而随意。

（五）“整”与“造”的义项对比

表 4-133 “整”与“造”的义项对比表

	“整”的义项	“造”的义项
同	做、置办	做、置办
	吃、喝	吃、喝
	说出去、传扬	跑、到、前往
	泛义动词：睡、跳、掉等	泛义动词：睡、跳、掉等
	可用于“把”字句 打击、惊吓	可用于“把”字句 打击、惊吓
	既作及物动词，又作非及物动词	既作及物动词，又作非及物动词
异	使……变得	给+遭
	使……得到 （用一些方法得到一些东西，如通过拿、制作、赚取等方法得到）	被…… （物品）被使用，（人）被磨炼
	贬义动词：捉弄、折磨、陷害、吹嘘、捣乱、挑拨等含义	贬义动词：消费、糟蹋
	做及物动词，宾语倾向于人	做及物动词，宾语倾向于物

五、结语

综上，我们较为系统地梳理了东北方言“整”与“造”的义项，并尝试从汉语史的角度对两个动词在东北方言中的发展进行了分析，从语法及语境角度阐释了两个动词的语用功能，并把这两个东北方言中的泛义动词进行了多方面描绘与比较。

在东北方言中，东北人的性格也表现在其方言词汇之中，“整”与“造”在现实运用中，让人能感受到说话者的直爽与干脆，在含有贬义的语境中，又能透露出一些戏谑与幽默。以此可见，方言与地域文化间的相互影响是密不可分的。

我们注意到，在中国的各地方言中，都存在着类似的“万能动词”，如“弄”“要”等，这些词在各自的方言体系中，都扮演着类似于东北方言中“整”和“造”的角色，那么它们是如何在各自方言的发展变化中获得“万能动词”的地位的？如果把各地的“万能动词”加以横向对比，是否能在意义、用法及句法结构功能方面，得出它们共同的特点呢？

更进一步说，我们认为“整”与“造”与英语中的do，日语中的する、やる等，以及与北方一些阿尔泰语言中的万能动词有一定的对应关系，或可进行类型学意义上的比较研究，它们是否正因为既可作及物动词又可作非及物动词，泛化后才获得了“万能动词”的意义与功能，我们将进一步深入关注与探讨。

参考文献

董绍克．汉语方言词汇差异比较研究 [M]. 北京：民族出版社，2002.

关立新．说东北方言动词“造”[J]. 景德镇高专学报，2003（03）：63-64.

刘倩．东北官话形容词生动式研究 [D]. 暨南大学硕士论文，2005.

罗竹风．汉语大词典 [Z]. 上海：汉语大词典出版社，1991.

吕叔湘．现代汉语八百词 [M]. 北京：商务印书馆，1996.

聂志平．东北方言词语拾零（之一）[J]. 大庆高等专科学校学报，1999（03）：105-112.

许皓光，张大鸣．简明东北方言词典 [Z]. 沈阳：辽宁人民出版社，1988.

于欢．对东北方言“整”的语义、语法、语用分析 [J]. 辽宁教育行政学院学报，2011（01）：71-72.

张明辉，王虎．辽宁铁岭方言语法二题 [J]. 广州广播电视大学学报，2009（04）：56-61，109-110.

赵元任，吕叔湘译．汉语口语语法 [M]. 北京：商务印书馆，1979.

周振鹤，游汝杰．方言与中国文化 [M]. 上海：上海人民出版社，1986.

结语：东北亚的语言生态、语言资源保护与语言和谐

第一节　丹东方言词汇语言生态专题研究[①]

一、丹东方言“过渡区域”方言词汇系统研究

在丹东方言生态系统历时发展过程中，受地区自然及人文因素的影响，东北官话及胶辽官话均未在整个丹东地区占据绝对主导地位，而是在一定的地域内发挥重要影响。但在北部凤城地区与南部市区及东港宽甸满族自治县的交界区域，出现了兼有两种方言系统特征词汇的“过渡地带”。从方言分区来看，它们一般划归到毗邻的方言系统当中，如凤城方言的Ⅰ、Ⅱ两区，但与具备典型特征的方言点相比，它们具有自身独有的特征。本节我们以凤城市东汤镇调查点为例，对丹东方言“过渡地带”词汇系统进行分析研究。

1. 基本特征

东汤镇位于凤城市东部，东部与宽甸满族自治县毗邻，南部与丹东市区接壤。从方言分区来看属东北官话片区（凤城地区方言Ⅰ区），当地方言词汇系统中多数为东北官话特征词。但从丹东方言生态系统的历时发展过程来看，东汤方言所在的中部缓冲地带又深受南部胶辽官话的影响，具有自身独有的基本特征。

通过实地调查我们发现，东汤方言与丹东东北官话片区其他分布区域相比，在语音、词汇等方面更多具有从东北官话向胶辽官话过渡的趋向特征。

1）语音方面的过渡性特点

从实地方言调查分析的语音特点来看，东汤方言在发音特点上除具有东北官话的一般特征外，个别词语的发音具有胶辽官话盖桓片特征，胶辽官话最典型的语音特征之一就是倾向于将古清声母入声字读作上声，这点在东汤方言中也有所体现，如山摄开口四等帮母字“憋”读作 [piɛ^{213}]、咸摄开口三等精母字“接”读作 [tɕiɛ^{213}] 等。值得一提的是，在实际调查中我们发现，这些古清声母入声字的词语在当地方

① 本节原文为杨春宇指导硕士研究生葛煜宇所撰写的硕士论文的部分成果，有删改。

言中存有两读：青年人发音更趋近于东北官话区发音，而老年人发音更倾向于临近的丹东市区和宽甸满族自治县的发音。这也体现了本地区方言流徙接触的大致脉络，有助于进行更深层次的方言地域研究。

另外，东汤方言词汇在语音方面还有一些不同于临近的东北官话片区方言的特征。其一，东汤方言多数情况下将古知庄章三组字合一读成 [ts、ts^h、s]，例如争=增=蒸读作 [$tsŋ^{52}$]，站=战=蘸读作 [$tsan^{54}$] 等，这恰好也是胶辽官话盖桓片最典型的语音特征；其二在声调处理上也倾向于将普通话中阴平调字作降调处理[①]，其调值相比于临近的丹东东北官话区和丹东市区方言，明显具有过渡性特征，如表 5-1 所示。

表 5-1　东汤方言与周边方言的声调比较

调类	调值			
	普通话	丹东东北官话区方言	东汤方言	丹东市区及宽甸满族自治县方言
阴平	55	33/44	52	52/53
阳平	35	34	35	34
上声	214	213	213	213
去声	51	53	54	53/54

这些特征与东汤镇所处的方言过渡区的位置是分不开的，且越接近胶辽官话区就越明显，迥然于临近的东北官话区。

2）词汇系统的过渡性特征

除了语音特点，东汤方言系统“过渡性”特征更多地体现在其词汇系统当中。由于东汤当地方言生态深受丹东南北两大官话生态系统的复合叠加影响，词汇系统既能体现东北官话和胶辽官话之间相互区别的一面，也有二者兼收并蓄的一面。具体说来主要具有以下几个特点，我们一一罗列分析，并使用实地调查材料加以佐证。

（1）词汇系统的“兼收并蓄”。

从整体来看，东汤方言词汇系统“过渡性”特征首先体现为它对东北官话与胶辽官话特征词采取了兼收并蓄的态度。对于某些事物或概念，东汤方言词汇系统一般都兼容吸收分别来自东北官话区和胶辽官话区的说法。如表 5-2 所示。

① 张树铮. 胶辽官话的分区（稿）[J]. 方言，2007（04）: 363-371.

表 5-2　东汤方言词与东北官话区及胶辽官话区方言词举隅比较

表达事物或概念	丹东东北官话区方言词	丹东胶辽官话区方言词	东汤方言词
第二人称代词	你/你们	喃/喃们	你们/喃们
酱油	酱油/酱汁	清酱	鲜酱油/清酱额
醋	白醋/酸醋	忌会	忌会子/老醋
垃圾	圪囊/废土/卡勒	渣土/脏土	脏土/圪勒
太阳	日头/日头阳	热 [iɛ52] 头	日头/热 [iɛ52] 头
傻	彪，彪扯的	潮乎，潮白白的	彪扯扯/潮白白
乳房	奶儿/咂儿	妈妈儿/奶子	奶咂儿/妈呢额
最小的孩子	老幺儿/老爱	老小儿、老闺宁	老幺/老小

从上面的这些例证我们看到，东汤方言词汇系统能够对源于不同方言片区的方言词充分加以运用，兼收的方言词所涵盖的内容极为广泛，涉及生活中各种常见的概念和事物，这与东汤所处的地理位置是紧密相关的。

与此同时，东汤方言词汇系统中也有许多概念事物使用单一方言词予以表达，如在东汤方言中表示“卷心菜”这一概念使用“大头菜”或“圆白菜”（东北官话特征词）而不是“嘎达白”（胶辽官话特征词），这与其划归东北方言片区有关。而兼有两种来自不同片区说法的方言词语在使用中会倾向于常用其中一种，一般取决于方言语用者所毗邻的方言片区。

除此之外，东汤方言词汇系统的“兼收”还包括对书面语与口语、方言词与普通话的吸纳，但并不具有地域特征性，这里我们不作深入探讨。

（2）对方言特征词的“地区改造”。

与同属一个方言片区的其他地域方言相比，东汤方言词汇系统对于系统内部的方言特征词还进行一定程度的改造，这是本地区“过渡性”方言词汇系统又一个重要特点。

“地区改造”重点体现在对用字生僻或有音无字的方言词的处理。譬如胶辽官话词汇系统中的一个特征词“□冻”[uŋ41tuŋ]，用来形容因为油类掺入水而发生酸败或者含有油脂的食物变质的一种状态。东汤方言系统中也有这个词，但是多数将其改写为“涌冻”，因为油类酸败到一定程度会产生类似于“皮冻”一样的物质，因而这一改造显得更加生动形象，更符合特征词所要描绘的状态。类似的“地区改造”如表 5-3 所示。

表 5-3　东汤方言特征词的地区改造举隅

方言特征词	东汤方言“改造”特征词	具体含义
咳 [$k^hɐr^{44}$] 儿咔	咳儿咔	用模拟咳嗽的声音表示咳嗽
耍□塞 [$lai^{213}sai$]	耍赖色 [$lai^{52}sai^{213}$]	撒娇
怼 [tui^{213}]	怼 [tei^{213}]	用拳头推他人的身体
□ [xu^{312}]	乎/糊	手对脸迎面拍过来的动作

由此我们不难发现，这种对于“方言特征词”的“地区改造”的实质就是通过语音的调整和同音字替代的手段来促进方言系统的规范化，为方言与普通话的接触交流提供更为便利的条件。

在对方言特征词冷僻字和有音无字的处理之外，这种“地区改造”还体现在方言词汇系统向普通话词汇系统的趋近。李如龙认为，“过渡方言”有助于普通话系统的扩展，东汤方言词汇系统由于受到不同方言片区的复合影响，因而更容易向普通话系统趋近，促进语言的规范化，如将表示“鸡蛋壳”的“鸡壳/卵壳”规范为“蛋壳”。类似的还有“卵黄→蛋黄”“鸡白→蛋白”等①。

除了以上的特点，东汤调查点及其所在的丹东官话片区过渡地带的方言系统都更容易接受普通话新语词。由于普通话具有通用性，表现力强，现代社会生活中出现的新事物、新概念大多由普通话创制新词语来表达。以东汤为代表的“方言过渡区”词汇系统对其无条件随时吸收，并时刻影响毗邻的方言片区。这方面的例子不胜枚举，毋需罗列。

2. 形成分析

各个方言区间都有自己的“过渡地带”，其表现形态、构成方式都各不相同，取决于方言间差异的大小。二者差异越大，“过渡地带”方言成分的内部分歧就越明显，存在的时间也越长。同时“过渡地带”的存现与方言地区经济文化的发展程度、方言通行地域的大小、代表点方言影响的大小有关。从生态语言学角度分析，东汤“方言过渡区”的形成与其毗邻的东北官话与胶辽官话两大方言生态系统的形成历程及在接触交流中形成的“方言兼用”密切相关。

1）丹东两大方言生态系统形成历程的影响

丹东方言生态系统历时发展进程不仅是语言本体发生作用的过程，也是其所依托的方言生态环境产生影响的过程。在少数民族语言系统及外来移民强势方言的接

① 李如龙．论方言和普通话之间的过渡语 [J]. 福建师范大学学报（哲学社会科学版），1988（02）: 64.

触影响作用下，丹东方言生态系统形成了内部两大方言分区。东汤所在的丹东中南部地区处于山地和平原之间的缓坡丘陵地带，从方言地理学角度分析更容易受到毗邻的多种方言的复合影响。

尽管受到自然及人文因素的影响，丹东地区的东北官话或胶辽官话无法跨越山地天然屏障对其影响区域以外地带发挥强势作用，语言生态系统历时发展过程中人口的分布不均同时也使得胶辽官话在占据南部地区之后无法继续在北部地区发挥同样作用。但却使得以东汤地区为代表的两大方言生态系统的交界地带伴随其发展定型的过程而受到来自多方的复合影响，形成上文我们重点分析的基本特征。

东汤方言词汇系统的基本特征在于“过渡性”，同时还具备“模糊”和“系统”这种相互依存的关系。东北官话与胶辽官话生态系统成分在其中发挥作用，而它们构成的重点在东汤内部又因地或因人而异并处在动态变化之中，体现的就是东汤方言生态“模糊”特点。但与此同时多数东汤的语用者运用的“过渡方言”又具有大体一致的“系统”特点。另外，东汤的“方言过渡”地带接受普通话的能力要强于单一方言生态系统。从历时角度分析，随着方言逐渐向普通话集中，过渡地带也需要不断地扩大普通话成分，保证在一定的历时阶段中都可以截取出一个相对稳定的共时系统来。

2）“方言兼用”与方言过渡地带的相关性

丹东方言生态系统的两大片区具有模糊的分界，这种“模糊”是“过渡地带”产生的前提，为处于这一地带的方言词汇生态系统施加复合多元的影响，形成一种“方言兼用”现象。

“方言兼用”是生态语言学视角下“语言兼用”的一种特殊表现形式，从语言制度来讲是与地域方言多样性联系在一起的。与“语言兼用”伴随着激烈语言竞争及语言影响力此消彼长的特征相比，“方言兼用”要相对柔和许多，以东汤方言词汇系统语用为例，前文已经强调，东汤方言词汇系统中兼收了来自毗邻两大方言片区的大量方言特征词，体现的是东北官话与胶辽官话两种方言系统在此区域内相互竞争的过程，由于二者在丹东地区均具有一定的地域影响力，因而具有长期共存的可能。

在我们的实地调查过程中，本地区居民能够根据自我意愿灵活使用属于某一方言片区的特征词完成日常交流，两种官话方言的使用频率大致持平，体现的是两种方言的互补和谐的关系，这种关系的养成也是语言生态系统发展的理想状态和时代主流。可以说，以东汤为代表的丹东方言“过渡地带”生态系统的语用实际中充分体现了“方言兼用”的事实。语用者根据实际情况的不同灵活运用不同方言特征词，充分发挥了他们的方言特长，不仅有利于地域方言发挥基本作用，长远来看有利于语言多样化的实现。

二、宽甸满族自治县“朝汉混用语”研究[①]

一个地区的不同民族之间的接触必然带来社会文化诸方面的交流，这种接触既是文化上的接触也是语言上的接触。生态语言学视角下的语言接触是双向的，两种语言生态系统的语言成分会在彼此系统中产生程度不同的影响。宽甸满族自治县作为丹东地区除凤城市之外最重要的满族聚居地之一，同时也是重要的朝鲜族聚居地，除满语外，作为专题研究，我们将重点放在讨论朝汉语混用现象上。

丹东地区的汉朝民族交流史源远流长，丹东地区毗邻“汉四郡”所在朝鲜半岛地区，同时在高句丽时期就与邻近的桓仁五女山高句丽王城建立了紧密联系，古老的“高句丽朝贡道”将丹东作为重要的中转站，这无疑促进了从属东亚地区“夫余语系”的高句丽语（以后逐渐转变为朝鲜语）与汉语的“语言生态接触”，以及其对当时的汉语词汇系统底层的填充，这种填充相信至今仍有孑遗。

明末清初，大量朝鲜难民从朝鲜半岛进入丹东地区，充实了丹东地区的朝鲜族人口，也使得朝鲜族与汉族的混居杂处更为深入彻底。使得本地朝鲜族族群语言生态具有“双重文化生态”的典型特征，进而带来朝鲜语与汉语的直接自然的“语言生态接触”，当两种语言系统的成分进入对方系统时，产生了一种特殊的言语形式——“朝汉混用语”。

1. 基本特征

在宽甸满族自治县，“朝汉混用语”是指汉族及朝鲜族语用者在语言接触的前提下进行族间交际过程中，使用的混有对方语言特征的特殊言语形式。这种“混用语”的实际呈现较为灵便，由于长期的混居和接触，本地不同民族的居民对于另一种民族语言都有一定的掌握，因而在实际语用过程中，不同的语用者会根据自己的言语特长，使得这种“朝汉混用语”根据不同需要呈现不同的语码形式。下面我们从词汇和语法两个方面进行具体分析。

1）词汇方面

在某一地区的语言生态系统中，语言之间的接触影响主要体现在词汇系统层面。

---

① 本节在语言材料的整理分析方面得到了凤城市朝鲜族中学徐京花老师（宽甸满族自治县人）的热心帮助，在此深表谢意。

宽甸满族自治县的“朝汉混用语”的形成过程，伴随着的是朝鲜族与汉族语用者政治、经济、文化等诸多领域词汇的渗入和使用。无论是汉语还是朝鲜语，都大量吸收了另一语言的成分和特征。

从汉语的角度来看，由于汉语与朝鲜语的接触交流的频繁和交际的需要，当地的汉语系统引入了大量的朝鲜语词汇，使用形式不仅包括音读如“金达莱”（“진달래”，杜鹃花）、“道拉基”（“도라지”，桔梗）、“阿妈妮”（“어머니”，妈妈）、“克力”（“그릇”，碗）、“安赞啦”（“앉으십시오”，请坐）、“酱木利”（“된장찌개”，大酱汤）等，还包括意译词如“米肠”（순대）、“打糕”（떡）、“泡菜”（김치）等。这些丰富的朝鲜语词作为“朝汉混用语”的有机组成部分很好地发挥了民族之间的交际作用。

“朝汉混用语”不仅在汉语形式中特点鲜明，同时也充分体现了汉语在朝鲜语当中的影响。朝鲜语与汉语在历史上关系十分密切，在朝鲜语历时发展的过程中也存在着大量与汉语词汇特征相似的“汉字词”，而今在汉语的影响下，朝鲜族语用者在进行族间交际时，开始频繁运用汉语词汇，并将它们的发音运用到本民族语言当中，用以填补本民族词汇系统缺乏的概念，如表 5-4 所示。

表 5-4　朝汉混用语举隅

借用汉语发音的朝鲜语新词	汉语释义
개혁개방	改革开放
인민대회당	人民大会堂
인민폐	人民币
자치주	自治州
기공	开工/技工/气孔/气功/记功
정신문명	精神文明
실사구시	实事求是

这些朝鲜语词汇系统中的新词基本上都是从“朝汉混用语”的族间交际的过程中逐步过渡到朝鲜语语言系统中来的，由此可见，“混用语”不仅满足了交际需要，还对语言生态系统的面貌进行了改造。

为了追求族间交际时达意的简便，“朝汉混用语”的朝鲜语形式开始大量出现借用汉语词汇音读的形式，如表达“事态严重”，不使用“사태가 심각하다”的朝鲜语传统表达，而是使用“사태가하다”的“混用形式”，而其中的“엄중”便是“严重”的借读。除此之外，“混用语”的频繁使用还催发出一种词汇运用的特殊形式——直接夹用“汉语词”。

从语法角度来看，这些直接被夹用的“汉语词”属于谓语，因而实际运用时都附有朝鲜语的谓词固定后缀“- 하다”，如：

①오늘 몇시에 下班하니？（今天几点下班？）

②래일 주말인데 购物하러 가자！（周末过生日，一起去购物吧！）

③일기예보에 의하면 내일 降温한단다．（天气预报说明天降温。）

从短期来看，“朝汉混用语”在口语交际中对于汉语形式的直接采用确实有利于族间交际的顺畅，但却使得朝鲜语整体词汇体系产生了混乱，从生态语言学角度来看，是一种人为的语言同化，长此以往将严重干扰朝鲜语生态系统的健康发展。因而无论是汉语借用朝鲜语，还是朝鲜语混用汉语，我们都应该本着健康、和谐、规范的原则进行。

2）语法方面

语法相对于词汇来说变化更为隐秘缓慢。作为语言生态结构的底层基础，语法规则一旦形成和稳定，就不容易受到其他语言的干扰而轻易发生改变。但在宽甸满族自治县汉语与朝鲜语长期接触混同的过程中，语言间的语法特征也在发生潜在的变化。在进行宽甸满族自治县“朝汉混用语”的研究过程中，我们发现当地汉语系统与朝鲜语系统的语法结构在对方语言中也具有一定影响。在“朝汉混用语”的不同民族语言形式中，我们能够找到大量例证。

（1）句法结构的变化。

我们知道，汉语具有“S+V+O”的语法结构，即“主 + 动 + 宾”；而朝鲜语的基本句法结构是“S+O+V”，即“主 + 宾 + 动”。经历了长期的接触杂处，朝鲜语的这种句法结构对于宽甸满族自治县当地的汉语口语表达产生了一定影响，宽甸满族自治县当地的一些汉族居民会有这样的表达方式：

①妈妈一碗酱汤送到我家了。（니 엄마가 된장찌개 한 그릇 배달해 우리 갔다．）

②医院哪里有啊？（병원 어디 있어．）

③这个道拉基的买吧。（이 도라지를 사십시오．）

从这些例子中可以明显看出，这种 SOV 的表达方式明显是受到了朝鲜语相应的句法结构的影响，发生了混用现象。

除了朝鲜语的固定句法结构对汉语产生影响，相应的汉语的句法结构也通过“混用语”的形式对朝鲜语发挥作用。在实际调查中，朝鲜族语用者在进行一些“动宾短语”的表述时更倾向于使用汉语型混用特征的表达，如表 5-5 所示。

表 5-5 “动宾式”构词汉朝语比较举隅

汉语释义	汉语型“动宾式”	朝鲜语固有“宾动式”
加以改革	개혁하다	개혁을 진행하다
予以强化	강화되다	가강을 가져오다
进行讨论	토론하다	토론을 진행하다
表示祝贺	축하합니다	축하를 표시합니다
表达感谢	감사합니다	감사를 표시합니다

在这些汉语型的表达中，相应地也大量运用了汉语词汇的读音。

（2）句子成分与词语搭配的变化。

作为宽甸满族自治县语言生态大系统下的强势语言，汉语对相对弱势的朝鲜语施加了深刻而持久的影响，这种因语言接触而产生的影响使得在“朝汉混用语”中的朝鲜语表达在句子成分所处位置及词语搭配上也呈现出了“汉语式”的特点。

汉语与朝鲜语的语法特点具有很多差异，而在“朝汉混用语”当中，朝鲜族语用者不仅将汉语词大量夹杂于日常的口语表达中，同时在对句子成分的位置分配上更倾向于汉语形式，如下面几个句子：

①그 옷은 동생에게 주려고 东西하다 지신이 입으려고 산것이 아니다.（他弟弟笑他买的东西不是他自己想买的。）

②이 한컬래 鞋子 언니가 외국에서 带来的것이다.（这一双鞋是姐姐从国外带来的。）

句子①中加粗的部分是表示否定意义的词句。根据朝鲜语的表达习惯，否定部分相对在前而肯定部分相对在后，这与朝鲜语中谓语在句子后方的语法结构有关，也使得朝鲜语句子的语义中心相对在后[①]。而在“混用语”中，朝鲜族语用者不仅将汉语词混用于朝鲜语句子中，还效仿汉语谓语位于句中的句式特征将作为语义重心的肯定部分置于句中，否定部分置于句后。因而如果按照朝鲜语标准写法，上面的句子应该写作：그 옷은 지신이 입으려고 산것이 아니라 동생에게 주려고 산것이다. 句子②当中的“한컬래”明显是汉语的数量词用法，因为朝鲜语的量词很少，一般很少有上述句子中的用法，这种多余的用法也体现了汉语与朝鲜语在接触交流过程中的混用现象，应该把它删除。

除了对于句子成分的排列位置产生作用，在“混用语”中也出现了一些不同于

① 文钟哲．朝鲜语汉字词与汉语词汇的比较 [J]. 辽东学院学报（社会科学版），2008（03）：115-120.

朝鲜语固定用法的词语搭配，如表 5-6 所示。

表 5-6 混用语与朝鲜语构词结构举隅比较

汉语释义	"混用语"搭配方式	朝鲜语固定用法
成绩突出	성적이 突出하다	성적이 뛰어나다
事态严重	사태가하다	사태가 심각하다
严肃处理	严肃地 처리하다	엄격히 처리하다

表 5-6 所列举的三个词语代表着朝鲜族语用者在运用"混用语"时几种常见的固定搭配类型："汉语词 + 词缀"（"突出하다"）、"汉语音"（"엄중"——"严重"）以及"直接运用汉语词"（"严肃地"）[①]。这种词语搭配受到语言习惯的支配，会形成固定的格式，在不同语言中这种搭配是有差异的，而朝鲜族语用者这种片面受到汉语思维的影响，按照汉语表达习惯强加组合形成"混用"是不符合语言规范的，我们应当正视这种不规范的语用对于语言生态的消极影响。

从汉语角度而言，"朝汉混用语"是进入汉语词汇系统的朝鲜语词汇尚未成为类似于"满语借词"等"底层结构"的一种特殊言语形式，具有过渡性和不稳定性；而从朝鲜语角度分析，这种基于两种语言充分接触前提下的"混用"既是朝鲜族进行族际交际的一种辅助工具，也能够体现朝鲜语在汉语的地区主导作用下所产生的变化。

2. 成因分析

丹东地区毗邻古代秽貊–高句丽民族的生活区域，文化交流传统深厚。而唐代安东都护府建立发展的百年对于这种文化交流及其所带来的语言交流是一种无形的强化和凝聚力量，加之明末清初朝鲜居民的涌入，使得"朝汉混用"更为频繁，并逐渐成熟稳定。从生态语言学角度来看，宽甸满族自治县的"朝汉混用"及少量的"满汉混用"究其本质都是汉语与少数民族语言长期处于语言接触所带来的双重甚至多重文化背景下而产生的一种"语言混合"现象。

在开放的语言生态环境中，不同民族社群之间在社会生活充分接触前提下容易产生语言接触，产生语言间的相互影响并引发两种语言系统不同程度的变化，从而影响地域语言生态的发展状态。朝鲜语相对于满语拥有更强的生命力及更为稳定坚实的影响范围，因而才保证了汉朝语用者长期共同生活前提下，宽甸满族自治县地

① 文钟哲．朝鲜语汉字词与汉语词汇的比较 [J]. 辽东学院学报（社会科学版），2008（03）: 120.

区的朝鲜语未能走向衰落，反而在与汉语的充分接触中出现了“语言混合”的状况，进而出现了所谓的“朝汉混用语”。

宽甸满族自治县当地语言生态现今特征的形成离不开多种语言间反复接触交融和持续的影响塑造。一般来说同一语系的语言间更容易在“语言接触”基础上发生语言成分的相互借用。而汉语属于孤立语，朝鲜语属于黏着语，在无亲缘关系的前提下能够在对方语言生态系统中置入大量词汇成分，并在尚未形成稳固“底层结构”之时形成特殊的“混用”，与两个民族长期混居有重要关联。因此同一地区的不同民族的语言生态系统即使不具有语言上的亲缘关系，也会由于频繁接触而相互影响，获得共同或相似的言语特征。

推动“混用”产生的另一重要因素是语用者的语言态度和民族性格。汉语在宽甸满族自治县语言生态环境中有着无可比拟的生命力和无法替代的影响力。出于地域的适应要求和对于朝鲜语天然的包容吸收的心态，促成了朝鲜语词汇生态系统利用大量组成成分充实汉语词汇生态系统情况的发生。对于朝鲜族而言，其对汉族文化的尊重认同及本民族的固有的开放心态，使得其作为语用者能够以积极的心态去主动学习和使用汉语，这种对其他语言认同接受的语言态度促进了汉语成分对朝鲜语的影响。就如同女真语一样，高句丽语中应同样存在大量的“汉语借词”，而由其发展而来的朝鲜语将这些“借词”孑遗保留下来的同时还会在与汉语的接触交流过程中进一步吸收接纳汉语对其的影响，这种通过语言间接触而产生的借用甚至混用，也能够有利于丰富本民族文化传统，进而提高民族的语言素养甚至是文化素质。

最后，宽甸满族自治县“朝汉混用语”的产生还源于汉语为朝鲜语构词所带来的便利。汉语是表意文字，每一个语素都具有表意功能，具有较强的构词能力；而朝鲜语属于表音文字，需要音节的组合才能表达完整的意义[①]。在朝鲜语与汉语长期接触，族际口语交际日渐频繁的现实状况下，相对于语言系统中的固有词而言，朝鲜语对于汉语词的使用要更多一些，以适应口语表达简练快捷的需要。在这种接触交流的过程中，“混用语”便应运而生并不断发展，成为汉族与朝鲜族都能接受的一种交际方式。

需要强调的是，宽甸满族自治县的“朝汉混用语”不同于所谓“洋泾浜”。我们分析的“洋泾浜”语言是两种语言充分混合，且混合后新“语言”的内部要素会分别以混合前的某种语言为主要组成部分，而且其混合方式拥有各自的规律。如“协

① 朴锦海.从语言接触看汉语对朝鲜语的影响[J].语文学刊（外语教育教学），2010（04）：16.

和语”的语音和词汇系统来自汉语，而语法规则完全照搬日语，是不同于接触混合前任何一方的新的“语言形式”。而宽甸满族自治县的“朝汉混用语”只是两种语言的词汇要素在对方语言系统中发生了“混用”，语言与语言之间依然存在着相对独立性。我们应当正视这样的差异。

三、生态语言学理论分析解决现实问题的价值

生态语言学作为应用语言学研究的新领域，其创造性地将语言视作如同有生命力和发展力的“有机体”，并为语言系统塑造了能够反映语言发展状态的“语言生态系统”。近半个世纪以来，生态语言学的理论随着世界语言的发展也不断地充实自我，同时也在不断增强分析解决现实问题的能力。具有巨大的发展空间。针对丹东方言词汇系统的专题研究，生态语言学理论揭示了课题的研究意义，并能从一定的理论高度分析存在的问题，并给出相应对策。

1. 揭示方言专题的研究意义

丹东方言系统的过渡地带是丹东东北官话与胶辽官话对立统一之间的中介，是二者之间相互影响的中间环节。它的模糊性与系统性特点对于我们进行方言生态系统研究颇有价值。从丹东方言生态系统的历时形成过程来看，东汤“方言过渡地带”的客观存在有利于我们深化对于丹东境内两大方言片区形成发展历程的认识，探究历时发展过程中两种官话相互影响的诸多细节。而从共时发展前景来看，丹东方言生态系统的这种过渡地带不仅有助于区域内片区分布的连续性，同时对于方言与普通话之间的关系是一种缓冲，将有助于语言规范的实行，保证方言与普通话的并行不悖。

丹东地区自古就是汉族与少数民族文化交流和语言接触的重镇。女真语、高句丽语、满语、朝鲜语等都在丹东地区的汉语方言中留下了鲜明的痕迹，成为其词汇系统构建的重要底层建筑。地区汉语方言与少数民族语言的充分交流才造就了今日丹东方言语言生态复杂多样化的特征，我们进行丹东方言词汇生态的研究，就必须正视历时层面上少数民族语言与汉语方言之间的接触交流和相互影响，我们想要合理预测丹东方言语言生态的走向并对丹东方言资源采取相关保护措施，就必须要利用生态语言学理论整合汉语与少数民族语言之间的关系。

无论是东汤镇的“过渡方言”，还是宽甸满族自治县以“朝汉混用语”为代表的“多民族混用语言”，都是丹东方言生态系统中具有典型意义的个例。对于研究丹东

方言语言生态的形成过程及预测其发展流变状况都极有价值。事实上，不仅是丹东地区，其他凡是存在多种方言分区或多种少数民族语言的地域也都广泛存在着大量过渡语或“混用形式”，我们应该把它列为生态语言学、社会语言学及语言规划学等领域的重要课题，运用先进手段将它做好，以发挥其所具有的重大理论意义和现实意义。

2. 分析语言生态问题及对策

在充分揭示“过渡方言”和“语言混用”的研究意义的同时，生态语言学也透彻地分析了某些存在于当地语言生态中的问题，并能在理论的关照下提出可行的对策。这里我们以宽甸满族自治县“多民族混用语言”中汉朝双语间的关系为例进行分析。

朝鲜语作为少数民族语言，必然受到通用汉语的影响，其影响是不可避免的，是持久的①。宽甸满族自治县境内的这种汉语与朝鲜语通过“语言混用”产生的相互影响主要体现在词汇方面，其本质是不同文化之间的直接接触。这种语言接触首先源于自古以来的延续，更离不开现代甚至未来的发展。“语言混用”这种不同语言之间因语用者长期混居而形成的接触关系可能产生的影响是多样的，与此同时它也是不稳定的，很容易在不同因素的引导下使得接触混用的语言生态系统走上不同的发展之路：一条是其发挥语言间的相互补充和协调发展作用前提下，本地区的汉语及朝鲜语走上和谐发展之路，发展空间得到最大程度的满足，语言本体功能得到充分发展；另一条是在遭受持续语言干扰的条件下，几种语言中相对弱势的一方持续受到抑制冲击，最终可能成为濒危语言甚至被同化走上消亡之路，这大大增加了朝鲜语步满语后尘的威胁性。

宽甸满族自治县的朝鲜语不断受到汉语的影响，甚至出现大量“混用语”，本民族的语言规范也随之发生异变，这种盲目跟随汉语的做法势必会影响朝鲜族语用者的思维方式，对朝鲜语的语言生态环境极为不利。在充分认清汉语与朝鲜语在宽甸满族自治县“语言混用”的可能发展方向后，我们应该积极地推动这种语言混用向两种语言协调方向发展，使得“语言混用”功能得到优化，并向语言生态可持续的方向转化。这就需要我们着眼于两种语言，以多角度综合进行分析。

一方面我们需要及时对进入对方语言的语言成分进行规范：在汉语中，我们要将进入本地区汉语方言系统中的朝鲜语词汇规范定型，使之成为类似于“满语词”的稳固的“底层结构”，更好地充实汉语词汇系统；在朝鲜语中，重点要对由汉语中

① 朴锦海. 从语言接触看汉语对朝鲜语的影响 [J]. 语文学刊（外语教育教学），2010（04）：18.

借入的词汇和相应的句法结构进行规范，使朝鲜语的语言特点得到最大程度的保留，使之朝着积极的方向可持续发展。另一方面的对策要将重点放在持续发展朝鲜语上，达到维护朝鲜语在丹东语言生态系统中应有的地位的目的。除了从语言本体入手的策略，对于朝鲜族语用者来说，壮大巩固本民族语言生态系统最重要的措施是增强民族自豪感和民族意识，我们必须引导朝鲜语语用者树立这样的概念——不仅把朝鲜语作为交际工具和赖以生存的手段，而且要将其上升到关乎整个朝鲜民族发展的高度，就必须采取相应的措施。

参考文献

爱新觉罗·瀛生．满语杂识 [M]. 北京：学苑出版社，2004.

陈令君．生态语言视阈下“吧”族外来词的模因属性分析 [J]. 河南工程学院学报（社会科学版），2011（02）：77-80.

陈章太．语言规划研究 [M]. 北京：商务印书馆，2005.

大卫·克里斯特尔文，范俊军，宫齐译．跨越鸿沟：语言濒危与公众意识 [J]. 暨南学报（哲学社会科学版），2006（01）：131-140.

戴庆厦．濒危语言研究在语言学中的地位 [J]. 长江学术，2006（01）：97-101.

戴庆厦．中国濒危语言个案研究 [M]. 北京：民族出版社，2004.

丹东市地方志办公室编．丹东市志 [M]. 沈阳：辽宁人民出版社，1996.

丁惟汾．俚语证古 [M]. 济南：齐鲁书社，1983.

董绍克，张家芝．山东方言词典 [Z]. 北京：语文出版社，1997.

范俊军，宫齐，胡鸿雁．语言活力与语言濒危民族语文 [J]. 民族语文，2006（03）：51-61.

范俊军．关于濒危语言研究的几点思考 [J]. 南京社会科学，2006（04）：140-143.

范俊军．生态语言学研究述评 [J]. 外语教学与研究，2005（02）：110-115.

范俊军．我国语言生态危机的若干问题 [J]. 兰州大学学报（哲社版），2005（06）：42-47.

冯广艺．生态文明建设与语言生态变异论 [J]. 中南民族大学学报（人文社会科学版），2009（04）：149-152.

冯广艺．生态文明建设中的语言生态问题 [J]. 贵州社会科学，2008（04）：4-8.

冯广艺．语言和谐论 [M]. 北京：人民出版社，2007.

冯广艺．语言生态学引论 [M]. 北京：人民出版社，2013.

冯念，冯广艺．网络词语的谐音及规范问题 [J]. 海南师范大学学报（社会科学版），2005（01）：138-139.

冯志伟．论语言文字的地位规划和本体规划 [J]. 中国语文，2000（04）：363-377，383.

高杨．东北方言中的满语借词 [D]. 广西师范学院硕士论文，2010.

宫雪．“协和语”研究 [D]. 东北师范大学博士论文，2014.

华学诚 . 扬雄方言校释汇证 [M]. 北京：中华书局，2006.
黄知常，舒解生 . 生态语言学：语言学研究的新视角 [J]. 南华大学学报（社会科学版），2004（02）：68-72.
姜维公 . 中国东北民族史 [M]. 长春：吉林文史出版社，2014.
克里斯特尔 . 剑桥语言百科全书 [M]. 北京：中国社会科学出版社，1995.
李国正 . 生态汉语学 [M]. 长春：吉林教育出版社，1991.
廖正刚，孟瑾 . 东北文化的肌肤——从历史及认知角度看东北方言 [J]. 东北亚论坛，2008（02）：125-129.
路遇 . 清代和民国山东移民东北史略 [M]. 上海：上海社会科学院出版社，1987.
罗姝芳 . 语言借用与中国“洋泾浜”现象 [J]. 边疆经济与文化，2001（02）：94-97.
马思周，姜光辉 . 东北方言词典 [Z]. 长春：吉林文史出版社，2005.
梅德明 . 大数据时代语言生态研究 [J]. 外语电化教学，2014（01）：3-10.
史有为 . 汉语外来词 [M]. 北京：商务印书馆，2000.
孙红艳 .“闯关东”对辽宁方言成因的影响 [D]. 西南大学硕士论文，2009.
佟冬 . 中国东北史（修订版）[M]. 长春：吉林文史出版社，2006.
王冰 . 东北方言与民族文化的多元性特色 [J]. 时代文学（下半月），2009（07）：82-83.
王颖 . 从东北方言词语看东北的多元民族文化 [J]. 社会科学战线，2004（01）：152-156.
乌日根 . 满语借用汉语的方式和方法 [J]. 满语研究，1992（01）：47-52.
吴慧 . 论生态语言学视域下的汉语新词语衍生变异 [J]. 殷都学刊，2011（04）：128-131.
吴小馨 . 生态语言学视角下的汉语外来词研究 [J]. 天津外国语学院学报，2010（04）：22-27.
徐爱华 . 1775—1850 年山东移民东北与山东社会 [D]. 东北师范大学硕士论文，2006.
杨春宇，邵大艳 . 华夷变态：东北俄式洋泾浜语的历史钩沉——东北亚语言接触与都市语言建设研究 [J]. 辽宁师范大学学报（社会科学版），2011（04）：100-104.
袁家骅 . 汉语方言概要（第二版）[M]. 北京：语文出版社，2001.
袁焱 . 语言接触与语言演变：阿昌语个案调查研究 [M]. 北京：民族出版社，2001.
詹伯慧 . 再论语言规范与语言应用 [J]. 语言教学与研究，1999（03）：34-48.
张树铮 . 胶辽官话的分区（稿）[J]. 方言，2007（04）：363-371.
中国社会科学院民族研究所编 . 国家、民族与语言——语言政策国别研究 [M]. 北京：语文出版社，2003.

第二节　国家语保工程一期东北汉语方言调查的阶段性思考[①]

一、概述

中国语言资源有声数据库建设于 2008 年率先在江苏省启动，2011 年 4 月，试点

① 本节原文在第五届语言文字应用研究中青年学者协同创新联盟学术研讨会上口头发表。

总结会在南京举行。作为试点省份之一的辽宁，辽宁库的建设于 2011 年 12 月启动，2015 年 5 月，中国语言资源保护工程（以下简称语保工程）全面铺开。作为东北方言研究的一员，笔者有幸参与组织和规划辽宁省汉语方言的调查工作，2016 年组织召开了首届东北方言学术研讨会暨语保工程中检·培训会。

在语保工程视域下，东北方言研究可谓方兴未艾，方言史、方言区划、语言接触、方言语音、词汇、语法、方言与文化等研究百花齐放，百家争鸣，研究成果层出不穷。有些问题渐浮出水面，特别是在大数据、类型学的比较视角下，持续探讨这些问题，可为东北方言史乃至汉语史研究提供鲜活的区域方言的共性与个性课题，进一步激发语保工程东北汉语方言调查语料库的再开发与再应用，切实服务东北语言文化建设，令学界充满期待。

二、语保工程东北汉语方言调查点分布与统计分析

笔者根据《中国语言资源有声数据库试点规划方案》及《中国语言资源保护工程汉语方言调查点总体规划（2015—2019 年）》，对东北地区汉语方言调查布点进行调研统计，结果如表 5-7 所示。

表 5-7　中国语言资源保护工程东北地区汉语方言调查点总体规划（2011—2019 年）

调查点	首批试点 2011—2012	第一批 2015—2016	第二批 2016—2017	第三批（自筹） 2017—2018	第四批（典藏） 2018—2019	总计
辽宁省	2	6	4	5	5+1	22+1
吉林省		4	4	6（2）		14
黑龙江省		5	7	8（3）		20
内蒙古自治区		（5）	5	5		10
总计	2	20–5	20	24	5+1	66+1

具体调查点情况为：

1）试点（2011—2012 年）

辽宁大连市区、金州区杏树屯镇。

2）第一批（2015—2016 年）

辽宁（朝阳市建平县、葫芦岛市兴城市；锦州市、沈阳市、辽阳市、丹东市区）；

吉林（长春市南关区、白城市洮南市、吉林市龙潭区、四平市梨树县）；

黑龙江（哈尔滨市道外区、尚志市、绥化市肇东市、齐齐哈尔市泰来县、牡丹江市林口县）；

内蒙古（呼和浩特市、包头市、乌兰察布市集宁区、鄂尔多斯市、巴彦淖尔市临河区，此 5 点为晋语大包片）。

3）第二批（2016—2017 年）

辽宁（大连市庄河市、营口市盖州市、阜新市、铁岭市开原市）；

吉林（松原市、辽源市、白山市临江市、通化市）；

黑龙江［牡丹江市宁安市、佳木斯市前进区、同江市、鸡西市密山市、黑河市爱辉区、黑河市嫩江县、漠河县（现漠河市）］；

内蒙古（赤峰市红山区、通辽市科尔沁区、锡林郭勒盟锡林浩特市、宝昌镇、乌海市海勃湾区）。

4）第三批（2017—2018 年）

辽宁（大连市长海县、鞍山市海城市、葫芦岛市绥中县、朝阳市凌源市、锦州市义县）；

吉林（榆树市、白城市大安市、敦化市、珲春市，白山市临江市、白山市）；

黑龙江（双鸭山市集贤县、大庆市肇州县、伊春市嘉荫县、七台河市勃利县、绥化市兰西县、牡丹江市穆棱市、牡丹江市东宁市、鸡西市）；

内蒙古（乌兰浩特市、满洲里市、呼伦贝尔市、阿拉善盟、赤峰市宁城县）。

5）第四批（2018—2019 年）

辽宁［本溪市、盘锦市、朝阳市北票市、锦州市黑山县、铁岭市昌图县、大连市（典藏）］。

6）小结

从方言布点的分布来看，语保工程东北汉语方言调查布点或存在如下问题：

（1）方言岛及少数民族自治县未能涉猎。如黑龙江虎林市、吉林伊通满族自治县、前郭尔罗斯蒙古族自治县、长白朝鲜族自治县、延边朝鲜族自治州、辽宁抚顺市、新宾满族自治县、北宁、黑龙江伊春市、内蒙古通辽市等。而在少数民族调查布点时，这些过渡地带语言接触的事实调查是否被着意强调，亟须综合对比来考察。

（2）对于部分偏远地区、东北近代工业移民城市缺乏布点或布点较少，使得考察不够全面，如齐齐哈尔市、鹤岗市、大庆市等，使得东北方言接触研究或有失参照。

（3）对于东北个别历史积淀较早城市从调查点分布上并未涉及，相对不无缺憾。如吉林集安市、扶余市、镇赉县等；说明方言调查与抽样布点选择时，或对东北地理历史综合考虑不足，选择布点的或然性、交通便利优选的潜规则性使得我们对个别点的代表性不得不存疑。

（4）东北语保工程汉语方言调查在城乡分布、东北地区汉语与少数民族语言接触过渡地带、东北较古城市选点布点方面或需进一步反思与加强论证，如有可能需增设一些点加以专题调查或补充。

三、产出成果

1. 围绕项目培训、中期检查、验收，东北方言学术研讨会召开，汇聚了一支东北汉语方言调查项目的专家队伍

东北方言调查，始终凝结着语保工程核心专家的关切与指导。张振兴、曹志耘、沈明、赵日新、张世方、王莉宁、黄晓东、刘晓海、张薇、王临惠、桑宇红、王红娟等参与过程指导培训与检查验收工作，有力地保证了项目入库质量。在这期间，也培养造就了一支区域内东北方言研究的专家队伍。如：辽宁省的迟永长、张万有、夏中华、杨春宇、原新梅、朱红、欧阳国亮、崔蒙、安拴军等；吉林省邹德文等；黑龙江省戴昭铭、刘小南、聂志平、王磊、吴媛媛等；内蒙古章也、毛润民、任彦、贾璐等。需要指出的是，围绕东北汉语方言调查与研究，分别于大连（2016 年）、牡丹江（2017 年）、长春（2018 年）、呼和浩特（2019 年）（待召开），连续四次召开东北方言学术研讨会暨语保检查验收会议，如图 5-1—图 5-4 所示。密切了中国语言资源保护研究中心核心专家、地方语委、区域内研究专家队伍的联系，吸引了研究生聚焦方言调查的论文选题、参与语保工程项目的调查工作，培养积蓄了东北方言研究的研究队伍和后备力量。

图 5-1　首届东北方言学术研讨会暨语保工程中检·培训会合影

（辽宁师范大学文学院，2016.10.15）

图 5-2　首届东北方言学术研讨会暨语保工程中检·培训会开幕式

图 5-3　第二届东北汉语方言学术研讨会暨语保工程预验收工作会合影

（牡丹江师范学院，2017.11.25）

图 5-4　第三届东北方言学术研讨会暨语保工程预验收会合影

（长春师范大学，2018.11.24）

2. 孵化了一批研究平台，获批系列研究项目，初步形成了协同创新机制，取得了阶段性可喜的科研成果

（1）在语保工程项目的孵化下，东北区域有关高校建立了一批科研平台。例如：辽宁师范大学“语言科技与东北亚语言资源研究中心”以及长春师范大学“吉林省东北方言研究基地”和通化师范学院“长白山区域方言研究中心”两个省级人文社科重点研究基地；《吉林大学社会科学学报》开辟《东北官话研究专题》栏目，《辽宁师范大学学报》开辟《语言学》栏目，呼吁吸引学界加强对东北方言的调查与研究。

（2）语保工程形成了政府主导、专家指导的运行机制，推动了高校语言工作者与地方语委的通力合作，有利于地方语言文字工作进入良性循环。在语保工作中，语言文字信息管理司田立新司长亲临辽宁进行试点动员，中国语言资源保护研究中心主任曹志耘教授及王莉宁、赵日新、张世方、黄晓东、刘晓海等教授等多次参加培训指导、检查验收工作，实现了中国语言资源保护研究中心、核心专家对地方语言文字工作的辐射带动。同时，地方语委，如大连市语委办陈德京、朝阳建平县语委办的刘亚娟、时任辽宁语委办主任宋升勇、时任吉林语委办主任潘永兴、时任黑龙江语委办主任刘涛、时任内蒙古语委办主任杨冬梅等从发动、宣传、方言调查人的遴选、后勤协调保障等方面对语保工作倾注了极大的热情，给予了鼎力支持。

（3）语保工程刺激了一批有关东北方言研究项目的出现。如国家社科基金项目：杨春宇“东北官话的历史演变研究”（2012）、邹德文“清及民国东北方言与北京官话语音关系研究”（2012）、汪银峰“域外汉籍《燕行录》所见明清语言资料的整理与研究”（2014）、高玉娟“语言接触下的辽东半岛三调方言的语音变异研究”（2019）等，使有关东北方言研究的一些问题的讨论得以提上日程并持续深入地展开。

（4）规划、拟推出系列研究成果，如《中国语言文化典藏·辽宁卷/吉林卷/黑龙江卷/内蒙古卷》等。东北方言较之以往，在语保工程视域下，其研究可谓方兴未艾，从宏观、中观到微观，方言史、方言区划、语言接触、方言语音、方言词汇、方言语法、文化研究百花齐放，成果层出不穷。据初步统计，有关东北方言研究成果逾 500 篇。如《辽宁方言语音研究》、《东北官话方言特征词例释》、《从语音看东北官话与周边冀鲁、胶辽官话之关系》、《扬雄〈方言〉所见的幽燕方言》、《关于渤海国的“汉儿言语”》、王虎和李媛媛《朝阳方言词语例释》《朝阳方言词语考释》、李薇薇《北京官话区方言特征词说略》等，特别是 2022 年 3 月“中国语言资源集”首部成果《中国语言资源集 · 辽宁》由中国社会科学出版社出版；此外，出现了一批以东北方言为研究对象的研究生论文，彰显了该研究领域的活力与可持续发展的空间。

（5）语保项目的调查与描写，填补了东北方言系统研究基础数据库建设的空白。从本质而言，语保工程东北汉语方言调查专项的推进，改变了东北方言研究长期疏于描写的事实，有力地弥补了东北方言研究调查语料的缺失，特别是在语保工程东北汉语方言调查工作中，涌现了为数不少的优秀结题成果，如：2017 年度的辽宁庄河、吉林松原宁江、黑龙江密山、内蒙古乌海海勃湾；2018 年度的辽宁长海，辽宁凌源，吉林临江，黑龙江嘉荫、集贤，内蒙古呼伦贝尔海拉尔等，后续研究成果可期。部分自筹项目的开展，如吉林省临江、白山，黑龙江省穆棱、东宁、鸡西等，有力地说明了语保工程田野调查技术已为地方语保专家团队所掌握，其应用上的自如与自觉，为后续可持续发展研究积累了宝贵经验。这些综合成果的合力作用，必将极大地促进东北方言研究的可持续与新发展。

（6）激发了民间东北方言爱好者的自觉。语保工程受众广泛，66 个方言点的方言调查合作人的遴选工作，不但极大地调动了各个方言区民众积极参与到科学保护方言的队伍中来，而且在调查过程中，民众积极配合，发掘地域方言文化，保护国家地区语言非物质文化遗产意识亦得到极大提升。更可喜的是，在语保工程的拉动下，有力地刺激了广大东北方言爱好者，促使他们亦积极推出多年从事方言研究积累的成果。如：苏怀亮《鄂尔多斯汉语方言集》（2011，2015），唐聿文《东北方言大词典》（2012），肖辉嵩《朝阳方言词典》（2013），吴歌《东北方言注疏》（2016），李玉中《东北方言词典·凌源卷》（2019）（自印本，未正式出版）等，见图 5-5。这

图 5-5　已出版（待出版）东北方言成果

些成果虽来自民间作者们长期的积累和整理，但其出版正有力地说明了方言认同在民间的亲和力及方言研究在民间的生命力，同时成果中所暴露的一些问题，亦可从另一角度证明国家开展语保工程调查研究的广泛意义，再次诠释了科学保护方言的重要性与和紧迫感。

四、存在的问题——以辽宁试点、第一批调查点为例

1. 调查团队建设方面

（1）团队成员良莠不齐。部分团队对东北方言了解甚微，或缺乏基本语感，或基础知识薄弱，部分省份的选点布点暴露了一些缺陷。

（2）调查团队的技术培训，不可能代替专业培训。部分团队对调查任务、方言基本概况、语言事实发掘钻研不够，直接影响调查质量。

（3）项目主持人与地方语委配合不力，宣传发动不广泛，方言调查人遴选环节缺乏监管机制，直接影响调查建库质量。

（4）部分调查组在与当地进行联系、招募发音人方面困难较大；调查团队内部结构缺乏归一性和规范指导，特别是普遍缺乏地方母语专家结构成员的参与，使得核心专家与地方专家的讨论无法深入推进。

（5）调查点分布设置方面，城市布点与县城、城乡合作部布点从数量与分布上是否基本遵循了方言地理学内部选点的原则，规范性、科学性是否能经受住历史的考验，值得商榷。

2. 语言事实方面

（1）音值描写不够准确、完善；连读变调规律归纳不准确或不完整；有些条目记录不准确，或不符合调查目的。

（2）调查不深入，或掩盖语言事实。一字两读或一词两说的，未说明差别，如文白、新老或词汇环境等；用字不合规范，如未用本字、用错本字、同音字未用同音符号等；语法例句或话语调查不深入，讲述不够自然和口语化。

（3）音值和用字的处理原则，省（区、市）内各点之间不一致；词汇、语法中的音变现象与音系或音系说明不一致，国际音标宽严标准不一；纸笔记录与音视频不一致。

（4）对于东北汉语方言、东北少数民族语言间的语言接触事实，调查缺失或调查不充分。

3. 形式要件方面

（1）概况填写不全或不符合规范。

（2）音视频存在杂音、回声、喷麦，音量过高或过低；音画不同步，光线不均匀；发音人位置不居中、坐姿不端正，发音人未直视镜头，话筒位置突兀而影响画面观感。

（3）部分音视频后期被人工干预和技术再处理后或有流于失真之嫌，入库质量及后续研究或受一定的影响。

4. 其他方面

（1）部分管理单位或调查团队出现了一定的疲惫和懈怠现象；有的省（区、市）同时面临完成剩余调查和编写本省语言资源集的双重任务，压力尤大。

（2）个别地方语委支持不力，未配套经费，甚至有截留经费之嫌，表现为简单的行政压制或任务摊派，挫伤部分专家、基层语委、课题组积极性。一些省（区、市）对语保工程宣传不够，导致了语保工程在一些地区的社会知晓度不高，群众参与意识不强。

五、结语：改进建议、期待与展望

（1）进一步加强管理和培训，提高各方的规范意识、责任意识和时间意识。各课题组应严格遵守工程规范和工作流程，按时保质完成任务。建立巡视、倒查、回炉机制，确保入库质量。

（2）进一步开展东北方言学术研讨会，综合东北汉语方言调查与少数民族语言调查两支队伍的力量，互相借鉴，取长补短，建立交流研讨机制。对成绩突出、表现优异的集体和个人进行表彰，以鼓励先进，提振士气，顺利完成语保工程的既定任务。对已完成的调查点，组织各个层面的专家开展集体会诊、研讨，形成更高层次的优化与改进目标。

（3）扩大宣传，让更多的政府部门和社会大众了解并支持语保工程，以实现语保工程的可持续发展和后期的语言服务及应用开发。

（4）在大数据、类型学、语言接触视角下研发东北方言研究的系列数据库。建立《中国语言资源保护工程东北汉语方言调查数据库》《中国语言资源保护工程东北少数民族语言调查数据库》开发与应用平台，健全《东北汉语方言研究专题文献数据库》《东北少数民族语言研究专题文献数据库》《东北亚语言资源与开发应用研究数据库》《语保工程东北方言调查的系列方言志数据库》及其他相关数据库，形成类型学、语言接触、方言史、历史比较、开发应用的多方位研究视角，推出系列研究成果，全面立体地推动东北方言研究的发展。

（5）从语言接触的视角，综合东北汉语方言调查与少数民族语言调查两支队伍的力量，强化东北汉语方言与周边其他汉语方言的接触、东北汉语方言与东北少数民族语言的接触研究，整体、全面地推进与深化东北方言史乃至汉语史的研究。

（6）从双一流学科建设的高度，进一步培养东北方言的研究队伍，布局和打造东北方言研究及东北亚语言研究的地域优势、团队优势、研究优势。期待东北方言研究的深入发展。

参考文献

曹志耘．汉语方言地图集・语音卷 [M]. 北京：商务印书馆，2008.

教育部语言文字信息管理司，中国语言资源保护研究中心编．中国语言资源调查手册・汉语方言 [M]. 北京：商务印书馆，2015.

李薇薇．北京官话区方言特征词说略 [J]. 渤海大学学报（哲学社会科学版），2017（04）：83-86.

苏怀亮．鄂尔多斯汉语方言集 [M]. 呼和浩特：内蒙古人民出版社，2011.

唐聿文．东北方言大词典 [Z]. 长春：长春出版社，2012.

王虎，李媛媛．朝阳方言词语考释 [J]. 辽宁师范大学学报（社会科学版），2015（02）：253-257.

吴歌．东北方言注疏 [M]. 沈阳：白山出版社，2016.

肖辉嵩．朝阳方言词典 [Z]. 沈阳：辽宁人民出版社，2013.

杨春宇，欧阳国亮．从语音看东北官话与周边冀鲁、胶辽官话之关系 [J]. 渤海大学学报（哲学社会科学版），2013（04）：78-81.

杨春宇，王媛．扬雄《方言》所见的幽燕方言 [J]. 辽宁师范大学学报（社会科学版），2015（06）：837-845.

杨春宇．东北官话方言特征词例释 [J]. 沈阳师范大学学报（社会科学版），2016（02）：67-71.

杨春宇．辽宁方言语音研究 [J]. 辽宁师范大学学报（社会科学版），2010（05）：93-95.

杨春宇．关于渤海国的"汉儿言语" [J]. 辽宁师范大学学报（社会科学版），2017（02）：105.

中国社会科学院和澳大利亚人文科学院合编．中国语言地图集 [M]. 香港：朗文出版（远东）有限公司，1987.

第三节　东北亚语言和谐发展与辽宁战略对策研究①

一、东北亚语言和谐发展研究的理论基础及意义

在社会语言学的视点下，观照汉字文化圈之言语文化结构时我们发现：日语、朝鲜语、越南语作为汉语的域外方言，与汉语有着天然的不可分割的联系；追溯原始华夏语之渊源，中原汉语音与分布在其周边地域的南蛮、北狄、西戎、东夷等异族言语亦经历了长期的融合与发展。因此，在广地域、多民族的中华大家庭中，这种建立在以汉字文明的发展为基础，以“天下大同”的中华同心圆思想为经，以发掘丰富的中原内陆与周边地域的言语文化资源互动为纬，总体凸现“东方和合精神”为本质特征的中华地域言语文化研究，便为我们今天从文化渊源上，探索并观照中华社会和谐发展的文化母题提供最直接的借鉴。

作为中华同心圆中的一环，“北狄”与“东夷”文化融合而形成的东北文化向来占有重要的位置。特别是在考古学家发掘出“红山文化”“新乐文化”“夏家店下层文化”，使得中华文明史又向前推进2000年之久。今天，我们以社会语言学的视点，观照东北亚地域构建和谐社会的言语表象及其变容，历史地考察并分析北朝以来，特别是金元至清末的北方汉语与东北亚一些民族言语的互动与对应关系，进一步考察语言史上北方汉语在这种北方民族言语间的对应与互动表象是如何历经时空流变、辗转合成为东北官话的。同时力求在社会语言学的层面，唤醒“东北亚”文化，以期在理论与实际的意义上，重新审视发展地域语言文化与构建和谐社会的互为因果的辩证关系，切实为辽宁自贸区和沿海经济带发展规划及全面振兴东北老工业基地战略提供文化建设方面的借鉴与支撑。

二、东北官话的历史渊源——幽燕方言

在前贤的研究中，大都注意到辽宁乃至东北地区历史上曾经是北方少数民族的发祥地，涉及了阿尔泰语系与北方汉语的关系问题，指出该地区汉语存在北方少数民族语言的文化底层等，但是都浅尝辄止，缺乏深入研究。另外，并未把燕山南北考古的新成果与本地区语言的探源结合起来考察。辽宁整体位于东北官话区，因此辽宁语言的源流，当然地隶属于东北官话史的溯源之中。

① 本节原文由杨春宇发表于：理论界，2010（02）：156-158. 有删改。

笔者认为：东北官话的形成除与闯关东有着直接的联系之外，亦不排除深远的历史渊源。《左传·昭公九年》载："及武王克商……肃慎、燕、亳，吾北土也。"① 苏秉琦以为："这是殷人的认识，殷人的祖先可以追溯到燕山南北的古燕文化，甚至更北的白山黑水之间"②。从东北亚语言接触的视点出发，我们认为：东北及北京官话的形成，不是一蹴而就的：一方面可以考虑同东胡语、鲜卑语、契丹语、女真语、蒙古语、满语、朝语、日语、俄语等语言历时接触过程中形成了不同的语言层面；另一方面，随着燕山南北及东北的考古发展，随着查海–兴隆洼文化、上宅文化、镇江营一期文化、新乐文化、红山文化、夏家店下层文化的发掘，特别是对燕商同祖及东北古文化的渊源研究的深入，辽西及红山古代方国的存在被证实。我们亦愈发相信："早在中华开国史之初，东北地区就是我们祖先创造文明的地方。"③ 而且据傅斯年研究"商之兴也，从东北来，商之亡也，向东北去。商为中国信史之第一章，亦即为东北史之第一叶。"④ 既然东北是殷商之发祥地之一，那么我们就有理由认为汉语的发展与中华文明社会的形成相始终，现代东北及北京官话的共同的基础方言——幽燕方言，或为原始华夏语的直接渊源之一，参与了汉语的早期构成。本书直接采用"东北–北京官话"的称谓，并且认为：在草原文化、渔猎文化与农耕文化交会融合的长城地带，东北–北京官话及普通话的形成可能有更原始更深层的历史积淀。即北方话之源可能不仅在河洛一带，而且在长城地带。

三、东北官话的近代发展——汉儿言语

从历史来看，东北地区自古以来主要是少数民族的活动地域，鲜卑族、契丹族、女真族、蒙古族、满族等民族纷纷立国，加速了北方草原文化、渔猎文化与农耕文化的融合。特别是八旗制度建制以来，元军、清军入关后，戍边的汉族军人不断扩散，包衣汉人不断增多，使得东北地区形成了众多的方言岛，其中，以黑龙江的站话最为典型；加之历史形成的朝阳、辽阳、集安等北方都市，汉人较为集中，汉族与诸少数民族长期接触，优势汉文化影响不断扩展，使得幽燕方言获得了近代发展的新形式——汉儿言语。在朝鲜汉语课本《老乞大》等文献中，就直接出现了"汉儿言语"的称谓，可见当时汉儿言语的存在是客观事实。由于汉儿言语在东北地区

① 郭丹，程小青，李彬源译注．左传（下册）[M]. 北京：中华书局，2012：1715.

② 苏秉琦．中国文明起源新探 [M]. 北京：生活·读书·新知三联书店，1999：153.

③ 郭大顺，张星德．东北文化与幽燕文明 [M]. 南京：凤凰出版社，2005：213.

④ 傅斯年．东北史纲 [M]. 上海：上海古籍出版社，2012：34.

的广泛传播，一些少数民族母语自然地退居为下位语言，抑或处于双语的过渡阶段，直至自动放弃母语。然而，在近代汉语特别是"北音学"语音研究的探索实践中，由于东北官话与普通话的语音渊源颇近，一些研究，虽涉及对元代古官话、北京官话的探讨，但学界以东北官话为直接探究对象的语音研究仍相对较少。之后，随着《中国方言地图集》的出版，与日本学者桥本万太郎"言语类型的理论"及我国知名学者李葆嘉的"中国语言文化混成与推移阐释理论"之凸显相同步，在现代语音学日新月异发展的大背景下，汉语与北方少数民族诸言语的对音研究方兴未艾，并以其研究实绩，昭示了学界对北方阿尔泰语系的个语与汉语文化互动研究热点的关注。取得的研究成果，不但从研究方法上可资借鉴，而且从研究资料的层面，启发我们继续挖掘近代系列的《华夷译语》、满语、女真语、朝鲜语、蒙古语等文献和方言资料，以期为汉儿言语研究及东北亚地域言语文化系统的整体观照提供条件。

四、东北官话的形成及辽宁方言片区的划分

从17世纪中叶到20世纪中叶的300年间，大约有2000多万破产农民为谋求生路从中原逃亡到东北。其中大部分是山东人，民间俗称"闯关东"。移居东北的山东人，从山东半岛跨海北上的，大多定居在当时无人居住的辽东半岛，一部分继续向北迁移，分别定居在吉林和黑龙江的东部地区；沿陆路东出山海关的大部分是山东西部、河北的移民，他们的固有语言就是冀鲁官话，他们出关后先是定居在辽河流域，之后渐次沿西路进入吉林、黑龙江的西部地区。移民进入东北以后，因定居在辽东半岛东南部的山东移民语言没有受到什么影响，形成了胶东半岛方言在辽东半岛上的延伸，即南端的大连、丹东、庄河、东港、长海等市县和胶东半岛一些市县共同构成了胶辽官话区的登连片方言。迁移到辽北乃至吉林、黑龙江的移民在缓慢北进的过程中，其语言由于逐渐地被当地语言同化，加上几代人的语言相互渗透、相互影响，最终使东北东部的语言成为接近胶辽官话的东北官话吉沈片方言；西部语言则成为更接近东北–北京官话的哈阜片方言。在东北官话区与胶辽官话区的交汇处，两种差异较大的方言经过几百年的相互影响和融合，形成了既区别于东北官话又区别于胶辽官话登连片方言的一个新的方言——盖桓片方言。笔者认为辽宁境内方言可分为五个片区。即：

朝峰片：按中古疑母、影母字是否与泥母相混，是否带鼻化音的标准，可把凌源市、建平县、喀左县、朝阳县、朝阳市、北票市划为朝峰片。

辽西片：按中古精组字与知庄章组字是否相混、庄组字是否多于普通话，可把

建昌县、绥中县、兴城市、葫芦岛市、锦州市、凌海市、义县、北镇市、黑山县、阜新市、阜新蒙古族自治县、彰武县、昌图县、康平县、新民市、盘山县、台安县、盘锦市、盘锦市大洼区划为辽西片。即大致以医巫闾山为界，以西的地区，对应传统东北官话研究中隶属辽宁境内哈阜片、长锦小片的部分地区。

辽东片：按中古精组字与知庄章组字是否相混、精组字是否多于普通话，把法库县、开原市、调兵山市、铁岭县、铁岭市、西丰县、沈阳市、沈阳市辽中区、辽阳市、灯塔市、辽阳县、鞍山市、海城市、抚顺市、抚顺县、清原满族自治县、新宾满族自治县、本溪市、本溪满族自治县、凤城市等划为辽东片。即大致以医巫闾山为界，以东的地区，对应传统东北官话研究中隶属辽宁境内哈阜片、长锦小片中除本书所述辽西片的部分地区。

盖桓片：按调类多少与平声调值的实际读音、古清入声母的今读上声、日母的有无等标准把营口市、大石桥市、盖州市、岫岩满族自治县、桓仁满族自治县、丹东市、宽甸满族自治县等划为盖桓片。

登连片：按调类的多少与平声调值的实际读音、古清入声母的今读上声、日母的有无等标准，把大连市、长海县、东港市、瓦房店市、大连市普兰店区、庄河市划为登连片。

五、东北官话的近代变奏——东北洋泾浜

洋泾浜（pidgin）又译“皮钦语”，是18世纪以后在殖民地、半殖民地的通商口岸常见的一种语言现象。这种语言是当地人和外来殖民者在打交道的过程中彼此在语言上妥协而产生的一种能使双方勉强沟通的临时性交际工具。各地洋泾浜的共同特点是：词汇量很小，其中绝大多数取自外语，极少数取自当地词汇。语音经过当地语言音系的大幅改造，语法规则减少到最低限度，带有本地语法的痕迹。少量的外语词汇和极其简单的语法规则，使许多事物只能用迂回的比喻描画方式、用词组甚至句子来表达，如把“胡子”叫作grass belong face（属于脸的草）。可以说，洋泾浜是当地人没有学好的殖民者的语言，是殖民者语言在异域的有限交际范围内使用的一种特殊变体。

东北的一些城市曾经出现过洋泾浜。俄式洋泾浜最早出现在哈尔滨，稍后出现在大连、上海等地。1895年中日甲午战争中方战败，签订了《马关条约》，其中包括割让辽东半岛，大连被日本占领。之后，俄、德、法三国干涉还辽，日本撤离；1897年年底，沙俄占旅顺口，在青泥洼开港建市。下面一段话很典型地体现了俄式洋泾

浜的特点：

哈尔滨一到，说话毛子调儿，握手拿国姆，达拉斯其好。奶油斯米旦，列巴大面包，水桶喂得罗，戈拦拧水到，谢谢斯巴细，把脚抹走掉。大官戈比旦，木什斗克叼，旅馆开孬门儿，玛达姆卖俏。工人老脖带，咕食不老好。①

这段顺口溜就是地道的“俄式洋泾浜”的真实写照。

日式协和语是日俄战争结束后，日本以旅大地区为基地，借南满铁路附属地向东北广大腹地扩张势力，对当时东北实施愚民政策和奴化教育的产物。日本侵略者除了强迫中国学生必须学好日语外，唱歌、图画和手工等课程也尽量采用日本内容和日本风格，算术课的某些例题也都明显地透露出日本气息，连中国学生的名字都要改为日本名字。社会上也出现了一种极不正常的语言现象——“协和语”。这是一种将汉语与日语的词汇，语法极不规范地掺杂在一起的“洋泾浜”，如“万年笔”（钢笔）、“喇轿”（收音机）、“晚霞子”（衬衫）等，造成语言文字的极大混乱。如今，大连地区的一些上了岁数的老年人依然记得当年“协和语”泛滥的情形。

这两种洋泾浜致使东北官话一时间表达句子的语法结构、风格变得杂乱或难懂。它们很大程度上破坏了汉语词汇系统的规范性，不同于一般自然语言接触所形成的“混合语”，特别是在奴化教育的政策下，那些生造词和改变汉语原义的词更使汉语规范受到深层的破坏，产生表义上的不明确性。因此，它们只能是语言发展史上的变奏，是不和谐音，本质上阻碍了语言的健康发展，是特殊历史时期的产物，只能尘封于地域语言发展历史的一隅，为我们今天研究地域语言接触提供历史的钩沉与反思。

六、东北官话的现代发展——东北风

进入现代，东北官话更多地体现在东北作家的文本及东北地域文化的发展之中。如萧红的《呼兰河传》《生死场》，萧军的《八月的乡村》、邓刚的《迷人的海》，特别是高满堂的《闯关东》及电视剧《老酒馆》，赵本山的二人转、小品及电视剧《刘老根》等，使得在地域语言文化的谱系上泫然刮起了一阵“东北风”，使得东北官话，特别是辽宁方言借助文化传播的载体传遍大江南北。但是从本质上看，这种以语言文化传播为特点的产业，还没有上升到地域语言文化规划发展的战略层面。

① 赵为，荣浩．俄语俚语研究 [M]. 哈尔滨：黑龙江人民出版社，2000：325-326.

七、东北亚地域言语文化系统的内部构造

综上，笔者坚持拙著《社会语言学视点下的清代汉语与其他言语的对音研究——以日本近世唐音资料·满语资料·罗马字资料为中心》中的观点，认为东北亚言语文化的内部，历史地存在着图 5-6 的结构。现代中有传统，辽宁语言文化的发展同样存活于这个结构之中。笔者从东北亚地域言语文化发展图景的高度，称之为东北亚跨文化交际多重金字塔言语系统，其具体构造详见图 5-6。

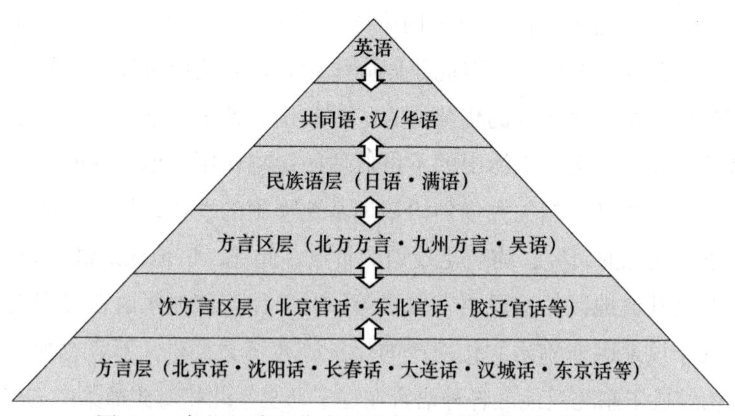

图 5-6　东北亚跨文化交际多重金字塔言语系统构造图

从东北亚跨文化交际多重金字塔言语系统构造来看，该地域存在着这样的言语秩序——英语作为国际交际的通用语，暂踞“霸主”的地位；汉语作为汉字文化圈的地域优势语言，在地域文化发展的层面，历史地承担本地域言语准通用交际工具的功能；在地域内的各民族之间，诸民族语言平等交流，形成民族语言层面，在该层面，一些民族语言、包括域外方言，历史地成为地域优势语，从东北亚的范围看，历史上的日语、韩语等都属此范畴；之下是地域方言区层，广义上的北方方言、九州方言等占据着交际的准优势层面；其下层是次方言区层，比如北京官话、胶辽官话等；最后是方言层，如东京话、汉城话、北京话、大连话等。几个层面综合在一起，历史地形成了东北亚地域言语文化系统的动态发展格局，而且在特殊的条件下，相邻的层面可能互相转化。

八、辽宁语言文化发展的战略与对策

东北地区是东北亚经济发展的重要窗口，随着辽宁自贸区和沿海经济带发展规

划上升为国家发展战略，东北亚国际物流中心、东北亚国际金融中心等纷纷落户。辽宁乃至东北地区跨越时空的隧道，沟通整合了历史上的草原丝绸之路、海上的朝贡之路、俨然是东北亚一颗璀璨的明珠，吸引着世界的目光，成为四海宾朋跨文化交际的大舞台。因此，在语言结构上，应该构建起适应国际化都市发展的多元系统。

时下，英语已卓然成为国际事务、跨文化交际的通用语言。无法否认，从幼儿园的双语教学，到社会、高校的各种学习班，英语的优势地位日益突出，指向国际市民的交际语言不得不如此规划发展；作为联合国五种工作语言之一及国际化都市的一般交际语言，汉语也是国际友人向中国文化靠近的重要工具。东北高校林立，处于对外汉语教育教学的前沿，因此我们应该做好东北地域对外汉语的教育教学工作。当然作为辽宁及东北地域的优势语言，如日语、韩语、俄语、蒙古语等，它们在本地区政治、经济、文化生活中的不可低估的影响作用，地域性的支持发展当然是战略规划的应有之义。相关大学外语培训基地作用的发挥，加之该地区民族学院对少数民族语言文化的研究，均应是规划的重点。此外，该地区地缘上的东北官话、胶辽官话，乃至其他地区的移民语言要素等，对于保持该地区语言民俗文化多元发展的特色、对于该地区非物质文化遗产的保护等亦至关重要，不容忽视。现代中有传统，如此构筑成了东北亚地区各种语言在辽宁乃至东北相对碰撞集中的现状。

因此，从社会语言学的角度，我们研究一个地域的语言文化生活，规划其语言文化的发展，具有重要的意义。根据以上的语言结构，辽宁作为东北亚重要的跨文化交际区域，对于市民的言语文化生活，从战略对策上应提倡：保护地方语言非物质文化遗产，保留地域文化底层的本地话——包容来自不同地域的新移民语言——发展具有东北官话或胶辽官话特色的区域官话——发掘、打造具有区域优势的民族语及外语（蒙古语、满语，以及日语、韩语、俄语等）——大力推广现代汉民族共同语普通话——通晓国际交际语言英语。

总之，战略对策方面，我们主张在努力构筑国际跨文化交际语言层面的同时，应努力突出发展并丰富辽宁地方语言文化生活层面，最终进一步突出东北亚地域语言系统的建设工作，切实为辽宁自贸区和沿海经济带发展规划及全面振兴东北老工业基地战略的实施提供文化建设方面的借鉴与支撑，发展辽宁乃至东北地区文化产业。

参考文献

戴庆厦 . 二十世纪的中国少数民族语言研究 [M]. 太原：书海出版社，1998.
郭大顺，张星德 . 东北文化与幽燕文明 [M]. 南京：凤凰出版社，2005.
李立成 . 元代汉语音系的比较研究 [M]. 北京：外文出版社，2002.
王承礼 . 中国东北的渤海国与东北亚 [M]. 长春：吉林文史出版社，2000.
杨富学 . 中国北方民族历史文化论稿 [M]. 兰州：甘肃人民出版社，2001.
周振鹤，游汝杰 . 方言与中国文化 [M]. 上海：上海人民出版社，1986.
朱学渊 . 中国北方诸族的源流 [M]. 北京：中华书局，2002.

附录：东北方言研究文献资料库（至2020年3月）

说明：

（1）本数据库由笔者及指导研究生多年收集而成，范围包含辽宁、吉林、黑龙江、内蒙古三省一自治区。

（2）涵盖东北方言综述与分区、语音、词汇、语法、文化、少数民族语言、语言接触等研究文献。

（3）本数据库一律采用时间倒序的方式编成，以便于把握新的研究动向。

（4）文献分类及梳理可能出现地域不平衡和挂一漏万的现象，以期日臻完善。

一、综述、分区研究

期刊：

[1] 吕羿蒙．东北方言中“咋”“咋的”反问评价功能初探[J]. 汉字文化，2020（05）：29-30，34.

[2] 李哲．东北方言特点及其文化背景辨析[J]. 黑河学院学报，2020（01）：155-157.

[3] 董振邦，李轶伟．东北方言特点与吉剧艺术魅力的关系阐释[J]. 戏剧文学，2020（01）：125-129.

[4] 张明辉，李萌萌．东北方言副词研究综述[J]. 河南科技学院学报，2019（11）：45-53.

[5] 刘欣．东北方言泛义形容词“大”探析[J]. 黑龙江工业学院学报（综合版），2019（11）：149-153.

[6] 董苗苗，李光杰．从多元文化看东北方言的形成与发展[J]. 长春师范大学学报，2019（09）：39-42.

[7] 吴双．东北方言中的满语借词[J]. 理论观察，2019（09）：164-168.

[8] 孙丽丽．汉语东北方言研究述论[J]. 文化学刊，2019（07）：224-225.

[9] 蔡悦．从社会语言学视角浅析东北方言称谓语中“老”字[J]. 白城师范学院学报，2019（07）：22-25.

[10] 欧阳国亮．东北官话的历史源流刍议[J]. 现代语文，2019（05）：95-100.

[11] 王思文，宋凤娟．东北方言艺术创作的特点和艺术性探究[J]. 产业与科技论坛，2019（07）：154-155.

[12] 杨怀文．东北方言中“VP+的”无核关系小句的名词化[J]. 大连民族大学学报，2019（06）：557-560，571.

[13] 杨清波．东北民歌方言探究[J]. 大连大学学报，2019（01）：117-121.

[14] 杨清波．东北民歌衬词研究 [J]. 大连大学学报，2018（05）：84-89.

[15] 韩苗苗．对东北方言的研究 [J]. 文艺生活·中旬刊，2018（06）：140.

[16] 盛丽春．东北方言词汇的语义、语用特点——与普通话词汇之比较 [J]. 长春师范大学学报，2018（11）：54-58.

[17] 宋艳欣．东北方言文化名词及其反映的文化来源与类型——基于东北方言词汇库的调查 [J]. 辽宁工程技术大学学报（社会科学版），2018（06）：460-465.

[18] 史皓元，单秀波．再谈东北方言与北京方言的关系——基于移民史和入派三声的考量 [J]. 语言学论丛，2018（02）：11-35.

[19] 盛丽春．东北方言词汇的构词类型 [J]. 哈尔滨师范大学社会科学学报，2018（06）：83-86.

[20] 刘芹．浅谈东北方言的口译 [J]. 现代交际，2018（11）：61-62.

[21] 邹德文．历史事件与东北方言的形成及其层次问题 [J]. 吉林大学社会科学学报，2018（06）：184-194，208.

[22] 郑路．东北方言与东北地域性格分析 [J]. 校园心理，2018（05）：371-373.

[23] 司文凯，苏畅．清末民初时期东北方言形成概述 [J]. 文化创新比较研究，2018（24）：44-45，49.

[24] 王宇欣．东北方言的文化价值探究 [J]. 产业与科技论坛，2018（16）：184-185.

[25] 孙海龙．地域文化与现代传播媒介——东北方言流行的结构质素 [J]. 大连海事大学学报（社会科学版），2018（02）：124-127.

[26] 崔秀兰、李光杰．论清末民初东北方言词源构成与结构特点 [J]，学术交流，2017（11）：214-218.

[27] 王宇，王丹．东北方言的语言文化特色 [J]. 黑龙江社会科学，2017（05）：151-153.

[28] 彭语盈，葛东雷．东北方言叠词初探 [J]. 佳木斯职业学院学报，2017（05）：392.

[29] 李逊．日本明治汉语教科书所见清末东北方言语法特点 [J]. 长春师范大学学报，2017（03）：87-91.

[30] 李东侠．东北方言词“削”及其相关词研究 [J]. 大众文艺，2017（05）：214.

[31] 李秀文．语料库之东北方言的历史与文化成因 [J]. 才智，2017（07）：230.

[32] 王虎．东北方言“蹀躞”的词义分析 [J]. 辽东学院学报（社会科学版），2017（01）：91-94.

[33] 张佳妮．东北方言歇后语探究 [J]. 文化创新比较研究，2017（05）：78-83.

[34] 方勇．东北方言语义探究 [J]. 吉林师范大学学报（人文社会科学版），2017（01）：75-79.

[35] 杨春宇．东北官话方言特征词例释 [J]. 沈阳师范大学学报（社会科学版），2016（02）：67-71.

[36] 张然．试析东北方言程度副词“贼”[J]. 赤峰学院学报（汉文哲学社会科学版），2016（04）：174-175.

[37] 梁晓玲．东北官话中的程度补语 [J]. 语文教学通讯·D 刊（学术刊），2016（04）：36-38.

[38] 于南．东北方言中“的”的几种常见搭配及用法 [J]. 林区教学，2016（06）：28-29.

[39] 周颖．东北方言研究综述 [J]. 明日风尚，2016（12）：152.

[40] 徐祎 . 东北方言泛义动词“造”及其来源 [J]. 延边大学学报（社会科学版），2016（06）：98-104.

[41] 盛丽春，王延东 . 东北方言词汇特点 [J]. 长春师范大学学报，2016（11）：93-98.

[42] 左乃文 . 浅析东北方言程度词缀“焦”[J]. 语文学刊，2016（16）：32-33.

[43] 周桥 . 浅谈东北地区纸媒方言词使用问题 [J]. 长春师范大学学报，2016（01）：106-108.

[44] 邓颖慧 . 以东北方言为例浅析地域方言 [J]. 山西青年，2016（14）：116.

[45] 汪欣欣 . 东北方言极性问系统的简单化趋势 [J]. 沈阳大学学报（社会科学版），2016（06）：751-756.

[46] 张洋 . 对东北方言“爱谁谁”类紧缩结构的多角度分析 [J]. 语文教学通讯·D 刊（学术刊），2016（06）：60-61.

[47] 王军，王强 . 东北官话词汇特点探究 [J]. 重庆三峡学院学报，2016（04）：66-74.

[48] 王军 . 东北官话词汇来源探析 [J]. 现代语文（语言研究版），2016（03）：32-34.

[49] 付元 . 二十世纪八十年代以来汉语方言语法研究综述 [J]. 安康学院学报，2015（04）：24-29.

[50] 李光杰 . 清末民初东北方言域外文献考述——以同时期的韩国、日本汉语教科书为例 [J]. 长春师范大学学报，2015（03）：55-58.

[51] 李光杰 . 近百年来汉语东北方言词汇研究述评 [J]. 辽宁大学学报（哲学社会科学版），2015（01）：125-130.

[52] 汪银峰 . 域外汉籍“燕行录”与东北方言研究 [J]. 长春师范学院学报（人文社会科学版），2014（01）：52-54.

[53] 宫宛宜 . 东北方言认知称谓语的研究 [J]. 青年文学家，2013（08）：169.

[54] 张洪杰，梁晓玲 . 东北方言语法研究的新进展 [J]. 语文教学通讯 · D 刊（学术刊），2013（04）：62-67.

[55] 马建华，王国华 . 体验哲学视角下的东北方言词语研究 [J]. 湖南社会科学，2013（02）：217-220.

[56] 李光杰，李无未 . 晚清东北方言词语考订——以《东北鼓儿词选》张注为例 [J]. 社会科学战线，2012（03）：119-124.

[57] 徐信科，徐海菊 . 集锦方言，承续文脉——品读任胜才《东北俗语集锦》漫谈 [J]. 大庆社会科学，2012（05）：146-149.

[58] 李晔，柳英绿 . 清末对日汉语教科书《新编辽东语类》的价值与意义 [J]. 华夏文化论坛，2012（02）：168-174.

[59] 欧阳国亮 . 辽宁方言六十年研究概述 [J]. 华中师范大学研究生学报，2010（04）：50-52.

[60] 李英姿 . 东北方言研究综述 [J]. 现代语文（语言研究版），2008（10）：95-98.

[61] 刘晓梅 . 期待绚烂绽放：百年东北官话研究述评 [J]. 吉林大学社会科学学报，2008（01）：130-137.

[62] 曹凤霞 . 建国后五十多年来东北方言研究述评 [J]. 吉林师范大学学报（人文社会科学版），2007（06）：27-30.

[63] 张志敏 . 东北官话的分区（稿）[J]. 方言，2005（02）：141-148.
[64] 刘勋宁 . 再论汉语北方话的分区 [J]. 中国语文，1995（06）：447-454.
[65] 熊正辉 . 官话区方言分 ts tʂ 的类型 [J]. 方言，1990（01）：3-12.
[66] 贺巍 . 东北官话的分区（稿）[J]. 方言，1986（03）：172-181.
[67] 孙维张，路野，李丽君 . 吉林方言分区略说 [J]. 方言，1986（01）：39-45.
[68] 郭正彦 . 黑龙江方言分区略说 [J]. 方言，1986（03）：182-185.

学位论文：

[1] 刘芳 . 东北方言指示代词研究 [D]. 东北师范大学硕士论文，2014.

其他：

[1] 那洪雷 ."吃吃喝喝"话东北方言 [N]. 语言文字周报，2017-11.
[2] 董雪松 . 从东北方言研究看满语资源保护 [N]. 中国社会科学报，2017-07-25.

二、语音研究

（一）辽宁省

期刊：

[1] 张焕新，董倩 . 方言对大连本地学生的英语发音的影响研究 [J]. 农家参谋，2019（04）：214-215，238.
[2] 朱红，那琳 . 中古入声字在开原方言中的声调演变探究 [J]. 安徽农业大学学报（社科版），2018（06）：85-89.
[3] 王吉春 . 海城方言研究综述 [J]. 现代语文（学术综合版），2017（02）：111-112.
[4] 高玉娟，刘家宁 . 辽宁朝阳方言语音对于英语语音习得的影响 [J]. 大连大学学报，2016（04）：92-97.
[5] 高玉娟，邵钟萱 . 社会语言学视阈下的沈阳方言语音变异研究 [J]. 辽宁师范大学学报（社会科学版），2016（05）：128-134.
[6] 王艳玲 . 浅析本溪方言的语音特色 [J]. 中国培训，2016（12）：266.
[7] 赵妍 . 丹东方言语音对英语语音习得的影响 [J]. 校园英语，2016（09）：210-211.
[8] 丁宁 . 辽宁方言语音研究概述 [J]. 佳木斯职业学院学报，2015（11）：322.
[9] 赵彩红，陈会斌 . 鞍山方言的语音特征 [J]. 辽宁科技大学学报，2014（02）：184-187.
[10] 杨春宇 . 辽宁方言知、庄、章组的语音类型及特征 [J]. 辽宁师范大学学报（社会科学版），2013（01）：107-113.
[11] 陈晓姣，朱红 . 辽西方言语音研究述评 [J]. 安徽农业大学学报（社会科学版），2013（05）：90-93.
[12] 李长茂，汪银峰 . 论《奉天通志》对辽宁方言资料的保存 [J]. 兰台世界，2011（25）：3-4.
[13] 孟祥宇 . 沈阳方言音系概说 [J]. 语文学刊，2011（02）：31-33.

[14] 苗慧 . 铁岭方言语音特点之探究 [J]. 长春大学学报，2011（09）：41-42，72.
[15] 杨春宇 . 辽宁方言语音研究 [J]. 辽宁师范大学学报（社会科学版），2010（05）：93-99.
[16] 汪银峰 . 满族学者在近代语音研究的贡献之一——《黄钟通韵》与辽宁语音研究 [J]. 满族研究，2010（03）：86-89.
[17] 孙博 . 辽阳方言五项语音变化调查 [J]. 科技信息，2010（02）：189，192.
[18] 欧阳国亮 . 辽宁方言疑影母合口字今读声母浅论 [J]. 语文学刊，2009（12）.
[19] 刘冰 . 沈阳方言的语音分析 [J]. 文教资料，2009（10）：54-55.
[20] 贾珈，蔡莲红，李明，张帅 . 汉语普通话与沈阳方言转换的研究 [J]. 清华大学学报（自然科学版），2009（S1）：1309-1315.
[21] 顾宪君 . 朝阳方言语音辨析 [J]. 辽宁师专学报（社会科学版），2009（03）：17，22.
[22] 张新友 . 浅析辽宁朝阳方言 [J]. 黑龙江生态工程职业学院学报，2009（01）：151-152.
[23] 王囡 . 辽宁阜新方言特点概述 [J]. 现代语文（语文研究版），2009（12）：79-80.
[24] 孙华 . 辽宁岫岩方言音系综述 [J]. 学理论，2009（16）：249-250.
[25] 于莹 . 浅析盖州方言语音词汇的特点 [J]. 青年科学，2009（07）.
[26] 齐剑英 . 锦州人学习普通话要注意的几个问题 [J]. 辽宁教育行政学院学报，2007（09）：75-77.
[27] 董岩 . 大连话日母字声母读音变异及原因探析 [J]. 大连民族学院学报，2007（04）：47-49.
[28] 赵蓉 . 混血话——大连话浅谈 [J]. 林区教学，2007（12）：35-36.
[29] 苏馨，王岩 . 辽宁方言中的单音节古语词源流札释 . 语文学刊，2005（17）：19-20.
[30] 高玉娟 . 大连方言五项语音变化的社会语言学分析 . 南开语言学刊，2005（01）：49-58，227.
[31] 高玉娟 . 对于大连话声调调长变化规律的实验分析 [J]. 内蒙古师范大学学报（哲学社会科学版），2005（06）：130-132.
[32] 宋协刚 . 大连方言中韵母的常见发音错误与辨析 [J]. 大连教育学院学报，2002（02）：66-67.
[33] 王绍晶 . 辽中地区方言语音辨正 [J]. 辽宁师专学报（社会科学版），2000（05）：25-28.
[34] 宋协刚 . 大连地区在普通话翘舌音读音问题上的方音差异和规律 [J]. 大连教育学院学报，1997（03）：21-24.
[35] 迟咏 . 朝阳话的鼻化音特点及克服方法 [J]. 辽宁师范大学学报（社会科学版），1996（05）：58-59.
[36] 刘玉昆 . 长山方音历史演变的特点 [J]. 辽宁大学学报（哲学社会科学版），1989（02）：72-75.
[37] 李心得 . 大连方言证古举例 [J]. 辽宁师范大学学报（社会科学版），1989（01）：39，55.
[38] 刘红 . 大连话语音差异与社会因素之间的关系 [J]. 语言研究，1986（02）：53-68.
[39] 于志培 . 长海方言的内部差异 [J]. 辽宁师范大学学报（社会科学版），1985（04）：68-72.

[40] 冻土 . 长海方言的连读变调——兼与厉兵同志商榷 [J]. 辽宁师范大学学报（社会科学版），1984（02）：74-78.
[41] 王裕恩 . 大连地区方音辨正 [J]. 大连师专学报，1981（01）.
[42] 宋学，刘明纲 . 辽宁方音辩证 [J]. 丹东师专学报，1980（02）：66.
[43] 宋学 . 辽宁语音说略 [J]. 中国语文，1963（02）：104-114.

学位论文：

[1] 李昕升 . 庄河市区方言声调与元音格局研究 [D]. 辽宁师范大学硕士论文，2019.
[2] 苏丽娜 . 庄河王家岛方言声调格局与元音格局研究 [D]. 辽宁师范大学硕士论文，2019.
[3] 马希霖 . 庄河市区与北部山区单字调比较实验研究 [D]. 辽宁师范大学硕士论文，2019.
[4] 张乐 . 庄河市区方言双字调变调的实验研究 [D]. 辽宁师范大学硕士论文，2019.
[5] 张磊 . 蒙阴方言语音研究 [D]. 辽宁师范大学硕士论文，2019.
[6] 那琳 . 开原方言语音研究 [D]. 渤海大学硕士论文，2019.
[7] 李南依 . 辽宁盘锦方言语音研究 [D]. 山东大学硕士论文，2019.
[8] 吴旭明 . 昌图方言音系研究 [D]. 西北师范大学硕士论文，2018.
[9] 范凡 . 辽阳方言语音研究 [D]. 辽宁师范大学硕士论文，2018.
[10] 王琪 . 辽中县方言语音研究 [D]. 辽宁师范大学硕士论文，2016.
[11] 杨静 . 朔城区方言语音研究 [D]. 辽宁师范大学硕士论文，2016.
[12] 孙悦 . 大洼方言音系研究 [D]. 辽宁师范大学硕士论文，2016.
[13] 王龙 . 绥中方言语音研究 [D]. 辽宁师范大学硕士论文，2015.
[14] 戴鑫 . 凤城方言语音研究 [D]. 辽宁师范大学硕士论文，2014.
[15] 徐可馨 . 海城方言音系 [D]. 辽宁师范大学硕士论文，2014.
[16] 李楠 . 法库方言语音研究 [D]. 辽宁师范大学硕士论文，2014.
[17] 韩天宇 . 黑山方言音系研究 [D]. 辽宁师范大学硕士论文，2014.
[18] 赵秀媛 . 沈阳方言例外字音研究 [D]. 辽宁师范大学硕士论文，2014.
[19] 董琼瑜 . 庄河音系内部差异研究 [D]. 辽宁师范大学硕士论文，2014.
[20] 孟祥宇 . 辽宁通溪片语音研究 [D]. 辽宁师范大学硕士论文，2012.
[21] 温娇娇 . 锦州方言语音研究 [D]. 辽宁师范大学硕士论文，2012.
[22] 孙红艳 . “闯关东”对辽宁方言成因的影响 [D]. 西南大学硕士论文，2009.
[23] 董岩 . 大连方言语音研究 [D]. 中国人民大学硕士论文，2008.
[24] 张丽娟 . 锦州方言与北京方言的比较研究 [D]. 贵州大学硕士论文，2007.

专著：

[1] 迟永长 . 大连方言字音 [M]. 沈阳：辽海出版社，2008.
[2] 高玉娟 . 大连方言声调研究 [M]. 大连：辽宁师范大学出版社，2007.

（二）吉林省

期刊：

[1] 关亦淳 . 吉林方言单字调的实验研究 [J]. 通化师范学院学报，2019（03）: 126-131.
[2] 翟晓萌，李冬梅 . 吉林方言负迁移对英语学习者语音的影响 [J]. 科技展望，2016（12）: 294.
[3] 许华，姜满 . 吉林方言语词的语音和词汇特点浅论 [J]. 才智，2015（20）: 278-279.
[4] 冯常荣 . 吉林方言在蒙口语中运用规律的调查与研究 [J]. 白城师范学院学报，2013（02）: 71-74.
[5] 李铭娜 . 关内人口迁移对东北方言的影响分析——以吉林方言语音、特征词为例 [J]. 河北大学学报（哲学社会科学版），2012（03）: 76-80.
[6] 李炜 . 吉林方言语音分析 [J]. 才智，2012（18）: 166-167.
[7] 刘淑婧，杨春宇 . 吉林蛟河片方言音系初探 [J]. 现代语文（学术综合版），2012（12）: 152-154.
[8] 李炜 . 吉林方言语音分析 [J]. 才智，2012（18）: 166-167.
[9] 朱剑，景体渭 . 长春地区方言语音探析 [J]. 吉林华侨外国语学院院报，2012（02）: 128-131.
[10] 朱莹 . 吉林省集安市榆林镇方言语音特点 [J]. 现代语文（语文研究版），2011（08）: 87-90.
[11] 金俊铁 . 吉林片白山方言语音特点拾零 [J]. 中小企业管理与科技（下旬刊），2010（05）: 92-93.
[12] 赵君秋 . 通化方言特点及区划 [J]. 新闻爱好者，2010（10）: 148-149.
[13] 朱莹 . 吉林市方言的儿化现象 [J]. 长春大学学报，2009（03）: 38-40，57.
[14] 张杨 . 从《广韵》看吉林东丰方言 [J]. 安徽文学（下半月），2008（11），308.
[15] 王洪杰，陈本庆 . 通化方言声调的发展变化 [J]. 通化师范学院学报，2007（06）: 83-86.
[16] 张玉梅 . “吉林方言舌尖音转化”现象分析及其测试 [J]. 吉林师范大学学报（人文社会科学版），2006（02）: 86-89.
[17] 王洪杰 . 日母字在通化话中的读音演变探析 [J]. 通化师范学院院报，2004（03）: 60-63.
[18] 王慧 . 吉林方言区声母 zh、ch、sh 的辩正 [J]. 东疆学刊，1996（03）: 66.
[19] 吉林大学中文系方言调查小组 . 通化音系 [J]. 吉林大学人文科学学报，1959（04）: 35-62.

学位论文：

[1] 徐姝阳 . 吉林东丰方言语音研究 [D]. 辽宁师范大学硕士论文，2018.
[2] 刘淑婧 . 吉林蛟河片方言语音研究 [D]. 辽宁师范大学硕士论文，2014.
[3] 赵月 . 吉林磐石方言语音研究 [D]. 上海师范大学硕士论文，2014.

（三）黑龙江省

期刊：

[1] 梁晓玲 . 黑龙江方言声调与北京话声调的比较研究 [J]. 北方论丛，2018（04）: 116-120.

[2] 王佳琳 . 哈尔滨话的 [ʋ] 声母产生与推广动因初探 [J]. 华中师范大学研究生学报，2016（02）：20-24.
[3] 王图保 . 龙江县郓城方言岛语音演变调查 [J]. 语言研究，2016（01）：41-52.
[4] 刘砾泽 . 浅谈黑龙江方言的语音特点 [J]. 黑龙江教育学院学报，2013（10）：124-126.
[5] 聂志平 . 黑龙江方言概说 [J]. 哈尔滨学院学报，2005（06）：109-113.
[6] 姜文振 . 试谈黑龙江方言中的一种音变现象——脱落 [J]. 学术交流，2002（06）：119-122.
[7] 姜文振 . 试谈黑龙江方言中的合音现象 [J]. 求是学刊，1997（06）：100-102.
[8] 游汝杰 . 黑龙江省的站人和站话述略 [J]. 方言，1993（02）：142-147.

学位论文：

[1] 梁婷 . 黑龙江海伦方言语音研究 [D]. 辽宁师范大学硕士论文，2019.
[2] 王佳琳 . 哈尔滨方言七十年语音变化研究 [D]. 黑龙江大学博士论文，2017.
[3] 周彦波 . 青冈地区方言对英语语音教学的影响及有效教学策略研究 [D]. 哈尔滨师范大学硕士论文，2016.

专著：

[1] 陈立中 . 黑龙江站话研究 [M]. 北京：中国社会科学出版社，2005.
[2] 尹世超 . 哈尔滨话音档 [M]. 上海：上海教育出版社，1998.

（四）内蒙古

期刊：

[1] 刘丽，孙丽娟 . 内蒙古西部方言字调配音规律研究 [J]. 音乐创作，2018（12）：123-124.
[2] 王婧 . 内蒙古察右后旗方言同音字汇 [J]. 方言，2018（03）：336-349.
[3] 安拴军，宕开三庄 . 江开二知庄组阳声韵字读合口呼现象探源 [J]. 渤海大学学报（哲社科版），2016（02）：74-77.
[4] 吴文杰 . 赤峰汉语方言研究综述 [J]. 赤峰学院学报（汉文哲学社会科学版），2013（12）：200-201.

学位论文：

[1] 李蓉 . 内蒙古西部方言区英语学习者产出英语元音的声学分析 [D]. 内蒙古大学硕士论文，2018.

（五）整体研究

期刊：

[1] 刘宇 . 系统研究清代东北方言语音面貌的开山之作——评《清代东北方言语音研究》. 绥化学院学报，2018（02）：155-157.
[2] 汪银峰，单鸿飞 . 东北方言历时语音研究的新突破——读《清代东北方言语音研究》札记 . 长春大学学报，2018（09）：27-30.

[3] 郝雅楠．对外汉语教学中的方言偏误——以东北方言语音为主 [J]. 现代交际，2018（17）: 92-93.
[4] 刘宇．从满汉合璧本《三国志宗寮》对音看明末东北方言的几个语音特征 [J]. 方言，2018（02）: 185-190.
[5] 李无未．对清代东北方音史研究的思考——兼评邹德文所著《清代东北方言语音研究》[J]. 长春师范大学学报，2017（03）: 73-77.
[6] 周宇晴．中国东北方言语音与日语语音的相似性研究 [J]. 现代语文（语言研究版），2015（07）: 136-138.
[7] 秀云．《三国演义》满文翻译考述 [J]. 中央民族大学学报（哲学社会科学版），2014（06）: 108-113.
[8] 董振邦，谢刚．赤峰方言和东北方言语音的对比分析 [J]. 湖北民族学院学报（哲学社会科学版），2014（04）: 138-141.
[9] 盛楠．浅析东北方言语音特点及魅力 [J]. 青年文学家，2014（24）: 151.
[10] 崔赫凝．"东北腔"的语音特点分析 [J]. 时代文学（下月刊），2014（01）: 190.
[11] 谢春红．东北方言语音初探 [J]. 剑南文学（经典教苑），2012（06）: 128.
[12] 张世方．东北方言知系声母的演变 [J]. 汉语学报，2009（01）: 15-22，95.
[13] 邹德文，冯炜．《黄钟通韵》《音韵逢源》的东北方言语音特征 [J]. 佳木斯大学社会科学学报，2008（06）: 72-74.
[14] 李旭，徐旭刚．浅论东北方言口语词中 a 类零声母读为鼻音 n 的现象 [J]. 科技风，2008（06）: 153.
[15] 孙红艳．《广韵》日母字在东北方言中的语音演变及成因探析——山东移民"闯关东"对东北方言的影响 [J]. 湖南医科大学学报（社会科学版），2008（01）: 128-129.
[16] 刘明志．浅析东北方言的特点 [J]. 辽宁师专学报（社会科学版），2007（02）: 22-24.
[17] 张晨凤．东北方言中平仄音不分现象的调查分析 [J]. 吉林省教育学院学报，2007（04）: 70-71.
[18] 张晓敏．现代汉语中东北方言的语音变体初探 [J]. 松辽学刊（人文社会科学版），2001（03）: 62-64.
[19] 王辅政．东北方言声调的方言特征 [J]. 内蒙古教育学院学报，1999（01），89-90.
[20] 单永贤．谈东北话与普通话语音的对应规律 [J]. 语文学刊，1995（05），41-43.
[21] 崔棠华．东北方言源于古词语例析 [J]. 辽宁大学学报，1993（02），73-75.
[22] 金贵士．东北黄海沿岸几个地方的语音问题 [J]. 吉林师大学报，1959（04）: 57-63.

学位论文：

[1] 邹德文．清代东北方言语音研究 [D]. 吉林大学博士论文，2009.

三、词汇研究

（一）辽宁省

期刊：

[1] 荚凤来 . 辽宁方言表达性派生词缀“挺”[J]. 绥化学院学报，2019（06）：85-87.

[2] 荚凤来 . 试析辽宁方言词缀——“挺”[J]. 辽宁教育行政学院学报，2019（03）：75-78.

[3] 王虎 , 李媛媛 . 朝阳方言词语例释 [J]. 辽东学院学报（社会科学版），2019（05）：64-69.

[4] 王虎 . 东北方言“蹀躞”的词义分析 [J]. 辽东学院学报（社会科学版），2017（01）：91-94.

[5] 李薇薇 . 辽西方言特征词说略 [J]. 方言，2016（01）：109-114.

[6] 张明辉 , 付元 . 喀左方言特殊状态词研究 [J]. 辽东学院学报（社会科学版），2016（03）：75-80.

[7] 张雨桐 . 沈阳方言语音、词汇与普通话的比较研究 [J]. 金田，2014（03）：301.

[8] 艾珺，曲哲 . 辽宁方言土语选辑简释（上）[J]. 文化学刊，2010（02）：72-80.

[9] 艾珺，曲哲 . 辽宁方言土语选辑简释（下）[J]. 文化学刊，2010（03）：77-93.

[10] 黄金 . 锦州方言中代词、介词、词汇后缀的特点 [J]. 辽宁教育行政学院学报，2009（11）：95-97.

[11] 于莹 . 浅析盖州方言语音词汇的特点 [J]. 青年科学，2009（07）.

[12] 陈雪平 . 辽宁方言的两种附加词缀形容词格式 [J]. 辽宁教育行政学院学报，2008（09）：98-99.

[13] 徐文利 . 浅说辽东方言地名“儿”化音 [J]. 中国地名，2008（05）：49-51.

[14] 何占涛 . 朝阳方言词汇的特点 [J]. 黑龙江生态工程职业学院学报，2008（02）：122-123.

[15] 王福霞 .《红楼梦》与铁岭方言 [J]. 满族研究，2008（01）：85-88.

[16] 迟永长 . 辽宁口语中的程度副词 [J]. 辽宁大学学报（哲学社会科学版），1996（06）：105-106.

[17] 张素英 . 辽宁方言词汇和语法同普通话的差异 [J]. 锦州师范学院学报（哲学社会科学版），1995（04）：79-81.

[18] 乔魁生 . 辽宁方言形容词的多样性和生动性 [J]. 辽宁大学学报（哲学社会科学版），1978（04）：82-85.

学位论文：

[1] 周美慧 . 阜新方言词汇研究 [D]. 西北大学硕士论文，2018.

[2] 崔洋 . 石杰小说语言特点研究 [D]. 辽宁师范大学硕士论文，2018.

[3] 付元 . 喀左方言代词研究 [D]. 辽宁师范大学硕士论文，2017.

[4] 黄琳涵 . 大连女作家孙惠芬作品词汇研究 [D]. 辽宁师范大学硕士论文，2017.

[5] 汤鹤 . 大连作家邓刚“海味”小说的语言学分析 [D]. 辽宁师范大学硕士论文，2017.

[6] 张虹泽 . 东北方言中动词性 VV 式单音双叠现象分析——以法库方言为例 [D]. 渤海大学硕士论文，2016.
[7] 侯海霞 . 辽宁方言词缀研究 [D]. 辽宁师范大学硕士论文，2011.
[8] 王笑舒 . 大连方言词汇研究 [D]. 广西师范学院硕士论文，2010.
[9] 王晓领 . 辽西方言中的程度副词研究 [D]. 吉林大学硕士论文，2009.

（二）吉林省

期刊：

[1] 董振邦，李轶伟 . 东北方言特点与吉剧艺术魅力的关系阐释 [J]. 戏剧文学，2020（01）：125-129.
[2] 蒋於缉，张艳翠 . 吉林方言拟声词表达功能摭谈 [J]. 吉林广播电视大学学报，2014（01）：1-2.
[3] 许华 . 论吉林方言语词的构词特点 [J]. 广西教育，2014（11）：113-114.
[4] 张艳翠 . 再议吉林方言中的一类特殊拟声词 [J]. 语文建设，2014（33）：85-86.
[5] 张艳翠 . 吉林地域文化对方言词汇选用的影响 [J]. 长春师范大学学报（人文社会科学版），2013（02）：40-41.
[6] 由杨 . 浅析吉林方言词在语用中体现的形象性 [J]. 吉林广播电视大学学报，2013（07）：21-22.
[7] 王洪杰 . 吉林方言词汇来源初探 [J]. 通化师范学院学报，2013（05）：20-23.
[8] 王洪杰，原永海 . 吉林方言词汇特点摭谈 [J]. 通化师范学院学报，2013（11）：9-11.
[9] 许秋华 . 吉林方言满语词的当代嬗变及其规范化问题 [J]. 齐齐哈尔大学学报（哲学社会科学版），2012（04）：159-161.
[10] 赵君秋 . 移民对吉林方言的影响 [J]. 才智，2010（35）：185-186.
[11] 冯常荣 . 吉林方言词的结构特点 [J]. 白城师范学院学报，2009（04）：28-31.
[12] 冯常荣，任洪云 . 吉林方言词汇的调查与研究 [J]. 白城师范学院学报，2005（04）：97-98.
[13] 曹莉萍 . 吉林方言词汇源流浅探 [J]. 吉林师范学院学报，1996（04）：32-33.
[14] 王立和 . 吉林方言词汇中加词嵌"得"的三音节形容词和动词 [J]. 吉林师范学院学报（哲学社会科学版），1984（03）：54-60.
[15] 刘新友 . 吉林方言里的一类象声词 [J]. 四平师院学报（哲学社会科学版），1980（02）：58-59.

学位论文：

[1] 谢元博 . 吉剧语言特色研究 [D]. 吉林师范大学硕士论文，2018.

（三）黑龙江省

期刊：

[1] 闫晶淼 . 黑龙江方言副词的语用功能研究 [J]. 绥化学院学报，2018（09）：70-72.
[2] 贾清妍，闫晶淼，安丽荣 . 黑龙江方言程度副词研究 [J]. 牡丹江大学学报，2017（12）：3-5，9.

[3] 王玮琦 . 哈尔滨方言中的俄语借词接触调查分析 [J]. 林区教学，2016（05）：59-61.
[4] 耿聪 .“整”和“弄”的社会语言学调查 [J]. 萍乡学院学报，2016（05）：85-88.
[5] 白银河，车怡萱 . 从《林海雪原》“黑话”真伪看社会语言存亡 [J]. 海外英语，2016（21）：199-200，206.
[6] 周晓燕，李成彬，刘宇 . 基于调查问卷的高校学生方言使用现状研究——以黑龙江方言为例 [J]. 山西青年，2016（06）：47.
[7] 梁晓玲 . 黑龙江方言的量词 [J]. 方言，2010（03）：273-278.
[8] 刘喜瑞 . 黑龙江方言中的“很”类程度副词分析 [J]. 佳木斯大学社会科学学报，2009（04）：50-51.
[9] 王亚凤 . 试析黑龙江方言中后附多音节词缀的四音节词语 [J]. 牡丹江师范学院学报（哲学社会科学版），2007（06）：63-65.
[10] 聂志平 . 黑龙江方言口语中的介词 [J]. 佳木斯大学社会科学学报，2003（02）：46-48.
[11] 孙也平，何芳 . 黑龙江方言谓宾动词“抗”辨析 [J]. 绥化师专学报，1997（04）：112-116.
[12] 姜文振 . 哈尔滨方言叠音和带叠音成分的状态词 [J]. 方言，1997（04）：286-291.
[13] 聂志平 . 黑龙江方言口语中的代词 [J]. 齐齐哈尔师范学院学报（哲学社会科学版），1995（01）：81-87.
[14] 孙也平 . 黑龙江方言动词后缀“一巴”[J]. 大庆高等专科学校学报，1995（02）：74-81.
[15] 孙也平，冯文洁 . 黑龙江方言多音后附式形容词探源 [J]. 大庆高等专科学校学报，1995（03）：52-57.
[16] 聂志平 . 黑龙江方言带后辍“挺”“道”“搭”的双音谓词 [J]. 绥化师专学报，1994（02）：33-37.
[17] 聂志平 . 黑龙江方言中的后附式双音谓词 [J]. 呼兰师专学报，1994（02）：54-62.
[18] 聂志平 . 黑龙江方言方位复合后缀 banrlǎr[J]. 大庆高等专科学校学报，1994（03）：58-60.
[19] 聂志平，李雪 . 黑龙江方言带后缀“巴”“哧”“咕”的双音谓词 [J]. 哈尔滨师专学报，1994（04）：76-80.

学位论文：

[1] 徐姗姗 . 黑龙江方言中的吃类动词研究 [D]. 哈尔滨师范大学硕士论文，2019.
[2] 尹宝玉 . 哈尔滨方言介词研究 [D]. 辽宁师范大学硕士论文，2018.
[3] 鲁名芯 . 黑龙江方言程度表达研究 [D]. 牡丹江师范学院硕士论文，2017.
[4] 计超 . 哈尔滨方言词缀研究 [D]. 广西师范学院硕士论文，2013.
[5] 赵丽娟 . 黑龙江方言附加式形容词研究 [D]. 辽宁师范大学硕士论文，2004.

专著：

[1] 聂志平 . 黑龙江方言词汇研究 [M]. 长春：吉林人民出版社，2005.
[2] 尹世超 . 哈尔滨方言词典 [Z]. 南京：江苏教育出版社，1997.
[3] 刘小南，姜文振 . 黑龙江方言词典 [Z]. 哈尔滨：黑龙江教育出版社，1991.

（四）内蒙古

期刊：

[1] 张滕月 . 赤峰方言万能动词“zou”浅析 [J]. 赤峰学院学报（汉文哲学社会科学版），2018（12）：93-95.

[2] 吴萌 . 赤峰普通话词汇形成的动因 [J]. 赤峰学院学报（汉文哲学社会科学版），2016（10）：198-200.

[3] 张怡 . 关于“异物同词”现象的探讨 [J]. 牡丹江大学学报，2016（07）：67-68，71.

[4] 李玉植 . 赤峰方言四音格词的构成方式 [J]. 湖北函授大学学报，2016（13）：190-191.

[5] 史慧 . 蒙古语借词“歹”之历史文化考察 [J]. 赤峰学院学报（汉文哲学社会科学版），2016（06）：207-209.

（五）整体研究

期刊：

[1] 吕羿蒙 . 东北方言中“咋”“咋的”反问评价功能初探 [J]. 汉字文化，2020（05）：29-30，34.

[2] 刘雨 . 东北方言中“老 + 亲属称谓”的语义探究 [J]. 参花（下），2019（07）：78.

[3] 姜雯 . 东北方言中的“AB（儿）的”格式分析 [J]. 唐山文学，2019（04）：121-122.

[4] 肖杰迅 . 东北方言的词汇来源 [J]. 北方文学，2019（18）：242-243.

[5] 程晓辰 . 广播脱口秀节目的泛东北话现象 [J]. 汉字文化，2019（22）：58-59.

[6] 宋艳欣 . 基于语料库的东北方言名词来源、类型与文化蕴含调查 [J]. 渤海大学学报（哲学社会科学版），2019（02）：116-121.

[7] 董冰华，孙艺铭 .《燕语启蒙》所见清末东北方言词汇特点 [J]. 长春师范大学学报，2019（05）：74-77.

[8] 席钰，高晓梅 . 宋小宝小品中东北方言运用探究 [J]. 产业与科技论坛，2019（13）：165-166.

[9] 纪璇 . 东北方言构词初探 [J]. 青年文学家，2019（08）：194.

[10] 金丽萍，武书卉 . 例析东北方言泛义动词“造”[J]. 文教资料，2019（28）：25-26.

[11] 刘欣 . 东北方言泛义形容词“大”探析 [J]. 黑龙江工业学院学报（综合版），2019（11）：149-153.

[12] 张培锋 . 说“嘚瑟”[J]. 思维与智慧，2019（12）：59.

[13] 陈美彤，梁晓玲 . 东北方言拟声词的语义类型 [J]. 北方文学（下），2018（04）：223，225.

[14] 姜哲 .《红楼梦》中的东北方言解读 [J]. 产业与科技论坛，2018（13）：199-200.

[15] 王世凯，吕羿蒙 . 东北方言中的单音双叠动词 [J]. 辽宁工业大学学报（社会科学版），2018（05）：61-64.

[16] 宋艳欣 . 东北方言文化名词及其反映的文化来源与类型——基于东北方言词汇库的调查 [J]. 辽宁工程技术大学学报（社会科学版），2018（06）：460-465.

[17] 徐宏宇 . 东北方言程度副词“老”和“贼”[J]. 理论观察，2018（11）：5-7.

[18] 徐姗姗 . 东北方言中“吃”类动词研究 [J]. 哈尔滨学院学报，2018（08）：121-124.
[19] 王吉春 . 周立波《暴风骤雨》中的东北方言词例释 [J]. 文化学刊，2018（02）：173-175.
[20] 彭语盈，葛东雷 . 东北方言叠词初探 [J]. 佳木斯职业学院学报，2017（05）：392.
[21] 李东侠 . 东北方言词“削”及其相关词研究 [J]. 大众文艺，2017（05）：214.
[22] 张佳妮 . 东北方言歇后语探究 [J]. 文化创新比较研究，2017（05）：78-83.
[23] 方勇 . 东北方言语义探究 [J]. 吉林师范大学学报（人文社会科学版），2017（01）：75-79.
[24] 盛丽春，王延东 . 东北方言词汇特点 [J]. 长春师范大学学报，2016（11）：93-98.
[25] 方勇，侯娜 . 东北方言语义探源研究 [J]. 吉林师范大学学报（人文社会科学版），2015（02）：113-116.
[26] 李光杰 . 近百年来汉语东北方言词汇研究述评 [J]. 辽宁大学学报（哲学社会科学版），2015（01）：125-130.
[27] 韩彩凤 . 试析东北方言中的程度副词“咣咣、嗷嗷、嘎嘎、哇哇”[J]. 哈尔滨学院学报，2011（06）：126-130.
[28] 李炜 . 东北方言中的副词性语素和副词 [J]. 才智，2011（05）：156-157.
[29] 侯海霞 . 谈东北方言词缀“挺”[J]. 现代语文（语言研究版），2010（03）：93-94.
[30] 黄平，于莹 . 东北方言四音格状态形容词研究 [J]. 延边教育学院学报，2010（03）：18-20.
[31] 刘宇 . 东北官语中表持续体动词重叠的限制条件及其理据分析 [J]. 牡丹江师范学院学报（哲学社会科学版），2010（02）：68-70.
[32] 史文静 . 东北官话表示方位和时间的后加成分与相关词语 [J]. 语文研究，2010（02）：55-58.
[33] 王婷 . 东北方言中的俄语借词研究 [J]. 齐齐哈尔大学学报（哲学社会科学版），2010（02）：86-88.
[34] 林海燕 . 谈东北方言派生词构词特点 [J]. 现代交际，2010（12）：83.
[35] 张爽 . 东北方言词缀“儿”的语义研究 [J]. 语文学刊，2009（07）：37-39.
[36] 潘虹 . 东北方言名词词缀研究 [J]. 现代语文（语言研究版），2008（04）：59-60.
[37] 杨春风 . 东北方言中的万能动词——整 [J]. 今日辽宁，2008（01）：80-81.
[38] 于丽新 . 浅析东北方言的词汇学意义 [J]. 时代文学（双月版），2007（03）：146-147.
[39] 陈文娟，李琳，高玲 . 论东北方言中词缀的理据性 [J]. 现代语文（语言研究版），2007（01）：88-90.
[40] 王红梅 . 浅析东北方言中的前附式状态词 [J]. 广西社会科学，2004（12）：166-168.
[41] 聂志平 . 东北方言中一些带后缀的后附式双音词语 [J]. 呼兰师专学报，2000（02）：50-56.
[42] 范庆华，郎景禄 . 说“猫”、“尥蹶子”——兼谈东北方言与普通话词语之比较 [J]. 东疆学刊，1999（02）：95.
[43] 庞壮国 . 啦巴唧——东北方言中以“啦巴唧”为尾缀的词组 [J]. 大庆高等专科学校学报，1999（03）：113-116.

[44] 张万有 . 方言动词“整”简说 [J]. 昭乌达蒙族师专学报（汉文哲学社会科学版），1999（01）：36-39.

[45] 王波，徐亮 . 东北方言动词“造”[J]. 齐齐哈尔师范学院学报（哲学社会科学版），1997（04）：41-43.

[46] 聂志平 .《金瓶梅词话》中的东北方言词话 [J]. 大庆高等专科学校学报，1996（03）：43-48.

[47] 许皓光 . 东北方言词汇的构词和修辞特点初探 [J]. 辽宁大学学报（哲学社会科学版），1994（04）：97-99.

[48] 陈伯霖 . 满语词语在东北方言中的遗留 [J]. 黑龙江民族丛刊，1994（04）：109-113.

[49] 范庆华 . 东北方言中附加式词 [J]. 延边大学学报（哲学社会科学版），1992（02）：83-88.

[50] 刘新友 . 东北方言中一类形容词的构成及特点 [J]. 松辽学刊（社会科学版），1984（04）：91-94，135.

[51] 常纯民 . 试论东北方言程度副词 [J]. 齐齐哈尔师范学院学报（哲学社会科学版），1983（03）：115-121.

学位论文：

[1] 陈威霖 . 东北方言程度副词“贼”的比较研究 [D]. 西安外国语大学硕士论文，2019.

[2] 王聪 . 新民方言名词及名词性短语研究 [D]. 辽宁师范大学硕士论文，2019.

[3] 王吉春 .《暴风骤雨》中的东北方言词和熟语研究 [D]. 辽宁师范大学硕士论文，2018.

[4] 安天伟 . 东北方言词缀“巴”的研究 [D]. 吉林大学硕士论文，2018.

[5] 李雪莹 . 东北方言“很”类程度副词的研究 [D]. 吉林大学硕士论文，2017.

[6] 张娜 .《红楼梦》中物质生活民俗词汇及其维译研究 [D]. 喀什大学硕士论文，2016.

[7] 王海平 . 宋元买地券复音同义词研究 [D]. 河北师范大学硕士论文，2016.

[8] 巴德玛 . 汉蒙亲属称谓语对比研究 [D]. 吉林大学硕士论文，2016.

[9] 付楠楠 . 东北方言词语使用和语言态度的代际及地区差异研究——以吉林省松原市为例 [D]. 中央民族大学硕士论文，2010.

[10] 满蕾 . 东北方言数字词研究 [D]. 广西师范学院硕士论文，2010.

[11] 潘登 . 东北官话体词性词语的构成特点研究 [D]. 黑龙江大学硕士论文，2010.

[12] 刘倩 . 东北官话形容词生动式研究 [D]. 暨南大学硕士论文，2005.

专著：

[1] 马思周，姜光辉 . 东北方言词典 [Z]. 长春：吉林文史出版社，1991.

[2] 许皓光，张大鸣 . 简明东北方言词典 [Z]. 沈阳：辽宁人民出版社，1988.

[3] 刘禾 . 常用东北方言词浅释 [Z]. 长春：吉林人民出版社，1959.

四、语法研究

（一）辽宁省

期刊：

[1] 张明辉，孙聪 . 辽宁方言语法研究综述 [J]. 辽东学院学报（社会科学版），2019（03）：74-85.

[2] 王吉春 . 海城方言研究综述 [J]. 现代语文（学术综合版），2017（02）：111-112.

[3] 巩艳博 . 用跨文化交际研究辽宁方言的语法特点 [J]. 长江丛刊，2016（06）：74.

[4] 张明辉 . 辽北方言是非问句研究 [J]. 辽东学院学报（社会科学版），2015（04）：54-58.

[5] 邓福巨 . 东港语法探究 [J]. 辽宁广播电视大学学报，2014（01）：89-91.

[6] 张明辉 . 东北方言反问句的结构类型研究 [J]. 南阳师范学院学报，2012（05）：44-47.

[7] 张明辉，云微 . 辽北方言的祈使句“A[性质]+儿+的”研究 [J]. 江西科技师范学院学报，2012（01）：73-76.

[8] 翟迪，刘维 . 辽宁朝阳方言“治不得 V”结构浅析 [J]. 佳木斯教育学院学报，2012（03）：75.

[9] 迟永长 . 辽西话表可能的语尾助词“了”（liǍo）[J]. 辽宁师范大学学报（社会科学版），2010（06）：85-87.

[10] 张明辉，王虎 . 辽宁铁岭方言语法二题 [J]. 广州广播电视大学学报，2009（04）：56-61，109-110.

[11] 何占涛 . 朝阳方言语法特征 [J]. 文教资料，2007（31）：35-37.

[12] 张素英 . 辽宁方言词汇和语法同普通话的差异 [J]. 锦州师范学院学报（哲学社会科学版），1995（04）：79-81.

学位论文：

[1] 韩冰 . 抚顺方言语法专题研究 [D]. 浙江财经大学硕士论文，2018.

（二）吉林省

期刊：

[1] 刘胜男，张明辉 . 吉林方言语法研究综述 [J]. 湖北科技学院学报，2019（05）：79-87.

[2] 张静文 . 吉林方言程度副词“诚”的考察 [J]. 现代语文，2018（01）：82-85.

[3] 尹秀丽 . 东北方言“了”中缀的词法和语义特征——以吉林方言的四字格为例 [J]. 大庆师范学院学报，2017（05）：92-95.

[4] 李寅华 . 长春地区方言程度副词“老”和“贼”的对比分析 [J]. 吉林省教育学院学报，2016（10）：169-172.

[5] 韩晓飞 . 浅谈吉林集安方言中“的”的用法 [J]. 现代语文（语言研究版），2010（07）：104-106.

[6] 于宏 . 吉林方言中形容词的特殊格式及功用 [J]. 白城师范学院学报，2008（05）: 63-66.
[7] 王红梅 . 吉林洮南方言中的后缀“的”[J]. 北方论丛，2003（06）: 77-80.

（三）黑龙江省

期刊：

[1] 张雷 . 浅析黑龙江方言“老”的用法及其影响因素 [J]. 汉字文化，2019（17）: 28-29.
[2] 唐帅 . 黑龙江方言重叠拟声后缀构成的 AABB 式词汇研究（上）[J]. 语言文字周报，2016（04）.
[3] 唐帅 . 黑龙江方言重叠拟声后缀构成的 AABB 式词汇研究（下）[J]. 语言文字周报，2016（04）.
[4] 王昭庆 . 大庆方言程度副词与地域人文环境的关系 [J]. 新校园（上旬），2016（09）: 88.
[5] 王学忠 . 黑龙江方言重叠研究 [J]. 齐齐哈尔大学学报（哲学社会科学版），2010（02）: 82-85.
[6] 王邵男，董志民 . 浅谈黑龙江方言和普通话的区别 [J]. 价值工程，2010（18）: 21-22.
[7] 杨松柠，徐晶 . 黑龙江站话的形成及其主要特点 [J]. 大庆师范学院学报，2009（05）: 108-111.
[8] 王榕 . 浅谈黑龙江方言的特征 [J]. 中国科教创新导刊，2009（01）: 115.

学位论文：

[1] 刘宇 . 哈尔滨方言语法现象研究 [D]. 吉林大学博士论文，2015.
[2] 吴昊 . 黑龙江嫩江方言研究 [D]. 青海师范大学硕士论文，2011.

（四）内蒙古

期刊：

[1] 韩启振 . 汉语方言无条件连词的语义类型 [J]. 河北科技师范学院学报（社会科学版），2016（02）: 36-41.
[2] 王冬梅 . 内蒙古晋语语法特征疑义 [J]. 宁夏大学学报（人文社会科学版），2015（02）: 24-28，33.
[3] 王枭雄 . 巴盟方言的语言特点 [J]. 语文学刊，2014（02）: 14-16.
[4] 周凤玲 . 内蒙古包头汉语方言语气词及其运用 [J]. 语文学刊，2009（01）: 117-119.
[5] 李慧贤 . 见于鄂尔多斯方言中的元代白话碑语词 [J]. 内蒙古师范大学学报（哲学社会科学版），2008（05）: 93-96.
[6] 周利芳 . 内蒙古丰镇话的人称代词 [J]. 语文研究，2004（03）: 53-55.

学位论文：

[1] 佟桦 . 通辽市汉语方言陈述语气词研究 [D]. 中央民族大学硕士论文，2012.
[2] 王雪梅 . 内蒙古晋语凉城话及其变异研究 [D]. 中央民族大学博士论文，2010.

[3] 赵子阳 . 内蒙古西部区方言詈词与民俗文化 [D]. 内蒙古师范大学硕士论文，2008.
[4] 包满亮 . 蒙古语构形词缀研究——基于我国现代蒙古口语构形词缀 [D]. 中央民族大学博士论文，2007.
[5] 蒙瑞萍 . 包头方言语法研究 [D]. 南开大学硕士论文，2007.

（五）整体研究

期刊：

[1] 杨怀文 . 东北方言中“VP+ 的”无核关系小句的名词化 [J]. 大连民族大学学报，2019（06）：557-560，571.
[2] 宋禹岐 . 从原型范畴角度谈东北方言中的“老 + 形容词（了）”结构 [J]. 辽宁教育行政学院学报，2019（01）：97-100.
[3] 盛丽春 . 东北方言词汇的构词类型 [J]. 哈尔滨师范大学社会科学学报，2018（06）：83-86.
[4] 孙宁 . 浅析东北方言词缀“子”[J]. 吉林省教育学院学报，2018（01）：135-138.
[5] 周美慧 . 东北方言词 gao 的用法探究 [J]. 人生十六七，2017（08）：80.
[6] 李逊 . 日本明治汉语教科书所见清末东北方言语法特点 [J]. 长春师范大学学报，2017（03）：87-91.
[7] 方兴龙，王世建 . 东北方言程度副词“贼”“死”用法比较研究 [J]. 现代语文（语言研究版），2017（03）：77-79.
[8] 周桥 . 浅谈东北地区纸媒方言词使用问题 [J]. 长春师范大学学报，2016（01）：106-108.
[9] 刘吉山 . 影视节目“东北方言热”现象探析 [J]. 现代交际，2016（22）：87-88.
[10] 王永利 . 方言主持之东北方言主持 [J]. 新闻研究导刊，2016（09）：179，190.
[11] 张金玉 . 东北方言语法特征探究 [J]. 艺术品鉴，2015（01）：105.
[12] 张洪杰，梁晓玲 . 东北方言语法研究的新进展 [J]. 语文教学通讯 · D 刊（学术刊），2013（04）：62-67.
[13] 刘春丽 . 东北官话语法特点补说 [J]. 黑龙江教育学院学报，2011（05）：134-135.
[14] 陈颖 . 东北官话中“的”的特殊用法 [J]. 现代语文（语文研究版），2011（01）：80-82.
[15] 姜兴彤 . 东北腔的修辞效果 [J]. 通化师范学院学报，2010（01）：17-18，29.
[16] 谭宏姣，王海欧 . 东北方言詈语特征浅析 [J]. 吉林师范大学学报（人文社会科学版），2009（03）：61-64.
[17] 康瑞琮 . 东北方言中的反复问句 [J]. 天津师大学报，1987（03）：71-72.

其他：

[1] 于宏 . 东北方言在娱乐中的语用功效 [N]. 吉林日报，2010.

五、文化研究

（一）辽宁省

期刊：

[1] 杨春宇．东北亚语言发展与辽宁文化战略对策 [J]. 理论界，2010（2）：156-158.
[2] 胡莹．从辽东方言词看语言的人文性 [J]. 山西师大学报（社会科学版），2008（S2）：66-67.

学位论文：

[1] 杨扬．丹东市人名的语言学考察 [D]. 沈阳师范大学硕士论文，2016.
[2] 郑婷．辽宁省阜蒙县佛寺镇蒙汉语言接触情况调查研究 [D]. 渤海大学硕士论文，2016.
[3] 张兆金．东北方言程度副词研究 [D]. 东北师范大学硕士论文，2014.
[4] 张羽东．北方言对英语语音语调的影响 [D]. 齐齐哈尔大学硕士论文，2013.
[5] 郑慧仁．东北亚语言比较标记的类型学研究 [D]. 北京大学博士论文，2013.
[6] 孙红艳．“闯关东”对辽宁方言成因的影响 [D]. 西南大学硕士论文，2009.

专著：

[1] 朱诚如．辽宁通史 [M]. 沈阳：辽宁民族出版社，2009.
[2] 牛广臣．锦州春秋纪事 [M]. 北京：方志出版社，1997.

（二）吉林省

期刊：

[1] 赵君秋．移民对吉林方言的影响 [J]. 才智，2010（35）：185-186.

学位论文：

[1] 薛丞妍．吉剧剧本中的东北民俗现象分析 [D]. 东北师范大学硕士论文，2019.
[2] 方惠．东北方言惯用语使用情况调查研究——以吉林省吉林市为例 [D]. 东北师范大学硕士论文，2013.

（三）内蒙古

期刊：

[1] 吴萌．赤峰普通话的文化价值初探 [J]. 赤峰学院学报（汉文哲学社会科学版），2016（09）：132-134.
[2] 吴刚．达斡尔语书面文学发展述论 [J]. 满语研究，2016（01）：84-87.
[3] 张军．语言生活研究范式的新探索——读《语言生活与语言政策：中国少数民族研究》[J]. 语言战略研究，2016（03）：91-96.
[4] 李玉植．山东方言在赤峰话形成过程中所起的决定性作用 [J]. 赤峰学院学报（汉文哲学社会科学版），2016（04）：169-173.

[5] 郭玲丽 . 达斡尔语的空间范畴 [J]. 中央民族大学学报（哲学社会科学版），2016（01）：163-169.
[6] 马戎 . 中国民族地区的语言区域与语言应用模式论 [J]. 语言战略研究，2016（01）：16-24.

（四）整体研究

期刊：

[1] 杨丽娜 . 方言的文化和社会功能 [J]. 人民论坛，2020（01）：138-139.
[2] 李哲 . 东北方言特点及其文化背景辨析 [J]. 黑河学院学报，2020（01）：155-157.
[3] 佟鸣，贾秀春 . 影视作品视野下的东北方言研究 [J]. 产业与科技论坛，2019（03）：165-166.
[4] 杨清波 . 东北民歌色彩探究 [J]. 艺术科技，2019（11）：48-49.
[5] 郑莉，姜在新 . 构建东北方言品牌设计研究 [J]. 中国民族博览，2019（05）：111-112.
[6] 董苗苗，李光杰 . 从多元文化看东北方言的形成与发展 [J]. 长春师范大学学报，2019（09）：39-42.
[7] 王梦辰 . 从东北方言“你瞅”及其变体看社会交际文化 [J]. 边疆经济与文化，2019（05）：96-97.
[8] 张晓娜 . 东北方言中的满语借词与东北地域文化浅析 [J]. 青年文学家，2018（33）：182.
[9] 宋紫怡 . 从影视剧中看东北方言的“话语系统”——以电影《东北往事之破马张飞》为例 [J]. 北方文学，2018（08）：251-252.
[10] 孙海龙 . 地域文化与现代传播媒介——东北方言流行的结构质素 [J]. 大连海事大学学报（社会科学版），2018（02）：124-127.
[11] 郑莉，姜在新 . 东北方言图形化设计应用研究 [J]. 中国民族博览，2018（12）：112-113.
[12] 王宇欣 . 东北方言的文化价值探究 [J]. 产业与科技论坛，2018（16）：184-185.
[13] 王宇，王丹 . 东北方言的语言文化特色 [J]. 黑龙江社会科学，2017（05）：151-153.
[14] 王晓楠，金海燕 .“东北民间故事”的文化传播策略 [J]. 艺术评鉴，2017（09）：185-186，121.
[15] 曹玉瑶，殷昊 . 方言词汇词义变迁的地域文化透视——以东北、山东方言为例 [J]. 北方文学，2017（03）：90-92.
[16] 李秀文 . 语料库之东北方言的历史与文化成因 [J]. 才智，2017（07）：230.
[17] 秦初阳 . 东北方言动物隐喻词中的地域文化要素 [J]. 文化学刊，2017（01）：163-165.
[18] 杨惠栋 . 从东北方言词看东北饮食文化 [J]. 语文学刊，2011（17）：111-112.
[19] 于晓 . 东北方言词汇中的地域文化 [J]. 科教导刊（中旬刊），2011（08）：184-185.
[20] 李平 . 从东北方言词汇看多元文化 [J]. 中国科教创新导刊，2011（25）：90-91.
[21] 姜艳萍 . 从文化传播角度探析东北方言 [J]. 文学界（理论版），2010（07）：112.
[22] 卢晓侠 . 东北民俗喜剧中方言的独特气韵 [J]. 学术交流，2010（04）：149-151.
[23] 周福岩 . 方言、二人转与东北地域文化问题 [J]. 民俗研究，2007（02）：140-150.
[24] 周福岩 . 东北民间笑谑艺术初探——以东北方言与“二人转”为例 [J]. 辽宁大学学报（哲学社会科学版），2007（05）：80-84.

[25] 龚北芳 . 东北方言在地域文化中的价值 [J]. 长春师范学院学报，2007（03）: 87-89.
[26] 盛丽春，韩梅 . 东北方言与地域文化的关系 [J]. 长春师范学院学报，2006（11）: 74-77.
[27] 吴红波 . 东北方言中的满语与文化 [J]. 现代语文，2006（05）: 8-9.
[28] 王洪杰 . 东北方言与关东文化关系摭谈 [J]. 通化师范学院学报，2005（01）: 126-129.
[29] 王颖 . 从东北方言词语看东北的多元民族文化 [J]. 社会科学战线，2004（01）: 152-156.
[30] 景体渭 . 东北地区原始文化和原始语言类型初探 [J]. 松辽学刊（人文社会科学版），2001（05）: 74-77.
[31] 孙冬虎 . 清代以来东北地区民族构成及地名的变迁 [J]. 社会科学战线，1998（05）: 202-209.

学位论文：

[1] 闫石 . 东北方言惯用语文化认知研究 [D]. 东北师范大学硕士论文，2017.
[2] 李哲 . 俄汉农谚体现出的民族文化特点研究 [D]. 吉林大学硕士论文，2016.
[3] 李金梅 .1912—1949 年胶东半岛地区移民东北研究 [D]. 东北师范大学硕士论文，2010.
[4] 李琳 . 从关东文化的角度探讨东北方言的特征 [D]. 武汉理工大学硕士论文，2008.
[5] 范立君 . 近代东北移民与社会变迁（1860—1931）[D]. 浙江大学博士论文，2005.

专著：

[1] 周振鹤，游汝杰 . 方言与中国文化（第 2 版）[M]. 上海：上海人民出版社，2006.
[2] 甘于恩，刘倩 . 七彩方言——方言与文化趣谈 [M]. 广州：华南理工大学出版社，2005.
[3] 李治亭等 . 关东文化 [M]. 沈阳：辽宁教育出版社，1998.
[4] 陈克 . 中国语言民俗学 [M]. 天津：天津人民出版社，1993.
[5] 孙进己 . 东北民族源流 [M]. 哈尔滨：黑龙江人民出版社，1987.

其他：

[1] 魏巧燕 . 满语文化对东北语言文化的影响 [N]. 中国社会科学报，2019.
[2] 王敏娜 . 作为一种文化记忆记录和收存东北方言 [N]. 辽宁日报，2017.

六、东北官话与其他少数民族语言研究

期刊：

（中文文献）

[1] 邵海艳 . 齐齐哈尔方言中的满语借词简探 [J]. 戏剧之家，2020（05）: 214-215.
[2] 贾秀春，孙艳君 . 清末民初东北少数民族语言使用状况及语言态度 [J]. 长春师范大学学报，2020（01）: 104-107.
[3] 刘宇 . 论女真语双唇音的唇齿化现象 [J]. 满语研究，2019（02）: 31-37.
[4] 戴光宇 . 高句丽语和满语的系属关系探析 [J]. 四川大学学报（哲学社会科学版），2019（06）: 165-175.

[5] 季永海 ."满式汉语"及其他——答戴昭铭先生之四 [J]. 满语研究，2019（02）：5-16.
[6] 戴光宇 . 高句丽语和满语的系属关系探析 [J]. 四川大学学报（哲学社会科学版），2019（06）：165-175.
[7] 吴双 . 东北方言中的满语借词 [J]. 理论观察，2019（09）：164-168.
[8] 张洪健 . 元明汉语常用代词变迁研究——以《古本老乞大》《老乞大谚解》和《训世评话》为中心 [J]. 兰州教育学院学报，2019（07）：80-83.
[9] 竹越孝 . 朝鲜时代汉语教材的内部差异——以"是"的用法为例 [J]. 南开语言学刊，2018（01）：28-36.
[10] 汪维辉 . 近代官话词汇系统的形成——以《训世评话》与《老乞大》《朴通事》的比较为出发点 [J]. 南开语言学刊，2018（01）：2-18.
[11] 晓春 . 从《大清全书》看满语连词释义 [J]. 满学丛刊（第七辑），2017（12）：240-254.
[12] 陳丹丹 . 從《清文指要》和《重刊老乞大》的差異看滿語對漢語的影響 [J]. 历史语言学研究，2017（01）：289-298.
[13] 魏兆惠 . 清代北京官话特殊副词"白"来源于满语的若干旁证 [J]. 中央民族大学学报（哲学社会科学版），2017（04）：128-135.
[14] 李逊 . 日本明治汉语教科书所见清末东北方言语法特点 [J]. 长春师范大学学报，2017（03）：87-91.
[15] 张辉，宋婷婷 . 朝鲜朝汉语东北官话"质正"探究 [J]. 北华大学学报（社会科学版），2016（04）：10-14.
[16] 陈明娥 . 世界汉语教育史的重大收获——评《日本汉语教科书汇刊（江户明治编）》[J]. 厦大中文学报，2016（01）：238-244.
[17] 寇振锋 . 日本汉语教材《急就篇》的编刊及影响 [J]. 国际汉语学报，2016（06）：176-182.
[18] 金茗竹，邹德文 . 朝鲜系列汉语教科书《骑着一匹》疑难词语考释 [J]. 黑龙江社会科学，2016（06）：137-140.
[19] 张松 . 近代东北地区的满汉文传统教学 [J]. 满语研究，2016（01）：20-24.
[20] 谢士华 . 韩国燕行文献所记录的语言现象摭折 [J]. 广西科技师范学院学报，2016（01）：51-54.
[21] 杨春瑶 . 朝鲜时代汉语教材对当下对外汉语教材的积极影响——以《中华正音 * 骑着一匹》（韩国顺天大学图书馆藏本）为主要例子 [J]. 亚太教育，2016（33）：175，285.
[22] 李紫嫣，王娇娇 .《老乞大谚解》与《朴通事谚解》中词缀用法浅析 [J]. 甘肃广播电视大学学报，2016（04）：47-50.
[23] 王治理，周丹 . 对外汉语教材评估视角下的《原本老乞大》[J]. 海外华文教育，2016（06）：828-836.
[24] 张辉，李无未 . 朝鲜朝汉语声调标记"质正"[J]. 古汉语研究，2016（01）：80-85，104.
[25] 綦岩 . 永宁寺记碑的女真碑文——兼谈明代女真语与满语的关系 [J]. 北方文物，2016（01）：107-112.

[26] 时妍 . 满语词汇语义研究评述（1978—2015）[J]. 通化师范学院学报，2016（07）: 46-53.
[27] 傅林 . 从契丹文墓志看辽代汉语“儿”字的音值 [J]. 保定学院学报，2016（01）: 65-70.
[28] 李光杰，崔秀兰 . 清末民初东北少数民族通用语的转换 [J]. 贵州民族研究，2016（03）: 180-184.
[29] 金春顺 . 论中国朝鲜民族的方言 [J]. 课程教育研究，2016（23）: 15.
[30] 许多会 . 关于《突厥语大词典》汉文本中专名译名汉字译写不一致的问题 [J]. 语言与翻译，2016（01）: 53-59.
[31] 晓春 . 乾隆帝敕修民族语文辞书及对民族语言发展方面的作为 [J]. 满语研究，2016（01）: 57-62.
[32] 赵志忠 . “萨满”词考 [J]. 中央民族大学学报，2002（03）: 139-141.
[33] 乌云高娃 . 日本学者对明“四夷馆”及《华夷译语》的研究状况 [J]. 中国史研究动态，2002（06）: 19-24.
[34] 刘浦江 . 女真语言文字资料总目提要 [J]. 文献，2002（03）: 180-199.
[35] 朝克 . 关于女真语研究 [J]. 民族语文，2001（01）: 54-58.
[36] 孙伯君 .《女真译语》中的遇摄三等字 [J]. 民族语文，2001（04）: 50-54.
[37] 董万仑 . 从庆源、北青女真字刻石看金代东海女真的文化 [J]. 黑龙江民族丛刊，1998（04）: 55-58.
[38] 齐米德道尔吉 . 金代女真语札记 [J]. 内蒙古大学学报（哲学社会科学版），1996（03）: 43-49.
[39] 额尔敦巴特尔 . 简论契丹大字和女真文字的比较研究 [J]. 内蒙古大学学报（哲学社会科学版），1996（03）: 50-58.
[40] 和希格 . 日本女真语文研究 50 年述评 [J]. 北方文物，1994（03）: 58-63.
[41] 张甫白 .《金史》“合里宾忒”语义释略 [J]. 龙江社会科学，1994（04）: 46-50.
[42] 汪玉明 .《女真馆杂字》研究新探 [J]. 民族语文，1994（05）: 56-64.
[43] 穆鸿利 . 女真文研究中不能回避的问题 [J]. 北方文物，1994（03）: 64-66，41.
[44] 金启孮，乌拉熙春 . 女真语与满语关系浅议 [J]. 民族语文，1994（01）: 11-16.
[45] 王可宾 . 从语言遗迹看女真社会历史文化 [J]. 史学集刊，1992（03）: 13-19.
[46] 金焘方 . 从女真语到满洲语 [J]. 满语研究，1990（01）: 46-52，36.
[47] 毛汶 . 从女真文碑刻印证和补充历史文献的缺略 [J]. 文物研究，1988（03）.
[48] 傅朗云 . 明代《女真馆来文》研究概述 [J]. 北方文物，1986（01）: 87-88.
[49] 金启孮 . 女真的文字和语言——对祖国文化融合发展的贡献 [J]. 社会科学战线，1986（01）: 311-312.
[50] 刘凤翥 .《女真文辞典》介绍 [J]. 辽金契丹女真史研究，1985（02）.
[51] 王则 . 吉林省发现的契丹文银质符牌 [J]. 博物馆研究，1985（02）.
[52] 金启孮 . 论金代的女真文学 [J]. 内蒙古大学学报（哲学社会科学版），1984（04）: 15.
[53] 和希格 . 契丹大字与传世的女真文字 [J]. 内蒙古大学学报（哲学社会科学版），1984（03）: 1-6.

[54] 蔡美彪 . 女真字构制初探 [J]. 内蒙古大学学报（哲学社会科学版），1984（02）：1-11.
[55] 道尔吉，和希格 . 女真译语研究 [J]. 内蒙古大学学报（增刊），1983.
[56] 和希格 . 近百年国内外《女真译语》研究概况 [J]. 内蒙古社会科学，1982（03）：104-108.
[57] 冯蒸 ."华夷译语"调查记 [J]. 文物，1981（02）：57-68.
[58] 道尔吉 . 关于女真大小字问题 [J]. 内蒙古大学学报（哲学社会科学版），1980（04）：41-48.
[59] 和希格 . 从金代的金银牌探讨女真大小字 [J]. 内蒙古大学学报（哲学社会科学版），1980（04）：28-40.
[60] 金光平，金启孮 . 女真制字方法论——兼与日本山路广明氏商榷 [J]. 内蒙古大学学报（哲学社会科学版），1980（04）：11-27.
[61] 刘凤翥 . 契丹、女真文字简介 [J]. 历史教学，1980（05）：49-52.
[62] 金启孮 . 女真文 [J]. 历史教学，1980（12）.
[63] 穆鸿利，道尔吉，和希格 . 女真文字史料摘抄 [J]. 内蒙古大学学报（哲学社会科学版），1979（Z2）：193-220.
[64] 金光平 . 从契丹大小字到女真大小字（特约稿）[J]. 内蒙古大学学报（社会科学），1962（02）：9-14.
[65] 毛汶 . 女真文字之起源 [J]. 史学年报，1931（03）.
[66] 钱稻孙 . 女真文字之研究资料 [J]. 学舌，1930（01）.
[67] 罗福成 . 女真国书摩崖 [J]. 东北丛刊，1930（05），卷首插页 .
（日译文献）
[1] 爱新觉罗・乌拉熙春 . 从金代女真语看中古东北亚地区的民族接触 [J]. 立命馆文学，2001，第 569 号：1270-1241.
[2] 爱新觉罗・乌拉熙春 . 契丹大小字和女真大小字——纪念金光平先生百年诞辰 [J]. 立命馆文学，1999，560 号：184-162.
[3] 爱新觉罗・乌拉熙春 . 西安碑林女真文字书新考 [J]. 立命馆文学，1998，第 556 号：308-285.
[4] 清濑义三郎则府 . 女真文字——通古斯狩猎民族创造的仿汉字文字 [J]. 汉学，1998，8 卷第 6 号 .
[5] 爱新觉罗・乌拉熙春 . 女真语第一音节母音的研究 [J]. 立命馆文学，1996，第 546 号：203-163.
[6] 寺村政男 .《金史・国语解》所见女真语浅析 [J]. 大东文化大学语学教育研究论丛，1991，第 8 号 .
[7] 西田龙雄 . 从汉字产生的文字 [J]. 言语，1981，10 卷第 11 号 .
[8] 西田龙雄 . 女真文字——它的形成和发展（上、下）[J]. 言语，1980，9 卷第 11、第 12 号 .
[9] 田村实造 . 契丹、女真文字考 [J]. 东洋史研究，1976，35 卷第 3 号：361-163.
[10] 清濑义三郎则府 . 女真音的构拟 [J]. 言语研究，1973，第 64 号：12-43.
[11] 山路广明 . 若干女真文字的解读 [J]. 早稻田大学图书馆纪要，1968，第 9 号：20-29.
[12] 山路广明 . 从词汇学看葛氏译语——女真馆来文检讨之一 [J]. 早稻田大学图书馆纪要，1967，第 8 号：31-40.
[13] 丰田五郎 . 契丹隶字考——女真文字的源流 [J]. 东洋文库和文纪要，1963，46 卷第 1 号 .

[14] 山路广明 . 有关女真语中的诸动词变化语尾 [J]. 言语集录，1955，第 6 号 .
[15] 山崎忠 . 我国《华夷译语》研究史 [J]. 朝鲜学报，1953，第 5 号：45-58.
[16] 山路广明 . 契丹、女真的语言文字及其相互关系 [J]. 史观，1953，第 39 号 .
[17] 山路广明 . 关于女真文制字的研究 [J]. 言语集录，1953，第 5 号 .
[18] 山路广明 . 女真难语解——关于“来”（都督）的基字之发现 [J] . 言语集录，1953，第 5 号 .
[19] 山路广明 . 葛鲁贝氏译语之检讨 [J]. 言语集录，1953，第 5 号 .
[20] 山路广明 . 契丹、女真文字制字方法论比较 [J]. 言语集录，1953，第 4 号 .
[21] 山路广明 . 女真文字的构造 [J]. 言语集录，1953，第 4 号 .
[22] 山路广明 . 女真说文考 [J]. 言语集录，1952—1953，第 1、第 2、第 3、第 4、第 5 号 .
[23] 山路广明 . 女真语的十干 [J]. 言语集录，1952，第 3 号 .
[24] 山路广明 . 女真语的十二支 [J]. 言语集录，1952，第 2 号 .
[25] 山路广明 . 女真语中的完全意字和不完全意字 [J]. 言语集录，1952，第 2 号 .
[26] 村山七郎 . 关于《吾妻镜》所见之女真语 [J]. 东洋学报，1951，33 卷第 3、第 4 号合刊：414-416.
[27] 山本守 .《女真译语》研究 [J]. 神户外大论丛，1951，2 卷第 2 号：64-79.
[28] 长田夏树 . 女真文字金石资料及其解读 [J]. 乌拉尔・阿尔泰学会刊，1950.
[29] 长田夏树 . 女真文字的构造及其音值 [J]. 日本中国学会刊行，1949.
[30] 长田夏树 . 满洲语和女真语 [J]. 神户外国语大学言语学会《神户言语学会报》，1949，第 1 号 .
[31] 山本守 . 静嘉堂本《女真译语》考异 [J]. 满铁各图书馆报《书香》，1943，15 卷第 10 号 .
[32] 石田幹之助 . 所谓女真大字是什么样？——附说李王家博物馆藏圆铜镜镜背的文字 [J]. 史学杂志，1942，53 编第 7 号 .
[33] 山下泰藏 . 金镜——女真字资料之一 [J]. 满洲史学，1940，3 卷第 2 号：1-6.
[34] 石田幹之助 . 女真 [J]. 池内博士还历纪念东洋史论丛，1940.
[35] 外山军治 . 关于阿波国文库本《华夷译语》[J]. 东洋史研究，1938，3 卷第 5 号：91-92.
[36] 今西春秋 . 女真字铜印 [J]. 东洋史研究，1938，3 卷 4 号，封二 .
[37] 小平绥方 . 辽金西夏元清五朝的制字 [J]. 东洋文化，1937，第 154 号：20-22.
[38] 三上次男 . 金代中期的国语问题 [J]. 史学杂志，1936，47 编第 6 号 .
[39] 和田清 . 关于《吾妻镜》所见女真字的性质 [J]. 史学杂志，1935，46 编第 7 号 .
[40] 中岛利一郎 .《吾妻镜》所见女真文字的研究——所谓高丽人的银简铭 [J]. 考古学杂志，1935，25 卷第 4 号 .
[41] 秋山谦藏 . 镰仓时代女真船的来航——《吾妻镜》女真文字和《华夷译语》女真文字的比较研究 [J]. 历史地理，1935，65 卷第 1 号 .
[42] 渡部薰太郎 . 女真语的新研究 [J]. 大阪东洋学会《亚细亚研究》，1935，第 12 号 .
[43] 鸳渊一 . 关于旅行的回忆和女真字碑文 [J]. 史学研究，1934，6 卷第 2 号：273-274.
[44] 渡部薰太郎 . 女真馆来文通解 [J]. 大阪东洋学会《亚细亚研究》，1933，第 11 号 .
[45] 稻叶岩吉 .《吾妻镜》女真字的研究 [J]. 朝鲜京城青丘学会《青丘学丛》，1932，第 9 号：1-19.

[46] 稻叶岩吉 . 北青城串山城女真字摩崖考释 [J]. 朝鲜京城青丘学会《青丘学丛》, 1930, 第 2 号 .
[47] 石田幹之助 . 女真语研究的新资料 [J]. 桑原博士还历纪念东洋史论丛《东亚》，1930，3 卷第 3 号 .
[48] 稻叶君山 . 咸北的女真语地名 [J]. 朝鲜语，1928，第 38 号 .
[49] 渡部薰太郎 . 满洲语、女真语与汉字音的关系 [J]. 大阪东洋学会《亚细亚研究》，1925，第 2 号 .
[50] 小仓进平 . 朝鲜的契丹、女真语学 [J]. 历史地理，1917，29 卷第 5 号：145-155.
[51] 鸟居龙藏 . 女真文之碑 [J]. 朝鲜及满洲，1913，第 69 号 .

（朝鲜译文献）

[1] 金东昭 . 庆源女真字碑的女真文研究 [J] . 晓星女大《研究论文集》，1988，第 36 辑：39-66.
[2] 金东昭 . 指称女性的女真语词研究 [J] . 晓星女大韩国女性问题研究所《女性问题研究》，1983. 第 12 辑：163-176.
[3] 金东昭 .《龙飞御天歌》女真词汇研究 [J]. 庆北大学师范学院国语教育研究会《国语教育研究》，1977，第 9 辑：91-106.
[4] 金东昭 . 北青女真字石刻的女真文研究 [J]. 韩国汉城国语国文学会《国语国文学》，1977，第 76 号：1-16.
[5] 朴恩用 . 金语研究 [J]. 亚细亚学术研究会《亚细亚学报》，1972，第 10 辑：77-184.
[6] 辛兑铉 . 关于女真文字的结构 [J]. 庆熙大学校论文集，1967，第 5 辑：83-94.
[7] 闵泳珪 . 庆源女真字碑考释〔上〕[J] . 韩国延世大学东方学研究所《东方学志》，1967，第 8 辑：2-14.
[8] 李基文 . 女真语地名考 [J]. 汉城大学校文理科大学学艺部《文理大学报》，1958，第 10 辑：139-146.

（英译文献）

[1] 査瓦尼斯 . 契丹女真文字汉意考 [J]. 亚洲月刊，1897，9 卷 9 期 .
[2] 拉科佩里 . 满洲的女真——名称、语言和文献 [J]. 皇家亚洲学会杂志，1889，21 卷 .

（德译文献）

[1] 葛鲁贝 . 女真语言文字简述 [J]. 通报，1894，1 卷第 5 期 .

（法译文献）

[1] L. 李盖提 . 试论女真小字的解读 [J]. 匈牙利科学院东方学报，1953，第 3 卷 .

（俄译文献）

[1] M·B·沃罗比约夫 . 作为民族学资料的女真词汇 [J]. 全苏地理学会通报，1968.
[2] 卜士礼 . 女真文及同源文字的碑铭 [J] . 第十一届国际东方学家大会集刊，1898，第 2 期 .

其他：

（中文文献）

[1] 董雪松 . 从东北方言研究看满语资源保护 [N]. 中国社会科学报，2017-07.
[2] 刘凤翥 . 让“死”文字复“生”——契丹文字专业的形成和发展 [N]. 光明日报，2016-07-04.

[3] 何辉凤 . 古本《老乞大》中的特殊判断句 [N]. 贵州民族报，2016-05-17.
[4] 单颖文 . 徐文堪谈契丹语文的全球研究 [N]. 文汇报，2016-08-26.
[5] 金启孮 . 女真文辞典 [Z] . 北京：文物出版社，1984.
[6] 于宝林编 . 女真文字研究论文集（1911—1949）[M] . 北京：中国民族古文字研究会刊印，1983.
[7] 金光平，金启孮 . 女真语言文字研究 [M] . 北京：文物出版社，1980.
[8] 孙进己 . 女真文字 [M] . 辽宁省社会科学院油印本，1980.
（日译文献）
[1] 西田龙雄 . 女真馆译语之研究——女真语和女真文字（华夷译语研究丛书第五种）[M]. 京都：松香堂，1970.
[2] 山路广明 . 女真文字制字研究 [M]. 东京：南方诸言语研究所刊行，1958（1980 年重印）.
[3] 山路广明 . 女真语解（油印本）[M] . 东京：亚非语言研究室，1956.
[4] 田村实造 . 契丹、女真、西夏文字 [M] . 东京：平凡社，1954.
[5] 长田夏树 . 女真语资料的语言学研究 [C] . 文部省科学研究报告集，1951.
[6] 安马弥一郎 . 女真文金石志稿（油印本）[M]. 京都：碧文堂，1943.
[7] 安马弥一郎 . 女真文法概说（油印本）[M]. 京都：碧文堂，1943.
[8] 水野弘元 . 女真语的新研究 [M]. 自刊本，1935.
[9] 石滨纯太郎 . 满蒙语言的系统（岩波讲座：东洋思潮・东洋语言的系统之一）[M]. 东京：岩波书店，1934.
[10] 渡边薰太郎 . 金史名辞解 [M]. 大阪：东洋学会，1931.
（朝鲜译文献）
[1] 辛兑铉 . 女真文字与语言研究 [M]. 汉城：语文阁，1965.
[2] 李基文 . 中古女真语的音韵学研究 [M]// 汉城大学校论文集（人文社会科学）第 7 册，1958.
（英译文献）
[1] 清濑义三郎则府 . 女真语言和文字研究 [M]. 京都：法律文化社，1977.
[2] 清濑义三郎则府 .《华夷译语》中女真语言和手稿研究及译读问题 [M]. 印第安那大学哲学博士论文集，1973.
（俄译文献）
[1] M・B・沃罗比约夫 . 论早期女真和蒙古的语言交流 [R] . 东方各民族文献遗存和文化史问题（苏联科学院东方学研究所列宁格勒分所第十三届年会简报），1977.
[2] Э・B・沙夫库诺夫 . 契丹 - 女真小字解读问题 [R] . 东方铭刻学，列宁格勒，1963：15.

七、东北官话与其他官话研究

期刊：

[1] 张树铮 . 北京官话、东北官话和冀鲁官话保唐片方言古清入字归调的比较研究 [J]. 吉林大学

社会科学学报，2019（02）：155-164，223.
[2] 李无未 . 东北官话是如何“被制造”成“通古斯语族”语言的——日本保井克己《满洲·民族·语言》（1942）“音韵推移”说 [J]. 吉林大学社会科学学报，2019（02）：165-174，223.
[3] 沈名扬，张辉 . 东北官话入声分派及其与北京官话的差异 [J]. 安徽文学（下半月），2016（01）：74-76.
[4] 柳英绿，盛丽春 . 东北方言与普通话附加式合成词对比分析 [J]. 东疆学刊，2016（01）：91-95，112.
[5] 刘婷，苟芷祺 . 移民背景下山东方言与东北方言的词汇联系——以哈尔滨、济南方言为例 [J]. 北方文学，2016（13）：110-113.
[6] 盛丽春 . 东北方言“贼”与普通话“很”之比较 [J]. 北方文学，2016（17）：141-142.
[7] 杨春宇，欧阳国亮 . 从语音看东北官话与周边冀鲁、胶辽官话之关系 [J]. 渤海大学学报（哲学社会科学版），2013（04）：78-81.
[8] 李淑霞 . 不同方言区现代汉语语音、语法教学的应对策略——以东北方言与粤方言区为例 [J]. 佳木斯大学社会科学学报，2010（04）：152-153.
[9] 刘国石 . 浅谈满语与东北方言的形成 [J]. 北华大学学报（社会科学版），2010（04）：48-51.
[10] 李无未，冯炜 .《满洲土语研究》与 20 世纪 30 年代的东北方言 [J]. 东疆学刊，2010（04）：58-65.
[11] 包婷婷 . 入声字在兰银官话、中原官话、东北方言中分派的统计分析 [J]. 甘肃高师学报，2009（02）：130-132.
[12] 张世方 . 也谈北京官话区的范围 [J]. 北京社会科学，2008（04）：88-92.
[13] 张玉来 . 朝鲜时期所传习的明代汉语官话的语音性质 [J]. 语言研究，2005（02）：45-50.
[14] 金薰镐 . 西洋传教士的汉语拼音所反映的明代官话音系 [J]. 古汉语研究，2001（01）：33-39.
[15] 朱星一 . 从《翻译老乞大·朴通事》左侧音看近代汉语入声 [J]. 古汉语研究，2000（02）：38-44.
[16] 李钟九 .《翻译老乞大·朴通事》所反映的汉语声调调值 [J]. 古汉语研究，1997（04）：36-40.
[17] 贺巍 . 汉语官话方言入声消失的成因 [J]. 中国语文，1995（03）：195-202.
[18] 叶宝奎 .《洪武正韵》与明初官话音系 [J]. 厦门大学学报（哲学社会科学版），1994（01）：89-93.
[19] 曾晓渝 . 试论《西儒耳目资》的语音基础及明代官话的标准音 [J]. 西南师范大学学报（人文社会科学版），1991（01）：66-74.
[20] 尉迟治平 . 老乞大、朴通事谚解汉字音的语音基础 [J]. 语言研究，1990（01）：11-24.
[21] 李得春 .《四声通解》今俗音初探 [J]. 民族语文，1988（05）：29-41.

学位论文：

[1] 余思思 . 清末民初北京官话口语教材对比研究——以《言语声片》、《官话急就篇》为例 [D].

四川师范大学硕士论文，2017.

[2] 李春红 . 日据时期朝鲜半岛汉语会话教科书语言研究 [D]. 吉林大学博士论文，2017.

[3] 滕永博 . 东北官话程度副词研究 [D]. 暨南大学硕士论文，2014.

[4] 王敏 . 中古知庄章三组声母在河北方言中的读音研究 [D]. 河北师范大学硕士论文，2010.

[5] 张俊华 .《四声通解》所记俗音音系研究 [D]. 苏州大学硕士论文，2010.

[6] 刘宝云 . 滦南方言撮口呼与齐齿呼的合流变异 [D]. 河北大学硕士论文，2008.

[7] 姚骏 .《老乞大谚解》朝鲜语语音研究 [D]. 北京大学博士论文，2008.

[8] 董建交 . 明代官话语音演变研究 [D]. 复旦大学博士论文，2007.

[9] 吴波 . 江淮官话语音研究 [D]. 复旦大学博士论文，2007.

[10] 马志侠 . 遵化方言语音研究 [D]. 河北大学硕士论文，2007.

[11] 李颖 . 唐山市区方言连读变调研究 [D]. 河北师范大学硕士论文，2005.

[12] 黄卫静 . 河北方言的尖团音问题 [D]. 河北师范大学硕士论文，2004.

[13] 刘丽辉 . 唐山方言词尾“儿”的读音研究 [D]. 河北大学硕士论文，2003.

专著：

[1] 叶宝奎 . 明清官话音系 [M]. 厦门：厦门大学出版社，2001.

[2] 崔世珍 . 四声通解 [M]. 首尔：大提阁，1985.

八、其他（方法论、语言接触等）

期刊：

[1] 李光杰，崔秀兰 . 日本军用“满语”教科书对语言接触的影响 [J]. 哈尔滨师范大学社会科学学报，2019（05）：118-122.

[2] 吴双 . 东北方言中的满语借词 [J]. 理论观察，2019（09）：164-168.

[3] 王丽云 . 基于中国文化走出去战略的葛浩文翻译东北方言的实践方法 [J]. 辽宁经济职业技术学院学报，2018（01）：50-52.

[4] 王跃平 . 蒙汉语言接触中的语言选择现象探析 [J]. 课程教育研究，2018（02）：233.

[5] 宋洪民 . 元代蒙 . 汉语言接触在喉音声母和复元音韵母上的表现——论蒙语音系对《蒙古字韵》标音体系的影响 [J]. 中国语文，2017（02）：195-208，255.

[6] 李光杰，崔秀兰 . 清末民初东北少数民族通用语的转换 [J]. 贵州民族研究，2016（03）：180-184.

[7] 游帅 . 魏晋南北朝时期语言接触现象例说 [J]. 临沂大学学报，2016（05）：81-86.

[8] 汪雨 . 民族语言接触与内蒙古地名——以赤峰地区为例 [J]. 赤峰学院学报（汉文哲学社会科学版），2016（08）：10-13.

[9] 马钺 . 浅析呼和浩特市方言分区 [J]. 青年文学家，2016（17）：130.

[10] 张军 . 语言生活研究范式的新探索——读《语言生活与语言政策：中国少数民族研究》[J]. 语言战略研究，2016（03）：91-96.

[11] 苗嘉芮，阿拉腾 . 三家子村濒危满语调查分析 [J]. 牡丹江师范学院学报（哲学社会科学版），2016（05）：86-88.

[12] 秦初阳，李田新 . 依托东北方言促进沈阳旅游业新发展 [J]. 第十三届沈阳科学学术年会论文集（经管社科），2016（13）：544-546.

[13] 吴萌 . 赤峰普通话的文化价值初探 [J]. 赤峰学院学报（汉文哲学社会科学版），2016（09）：132-134.

[14] 莫娇 . 东北方言中动物隐喻的神话起源 [J]. 现代交际，2016（18）：77-78.

[15] 高玉娟，邵钟萱 . 社会语言学视阈下的沈阳方言语音变异研究 [J]. 辽宁师范大学学报（社会科学版），2016（05）：128-134.

[16] 汪雨 . 民族语言接触与内蒙古地名——以赤峰地区为例 [J]. 赤峰学院学报（汉文哲学社会科学版），2016（08）：10-13.

[17] 陈艳 . 锦州话复数第一人称代词的社会语言学研究 [J]. 渤海大学学报（哲学社会科学版），2016（03）：81-84.

[18] 罗自群 . 语言接触影响下的北方汉语方言的声调 [J]. 晋中学院学报，2016（02）：79-85.

[19] 周晓燕，李成彬，刘宇 . 基于调查问卷的高校学生方言使用现状研究——以黑龙江方言为例 [J]. 山西青年，2016（06）：47.

[20] 李薇薇 . 辽西方言特征词说略 [J]. 方言，2016（01）：109-114.

[21] 冯云英 . 满语满文在丹东地区的衰微及其对满族文化发掘保护的影响 [J]. 辽东学院学报（社会科学版），2016（01）：68-71.

[22] 王图保 . 龙江县郓城方言岛语音演变调查 [J]. 语言研究，2016（01）：41-52.

[23] 陈颖 . 言语社区理论模型与研究框架述评 [J]. 国际汉语学报，2015（02）：285-296.

[24] 张淼，高淼淼 .《奉天通志》中东北方言的满语借词考证 [J]. 满语研究，2011（02）：16-21.

[25] 包婷婷 . 浅谈东北方言中的满语成分 [J]. 甘肃高师学报，2008（03）：6-7.

[26] 曹莉萍 . 浅析满语对东北方言与普通话的影响 [J]. 长春师范学院学报，2005（03）：85-86.

[27] 陈保亚 . 语言接触导致汉语方言分化的两种模式 [J]. 北京大学学报（哲学社会科学版），2005（02）：43-50.

[28] 姜美勋 . 韩语汉字音端组塞音字声母的历史演变 [J]. 南开语言学刊，2004（01）：156-163.

[29] 金基石 . 近代音的热点问题与汉朝对音文献的价值 [J]. 延边大学学报（社会科学版），2004（02）：83-89.

[30] 张晓曼 . 试论中韩语言接触及中韩音韵关系 [J]. 山东大学学报（哲学社会科学版），2004（04）：34-38.

[31] 申东月 . 汉字音对韩国语辅音系统的影响——论塞音和塞擦音送气不送气的对立 [J]. 汉语学习，2003（06）：36-41.

[32] 杨剑桥 . 朝鲜《四声通解》在汉语史研究上的价值 . 复旦学报（社会科学版），2003（06）：128-133.

[33] 张辉女 . 汉字和汉语与朝鲜半岛语言的关系 [J]. 民族语文，2002（05）：59-65.
[34] 李得春 . 近代朝鲜文献中的汉朝对音转写问题 [J]. 民族语文，2001（02）：47-55.
[35] 蔡瑛纯 . 试论朝鲜朝的对译汉音与中国官话方言之关系 [J]. 语言研究，1999（01）：83-101.
[36] 金基石 . 朝鲜对音文献中的入声字及其归派 [J]. 语文研究，1999（04）：27-32.
[37] 金永万 .15—16 世纪韩国（朝鲜）汉字音的超分节音（韵素）研究——与中古汉音声调对比 [J]. 东疆学刊，1999（04）：58-62.
[38] 金基石 . 朝鲜对音文献浅论 [J]. 民族语文，1999（05）：9-18.
[39] 蒋理 . 汉语东北方言中的满语影响 [J]. 满语研究，1998（03）：95.
[40] 严冀相 . 韩国古代汉字为中国上古音说 [J]. 语言研究，1997（01）：139-147.
[41] 黄锡惠 . 汉语东北方言中的满语影响 [J]. 语文研究，1997（04）：57-62.
[42] 陈伯霖 . 满语词语在东北方言中的遗留 [J]. 黑龙江省民族研究所 . 黑龙江民族丛刊，1994（04）：109-113.
[43] 周振鹤 . 中国历代移民大势及其对汉语方言地理的影响 [J]. 国外人文地理，1988（01）：57-64.
[44] 胡明扬 .《老乞大谚解》和《朴事通谚解》中所见的汉语、朝鲜语对音 [J]. 中国语文，1963（03）.

学位论文：

[1] 张欢 . 汉蒙双语地区汉语通用语变异研究——以内蒙古通辽市为个案 [D]. 吉林大学博士论文，2018.
[2] 李春红 . 日据时期朝鲜半岛汉语会话教科书语言研究 [D]. 吉林大学博士论文，2017.
[3] 郑婷 . 辽宁省阜蒙县佛寺镇蒙汉语言接触情况调查研究 [D]. 渤海大学硕士论文，2016.
[4] 赵小领 . 内蒙古鄂温克旗红花尔基镇的蒙汉语言接触研究 [D]. 吉林大学硕士论文，2016.
[5] 李宇峰 . 老年人言语交际障碍实证研究 [D]. 吉林大学博士论文，2016.
[6] 郑婷 . 辽宁省阜蒙县佛寺镇蒙汉语言接触情况调查研究 [D]. 渤海大学硕士论文，2016.
[7] 赵小领 . 内蒙古鄂温克旗红花尔基镇的蒙汉语言接触研究 [D]. 吉林大学硕士论文，2016.
[8] 李德熙 . 韩国语东北方言“ㄱ”（-g-）间辅音研究 [D]. 延边大学硕士论文，2011.
[9] 高杨 . 东北方言中的满语借词 [D]. 广西师范学院硕士论文，2010.
[10] 任少英 . 韩汉声韵比较 [D]. 华东师范大学博士论文，2003.

后　　记

作为一个东北人，由于东北官话是我的母语，所以自然感到格外亲切。但是随着对方言研究领域认识与熟悉，蓦然发现东北官话和东北方言的研究相对来说并非如东北小品、电视剧显示的那么热闹；什么"东北官话晚成""东北话与北京话关系密切"等观点影响至深，使得东北官话研究领域经常遭到质疑和非议，直至今日，仍有学者把东北官话与北京官话混为一谈。诚然学者之间各执己见，亦是常事。但我总觉得方言分区应该是建立在客观调查基础上的。

想起 2006 年归国前，导师佐藤昭先生问我回国的去处，我说回东北的面儿大，因为出身于东北，东北官话研究需要拓展的空间比较广阔，一如黑土地一般可恣意地拓荒。导师当时是很赞同，说作为东北人应该研究东北话，珍惜语感优势，开拓与打造研究领地。我虽然也曾梦想做个海派或京派啥的，但最后还是一个猛子扎回白山黑水，尽管我的大东北，我的老工业基地，依然让我眼里常含泪水，但是最后我还是毅然决然地回到培养我的辽宁师范大学，在文学院一晃儿十多年，经营着我的"自留地"，迷恋着我的《珣玗琪》《玉兰轩》之梦，自然，大大小小的研讨会交流会、课题申报便多是围绕东北方言而展开。而每每思想稍有懈怠，便不觉想起回国前佐藤老师那次谈话——是该交个差了，尽管它还是青涩的。

东北方言与东北官话并非同一概念，因为东北方言外延更大，除东北官话外，还包括北京官话的朝峰片、胶辽官话的东北分布等。东北官话覆盖东北三省及内蒙古东部地区，包括哈阜片、黑松片、吉沈片。总体上，语音、词汇、语法各有自己特点。

2009 年，中国语言资源有声数据库汉语方言调查试点工作启动，辽宁有幸成为首批试点的省份。辽宁师范大学的迟永长教授、王功龙教授分别承担了胶辽官话大连市内、城郊（金州区杏树屯镇）两个方言调查点的工作。曹志耘教授等专程到辽宁师范大学培训辽宁方言调查队伍。笔者也有幸参与其中，其后启动试点工作总结交流会在南京师范大学举行，笔者有幸再次近距离就东北方言有关问题向与会各位研究专家交流请教。

2010 年拙论《辽宁方言语音研究》推出，其系统分析了辽宁方言研究的现状，总结了辽宁方言的音系，当时在百度网上，拙论被誉为新时期东北方言研究的最新成果，一度成为高被引论文，并获得了辽宁省人民政府哲学社会科学奖。这大大增强了自己继续探索研究东北方言的信念与决心。一丢丢儿的使命感朦朦胧胧地从心底开始潜滋暗长了。

随着研究的深入，自己越发感到研究方言，特别是东北方言，不可缺少语言接触的视角。因为社会发展毕竟是一个联动的系统，语言发展自不例外。于是我又融入了辽金史研究会的交流队伍中，几次研讨与实地考察，使我对草原辽国的四季捺钵、五京制度、大安市的契丹文铜镜、镇赉与查干湖、后套木嘎文化等充满着好奇。在"汉书遗址"听辽宁师范大学都兴智教授和中国社会科学院刘凤翥研究员讨论嫩江流域"月亮泡""洮儿河""达鲁河""挞鲁河""它漏河""太泺河"之间河流名称的承袭关系；听乌拉熙春教授、孙伯君研究员讲授女真大小字的新发现；后来又参加内蒙古大学吴英喆教授组织的契丹语、女真语的研讨会，加之留日期间积累的对满语、蒙古语的一点粗浅认识，也侥幸申请到了有关语言接触的研究课题，撰写了《"行国""城国"兼备的契丹与汉儿言语》发表在《辽金史论集》中，也对朝峰片方言"狭歹"（狼）等充满好奇，尝试考证。后还参与了吴英喆教授主持的"契丹女真存世文献的整理与研究"教育部重大课题攻关项目。结识了一批东北史、东北民族史、东北少数民族语言研究的跨界挚友，拓展了研究视野。

2012年笔者承担了国家社科基金项目"东北官话的历史演变研究"，有机会进一步思考东北官话的形成发展史，有机会把多年的研究尝试串成一条线，便得到了今天的成果。在此期间，也曾清晨冒着细雨到长城脚下追思碣石宫、孟姜女，揣摩曹操当时吟诵《观沧海》的心态；也曾深冬"猫"在乡村，睡着火炕，摸着冰冷的鼻尖，回味煎黏豆包、杀猪菜、铜火锅、冻豆腐惹逗的童年至今成就的味蕾，找到为什么留日期间那么想念辽西干豆腐的味道；也曾到乌拉街寻找萨满的舞蹈，揣摩乌拉部的辉煌、叶赫那拉部的怀柔、魁府的盛衰变迁；曾到浑河、辽河、老哈河、朝阳北塔、凤凰山、闾山、千山、本溪水洞、桓仁五女山、高句丽山城、水上长城、三江平原、绥滨、鹤岗、抚远、黑瞎子岛，思忖大东北、黑土地、关外文化的深刻内涵……

2014年，笔者有幸参加了语言文字信息管理司组织的"首届全国语言文字应用研究优秀中青年学者培训班"，进一步提升了对语言资源、语言保护的系统认知，2015年，我们召集首届培训班学员在辽宁师范大学发起成立了"语言文字应用研究优秀中青年学者协同创新联盟"，以结识联系更多的青年方言研究学者，共同攻关，互相学习。2015年，语保工程在全国启动铺开，笔者又有幸成为语保工程辽宁汉语方言调查的首席专家之一，设计规划了语保工程辽宁汉语方言调查的布点工作。在首批调查点中，笔者深入到最偏远的辽宁朝阳，在辽西、在老哈河两岸，体验思考东北话的源与流。同年，笔者又申请到了辽宁省教育厅2016年度“辽宁省研究生东北亚语言资源开发及应用研究创新与交流中心”研究生创新与学术交流中心项目；8月，我邀请了北京语言大学李宇明教授、厦门大学苏新春教授到文学院做讲座，与其他几位学界大咖一起为文学院语言学科发展把脉。10月，在中国语言资源保护研究中心的支持下，我们又发起“首届东北方言学术研讨会暨语保工程中检·培训会”，邀请张世方、王临惠、黄晓东、聂志平等师友把脉，邀中国社会科学院语言研究所、《方言》杂志主编沈明研究员，北京语言大学赵日新教授给研究生进行国际音标、音韵学、方言学的培训，培养方言研究人才队伍。2019年5月，笔者应邀赴台湾参加“第37届台湾声韵学学术研讨会”，发表《朝峰片汐子方言平声不分阴阳的调查与研究》；9月，参加浙江师范大学举办的“第六届中国语言资源国际学术研讨会”，发表《期待东北方言研究的深入发展——基于语保工程东北方言调查语料库资源的开发与应用》，进行学术交流。与此同时，在专家的厚爱下，国家课题勉强结题。

今天展示的书稿，是我和我的研究生们，长期致力于在北方话的宏观背景下观照东北官话方言研究的结果。70多名研究生，以研究东北方言、晋语为主，他们大都接受了相对系统的方言学调查与研究的训练。欧阳国亮、范凡承揽了辽宁辽阳方言点的语保专项调查工作；侯海霞较早关注到东北方言的词缀特点；侯海霞、高向阳、孟祥宇、李楠、顾静瑶、戴鑫、王龙、王媛、王迪、李婧超、刘文婧、葛煜宇、王琪、徐姝阳、佟昕、王吉春、梁婷、那仁满达等都从东北方言研究方向选题，王龙从葫芦岛绥中方言到朝阳建平点的调查一直是我得力的助手；王媛最早联系参与了葫芦岛兴城方言的调查；管文慧、徐姝阳全程参与了建平方言的调查与音标转写工作，想起两个小女孩在繁重的语保工作中没能过上如意的生日，时过境迁，难以补救，至今仍令我十分歉疚。想到辽宁师范大学李娜副教授、朝阳广播电视大学肖辉嵩教授、赤峰学院张万有教授，想到与朝阳建平语委、中心小学的密切合作，以及刘亚娟老师、乔树甫、步显文等各位方言调查人提供的便利与支持，至今仍感到温暖，感到语保工程实施的必要与恰逢其时。

十年磨一剑！人到中年，更应该懂得感恩。今天借助课题结集出版的机会，谨向多年来支持我的师友、家人、团队、学生们，表示衷心的感谢！也谨以此书献给已然仙逝的语言学启蒙恩师孟庆魁教授、王功龙教授、于志培教授；献给当年指引我成长、走上研究之路的辽宁师范大学授业恩师薛安勤教授、安家驹教授、张玉金教授、陈榴教授、迟永长教授、王卫平教授、王吉鹏教授、马俊山教授、孙小兵教授、张秀莲教授；也特别献给留日期间给予我无限关爱与专业呵护的授业恩师佐藤昭教授、古胜正义教授、米泽茂教授、矢野准教授、佐藤晴彦教授、王占华教授、板谷俊生教授、堀地明教授、平田直子教授、瓜生清教授！也衷心感谢科学出版社王丹编辑的认真指导，感谢责任校对贾伟娟、责任印制李彤、封面蓝正设计者的辛苦付出。

晴耕雨读，2020 年的疫情，促使我得以着手书稿的整理工作，但我深知，学术之路且行且远。在实践过程中，面对复杂的东北官话发展史，本书只是梳理其大致发展脉络，或挂一漏万，或浅尝辄止，错误和缺漏之处均由本人负责，敬请各位方家批评指正。

杨春宇　记于晴耕斋

2021 年 4 月